한국사상과
인간의 삶

한국사상과
인간의 삶

© 이현중, 2024

초판 1쇄 발행 2024년 2월 29일

지은이   이현중
펴낸이   이기봉
편집   좋은땅 편집팀
펴낸곳   도서출판 좋은땅
주소   서울특별시 마포구 양화로12길 26 지월드빌딩 (서교동 395-7)
전화   02)374-8616~7
팩스   02)374-8614
이메일   gworldbook@naver.com
홈페이지   www.g-world.co.kr

ISBN   979-11-388-2832-1 (03150)

창조의 한국학 1

한국사상과
인간의 삶

이현중 지음

한국사상에서는 시간성과 시간이 둘이 아닌 영원한 현재의 세계관을 제시한다.

영원한 현재를 바탕으로 한국 역사는 자유와 평등이 조화로운 아름다운 세상을 꿈꾸며 흘러 왔다. 그 가운데서 이루어지는 한국인의 삶은 매 순간 새로워지고, 다양해지는 변화의 연속이 다 창조와 진화를 내용으로 하는 생성의 연속이다.

좋은땅

우리가 앞으로 지면을 통하여 함께할 여행은 이 땅에서 행복하기이다. 지금 우리가 살아가는 이 땅은 어떤 고난과 아픔도 승화시켜서 한바탕의 풍류風流로 즐기는 한국인들에 의하여 4천 3백여 년의 역동적인 역사를 이어 가고 있다.

우리는 한때 남의 나라에 국권을 빼앗겼지만 되찾아서 대한민국을 건국하였고, 다른 나라의 자원을 약탈하지 않으면서 짧은 시간에 개발도상국에서 선진국이 되었으며, 다른 나라보다 빠른 시간에 민주화를 이루었을 뿐만 아니라 우리 문화를 세계와 공유共有하고 있다.

한국의 전통문화를 나타내는 풍류風流는 오늘날 K-culture, 한류韓流라는 이름으로 인류가 함께 즐기고 있다. 풍월風月로도 불리는 풍류는 본래의 나로 살아가는 자유로운 삶, 평등한 삶, 역동적인 삶을 나타내는 단어이다.

한류는 음악, 영화, 음식을 비롯하여 언어, 교육, 역사, 문화, 사상, 의료, 행정과 같은 여러 분야에서 K-pop, K-food와 같이 다양하게 나타낼 수 있다. 이처럼 다양한 현상으로 나타나는 한류의 이면에는 풍월도風月道, 풍류도風流道라고 불렸던 국학國學, 한국학, 한국사상, 한국철학이 있다.

한국사상은 역동적이고, 창조적이며, 진화적이고, 평화로운 역사를 전개시켜 왔다. 4천 3백여 년의 우리 역사에는 개인의 자유와 사회적 평등이 조화로운 삶이 있고, 평화를 사랑하는 삶이 있으며, 풍류가 빚어내는 멋스런 삶이 담겨 있다.

앞으로 우리는 한국사상에서 제시하는 삶이 무엇인지를 살펴볼 것이다. 먼저 과학의 대상인 자연, 세계와 인문학의 대상인 인문을 중심으로 한국사상, 한국철학이 무엇인지를 고찰하고, 그것을 통하여 한국인으로서의 삶에 대하여 살펴볼 것이다.

이 여정이 언어라는 도구를 통하여 대상화하고, 실체화하여 드러낼 수밖에 없기 때문에 한국사상, 한국철학의 주제, 방법, 대상이 중국철학, 과학과 다른 점을 밝힐 뿐만 아니라 한국사상, 한국철학, 한국학은 항상 현재 진행형임을 나타내기 위하여 창조의 한국학이라는 제목을 사용하였다.

과학은 시공의 사물을 대상으로 자연(地文)을 연구하지만 중국철학은 공간성의 도가 드러난 인문人文을 대상으로 하고, 한국철학은 시간성을 바탕으로 매 순간 다양하고 새롭게 드러나는 천문天文을 대상으로 한다. 그러면 왜 한국철학, 중국철학이 다르고, 과학이 다른가?

사람과 사물의 본성은 다르지 않지만 사람, 민족, 국가에 따라서 본성을 쓰는 삶의 방법이 다르기 때문에 삶의 현상이 서로 다르다.

중국철학과 과학은 분석하고 종합하는 분합分合의 방법을 사용하지만 과학은 형이상학이 없는 점에서 중국철학과 다르다. 이와 달리 한국철학은 영원한 현재의 관점에서 생성生成의 방법을 사용한다.

먼저 과학의 관점에서 자연이라는 인과적 세계, 물질적 세계를 바탕으로 이루어지는 분석과 종합의 방법을 통하여 인간이 어떤 존재이며, 삶과 세계가 무엇인지 살펴보고 이어서 중국사상의 관점에서 내적 성찰과 외적 확충을 중심으로 인간과 삶에 대하여 살펴본 후에 마지막으로 한국사상의 차원에서 인간과 삶 그리고 세계에 대하여 살펴볼 것이다.

제1부에서는 지금 여기의 자신을 나타내는 도구인 사고와 언어를 중심으로 지금 여기의 자신이 무엇인지를 고찰하였으며, 제2부에서는 지금 여기의 자신을 고찰하는 범주인 시간과 공간 그리고 도道와 기器를 바탕으로 한 순과 역

의 두 방향에 대하여 살펴보았다.

제3부에서는 앞에서 논의된 범주와 방향 그리고 사고와 언어라는 도구를 바탕으로 어떤 방법을 통하여 지금 여기의 자신과 삶을 논할 것인지를 살펴보았다. 삶은 지금 여기의 자신으로 주체화, 내면화하여 고찰하는 내적內的 성찰 省察과 나 자신을 객체화, 대상화하여 외적外的 탐구探求의 방법을 통하여 살펴볼 수 있다. 내적 성찰은 인문학적 방법이며, 외적 탐구는 과학적 방법이다.

제4부에서는 지금 여기 자신의 내적 성찰을 통하여 드러나는 본성, 자성, 참나가 무엇인지를 고찰하였다. 여기서는 중국사상의 연원인《주역》의 내적 수기修己를 나타내는 중천건괘重天乾卦와 외적 확충을 나타내는 중지곤괘重地坤卦를 자료로 하였다. 이러한 내적 성찰을 통하여 형이하의 물질적 세계를 넘어서 마음에 이르고, 마음을 넘어서 마음으로 드러나기 이전의 나 아닌 나에 이른다.

제5부에서는 한국사상을 통하여 내적 성찰을 바탕으로 드러나는 참나를 넘어서 시간성의 경계에서 매 순간 다양하고 새롭게 드러나는 삶과 세계에 대하여 살펴보았다. 한국사상의 원형인 고조선사상은 시간성을 바탕으로 전개되는 창조와 진화의 생성원리이자 작용원리이다.

제6부에서는 고조선사상이 중국유학, 중국불교를 비롯하여 외래사상을 수용하여 어떻게 한국불교, 한국유학으로 발전하였는지를 살펴보았다. 원효사상을 통하여 한국불교를 살펴보고, 한글 창제원리와 퇴계, 율곡의 성리학을 통하여 한국유학을 살펴보며, 19세기 말기의《정역》사상을 통하여 한국유학, 한국불교, 한국도교가 둘이 아님을 살펴보았다.

제7부에서는 인간과 천지라는 물건적 관점과 다른 사건의 관점, 역逆방향과 다른 순順방향의 관점, 분합과 다른 생성의 관점에서 지금 여기의 삶에 대하여 고찰하였다. 한국사상의 관점에서 삶은 매 순간 새롭고 다양하게 드러나는 변화이자 진화와 창조를 내용으로 하는 생성이다.

한국사상과 인간의 삶

한국사상은 매 순간 끊임없이 새로워지고, 항상 다양해지는 측면에서 창조의 한국학이라고 말하지만 한국사상이라는 개념이 가리키는 고정된 실체는 없다. 그러면 인문과 자연은 없는가?

인문학의 대상인 인문과 과학의 대상인 자연의 구분은 중국적 사고, 서구적 사고에서 가능하다. 서구사상과 중국사상은 현상의 물건을 출발점으로 삼는 점에서는 동일하다. 다만 자연 중심의 서구사상에서는 형이상의 본체를 부정한다. 그렇기 때문에 형이상의 도, 역도, 중도를 추구하는 중국사상과 서구사상은 다르다.

중국사상에서는 삶과 세계를 나 자신을 중심으로 주체화, 내면화하여 하나로 이해한다. 그리고 그것을 다시 객체화, 대상화하여 둘로 나타낸다. 이처럼 중국사상은 인간이 중심인 인간주의, 현실주의로 인도人道가 중심이다. 바로 인문人文의 세계가 중심이 된 사상이 중국사상이다.

인문사상, 인도사상이 중심이 된 중국사상을 객관화, 대상화할 때 자연이라는 나와 둘인 세계를 대상으로 하는 서구사상이 전개된다. 따라서 서구사상은 물질, 사물 중심의 지도地道, 지문地文이 중심이다. 그러면 인문과 지문이 둘인가?

물건적 관점을 벗어나 사건적 관점을 바탕으로 하여 형이상과 형이하를 구분하여 형이하로부터 형이상을 향하는 역방향을 바꾸어서 시간성이라는 역도易道의 관점에서 현상으로 드러나는 순방향에서 작용을 중심으로 살펴보면 나와 삶, 세계는 매 순간 일어나는 창조와 진화를 내용으로 하는 생성이다. 이처럼 천문天文의 측면에서 보면 인문과 지문이 모두 천도天道로 수렴된다.

천문의 차원에서 보면 형이하의 천지인天地人과 천도, 지도, 인도가 고정되지 않아서 매 순간 끊임없이 변화할 뿐만 아니라 항상 새롭게 생성되고, 다양하게 드러나기 때문에 역도易道이고, 변화의 도이다.

중국사상의 연원인 《주역》에서는 이것과 저것으로 분별하는 물건적 사고가 사라진 경계를 신神이라고 말하고, 신도神道를 논한다. 그것은 형이상의 삼재의 도와 형이하의 삼재가 둘이 아니어서 고정되지 않음을 신도라고 말함을 뜻한다.

신도사상은 한국사상의 연원인 고조선사상의 내용이다. 신, 신도는 영원한 현재이다. 영원한 현재는 형이상의 시간성과 형이하의 시간이 둘이 아님을 나타내는 개념이다. 현재는 매 순간 새롭고 다양하게 드러나는 생성을 말하지만 그것이 고정되지 않아서 끊임없이 변화하기 때문에 영원하다.

영원한 현재는 시간성의 시간화와 시간의 시간성화의 두 측면에서 이해할 수 있다. 시간성의 현현顯現, 시간성의 시간화, 시간성의 사건화의 이면에는 사건의 시간성화, 무화無化, 공화空化가 있다. 시간성의 시간화와 시간의 시간성화가 둘이 아닌 신도의 측면에서 삶은 매 순간의 진화와 창조이다.

시간성의 시간화를 물건화하여 나타내면 근본이 현상으로 드러나는 나툼, 현현顯現이고, 다양해지는 창조이며, 온갖 분별이 일어남이고, 이것과 저것이 함께하는 지혜智慧의 세계이다.

시간의 시간성화를 물건화하여 나타내면 본래의 자리로 돌아가는 귀체歸體, 회향廻向이고, 새로워지는 진화進化이며, 온갖 분별이 사라지는 무분별의 경계이자 모든 것을 수용하여 무화無化하는 자비慈悲의 세계이다.

영원한 현재를 물건적 관점에서 실체화하여 본체와 작용, 현상으로 구분하여 어느 하나의 관점에서 삶을 나타낼 수 있다.

우리는 자연, 물질의 차원에서 선과 악, 옳음과 그름, 아름다움과 추함과 같은 이분법에 의하여 삶과 세계를 말한다. 그것은 현상을 중심으로 세계를 이해한 결과이다.

형이상의 본성, 자성自性, 도, 중도의 측면에서 생사生死가 없고, 깨달음도 없으며, 견성성불見性成佛이나 수기, 수행이 없다고 말한다. 그것은 본체의 관점에서 논의되는 개념, 주장이다.

우리가 때로는 현상을 중심으로 선과 악, 옮음과 그름, 아름다움과 추함을 비롯한 분별을 논하고, 때로는 본체를 중심으로 대립하는 양자가 사라진 무분별無分別을 논하지만 분별과 무분별, 본체와 현상이 둘이 아니어서 모두 지혜와 자비의 작용이다.

현상과 본체 그리고 작용의 어느 일면에 걸림이 없는 자유자재自由自在함, 긍정과 부정의 어느 일면에도 걸림이 없는 대긍정大肯定, 항상 새롭고, 언제나 다양한 생성의 연속이 한국사상에서 제시하는 영원한 현재적 삶이다.

현상에서 보면 삶은 매 순간 만나는 수많은 인연에 의하여 이루어진다. 인연은 고정된 실체가 아니다. 그럼에도 불구하고 사람들은 인연을 선연善緣과 악연惡緣으로 나누고, 악연을 버리고 선연을 얻고자 한다.

인연을 둘로 나누어서 배척하고, 소유하려는 분별하는 마음이 삶을 고통으로 만든다. 우리가 삶의 고통에서 벗어나려면 고통이 어디에서 오는가를 알아야 한다.

선연과 악연, 고통과 즐거움, 자유와 속박의 현상은 우리 밖에 실재하는 것이 아니라 우리의 마음의 작용일 뿐이다. 따라서 삶의 고통을 벗어나기 위해서는 삶의 주체인 자신이 어떤 존재인가를 파악해야 한다.

본성, 자성이라는 내 안의 나 아닌 나는 삶의 본체이다. 본체의 차원에서 보면 나와 세계 그리고 삶은 고정되지 않아서 날마다 새롭고, 날마다 좋은 날이다. 지금의 삶이 그대로 만향萬香이 무진장無盡藏 피어나는 아름다운 삶이고, 여기가 그대로 자유로운 세상이며, 지금 여기의 저마다의 다양한 삶이 그대로 높고 낮음이 없는 평등한 삶이다.

견성성불, 돈오頓悟, 지성知性은 모두 역방향에서 본체를 찾음이다. 본체는 본유本有하고 고유固有하여 나를 떠난 적이 없다. 따라서 본체를 찾음은 앎의 문제일 수밖에 없다.

그러나 설사 본래의 나인 자성을 깨달았을지라도 나는 누구인가의 문제를 해결한 것은 아니다. 본체를 깨달았으면 본성을 주체로 살아야 비로소 문제가 해결된다.

사람의 본성은 같지만 어떻게 사느냐에 따라서 현상의 삶이 달라진다. 마치 옹달샘의 시원한 물을 독사가 마시면 독이 되어 다른 생명을 해치지만 젖소가 마시면 우유가 되어 생명을 이롭게 하는 것과 같다.

사람은 누구나 본래의 자신인 본성을 주체로 매 순간 다양한 마음을 쓰고 그것을 언행으로 드러낸다. 비록 현상의 언행이 같을지라도 어떤 마음으로 행하느냐에 따라서 그 내용은 질적으로 다르다. 이처럼 마음을 쓰는 일이 중요하다.

진화와 창조를 내용으로 하는 풍류는 바로 나와 세계가 둘이 아닌 시간성을 바탕으로 매 순간 새롭고 다양하게 마음을 쓰는 일이다. 이러한 마음 씀은 서로가 서로를 살리고, 서로가 서로를 먹으며, 서로가 서로를 존재하게 하고, 서로가 서로를 새롭게 하며, 서로가 서로를 다양하게 하는 삶으로 나타난다.

어린 시절에 모두가 행복한 삶을 꿈꾸었다. 그 꿈은 삶을 사는 이정표이자 목적이 되었다. 그러나 어느 순간 눈을 돌려 보니 꿈과 현실이 둘이 아니어서 현실이 그대로 꿈이었다.

삶은 꿈과 현실의 이중주에 의하여 이루어지는 창조와 진화의 연속적인 흐름이다. 꿈에 의하여 삶이 더욱 새로워지고, 현실에 의하여 삶이 더욱 다양해진다.

학문을 통하여 만난 공자님, 일부一夫 선생님,《주역》과《정역》을 가르쳐 주신 고故 유남상柳南相 교수님, 유학儒學을 가르쳐 주신 남명진南明鎭 교수님, 최영찬崔英攢 교수님께 감사를 드린다.

아름다운 꿈을 꿀 수 있도록 당신들의 육신을 나누어 주신 부모님께 사랑과 존경의 마음을 보내며, 삶의 동반자이자 도반인 아내 강혜인姜慧仁과 가족으로 함께하는 아들 이주연李周淵, 이성호李惺虎에게도 고마운 마음을 전한다.

한국사상과 인간의 삶

그리고 삶 속에서 역행보살과 순행보살로 나타나 항상 경책을 주는 모든 인연들에게 진심으로 감사의 마음을 전한다.

발을 거두니 국화 향기가 온 누리에 가득하고
초가을의 햇살이 낙엽위로 어지러이 떨어진다.
기러기는 떼를 지어 북쪽 하늘로 날아가고
연못의 물고기는 뛰어올라 자태를 자랑한다.

捲簾菊香盈天地
陽光亂墜臥地葉
雁列飛天北向去
池塘躍魚誷五色

2023년 12월 1일 유성儒城의 겸산재謙山齋에서
이정以正 이현중李鉉中이 삼가 쓰다.

제1부

삶과 세계를 개합開合하는
도구인 사고와 언어

사람은 누구나 행복한 삶을 원한다. 사람들이 천국에 가기를 원하고, 정토에 가기를 원하며, 다른 세계의 존재들을 부러워하고, 권력을 갖고, 재물을 소유하고자 하는 것은 모두 행복을 원하기 때문이다. 그러면 어떻게 행복할 수 있는가?

사람들이 천국, 정토에 가려고 하고, 재물을 얻고자 하며, 권력을 얻으려는 것은 정토라는 공간과 재물, 권력, 지식이 행복을 보장한다고 여기기 때문이다. 만약 정토에 가고, 천국에 가서 행복한 삶을 살 수 있다면 그곳에 갈 수 있는 우주선을 만들면 되고, 재물과 권력을 얻어 행복할 수 있다면 재물, 명예, 지식을 얻으면 된다.

그러나 재물이 많은 사람이 모두 행복한 것은 아니고, 권력을 가진 사람이 모두 행복한 것은 아니며, 천국이나 정토에 간다고 하여 모두 행복한 것은 아니다. 그와 달리 지옥에서도 행복한 사람이 있고, 가난하고 무식해도 행복하며, 권력이 없어도 행복한 사람이 있다. 그러면 행복한 삶, 모두가 행복한 아름다운 세상은 어떻게 이루는가?

이 문제를 해결하기 위해서는 문제가 갖는 성격을 파악하는 일로부터 시작해야 한다. 비록 천국, 정토나 돈, 권력, 명예, 지식이 행복한 삶, 아름다운 세상과 무관하지 않지만 그렇다고 하여 그것들이 행복한 삶, 아름다운 세상을 위한 필요충분조건은 아니다. 그러면 이 문제는 어떻게 해결할 수 있는가?

이 문제의 답은 문제를 제기하는 자신에서 찾을 수 있다. 우리가 문제를 제기하는 나를 알지 못하면 행복한 삶, 아름다운 세상이 무엇인지 그리고 어떻게 이룰지를 알 수 없을 뿐만 아니라 설사 알더라도 이룰 수 없다.

만약 행복이 일정한 공간이나 사물과 같은 나의 밖에 있는 존재라면 잠시 그것을 얻어서 행복할지라도 그것을 잃는 순간에 다시 불행하게 될 것이다. 따라서 찾는 행복이 찾는 자신과 둘이 아닐 때 비로소 행복한 삶, 아름다운 세상이 영원하다. 그러면 행복한 삶, 아름다운 세상이 나와 하나인가?

한국사상과 인간의 삶

하나와 둘은 언제나 상대적이다. 하나를 전제로 할 때 비로소 둘이 성립할 수 있고, 둘을 전제로 할 때 비로소 하나가 성립하기 때문에 하나와 둘이라는 상대를 넘어서 양자를 자유롭게 활용할 수 있을 때 비로소 자유롭고, 평등하며, 평화롭다.

그럼에도 불구하고 사람들은 학문이나 종교, 예술을 비롯한 모든 활동을 옳음과 그름, 선과 악의 잣대로 긍정과 부정을 판단하는 일종의 심판하는 삶에 익숙해져 있다. 특히 학문이나 종교 활동을 하는 사람들은 사실과의 일치를 따지는 사실판단과 선善인지 악惡인지를 가르는 가치판단에 익숙하다. 그러면 시비是非와 선악善惡이 있는가?

시비, 선악이 실재하는지를 논하기에 앞서 그것이 시공, 사물의 문제인가를 분명하게 파악하는 일이 필요하다. 시비, 선악은 실재하는 존재가 아니라 하나의 주장이나 언행에 대한 인간의 판단에 의하여 나타나는 현상이다. 그러면 시비, 선악의 판단을 하지 말자는 것인가?

사람들이 갖는 시비, 선악의 판단은 그대로 사람에 대한 심판으로 이어진다. 심판은 어느 한순간에 이루어지는 한 사람의 선한 언행, 악한 언행을 바탕으로 사람 자체를 선하고 악한 사람으로 낙인을 찍는 일이다.

사람은 선한 사람이나 악한 사람이 없고, 옳은 사람이나 그른 사람이 없다. 항상 옳은 언행을 하던 사람도 때로는 그르고 악한 언행을 할 수 있고, 항상 그르고, 악한 언행을 하던 사람도 때로는 옳고 선한 언행을 할 수 있다. 그러면 우리는 어떻게 해야 하는가?

사람들의 개별적 언행은 매 순간 다양하게 나타날 수 있다. 이때 다양한 언행을 주체인 나에 의하여 이루어지는 나의 언행으로 이해하기도 하고, 행위는 있지만 주체는 없다고 말하기도 하며, 행위마저도 고정되지 않아서 없다고 말한다. 그러면 행위, 행위의 주체인 나는 있는가, 없는가?

우리는 여기서 문제의 답을 찾는 일보다 답을 찾는 일 자체에 대하여 살펴보아야 한다. 그것은 문제와 답의 성격이 무엇이며, 그 특성에 맞는 답을 찾는 방법이 무엇인지 그리고 답을 찾기 위하여 어떤 태도를 가져야 하는지를 살펴보는 일이다. 그러면 우리가 하고자 하는 일은 무엇인가?

우리가 지금부터 시작하려는 일은 나 자신[1]과 삶 그리고 세계에 대한 성찰이다. 만약 나 자신에 대한 성찰이 나 자신을 벗어나서 지금이 아닌 과거나 미래, 여기가 아닌 다른 곳의 또 다른 나를 찾는다면 그것은 나 자신과 무관한 일이다.

그렇다고 하여 나 자신이 그대로 완전하며, 자기 자신의 삶도 완전하여 부족함이 없을 뿐만 아니라 자신과 세계 그리고 삶이 둘이 아니라면 굳이 자기 자신과 삶, 세계를 구분하여 성찰을 할 필요가 없다. 그러면 어떤 태도를 가져야 하는가?

우리는 일반적으로 자신과 삶, 세계에 대하여 때로는 긍정적인 태도를 갖기도 하고, 때로는 부정적인 태도를 갖기도 한다. 그러나 긍정과 부정은 어느 하나를 배제하고 성립하지 않는다. 긍정은 부정에 의하여 성립하고, 부정은 긍정에 의하여 성립한다. 따라서 우리는 긍정과 부정 가운데 어느 하나의 태도만으로 살아갈 수 없다. 그러면 어떻게 할 것인가?

우리는 앞으로 분별과 무분별, 유有와 무無, 긍정과 부정의 어느 일면에 치우침이 없는 대긍정大肯定을 바탕으로 자기 자신과 삶, 세계에 대하여 고찰하고자 한다. 앞으로 전개될 작업은 나 자신과 삶이 환화幻化라고 하거나 지금 그대로 완전하여 부족함이 없다는 부정이나 긍정의 어느 일면을 취하지 않을 것이다.[2]

---

1) 일반적으로 나라는 개념은 지금이라는 시간과 여기라는 공간이 하나가 된 세계 속에서 살아가는 남과 다른 나, 세계와 별개의 나를 나타내는 개념으로 이해한다. 그러나 시공이라는 현상의 측면에서의 이해한 나와 다른 시공을 초월한 심층의 내가 있다. 따라서 나와 삶 그리고 세계에 대한 이해는 어떤 방향, 방법, 도구를 활용하느냐에 따라 결과가 달라진다.

2) 나 자신에 대한 부정은 표층의 육신이 자신이라는 顚倒見을 버리고자 함이며, 긍정은 심층의 본성, 자성이 자신임을 아는 正見을 갖고자 함이다. 따라서 大肯定은 나 자신의 어느 측면에도 걸림이 없이 自由自在함을 뜻한다.

한국사상과 인간의 삶

또한 특정한 종교, 이념, 사상, 학문을 대상으로 시비, 선악을 평가하여 배척하거나 고수하지 않을 것이다. 단지 지금 여기의 자신은 다양한 측면이 있기 때문에 자기 자신의 다양한 차원을 따라서 삶과 세계를 다양하게 이해하고자 할 뿐으로 하나의 주장이나 이론을 제기하려는 의도가 없다.[3] 그러면 나 자신에 대한 성찰의 도구는 무엇인가?

우리가 나 자신과 삶, 세계를 성찰할 때 사용할 때 사용하는 일반적인 도구는 언어이다. 사람들은 언어를 도구로 하여 나와 삶, 세계에 관하여 자신들의 주장, 이론체계를 구성하고, 이론체계를 담은 책을 저작한다. 따라서 우리의 나와 삶, 세계에 대한 고찰 역시 언어로부터 시작하지 않을 수 없다.

한 권의 저작에는 여러 이론, 주장이 제시되고, 다양한 개념들이 등장한다. 이때 하나의 단어, 개념 그리고 주장, 이론이 가리키는 대상이 실재하느냐의 문제가 발생한다. 그것은 유有와 무無, 생生과 사死, 시是와 비非, 선善과 악惡과 같은 여러 개념들이 가리키는 내용이 있는가 아니면 단지 개념일 뿐인가의 문제가 있음을 뜻한다.

우리가 앞으로 진행할 일에는 나는 있는가 아니면 없는가의 유무有無, 나는 시간상으로 영원한가 아니면 유한한가의 단상斷常, 다른 존재와 같은가, 다른가의 일이一異에 시작하여 양자가 둘인가 하나인가[4]와 같은 많은 문제가 포함된다.

유무有無, 단상斷常, 일이一異는 양립이 불가능한 이것과 저것이라는 상대적인 개념 쌍들이다. 이처럼 모순矛盾 관계로 나타나는 개념 쌍은 동일한 차원의 반대 관계를 이루는 두 개념에 의하여 구성된다. 그러면 모순관계의 개념 쌍은 어떤 의미를 나타내는가?

---

3) 나 자신과 不二의 경계에서 만물을 이해하고, 不一의 경계에서 만물을 이해하는 大肯定의 관점에서 보면 그 어떤 이념이나 주장, 이론도 배척하거나 고집해야 할 대상이 없다. 오로지 필요에 의하여 자신의 생명 활동을 이롭게 하도록 활용할 뿐이다.
4) 《대반열반경》8권(ABC, K0105 v9, p.68a07-a08), "我與無我 性相無二".

모순관계를 형성하는 두 개념이 만나서 형성된 개념 쌍이 나타내는 의미가 무엇인지는 사유와 언어 두 관점에서 살펴볼 수 있다. 그것은 개념 쌍이 나타내는 모순관계를 통하여 나타내는 내용이 언어의 문제인가 아니면 더 나아가서 언어로 드러나는 사유의 문제인가의 두 측면에서 살펴볼 수 있음을 뜻한다. 그러면 어떻게 할 것인가?

먼저 언어를 출발점으로 삼아서 개념 쌍의 분석을 통하여 사유구조, 사유논리가 드러나고, 사유구조, 사유논리를 중심으로 개념에 의하여 형성된 명제, 이론체계의 분석을 통하여 사유 이전, 언어 이전을 발견할 수 있다. 그러면 나와 삶, 세계에 대한 고찰과 언어, 사고는 어떤 관계인가?

나 자신에 대한 성찰은 두 관점에서 접근할 수 있다. 첫째는 나는 누구인가의 문제가 언어에 의하여 제기되었기 때문에 언어를 중심으로 살펴볼 수 있다. 둘째는 언어는 사유구조, 사유논리를 나타내고 있다. 그렇기 때문에 자신과 삶, 세계에 대한 고찰은 사유구조, 사유논리를 중심으로 살펴볼 수 있다.

나와 삶, 세계를 언어의 측면에서 고찰하여 단순한 언어의 문제를 실재의 나의 문제로 착각한 것은 아닌지를 파악할 수 있고, 사유구조, 논리구조를 중심으로 고찰하여 우리가 실재의 나와 삶으로 오해했던 문제들이 단순한 사유의 문제가 아닌지를 파악할 수 있다.

우리는 그 과정을 통하여 언어가 갖는 한계는 언어를 버리고 다른 대안을 찾아야 할 문제가 아니라 언어를 사용하는 지금 여기의 우리 자신의 올바른 사용 방법의 문제임을 확인할 것이다. 그리고 사고의 분별적 특성도 사고의 한계가 아니라 사고를 올바로 하는 길, 방법을 찾는 실마리임을 확인할 것이다. [5] 그러면 사고와 언어는 어떤 관계인가?

사유의 결과는 언어를 통하여 표현되지만 동시에 사유는 언어를 통하여 이

---

5) 일반적으로 동양학의 특성을 서양학과 비교하여 논리를 초월超越한다고 주장하기도 하고, 언어도단言語道斷 심행처멸心行處滅을 통하여 언어와 사고를 초월한다고 주장한다. 그러나 이것도 언어를 사용하여 사고의 내용을 나타낼 뿐만 아니라 논리에 바탕을 둔 주장이다.

루어진다. 그렇기 때문에 사유와 언어를 둘로 볼 수 없지만 그렇다고 하여 하나로만 여길 수 없다. 따라서 양자를 둘로 나누어서 이해하는 동시에 하나의 관점에서 살펴보는 것이 필요하다. 그러면 사고와 언어는 자기의 삶, 세계와 어떤 관계인가?

사고와 언어의 문제는 본래 나는 누구인가를 해결하려는 과정에서 제기된 문제이다. 그것은 사고의 주체이면서 언어를 사용하는 나를 떠나서 사고와 언어가 논의될 수 없음을 뜻한다.

우리는 사고와 언어를 도구로 하여 나와 삶, 세계를 찾기도 하고, 나타내기도 한다. 사고와 언어의 관계는 나를 찾는 측면과 나를 드러내는 두 측면에서 이해할 수 있다. 나를 찾음은 언어를 통하여 사유구조를 찾고, 사유구조를 통하여 사유 이전을 찾아감이다.

나를 드러냄은 사유에 의하여 이것과 저것을 나누고, 언어를 통하여 달리 나타내는 분별分別에 의하여 실체화, 대상화하여 다양한 나와 삶, 세계를 나타냄을 뜻한다. 나를 나타내는 방법은 사유에 의하여 나와 세계를 나누고, 나와 남을 나누며, 나와 사물을 나누고(分), 그것을 다시 나라는 개념을 통하여 남과 다른 어떤 것이라는 개념으로 달리 나타낸다(別). 그러면 왜 우리는 나를 찾아야 하는가?

사람들은 사유의 분별을 언어로 제시한 생사生死, 유무有無, 열반涅槃, 자타自他를 비롯한 다양한 개념들이 가리키는 대상이 실재한다고 착각한다. 그것은 내가 있고, 남이 있으며, 세계가 있고, 사물이 있다고 여김을 뜻한다.

나와 남, 세계, 사물이 있다는 실체적 사고에 의하여 나의 삶이 있고, 내 생명이 있다고 여기면 삶을 소유하고, 죽음을 버리려고 한다. 그리고 삶을 연장하기 위하여 사물을 소유하고, 남을 소유하며, 세계를 소유하려는 욕망을 갖는다.

욕망은 남과의 투쟁을 낳고, 투쟁은 고통을 낳는다. 남과 함께 할 수 없는 삶, 오로지 투쟁만이 있는 삶은 항상 불안하고, 불편하다. 이처럼 현상을 보면 삶이 본래 고통스러우며, 나는 불완전하고, 지혜롭지 못하며, 자비롭지 못하고, 앎보다는 모름이 더 많으며, 할 수 있는 것보다 할 수 없는 일이 더 많은 존재로 여길 수밖에 없다. 그러면 우리는 영원히 행복할 수 없는가?

사고와 언어는 몸과 마음이라는 주체가 있어서 나타나는 결과이다. 만약 지금 여기의 내가 없으면 나의 삶이 없고, 내가 살아가는 세계도 없다. 그것은 고정되어 변화하지 않는 실체적 내가 있다는 착각錯覺에 의하여 삶의 고통이 일어남을 뜻한다. 그러면 몸과 마음으로 구성된 나라는 실체적 존재가 있는가?

몸과 마음은 둘이 아니다. 그것은 몸과 마음이 독립된 실체가 아니라 연기적緣起的 사태, 사건임을 뜻한다. 유무, 생사, 단상의 개념들을 살펴보자. 위의 단어들은 양립이 불가능한 모순관계를 이루는 유와 무, 생과 사, 단과 상에 의하여 구성된다. 그럼에도 불구하고 두 개념이 만나서 형성된 하나의 단어는 양자가 각각 상대방에 의하여 성립되는 연기적緣起的 관계를 나타낸다. 그러면 이러한 개념들은 단순하게 연기의 세계를 나타내는가?

연기적 관계를 나타내는 두 개념들은 하나의 실체가 아니다. 우리가 실체적 관점에서 개념들을 이해하면 모순관계를 이루지만 그것을 통하여 오히려 둘이 아님을 뜻하는 연기적 관계를 나타내듯이 둘이 아닌 경계인 중도中道를 나타낸다. 그러면 나는 누구인가의 문제가 갖는 성격이 무엇인가?

나는 누구인가라는 주제는 고정된 실체적 존재로서의 나와 삶 그리고 사물이나 세계를 전제로 하지 않지만 그렇다고 하여 실체적 세계를 벗어나지 않는다. 그렇기 때문에 나를 찾거나 나를 나타내는 두 측면을 통하여 양면에 걸림이 없는 경계, 모순이 아닌 양자가 모두 의미가 있는 경계를 드러내어야 한다.

시비, 선악, 유무를 구성하는 두 측면을 넘어서면서도 두 측면을 벗어나지 않는 경계를 중도中道라고 한다. 이때 중도中道 역시 실체적 존재가 아니라 다양하게 드러낼 수 있기 때문에 다양하게 드러나는 측면에서 역도易道, 변화變

化의 도道라고 말한다. 따라서 나와 삶, 세계에 대한 대긍정의 태도는 중도를 바탕으로 이루어진다. 그러면 우리가 중도, 역도를 바탕으로 나와 삶, 세계를 고찰하는 작업이 어떤 의미를 갖는가?

나와 삶, 세계는 고정되지 않아서 끊임없이 새롭게 드러나고, 다양하게 드러난다. 그렇기 때문에 실체적 나와 삶, 세계를 전제로 하여 그것을 찾는 탐구적 방법은 나와 삶, 세계와 아무런 상관이 없는 일이다.

그러나 사고와 언어를 도구로 하여 살아가는 삶은 매 순간 둘이 아닌 경계, 시공을 넘어선 경계를 사건화하고 물건화하는 실체화의 연속이다. 나와 남, 세계, 사물이 둘이 아닌 경계를 나와 사건으로 나타내고, 물건으로 나타내어 둘로 대상화함을 뜻한다. 중도인 삶, 고정되지 않는 삶을 실체화하여 시간의 관점에서 사건으로 나타내고, 다시 공간의 관점에서 물건화, 입자화한다.

우리가 이미 이루어진 나와 삶, 세계에 대한 다양한 성찰의 성과들을 도구로 하여 나와 삶, 세계를 고찰하고 그것을 다시 사유와 언어를 도구로 하여 나타내는 일 자체가 그대로 삶이다.

고정되지 않는 삶을 실체화하여 사건적 존재로 나타내고, 물건적 존재로 나타내는 도구는 사고와 언어이다. 우리는 언어를 통하여 사고할 뿐만 아니라 사고의 결과를 언어를 통하여 나타낸다. 따라서 우리의 삶에서 사고와 언어가 중요하지 않을 수 없다.

그러나 비록 언어가 비록 우리 자신을 나타내는 도구이지만 우리 자신은 아니다. 그것은 마치 계룡산을 나타내는 지도와 같아서 비록 지도가 계룡산을 찾아가는 데 도움은 되지만 계룡산 자체는 아닌 것과 같다.

언어가 인간의 삶에서 갖는 역할은 지도와 다르다. 우리는 지도의 유용함을 알지만 지도와 계룡산을 혼동하지는 않는다. 그럼에도 불구하고 사람들은 언어를 통하여 표현된 세계와 현실을 혼동할 뿐만 아니라 더 나아가서 언어로 표현된 세계를 실다운 세계로 착각을 한다.

언어로 나타낸 나, 삶, 세계를 언어로 나타내기 이전과 동일시하거나 더 나아가서 언어로 나타내는 나, 삶, 세계를 실재로 여기는 지적知的이고, 정서적인 태도는 그대로 언행으로 드러난다. 그리고 언행을 통하여 타인과의 소통이 이루어진다. 그러면 사고와 언어를 통한 소통의 형태는 무엇인가?

사고와 언어는 크게 합일合一과 분생分生의 두 측면에서 이해할 수 있다. 따라서 사고와 언어를 통하여 이루어지는 소통 역시 합일과 분생의 두 측면에서 이해할 수 있다. 그것은 합일의 측면에서 분생을 향하는 방향과 분생의 측면에서 합일을 향하는 두 방향에서 사고와 언어의 소통을 이해할 수 있음을 뜻한다.

많은 사람들은 다양한 현상의 측면에서 개체적 존재로서의 개인의 자유로운 삶을 갈망하는 삶의 방향에 익숙해져 있다. 그렇기 때문에 사고의 내용을 언어로 표현하고 글을 통하여 표현할 때 사고의 내용은 물론 이것을 언어로 표현한 내용과 더불어 언어로 표현한 내용에 대한 시비, 선악이 실재한다고 여긴다.

사고작용과 언어에 의한 표현 그리고 이에 대한 사실판단과 가치판단이 실재한다는 생각은 나와 남이 있고, 세계가 실재한다는 실체적 사고를 바탕으로 한다. 그것은 시간을 제거하고 오로지 공간적 관점에서 입자적 사고에 의하여 세계를 이해하는 하나의 방법이다.[6]

실체적 사고에 의하여 삶을 살아가면 삶 자체가 물리적 생명을 유지하기 위한 투쟁의 과정이 되지 않을 수 없다. 오늘날의 우크라이나 사태에서 확인할 수 있듯이 러시아와 우크라이나라는 두 국가 사이에 일어난 전쟁이 당사자는 물론 세계가 친우크라이나 국가와 친러시아 국가로 나누어져서 대립과 갈등

---

6) 실체적 사고에 의하여 고정된 나와 남이 있고, 세계가 있으며, 사물이 있음을 전제로 하여 나의 삶, 나의 사고, 나의 언행을 논하는 것이 어떤 의미를 가지며, 올바른 것인지에 대한 논의는 다음에 계속해야 할 주제이다. 이 부분에서는 사고와 그 결과를 언어로 표현하였을 때 그것이 우리의 삶에 어떤 영향을 미치는 것인지를 살펴보고자 한다.

속에서 인류를 고통으로 몰아넣고 있다.

남과 다른 실체적 존재로서의 내가 있고, 자연, 사물이 있음을 전제로 이루어지는 사고는 대상적 사고이다. 이것과 저것이라는 실체를 대상으로 이루어지는 대상적 사고, 실체적 사고는 이것과 저것을 둘로 나타내는 분별적 사고와 이것과 저것을 하나로 여기는 합일적 사고로 나누어 이해할 수 있다.

우리가 사고를 전일적全一的이고, 통합적인 측면에서 이루어지는 합일合一적 사고와 개체적이고, 분석적인 측면에서 이루어지는 분생적分生的 사고의 두 측면에서 논할 수밖에 없는 까닭은 개체적 측면에서 전체, 보편을 보면 합일적合一的 사고를 하지 않을 수 없고, 전체, 보편의 측면에서 개체를 향하면 분생적分生的 사고, 분별적 사고를 하지 않을 수 없기 때문이다.

사고의 내용을 담고 있는 언어 그리고 언어를 육신을 통하여 표현하는 행위 역시 합일合一과 분생分生의 두 측면이 공존共存한다. 따라서 우리가 이 두 측면의 어느 하나에 머물러서 사고를 하고, 언행을 할 때 자연스럽지 못하고, 자유롭지 못하다.

지금부터 우리는 언어가 나를 찾는 일과 어떤 관계인지를 살펴본 후에 이어서 언어로 드러나는 사고가 나와 어떤 관계인지를 살펴보고 마지막으로 언어와 사고를 통하여 나를 표현하는 일과 나를 찾는 일이 어떤 관계인지를 살펴보고자 한다.

1. 언어와 삶, 세계

인간이 동물, 식물과 다른 여러 특성 가운데 하나는 언어의 사용이다. 인간은 언어를 통하여 마음을 전하고, 언어를 통하여 사고하며, 행위를 통하여 언어의 내용을 나타낸다. 이처럼 언어의 사용은 인간의 삶에 중요한 부분임에 틀림이 없다.

언어 가운데서 음성언어는 시간적 한계가 있으며, 문자언어는 공간적 한계가 있다. 그렇기 때문에 둘이 서로 상대방의 한계를 보완해 주는 관계라고 할 수 있다. 오늘날에는 발달한 기술에 의하여 언어가 갖는 시공적인 한계가 사라지고 있다. 그러면 언어는 무엇인가?

일반적으로 언어는 실재하는 대상을 나타내는 기능을 한다고 여긴다. 이는 언어와 언어를 사용하는 인간 그리고 언어가 나타내는 대상이 실재한다는 실체적 세계관을 바탕에 깔고 있음을 뜻한다.

지금 컴퓨터의 자판기를 두드리는 내가 있고, 컴퓨터, 자판기라는 실체가 있기 때문에 나, 컴퓨터, 자판기라는 개념을 통하여 실체를 나타낼 수 있다. 만약 내가 있다고 하여도 컴퓨터가 없거나 내가 있고, 컴퓨터가 있다고 하여도 마음이 없다면 원고를 쓰는 행위가 일어나지 않을 것이다.

실체는 저것과 구분하여 나타낼 수 있는 고정된 불변不變의 이것을 가리킨다. 나는 남과 구분되고, 유有는 무無와 구분되며, 삶은 죽음과 구분된다. 이처럼 서로 구분되는 실체가 있을 뿐만 아니라 그것을 나타내는 도구인 언어가 있기 때문에 언어를 통하여 실체를 나타내는 개념, 문장, 글이 구성될 수 있다. 그러면 고정된 불변의 실체가 있는가?

언어를 통하여 실체적 존재를 나타낼 수 있다는 주장에는 두 가지의 문제가 있다. 그 하나는 과연 이것과 저것으로 구분할 수 있는 실체가 있는가의 문제이며, 나머지 하나는 설사 실체가 있다고 할지라도 언어가 실체를 그대로 나타낼 수 있는가의 문제이다. 그러면 언어의 문제와 나 자신의 삶과 세계에 대한 성찰은 어떤 관계인가?

언어의 대상이 실재하는가의 문제와 언어가 대상을 그대로 나타낼 수 있는가의 문제는 그대로 나와 삶, 세계가 무엇인가의 주제가 안고 있는 문제이다. 나와 삶, 세계가 무엇인가의 주제는 나, 삶, 세계라는 개념과 무엇이라는 개념에 의하여 구성된다.

이때 나는 남과 상대적인 개념이며, 무엇은 저것과 다른 이것이라는 의미의 개념이다. 따라서 나와 남, 이것과 저것이라는 상대적 개념이 바탕이 되어 구성된다. 그러면 남과 다른 나는 있는가?

만약 '나'라는 개념이 가리키는 남과 구분되고, 사물과 구분되며, 세계와 구분되는 내가 없다면 나는 누구인가의 문제 자체가 성립될 수 없다. 우리는 책상이라는 실체가 있고, 이 책상을 가리키는 '책상'이라는 언어가 있는 것과 같이 '나'라는 언어가 있기 때문에 그 언어가 가리키는 대상으로서의 남과 구분되는 내가 있다고 여긴다. 그러면 과연 남과 구분되는 내가 있는가?

대부분의 사람들은 내가 있음을 부정하지 않는다. 배가 고프면 배가 고픔을 알고, 남이 음식을 먹으면 내 배가 부르지 않고 내가 음식을 먹어야 비로소 내 배가 부름을 안다. 남이 기쁘면 나도 역시 기쁘지만 남이 기쁠지라도 나는 오히려 슬퍼지기도 한다. 남이 죽으면 나도 슬프지만 남이 죽는다고 하여 나도 역시 죽지는 않는다.

그런데 희로애락喜怒愛樂의 감정이나 삶과 죽음, 남과 구분되는 내가 있음과 없음은 형상을 중심으로 논의된다. 남과 구분되는 내가 있음은 남의 형상과 다른 형상을 가진 내가 있음을 의미하고, 남의 감정과 다른 나의 감정이 있음을 의미한다. 그러면 남과 다른 형상을 나타내고, 남과 다른 감정을 나타내는 내가 있음은 무엇을 의미하는가?

내가 있음은 나와 있음의 문제가 포함되어 있다. 남이 아닌 나, 없음이 아닌 있음이 결합하여 내가 있음으로 나타난다. 나와 있음이 결합된 내가 있음은 언어의 측면에서 살펴볼 수 있을 뿐만 아니라 언어의 내용인 실재의 측면에서 살펴볼 수 있다.

언어의 측면에서 살펴보면 나와 남, 있음과 없음은 상대적인 개념이다. 있음이라는 개념이 성립하기 위해서는 없음이라는 개념이 필요하고, 없음이라는 개념이 성립하기 위해서는 있음이라는 개념이 필요하다. 노자는 있음과 없음을 비롯하여 모든 개념들이 상대적인 관계를 통하여 존재함을 다음과 같이 밝히고 있다.

> 없음과 있음이 서로를 낳고, 어려움과 쉬움이 상대방에 의하여 성립되며, 길고 짧음은 서로를 비교함으로써 이루어지고; 높고 낮음은 서로 차이가 생기며, 곡조와 소리가 서로 반응하고, 앞과 뒤가 서로 따른다.[7]

있음으로 인하여 없음이 성립되고, 없음으로 인하여 있음이 성립되기 때문에 있음과 없음이 서로 낳는다고 하였다. 마찬가지로 난이, 장단, 고하, 음성, 전후가 모두 서로 다른 개념들이 모여서 형성된 단어들이다.

있음과 없음의 관계는 시간상으로는 항상 함과 단절의 관계로 나타낼 수 있다. 있음은 어떤 물건이나 사건이 계속됨을 뜻하고, 없음은 물건이나 사건이 어느 순간에 단절됨을 뜻한다. 이때 항상 함은 단절과 상대적인 개념이다. 그것은 영원과 순간이 상대적인 개념으로 양자가 하나이거나 둘일 수 없음을 뜻한다. 그러면 내가 있음은 무엇을 의미하는가?

내가 있다고 하기 위해서는 남과 다른 내가 시간상으로 항상 해야 한다. 그

---

7) 《도덕경》제2장, 노자, "故 有無相生 難易相成 長短相較 高下相傾 音聲相和 前後相隨".

러나 나는 매 순간 변화한다. 육신도 변화하여 한순간도 같은 모습이 없을 뿐만 아니라 생각도 끊임없이 변화하여 같지 않다. 따라서 남과 다른 고정된 내가 있다고 할 수 없다.

내가 있다는 것은 남과 다른 내가 있음을 뜻한다. 이때 같음과 다름 역시 상대적인 개념이다. 우리가 나와 남을 모두 인간이라고 말함은 양자가 같음을 뜻한다. 그렇다고 하여 남과 나의 모습이 같고, 생각이 같으며, 언행이 같은 것은 아니다. 그렇기 때문에 남과 다른 내가 있다고 할 수 없다.[8]

내가 있음은 어디에서 오거나 감이 있음을 뜻한다. 그러나 옴과 감은 상대적인 개념이다. 그러므로 옴이 없는 감이나 감이 없는 옴은 있지 않다. 나는 태어나기 이전에는 이곳에 없었기 때문에 다른 곳에서 있다가 이곳으로 왔다고 할 수 있다. 그리고 죽은 후에는 이곳에 없기 때문에 이곳에서 다른 곳으로 갔다고 할 수 있다.

그러나 내가 태어난 곳도 우주 안이며, 내가 죽을 곳도 우주 안이다. 그것은 우주의 안팎이 있음을 나타내는 것이 아니라 안팎이 없는 무변無邊의 허공虛空을 쪼개고 나누어서 이곳과 저곳이라는 개념에 의하여 나타낸 것이다. 그렇기 때문에 내가 다른 곳에서 와서 이곳에서 태어난 것도 아니고, 이곳에서 죽어서 다른 곳으로 가는 것도 아니다. 그러면 나는 없는가?

고정된 내가 없음은 아무것도 없는 허무虛無를 의미하지 않는다. 나는 누구인가라는 문제를 제기하고, 그것을 해결하기 위하여 일어나는 매 순간의 사고와 행위 자체가 없는 것은 아니다. 따라서 나는 있다거나 없다고 할 수 없다.[9] 그러면 나와 남, 생과 사, 유와 무와 같은 개념들이 상대적인 개념이 없이 성립할 수 없듯이 개념들이 가리키는 대상이 없는가?

---

8) 《중론》 3권(ABC, K0577 v16, p.375c08-c13), "若法性定有 則是有相 非無相 終不應無 若無則非有 卽爲無法 先已說過 故如是 則墮常見 若法先有敗壞而無者 是名斷滅 何以故 有不應無故 汝謂有各各有定相故 若有斷常見者 則無罪福等破世間事 是故應捨".

9) 《중론》 2권(ABC, K0577 v16, p.367a23-b03), "思惟推求本住於眼等 先無今後亦無 若三世無 卽是無生寂滅 不應有難 若無本住 云何有眼等 如是問答 戲論則滅 戲論滅故 諸法則空".

언어의 특징은 기본적으로 이것과 저것을 나누어서 저것이 아닌 '이것이 무엇이다.'라고 이것에 대하여 설명하는 데 있다. 만약 이것과 저것을 구분하여 나타낼 수 있는 실체적 세계 자체가 없다면 이것과 저것을 구분하여 언어로 나타낼 수 없다.

우리는 불이라는 실체가 있다고 생각한다. 그러나 불은 연료가 없다면 타오를 수 없다. 따라서 연료를 떠나서 불이라는 실체가 없다. 그러면 불과 연료가 둘인가?

만약 불과 연료가 둘이라면 연료가 없이도 불은 항상 타올라야 한다. 그러나 연료가 없으면 불을 타오르지 않는다.[10] 그러므로 불과 연료는 둘이 아니다. 그러면 불과 연료가 하나인가?

연료는 불이 아니다. 그렇다고 하여 연료를 떠나서 불은 없다. 불은 연료를 갖고 있지 않으며, 연료도 불을 갖지 않는다. 연료 속에도 불은 없고, 불 속에도 연료는 없다.[11] 따라서 불과 연료가 모두 없다. 그러면 이것이 무엇을 의미하는가?

물건적 존재, 실체적 존재로서의 이것과 저것은 존재하지 않으며 오로지 찰나에 나타났다가 사라지는 사건의 연속, 사건의 흐름이 있을 뿐이다. 하나로 연결된 흐름, 전일적인 생명현상, 고정되지 않는 변화의 연속이 있다.[12] 그러면 변화의 연속은 있는가?

남과 구분되는 나라는 개념이 가리키는 남과 다른 나, 실체적 존재로서의 내가 있다거나 없다고 할 수 없고, 그렇다고 하여 있으면서 없다고 할 수 없고, 없는 것도 아니면서 있는 것도 아니라고 할 수 없다.[13] 마찬가지로 변화의 연

---

10) 《중론》 2권(ABC, K0577 v16, p.367c10-c12), "若燃與可燃異 應離可燃別有燃 分別是可燃是燃 處處離可燃應有燃 而實不爾 是故異亦不可".

11) 《중론》 2권(ABC, K0577 v16, p.367c05-c08), "若燃可燃一 則作作者亦應一 若作作者一 則陶師與瓶一 作者是陶師 作是瓶 陶師非瓶 瓶非陶師 云何爲一".

12) 《한마음요전》, (재)한마음선원, 2008, 355.

13) 《대방등대집경》 13권(ABC, K0056 v7, p.132c22-133a02), "本無有生而今生 本無有出而今出 無有造作無受者 無有諸因及果報 亦復非有而非無 非有彼此二種相 亦不在內非在外 卽是甚深十二緣".

한국사상과 인간의 삶

속이라는 하나의 사태, 고정된 세계, 전일한 세계도 있거나 없고, 있으면서도 없고, 있지 않으면서 없지 않다고 할 수 없다.

유와 무, 생과 사, 나와 남, 시간과 공간과 같은 다양한 개념들을 통하여 나타내는 세계는 마치 계룡산을 나타내는 지도와 같아서 계룡산이 아니다. 그럼에도 불구하고 우리는 일상의 삶에서 지도와 같은 언어를 통하여 소통하면서 삶을 살아가기 때문에 언어에 의하여 표현된 것이 그대로 세계 자체라고 혼동을 하게 된다.

우리는 똥이라는 개념을 사용한다. 이때 똥이라는 개념은 더럽거나 냄새가 나지 않는다. 그럼에도 불구하고 똥이라는 단어가 들어간 말을 들으면 이마가 찌푸려지고 왠지 기분이 좋지 않은 것은 똥이라는 개념과 똥을 동일하게 여기기 때문이다.

우리가 다른 사람으로부터 당신, 너, 그대, 학생, 교수, 선배, 후배와 같은 다양한 말들을 들으면서 희로애락의 감정을 갖게 되는 것은 일차적으로 그 개념이 가리키는 내가 있다고 여기기 때문이다.

그러나 있음과 없음은 상대적이기 때문에 있음이 성립하기 위해서는 없음이 있어야 하고, 없음이 성립하기 위해서는 있음이 있어야 하지만 동시에 있음이 성립하기 위해서는 없음이 없어야 하고, 없음이 성립하기 위해서는 있음이 없어야 하는 모순관계이다. 이처럼 있음과 없음이 서로가 서로를 존재하게 하는 동시에 서로가 서로를 배척함은 무엇을 의미하는가?

언어와 그것이 가리키는 대상으로서의 실재는 있음과 없음의 경우와 같이 고정되지 않는다. 있음과 없음은 둘이라고 할 수 없어서 불이不二이지만 하나라고 할 수 없어서 불일不一이다. 노자는 미추美醜, 선불선善不善을 통하여 언어와 그것이 가리키는 실재가 둘이 아님을 다음과 같이 밝히고 있다.

세상 사람들은 모두 아름다움을 아름다움이라고 알지만 그것은 추악醜惡함이며

사람들이 모두 선善을 선善이라고 알지만 그것은 불선不善이다.[14]

인용문에서는 미추와 선불선을 통하여 두 개념이 서로에 의하여 성립될 수 있는 상대적인 개념임을 나타내고 있다. 사람들은 미와 추라는 개념이 제시하는 아름다움과 추함이 실재한다고 여긴다. 그러나 아름다움과 추함은 단지 하나의 개념일 뿐으로 실재하는 것은 아니다.

말은 어떤 말이라도 할 수 있지만 그렇게 말하여진 말은 고정된 말이 아니다.[15] 마찬가지로 말을 구성하는 개념들도 그렇다. 어떤 개념이라도 사용하여 문장을 구성하고, 문장을 사용하여 글을 만들 수 있다. 그러나 그렇게 사용된 개념도 고정되지 않는다.[16]

우리는 개라는 개념을 통하여 소와 다른 동물을 가리키는 개념으로 사용할 수 있다. 그리고 여러 개념들을 통하여 개에 대하여 말할 수 있다. 그러나 개라는 개념도 고정되지 않을 뿐만 아니라 개에 대한 다양한 말들도 고정되지 않는다.

언어도 고정되지 않을 뿐만 아니라 언어가 가리키는 대상도 고정되지 않는다. 개를 Dog, 犬과 같이 다양한 언어로 표현할 수 있을 뿐만 아니라 개에 대하여 '개는 착하다.', '개는 사냥을 잘한다.', '개는 인간과 친하다.'와 같이 다양하게 말할 수 있다. 그러면 언어와 그것이 가리키는 대상이 고정되지 않음이 무엇을 뜻하는가?

언어는 본질적으로 실체가 아닌 존재를 고정하여 실체화하는 기능을 갖고 있다. 사람들은 언어에 대하여 고정된 사물이 없음에도 불구하고 사물을 고정하여 나타냄을 여러 각도에서 비판한다.

《주역》에서는 "글로는 말을 다 할 수 없고, 말로는 뜻을 다 드러낼 수 없다"[17]

---

14) 《도덕경》 제2장, 노자, "天下皆知美之爲美斯惡已 皆知善之爲善斯不善已".
15) 《도덕경》 제1장, 노자, "道可道 非常道".
16) 《도덕경》 제1장, 노자, "名可名 非常名".
17) 《주역》 계사상繫辭上 12, "子曰 書不盡言 言不盡意 然則聖人之意其不可見乎".

고 말하고, 《도덕경》에서는 "(도를) 아는 사람은 (도에 대하여) 말을 하지 않고, (도에 대하여) 말을 하는 사람은 (도를) 모른다."[18]라고 하여 언어가 드러내고자 하는 모든 뜻을 나타낼 수 있는 만능의 도구가 아님을 밝히고 있다.

선가禪家에서는 "마음길이 끊어지고, 말길이 사라진 곳"[19]을 말하고, "언어를 세울 수 없음"[20]을 말하며, "말을 하면 그대로 어긋남"[21]을 말한다. 그러면 우리는 언어를 사용하지 말아야 하는가?

"언어를 세우지 않음"도 언어이며, "말을 하면 어긋남"도 말함이며, "글로는 말을 다 할 수 없고, 말로는 뜻을 다 드러낼 수 없다"는 것도 말과 글이다. 이처럼 언어의 한계마저도 언어를 통하여 드러나는 점에서 보면 적극적이고, 긍정적인 측면에서 언어를 고찰하는 것이 필요하다. 그러면 언어가 갖는 두 측면을 어떻게 이해할 것인가?

말이나 글 자체는 고정되지 않을 뿐만 아니라 말, 글이 가리키는 대상인 사물 역시 고정되지 않는다. 그렇기 때문에 언어가 갖는 긍정적인 측면과 부정적인 측면, 장점과 한계는 언어 자체의 문제가 아니다.

만약 언어 자체의 문제라면 언어를 통하여 나타내는 내용인 사물과도 연관된다. 만약 언어 자체가 문제를 안고 있다면 언어를 통하여 나타내는 인간을 비롯하여 모든 사물 역시 동일한 문제를 갖고 있다.

그러나 언어의 한계는 언어의 문제이거나 언어가 가리키는 실체적 세계의 문제가 아니라 언어를 사용하는 인간의 문제이다. 그것은 언어와 실재가 다름을 나타내는 것도 인간이고, 하나임을 나타내는 것도 인간임을 뜻한다.

인간은 언어의 한계를 끊임없이 환기시키면서도 언어를 사용하고, 문자를

---

18) 《도덕경》제56장, "知者不言 言者不知 塞其兌 閉其門 挫其銳 解其分 和其光 同其塵 是謂玄同".
19) 《대지도론》2권(ABC, K0549 v14, p.510a16-a19), "是名三藐三佛陁 復次知 一切諸法 實不壞相 不增不減 云何名不壞相 心行處滅 言語道斷 過諸法如 涅槃不動 以是故 名三藐三佛陁".
20) 《조당집》2권(ABC, K1503 v45, p.245a13), "達摩曰 我法以心傳心 不立文字".
21) 《선문염송집》25권(ABC, K1505 v46, p.407a14-a15), "良久云 開口卽錯 閉口卽失 碧眼胡僧暗點頭 孔門弟子無人識".

세울 수 없음을 말하면서 문자를 세우며, 심지어는 "상象을 세워서 뜻을 다 드러내었고, 언사를 통하여 하고 싶은 말을 다하였다."[22]라고 말한다. 그것은 무엇을 의미하는가?

언어와 그것이 가리키는 대상을 중심으로 언어를 이해하는 관점을 바꾸어서 언어를 사용하는 인간을 중심으로 이해해야 한다. 이와 더불어 인간과 언어를 입자적 관점, 물건적 관점에서 이해할 것이 아니라 사건적 관점에서 이해하는 것이 필요하다.

만약 말을 필요로 하는 사람에게 말을 하지 않으면 사람을 잃고, 말을 필요로 하지 않는 사람에게 말을 하면 말을 잃는다. 그렇기 때문에 지혜로운 사람은 말도 잃지 않고, 사람도 잃지 않는다.[23]

말은 해야 할 때 말을 하고, 말을 하지 말아야 할 때 말을 하지 않는 사람이 지혜로운 사람이다. 그는 말을 사용하여 다른 사람을 이롭게 할 뿐만 아니라 말을 사용하지 않음으로써 다른 사람을 이롭게 한다.

말을 사용해야 할 때 말을 하는 것은 병에 따라서 알맞은 약을 주는 응병여약應病與藥과 같다. 이때의 병病은 사람이 언어에 집착하여 자유롭게 사용하지 못함을 뜻한다. 언어를 통하여 언어에 의하여 얻은 병을 제거함을 병에 따라서 약을 준다고 말한다. 그러면 병病이란 구체적으로 무엇인가?

어떤 사람이 언어가 가리키는 대상으로서의 실체가 있고, 문장이 가리키는 사실이 있으며, 이론체계가 가리키는 세계, 우주가 있다고 생각하면 그 사람은 모든 것을 소유하려는 욕심을 갖는다. 이는 나와 삶에 대한 견해, 지식, 앎의 문제가 삶 속에서 그대로 정情과 관련하여 나타남을 뜻한다.

만약 어떤 사람이 언어가 가리키는 대상이 나와 둘이라고 알고, 나와 둘인 사물을 소유하고자 하는 욕심을 가지면 이 사람은 욕심을 채우기 위하여 때로

---

22) 《주역》계사상繫辭上 12, "子曰 聖人立象以盡意 設卦以盡情僞 繫辭焉以盡其言 變而通之以盡利 鼓之舞之以盡神."

23) 《논어》위령공衛靈公, "子曰 可與言而不與之言失人 不可與言而與之言失言 知者不失人 亦不失言".

는 다른 사람과 투쟁하고, 때로는 다른 사람을 배척하거나 제거한다.

삶과 나를 둘로 여기고, 나와 남을 둘로 알 때 발생하는 문제는 언어와 실재의 혼동이다. 언어가 가리키는 대상이 나와 별개로 존재한다고 여길 때 언어는 마치 계룡산을 가리키는 지도와 같다.

지도는 계룡산을 파악할 수 있는 도구는 될 수 있지만 계룡산 자체는 아니다. 그럼에도 불구하고 사람들은 언어를 중심으로 일상의 삶을 살아가는 데 익숙하여 언어의 세계와 실재의 세계인 계룡산의 지도와 계룡산을 혼동하기 시작한다.

그리고 계룡산과는 상관이 없이 지도를 중심으로 삶을 살기 시작하면서 비로소 계룡산보다는 지도를 중요하게 여기게 된다. 우리가 똥이라는 개념이 더러운 냄새가 나지 않음에도 불구하고 똥이라는 개념을 보거나 읽는 소리를 들으면 똥과 같이 냄새가 나고 더럽다고 느끼는 것이 바로 이러한 현상이다.[24]

죽음이라는 개념이 가리키듯이 삶이라는 개념이 죽음과 별개로 있다고 생각한다. 그리고 다시 삶이라는 개념과 있음을 연관시키고, 죽음이라는 개념과 없음을 연관시켜서 생존生存과 사망死亡이라는 개념을 만들어 낸다.

삶을 좋아하고, 죽음을 두려워하는 까닭은 일차적으로 삶과 죽음을 둘로 여기기 때문이다. 그리고 이차적으로는 삶을 통하여 자신이 존재한다고 여기고, 죽음에 의하여 자신이 사라진다고 여기기 때문이다.

삶과 죽음은 둘이 아니다. 죽음의 상대적인 개념으로 삶이 성립되고, 삶의

---

24) 오늘날 우리 사회의 정치인들이 상대방을 비판하고 자신을 드러내기 위하여 사용하는 빨갱이, 토착왜구라는 단어를 생각해 보자. 빨갱이, 토착왜구는 역사상에 있었던 사실들을 가리키는 개념이지만 지금은 실재하지 않는다. 따라서 그러한 말들은 가리키는 대상이 없는 말, 알맹이가 없는 일종의 소리에 불과하다. 그럼에도 불구하고 이러한 말들을 현상적 관점에서 사실을 가리키는 말로 착각하면 안 된다. 본체의 측면에서 보면 모든 말은 본성에서 나오기 때문에 하나이다. 그러나 작용의 측면에서 보면 상대방을 이롭게 하고자 하는 眞心에서 나오는 말은 모든 사람을 이롭게 하는 현상으로 나타나지만 상대방을 자신의 이익을 얻는 도구로 활용하려는 慾心에서 나오는 말은 현상에서 남과 자신을 모두 불행하게 만든다. 따라서 동일한 말이라도 어떤 차원에서 어떤 목적에 의하여 사용하는지를 파악할 수 있는 지혜를 갖추어야 한다.

상대적인 개념으로 죽음이 성립된다. 그렇기 때문에 삶과 죽음은 단지 일종의 개념일 뿐으로 그것이 가리키는 실체는 없다. 그러면 이러한 현상은 어떻게 이루어지는가?

바로 분별적 사고, 이것과 저것을 구분하여 실체화하는 사고 때문이다. 우리가 행복이라는 개념을 몰랐을 때는 불행이라는 개념도 모른다. 왜냐하면 행복의 반대 곧 행복 아님이 불행이기 때문이다.

만약 누군가가 행복의 조건을 말하지 않았다면 그와 반대의 개념인 불행도 없었을 것이다. 이처럼 언어에 의하여 조작된 개념일 뿐임에도 불구하고 행복과 불행을 실재하는 물건으로 오해할 때 비로소 우리의 삶이 고통스럽다고 착각하게 된다.

우리의 분별적 사고에 의하여 실체적 존재를 가리키는 언어가 생성되고, 언어를 실재로 여기고 그것에 시비是非, 선악善惡, 미추美醜, 대소大小와 같은 가치를 부여하여 소유하고자 집착할 때 삶이 고통스러워진다.

그런데 고통스런 삶의 원인인 분별적 사고라는 병을 제거할 목적으로 약을 제공한다는 것은 건강한 사람에게는 약이 필요가 없음을 뜻한다. 이는 무엇인가를 창조하기 위하여 언어를 사용한 것이 아니라 이미 사용된 언어가 일으키는 문제를 제거하기 위하여 언어의 한계와 문제를 지적한 것이라고 할 수 있다. 그러면 언어의 문제가 모두 해결된 것인가?

병을 따라서 약을 투여하고(應病與藥), 병을 따라서 약으로 치료하기(應病治藥) 위한 언어의 사용은 소극적인 측면에서 해체적인 기능을 한다. 이처럼 불교의 언설이 분별의 세계가 실재한다고 하는 착각을 해체하고자 함이라고 한다면 응병여약應病與藥이라는 개념 자체도 해체의 대상이다. 왜냐하면 응병여약도 병과 건강이라는 분별을 전제로 할 때 성립되기 때문이다.

사람들은 낙서 금지의 역설逆說을 들어서 이 문제를 논하기도 한다. 분명 낙서 금지라는 말도 낙서의 일종임에는 틀림이 없다. 그러나 다른 사람으로 하여금 더 이상 낙서를 하지 않도록 주의를 환기시키는 기능을 하는 낙서이기 때문에 단순한 낙서와 다르다고 말한다.[25]

그러나 언어의 애매함과 모호함을 들어서 언어 대신 기호를 활용하여 진리의 명제를 만들고자 했던 논리실증주의자들이나 분석철학자들, 언어의 길이 끊어지고, 마음의 길이 사라졌다고 말하는 선사禪師들의 입장과 달리 중관논리학자들은 언어 자체가 어떻게 활용하거나를 막론하고 이율배반二律背反의 독단獨斷이라고 말하는 소극적인 태도를 보인다. 그러면 우리는 언어를 어떻게 사용해야 하는가?

언어가 고정되지 않음은 장점과 한계를 함께 갖고 있음을 뜻하는 동시에 한계를 벗어나는 소극적인 기능과 더불어 대상화, 실체화하는 적극적인 기능이 있음을 뜻한다. 그렇기 때문에 적극적으로 언어를 활용하는 태도가 필요하다. 그러면 어떻게 할 것인가?

언어를 사용하는 주체인 우리 자신을 중심으로 살펴보면 언어의 사용은 크게 실체적 관점, 물건적 관점에서 실체에 대한 기술이 중심이 되는가 아니면 생성의 관점, 변화의 관점에서 서로의 소통이 중심이 되느냐로 구분하여 이해할 수 있다.

언어를 사용하는 인간의 두 태도는 우리 자신의 어느 측면을 중심으로 언어를 사용하느냐에 따라서 달라진다. 물건적 관점, 실체적 관점은 육신을 중심으로 인간 자신을 이해하고, 세계를 이해하기 때문에 나타나는 현상이다.

실체적 세계관은 유물론적 세계관과 관련이 있으며, 유물론적 세계관을 잘 나타낼 수 있도록 만들어진 언어는 우랄알타이어와 다른 인도유럽어족이며, 동아시아에서는 한국어와 다른 중국어이다.

인도유럽어족인 영어 그리고 중국어는 주어와 서술어가 분명하게 구분된다. 그것은 주체와 객체가 분명하게 구분되고, 인간과 세계가 둘이며, 인간 역

---

25) 《중론, 논리로부터 해탈 논리에 의한 해탈》, 김성철, 불교시대사, 2018, 244~245.

시 나와 남이 하나일 수 없는 둘임을 전제로 전개되는 구조이다.

인도유럽어족의 문화권인 유럽과 미국이 과학이 발달하였을 뿐만 아니라 오늘날의 중국이 유물론적 세계관에 의하여 사회주의, 전체주의 체제를 유지하고 있는 것도 이 점과 무관하지 않다.

한자漢字는 물건적 실체의 형상을 나타내는 상형문자象形文字와 사건을 가리키는 지사문자指事文字가 구분되고, 양자의 결합하여 회의문자會意文字와 형성문자形聲文字가 나타난다. 그리고 이를 활용하는 전주轉注, 가차假借의 방법이 제기된다.

고정된 실체로서의 이것과 저것을 바탕으로 전개되는 실체를 그대로 나타내는 기술적 언어 사용과 달리 서로의 소통을 초점에 두고 언어를 사용하는 방법은 우리 자신의 여러 측면 가운데서 마음을 중심으로 자신을 이해하고, 세계를 이해하며, 언어를 사용하는 방법이다.

인도유럽어족과 다른 우랄알타이어계의 언어 그리고 한자와 다른 한글은 바로 이러한 특징을 잘 드러낸다. 우리의 말은 주어와 술어가 있지만 양자가 둘이라고 생각하지 않는다. 한글의 경우에 제자制字원리를 보면 천天과 지地를 나타내는 첫소리와 끝소리는 자음으로 나타내고, 양자를 합하고 나누는 인간은 모음으로 나타낸다.

천지인天地人의 세계가 인간이 중심이 되어 하나가 된 사태, 사건을 바탕으로 그것을 다양한 측면에서 나타내고 있는 한글과 달리 한자는 천과 지 그리고 인이 서로 구분된다. 그렇기 때문에 공자孔子에 의하여 은대殷代의 신神, 천天 중심으로 사상, 문화로부터 인간 중심의 사상, 문화로 바뀌었다고 말한다.

그러나 한글이라는 언어는 인간의 마음이 중심이 되어 서로의 소통을 목적으로 한다. 그것은 나와 남, 나와 세계가 서로 관계를 맺는 사건이 중심임을 뜻한다. 이처럼 한글에는 중국을 비롯한 다른 나라와 다른 한국인의 세계관, 가치관, 인간관을 내용으로 하는 한국사상이 담겨 있다.

2. 사고와 삶, 세계

우리는 앞에서 언어를 통하여 나타내는 분별의 세계가 실재하지 않음을 살펴보았다. 그럼에도 불구하고 아무리 언어가 계룡산의 지도와 같아서 계룡산이 아님을 알아도 삶 속에서는 여전히 지도를 계룡산과 동일하게 여기거나 심지어는 계룡산을 버리고 지도가 바로 계룡산일 뿐으로 실재의 계룡산은 없다고 여긴다.

그런데 계룡산을 보고 그것을 나타내기 위하여 언어를 사용하는 것도 인간이며, 계룡산의 지도와 같은 언어를 실재와 혼동하는 것도 인간이고, 혼동을 넘어서 언어가 실재라고 여기는 것도 인간 자신이다. 따라서 이 문제를 해결하기 위해서는 언어를 사용하는 인간 자신의 문제로 이해해야 한다.

실재를 대상화하여 자신과 둘로 여기고 이것과 저것으로 나누어서 언어로 나타내는 실체화 작업은 모두 사고에 의하여 이루어진다. 그렇기 때문에 언어에 의하여 일어나는 문제점은 언어를 통하여 이것과 저것이라는 실체를 생산하는 사고의 분별작용에 의하여 해결할 수 있다.

우리는 사람이 갖는 사고, 사유능력을 인간의 특성으로 여긴다. 데카르트는 "나는 생각한다. 그러므로 나는 존재한다."[26]라고 하여 사고가 바로 존재의 특성임을 논하고 있다. 그러면 사고는 무엇인가?

사고의 일반적인 특성은 구분함이다. 사람과 사람은 구분할 수 없을 뿐만 아니라 사람과 사물, 사람과 세계도 구분할 수 없다. 그럼에도 불구하고 우리는 사고를 통하여 나와 남을 구분하고, 나와 세계를 구분하며, 나와 사물을 구분한다.

---

26) 《근대과학의 철학적 조명》, 김효명 외 지음, 철학과 현실사, 2006, 21~23.

사고의 분별작용에 의하여 드러난 결과를 우리는 지식이라고 한다. 그리고 이 지식을 통하여 삶이라는 소통의 장을 펼쳐 간다. 우리가 존재방식으로서의 삶의 내용을 소통이라고 할 때, 양자가 전제가 되지 않으면 소통이라고 말할 수 없다. 그렇기 때문에 사고의 분별작용에 의하여 지식, 앎이 논의되지 않을 수 없다.

언어를 통하여 분별적 사유를 나타낼 때 먼저 실체를 가리키는 개념이 있고, 개념과 개념들이 모여서 형성된 문장들을 통하여 하나의 주장을 나타내며, 주장과 주장이 모여서 이론체계를 형성한다.

개념의 측면에서는 개념이 가리키는 실체가 있는지의 문제와 문장이 나타내는 주장이 사실과 일치하는지의 여부 그리고 이론체계의 구성이 논리적으로 건전한지의 문제가 발행한다. 그것은 분별적 사유를 나타내는 언어체계로서의 개념과 문장, 이론체계를 나타내는 글이 갖는 문제점이라고 할 수 있다. 그러면 분별적 사유를 나타내는 개념이 가리키는 실체가 있는가?

만약 이것과 저것이 하나여서 이것과 저것을 구분하여 나타낼 수 없다면 이것과 다른 저것이라고 분별하는 사유는 성립할 수 없을 뿐만 아니라 이것과 저것을 나타내는 개념인 '이것'과 '저것' 역시 성립할 수 없다.

먼저 이것과 저것을 구분하여 보는 '눈'이라는 개념이 나타내는 눈이 있는지 살펴보자. 우리는 일반적으로 눈이 본다고 생각한다. 만약 형상을 가진 물건을 보는 눈이 없다면 우리는 모양과 색깔을 볼 수 없을 것이다. 그러면 눈이 있는가?

일단 눈이 형상을 본다면 형상이 있거나 없거나를 막론하고 볼 수 있어야 한다. 그것은 눈이 눈을 볼 수 있어야 함을 뜻한다. 그러나 눈은 오로지 밖에 있는 대상 사물을 볼 뿐으로 자신은 보지 못한다. 용수龍樹는 "이 눈이라는 것은 스스로 자기 자신을 볼 수 없다. 스스로를 볼 수 없다면 어떻게 다른 것을 볼 수

한국사상과 인간의 삶

있겠는가?"[27]라고 하였다. 그러면 이것이 무엇을 의미하는가?

눈은 대상인 모습, 형상이 있어야 한다. 만약 형상이 없다면 보는 작용이 있을 수 없다. 그렇기 때문에 눈과 형상의 연기에 의하여 봄이라는 사건이 이루어질 뿐으로 눈과 형상이라는 실체가 없다. 이를 통하여 이것이 없으므로 저것이 없다는 불교의 연기론緣起論이 설파된다.

우리가 분합分合의 측면에서 육신을 살펴보아도 눈이라는 실체는 없다. 우리는 눈이라고 말하지만 동공을 눈이라고 할 수도 없고, 망막을 눈이라고 할 수도 없으며, 동공과 주변의 근육만을 눈이라고 할 수 없다.

눈이 작용하기 위해서는 동공에서 시작하여 뇌로도 연결되고, 코와 입이 연결되며, 심지어는 손과 발을 비롯하여 온몸이 눈이다. 때로는 손을 사용하여 눈으로 볼 수 없는 굴속에 있는 물건을 꺼내어 보기도 한다. 이때 손 역시 눈의 기능을 한다.

그리고 발이 움직여서 보고자 하는 물건에 가까이 가지 않으면 너무 먼 거리에 있는 물건은 눈으로 볼 수 없다. 그렇다고 하여 육신에서 눈과 발만을 따로 떼어 내서 사물을 보기 위하여 움직일 수 없다.

또한 육안으로 볼 수 없는 미세한 바이러스의 경우 현미경을 사용하여 본다. 이때 현미경도 역시 눈을 도와 보는 역할을 하기 때문에 눈이다. 우리가 사용하는 안경 역시 눈의 보는 작용을 돕기 때문에 눈이라고 하지 않을 수 없다.

그런데 육신은 공기 안에서 생존하고, 물을 마셔야 생존한다. 따라서 공기를 벗어나서 눈이 존재할 수 없으며, 물이 없으면 눈이 존재할 수 없다. 그렇기 때문에 공기도 눈이고, 물도 눈이다. 이처럼 사고를 계속하면 온 우주의 모든 존재가 눈이다. 따라서 온 세계가 그대로 눈이 아닌 것이 없다.

발을 중심으로 살펴보면 온 우주가 발이어서 발이 아닌 것이 없으며, 손으로 살펴보면 온 우주가 손이어서 손이 아닌 것이 없다. 그렇기 때문에 나를 중

---

27) 《중론》 1권(ABC, K0577 v16, p.355c15-c16), "是眼則不能 自見其己體 若不能自見 云何見餘物".

심으로 살펴보면 온 우주가 내가 아님이 없어서 무아無我라고 말하고, 이것과 저것으로 구분하여 나타낼 수 없는 일체라고 말한다.

모든 존재가 일체여서 이것과 저것으로 구분할 수 없다. 그럼에도 불구하고 눈과 눈이 아닌 물건을 나누는 분별적 사유와 분별적 사유의 결과를 나타내는 눈이라는 개념은 사실상 아무것도 가리킴이 없는 개념이다. 따라서 언어를 통하여 무엇을 나타내어도 나타냄이 없어서 공空하다고 말한다. 그럼에도 불구하고 논리학에서는 명제가 나타내는 내용은 옳고 그름이 있다고 말한다. 그러면 우리는 아리스토텔레스 이래의 논리학을 어떻게 이해할 것인가?

논리학에서 제시하는 사고의 근본원리는 동일률同一律과 모순율矛盾律, 배중률排中律이다. "A는 A이다."의 형식으로 나타내는 동일률은 Leibniz(1646~1716)에 의하여 확립된 공리公理로 모든 긍정적인 판단의 기초가 된다. 어떤 명제가 참이면 그것은 참이라는 의미이다.

모순율은 "A는 비非A가 아니다."의 형식으로 표시된다. 이는 "모든 명제는 진眞이면서 동시에 위僞일 수 없다는 법칙이다. 이를 차이의 원리라고도 하고, 이중부정의 원리라고도 하며, 부정적인 판단의 기초가 된다.

그리고 배중률은 "A는 B이거나 비非B이거나이다."의 형식으로 표시된다. 모든 명제는 진眞이거나 위僞임을 뜻한다. 선언율選言律이라고도 하며, 모든 선언 판단의 기초가 된다.[28]

현대논리학에서는 다치논리, 양상논리를 논하지만 모두 진眞과 위僞의 이치二値를 바탕으로 확장하였다. 이는 논리의 전제인 세 법칙이 모두 A와 Non-A로서의 B를 바탕으로 전개됨을 뜻한다.

그런데 하나의 주장을 나타내는 문장이 가리키는 사실이나 사실이 가리키는 실체적 물건은 없다. 그것은 진眞과 위僞로 판단할 수 있는 하나의 사실에 대한 기술로서의 문장이 성립할 수 없을 뿐만 아니라 사실로서의 실체적 사건

---

28) 《현대논리학》, 임병수, 일신사, 1985, 21~23쪽.

이나 물건이 없음을 뜻한다.

논리학의 공리公理인 세 법칙이 성립하기 위해서는 이것과 저것 곧 A와 B라는 실체가 존재해야 한다. 이때 실체는 시간이 흘러도 변하지 않는 사건이나 물건, 독립하여 다른 존재를 필요로 하지 않는 사건과 물건을 가리킨다. 그러면 독립된 실체적 사건, 영원히 변하지 않는 실체적 사건이 있는가?

만약 실체적 사건이 있고, 이 사건에 대한 진술이 있다면 이 진술은 옳거나 그를 것이다. 옳다는 것은 진술이 사건과 부합한다는 의미이고, 그르다는 것은 진술이 사건과 부합하지 않는다는 의미이다.

물론 형식논리학에서는 대전제의 사실과의 부합 여부는 따지지 않는다. 다만 대전제와 소전제, 결론 사이의 타당성만을 문제로 삼는다. 비록 논리학자들이 대전제의 사실 여부를 개별 학문 곧 과학에 맡긴다고 하더라도 대전제의 사실 여부와 무관함을 주장하는 것은 아니다.

대전제의 성립 여부가 논증의 출발점이기 때문에 대전제를 수용하지 않으면 논증이 시작되지 않는다. 대전제의 사실과 부합 여부를 포함하여 논리학을 살펴보면 실체적 사건과 물건의 전제 없이는 논리학이 성립할 수 없다.

만약 어떤 사람이 하나의 실체를 가리켜서 '이것은 A이다.'라고 나타내면 다른 사람은 '이것은 B이다.'라고 말한다. 이처럼 한 사람이 가리키는 실체적 존재가 있다면 두 주장이 동시에 이루어질 수 없다.

그런데 어떤 사람이 '이것은 A이면서 B이다.'라고 말한다. 만약 어떤 것이 A이면서 B라면 '이것은 A이다. 그러므로 B가 아니다.'라고 말하거나 '이것은 B이다. 그러므로 A가 아니다.'라는 주장은 성립할 수 없다. 그러면 '이것은 A이면서 B이다.'라는 주장이 있는가?

논리학에서 제기되는 패러독스는 '이것은 A이면서 B이다.'라는 주장의 한 예이다. 가장 일반적인 역설은 거짓말쟁이 역설이다. 크레타 사람이 "모든 크레타 사람은 거짓말쟁이다."라고 했다면 이 사람도 크레타 사람이기 때문에 이 명제는 거짓이 되어 모든 크레타 사람은 거짓말쟁이가 아님을 나타낸다.

아리스토텔레스의 논리학에서 하나의 명제가 나타내는 주장이 참일 수도 있고, 거짓일 수도 있다고 전제하지만 중관논리에 의하면 언어에 의하여 제시된 어떤 주장도 참일 수 없다. 중관논리에서는 역설이 나타내는 '이것은 A이면서 B이다.'라는 주장에 다시 '이것은 Non-A이면서 Non-B이다.'를 추가한다.

중관논리에서는 논리학의 '이것은 A이다.', '이것은 B이다.'와 역설인 '이것은 A이면서 B이다.' 그리고 '이것은 Non-A이면서 Non-B이다.'를 함께 제시한다. 이처럼 네 종류의 주장은 언어를 통하여 분별적 관점에서 나타낼 수 있는 모든 표현이다. 그러면 이것이 무엇을 의미하는가?

저것과 다른 독립된 실체로서의 이것 그리고 이것과 하나일 수 없는 독립된 실체로서의 저것이 성립될 수 없다. 유와 무, 생과 사, 선과 악과 같은 상대적인 개념들은 양립兩立이 불가능하다. 있다면 없을 수 없고, 없다면 있을 수 없으며, 살아 있다면 죽었다고 할 수 없고, 죽었다면 살았다고 할 수 없고, 선하다면 악하다고 할 수 없고, 악하다면 선하다고 할 수 없다.

A와 Non-A가 하나일 수 없는 양립 불가능의 관계가 실체적 관계이다. 그것은 유와 무가 같을 수 없음을 전제로 유무有無가 성립됨을 뜻한다. 왜냐하면 만약 유와 무가 하나라면 굳이 둘로 나누어서 유와 무로 나타낼 필요가 없기 때문이다.

그런데 유와 무가 하나가 아니기 때문에 둘로 나누어서 나타내었지만 양자가 서로 상대방에 의하여 성립되는 점에서 보면 둘이 아니다. 따라서 유와 무를 하나라고 하거나 둘이라고 할 수 없다. 그러므로 두 개념이 나타내는 양립이 불가능한 실체 곧 분별의 세계는 없다. 그러면 이것이 오로지 언어가 갖는 문제인가?

언어는 문장을 통하여 다양한 주장으로 드러난다. 그리고 문장에는 사고의 내용이 담긴다. 따라서 사고의 결과를 나타내는 주장들이 문장에 의하여 제기된다고 할 수 있다. 그렇다면 언어의 분별적 기능이 갖는 한계는 언어 자체의 문제가 아니라 언어를 사용하는 인간의 사고의 문제라고 할 수 있다.

사고는 마음의 여러 기능 가운데 하나이다. 마음은 사고하고, 지각하며, 감정을 느끼고, 의지를 가지며, 판단을 한다. 이러한 마음이 일으키는 사건은 육신을 구성하는 지수화풍地水火風이 밖의 지수화풍地水火風으로 구성된 물질과 만나서 일으키는 연기적緣起的 현상이다.

마음과 육신 그리고 지수화풍地水火風의 색色과 수상행식受想行識으로 나타내는 나와 법法으로 구분하여 나타내는 이분법적인 세계는 실재가 아니라 우리의 분별적 사고에 의하여 나타낸 결과이다. 사고의 분별작용에 의하여 언어의 분별적 특성이 나타난다. 그러면 사고의 분별작용은 어떻게 구분할 수 있는가?

사고의 분별작용은 이것과 저것을 바탕으로 사실판단과 가치판단이라는 판단을 한다. 이러한 판단을 통하여 일정한 주장을 제시한다. 다양한 개념을 통하여 제기되는 판단과 주장 가운데서 나는 누구인가와 관련하여 제기되는 중요한 문제는 내가 있는가 아니면 없는가의 문제이다. 개념과 개념이 결합하여 형성된 명제의 형태로 제기되는 문장을 통하여 나는 누구인가를 나타내면 다음과 같은 네 경우이다.

① 나는 있다.
② 나는 없다.
③ 나는 있으면서 없다.
④ 나는 있는 것도 아니고, 없는 것도 아니다.

①은 유有이며, ②은 무無이고, ③은 유이무有而無이며, ④는 비유이비무非有而非無이다. 만약 지금 여기에 내가 있다면 ①이 옳고, ②는 그르며, 만약 지금

여기에 내가 없다면 ②는 옳고, ①은 그르다. 따라서 옳고 그름을 동시에 나타
내는 ③과 ④는 주장을 제기하는 명제라고 할 수 없다.

논리학에서 제기하는 합리적이고, 이성적인 사고의 법칙으로서의 논리는 A
와 ~A가 같을 수 없음을 전제로 출발한다. 이처럼 아리스토텔레스의 논리는
저것과 다른 이것이 있음을 전제로 한다. 그렇기 때문에 언어를 통하여 이것
을 이것이라고 주장하면 바르지만 이것을 저것이라고 주장하면 그르다.

그러나 중관학에서는 A가 있음으로 ~A가 있고, ~A가 있으므로 A가 있다.
A가 사라짐으로 ~A가 사라지고, ~A가 사라지므로 A가 사라짐을 전제로 한
다. 이처럼 이것과 저것이 연기적 관계임을 전제로 하여 중관학의 논리[29]가
전개된다.

앞의 네 명제에서 중요한 개념은 나와 있음, 그리고 없음이다. 이때 나는 남
과 상대적인 개념이며, 있음은 없음과 상대적인 개념이다. 따라서 ① 경우에
도 다시 네 형태의 명제가 제기된다. 먼저 주어를 중심으로 네 형태를 나타내
면 다음과 같다.

① 남과 다른 사람이 있다.
② 남과 다르지 않은 사람이 있다.
③ 남과 다르면서 다르지 않은 사람이 있다.
④ 남과 다르지도 않고, 다르지 않지도 않은 사람이 있다.

남과 다른 사람과 있음은 둘이 아니다. 남과 다른 사람은 이미 있음을 전제
로 한다. 그리고 있음은 남과 다른 사람을 떠나서 존재할 수 없다. 남과 다른
사람을 전제로 할 때 비로소 있음이 성립한다. 결국 나와 있음이나 남과 다른
사람과 있음을 막론하고 양자는 서로 떨어져서 성립할 수 없다. 다시 술어를

---

29) 《중관사상》, 김성철, 민족사, 2017, 164-184쪽.

중심으로 ①을 나타내면 다음의 네 경우가 있다.

① 나는 있다.
② 나는 있지 않다.
③ 나는 있으면서 있지 않다.
④ 나는 있는 것도 아니고, 있지 않는 것도 아니다.

있음은 있지 않음으로 인하여 성립한다. 그러므로 있음과 있지 않음은 상대방을 떠나서 성립할 수 있는 별개가 아니다. 또한 나는 있으면서 있지 않거나 있는 것도 아니고, 있지 않는 것도 아닐 수 없다. 그리고 나는 있음을 전제로 하지 않으면 나라고 할 수 없고, 있음은 나를 전제로 하지 않을 수 없다. 저것이 아닌 이것, 남이 아닌 나를 전제로 하지 않으면 있음이 성립할 수 없다.

논리학의 측면에서 보면 언어에 의하여 표현된 하나의 주장은 옳거나 그름의 두 경우를 벗어날 수 없다. 그것은 하나의 개념이 실체를 갖거나 갖지 않는 두 경우 외에는 있을 수 없을 뿐만 아니라 개념과 개념에 의하여 구성된 문장이 사실과 일치하거나 일치하지 않을 뿐으로 두 경우를 벗어나는 경우는 없으며, 어떤 추론이거나를 막론하고 타당하거나 타당하지 않음의 두 경우를 벗어나는 다른 경우는 없음을 뜻한다.

그러나 중관학에서는 인용문의 경우와 같이 어떤 개념이거나를 막론하고 나타내고자 하는 실체가 없기 때문에 공空하다. 그리고 어떤 판단을 하더라도 오류에 빠지며, 어떤 추론을 하더라도 반드시 상반된 추론이 가능하다.

우리는 여기서 논리에 대한 개념 정리를 할 필요가 있다. 아리스토텔레스의 이후의 서양의 논리학의 관점에서 보면 논리는 오로지 하나일 뿐으로 다양한 논리가 없다고 할 수 있다.[30]

---

30) 《논리와 철학》, 곽강제 엮음, 서광사, 1993, 1쪽.

그러나 실체적 세계관을 벗어난 변화적 세계관의 관점에서 보면 중관학의 논리 역시 성립된다. 그러면 서양논리와 중관논리가 어떻게 다른가?

학자들은 중관논리를 반논리反論理라고 부르기도 한다. 양자가 모두 실체적 세계관을 출발점으로 삼았지만 논리학은 옳음과 그름을 제시하는 점에서 불일不一의 논리이다. 그리고 중관논리는 논리의 전제인 A와 ~A가 연기적 관계이기 때문에 둘이 아니라는 점을 부각시킨다. 따라서 중관논리는 불이不二논리라고 할 수 있다. 그러면 논리학의 논리와 반논리로서의 중관논리는 우리에게 무엇을 남기는가?

아리스토텔레스 이후의 서양의 논리학은 유有와 무無를 중심으로 전개되는 한계를 갖지만 이에 대하여 반논리로서의 중관논리 역시 한계를 갖는다. 중관논리는 물건적 관점에서 전개되는 유有와 무無의 한계에 갇힌 논리학을 비판하여 유有이면서도 무無이고, 유有도 아니면서도 무無도 아님을 제시한다.

그러나 중관논리 역시 문제를 안고 있다. 그것은 비록 중관논리가 서양논리에 비하여 확장된 논리지만 역시 유무를 바탕으로 전개되기 때문에 여전히 유무의 한계를 벗어나지 못하였음을 뜻한다.

> 언설에는 네 가지가 있는데 곧 네 가지 비방四謗이다. 만약 있다고 말한다면 곧 증익增益의 비방(增益謗)이며, 만약 없다고 말한다면 곧 손감損減의 비방(損減謗)이다. 만약 있기도 하고 역시 없기도 하다고 말한다면 곧 서로 어긋나는 비방(相違謗)이다. 만약 있지도 않고 없지도 않다고 말한다면 곧 희론의 비방(戲論謗)이다.[31]

논리학의 논리와 반논리학의 논리는 모두 사유작용에 의하여 나타난 결과이다. 그것은 우리가 항상 논리학에서 제시하는 이것과 저것을 구분하여 둘로 나타내는 불일不一의 사유만을 하거나 이것과 저것을 분별할 수 없는 불이不

---

31) 《섭대승론석》 12권(ABC, K0590 v16, p.1225b22-c05), "言說有四種 卽是四謗 若說有 卽增益謗 若說無 卽損減謗 若說亦有亦無 卽相違謗 若說非有非無 卽戲論謗.".

한국사상과 인간의 삶

二의 사유만을 하는 것이 아님을 뜻한다. 그러면 이 문제를 어떻게 해결할 것인가?

세간의 분별을 넘어선 무분별의 지혜를 활용해야 한다. 보살菩薩은 무분별지無分別智를 얻는다. 언설로써 드러내 보일 수 없기 때문에 희론이 없는 무분별이라고 일컫는다. 왜냐하면 세간의 지혜를 벗어나 초월하였기 때문이며, 또한 세간의 지혜로는 알 수 있는 것이 아니기 때문이다. [32]

우리의 사고작용은 오로지 분별작용만을 하는 것이 아니라 합일合一작용을 한다. 중관논리가 보여 주는 사고작용이 분별을 바탕으로 한 합일合一의 측면을 드러내고자 하는 사고작용이라면 논리학의 논리가 보여 주는 사고작용은 합일을 바탕으로 한 분생작용, 분별작용이다. 따라서 분별과 합일은 사고작용 자체의 문제가 아니라 사고를 어떻게 하느냐의 문제임을 알 수 있다. 그러면 양자는 어떤 관계인가?

사고는 주체적 측면에서 하나를 분별하여 다양화하는 분생작용과 이미 제시된 다양한 분별의 결과를 수용하여 하나로 하는 합일合一작용이 있다. 사고는 몸을 통하여 수용한 지식을 정리하여 인식하는 수동적인 측면과 이미 갖고 있는 지식을 통하여 새로운 정보를 정리하여 나타내는 능동적인 측면이 있다.

우리가 일반적으로 이해하는 학문 활동은 사고의 수동적인 측면을 중심으로 이루어진다. 공자는 학문을 배움과 사고함으로 나누어서 "배우기만 하고 사고하지 않으면 자신에게 이로움이 없고, 사고하기만 하고 배우지 않으면 위태롭다."[33]라고 하여 학문의 방법으로 사고를 강조하였다.

공자가 제시한 학문의 방법으로서의 사고는 일차적으로 배움을 통하여 지식으로 수용된 소스source를 다시 이차적으로 내면화하는 방법으로서의 사고이다. 그것은 단순하게 밖으로부터 전달받은 지식, 정보를 저장하는 기억記憶

---

32) 《섭대승론석》12권(ABC, K0590 v16, p.1225b22-c05), "菩薩得無分別智 不可以言說顯示故 稱無戱論 無分別 何以故 出過世間智故 又非世間智所知故".

33) 《논어》위정爲政, "子曰 學而不思則罔 思而不學則殆".

을 넘어서 지식의 근원과 하나가 되는 작업이다. 그러면 구체적인 방법은 무엇인가?

공자는 학문의 구체적인 방법을 박문약례博文約禮로 나타내고 있다. 박문은 주체와 대상의 만남이며, 약례는 만남 이전으로 돌아감이라고 할 수 있다.

> 글을 통하여 널리 배우고, 예禮에 의하여 묶는다.[34]

글은 내가 아닌 다른 사람이 제시한 물건이다. 따라서 나와는 둘인 상태에서 대상으로 존재한다. 우리가 글을 통하여 그 내용을 배움은 글의 내용과 나의 만남의 시작이다. 그리고 나와 글의 만남의 완성은 약례를 통하여 이루어진다.

약례의 예禮는 나와 남이 둘이 아닌 본성을 나타내는 사덕四德이다. 따라서 약례는 글의 내용을 그것을 배우는 나의 본성과 일체화함, 주체화함이다. 그것은 우리가 배우는 모든 내용을 나의 심층의 근원인 본성에 놓아 버림이라고 할 수 있다.

약례가 이루어지면 남의 글을 통하여 배움과 여러 이치들을 글로 드러냄이 모두 본성에 의하여 이루어짐을 파악하는 동시에 나와 글을 제시한 상대방이 둘이 아님을 파악한다.

그런데 박문약례가 이루어지려면 글을 제시하는 사람의 관점에서는 무분별지無分別智를 분별지分別智로 활용하는 작용이 있어야 하고, 글을 통하여 배우는 사람의 관점에서는 분별지分別智를 무분별지無分別智로 활용하는 작용이 있어야 한다. 그러면 무분별지를 드러내고, 무분별지로 변화시키는 작용이 둘인가?

마음의 작용인 사고는 벗어나고 버려야 할 분별작용만이 있는 것이 아니라 다양한 지식, 정보를 하나로 하는 합일의 측면이 있다. 《주역》에서는 사고에

---

34) 《논어》옹야雍也, "子曰 君子博學於文 約之以禮 亦可以不畔矣夫".

의하여 일어나는 두 측면의 작용을 각각 과거와 미래의 두 관점에서 지래知來와 장왕藏往이라는 사건으로 나타내고 있다.

신神으로 미래를 알고, 지식으로 과거를 갈무리한다.[35]

인용문에서 신과 지식은 앎을 두 차원에서 나타낸 것이다. 신은 이것과 저것으로 분별하여 나타낼 수 없는 무분별지無分別智이고, 지식은 이것과 저것으로 구분하여 나타낸 분별지分別智이다. 이는 각각 지혜와 지식으로 구분하여 나타낼 수 있다.

그런데 무분별지는 미래를 아는 근거, 방법으로 제시하였고, 지식은 과거를 정리하여 나타내는 방법으로 제시하였다. 이는 바꾸어 말하면 지혜와 지식, 신과 지식이 물리적 시간의 측면에서는 각각 미래와 과거임을 뜻한다. 그러면 그것이 우리와 어떤 관계인가?

지래와 장왕은 현재의 지래와 장왕이다. 그것은 현재의 내용을 미래와 과거로 구분하여 각각 지혜와 지식, 신과 지식으로 나타내었음을 뜻한다. 따라서 미래는 신이라는 개념이 나타내는 것과 같은 합일合一의 세계이며, 과거는 지식이라는 개념이 나타내는 것과 같은 분생分生의 세계이기 때문에 현재는 합일과 분생이 하나가 된 세계임을 알 수 있다. 그러면 양자의 관계는 무엇인가?

우리는 과거에서 미래를 향하는 방향과 미래에서 과거를 향하는 두 방향을 통하여 사고를 이해할 수 있다. 미래에서 과거를 향하는 방향과 미래에서 과거를 향하는 두 방향을 《주역》에서는 순順과 역逆으로 구분하여 다음과 같이 밝히고 있다.

지나간 사건을 헤아리는 것은 순順이며, 다가올 것을 아는 것은 역逆이다. 그러므

---

35) 《주역》계사상繫辭上 11, "神以知來 如以藏往".

로 역易은 역逆으로 헤아린다.[36]

인용문에서는 지혜를 통하여 분별이 없는 경계를 분별하여 지식으로 나타내는 것을 순順으로 나타내고, 지식을 통하여 지혜를 파악하는 것을 역逆으로 나타내고 있다. 그러면서 역易은 역逆방향에서 순順방향에 이르는 순역의 합일合一을 추구함을 밝히고 있다. 그러면 순역의 두 방향에서 각각 지혜와 지식을 통하여 밝혀지는 나는 무엇인가?

역易은 실체적 존재로서의 남과 구분되고, 사물, 시공과 구분되는 나를 나타내지 않고, 변화라는 사건事件을 나타내는 개념이다. 이 사건으로서의 변화가 바로 현재의 내용이다.

그리고 현재를 분석하여 두 측면에서 나타낸 것이 역逆방향의 지래知來와 순順방향의 수왕數往이다. 나는 역易이라는 현재를 대상화, 실체화하여 남과 구분하고, 사물과 구분하여 나타내는 개념이다.

남과 구분되고, 사물과 구분되며, 세계와 구분되는 나는 실체적 존재로서 나이다. 남과 구분되는 나는 실재하는 존재가 아니라 물건적 관점에서 역易이라는 현재의 사건을 분별하여 지식으로 나타낸 개념이다. 그러면 나의 관점에서 순과 역은 무엇인가?

우리가 나라는 실체적 대상을 출발점으로 삼아서 순과 역을 이해하면 양자는 사고작용의 문제라고 할 수 있다. 역逆방향이 중심이 되어 이루어지는 사고는 다양한 현상의 근원을 찾아가는 방향이다.

사고의 역逆방향의 측면은 내면의 나, 참나, 본래의 나를 찾아서 그와 하나가 되는 합일合一이며, 본래의 나로 돌아가는 귀일歸一이다. 그러므로 역逆방향의 사고는 내적內的 합일合一이라고 할 수 있다.

역逆방향을 향하는 사고를 통하여 드러나는 나는 표면의 내가 아닌 내면의

---

36) 《주역》설괘說卦 3, "數往者順, 知來者逆, 是故易逆數也".

나이고, 나와 남의 구분이 없는 하나의 나이며, 변화하는 내가 아닌 부동不動의 나이고, 온 우주와 둘이 아닌 나이기 때문에 나 아닌 나이다. 그러면 사고의 능동적인 측면에서 나는 무엇인가?

사고의 수동적인 측면이 둘이 아닌 내 안의 나를 찾는 작용이라면 사고의 능동적인 측면은 나를 드러내는 측면이다. 그것은 합일合一과 다른 분생分生이 중심이 되는 작용이 사고의 능동적인 측면이라고 할 수 있음을 뜻한다. 그러면 사고의 능동적인 측면을 통해 드러나는 나는 무엇인가?

이미 부동不動의 내가 있음에도 불구하고 표면의 나를 나로 여기고 내 안의 나를 몰랐다가 아는 합일合一의 측면과 달리 분생分生의 측면은 고정되지 않는 내가 매 순간에 다양하게 드러남을 뜻한다. 따라서 분생적分生的 측면에서의 나는 시비是非, 선악善惡을 통하여 분별할 수 있는 대상이 아니다.

나는 매 순간의 사고에 의하여 드러나는 언행을 통하여 나타난다. 그것은 나라는 실체적 존재가 있어서 내가 매 순간 다양한 언행을 나타내는 것이 아니라 매 순간의 언행을 통하여 다양한 나로 드러남을 뜻한다.

이제 데카르트의 말은 순順방향에서 생각에 의하여 매 순간 새로운 내가 드러남을 뜻하는 동시에 역逆방향에서는 매 순간에 본래의 나로 돌아가서 언제나 부동不動함을 나타낸다고 할 수 있다. 그것은 현상의 다양한 내가 둘이 아닐 뿐만 아니라 현상의 다양한 만물도 나와 둘이 아님을 뜻한다. 그러면 우리의 사고가 순과 역의 두 방향을 중심으로 오로지 분합적 사유만을 하는가?

언어의 사용이 물건적, 실체적 관점과 사건적, 변화적 관점의 서로 다른 두 관점에서 사용하듯이 우리의 사고 역시 물건적, 실체적 관점에서의 사고와 사건적, 변화적 관점에서의 사고로 구분하여 이해할 수 있다.

물건적, 실체적 관점의 사고는 분별과 무분별, 분생과 합일의 분합을 중심으로 이루어지는 사고이다. 이러한 분합적 사고가 갖는 한계는 앞에서 언어와 사고를 그리고 사고의 내용을 나타낸 말과 글을 통하여 살펴보았다.

실체적, 입자적 사고의 한계는 사건적 사고, 파동적 사고를 통하여 극복할 수 있다. 입자적 사고가 이것과 저것이라는 양립이 불가능한 실체를 대상으로 이루어지는 것과 달리 사건적 사고는 연기적緣起的 사고라고 할 수 있다.

이것이 없으면 저것도 없고, 저것이 없으면 이것도 없다. 이처럼 이것과 저 것이 둘이 아니라 이것으로부터 시작하여 저것에서 끝나고, 저것에서 시작하 여 이것에서 끝나는 사건을 대상으로 하는 사고가 사건적 사고이다.

사건적 사고에는 이것과 저것이라는 실체가 없이 오로지 하나의 사건이 있 을 뿐이다. 그렇기 때문에 실체적 사고를 바탕으로 전개되는 이율배반, 모순 과 같은 주장, 이론이 사건적 사고에는 없다.

3. 사고와 언어 이전의 삶, 세계 그리고 나

우리는 나와 삶, 세계에 대하여 고찰하는 과정에서 그것이 표현된 형태인 언어를 통하여 그 문제가 갖는 성격을 살펴보았고, 이어서 언어가 나타내고 있는 사유 형식을 통하여 그 문제가 갖는 성격을 살펴보았다.

언어의 측면에서 나는 누구인가의 문제는 남과 구분되는 내가 있음을 전제로 한다는 점이다. 그것은 실체적인 내가 있음을 전제로 하여 나는 누구인가의 문제가 제기될 수 있음을 뜻한다.

실체적인 내가 있음은 A와 ~A가 같지 않음을 뜻한다. A와 A가 아닌 것이 같지 않음은 A와 B와 하나가 아님을 뜻한다. 이처럼 이것과 저것이 하나가 아님을 전제로 하는 아리스토텔레스의 논리학은 진위眞僞의 이치적二値的 사고에 의하여 이루어진다.

'나는 누구인가?'와 언어를 통하여 표현된 문제는 나와 남이 둘이라는 것을 전제로 제기되는 문제이다. 그것은 남과 구분되는 실체적인 내가 있다는 점에서 나와 남이 둘일 뿐만 아니라 '나는 누구인가'의 문제를 제기할 때 문제를 제기하는 나와 그 내용 곧 언어로 표현된 내용 역시 둘이라는 문제가 일어남을 뜻한다.

언어를 통하여 '나는 누구인가?'의 문제를 제기할 때 만나는 또 하나의 문제는 내가 문제를 제기하는 나와 대상으로서의 나로 나누어져서 둘이 된다는 점이다. 이처럼 묻는 나와 대상으로서의 내가 둘이 될 때 그 어떤 답을 얻어도 항상 나의 전모全貌는 드러나지 않는다.

우리는 저것과 이것을 나누어서 저것이 아닌 이것을 하나의 개념으로 구성하여 언어를 통하여 나타낸다. 이처럼 개념을 통하여 실체를 나타낼 뿐만 아니라 단어와 단어를 연결하여 하나의 문장을 구성함으로써 사실에 대한 일정한 주장을 제기하기도 하고, 문장과 문장이 결합된 글을 통하여 이론체계를 제시하기도 한다.

그런데 나를 비롯한 만물은 한순간도 고정되지 않아서 있음과 없음, 삶과 죽음, 나와 남과 같은 하나의 개념을 통하여 실체화할 수 없다. 우리가 하나의 개념을 통하여 나를 나타내는 순간 지금이라는 시간도 흘러가고 여기라는 공간도 변하며, 나라는 실체적 존재도 변하여 다른 나가 됨으로써 앞 순간에 개념화하여 나타낸 나는 있다고 할 수 없다.

언어를 통하여 나타낼 수 있는 고정된 나와 만물이 없을 뿐만 아니라 언어 자체도 다양하고, 동일한 언어도 시간에 따라서 고정되지 않아서 의미와 용법이 끊임없이 변화한다. 그것은 언어를 사용하는 인간의 사고가 끊임없이 변화하여 고정되지 않음을 뜻한다.

사고의 주체인 나도 고정되지 않을 뿐만 아니라 매 순간 일어났다가 사라지는 사고도 고정되지 않아서 사고의 주체인 내가 있다고 할 수 없을 뿐만 아니라 이것과 저것을 구분하여 이루어지는 사고의 분별작용 자체도 고정되지 않아서 있다고 할 수 없다. 그러면 언어의 분별적 기능과 사고의 분별작용은 아무런 가치가 없는가?

언어 자체는 스스로 분별分別하거나 합일合一하지 않는다. 언어의 모든 작용, 기능은 그것을 사용하는 사람을 떠나서 이루어질 수 없다. 그렇기 때문에 언어를 실체화하여 분석과 합일하는 주체인 인간 자신의 사고를 살펴보아야 한다.

그리고 인간 자신의 내면에서 이루어지는 내적 성찰로서의 사유구조를 살펴보는 일은 다시 분별과 합일의 사유가 이루어지기 이전, 분별과 합일로 드러나기 이전, 분별과 합일의 이면을 살펴보아야 한다.

《십익+翼》에서는 "글로는 말을 다 할 수 없고, 말로는 뜻을 다 할 수 없다."[37]

---

37) 《주역》계사상繫辭上 12, "子曰 書不盡言 言不盡意 然則聖人之意 其不可見乎".

라고 할 뿐만 아니라 선사禪師들은 "문자를 세우지 않는다."[38]라고 말하고, "입을 열면 어긋난다."[39]라고 하여 말과 글을 부정한다.

그러나 "문자를 세우지 않는다."라는 것은 그대로 문자를 세움이며, "입을 열면 어긋난다."라는 것은 그대로 입을 열어 말을 함이다. 그렇기 때문에 "상象을 세워서 뜻을 다 나타내었고, 언사言辭를 통하여 말을 다하였다."[40]라고 하였을 뿐만 아니라 "지혜로운 사람은 말도 잃지 않고, 사람도 잃지 않는다."[41]라고 하여 말을 해야 할 때 말을 하고, 말을 하지 말아야 할 때 말을 하지 말아야 함을 강조한다.

언어를 통하여 나타내는 사고의 분별작용은 사고의 한 측면일 뿐으로 그것이 사고의 전부는 아니다. 만약 지혜와 지식이 둘이고, 분별작용을 하는 의식과 전일적全一的인 마음이 둘이라면 식識이 변하여 지혜를 얻는 전식득지轉識得智[42]를 말하고, 번뇌煩惱, 망상이 그대로 보리菩提[43]라고 말할 수 없다.

우리가 언어를 통하여 나와 세계, 사물을 나타낼 때 언어를 통하여 드러난 세계는 이것과 저것이 하나일 수 없는 둘의 관계이다. 그럼에도 불구하고 그것이 만물을 비롯하여 나와 남이 둘임을 뜻하지 않는다.

본래 나와 남, 나와 세계, 나와 사물이 하나가 아니라면 둘로 나누어서 나타낼 수 없다. 왜냐하면 하나를 전제로 할 때 비로소 둘이 성립할 수 있고, 둘을 전제로 할 때 비로소 하나가 성립할 수 있기 때문이다. 그러면 우리가 '나는 누구인가?'의 문제를 해결하기 위해서 어떻게 해야 하는가?

---

38) 《조당집》 2권(ABC, K1503 v45, p.245a13), "達摩日 我法以心傳心 不立文字".

39) 《선문염송집》 25권(ABC, K1505 v46, p.407a14-a15), "良久云 開口卽錯 閉口卽失 碧眼胡僧暗點頭 孔門弟子無人識".

40) 《주역》 계사상繫辭上 12, "子日 聖人立象以盡意 設卦以盡情僞 繫辭焉以盡其言 變而通之以盡利 鼓之舞之以盡神".

41) 《논어》 위령공衛靈公, "子日 可與言而不與之言失人 不可與言而與之言失言 知者不失人 亦不失言".

42) 《불교와 심층심리》, 太田久紀저 鄭柄朝역, 현음사, 1992, 230~234.

43) 《대승장엄경론》 6권(ABC, K0586 v16, p.890a24-b02), "由離法性外 無別有諸法 是故如是說 煩惱卽菩提".

이 문제를 해결하는 방법은 밖에서 답을 찾는 방법과 문제를 제기하는 자신으로 돌아가서 문제를 해결하는 방법이 있다. 앞의 방법은 문제를 제기하는 주체와 답을 제기하는 주체가 서로 다를 때 사용하는 방법이다.

그러나 '나는 누구인가?'의 문제는 문제를 제기하는 것도 인간이며, 답을 찾는 것도 인간이다. 그렇기 때문에 문제를 제기한 나를 벗어나서 밖에서 답을 찾기보다는 나의 내면에서 답을 찾아야 한다. 그러면 안에서 답을 찾는 방법은 무엇인가?

안에서 문제를 해결하는 방법은 문제의 답을 찾는 것이 아니라 문제의 제기 자체를 문제로 삼아서 문제를 없애는 방법이다. 그것은 답을 찾는 것이 아니라 본래 문제가 없음을 확인하는 방법 곧 문제를 해소解消시키는 방법이다. 그러면 나는 누구인가의 문제 자체가 본래 없었음을 확인한다고 하여 모든 문제가 해결되는가?

나는 누구인가의 문제 자체가 분별적 사고와 사고의 결과를 나타내는 언어를 통하여 해결되지 않음을 확인했다고 해서 모든 문제가 해결된 것은 아니다. 비록 방편적인 언급이지만 분별작용을 하는 사고의 주체로서의 내가 남과 달리 존재할 수 없다면 분별적 사고 자체는 있다고 할 수도 없다.

그러나 물건적 존재, 실체적 존재로서의 나도 없을 뿐만 아니라 사건적 존재로서의 나도 있다고 할 수 없다. 그것은 감각지각, 분별작용, 판단작용, 의지작용과 같은 매 순간의 작용이 있다고 할 수 없지만 없다고 할 수 없음을 뜻한다. 따라서 우리는 현상의 측면에서 출발하여 사고작용에 이르고, 사고작용에 이르러서 그것을 넘어서 그 이전을 중심으로 나를 고찰하지 않을 수 없다.

그리고 사고의 측면에서 "나와 삶, 그리고 세계가 무엇인가"를 제기하는 사고작용이 분별적이라고 하여 인간이 항상 분별적인 사고만을 하는 것은 아니다. 그것은 분별적 사고작용의 이면에는 합일적合一的 사고가 전제가 됨을 뜻한다.

합일적 사고를 바탕으로 분별적 사고의 작용이 언어에 담긴 결과가 계룡산을 나타내는 지도이다. 언어는 단지 지도와 같아서 계룡산이 아니고, 달이 아니라 달을 가리키는 손가락이기 때문에 지도를 따라서 계룡산에 오르고, 손가락을 따라서 달을 보아야 한다. 그것은 분별적 사고의 결과를 나타내는 지도를 수단으로 하여 계룡산을 향하는 합일적 사고가 이루어져야 함을 뜻한다.

중관학자들은 부파불교의 사람들이 연기론緣起論을 아공我空의 측면에서 이해할 뿐으로 법유法有를 주장하기 때문에 연기론緣起論을 올바로 이해하도록 법法도 공空함을 제시하였을 뿐 법공法空이라는 실체를 제기한 것이 아니라고 말한다.[44)]

그러나 동일한 논리를 중관학에 적용하면 근본불교에서 연기론緣起論이 제기되지 않았다면 부파불교部派佛敎의 이론들이 나타나지 않았을 것이고, 부파불교의 이론들이 없다면 중관학이 형성될 필요가 없다. 따라서 부파불교와 중관학을 시비是非나 선악善惡의 잣대로 분별할 수 없다.

선사禪師들은 부처와 조사들에 의하여 제시된 가르침을 손가락으로 규정하여 손가락을 보지 말고, 손가락이 가리키는 달을 보라고 말한다. 그것은 달을 가리키는 손가락이 소극적인 측면에서 달을 가리키는 기능, 작용을 하기 때문에 손가락을 보지 말고, 달을 보아야 함을 뜻한다.

그러나 적극적인 측면에서 손가락과 손가락의 달을 가리키는 작용이 모두 달과 둘이 아니다. 달을 가리키는 손가락과 달이 둘이 아님은 달을 떠나서 손가락이 존재하지 않기 때문에 손가락의 달을 가리키는 기능이 그대로 달의 작용임을 뜻한다. 그러면 달과 손가락이 하나인가?

손가락과 달은 하나가 아니기 때문에 달을 가리키는 손가락을 만들고, 손가락을 따라서 달을 바라보게 된다. 이처럼 손가락과 달은 하나가 아니기 때문에 구분하여 이해할 수밖에 없다. 그렇다고 하여 둘이 아니기 때문에 달을 떠

---

44) 《중론, 논리로부터의 해탈, 논리에 의한 해탈》, 김성철, 불교시대사, 2018, 153쪽.

나서 손가락을 논할 수 없다.

반야부 계통의 경전에서는 색色에서 벗어나서 공空을 논하지만 공空을 말하면 반드시 색色을 말하고, 색色을 말하면 반드시 공空을 논하며, 공空과 색色을 논하면 반드시 중도中道를 논하고, 중도中道를 논하면 다시 공空과 색色을 논한다.

유학자들이 말하는 집중執中과 중용中庸은 중中, 중도中道라는 실체적 존재를 나타내기 위함이 아니라 유有와 무無, 색色과 공空의 어느 일면에 얽매이지 않도록 하기 위하여 사용된 개념일 뿐이다. 그렇기 때문에 중도, 성품, 자성自性이라는 개념에 얽매이는 사람을 위하여 다시 공空과 색色, 유有와 무無를 논하지 않을 수 없다.

그러나 어떤 것에도 얽매이지 않는 자유自由가 나, 나의 삶을 떠나서 따로 있는 것은 아니다. 그렇기 때문에 아무런 중심이 없이 오로지 중관논리에서 제시하는 부정不定을 일삼으면 마치 양파 껍질을 벗기는 것과 같아서 벗기고 또 벗기다 보면 벗기는 자신도 벗기게 되어 허무虛無, 적멸寂滅에 이르게 된다.[45]

그렇다고 하여 유식학唯識學에서 제시하듯이 오로지 긍정을 바탕으로 끊임없이 세우다 보면 옳고 그름의 분별이 없게 된다. 끝없이 이것도 세우고, 저것도 세우기만 하고 버리지 않으면 갈피를 잡지 못하여 허둥지둥하게 된다.[46] 그러면 어떻게 할 것인가?

《주역》에서는 세계를 형이상과 형이하의 도道와 기器로 나누어 인간 역시 성품과 삶이라는 성性과 명命으로 구분하여 나타낸다.

《논어》에서는 도와 기, 성과 명을 나를 중심으로 주체화하여 수기修己와 안인安人, 안백성安百姓으로 이해한다. 이처럼 중국유학은 도와 기라는 세계의

---

45) 《대승기신론별기大乘起信論別記》(ABC, H0018 v1, p.678a10-a13), "如中觀論十二門論等 遍破諸執 亦破於破 而不還許能破所破 是謂往而不遍論也".

46) 《대승기신론별기大乘起信論別記》(ABC, H0018 v1, p.678a13-a15), "其瑜伽論攝大乘等 通立深淺 判於法門 而不融遣自所立法 是謂與而不奪論也".

문제를 인간을 중심으로 이해하였다.

《논어》와《맹자》를 바탕으로 인도의 불교를 중국화한 중국불교에서는 나를 더욱 내면화하여 지금 여기에서 매 순간 생멸하는 온갖 마음인 중생심衆生心, 일심一心으로 담아낸다.

《대승기신론大乘起信論》에서는 일심一心을 여여如如부동不動한 진여문眞如門과 생멸하는 생멸문生滅門으로 나타낸다. 이때 생멸문生滅門을 통하여 생성적 측면을 나타낼 수 있지만 유有에 치중하여 무無의 측면을 놓치게 되고, 진여문眞如門을 통하여 부동不動의 측면, 불이不二의 측면을 드러낼 수 있지만 무無에 치중置重하여 유有의 측면을 놓치게 된다. 그러면 어떻게 할 것인가?

진여문과 생멸문에서 출발하여 일심一心에 이르는 방향에서는 진여문과 생멸문이 둘이 아닐 수 없다. 오로지 일심一心의 경계에서 진여문과 생멸문의 두 방향을 향할 때 비로소 진여문과 생멸문의 의미가 둘이 아니게 드러난다.[47]

마음의 작용을 분별적 사유와 직관直觀으로 구분하고, 사유의 특성을 분별적 기능으로 규정하는 것 자체는 사고의 적극적인 측면인 동시에 긍정적인 작용이다. 부정과 긍정을 넘어선 대긍정大肯定을 중도中道로 나타내지만 중도가 긍정과 부정을 넘어서기만 하는 것이 아니라 긍정과 부정을 벗어나지 않아서 부정과 긍정 자체가 그대로 대긍정의 차원, 중도의 드러남의 방향, 차원, 경계에서 마음의 작용을 밝히는 과정이 필요하다. 그러면 어떻게 할 것인가?

실재와 그것을 나타내는 도구로서의 언어의 사이에서 일어나는 불일치성과 사고의 분별적 기능을 통하여 일어나는 사고와 실재의 불일치성은 결국 사고의 분별적 특성이 아닌 합일적 특성을 통하여 제거된다.

사고의 분별적 작용은 인간의 전일적 특성이 드러남이다. 인간이 A와 ~A로 구분할 수 있음은 A와 ~A가 하나임을 전제로 할 때 가능하다. 이것과 저것이

---

47) 《대승기신론별기大乘起信論別記》(ABC, H0018 v1, p.679b13-b18), "二門義如是 所言一心者 染淨諸法 其性無二 眞妄二門 不得有異 故名爲一 此無二處 諸法中實 體異虛空 性自神解 故名爲心 然旣無其二 何 得有一 一無所有 將誰曰心 如是道理 離言絶慮 不知何以 自云强爲一心也".

하나여서 구분할 수 없음이 전제가 되지 않으면 이것과 저것을 구분하여 나타낼 수 없다. 그렇기 때문에 이것과 저것을 구분하여 "이것이 있으므로 저것이 있고, 저것이 있으므로 이것이 있으며, 이것이 사라지므로 저것이 사라지고, 저것이 사라지므로 이것이 사라진다."라고 말한다.

이것과 저것을 통하여 제기하는 연기론은 "발생하는 것도 없고(不生), 소멸하는 것도 없으며(不滅), 서로 이어진 것도 아니고(不常), 서로 끊어진 것도 아니며(不斷), 서로 같지도 않고(不一), 서로 다르지도 않으며(不異), 어디에서 오는 것도 아니고(不來), 어디로 가는 것도 아니다.(不去)"[48]

결국 언어의 한계는 언어 자체가 아니라 그것을 사용하는 인간의 문제이며, 사고의 분별적 기능이 갖는 실재와의 불일치성 역시 실재와 사고의 주체가 둘이 아닌 차원에서 사고와 언어를 이해할 때 비로소 해소된다. 그러면 어떻게 해야 하는가?

우리가 앞에서 했던 작업들은 사고와 언어에 대하여 비판적 관점에서 문제와 한계를 파악하는 데 치중하였다. 사고의 측면에서는 분별적 사고의 한계와 문제점을 지적하는 데 초점을 맞추어서 고찰하였다. 전일적 세계를 분별하여 이것과 저것이라는 둘로 나누어서 실체화함으로써 세계와 둘이 되는 동시에 세계를 왜곡하는 결과를 초래하는 문제와 한계가 있다.

언어의 사용에 대한 고찰 역시 사고의 결과를 나타내는 측면을 중심으로 살펴보면 분별적 사고가 갖는 한계와 문제점을 그대로 안고 있다. 언어가 나타내는 내용은 언어 자체와는 하나가 아니다. 그럼에도 불구하고 사람들은 언어에 나타난 내용과 현상을 혼동할 뿐만 아니라 언어의 내용이 진실이며, 현상은 가짜라는 착각을 일으킨다. 그러면 사고를 하지 않고, 언어를 사용하지 않아야 하는가?

우리는 불립문자不立文字, 개구즉착開口卽錯, 서부진언書不盡言, 언부진의言

---

48) 《중론》 1권(ABC, K0577 v16, p.350c19-c20), "不生亦不滅 不常亦不斷 不一亦不異 不来亦不出".

不盡意, 지자불언知者不言, 언자부지言者不知라는 말 자체가 언어임을 안다. 위의 문장들은 모두 표면적으로는 언어의 한계를 지적하거나 부정적 기능을 경계하고 있다.

그런데 언어의 한계, 부정적 기능 역시 언어에 의하여 지적되고 있다. 우리는 이것이 바로 언어의 긍정적이고, 적극적인 측면임을 알 수 있다. 이러한 언어의 긍정적이고 적극적인 측면과 부정적이고, 소극적인 측면은 둘이 아니다.

언어의 두 측면은 그대로 사유의 두 측면이다. 우리는 사유, 사고의 분별적 기능의 한계를 지적한다. 이때 분별적 사유의 한계를 지적하는 것도 역시 분별적 사유다. 이처럼 언어를 통하여 드러나는 분별적 사유의 두 측면과 언어의 두 측면은 어느 하나를 선택하여 버리거나 취할 대상이 아니다.

언어의 두 측면과 분별적 사유의 두 측면은 모두 사유의 주체, 언어의 사용자인 인간과 관련된다. 그것은 언어와 분별적 사유의 두 측면이 모두 인간이 언어와 사유를 어떻게 활용하느냐에 따라서 나타나는 현상임을 뜻한다. 그러면 양자를 어떻게 이해할 것인가?

분별적 사유의 경우를 살펴보면 만약 실체적 관점에서 벗어나고자 하는 측면에서는 분별적 사유는 벗어나야 할 대상이지만 공의 관점에서 색으로 드러나는 진공眞空의 측면, 불공不空의 측면에서 분별적 사유는 그대로 하화중생下化衆生의 방편이다. 따라서 우리가 어떤 방향에서 사유하고, 언어를 사용하느냐의 문제를 구분하여 이해할 필요가 있다.

현상으로부터 출발하여 현상의 실체성을 부정하기 위한 도구로 활용되는 언어는 소극적일 수밖에 없다. 언어의 한계를 부각浮刻시켜서 언어가 가리키는 실체적 존재가 없음을 강조할 때 언어는 단지 손가락일 뿐으로 달이 아니라고 말하지 않을 수 없다.

그러나 언어의 사용이 그대로 본성, 성품, 자성의 작용이다. 그것은 손가락이 단순하게 달을 가리키는 기능만을 하는 것이 아니라 그대로 달의 작용임을 뜻한다. 분별할 수 없는 경계境界, 무, 무분별의 경계를 도道, 진상眞相, 실상實相으로 나타내는 것은 언어를 매개로 이루어지는 무에서 유로의 창조작용이다.

분별적 사유 역시 어느 방향에서 하느냐에 따라서 달라진다. 본래의 나를 찾아가는 방향에서 분별적 사유는 버리고 떠나야할 대상이지만 본래의 나의 측면에서는 본래의 나를 드러내는 수단, 도구이다. 결국 상구보리上求菩提의 도구도 분별적 사유이며, 하화중생下化衆生의 도구도 분별적 사유이다. 그러면 중관과 유식에서는 사유의 두 측면이 어떻게 적용되는가?

대승불교의 중관中觀과 유식唯識은 부정과 긍정의 서로 다른 방법을 동원하여 무명을 벗어나서 자성, 불성, 중도에 이르는 작업을 수행한다. 이는 중관과 유식이 서로 다른 방법을 동일한 방향에서 사용하고 있음을 뜻한다. 이처럼 동일한 방향에서 사용되는 긍정과 부정의 방법은 하나로 통합되기가 어렵다. 왜냐하면 동일한 차원이나 동일한 방향에서 서로 반대의 관점에서 부정과 긍정을 이해하면 양자가 공존할 수 없는 모순관계로 드러난다. 그러면 어떻게 해야 하는가?

중관과 유식은 상구보리上求菩提의 관점에서만 이해할 것이 아니라 하화중생下化衆生의 관점에서 이해할 필요가 있다. 이는 색에서 공을 향하는 측면, 견성성불見性成佛의 측면에서 양자를 이해할 것이 아니라 이와 더불어 공에서 색을 향하는 측면, 제도중생의 측면에서 양자를 이해하는 것이 필요함을 뜻한다.

우리가 중관과 유식을 서로 다른 방향에서 이해하는 것은 양자가 본래 둘이 아님을 확인하기 위함이다. 색에서 공을 향하는 방향에서 중관의 부정적 방법을 사용하고, 공에서 색을 향하는 방향에서 유식의 긍정적인 방법을 사용하면 양자가 둘이 아님을 이해할 수 있다. 그러면 두 방향은 무엇인가?

성품, 본성과 도라는 개체적 존재의 근원과 보편적 세계의 근원이 둘이 아님을 논하는 천인합일天人合一이나 범아일여梵我一如는 나와 성품, 도, 근원을 둘로 나타내었을 때 사용할 수 있는 표현이다.

그러나 나를 떠나서 시공時空의 현상도 없고, 성품, 도道가 없다. 나는 지금이라는 시간과 여기라는 공간에 속한 남과 다른 내가 아니라 지금 여기를 넘어서고, 나와 남을 넘어선 나이면서도 동시에 매 순간 나로 드러난다. 그러면 나와 언어의 두 측면 그리고 사유의 두 측면은 어떤 관계인가?

언어와 사유의 두 측면은 나를 중심으로 주체화하고, 내면화하여 일체의 관점, 둘이 아닌 관점에서 이해하는 경우와 대상화, 객관화하여 둘의 관점, 하나가 아닌 관점에서 이해하는 것이 필요하다. 그러면 주체화와 대상화는 어떻게 이루어지는가?

주체화와 대상화는 마음에 의하여 이루어진다. 그렇기 때문에 마음을 분석하여 분합의 문제를 어떻게 이해할 수 있는지 살펴보자. 나를 마음을 중심으로 분석하면 지정의知情意의 세 요소로 나타낼 수 있다.

지성은 나의 심층과 관련되어 나타나는 심적 요소이며, 감성은 나의 표층과 관련되어 나타나는 심적 요소이다. 그것은 감성이 대상화, 객체화를 통하여 드러나는 심적 요소이며, 지성이 주체화, 내면화를 통하여 드러나는 심적 요소임을 뜻한다. 그러면 양자는 어떤 특성을 갖는가?

지성知性은 표층의 측면에서 나와 둘인 대상을 주체화, 내면화하여 하나로 하는 작업, 표층의 나로부터 출발하여 심층의 나를 향하는 작용을 한다. 따라서 지성의 특성은 합일작용이다.

그러나 감성感性은 나와 사물이 하나인 상태에서 대상화, 객관화하여 둘로 나타내는 작업, 심층의 나로부터 출발하여 표층의 나를 향하는 작용을 한다. 따라서 감성의 특성은 분생작용이다. 그러면 양자의 관계는 무엇인가?

심층의 나와 표층의 나는 나를 두 측면으로 나누어서 나타낸 것으로 어느 하나를 버리거나 취할 대상이 아니다. 그렇기 때문에 양자를 함께 대하는 태도가 필요하다. 그것은 마음의 세 번째 요소인 의지를 통하여 이루어진다.

의지는 마음의 방향을 설정하는 작용을 한다. 우리가 지성을 중심으로 마음을 쓸 수도 있고, 감성을 중심으로 마음을 쓸 수도 있다. 그러나 바람직한 사용은 양자를 둘이 아니게 쓰는 방법이다. 그러면 구체적으로 어떻게 마음을 쓰는가?

마음을 어떻게 쓰느냐는 그대로 삶의 방법이 된다. 그렇기 때문에 동아시아의 학문에서는 용심用心을 중심으로 학문을 논하고, 삶을 논한다.

마음의 방향을 설정하는 의지는 입지, 서원을 통하여 살펴볼 수 있다. 유학儒學에서는 본성, 인성이 주체가 된 대인의 삶을 살기 위하여 뜻을 세우는 입지立志로부터 삶을 논하고, 불교에서는 모든 중생을 제도하는 요익중생饒益衆生의 삶을 살고자 하는 뜻을 세우는 서원誓願으로부터 불도佛道를 논한다.

입지, 서원을 통하여 삶의 방향을 설정한 후에는 지성知性의 측면에서 어떻게 살 것인지의 방법을 찾아가는 지적知的인 작업을 한다. 학파에 따라서 학문, 수기, 수행, 수련과 같은 다양한 개념을 통하여 나타내는 여러 방법을 통하여 삶을 나타낸다.

지적 작업인 수행, 수기, 학문을 통하여 삶의 방법을 찾은 후에는 감성感性을 중심으로 그것을 실천하는 작업을 한다. 지성이 글자 그대로 성품을 아는 작업이라면 감성은 성품을 나타내는 작업이다. 감성은 나와 남, 나와 사물, 나와 자연의 관계를 통하여 드러나는 성품의 작용을 나를 중심으로 나타낸 개념이다.

우리가 지성知性을 중심으로 지식, 정보를 축적하는 일만을 하면 지식知識의 양에 따라서 사람의 가치를 판단할 뿐만 아니라 투쟁을 통하여 정보를 소유하고자 하는 과정에서 삶이 그대로 고통의 연속이 된다. 그렇기 때문에 반드시 삶의 방향을 설정하는 입지, 서원이 바탕이 되어야 한다.

입지, 서원을 바탕으로 지성에 의하여 모두가 행복한 아름다운 삶을 살아가는 방법을 찾았을지라도 그것을 실천하지 않으면 방법을 찾는 지적인 작업이 아무런 의미가 없다. 그렇기 때문에 지적인 작업은 반드시 감성에 의한 실천의 과정으로 이어져야 한다.

아무리 지적知的 관점에서 분별적 사고와 언어의 문제점을 파악하더라도 정적情的 측면에서 희로애락喜怒哀樂을 비롯한 다양한 정서, 감정으로 자유자재하게 사용할 수 없다면 앎의 의미가 드러나지 않는다. 그러면 어떻게 해야 하는가?

지금까지 사용하였던 분별과 무분별, 분별과 합일의 방법과 다른 생성의 관점에서 사고와 언어의 문제를 내면으로 들어와서 사고와 언어의 주체인 나를 중심으로 심층의 나로부터 표층의 나로의 방향을 바꾸어야 한다.

그것은 물건적 관점에서 표층의 나와 심층의 나를 나누어서 표층의 나로부터 출발하여 심층의 나를 향하여 달려가는 물건적 관점을 바꾸어서 사건적 관점에서 나를 살펴보고, 나를 찾아가는 관점에서 나를 드러내는 방향으로 방향을 바꾸어야 하며, 합일合一과 분별分別이라는 물건적 분합分合의 방법을 떠나서 창조와 진화의 관점에서 생성을 중심으로 나와 세계를 살펴보는 일이다.

심층의 나, 내 안의 나, 참나, 나 아닌 나로부터 매 순간 다양하게 드러나는 표층의 나를 향하는 방향에서 이것과 저것 곧 자아自我와 무아無我, 유有와 무無, 생生과 사死와 같은 물건적 관점, 입자적粒子的 관점을 바꾸어서 사건적 관점, 생성의 관점에서 나와 세계를 이해할 때 비로소 매 순간의 분별적 사고가 그대로 성품의 작용[49]이며, 매 순간의 분별적 사고가 그대로 사지四智[50]의 드러남이고, 매 순간의 분별적 사고를 나타내는 언어, 문자가 그대로 해탈의 모습[51]임을 알게 된다.

그러나 아무리 나와 세계 그리고 삶에 대한 정견正見을 갖추고, 나와 세계, 삶에 대한 지혜의 안목을 갖추었을지라도 시공에서 드러내는 실천이 없으면

---

49) 《대방광불화엄경》 15권(ABC, K0079 v8, p.107a15-a17), "從眞實法性起 堅固不轉 無礙所持 諸佛無礙 功德所生".

50) 《금강삼매경론》金剛三昧經論卷上(ABC, H0017 v1, p.605a11), "四弘地中 四智流出".

51) 《유마힐소설경》 2권(ABC, K0119 v9, p.992c14-c18), "言說文字 皆解脫相 所以者何 解脫者 不內不外 不在兩間 文字亦不內不外 不在兩間 是故 舍利弗 無離文字說解脫也 所以者何 一切諸法 是解脫相".

아무런 의미가 없다. 그것은 앎과 실천의 지知와 행行이 둘이기 때문에 먼저 알고 뒤에 실천해야 함을 뜻하지 않는다.

　전도견顚倒見을 버리고 정견正見을 갖춘 후에는 정견에도 얽매임이 없어야 한다. 그것은 정견과 나 그리고 삶과 세계가 둘이 아님을 파악하고, 둘이 아니게 살아가면 매 순간 때와 장소에 따라서 다양하게 드러남이 없이 드러남을 뜻한다. 마지막으로 제1부를 마무리하면서 소염시小艶詩를 통하여 지금까지의 내용을 되돌아보자.

> 아름다운 모습은 그림으로도 그릴 수 없으니
> 깊고 깊은 방에서 그리움에 마음만 뜨겁구나.
> 자주 소옥을 부르지만 원래 아무 일 없으니
> 다만 사랑하는 사람이 소리를 듣기를 바랄 뿐.

> 一段風光畵不成
> 洞房深處說愁情
> 頻呼小玉元無事
> 只要檀郞認得聲

제2부

삶과 세계를 개합開合하는
범주와 방향

나는 누구이며, 내가 살아가는 삶은 무엇이고, 세계는 무엇인가라는 주제를 해결하고자 할 때 일반적으로 우리는 일상의 우리가 알고 있는 나를 떠나서 비록 내 안의 나이지만 아직은 모르는 나를 찾는 방법을 사용한다.[52]

나는 누구이며, 삶은 무엇인가의 주제를 해결하기 위하여 일반적으로 알고 있는 표층의 나를 떠나서 심층의 나, 참나, 내 안의 나 아닌 나, 무아無我를 찾는 방법을 사용할 수 있기 위해서는 지금 여기의 내가 실재한다는 실체적 관점이 전제되어야 한다.

그러나 나라는 실재가 고정되지 않는 측면에서 보면 공空이면서 불공不空인 묘유妙有의 측면, 무아無我, 중도中道, 참나에서 한 걸음 나아가서 다양한 자아自我로 드러나는 측면을 살펴보지 않을 수 없다.

실체적 관점에서 고정된 실재로서의 무아, 중도, 진아眞我를 찾는 작업이 하나의 의미를 갖는 작업이 되기 위해서는 무아, 중도, 진아에 머물러서 실체화하지 않아야 한다. 그것은 나는 누구인가의 주제를 표층의 나를 벗어나서 심층의 나를 찾는 과정으로 이해하는 것과 방향을 달리하여 나 아닌 나로서의 진아, 본성, 자성, 중도가 매 순간 다양한 나, 새로운 나로 드러나는 과정을 함께 살펴보아야 함을 뜻한다.

내 안의 나를 찾거나 나 아닌 나를 드러내는 작업이 무엇이고, 양자의 관계가 무엇인지를 본격적으로 살펴보기 위하여 먼저 해결해야 할 과제는 서로 다른 방향에서 사용하는 서로 다른 방법을 진행하기 위하여 필요한 도구와 범주가 무엇인지를 살펴보는 일이다.

일단 우리가 자신을 찾거나 나타내고자 할 때 찾는 나, 나타내는 나와 찾거나 나타내는 대상으로서의 나를 구분하여 나타내지 않을 수 없다. 그것은 마치 계룡산을 나타내기 위하여 지도를 그릴 때 지도와 계룡산이 둘이 되는 것과 같다. 그렇기 때문에 아무리 훌륭한 지도라고 해도 그것이 계룡산이 아니

---

52) 《나, 버릴 것인가 찾을 것인가》, 권석만 외 집필, 운주사, 2008, 7-33쪽.

라는 사실을 부정할 수 없다. 그러면 우리는 왜 계룡산을 직접 찾지 않고 지도를 제작하는가?

계룡산이 우리 자신과 삶이라면 지도는 언어와 문자, 수數를 비롯하여 인간의 삶을 효과적으로 그리고 편리하게 살아가는 데 필요한 다양한 도구들을 나타낸다. 특히 언어를 통하여 자신과 삶 그리고 세계에 대하여 여러 이치로 해부하여(理解), 이치와 이치의 관계를 밝히고(說明), 더 나아가서 가치를 부여하는 학문 활동은 인간의 특성을 여실하게 보여 준다.

우리가 언어를 통하여 자신을 나타냄은 그것을 통하여 다른 사람으로 하여금 언어로 나타내기 이전의 자신을 파악하도록 안내하기 위함이다. 그것은 달을 가리키는 손가락을 제시하여 다른 사람으로 하여금 달을 보도록 안내하는 것과 같다.[53]

언어를 비롯하여 수, 괘, 하도河圖와 낙서洛書, 다양한 문양을 비롯하여 온갖 수단을 통하여 인간 자신을 나타내고, 삶을 나타내며, 세계를 나타내는 일은 이미 자신과 세계에 대하여 부지不知의 상태에서 지知의 상태를 넘어서 무지無知의 상태에 이른 사람이 다른 사람으로 하여금 자신을 찾아가도록 안내하는 소극적인 측면과 더불어 적극적으로는 손가락이라는 수단을 통하여 자신을 나타내는 측면이 함께 있다.

손가락이라는 수단과 그것이 가리키는 대상, 내용인 달은 둘이면서도 하나이다. 둘인 측면에서는 손가락이 가리키는 달을 향해야 하지만 하나인 측면에서는 손가락 역시 달의 작용, 달의 드러남이기 때문에 군이 양자를 구분하여 이해할 필요가 없다. 그러면 양자의 관계는 어떻게 이해할 것인가?

손가락과 달의 관계는 나를 나타내는 두 방향을 중심으로 이해할 수 있다.

---

53) 《대불정여래밀인수증요의제보살만행수릉엄경》 2권(ABC, K0426 v13, p.800a08-a13), "如人以手指月示人 彼人因指當應看月 若復觀指以爲月體 此人豈唯亡失月輪 亦亡其指 何以故 以所摽指爲明月故 豈唯亡指 亦復不識明之與暗 何以故 卽以指體爲月明性 明暗二性無所了故".

그것을 《주역》에서는 순順과 역逆의 두 방향으로 구분하여 나타내고 있다.[54] 순과 역은 세계의 사물을 형상을 중심으로 형이상의 도道와 형이하의 기器로 구분하여[55] 양자를 통하여 세계를 나타내는 개념이다.

도는 만물의 근원을 가리키며, 기는 도를 담고 있는 그릇과 같은 사물을 가리킨다. 이는 마치 수많은 가지와 가지 끝에 달린 잎들이 모두 하나의 뿌리에 의하여 영양을 공급받으면서 생존함을 나타내는 것과 같다.

나무의 뿌리와 같은 도와 수많은 잎과 같은 도가 드러난 현상의 만물을 나타내는 기를 바탕으로 뿌리인 도에서 잎인 기를 향하는 방향을 순順으로 나타내고, 잎에서 뿌리를 찾아가는 방향을 역逆으로 나타내었다. 그러면 순과 역의 두 방향에서 인간을 나타내는 도구는 무엇인가?

순역의 방향에서 인간을 나타내는 도구는 시간과 공간이라는 범주이다. 시간은 시초와 종말의 관계를 통하여 시종의 사건으로 나타내고, 공간은 근본과 지말의 관계를 통하여 본말의 물건으로 나타낸다. 그러면 사물을 통하여 나를 나타내는 방법은 무엇인가?

사건과 물건을 통하여 나를 나타낼 때 물건의 관점에서는 다양한 언행으로 드러나는 고정된 자아를 나타낸다. 이때의 자아는 남과 구분되고, 자연과 구분되며, 동물이나 식물과 구분되고, 죽은 사람과 구분되는 산 사람으로서의 나이다.

그러나 역방향에서 나를 나타내는 방법은 사물을 벗어나서 사물과 둘이 아닌 나이다. 그러므로 역방향에서 나를 나타내는 방법은 나 아닌 나를 찾아서 본래면목과 하나가 되는 합일合一이다. 그것은 표면의 자아를 버리고, 내면의 나 아닌 나를 찾아가는 귀일歸一, 귀체歸體, 귀공歸空이다.

그런데 물건적 관점에서 순역은 사건적 관점에서는 둘이 아니다. 사건적 관

---

54) 《주역》 설괘說卦 3, "數往者順, 知來者逆, 是故易逆數也".
55) 《주역》 계사상繫辭上 12, "是故 形而上者謂之道 形而下者謂之器 化而裁之謂之變 推而行之謂之通 擧而錯之天下之民謂之事業".

점에서는 형이상과 형이하의 도와 기의 관계를 나타내는 순과 역이 모두 생성이다. 그것은 도와 기가 시간성의 측면에서는 시간성의 시간화의 생성과 시간의 시간성화의 생성이라는 사건임을 뜻한다.

시간성의 시간화는 일체가 다양한 사물로 드러나는 창조적 생성이며, 시간의 시간성화는 다양한 사물이 일체로 화하는 진화적 생성이다. 이러한 생성 곧 사건을 고정화하여 이것과 저것으로 구분하여 둘로 나타낸 것이 바로 물건이다.

물건의 관점에서 세계는 합일과 분생으로 나타낼 수 있다. 합일의 세계를 도라고 말하고 분생의 세계를 기라고 말한다. 그러나 도와 기를 통하여 나타내는 합일과 분생의 세계는 둘이 아니다. 그렇기 때문에 합일과 분생이 둘이 아닌 경계를 중도라고 말한다.

우리가 자신을 나타내는 도구는 사고와 언어이지만 그 내용을 나타내는 방법은 사건적 관점에서 시초와 종말의 사이를 잇는 사건을 통하여 나타내거나 물건적 관점에서 이것과 저것의 관계를 통하여 나타내는 방법이 있다.

사건적 관점에서 생성을 통하여 나를 나타내면 본래의 나는 자아와 무아를 넘어선 중도이지만 중도 역시 고정되지 않아서 매 순간 끊임없이 다양한 사건으로 나타난다. 그것은 중도가 매 순간 다양한 자아로 생성됨을 뜻한다.

그러나 물건적 측면에서 나는 자아로부터 벗어나 무아에 이르러 본래의 나인 중도와 하나가 되는 귀일, 귀체, 귀공의 관점에서 보면 나는 고정되지 않아서 없다. 그렇기 때문에 자아를 넘어서 무아에 이르고 무아를 벗어나서 중도에 이른다. 그러면 우리가 오로지 역방향에서 자아에서 무아에 이르고, 중도에 이르는 과정을 통하여 나를 이해할 것인가?

순방향에서 나는 내 안의 나 아닌 나, 온 우주와 둘이 아닌 나, 모든 사물과 둘이 아닌 내가 매 순간 나와 사물로 나타나고, 남과 다른 나로 나타나는 사건의 연속이다. 그것은 중도로부터 시작하여 매 순간 다양한 자아로 드러나는 나툼의 연속이며, 나타난 사물, 만물이 그대로 중도로 돌아가는 회향의 연속이다.

회향回向은 색色이 그대로 공空임을 나타내는 개념이다. 이를 색色과 공空을 구분하여 색色에서 공空을 향하는 방향에서 나타내면 귀체歸體, 귀공歸空이라고 할 수 있다. 그러나 색즉시공色卽是空은 공즉시색空卽是色을 전제로 하여 성립된다. 이처럼 공덕功德을 행하고 그것을 소유하고자 하지 않고 남에게 돌리는 것이 회향이 아니라 본래 그러함을 나타내는 개념이 회향이다. 수행도 본래 하나의 회향일 뿐이어서 인위적인 수행, 유위법有爲法의 수행은 없다.

순방향에서 나는 찾아가야 할 심층의 나 아닌 나, 참나, 내 안의 나, 무아로서의 나가 있고, 버려야 할 표층의 자아, 환상의 나, 실재하지 않는 나가 있지 않다. 단지 매 순간 무아가 자아로 드러나고, 참나가 표층의 다양한 나로 드러날 뿐이어서 내가 없지는 않지만 그렇다고 하여 있는 것이 아니다.

물건적 관점에서 나는 분합을 통하여 나타내는 나이지만 사건적 관점에서 나는 생성을 통하여 나타나는 나이다. 이처럼 우리 자신을 파악하기 위해서는 순과 역의 두 방향을 통하여 나를 이해함이 필요하며, 순과 역의 두 방향과 더불어 시간과 공간이라는 범주를 도구로 하여 사건적 관점과 물건적 관점에서 나를 이해하는 것이 필요하다.

이에 지금부터는 나와 삶, 세계를 이해하고 설명하거나 생성하는 범주인 사건과 물건이라는 두 범주를 바탕으로 세계를 나타내는 형이상이라는 근원과 형이하의 현상을 나타내는 도道와 기器에 대하여 살펴보고, 이어서 양자의 관계를 나타내는 순과 역의 두 방향에 대하여 살펴보며, 마지막으로 순과 역의 두 방향을 중심으로 사건과 물건의 두 범주에 의하여 나를 이해하는 방법인 분합과 생성에 대하여 고찰하고자 한다.

1. 삶과 세계를 나타내는 형이상의 도道와 형이하의 기器

    시간과 공간은 현상의 사물을 대상으로 하는 과학과 형이상의 근원을 추구하는 철학, 종교는 물론 문학, 예술을 비롯하여 인간의 모든 활동이 이루어지고, 인간의 활동인 문화를 나타내는 범주이다.

    시간과 공간은 단순하게 어느 한 시대의 특정한 사람만이 관심을 갖는 주제가 아니라 선사先史시대 이후 현대에 이르기까지 일상의 사람들은 물론 전문적인 연구 활동을 하는 사람들을 막론하고 모든 사람들이 관심을 가져왔던 주제이다.

    나와 남의 구분은 공간을 바탕으로 물건적 관점, 입자적 관점에서 자신을 이해하는 경우이며, 태어나고 늙어서 병들어 죽는 생로병사는 시간을 바탕으로 사건적 관점, 사태적 관점에서 인간을 이해하는 경우이다.

    만약 남과 구분되는 내가 없다면 나의 생존, 나의 가치, 나의 명예, 나의 삶을 위하여 고통스럽게 살아갈 필요가 없으며, 생로병사가 없다면 굳이 죽지 않고 살려고 하고, 병들지 않고 건강하게 살려고 힘쓸 필요가 없다.

    공간을 바탕으로 사고할 할 때 비로소 나와 남, 인간, 지구, 태양계, 은하계, 우주라는 확장된 세계가 성립되고, 시간을 바탕으로 사고할 때 비로소 나의 근원인 조상을 생각하고, 온 인류의 시원인 아담과 이브를 생각하며, 시간을 초월한 근원, 인간을 창조한 하느님, 신을 생각하고, 죽음 이후의 나, 미래의 인류, 우주를 생각한다.

    공간을 바탕으로 하여 나와 남을 구분하고, 세계를 구분하는 분석, 분생分生이 가능하며, 나와 남을 합슴하여 인간으로 규정하고, 생물과 무생물을 규정하는 분합적分合的 사고, 분합적 사유가 가능하다.

시간을 바탕으로 하여 과거보다 발달한 오늘, 오늘보다 좋은 내일을 꿈꿀 수 있고, 비록 오늘은 지옥의 고통 속에서 살지라도 내일은 천국의 안락함 속에서 살 수 있다는 희망을 갖고, 종교 활동을 할 수 있고, 윤리, 도덕을 추구하며, 오늘보다 나은 내일을 위하여 교육을 하게 된다.

시공을 초월한 신, 도, 깨달음을 추구하는 사람들은 시간과 공간을 언급하면 사물에 집착하고, 색色에 집착한다고 말하며, 도, 성품, 자성自性은 시공을 초월한다고 말한다. 그러나 '시공을 초월한다.'라는 말도 여전히 시간과 공간을 통하여 논하고 있다.

현상의 사물을 형이하적 존재자存在者로 나타내고, 사물을 넘어선 형이상적 존재를 도, 성품, 이치, 신神, 상제上帝와 같은 개념을 통하여 구분하는 기준은 시간과 공간이다. 시간과 공간의 내에 있는 사물이 형이하적 존재자이고, 시간과 공간을 초월한 형이상적 존재가 성품, 신, 도, 상제와 같은 개념이 가리키는 내용이다. 그러면 시간과 공간은 나와 별개의 실체인가, 의식의 분별에 의하여 구성된 허구인가?

만약 시간과 공간이 물질이고, 시간과 공간이 각각 독립된 물체라면 그것은 고정된 실체라고 할 수 있다. 실체로서의 시간과 공간은 인간의 유무有無, 인간의 사고, 인간의 언어와 무관하게 존재한다.

그러나 시간과 공간은 인간의 의식에 의하여 이루어지는 분별작용이거나 분별작용을 나타내는 언어, 개념에 불과하다. 따라서 시간과 공간은 단지 인간의 의식일 뿐으로 실재하지 않는다. 그러면 시공은 있는가 아니면 없는가?

시공의 유무有無는 시공을 문제로 삼는 주체인 인간과 대상, 객체인 시공을 둘로 나누어서 어느 일면을 중심으로 이해할 때 발생한다. 그것은 시간과 공간을 그것을 문제로 삼는 주체인 인간과 대상, 객체로서의 시간과 공간을 나누어서 접근할 때 비로소 시간과 공간의 유무의 문제가 발생함을 뜻한다. 그러면 먼저 객체, 대상으로서의 시간과 공간의 관점에서 시공에 대하여 살펴보자.

인간과 별개의 대상으로 존재하는 시공은 하나의 독립된 존재이자 실체적 존재이다. 그리고 시공은 영원하면서 한없이 확장하기 때문에 인간을 비롯한 만물이 그 가운데서 존재한다. 이처럼 인간과 별개로 존재하는 실체적 존재를 세계라고 말하고, 자연自然이라고 한다.

세계의 세世는 시간을 나타내고, 계界는 공간을 나타낸다. 세계, 자연을 시간과 공간으로 구분하여 나타내는 단위는 다양하다. 일반적으로 시간은 현재를 중심으로 과거와 미래를 구분하여 나타내며, 공간은 여기를 중심으로 위와 아래의 상하로 구분하여 나타낸다.

시공 곧 세계를 자연으로 나타내는 까닭은 세계 자체의 법칙이 있어서 법칙에 따라서 시공이 운영됨을 나타내기 위함이다. 자연은 인간을 비롯하여 자연밖의 다른 요소를 필요로 하지 않고 스스로 작동하는 세계, 물리物理라는 법칙에 의하여 스스로 작용하는 세계이다.

자연의 특성이 물리라는 법칙에 의하여 작동되는 세계라는 점은 인과적因果的 세계임을 뜻한다. 따라서 자연의 세계에서는 인간의 자유의지와 같은 예외가 없다. 그것은 인과因果를 벗어나서 나타나는 현상이 없음을 뜻한다. 그러면 시공, 자연은 어떤 존재인가?

자연은 형이상과 형이하의 두 관점에서 이해할 수 있다. 현대의 과학자들은 세계를 물질이라고 말한다. 시간과 공간을 막론하고 모두 물질일 뿐만 아니라 인간 역시 물체인 육신이라고 말한다. 따라서 인간을 비롯한 모든 사물은 물리를 벗어날 수 없다.

그런데 지금 사물을 논하고, 시간과 공간을 논하는 우리 자신의 사고는 이미 시간과 공간을 넘어서 있다. 만약 인간이 시간과 공간을 벗어나지 못하는 물리적 존재에 불과하다면 시간과 공간을 초월超越한 신神이나 종교, 이치, 물리를 사고할 수도 없을 뿐만 아니라 시간과 공간 자체를 사고할 수도 없다. 그러면 시간과 공간을 어떻게 이해할 것인가?

시간과 공간이 실재하는 존재가 아니라 인간의 사고의 산물이라고 이해할 수 있다. 그것은 시간과 공간이라는 세계, 자연에 속한 물질인 인간이 아니라 그와 반대로 인간의 사고, 사유에 의하여 시간과 공간이 규정되고, 분별될 뿐으로 실재하지 않는다는 관점이다.

인간이 본유한 지혜를 활용하지 못하여 스스로 지혜와 어리석음, 밝음과 밝음이 없음을 구분하고, 생멸을 구분하여 영원과 순간, 무한과 유한을 구분하여 시간과 공간이라는 개념을 구성하여 시간의 세世와 공간의 계界를 만들었다. 이를 세계에 대한 뒤바뀐 견해라는 의미로 세계전도世界顚倒[56]라고 말한다.

전도顚倒된 세계, 시공이라는 오염된 세계는 인간의 의식에 의하여 구성된 분별의 결과이다. 인간이 스스로 몸과 마음을 구분하고, 자신과 밖의 세계를 구분하는 의식에 의하여 남과 다르고, 사물과 다르며, 시공과 다른 자신이 있다고 여기는 그릇된 견해를 갖기 때문에 일어나는 현상이다. 이처럼 자신에 대한 그릇된 견해를 중생전도衆生顚倒[57]라고 말한다.

자신에 대한 그릇된 이해가 인간에 대하여 착각을 낳고, 인간에 대한 착각이 세계에 대한 착각을 낳는다. 우리는 인간을 고정된 실체인 자아가 있다고 착각하지만 색수상행식色受想行識이라는 다섯 가지 요소인 오온五蘊이 결합하여 나타나는 다양한 찰나적 현상에 불과하다.

우리가 인간이라고 말하는 몸과 마음이 모두 고정되지 않음은 시간적 측면에서는 모든 현상이 항상 하지 않을 뿐만 아니라(諸行無常) 모든 물건이 독립

---

56) 《대불정여래밀인수증요의제보살만행수릉엄경》 7권(ABC, K0426 v13, p.841a06-a17), "阿難 云何名爲 世界顚倒 是有所有分段妄生 因此界立 非因所因無住所住遷流不住 因此世成 三世四方 和合相涉 變化 衆生 成十二類 是故世界因動有聲 因聲有色 因色有香 因香有觸 因觸有味 因味知法 六亂妄想成業性故 十二區分 由此輪轉 是故世間聲香味觸 窮十二變爲一旋復 乘此輪轉顚倒相故 是有世界卵生 胎生 濕生 化生 有色無色 有想無想 若非有色若非無色 若非有想若非無想".

57) 《대불정여래밀인수증요의제보살만행수릉엄경》 7권(ABC, K0426 v13, p.841a06-a17), "阿難 云何名爲 衆生顚倒 阿難 由性明心 性明圓故；因明發性, 性妄見生,從畢竟無成究竟有，此有所有非因所因, 住 所住相了無根本, 本此無住, 建立世界及諸衆生, 迷本圓明是生虛妄, 妄性無體非有所依,將欲復眞, 欲眞已非眞眞如性, 非眞求復宛成非相, 非生非住非心法, 展轉發生生力發明, 熏以成業同業相 感, 因有感業相滅相生, 由是故有衆生顚倒".

된 실체가 아니라는 의미(諸法無我)이다. 그렇기 때문에 유무, 단상, 시비, 선악을 일으킬 주체와 대상인 객체가 모두 고정되지 않는다(涅槃寂靜).[58]

일부의 양자역학자들은 중관불교와 관련하여 이해함으로써 입자와 파동을 의식, 관념의 소산으로 이해하기도 한다. 다만 의식 역시 일종의 뇌의 기능이라는 점에서 보면 여전히 물질의 차원을 넘어서지 못하고 있다.

설사 인간을 뇌와 몸 그리고 세계와의 상호작용에 의하여 일어나는 연기적 존재라고 하여도 여전히 연기적 관계라는 사건에서 벗어나지 못하고 있다. 그러면 실체적 시공과 의식으로서의 시공은 어떤 관계인가?

시간과 공간을 나와 별개의 존재로 여기고 주체와 객체의 관점에서 이해하면 어느 일면이 중심이 되어 다른 측면이 매몰된다. 만약 주체인 인간이 중심이 되어 시간과 공간을 이해하면 허무, 환상, 실재하지 않는 개념에 불과하다.

그와 반대로 객체인 시간과 공간이 중심이 되어 시간과 공간을 이해하면 인간을 비롯하여 만물이 모두 시간과 공간에 귀속되어 생명, 분합, 무한과 유한, 부분과 전체의 관계에서 벗어날 수 없다. 그러면 시간과 공간을 어떻게 이해할 것인가?

우리는 시간과 공간을 하나의 차원, 경계에서 이해하는 것이 아니라 형이상과 형이하의 두 차원에서 이해할 수 있다. 그것은 시간과 공간을 고찰하는 인간과 대상인 시간과 공간을 모두 형이상과 형이하의 두 경계, 차원에서 이해하는 방법이다.

시간과 공간을 형이하의 물질적 차원에서 이해하는 과학의 관점과 달리 형이상의 차원에서 시공을 이해하는 사례는 하이데거이다. 그는 시간과 공간을 넘어선 시간의 근원으로서의 시간성의 차원에서 존재 일반, 존재 자체가 무엇인지 접근하였다.

하이데거는 이전의 존재론을 연구하는 형이상학자들이 존재存在와 존재자

---

58) 《대반열반경》13권(ABC, K0105 v9, p.115b22-c03), "一切行無常 諸法無我 涅槃寂滅 是第一義 是名中智 知第一義無量無邊 不可稱計 非諸聲聞緣覺所知 是名上智 如是等義 我於彼經亦不說之".

存在者를 구분하는 이원론적 관점을 넘어서 존재와 현존재現存在 그리고 존재자의 셋으로 구분하여 세계를 이해한다. 이때 현존재는 나타난 존재로서의 인간을 나타낸다.

존재자 가운데 하나였던 인간을 따로 떼어 내어 현존재로 규정한 까닭은 존재에 이르는 통로로서의 인간의 역할을 나타내기 위함이다. 그는 나타난 존재인 현존재現存在라는 통로를 통하여 비로소 존재인 시간성에 이를 수 있다고 주장한다. 그러면 시간과 공간은 어떤 관계인가?

만약 시간과 공간을 형이하의 물건적 관점에서 이해하면 시간과 공간은 둘이다. 그것이 바로 독립된 실체로서의 시간과 공간을 바탕으로 구성된 근대과학의 세계관이다. 뉴턴은 시간과 공간을 두 개의 실체로 여기고 절대시간과 절대공간을 주장하였다.

그러나 현대의 양자역학자들은 시간과 공간을 일체화된 하나의 시공時空으로 이해한다. 그들은 시공이 하나가 된 양자量子, 양자장量子場을 바탕으로 세계를 이해한다. 그러면 동아시아에서는 시간과 공간을 어떻게 이해하였는가?

《주역》에서는 시간과 공간을 각각 천天과 지地라는 개념을 통하여 나타낸다. 그리고 천지에 그것을 규정하는 인간을 더하여 천지인의 세 요소인 삼재三才를 통하여 세계를 이해한다. 그러면 천지인이라는 시공과 인간을 통하여 세계를 이해하는가?

천지인의 삼재를 형이하의 기로 규정하고, 삼재의 근거를 형이상의 도로 규정한다. 이처럼 《주역》에서는 천지인의 삼재를 내용으로 하는 기器와 천도와 지도, 인도를 내용으로 하는 형이상의 도道를 통하여 나와 삶을 이해한다. 먼저 도와 기가 무엇인지 살펴보자.

형이상을 일러 도道라고 말하고, 형이하를 일러 기器라고 말한다.[59]

---

59) 《주역》계사상繫辭上 12, "是故 形而上者謂之道 形而下者謂之器 化而裁之謂之變 推而行之謂之通 擧而錯之天下之民謂之事業".

'도道'는 근원, 근본을 나타내는 수首와 가고(行) 멈춤(止)을 나타내는 착辶으로 구성되어 근본의 작용을 뜻한다. 《십익》에서는 "한 번으로 음으로 작용하고, 한 번은 양으로 작용함을 일러 도라고 한다."[60]라고 하여 음양작용으로 드러나는 근원, 근본을 도라고 하였다. 그러면 도와 천지는 어떤 관계인가?

그것은 형이하의 천지, 시공을 나타내는 기器라는 개념과 도라는 개념을 통해서 확인할 수 있다. 도와 기가 각각 형이상과 형이하라는 측면에서는 하나가 아니다. 그러나 도를 근원으로 기器가 형성되기 때문에 도가 기로 드러나는 측면에서는 양자가 둘이 아니다. 그러면 기의 내용인 시공, 천지는 무엇인가?

《대학》에서는 시공이 사건과 물건의 세계임을 밝힌 후에 사물을 벗어나서 도에 이를 수 있음을 다음과 같이 밝히고 있다.

> 물건에는 근본과 지말이 있으며, 사건에는 종말과 시초가 있다. 그 선후先後하는 바를 알면 도에 가깝다.[61]

인용문을 보면 공간을 물건으로 그리고 시간을 사건으로 나타내어 본말, 시종의 선후를 알아야 도에 이른다고 말한다. 물건은 시간을 배제하고 공간을 중심으로 기器를 나타낸 개념이며, 사건은 공간을 배제하고 시간을 중심으로 기器를 나타낸 개념이다.

사건의 구조를 나타내는 시초와 종말은 시간의 세 양상인 과거, 미래, 현재를 두 방향에서 나타낸 개념이다. 그 하나는 과거에서 미래를 향하여 시종을 규정하면 과거는 시초이고, 미래는 종말이다.

이와 달리 미래에서 과거를 향하는 방향에서 시종을 규정하면 미래는 시초이고, 과거는 종말이다. 다만 물리적 시간은 과거에서 미래를 향하기 때문에 시초와 종말을 중심으로 사건을 논한다. 그러면 왜 사건에는 종말과 시초가

---

60) 《주역》계사상繫辭上 5, "一陰一陽之謂道 繼之者善 成之者性也".

61) 《대학》경일장經一章, "物有本末 事有終始 知所先後 則近道矣".

있다고 하여 시종을 논하지 않고 종시終始를 논하는가?

사건을 시초와 종말을 중심으로 한 방향에서 나타내면 오로지 직선적인 흐름이 있을 뿐이다. 우리는 물리적 시간을 중심으로 사고하기 때문에 오로지 과거에서 미래를 향하는 방향에서 시간을 이해한다.

그러나 만약 시간이 흐른다면 미래에서 과거를 향하는 흐름이 없다면 과거에서 미래를 향하는 흐름이 있을 수 없다. 그것은 종말에서 시초를 향하는 시간의 흐름이 있기 때문에 비로소 시초에서 종말을 향하는 흐름이 논의될 수 있음을 뜻한다. 그러면 선후는 무엇인가?

종말이 선先이고 시초가 후後인 경우는 종말에서 시초를 향하는 방향이고, 시초가 선이고, 종말이 후인 경우는 시초에서 종말을 향하는 방향이다. 이를 씨와 열매의 관계를 통하여 이해하면 씨에서 싹이 트고, 꽃이 피어 열매가 맺어지는 방향이 시초에서 종말을 향하는 방향이며, 열매가 씨로 심어지는 방향이 종말에서 다시 시초가 시작되는 방향이다. 그러면 양방향의 관계는 무엇인가?

종말이 없으면 시초가 이루어질 수 없고, 시초는 종말로 이어진다. 이처럼 시초와 종말은 직선의 관계가 아니라 하나의 원이 되어 양자의 수미首尾가 일관一貫하게 된다. 그러면 시초와 종말의 수미가 일관함은 무엇을 의미하는가?

시초와 종말이 일관함은 시초와 종말이 구분되지 않는 하나임을 나타낸다. 이처럼 시초와 종말을 구분할 수 없는 하나임을 도道라고 말한다. 《주역》에서는 음陰과 양陽을 통하여 도道와 신神을 다음과 같이 논한다.

> 한 번은 음으로 작용하고, 한 번은 양으로 작용하는 것을 일러 도道라고 한다… 음과 양으로 구분하여 나타낼 수 없음을 신神이라고 한다.[62]

비록 기器, 현상의 측면에서 도는 음과 양의 작용으로 드러나지만 도 자체는

---

62) 《주역》계사상繫辭上 제5장, "一陰一陽之謂道…陰陽不測之謂神".

음과 양으로 구분할 수 없다. 따라서 본체와 현상, 형이상과 형이하를 막론하고 이것과 저것으로 구분하여 나타낼 수 없다. 이처럼 도와 기로 구분하기 이전을 나타내는 개념이 신이다. 그러면 물건의 근본과 지말은 어떤 관계인가?

물건은 사건을 배제한 기器라고 할 수 있다. 그것은 사건을 고정하여 분석하였을 때 비로소 물건의 세계가 전개됨을 뜻한다. 따라서 물건은 시공時空을 공간화空間化하여 나타낸 개념이라고 할 수 있다. 그러면 물건에 근본과 지말이 있음을 무엇을 뜻하는가?

물건은 마치 뿌리와 가지와 같은 두 측면을 통하여 표현된다. 뿌리와 가지는 둘이 아니지만 뿌리가 있는 후에 비로소 가지가 있기 때문에 뿌리가 가지보다 앞선다. 그러면 선후관계를 앎은 무엇을 뜻하는가?

공간적 세계를 채우고 있는 물건의 구조는 근본과 지말로 구성되고, 시간적 세계를 채우고 있는 사건은 시초와 종말의 시종의 구조로 구성된다.

《주역》과 《대학》을 비롯하여 유불도의 전적에서 드러나는 것처럼 중국적 사유는 이것과 저것으로 구분되는 물건적 관점에서 이루어지는 음양적 사유, 이원론적 사유를 바탕으로 한다.

시초와 종말은 과거와 미래이다. 이는 과거와 미래를 구분하는 기준인 현재를 중심으로 시간적 사건을 시종始終으로 규정하였음을 뜻한다. 이처럼 근본과 지말, 시초와 종말은 시간상의 선후관계인 동시에 가치상의 선후관계이다. 따라서 지말에서 근본을 찾고, 종말에서 시초를 찾는 것이 도에 이르는 방법이다. 그러면 과학적 관점과 어떤 차이가 있는가?

《주역》과 《논어》를 막론하고, 시간과 공간 또는 시간과 공간을 넘어선 도를 논하지만 나를 떠나서 객관적 관점에서 논하지 않는다. 그것은 도道와 기器를 언급하면서 "도라고 말하고(謂之道), 기라고 말한다(謂之器)"고 하였음을 통하여 확인할 수 있다.

도와 기, 시간과 공간은 그것을 언급하는 인간을 떠나서 논의가 이루어질 수 없다. 《논어》에서는 기근와 인人을 구분하여 주체와 객체, 주관과 객관을 구분한 후에 객체로서의 인人을 떠나서 주체인 기근의 내면을 향하는 내적 성찰을 통하여 근원, 근본을 찾아감을 밝히고 있다.

객관적 대상, 객관적 사물로서의 시간과 공간, 도와 기를 벗어나서 도와 기, 시간과 공간을 논하는 인간 자신의 관점에서 시간과 공간을 이해함이 공자가 제시한 내적內的 성찰省察인 내성內省이다.[63]

공간적 측면에서 근본과 지말인 도와 기를 구분하여 나타내거나 하나로 논하는 인간은 시간적 측면에서는 시초와 종말, 과거와 미래를 논하는 현재적 존재이다. 따라서 시간의 세 양상인 과거와 미래는 현재적 존재인 인간을 떠나서 논의될 수 없을 뿐만 아니라 공간의 세 요소인 천지, 시공, 도기 역시 인간을 떠나서 논의가 될 수 없다.

본말과 종시를 논하고 선후하는 것을 알고, 선후관계를 나타내는 존재는 인간이다. 시간과 공간을 논하고, 시간과 공간을 초월하면서도 시간과 공간을 벗어나지 않는 도를 논함은 도道와 시공時空, 천지라는 기器의 문제가 아니라 그것을 문제로 삼아서 논의하는 나의 문제이다.

《주역》에서는 시간과 공간을 나타내는 천지와 더불어 사람을 논하여 천지인의 세 요소를 기器를 구성하는 근본적인 요소로 나타내고 있다. 그것은 "도가 일一을 낳고, 일一이 이二를 낳으며, 이二가 삼三을 낳고, 삼三이 만물萬物을 낳는다."[64]라는 주장에서도 드러난다.

도가 음과 양으로 구분할 수 없는 신神을 나타내는 개념이라면 하나는 천지인의 기器가 일체임을 나타내고, 이二는 음과 양, 천과 지, 시간과 공간을 나타내며, 삼은 천지인을 나타내고, 만물은 천지인이 하나가 아님을 나타낸다.

천지와 도를 논하지만 그것을 논하는 인간 자신을 떠나서 별개의 천지와 도

---

63) 《논어》안연顔淵, "司馬牛問君子 子曰 君子不憂不懼 曰不憂不懼 斯謂之君子已乎 子曰內省不疚 夫何憂何懼".
64) 《노자》제사십이장第四十二章, "道生一 一生二 二生三 三生萬物".

84   한국사상과 인간의 삶

가 존재하지 않는다. 그렇기 때문에 《중용》에서는 도가 바로 나의 근원임을 다음과 같이 밝히고 있다.

도라는 것은 (나와) 잠시도 떨어질 수 없다. 떨어질 수 있다면 도가 아니다.[65]

도가 나와 둘이 아니기 때문에 지말인 기器, 천지天地, 시공時空 역시 나와 둘이 아니다. 그러면 본말과 시종을 나를 중심으로 어떻게 이해할 것인가?

시간을 중심으로 세계를 나타내는 개념들은 생주이멸生住異滅의 생멸生滅, 생성, 변화, 생사, 왕래, 거래, 생장성, 춘하추동, 생장수장, 단상斷常을 비롯하여 많은 개념들이 있다. 이와 달리 공간을 중심으로 세계를 나타내는 개념은 동이同異, 유무有無, 존망存亡, 불일不一, 불이不二, 일一, 이二, 전후前後를 비롯하여 다양한 개념들이 있다.

우리는 때로는 천지, 시공, 사물, 사건, 물건을 우리 자신과 둘로 보아서 별도의 존재로 여기기도 하고, 때로는 우리 자신과 하나의 관점에서 시간은 마음을 나타내고, 공간은 육신을 나타낸다고 말하기도 한다.

도와 기, 시간과 공간, 사건과 물건, 근본과 지말, 시종과 종시를 구분하여 개념으로 나타내고, 이 개념들을 모아서 하나의 주장을 담은 명제로 구성하기도 하며, 여러 문장을 통하여 하나의 이론체계를 구성하기도 하고, 다른 사람의 주장이나 이론체계를 비판하기도 하며, 다른 사람의 주장이나 이론체계를 수용하여 공유하기도 한다. 그러면 시공을 초월한 도道를 어떻게 나타내는가?

형이상의 도 자체는 형상이 없고, 시공을 초월하기 때문에 분별하여 나타낼수 없다. 다만 방편상으로 형이하의 시공의 관점에서 상징적으로 나타낼 뿐이다. 형이하의 기器를 나타내는 방법은 시간과 공간 그리고 그것을 나타내는 주체인 인간의 세 요소이다. 따라서 형이상의 도 역시 시간과 공간, 인간의 측

---

65) 《중용》제일장, "道也者 不可須臾離也 可離非道也 是故 君子 戒愼乎其所不睹 恐懼乎其所不聞".

면에서 나타낼 수 있다.

시간의 측면에서 도는 시간의 본성을 나타내는 시간성時間性이라고 할 수 있고, 공간의 측면에서 도는 공간의 본성을 나타내는 공간성空間性이라고 할 수 있으며, 인간의 측면에서 도는 인간의 본성을 나타내는 인간성이라고 할 수 있다. 그러면 삼자는 어떤 관계인가?

시간성과 공간성, 인간성은 모두 도를 서로 다른 측면에서 나타낸 개념들이다. 그렇기 때문에 둘이라고 할 수 없다. 그러나 이미 둘로 나누어서 나타낸이상 하나라고 할 수 없다. 그렇기 때문에 둘이 아니면서 하나도 아니라고 할 수 있다.

《십익》에서는 시간성을 천도天道로 규정하고, 공간성을 지도地道로 규정하며, 인간성을 인도人道로 규정하여 삼자를 삼재三才의 도[66]라고 하여 셋임을 밝힐 뿐만 아니라 하나의 역도易道, 변화의 도[67]라고 하여 셋이면서도 하나임을 밝히고 있다. 그러면 도가 변화의 도임은 무엇을 뜻하는가?

선불교禪佛敎에서는 도道를 무상無相, 무념無念, 무주無住[68]라고 말하고, 불립문자不立文字[69]로 말하며, 노자는 "(도를) 아는 사람은 (도에 대하여) 말을 하지 않고, (도에 대하여) 말을 하는 사람은 (도를) 모른다."[70]라고도 말한다.

그런데 불립문자도 문자를 세움이며, 무상無相도 상相을 세움이고, 무념無念도 생각이며, 무주無住도 머묾이다. 이처럼 시공을 초월한 형이상의 도를 형이하의 시간과 공간을 나타내는 언어를 도구로 나타내는 것 자체가 모순을 일으킨다.

물건적 관점에서 보면 어떤 개념이나 문장, 글을 통하여 도에 대하여 논하

---

66) 《주역》계사하繫辭下 10, "易之爲書也는 廣大悉備하야 有天道焉하며 有人道焉하며 有地道焉하니 兼三才而兩之라 故로 六이니 六者는 非他也라 三才之道也니".

67) 《주역》계사상繫辭上 5, "子曰知變化之道者는 其知神之所爲乎인저".

68) 《南宗頓敎最上大乘摩訶般若波羅蜜經》, "善知識 我此法門 從上以來 頓漸皆立 無念爲宗 無相爲體 無住爲本.".

69) 《선문염송집》 1권(ABC, K1505 v46, p.1a04), "雖有指陳 不立文字 以心傳心而已.".

70) 《노자》제오십육장第五十六章, "知者不言 言者不知".

더라도 자가당착自家撞着에 빠지고, 이율배반二律背反에 빠진다.[71] 그러면 어떻게 해야 하는가?

물건적 관점에서 도를 나타내는 방법을 벗어나서 사건적 관점에서 접근하는 방법이 필요하다. 유有와 무無, 생生과 사死와 같은 분별과 무분별, 도와 기, 시공과 도, 천지와 도는 고정된 실체를 나타내는 것이 아니라 어느 한순간에 필요에 의하여 잠시 전일적인 세계를 사건적 관점에서 고정하여 일종의 물건으로 방편상 나타낸 개념에 불과하다.

만약 어떤 사람이 오로지 세계는 전일全一하고, 일체적이어서 이것과 저것으로 구분할 수 없다고 말하거나 오로지 공空을 말한다면 그에게 다시 유와 무를 구분하고, 도道와 기器를 구분하며, 공空이 곧 색色이라고 하여 색色을 논할 뿐이다.

형이하의 시간과 공간을 통하여 인간과 세계를 논하고 삶을 논하는 존재는 인간이며, 시간과 공간, 사물과 인간의 근원인 도를 논하는 존재도 인간이다.

그리고 때와 장소에 따라서 다양하게 언어를 사용하는 존재도 인간이다. 따라서 언어를 통하여 나타낼 수 없는 삶과 세계, 인간을 나타내는 것도 인간의 몫이다. 그러면 어떻게 해야 하는가?

현상과 근원을 나누어서 도와 기라는 언어로 나타내었을 때 발생하는 문제는 양자의 관계를 통하여 해소할 수 있다. 그것은 도를 중심으로 기를 나타내고, 기를 중심으로 도를 나타내어 양자가 서로 구분되는 둘이면서도 서로에 의하여 상대방이 존재하는 하나임을 통하여 해결할 수 있다.

도와 기의 둘이 아니면서도 하나가 아닌 관계는 인간이 양자를 어떻게 사용하느냐의 문제이다. 언어는 인간에 의하여 때와 장소에 따라서 다양하게 드러난다. 그렇기 때문에 언제 어디서나 타당한 진리라는 개념이 성립할 수 있다.

---

71) 논리학의 한계를 극복하고자 한 중관논리 역시 물건적 관점, 실체적 접근이 갖는 한계를 그대로 안고 있다. 왜냐하면 설사 응병여약應病與藥으로서의 주장이라고 하여도 여전히 병과 건강을 구분하는 이분법적 사고를 벗어나지 못하기 때문이다.

만약 현상의 측면에서 언어를 접근하면 특정한 시간에 특정한 장소에서 이루어진 특정한 두 사람 사이의 대화는 단지 그 순간의 그 장소 그 사람들에 의하여 이루어질 뿐으로 시공을 벗어나서 모든 사람에게 해당되지 않는다.

2. 도道와 기器의 관계를 나타내는 순順과 역逆

도와 기, 형이상과 형이하, 근본과 지말은 동일한 차원에서 반대의 관계를 이루는 개념이 아니다. 만약 양자가 서로 반대의 개념이라면 어느 한쪽을 제거하여도 나머지 하나는 성립할 수 있다. 그러나 양자의 어느 한쪽을 제거하면 나머지 한쪽도 성립할 수 없다. 그러면 양자의 관계를 어떻게 이해할 것인가?

도와 기, 근본과 지말, 형이상과 형이하, 시공과 시공의 초월은 어느 일면을 출발점으로 삼아서 다른 측면을 향해 가는 두 방향에서 양자를 논할 수 있다. 《주역》에서는 지말인 기器, 천지인天地人, 시간과 공간, 사건과 물건으로부터 출발하여 근본인 도를 이해하는 방향과 도로부터 출발하여 형이하의 기를 이해하는 두 방향을 구분하여 나타내고 있다.

《주역》의 64괘卦와 괘효사卦爻辭[72]는 시공, 만물, 기와 도를 밝히고자 함이 아니라 그것을 문제로 삼아서 논의하는 인간 자신을 밝히고자 한다.

《주역》의 64괘의 구성을 보면 상하와 내외의 관계를 통하여 두 방향을 나타내고 있다. 그것은 도道와 기器를 문제로 삼는 나를 중심으로 내외 관계를 통하여 이해하는 방법과 나의 근본과 지말을 중심으로 상하 관계를 통하여 이해하는 방법이다.

도와 기, 시간과 공간, 사건과 물건을 그것을 문제로 삼아서 추구하는 인간을 중심으로 이해하면 물건적 관점에서 사물, 시공, 천지, 도를 고정된 실체적

---

72) 오늘날 우리가 만나는 《주역》의 근본 요소는 중천건괘重天乾卦, 중지곤괘重地坤卦에서 시작하여 수화기제괘水火旣濟卦, 화수미제괘火水未濟卦로 끝나는 64개의 육효六爻로 구성된 중괘重卦이다. 이에 대하여 하나의 중괘重卦 전체의 내용을 나타내는 괘사卦辭와 중괘를 구성하는 여섯 효 각각의 내용을 나타내는 효사爻辭가 하나가 되어 경經을 구성한다. 그리고 이에 대하여 언어로 다시 설명하는 열 편의 글인 《십익》이 전傳을 구성한다. 예로부터 경을 점서占書로 그리고 전傳을 사상서思想書로 구분하여 양자의 동이와 관계에 대하여 많은 논란이 있어 왔다.

존재로 대하는 과학적 방법과 달리 사물, 시공, 천지, 도를 나의 문제로 주체화, 내면화하여 이해하는 인문학적 방법이 있다.

도와 기를 주객의 관계 곧 인간으로서의 나와 대상으로서의 도, 기의 주객의 관계를 통하여 이해하는 방법이 내외적 이해 방법이다. 이는 도, 기를 인간과 무관한 객관적 실체로 대하는 것이 아니라 그것을 문제로 삼는 인간 자신을 중심으로 내면화하거나 대상화는 방법을 통하여 도와 기를 이해함을 뜻한다.

주체와 객체의 이분법적 관계에서 출발하여 도, 기를 나의 내면에서 찾는 것을 《주역》에서는 공간적 상하를 통하여 순역順逆으로 나타내고 있다.

순은 도道에서 시작하여 기에서 끝나는 방향이며, 역逆은 기에서 출발하여 도에서 끝나는 방향이다. 역방향은 주체와 객체의 나와 남, 기己와 인人을 내외로 이해하고, 외적 관점에서 내적으로 향하는 방향이다.

《주역》은 역방향이 중심이다. 《십익》에서는 64괘의 괘가 놓이는 순서가 상징하는 서괘원리를 천지, 만물, 남녀라는 형이하적 차원에서 부부, 부자, 군신이라는 형이상적 차원으로 역방향의 변화로 밝히고 있다.[73] 그러면 64괘가 나타내는 내용은 무엇인가?

64괘의 내용은 중천건괘重天乾卦와 중지곤괘重地坤卦에 집약된다. 중천건괘와 중지곤괘 역시 순역의 관계를 통하여 이해할 수 있다. 중천건괘는 물리적 생명이라는 기器에서 출발하여 형이상의 성품을 찾아가는 역逆방향에서 내외의 변화원리를 밝히고 있고, 중지곤괘는 형이상의 도가 형이하의 기로 드러나는 순방향에서 내외의 변화원리를 인간을 중심으로 나타내고 있다.

중천건괘가 나타내는 역방향에서의 인간과 중지곤괘가 나타내는 순방향에서의 인간의 관계는 천도와 지도의 관계를 통하여 확인할 수 있다. 왜냐하면 일반적으로 중천건괘와 중지곤괘를 천도와 지도의 관계를 통하여 이해하기

---

73) 《주역》서괘序卦 하편下篇, "有天地然後애 有萬物하고 有萬物然後애 有男女하고 有男女然後애 有夫婦하고 有夫婦然後애 有父子하고 有父子然後애 有君臣하고 有君臣然後애 有上下하고 有上下然後애 禮義有所錯이니라.".

때문이다. 지산겸괘地山謙卦의 단사象辭에서는 물건적 상하의 구조를 통하여 천도와 지도의 관계를 다음과 같이 나타내고 있다.

천도天道는 아래로 건너가서 빛나 밝으며, 지도地道는 낮은 곳에서 위로 작용한다.[74]

천도天道는 순順방향으로 작용하고, 지도地道는 역逆방향으로 작용한다. 이 때 순역은 그것을 논하는 지금 여기의 내가 중심이다. 그것은 성인을 스승으로 하여 그가 밝힌 도를 깨닫고자 하는 지금 여기의 군자를 중심으로 순역을 이해함을 뜻한다. 그러면 성인의 도는 무엇인가?

성인의 도道는 형이상의 측면에서는 도를 나타내지만 형이하의 측면에서는 도에 관한 성인의 말을 나타낸다. 뇌산소과괘雷山小過卦 괘사卦辭에서는 성인의 말, 성인의 말에 담긴 도를 날아가는 새가 남긴 소리(飛鳥遺之音)로 나타내고 있다.

이때 괘사에서는 "날아가는 새가 남긴 소리가 있으니 위로 올라감은 마땅하지 않다. 마땅히 아래로 내려가야 크게 길吉하다."[75]라고 하였다. 그러면 날아가는 새가 남긴 소리가 위로 올라감은 무엇을 의미하는가?

위로 올라가거나 아래로 내려옴의 기준은 군자이다. 날아가는 새가 남긴 소리가 아래로 내려옴은 군자에 의하여 성인의 도가 수용되어 군자와 하나가 되는 군자와 성인의 합일合一을 나타낸다. 이와 달리 날아가는 새가 남긴 소리가 위로 올라감은 성인의 도가 군자에 의하여 수용되지 않아서 둘의 상태임을 나타낸다.

뇌산소과괘의 단사象辭에서는 날아가는 새가 남긴 소리 곧 성인의 말과 군자의 관계를 나를 중심으로 나타내어 "날아가는 새가 남긴 소리가 위로 올라

---

74) 《주역》 지산겸괘地山謙卦 단사象辭, "天道下濟而光明. 地道卑而上行. 天道虧盈而益謙, 地道變盈而流謙, 鬼神害盈而福謙, 人道惡盈而好謙. 謙尊而光, 卑而不可踰, 君子之終也.".
75) 《주역》 뇌산소과괘雷山小過卦 괘사卦辭, "飛鳥遺之音 不宜上 宜下 大吉.".

감은 역逆방향이며, 아래로 내려감은 순順이다.["76)]라고 하였다.

성인의 말은 도가 인간을 매개로 하여 언어로 드러나는 순방향에서 나타나는 현상이다. 그리고 군자가 성인의 말을 수용하여 자신의 본성, 심층의 나와 둘이 아님을 파악하는 일은 역방향에서 출발하여 순방향에 이르는 "역逆을 버리고 순順을 취함"[77)]이다.

사건과 물건은 본래 둘이 아니기 때문에 사건을 물건으로 나타내기도 하고, 물건을 사건으로 나타내기도 한다. 물건적 관점에서 상하를 통하여 양자를 관계를 나타내는 순역은 사건적 관점에서 이해할 수 있다.

순역을 사건적 관점에서 이해함은 시간적 관점에서 순과 역을 이해함을 뜻한다. 그러면 사건적 관점에서 순역은 어떻게 이해할 수 있는가?

물건적 관점에서의 도와 기는 사건적 관점에서는 미래와 과거의 관계로 이해할 수 있다. 설괘說卦에서는 순역을 물리적 시간의 관점에서 과거와 미래를 중심으로 다음과 같이 논한다.

> 지나간 것을 헤아림은 순順이며, 다가올 것을 아는 것은 역逆이다. 그러므로 역易
> 은 역逆으로 헤아린다.(逆數)[78)]

순과 역을 통하여 나타내는 내용은 앎이다. 앎은 역방향에서 미래를 아는 지래知來와 순방향에서 지나간 것을 헤아리는 수왕數往이 서로 다르다. 다만 역易이 역수逆數임을 밝힌 것을 통하여 《주역》이 역逆에서 출발하여 순방향에 이르는 순역順逆합일合一을 추구함을 알 수 있다. 지래는 합일合一의 문제이며, 수왕數往은 분생分生의 문제이다. 계사繫辭에서는 지래知來와 수왕數往을

---

76) 《주역》뇌산소과괘雷山小過卦 단사彖辭, "彖曰 小過 小者過而亨也, 過以利貞, 與時行也. 柔得中, 是以小事吉也, 剛失位而不中, 是以不可大事也. 有飛鳥之象焉, "飛鳥遺之音, 不宜上, 宜下, 大吉", 上逆而下順也.
77) 《주역》수지비괘水地比卦 구오九五 소상小象, "象曰 顯比之吉 位正中也 舍逆取順, 失前禽也 邑人不誡 上使中也".
78) 《주역》설괘說卦 3, "數往者順하고 知來者逆하니 是故로 易은 逆數也라".

다음과 같이 밝히고 있다.

신神으로 미래를 알고(神以知來), 지식으로 과거를 갈무리한다.(知以藏往)[79]

신은 이것과 저것으로 분별할 수 없음을 나타낸다. 그것은 음과 양으로 구분되기 이전의 둘이 아닌 경계라고 할 수 있다. 따라서 신으로 미래를 앎은 둘이 아닌 경계에서 통함이다.

지래는 무아無我를 바탕으로 생각함이 없어서 무심無心하고, 행위가 없어서 무위無爲하여, 고요하고 움직임이 없는 적연부동寂然不動의 경계에서 이루어지는 느껴 통함[80]이다. 그러면 신은 무엇인가?

신神은 성품을 나타낸다. 성품은 표층의 물리적 생명의 다양한 현상으로 드러나기 이전을 나타낸다. 그렇기 때문에 표층의 나를 중심으로 성품을 나타내면 내 안의 나, 심층의 나라고 할 수 있다. 그리고 내 안의 나가 다양한 표층의 나로 드러나기 때문에 표층의 나의 진상眞相이라는 측면에서 참나라고 할 수 있다. 그러면 내 안의 나와 통함을 왜 미래를 앎이라고 하였는가?

일상의 사람들은 날마다 내 안의 나를 주체로 살아가고 있음에도 불구하고 그것을 모른다.[81] 그것은 일상의 사람들이 도道가 본래의 자기임에도 불구하고 기器인 육신을 실체화하여 자신으로 여기고 살아감을 뜻한다. 그러면 어떻게 할 것인가?

매 순간 표면의 나를 중심으로 사고하는 분별작용을 멈추고, 내 안의 나를 주체로 사고할 때 비로소 나 아닌 나, 온 우주와 둘이 아닌 경계를 알게 된다. 그렇기 때문에 물리적 시간의 관점에서 미래를 앎으로 나타내었다. 그러면 앎으로 과거를 갈무리함은 무엇인가?

---

79) 《주역》계사상繫辭上 12, "神以知來, 如以藏往".
80) 《주역》계사상繫辭上 10, "易 无思也, 无爲也, 寂然不動, 感而遂通天下之故".
81) 《주역》계사상繫辭上 5, "仁者見之謂之仁, 知者見之謂之知, 百姓日用而不知, 故 君子之道鮮矣".

앎으로 과거를 갈무리함은 과거라는 물리적 시간의 관점에서 보면 내 안의 내가 매 순간 다양하게 드러났다가 다시 본래의 자리로 돌아가서 하나가 되어 사라짐에도 불구하고 현재화하여 마치 눈앞에 있는 것처럼 분석하여 이것과 저것으로 나타냄을 가리킨다.

이것과 저것으로 분별하여 지식으로 나타내는 수왕數往을 거쳐서 지식을 기억이나 기록과 같은 여러 수단을 통하여 고정화하는 작업이 장왕藏往이다. 따라서 장왕은 둘이 아닌 세계를 하나가 아니게 대상화하는 작업이라고 할 수 있다. 그러면 장왕이 삶에서는 어떤 의미를 갖는가?

성품은 시공을 초월하여 항상恒常 할 뿐만 아니라 둘이 아니어서 평등平等 하지만 때와 장소에 따라서 다양한 생명현상으로 드러난다. 이처럼 지금 여기에서 다양한 생명현상으로 드러나는 성품, 도를 나타내는 개념이 장왕이다. 따라서 장왕藏往은 때에 따라서 서로를 이롭게 하는 언행을 통하여 이루어지는 함께 살아가는 삶을 나타낸다.

중천건괘의 상효上爻의 효사爻辭에 대한 문언文言에서는 함께 살아가는 삶을 성인의 삶을 통하여 다음과 같이 나타내고 있다.

> 항亢이라는 개념은 나아감을 알고, 물러감을 모르며, 생존을 알고, 사망을 모르며,
> 얻음을 알고, 잃음을 모름을 가리킨다. 그 오직 성인뿐이로구나 나아가고, 물러나
> 며, 생존과 사망을 알아서 그 바름을 잃지 않는 사람은 오직 성인뿐이다.[82]

때와 장소에 따라서 무엇을 해야 할 때인지 그리고 무엇을 해야 할 장소인지를 알고, 때와 장소에 알맞은 삶을 살아가는 사람을 성인이라고 말한다. 이처럼 때에 따라서 알맞게 언행을 하는 성인의 삶이란 성품의 측면에서 장왕을 나타낸 것이며, 언제나 만물과 하나가 되어 소통하는 군자의 삶은 생명의 측

---

82) 《주역》 중천건괘重天乾卦 상효上爻 문언文言, "亢之爲言也, 知進而不知退, 知存而不知亡, 知得而不知喪, 其唯聖人乎! 知進退存亡, 而不失其正者, 其唯聖人乎".

한국사상과 인간의 삶

면에서 장왕을 나타낸 것이다. 중천건괘 구오九五의 문언文言에서는 성인과 군자의 삶을 다음과 같이 밝히고 있다.

> 대저 대인은 천지와 덕을 함께 하며, 일월과 밝음을 함께 하고, 사시와 차례를 함께 하며, 귀신과 길흉을 함께 한다. 하늘보다 앞서도 하늘이 어기지 않으며, 하늘보다 뒤에 하면서 언제나 천시를 따른다. 하늘도 어기지 않으니 하물며 사람이며, 하물며 귀신이겠는가![83]

성품이라는 내 안의 나는 때와 장소에 따라서 다양한 나로 드러나기 때문에 어느 때의 나를 막론하고 천지의 만물과 하나인 나이다. 그렇기 때문에 현상의 측면에서 천지와 일월, 사시, 귀신을 나와 구분하여 나타내지만 둘이 아니다.

현상을 통하여 드러나는 나와 남의 다양한 언행과 사고, 지각, 의지, 인식이 모두 둘이 아닌 하나임을 나타내는 것이 역방향의 지래知來이고, 하나가 다양하게 드러남을 나타낸 것이 순방향의 장왕藏往이다. 그러면 지래와 장왕 곧 수왕이 모두 앎의 문제일 뿐인가?

여기서 수왕數往을 논하면서 장왕藏往을 논하고 있음을 상기할 필요가 있다. 수왕을 통하여 장왕이 이루어진다. 그것은 수왕이 시작이라면 장왕은 종말임을 뜻한다. 이처럼 수왕이라는 분별을 통하여 과거화하는 작업이 마침내 지식으로 드러남으로써 마무리가 된다.

수왕은 마음에서 이루어지고, 장왕도 마음에서 이루어진다. 이처럼 지혜에서 시작하여 지식으로 끝나는 앎의 문제는 반드시 몸을 통하여 드러나는 실천으로 이어져야 한다. 그것은 역逆방향에서의 앎이 순順방향에서 다시 실천으로 드러나야 함을 뜻한다. 그러면 오로지 《주역》에서 순과 역의 두 방향을 구분하여 시간과 공간을 이해하고 있는가?

---

83) 《주역》 중천건괘重天乾卦 오효五爻 문언文言, "夫大人者, 與天地合其德, 與日月合其明, 與四時合其序, 與鬼神合其吉凶. 先天而天弗違, 後天而奉天時. 天且弗違, 而況於人乎 況於鬼神乎".

반야부般若部 계통의 경전들을 보면 공空과 색色을 구분하여 양자의 관계를 나타내면서 색色으로부터 출발하여 공空에 이르는 방향과 이와 반대로 공空으로부터 출발하여 색色에 이르는 방향에서 논하고 있다. 그러면《반야심경》을 중심으로 공과 색을 어떻게 논하고 있는지 살펴보자.

《반야심경》에서는 색수상행식色受想行識의 오온五蘊과 공空을 논한다. 색色이 공하고, 수, 상, 행, 식도 역시 공함을 논하고 있을 뿐만 아니라 육근六根과 육경六境이 없고, 육식六識도 없으며, 무명無明도 없고, 무명無明이 다함도 없으며, 고집멸도苦集滅道의 사성제四聖諦도 없다고 하였다.[84] 그러면 오온이 공하기만 한가?

오온을 중심으로 색이 공함을 논한 것과 달리 색과 공이 다르지 않고, 공은 색과 다르지 않아서 색이 공이고, 공이 색이라고 논하고 있다. 이는 비록 색과 공이 둘이 아님을 논하고 있지만 공의 관점에서 색을 향하는 방향이 중심이 아니라 색으로부터 출발하여 공을 향하는 방향이 중심임을 뜻한다.

바로 시작하는 부분에서 "관자재보살觀自在菩薩이 깊이 반야바라밀다般若波羅蜜多를 행할 때 오온五蘊이 모두 공空함을 비추어 보아 모든 고액苦厄을 넘어갔다."[85]라고 하였을 뿐만 아니라 대부분의 내용이 공空에 대하여 언급하고 있음을 보면 이 점을 알 수 있다.

순과 역의 두 방향에서 논지를 전개하는 방식은 유식학唯識學에서도 나타난다. 유식학에서는 마음을 전오식前五識과 육식六識, 칠식七識, 팔식八識으로 이해하는 경우와 삼능변三能變으로 이해하는 경우가 있다.

전오식과 육식으로부터 출발하여 칠식, 팔식에 이르는 방향은 표층의 마음

---

84) 《반야바라밀다심경》1권(ABC, K0020 v5, p.1035a03-a04), "舍利子 色不異空 空不異色 色卽是空 空卽是色 受想行識 亦復如是 舍利子 是諸法空相 不生不滅 不垢不淨 不增不減 是故 空中無色 無受想行識 無眼耳鼻舌身意 無色聲香味觸法 無眼界 乃至無意識界 無無明 亦無無明盡 乃至無老死 亦無老死盡 無苦集滅道 無智亦無得".

85) 《반야바라밀다심경》1권(ABC, K0020 v5, p.1035a03-a04), "觀自在菩薩行深般若波羅蜜多時 照見五蘊皆空 度一切苦厄".

한국사상과 인간의 삶

으로부터 시작하여 심층의 마음을 찾아가는 방향이다. [86]

삼능변三能變은 심층의 마음으로부터 출발하여 표층의 마음에 이르는 방향이다. 초능변은 제팔식에 의하여 능변能變과 소변所變, 견분見分과 상분相分으로 나누어지는 변화이다. 초능변에 의하여 인식의 세계가 형성되고, 이능변에서는 칠식인 말라식에 의하여 실체화한다. 이때 말나식의 대상은 아뢰야식이다. 삼능변은 육식과 전오식의 출현이다. [87] 그러면 순역을 구분하여 나타내고자 하는 내용은 무엇인가?

《주역》에서는 순과 역을 구분하여 역방향에서 궁리窮理, 진성盡性, 지명至命을 통하여 순방향에 이름을 나타내고 있다. 그리고 반야부般若部 계통의 불경에서는 색色에서 출발하여 공을 말하는 동시에 공에서 출발하여 색을 말하면서도 오온개공五蘊皆空을 통하여 색에서 공을 향한다. 유식학에서는 팔식八識과 삼능변을 말하면서도 수행을 통하여 식識을 변화시켜서 지혜로 바꾸는 전식득지轉識得智를 말한다. 그러면 《주역》과 불교의 차이는 무엇인가?

《주역》에서는 역방향의 출발점으로 삼는 기器의 세계를 환화, 상相이라고 규정하지 않는다. 오히려 현상은 도道가 드러난 기器라는 점에서 현상 자체가 그대로 실다움의 나타남이라는 현실現實의 관점에서 이해한다.

그러나 중관학이나 유식학에서는 모두 색色이나 식識을 환화幻化로 규정한다. 다만 중관이 색의 부정을 통하여 공에 이르는 방법을 취하는 것과 달리 유식이 긍정을 사용하는 차이가 있다. 그러면 중관학과 유식학의 한계는 무엇인가?

중관학자들이 정사正邪를 구분하여 사邪를 버리고 정正을 구하는 파사현정破邪顯正을 주장할 때 당면하는 문제는 허무虛無, 적멸寂滅이다. 그것은 마치 양파의 껍질을 벗기는 것과 같아서 벗기고 또 벗기다 보면 아무것도 남지 않듯이 허무虛無에 이른다. 이러한 부정의 극단은 부정하는 자신마저도 부정하

---

86) 《마음의 심층심리》, 太田久紀著, 鄭柄朝譯, 현음사, 1992, 71-73.

87) 《마음의 심층심리》, 太田久紀著, 鄭柄朝譯, 현음사, 1992, 168-174.

어 허무虛無에 도달함이다.

유식학의 긍정적 방법은 이것도 세우고, 저것도 세워서 끊임없이 세우기만 하고 부정하는 일, 제거하는 일이 없어서 정사正邪가 구분되지 않고, 시비是非가 나누어지지 않아서 뒤죽박죽이 되어 혼란에 빠진다. 이는 긍정하는 자신은 물론 모든 대상을 긍정하여 자신이 어떤 주장을 하는지 드러나지 않음을 뜻한다. 그러면 양자가 동일한 것은 무엇인가?

중관과 유식이 부정과 긍정의 방법을 사용하는 점에서 다르지만 동일한 점은 바로 역逆방향이 중심이라는 점이다. 파사현정破邪顯正, 전식득지轉識得智가 모두《주역》에서 궁리, 진성, 지명의 과정을 거쳐서 자신의 본래면목을 찾고자 하는 성명합일性命合一과 다르지 않다.

파사현정이나 전식득지, 성명합일의 역방향 중심의 사유는 중관의 공空에 집착하여 악취공惡取空에 떨어지거나 유식의 유有에 집착하여 현실을 벗어나지 못하고 더욱 빠져들고,《주역》의 물리적 생명으로부터 벗어나지 못하고 더욱 집착하는 위험을 초래할 수 있다. 그러면 어떻게 할 것인가?

부정과 긍정, 순과 역, 정正과 사邪, 식識과 지智는 모두 연기적 관계이다. 그것은 양자가 서로 상대방에 의하여 존재하는 상대적 관계임을 뜻한다. 만약 부정이 없다면 긍정이 없고, 긍정이 없다면 부정도 없다. 마찬가지로 역이 없다면 순이 없고, 순이 없다면 역도 없다. 정正이 없다면 사邪도 없고, 사邪가 없다면 정正도 없다. 그리고 식識이 없다면 지혜도 없고, 지혜가 없다면 식識도 없다. 따라서 양자가 둘이라고 할 수 없지만 그렇다고 하여 하나라고도 할 수 없다.

우리는 하나도 아니고 둘도 아닌 경계, 하나에도 머물지 않고, 둘에도 머물지 않는 경지를 중中, 중도中道라고 말한다. 긍정과 부정을 넘어서고, 정과 사를 넘어서며, 식과 지를 넘어서고, 공과 색을 넘어선 경계가 중도中道이다. 그러면 중, 중도라는 실체가 있는가?

　　　　　　　　　　　　　　　　　　　　한국사상과 인간의 삶

만약 순과 역, 식과 지, 긍정과 부정, 정正과 사邪라는 양변이 없다면 중도中道 역시 없다. 그것은 양변을 벗어나서 중도가 따로 있지 않음을 뜻한다. 바로 양변이 그대로 중도임을 뜻한다. 따라서 양변의 어느 일면을 중심으로 두 방향 가운데 하나의 방향을 중심으로 나를 찾거나 나를 드러내려고 할 때 어떤 방법을 사용하더라도 한계를 갖는다.

3. 공간성의 분합分合과 시간성의 생성生成

앞에서 시공의 현상, 사물, 기器와 형이상의 도道의 관계를 나타내는 순과 역의 두 방향을 살펴보았다. 이어서 우리가 고찰해야 할 측면은 도道와 기器의 내용에 관한 부분이다. 도와 기의 어느 하나를 중심으로 나머지 하나를 나타낼 때 그 방법이 무엇이냐에 따라서 그 내용이 달라진다.

《주역》에서 역방향을 중심으로 나타내는 내용은 물리적 생명인 명命으로부터 출발하여 내 안의 심층의 성품을 발견하여 하나가 되는 성명합일性命合一이다. 중천건괘에서는 성性을 중심으로 성명합일을 나타내는 것과 달리 중지곤괘에서는 명命을 중심으로 천인합일天人合一을 논하고 있다.

《논어》에서는 성명합일과 천인합일을 나를 중심으로 이해하여 역逆방향의 수기修己와 순방향의 안인安人, 안백성安百姓으로 나타낸다. 수기는 성명합일의 문제이며, 안인, 안백성은 성명합일의 관점에서 다양한 사건으로 드러나는 분생分生의 문제이자 천인합일天人合一의 문제이다.

초기불교 역시 나를 몸과 마음으로 나누고, 몸을 다시 지수화풍地水火風의 사대四大로 나누며, 마음을 수상행식受想行識으로 나누어서 오온五蘊의 가합假合이 인간이기 때문에 무아無我라고 주장한다. 이 또한 분합分合의 방법을 통하여 인간을 나타내는 경우이다.

중관학에서 언어를 중심으로 분석하여 그릇된 의견을 논파하려는 시도는 분별적 사유의 벗어남을 통하여 이루어진다. 유식학에서 몸과 마음을 표층의 마음인 전오식과 심층의 마음으로 구분하여 나타낸다. 이는 몸과 마음을 모두 마음으로 환원하여 두 방향에서 고찰함을 뜻한다. 이때 심층을 찾아가는 방향은 분생을 바탕으로 한 합일合一이며, 심층으로부터 표층으로 나가는 방향은

한국사상과 인간의 삶

합일合一을 바탕으로 한 분생分生이다. 이처럼 유식학 역시 분합의 방법을 사용한다. 그러면 분합은 어떤 관점인가?

분합分合은 물건적 존재를 대상으로 할 때 가능하다. 마음을 대상으로 하거나 사물, 세계, 법을 대상으로 하거나 그리고 공空을 대상으로 하거나를 막론하고 심지어는 성품, 자성, 불성을 막론하고 분합의 대상은 실체적 물건이다. 그러면 물건적 분합은 어떻게 나타내는가?

동이同異, 일이一異, 유무有無, 생사生死, 순역順逆, 개합開合, 불이문不二門과 불일문不一門과 같은 개념들은 물건적 관점에서 대상을 분합分合하여 나타낸 개념들이다. 그러면 나와 삶, 세계에 대하여 물건적 관점에서 순역順逆의 두 방향을 중심으로 어떻게 이해할 수 있는가?

역방향에서는 나를 나타내면 표층의 나로부터 심층의 나를 향하여 나의 본래면목을 찾는 작업을 통하여 나타낼 수 있다. 이와 달리 순방향에서 나를 나타내면 나와 남이 둘이 아닌 경계, 나와 사물, 나와 법, 나와 세계의 분별이 없는 경지로부터 나와 세계를 나누고, 나와 남을 나누어서 나를 드러내는 작업이라고 할 수 있다.

역방향에서 나를 찾음은 앎의 문제이며, 순방향에서 나를 드러냄은 실천의 문제이다. 이때 순과 역의 두 방향은 나를 심층과 표층의 두 측면의 어느 일면에서 시작하여 다른 측면을 향하는 시초와 종말로 구분하여 이해할 수 있다. 따라서 나를 나타내기 이전은 순역으로 구분할 수 없는 하나이다.

물건적 관점에서 나를 찾음은 표면의 나와 심층의 내가 하나가 아님을 전제로 한다. 역방향에서 표면의 나로부터 출발하여 심층의 나를 찾아서 표층의 나와 내 안의 심층의 내가 하나가 됨은 합일合一의 과정이다.

내 안의 나와 표면의 내가 하나가 되는 합일과 둘인 상태의 분생은 실재의 문제가 아니라 앎의 문제이다. 만약 분합이 실재의 문제라면 내 안의 나와 표면의 내가 둘도 되었다가 하나가 되었다가 자유자재할 수 있어야 할 것이다.

표면의 나인 육신과 내 안의 나인 성품의 분합分合이 자유자재한 경우는 육신을 중심으로 수많은 나로 나타났다가 사라지는 경우로 생각할 수 있다.

그러나 육신은 아무리 많은 또 다른 나로 분합分合할 수 있을지라도 형체가 없는 마음에 의하여 자유자재로 분합分合하는 것과는 달리 한계를 갖지 않을 수 없다. 그러면 표층의 나와 심층의 내가 합일하는 성명합일은 무엇인가?

물건적 관점에서 심층의 나와 표면의 내가 하나가 되는 성명합일性命合一은 앎의 문제이다. 합일이 앎의 문제임은 합일合一이 되거나 그렇지 않거나를 막론하고 본래 둘이 아님을 뜻한다. 앎을 통하여 하나임을 알거나 하나임을 알지 못하거나를 막론하고 표면의 나와 심층의 나는 둘이 아니다. 그러면 앎과 실천이 둘인가?

심층의 나와 표층의 내가 둘이 아니면서도 하나가 아님은 둘이 아니게 앎과 더불어 하나가 아니게 살아가는 실천의 문제 곧 합일合一의 상태에서 다양하게 자신을 드러내는 분생分生의 과정인 실천이 필요함을 뜻한다. 앎이 실천으로 이어지지 않으면 완전하지 않으며, 앎이 없는 실천 역시 완전한 실천이라고 할 수 없다. 그러면 어떻게 할 것인가?

역逆방향에서 본래의 나와 하나가 되는 합일을 추구하기 위하여 공空, 무無, 무위無爲, 무념無念, 무상無相, 무아無我와 같은 수많은 개념들을 통하여 실체적 현상과 실체적 자아에 대한 집착으로부터 벗어나라고 말한다.

그러나 본래 순과 역이 둘이 아닐 뿐만 아니라 앎과 행行 역시 둘이 아니다. 그렇기 때문에 물건적 관점에서 역방향의 합일을 이루기 위해서는 순방향에서 분생을 함께 밝혀야 한다.

《주역》에서는 성명을 중심으로 역방향에서 궁리, 진성, 지명을 강조하지만 성명합일을 소사小事로 규정하고, 천인합일天人合一의 경계 곧 천지와 하나가 되어 살아가는 삶을 대사大事라고 규정하여 대사大事 곧 대인의 삶을 추구한다. 그리고 대사를 도제천하, 화성천하化成天下로 나타내기도 한다.

《논어》에서도 역방향에서 자아를 찾아가는 내적 성찰을 수기修己로 제시할 뿐만 아니라 순방향에서 안인, 안백성을 제시하고 있다. 《대학》에서도 격물格物, 치지致知, 성의誠意, 정심正心, 수신修身을 강조할 뿐만 아니라 이를 바탕으로 제가齊家, 치국治國, 평천하平天下를 논하고 있다.

《주역》에 담긴 물건적 사고, 도와 기, 성과 명의 이분법적인 사고를 바탕으로 지혜와 지식의 앎의 문제를 중심으로 불교에 접근하는 관점이 중국불교이다.

중국불교는 앎의 문제인 상구보리上求菩提와 실천의 문제인 하화중생下化衆生을 함께 추구하는 대승불교大乘佛敎를 표방함에도 불구하고 역逆방향에서 깨달음을 강조할 뿐으로 순방향의 하화중생下化衆生을 강조하지 않는다.

이미 상구보리와 하화중생을 구분하여 나타낸 이상 상구보리가 그대로 하화중생일 수 없다. 따라서 상구보리와 하화중생을 함께 하지 않으면 안 된다. 그럼에도 불구하고 중국불교의 꽃이라고 말하는 선불교는 여전히 앎, 깨달음이 중심이다. 선불교에서 다음과 같은 논의가 이루어지고 있음을 보면 알 수 있다.

> 남전南泉은 "도는 앎에도 속하지 않고 알지 못함에도 속하지 않는다."라고 했고, 규봉圭峯은 이를 일러 "신령한 앎(靈知)"이라고 했으며, 하택荷澤은 "앎 한 글자가 뭇 묘함의 문이로다."라고 했고, 황룡사심黃龍死心은 "앎 한 글자가 온갖 재앙의 문이로다."라고 말하였다. 규봉, 하택의 말을 알기는 쉬우나, 사심의 말을 알기는 어렵다.[88]

오늘날의 한국불교 역시 상구보리가 중심이다. 그 점은 한국불교계에서 깨

---

88) 《선문염송집》 10권(ABC, K1505 v46, p.171a20-a22), "南泉道 道不屬知 不屬不知 圭峯謂之靈知 荷澤 謂之知之一字 衆妙之門 黃龍死心云 知之一字衆禍之門 要見圭峯荷澤則易 要見死心則難 到者裏 須是 具超方眼 說似人不得 傳與人不得".

달음과 닦음을 중심으로 돈점에 대한 격렬한 논의가 있었음을 생각해 보면 알 수 있다. 격렬한 논의의 중심에 있는 돈오점수頓悟漸修와 돈오돈수頓悟頓修의 돈점頓漸은 역逆방향의 상구보리上求菩提의 문제일 뿐으로 순방향의 하화중생 下化衆生의 문제는 아니다.

돈오頓悟가 모든 중생이 갖추고 있는 불성을 자각하여 부처를 이룸이라고 하면 그것은 모든 중생이 본래 부처임을 확인함에 지나지 않는다. 그렇다면 부처가 부처임을 확인하는 일이 특별하거나 전부라고 할 수 없다. 오히려 특별한 일은 부처가 부처의 삶을 살지 못하고 자신이 부처가 아닌 중생이라고 착각하고 부처를 찾는 일이다.

참으로 중요한 일은 부처와 중생을 논하고, 자신이 본래 부처임을 깨닫는 돈오頓悟와 돈오 이후의 닦음이 하나인가 둘인가를 논하는 돈오점수와 돈오 돈수 이전에 본래 부처이기에 부처로 살아가는 삶이다. 그러면 수행을 할 필요가 없는가?

본래 모든 존재가 부처이기에 부처라고 하거나 부처가 아닌 중생이라고 할 수 없다. 그것은 부처와 중생을 둘로 볼 것이 아님을 뜻한다. 바로 부처와 중생, 돈오와 점수를 문제로 삼는 나를 떠나서 부처와 중생, 돈오와 점수가 따로 없다.

나의 심층을 부처라고 말하고, 나의 표층을 중생이라고 말할 뿐이다. 그렇기 때문에 역방향에서 이루어지는 성명합일, 견성성불은 부처와 중생이 둘이 아님을 확인하는 일이며, 순방향에서 이루어지는 분생, 천인합일은 본래 부처가 다양한 생명현상인 중생으로 드러남을 나타낼 뿐이다.

불교에서는 부처와 중생을 중심으로 정견正見과 사견私見, 전도견顚倒見을 논하지만 만일 중생과 함께 하지 않는 진리라면 그것이 아무리 높고 깊은 이치라도 도라고 할 수 없다. 그것은 본래 부처임을 깨달아서 상락아정常樂我淨에 머무는 목석같은 아라한보다는 차라리 부처에도 머물지 않는 자비로운 중생 곧 보살의 삶이 아름다움을 뜻한다.

물건적 관점에서 나를 표층의 나와 심층의 나로 나누어서 순과 역의 두 방향에서 각각 나를 나타내어 역방향에서는 양자를 합일하는 수행으로 나타내고, 순방향에서는 양자를 둘로 나누어서 다양하게 나타내는 분생을 논한다.

그리고 물건적 관점에서 몸과 마음을 나누어서 마음을 중심으로 지知를 논하고, 몸을 중심으로 행行을 논한다. 이러한 지행知行의 문제를 순역의 두 방향에서 지혜와 지식으로 나타낸 것이 《주역》의 관점이다. 그러면 물건적 관점에서 합일과 분생을 통한 나를 찾아감과 드러냄이 어떤 문제를 갖는가?

물건적 관점에서 형이상과 형이하, 도道와 기器의 두 측면에서 나를 나타내어 표층의 나로부터 심층의 나를 찾아서 심층의 나와 하나가 되는 역방향에 치중하면 표층의 나를 부정함으로서 심층의 나와 하나임을 확인할 수 있다.

그러나 표층의 내가 없다면 심층의 내가 드러날 수 없을 뿐만 아니라 심층의 내가 드러난 표층의 내가 심층의 나와 다를 수 없다. 그렇기 때문에 만약 심층의 나를 발견하거나 찾기 위하여 표층의 나를 부정하거나 심층의 내가 표층의 나로 드러나면서 오염되거나 그릇된 상태로 드러난다고 말할 수 없다. 그러면 왜 이런 현상이 일어나는가?

물건적 관점에서 합일合一과 분생分生을 논할 때 지와 행이 나누어지는 결과를 낳는다. 그것은 몸과 마음을 구분하여 둘로 나타냄을 뜻한다. 만약 이처럼 지知와 행行이 나누어지고, 몸과 마음이 나누어진다면 합일合一과 분생分生은 어떤 의미를 갖는가?

물건적 관점에서 마음과 몸을 나누어서 앎과 행을 나누면 아무리 합일을 통하여 심층의 나와 표층의 본래 둘이 아님을 확인하여도 그것이 그대로 행으로 드러나지 않는다. 그렇기 때문에 합일을 해도 실천의 능력이 없는 반쪽이 되고, 분생을 통하여 실천을 논하여도 앎이 없는 반쪽이 된다.

불교에서 교종敎宗과 선종禪宗을 논하고, 돈오와 점수를 중심으로 남종선南

宗禪과 북종선北宗禪을 논하는 차원, 경계와 교선일체敎禪一體, 선교불이禪敎不二를 논하는 관점이 같은지 다른지를 고려할 필요가 있다.

만약 양자가 동일한 차원에서 이루어지는 합일과 분생의 관점 차이에 불과하다면 그것은 그대로 의식의 분별에 지나지 않는다. 또한 오로지 상구보리를 강조할 뿐으로 실천이 수반되지 않는 앎은 지혜가 아니라 지식일 뿐이다.

그리고 지식은 의식의 분별작용에 의하여 이루어진다. 그렇기 때문에 색色의 부정을 통하여 드러내고자 하는 공空이 악취공惡取空에 빠지는 것은 의식의 분별일 뿐이며, 시비是非를 논하지 않고 오로지 모든 것을 긍정肯定하는 관점 역시 의식意識의 차원에서 이루어지는 분별이라고 하지 않을 수 없다. 그러면 합일과 분생이 어떤 의미를 갖는가?

우리는 여기서 순과 역의 두 방향이 갖는 의미를 다시 생각하지 않을 수 없다. 순과 역의 두 방향을 논할 수 있는 형이상의 도道와 형이하의 기器는 동일한 차원의 반대의 관계를 나타내는 개념이 아니다.

기器의 관점에서는 결코 도의 세계가 드러나지 않는다. 그것은 도道와 기器가 연속과 불연속의 두 측면이 있음을 뜻한다. 도가 기로 드러나기 때문에 기의 측면에서 보면 도가 드러나지 않음이 없다. 그러나 기器가 그대로 도는 아니다. 그렇기 때문에 비록 도가 기로 드러났지만 기의 측면에서는 오히려 도가 감추어진다고 할 수 있다.

우리가 오로지 역방향에서 보면 의식의 차원에서는 결코 내 안의 참나인 본성, 성품이 드러나지 않는다. 그것은 마치 땅 속에 묻혀 있는 나무의 뿌리는 줄기와 가지, 잎을 파악하는 방법으로 파악할 수 없는 것과 같다.

그러나 순방향에서 보면 뿌리와 줄기, 가지와 잎이 둘이 아니어서 구분하여 나타낼 수 없다. 그렇기 때문에 하나라고 하지 않을 수 없다. 따라서 나무를 순과 역의 어느 방향에서 이해하느냐에 따라서 그 내용을 서로 다르게 나타내지 않을 수 없다.

한국사상과 인간의 삶

선불교에서 견성見性과 성불成佛을 두 관점에서 이해하는 경우도 그렇다. 그것은 양자를 순과 역의 어느 방향에서 이해하느냐에 따라서 나타나는 현상이다. 만약 순방향에서 견성성불을 이해하면 양자가 상즉적인 관계여서 견성이 그대로 성불이다. 따라서 순방향의 견성성불은 돈오돈수頓悟頓修라고 할 수 있다.

그러나 역逆방향에서 견성성불見性成佛을 논하면 견성을 한 후에 일정한 기간 동안 보림保任의 과정인 점수漸修를 거쳐서 비로소 증오證悟하는 증오성불證悟成佛이기 때문에 돈오점수頓悟漸修를 논한다.

견성성불의 의미 역시 다르지 않을 수 없다. 순방향에서는 현성성불現性成佛이 되어 매 순간 성품이 작용하여 부처의 삶으로 드러나는 동시적 사건이지만 역방향에서 견성성불은 먼저 성품을 발견하고 그것을 바탕으로 부처를 이루는 인과적 사건이다.

우리가 역방향에서 표층의 나를 벗어나서 심층의 나와 합일을 논하면 양자의 합일은 의식의 차원을 넘어서고, 마음을 넘어서 본체인 자성, 본성, 불성에 이르는 과정이라고 하지 않을 수 없다. 이처럼 만법이 둘이 아닌 경계에 이르러야 비로소 평등平等의 경계가 드러난다.

일체가 둘이 아닌 경계는 온갖 분별을 넘어서 있다. 그것은 분별을 초월한 것이 아니라 분별이 그대로 평등平等하여 가치상의 우열이 없음을 뜻한다. 부처와 중생이 둘이 아니고, 유有와 무無가 둘이 아니어서 평등하며, 삶과 죽음이 둘이 아니어서 평등하다. 그러면 합일은 무엇인가?

합일은 표층의 나와 심층의 내가 합하여 하나가 됨을 뜻하지 않는다. 그것은 양자가 본래 둘이 아니기에 하나도 아님을 뜻한다. 그렇기 때문에 합일은 마치 뜨거운 용광로에 눈이 내리는 것과 같아서 둘이라고 하거나 하나라고 하는 분별이 그대로 녹아서 사라짐과 같다.

그러나 용광로에 눈을 버리듯이 분별하는 의식을 본성이라는 용광로에 맡기는 과정이 없으면 스스로 녹지 않는다. 우리는 이를 통하여 합일이 단순하게 분별적 사유를 버리거나 없애는 일이 아님을 알 수 있다.

만약 의식의 차원에서 오로지 분별을 버리거나 제거하려는 부정의 방법을 사용할수록 허무虛無에 빠지고, 반대로 분별을 긍정할수록 그 힘이 강해져서 점점 더 벗어날 수 없다. 따라서 의식의 분별작용마저도 둘로 여기지 않고 하나로 모으는 합일合一을 통해서만이 녹아서 사라지는 해소解消가 일어난다. 그러면 합일은 일상의 삶에서 어떻게 수행되는가?

우리는 삶에서 만나는 인연因緣을 고통스러워한다. 삶의 과정에서 만나는 수많은 인연들은 스스로 선택할 수 없는 경우가 많다. 특히 부모, 형제와 같은 인연들은 스스로 선택한 인연들이 아니기 때문에 그 고통은 더욱 크다.

그러나 인연을 없애려고 하면 할수록 더욱 강해져서 제거할 수 없다. 그렇기 때문에 불에 녹이듯이 본성, 자성, 불성이라는 용광로에 맡기고 던져 버려야 한다. 그렇다고 하여 아무런 붙잡을 것도 없이 그냥 놓아 버리는 방하착放下著을 주장하면 허공에 말뚝을 박는 것과 같아서 놓아지지 않는다. 그러면 합일과 분생이 둘인가?

우리가 개념을 통하여 살펴보아도 합일과 분생은 둘이 아니다. 합일이 없으면 분생이 이루어지지 않고, 분생이 없으면 합일을 논의할 수 없다. 마음에 의한 사고작용도 마찬가지이다. 우리의 마음 씀이 합일을 통하여 둘이 아닌 경계에 이르지 못하면 분생을 통하여 둘이 아닌 경계를 나타낼 수 없다.

그것은 합일을 통하여 용광로에서 모두 녹아서 불순물이 사라진 순금이 나타나지 않으면 순금을 하나의 틀에 의하여 새로운 형태의 물체로 다시 생산할 수 없는 경우와 같다. 그러면 합일은 무엇인가?

합일合一이라는 개념은 단순하게 둘인 물체를 하나로 합습하는 일이 아니라 본래 둘이 아님을 확인하는 작업을 나타낸다. 합일은 일종의 제련과 같아서 분별적 사유를 하면서도 분별에 얽매이지 않아서 자유로움을 파악하는 과정

한국사상과 인간의 삶

이다. 따라서 합일과 분생은 단순한 의식의 분합작용이 아니다. 그러면 어떻게 할 것인가?

언어를 통하여 드러나는 분별적 사유, 실체적 사유의 내용인 합일과 분생은 단순한 평면적인 합일과 분생이 아니다. 그것은 분별적 사유와 분별적 사유를 나타내는 언어의 사용이 항상 동일한 것이 아니라 순과 역이라는 두 방향에 따라서 그 의미가 다름을 뜻한다.

현상에서 근원을 찾아가는 방향, 기器에서 도道를 향하는 방향, 색色에서 공호을 향하는 역방향에서 보면 언어를 사용하여 분별적 사고를 드러내는 삶은 인간과 세계에 대한 그릇된 견해인 전도견顚倒見[89]이 바탕이 된 소인의 삶, 중생의 삶이다.

그와 달리 형이상의 도에서 형이하의 기器를 향하는 방향, 공에서 색을 향하는 방향, 근원으로부터 현상을 향하는 순방향에서 보면 언어를 사용하여 분별적 사고를 드러내는 삶은 인간과 세계에 대한 바른 견해인 정견正見[90]을 바탕으로 이루어지는 대인의 삶, 부처의 삶이다. 그러면 정견과 전도견이 둘인가?

정견은 전도견에서 벗어나도록 도와주기 위하여 제시한 견해이다. 그렇기 때문에 정견에도 머물지 않아야 한다. 전도견을 벗어나서 정견에 이르고, 정견에도 머물지 않는 것을 집중執中이라고 말한다.

집중은 중도中道를 견지堅持함을 뜻한다. 이때 중도中道는 단斷과 상常, 생生과 사死, 유有와 무無, 순順과 역逆의 어느 일면에 치우치지 않음을 뜻한다. 우리가 중도를 중심으로 집중을 이해할 때 함께 사용되는 개념이 중용이다. 그러면 중용은 무엇인가?

집중이 역방향에서 유와 무, 단과 상, 번뇌와 열반, 무명과 보리와 같은 양변에 떨어지지 않음을 나타내는 것과 달리 순방향에서 중도를 나타내는 개념이

---

89) 《대방광불화엄경》 77권(ABC, K0080 v8, p.918b21-b23), "離於斷見 知迴向故 離於常見 知無生故 離無因見 知正因故 離顚倒見 知如實理故".

90) 《대방광불화엄경》 33권(ABC, K0079 v8, p.233a22), "成就於正見 平等觀諸法 不著我我所".

중용이다. 따라서 중용은 중도의 작용을 나타낸다. 중도中道가 정도正道로 작용함을 중용이라고 말한다. 그러면 중도와 정도가 있는가?

중도는 도를 본체를 중심으로 나타낸 개념이며, 정도는 도를 현상의 측면에서 나타낸 개념이다. 그렇기 때문에 양자는 둘이 아니다. 이처럼 도를 중도와 정도로 구분하여 나타낸 까닭은 도 자체도 고정되지 않아서 다양한 관점에서 여러 개념을 통하여 드러낼 수 있음을 나타내기 위함이다. 그러면 중도, 집중과 중용은 나와 어떤 관계인가?

중도를 잡는 집중은 현상으로부터 본체를 향하는 방향에서 나의 삶을 나타낸 개념이다. 그리고 중용은 본체에서 현상을 향하는 방향에서 나의 삶을 나타낸 개념이다. 따라서 중도와 정도, 집중과 중용은 순역의 두 방향에서 본성과 육신을 통하여 드러나는 생명현상을 나타낸 개념이다. 그러면 집중과 중용은 무엇은 무엇인가?

집중은 마음을 쓰는 일이며, 중용은 육신을 운전하는 일을 나타낸다. 물론 몸과 마음이 둘이라고 할 수 없다. 그렇다고 하여 없다거나 환상이라고만 할 수 없다. 집중은 역방향에서 마음을 중심으로 내가 고정되지 않음을 나타내고, 중용은 순방향에서 육신을 통하여 나타나는 내가 고정되지 않음을 나타낸다.

《금강반야바라밀경》의 사구게四句偈에서는 "무릇 상相이 있는 모든 것은 허망하니 만약 상相이 상相이 아님을 알면 곧 여래如來를 보리라."[91]라고 하였다. 이는 역逆방향에서 상相을 만나서 성性으로 돌아가는 회상귀성會相歸性의 관점에서 공空을 논한 부분이다.

그런데 금강경의 시작 부분에서는 "비록 사생四生의 중생衆生을 모두 제도濟度하였더라도 한 중생도 제도함이 없다."[92]라는 서원誓願을 논한다. 이는 순順

---

91) 《금강반야바라밀경》 1권(ABC, K0013 v5, p.979b19-b20), "凡所有相 皆是虛妄 若見諸相非相 則見如來".
92) 《금강반야바라밀경》 1권(ABC, K0013 v5, p.979a19-b02), "諸菩薩摩訶薩應如是降伏其心 所有一切衆生之類 若卵生 若胎生 若濕生 若化生 若有色 若無色 若有想 若無想 若非有想非無想 我皆令入無餘涅槃 而滅度之 如是滅度無量無數無邊衆生 實無衆生得滅度者".

방향에서 성性이 그대로 상相으로 드러나는 성기론性起論的 관점에서 색色을 논하고 있다.

《주역》에서는 "하늘이 돕는 것은 따르는 자이고, 사람이 돕는 것은 믿는 자이다. 믿음을 바탕으로 따를 것을 생각하고, 또한 성인의 말을 숭상한다."[93]라고 하여 성인을 말을 통하여 제시된 정견을 믿고 하늘을 따르고자 하는 뜻을 세우는 입지立志를 논하고 있다.

입지立志, 서원誓願은 집중의 상태에서 이루어지는 삶의 방향 설정이다. 그것은 믿음을 바탕으로 이루어지기 때문에 마침내 실천으로 드러난다. 유가儒家나 불가佛家는 물론 어떤 경전이나 종교, 사상을 막론하고 믿음을 바탕으로 삶의 방향을 설정하는 입지, 서원을 논하는 까닭은 바로 만법을 하나로 여기는 자비심慈悲心이 필요함을 뜻한다. 자비심이 없다면 입지를 하고, 서원을 세울 수 없다.

천하를 제도하는 뜻을 세우는 입지와 모든 중생을 제도하고자 하는 서원을 세움은 오로지 표층의 육신으로 자신으로 여기고 자신의 이로움을 위하여 삶을 살아가려는 사람은 결코 세울 수 없는 일이다. 왜냐하면 입지, 서원을 영원히 변함이 없는 삶의 방향 설정이기 때문이다.

입지, 서원이 세워졌을 때 비로소 합일의 과정, 심층의 나와 본래 하나임을 확인하는 과정에서 나타나는 다양한 현상들에 얽매이지 않는다. 표층의 육신을 자신으로 여기고 살아갈 때 경험하고, 체험할 수 없는 다양한 현상들을 체험한다. 이때 다양한 체험은 그대로 자신을 한 단계씩 업그레이드하는 과정이다.

만약 하나의 과정에 빠져서 탐닉하면 다음 과정을 맛볼 수 없다. 본래 찰나에 나타났다가 사라지는 현상의 연속이 생명현상이기 때문에 아직 오지 않는 사건에 대하여 기대하지 말고, 이미 지나간 현상에 대하여 안타까워하고 다시

---

93) 《주역》계사상繫辭上 12, "易曰 自天祐之 吉无不利 子曰 祐者助也 天之所助者順也 人之所助者 信也 履信思乎順 又以尙賢也 是以自天祐之 吉无不利也".

찾지 말며, 매 순간 일어나는 현상을 거부하거나 환영하지 않고 무심無心하게 바라보아야 한다.

바로 이처럼 합일의 과정이나 분생의 과정을 막론하고 무심하게 바라볼 수 있기 위해서는 현상의 사건이나 물건에 얽매임이 없어야 한다. 그리고 사물에 얽매이지 않으려면 입지, 서원이 바탕이 되어야 한다.

입지, 서원은 영원한 삶을 추구한다. 그렇다고 하여 입지, 서원은 삶의 목적이나 방향을 설정하는 의식의 작용이 아니다. 입지, 서원은 시작도 없고, 끝도 없는 삶을 그냥 살아갈 뿐으로 목적도 없고, 함이 없는 함이다. 그래야 살아가는 삶의 과정에서 어떤 사건이나 물건을 만나도 그것을 집착하여 소유하려는 마음이 일어나지 않는다. 그러면 입지, 서원을 세운 상태에서 일어나는 합일과 분생은 어떤 의미를 갖는가?

입지, 서원은 물건적 관점에서의 삶을 사건적 관점에서 삶으로 전환하는 일이다. 그리고 입지와 서원은 진여문에서 시작하여 생멸문을 향하는 작용을 바탕으로 이루어지는 생멸문에서 진여문을 향하는 작용이 하나인 일심一心의 삶을 여는 계기契機이다.

물건적 합일과 분생은 사건적 과점에서는 다양한 생명의 창조와 새로운 생명으로의 진화이다. 이러한 창조와 진화를 내용으로 하는 변화를 생성이라고 한다. 합일을 통하여 생명이 진화하고, 분생을 통하여 생명이 창조된다.

창조와 진화는 물건적 관점을 사건적 관점으로의 전환과 동시에 순과 역이 두 방향이 나누어지기 이전의 차원, 경계에서 출발한다. 순역으로 구분하여 나타내기 이전은 순역이 없다. 이러한 순역의 분별이 없는 차원을 중도, 인성, 본성, 불성, 자성과 같은 다양한 개념을 통하여 나타낸다.

중도, 본성, 자성으로 표현된 나는 매 순간 다양한 자아로 나타난다. 왜냐하면 중도, 본성, 참나는 고정된 물건적 존재가 아니기 때문이다. 중도는 매 순간에 끊임없이 다양하게 자신을 드러내는 동시에 다시 본래로 돌아간다. 이처럼 중도, 본성을 중심으로 현상을 나타내면 두 방향에서 나타나는 생성으로 이해할 수 있다. 그러면 사건적 측면에서 생성은 무엇인가?

중도, 본성이 매 순간 다양하게 자신을 드러내는 성기적性起的 측면은 나툼이라고 할 수 있다. 이와 달리 나타난 다양한 사건이 그대로 사라지고 새로운 사건이 나타나는 측면에서 보면 이 역시 생성이다. 다만 나툼과 달리 본래의 자리로 돌아가는 점에서 회향回向이다.

나를 시공의 측면에서 찾는다고 하고, 나를 드러낸다고 표현한다. 그것은 우리 자신이 고정되지 않아서 방향과 범주 그리고 내용에 따라서 다양하게 나를 규정할 뿐으로 고정되지 않음을 뜻한다.

물건적 관점에서 순과 역의 두 방향을 통하여 내 안의 성품과 하나가 되는 합일合一을 논하고, 다양한 생명현상으로 드러나는 분생分生을 논하면 동이同異, 일이一異의 문제가 발생한다. 그것이 무엇을 의미하는가?

물건적 관점에서 도道와 기器를 분합적으로 이해하는 방법은 바로 나와 도道, 기器가 하나인가 아니면 둘인가의 문제이다. 그것은 또한 도道, 기器를 통하여 나를 찾는가 아니면 도道, 기器를 통하여 나를 드러내는가의 문제이기도 하다.

물건적 관점에서 형이상과 형이하를 구분하여 도와 기로 나타내고, 사물과 다른 나를 중심으로 형이상과 형이하를 구분하여 성性과 명命으로 나타내어 성명합일을 추구하고, 순과 역을 구분하여 순역합일을 추구하며, 인간과 세계의 합일인 천인합일을 추구하는 것은 중국사상의 특성이다. 그러면 분합의 한계는 어떻게 극복하는가?

《주역》을 연원으로 하여 형성된 중국사상은 유불도儒佛道를 막론하고 물건적 관점에서 출발한다. 물건적 관점을 사건적 관점으로 바꾸고, 역방향에서 순방향으로 바꾸어 시간성이 시간으로 화하는 변화의 관점에서 도道와 기器를 이해할 수 있다.

물건적 관점과 다른 사건적 관점이 중심이 되어 시간성時間性을 중심으로 도道와 기器를 논하는 사상은 한국사상韓國思想이다. 시간성의 차원에서는 도와 기 그리고 도, 기와 나라는 분별分別이 개재介在되지 않는다.

시간성의 측면에서는 이것과 저것이라는 실체적 존재가 없기 때문에 나와 도, 기의 분별이 없다. 따라서 나와 도, 나와 기의 관계가 무엇인가라는 문제가 발생하지 않는다. 그리고 물건적 관점에서 역방향의 도와 기의 합일, 나와 도기道器의 합일과 순방향에서의 나와 도기道器의 분생, 도와 기의 분생이 없다.

그것은 시간성의 시간화와 동시에 시간의 시간성화가 이루어지면서 양자가 하나의 두 측면을 나타내는 생성이기 때문에 합일과 분생의 동이同異의 문제가 발생하지 않음을 뜻한다.

시간성을 중심으로 전개되는 고조선사상을 역학易學의 이론체계에 담아서 나타낸 전적은 19세기 말기의 김항金恒에 의하여 저작된 《정역正易》이다.

《정역》의 이론체계를 중심으로 순역의 두 방향에서 이루어지는 합일과 분생을 살펴보면 다음과 같다.

역逆방향에서 출발하여 순順방향에서 완성되는 합일合一은 시간의 시간성화로서의 역생도성逆生倒成이다. 이때 역생도성逆生倒成은 역생逆生하여 순성順成을 나타내는 개념으로 순順을 도倒로 바꾸었다. 이때의 도倒는 '넘어지다.', '거꾸러지다.'의 의미로 극단極端에 이르러서 방향이 바뀜을 나타낸다.

그리고 순順방향에서 출발하여 역逆방향에서 완성되는 분생分生은 시간성의 시간화로 도생역성倒生逆成이다. 이때의 도倒 역시 순順과 역逆이 둘이 아니게 연결되어 수미首尾가 일관함으로써 하나임을 나타내기 위하여 상용된 개념이다.

《주역》에서 밝히고 있듯이 물건적 관점에서 순順과 역逆의 두 방향에서의 작용을 합일合一과 분생分生으로 서로 달리 나타낸 것과 달리 한국사상에서는 양자를 모두 생성으로 나타내고 있다. 그러면 물건적 관점에서 순역의 합일과

한국사상과 인간의 삶

분생과 사건적 관점에서의 도역의 생성은 나와 어떤 관계인가?

물건적 관점에서 역방향에서 출발하여 순방향에서 끝나는 나는 사물, 천지, 시공으로부터 출발하여 표층의 나와 다른 내면의 나, 내 안의 나, 심층의 나를 찾아서 그 나와 하나가 되고, 하나로 살아가는 과정을 거친다.

내 안의 나를 발견하는 지성知性을 거쳐서 내 안의 나와 표층의 나, 나와 온 세상의 모든 존재가 하나가 되는 천인합일의 경계에 이르고, 다시 천지, 만물과 하나가 되어 살아가는 평천하, 도제천하의 삶이 전개된다.

내 안의 나를 발견하고, 내 안의 나와 하나가 되는 과정은 존재론적 사건이 아니라 인지적 사건이라고 할 수 있다. 그것은 본래 내 안의 나와 표층의 내가 둘이 아님에도 불구하고 내 안의 나를 몰랐기 때문에 양자가 둘인 것처럼 착각하였다가 어느 순간 심층의 나와 표층의 내가 둘이 아니고, 내 안의 내가 온 세상의 모든 존재와 둘이 아님을 알고, 둘이 아니게 살아가게 됨을 뜻한다.

그런데 분생의 관점에서 자신은 물론 온 세상의 모든 존재를 둘로 알다가 둘이 아님을 알고, 마침내 하나가 되어 둘이 아닌 앎에 치중하면 본래의 나로 둘이 아니게 살아가는 삶을 놓치기 쉽다.

합일合一의 측면에서 심층의 나를 찾거나 표층의 나를 버리는 일은 모두 물건적 사고의 산물일 뿐으로 실재하지 않는 개념일 뿐이다. 그렇기 때문에 표층의 나를 버리고, 심층의 나를 찾아서 본래의 나와 하나가 되는 합일과 분생은 일종의 개념일 뿐이다.

표층의 나와 심층의 내가 둘이 아닐 뿐만 아니라 도와 기가 둘이 아니고, 도와 내가 둘이 아니다. 이처럼 도와 내가 둘이 아니고, 나와 온 세상의 만물이 둘이 아닌 차원, 경계인 시간성은 때에 따라서 사람으로 드러나고, 동물로도 드러나며, 사물로도 드러나서 고정되지 않는다.

시간성은 매 순간 새롭게 드러나고, 매 순간 다양하게 드러나는 창조와 진화의 연속이며, 그것이 그대로 삶이다. 삶은 인간의 삶이나 짐승의 삶이 따로 없고, 사물의 삶이 따로 없다. 남의 삶과 나의 삶이 따로 없으며, 스승의 삶과 제자의 삶이 따로 없고, 부모의 삶과 자식의 삶이 따로 없다.

그저 매 순간의 다양하고 끝이 없는 새로운 생성이 있을 뿐이다. 따라서 나를 찾거나 나를 버리는 것이 아니며, 나를 중도中道라고 말하는 것도 하나의 개념일 뿐이다. 앞의 내용을 게송[94]으로 정리하여 보자.

> 토끼 한 마리 옛길을 가로질러 가거늘
> 창공의 매가 보자마자 산 채로 잡아가네
> 뒤에 온 사냥개는 지혜가 없어서
> 공연히 옛 나무에서 토끼가 머물던 자리를 찾는구나.

> 一兎橫身當古路
> 蒼鷹一見便生擒
> 後來獵犬無靈性
> 空向古椿舊處尋

---

94) 《선문염송·염송설화회본》禪門拈頌 拈頌說話會本卷十一(ABC, H0076 v5, p.354a12-a14), "兎橫身當古路 蒼鷹一見便生擒 後來獵犬無靈性 空向枯椿舊處尋".

제3부

삶과 세계를 나타내는
인문학적 방법과
과학적 방법

우리는 앞에서 삶과 세계를 나타내는 형이상의 도道와 형이하의 기器에 대하여 살펴보았다. 그 과정에서 기器로부터 출발하여 도를 향하는 역逆방향과 도道로부터 출발하여 기器를 향하는 순順방향에서 양자의 관계에 대하여 살펴보았다.

도와 기, 이상과 현실, 근원과 현상을 구분하는 사고는 동서를 막론하고 예로부터 지금에 이르기까지 계속되어 왔다. 플라톤은 이데아와 이데아의 복사판인 현실을 구분하였고, 아리스토텔레스는 현실 안으로 이데아를 가져왔다.

플라톤의 이원론적 세계관을 계승한 중세의 신학에서는 현실과 신의 세계인 천국을 구분하고, 천국의 신과 현실의 인간을 구분하였다.

그리고 인간을 원죄를 가진 오염된 존재로 여겼다. 인간은 신에 의하여 구원을 받아서 천국에 갈 수 있으며, 구원을 받지 못하면 지옥에 떨어질 수밖에 없는 노예와 같은 존재다.

근세에 이르러 학자들의 관심이 신과 천국을 찾는 인간 자신이 어떤 존재인가의 문제로 주체화, 내면화하면서 존재론에서 인식론으로 옮겨 왔다.

그 후 현상학을 거치고 실존철학, 분석철학을 거쳐서 오늘날의 인지과학에 이르기까지 인간의 인지 문제가 중심이 되고 있다. 이처럼 서양철학의 흐름은 "너 자신을 알라"는 명제를 밖의 사물로부터 찾고, 사물의 근원으로부터 찾으며, 신으로부터 찾다가 결국은 나의 앎의 문제를 중심으로 존재, 형이상적 실체를 버리고 나의 앎으로 주체화해 온 과정이라고 할 수 있다.

나와 무관한 객관적 실체로서의 진리, 존재, 근원이 실재하는가 아니면 단순한 인간의 관념인가의 문제는 경험주의, 상대주의, 다원주의와 더불어 대립해 왔다. 진리, 근원, 존재가 나와 무관한 객관적 실체로 실재하는가의 문제는 동양사상에서도 근본주제이다.

고정된 불변의 도, 성품, 중도, 형이상적 존재, 근원이 있는가 아니면 없는가의 문제는 양립이 불가능한 문제이다. 만약 진리, 도, 성품이라는 시공을 초월한 존재가 없다면 수행을 통하여 그것을 깨닫는 것이 불가능하다.

그렇다고 하여 만약 나와 무관한 객관적 실체, 불변의 실체가 있다고 하여도 여전히 나는 그것을 깨달을 수 없다. 그것은 도와 내가 하나가 될 수 없음을 뜻한다.

실재론과 관념론, 실재주의와 허무주의, 상대주의의 문제는 물건적 관점에서 세계를 이해할 때 발생하는 문제이다. 그러면 동양사상에서는 어떻게 접근하는가?

《주역》을 통하여 파악할 수 있듯이 중국사상에서는 중도, 성품, 도를 시공을 초월한 실체적 존재로 이해하면서도 고정되지 않는 존재인 역도, 변화의 도로 이해한다. 따라서 역도, 변화의 도의 관점에서 도는 실체적 존재, 고정된 불변의 존재가 아니다. 그러면 역도, 변화의 도의 관점에서 인간의 앎은 어떤가?

역도, 변화의 도라는 근원은 나와 둘이 아닐 뿐만 아니라 현실도 나와 둘이 아니다. 역도, 변화의 도가 본체가 되어 나의 마음을 통하여 다양하게 작용하여 몸을 통하여 현실화된다. 따라서 마음, 작용의 측면에서는 앎을 통하여 역도, 변화의 도라는 근원이 드러나고 몸, 현상의 측면에서는 언행言行으로 드러난다.

역도가 나를 통하여 작용하고, 현상화하는 측면은 적극적인 측면으로 오늘날의 인지과학이 강조하는 창발적인 측면이다. 이와 함께 이해할 부분은 그 이면에서 이루어지는 작용인 소극적인 측면의 귀체歸體, 귀본歸本이다.

서양철학이 자연철학에서 출발하여 근세에 이르기까지 철학자들이 존재론적 측면에서 근원을 받아들이는 소극적인 측면에서 인식을 논한 것과 달리 칸트는 존재를 문제로 삼아서 논하는 인간을 중심으로 앎을 논하는 인식론을 제기하였다.

그리고 현상학, 실존철학에 이르면 존재와 존재자의 이분법적인 사유구조

의 중심에 현존재가 등장한다. [95]

오늘날의 인지과학은 뇌가 중심이 되어 몸과 환경의 상호작용으로 창발하는 적극적인 측면을 중심으로 인지를 연구한다. 그것은 칸트에 의하여 물자체가 아닌 인식의 주체를 중심으로 제기된 구성설構成說의 연장선상에 있다고 할 수 있다.

그러나 중국사상에서는 형이상의 도와 형이하의 기器를 중심으로 순과 역의 두 방향에서 본성을 주체로 하여 인지가 이루어지는 적극적인 측면과 현상이 다시 본체인 본성으로 돌아가는 소극적인 측면을 함께 이해한다.

서양사상이 존재, 근원, 이상과 현실, 사물, 만물의 이분법적인 사고를 바탕으로 형이상의 근원을 배제하고 현상을 중심으로 사물, 만물의 측면에서 세계를 이해한 것과 달리 동아시아에서는 형이상의 근원, 존재, 도를 해체하고 세우는 두 측면을 함께 갖고 있다. 그러면 동양사상의 세계를 이해하는 방법은 무엇인가?

유가사상에서는 형이상과 형이하의 두 경계를 지금 여기의 나를 중심으로 하나로 이해하는 동시에 둘로 이해한다. 그것은 도, 근원, 성품을 나로 주체화, 내면화하여 둘이 아니게 이해하는 동시에 나로부터 도, 성품, 근원을 대상화, 객체화하여 하나가 아니게 이해하는 방법이다.

물건적 관점에서 세계와 인간을 이해하는 중국사상은 서양철학자들이 현상으로부터 출발하여 현상의 근원을 찾는 것과 다르지 않다.

다만 중국사상에서는 형이상의 도와 형이하의 기를 바탕으로 삶과 세계를 이해하는 것과 달리 과학 중심의 서양사상에서는 형이하의 기器를 중심으로 삶과 세계를 이해한다.

과학자들은 형이하의 기器인 자연을 대상으로 의식에 의한 분석과 종합을 통하여 근원인 물리物理를 찾는다. 서양사상의 중심에 있는 자연은 삶의 주체

---

95) 하이데거의 실존철학의 특성은 존재를 물건적 관점에서 접근하는 것을 시간성을 중심으로 접근한 점과 현존재의 존재구조를 통하여 존재에 접근했다는 점에서 기존의 철학과 다른 특성을 보여 준다.

인 나와 대상으로 존재하는 객체적 존재이면서 실체적 존재이다. 그렇기 때문에 과학의 연구 대상인 자연과 자연의 연구를 통하여 드러나는 이치는 항상 나와 둘일 수밖에 없다.

과학은 오로지 형이하의 자연을 대상으로 하기 때문에 형이상의 도道를 부정할 뿐만 아니라 나와 별개로 존재하는 신이나 자성, 불성, 본성을 부정한다. 이처럼 과학 중심의 서양사상은 동일한 차원에서 이루어지는 지知와 부지不知의 분별지分別智인 지식이 중심이다.

그러나 중국사상에서는 유가, 불가, 도가를 막론하고 역逆방향에서 형이상의 도, 자성, 본성, 원신元神을 찾아가는 방법에 치중한다. 다만 역방향에서 형이상의 도를 찾아가는 방법은 유가와 불가, 도가가 서로 다르다. 그러면 중국사상에서는 외적 확충을 논하지 않는가?

비록 중국사상에서도 외적인 확충을 논하지만 내적인 성찰이 중심이기 때문에 과학과 다른 방법에 의하여 삶과 세계를 고찰한다. 중국사상은 인간인 나를 통하여 삶과 세계를 고찰하기 때문에 인문을 대상으로 하는 인문학이 중심이다.

중국사상과 달리 과학은 시공의 형이하의 기를 대상으로 하여 부지不知의 상태에서 실험과 관찰을 통하여 법칙을 발견하여 앎에 이르는 방법을 취한다. 이처럼 학문, 수행의 주체인 인간과 둘로 존재하는 실체적 물리를 찾아서 구하는 탐구적 방법이 과학의 학문 방법이다.

이에 지금부터는 물건적 관점에서 자연이라는 실체를 대상으로 하는 과학의 학문 방법과 인간을 대상으로 하는 중국사상의 인문학적 학문 방법에 대하여 고찰하고자 한다.

먼저 시공의식에 의하여 이루어지는 과학의 탐구적 방법에 대하여 살펴보고, 이어서 인지의 주체인 인간을 중심으로 내적 성찰에 대하여 살펴본 후에 마지막으로 내적 성찰을 바탕으로 이루어지는 외적 확충에 대하여 살펴보고자 한다.

1. 삶의 주체인 나 밖의 자연을 향하는 탐구적 방법

사람의 본성은 동서양을 막론하고 둘이 아니다. 소크라테스에 의하여 강조된 "너 자신을 알라!"라는 명제는 《서경》의 "사람을 알면 지혜로워진다."[96]라는 말과 다르지 않았다.

그러나 변화의 세계를 바탕으로 하는 동양사상과 헤라클레이토스의 변화의 세계관을 버리고 파르메니데스의 부동不動의 일자一者를 추구하는 서양사상의 방향은 서로 다르다.

삶의 주체인 나와 대상으로 존재하는 부동不動의 일자一者, 제일원인은 객관적 실체이다. 이 객관적 실체인 자연自然을 대상으로 전개되는 근대과학의 토대와 배경을 이루는 조건들은 기계적 자연, 경험적 방법, 수학적 서술로 요약할 수 있다.

기계적 자연관은 다양한 부품에 의하여 구성된 시계가 일정한 원리에 의하여 규칙적으로 움직이는 것처럼 자연을 스스로 움직이는 기계와 같은 존재로 여기는 관점이다. 자연은 단일한 원리에 의하여 기계적으로 움직이는 물질들의 전체라고 할 수 있다.

객관적 자연, 실체적 자연은 근대의 과학자들의 세계관을 통하여 파악할 수 있다. 근대의 과학자들은 실체적 특성이나 본질과 같은 형이상학적 원리에 의존하지 않고, 경험적 사실과 그것을 서술하는 수학적 원리에 의하여 자연을 연구하였다.

근대의 과학자들이 자연을 연구하는 방법 혹은 기계적 세계인 자연을 도출하는 방법은 탐구적 방법이다. 탐구적 방법은 자연을 대상으로 하는 분석과

---

96) 《상서尚書》고요모皐陶謨, "知人則哲".

한국사상과 인간의 삶

종합이다.

분석과 종합은 아리스토텔레스로부터 시작되었다. 현상을 추상화하고, 이상화하여 수학적 모델로 구성하는 분석과 해당 모델에 일정한 초기조건을 추가하여 가설을 설정하고, 이로부터 결론을 추론한 후에 이를 경험적으로 검증하는 종합은 실체로서의 자연 중심이다. 그러면 분석과 종합이 어떻게 이루어지는지 살펴보자.

분석과 종합은 의식에 의하여 이루어진다. 의식의 특징은 이것과 저것을 구분하여 실체화함이다. 의식은 크게 시종始終으로 구분하여 사건事件으로 이해하는 시간의식과 피차彼此로 구분하여 물건物件으로 이해하는 공간의식으로 나눌 수 있다. 이처럼 시종과 피차에 의하여 사물事物을 분석하고 종합한다.

지금부터 하나의 사건을 중심으로 그것을 의식에 의하여 어떻게 분석하고 종합하는지를 살펴보자. 석가모니는 전생에 굶주린 어미 호랑이와 새끼 호랑이를 위하여 자신의 몸을 보시하였다.

> 태자는 사슴 가죽 옷을 벗어서 머리와 눈 위에 묶고, 손을 모아서 호랑이 앞에 몸을 던졌다. 이에 어미 호랑이는 보살의 살을 먹고 어미와 새끼가 모두 살아났다.[97]

이 사건을 형이하의 관점에서 이해하면 시간과 공간을 중심으로 분석한다. 시간의 측면에서는 지금과 어제를 나누고, 몇 달 전과 나누며, 몇 년 전과 나누고, 몇 세기로 구분하며, 하루 후를 나누고, 며칠 후를 나누며, 몇 달, 몇 년 후를 나누고, 몇십 년, 몇백 년 이후를 나누어서 지금을 이해한다. 이처럼 시간의식에 의하여 호랑에게 몸을 보시한 사건을 분석하면 지금의 사건이 아니라 과거의 사건이다.

공간의식에 의하면 우리가 속한 우주와 다른 우주를 구분하고, 우리가 속한

---

97) 《불설보살투신이아호기탑인연경佛說菩薩投身飴餓虎起塔因緣經》 1권(ABC, K0512, v14 p.46a16- a18), "太子卽解鹿皮之衣 以纏頭目 合手投身虎前 於是 虎母得食菩薩肉 母子俱活".

은하계를 다시 태양계와 태양계가 아닌 은하계로 나누며, 태양계를 다시 지구와 지구가 아닌 항성들로 나누고, 지구에서 다시 인도와 여기를 나눈다.

그리고 다시 공기와 나누고, 자연과 나누며, 동물과 나누고, 식물과 나누며, 무생물과 나누어서 사람이라고 말하고, 다른 사람과 나를 구분한다. 이처럼 공간의식에 의하여 호랑이에게 몸을 보시한 사건을 분석하면 여기에서 일어난 사건이 아니라 인도에서 일어난 사건이다.

호랑이를 향한 몸 보시는 지금이 아닌 과거의 어느 때에 여기가 아닌 인도에서 내가 아닌 태자에 의하여 이루어진 사건이다. 따라서 시간과 공간을 바탕으로 사건과 물건을 중심으로 분석하면 호랑이를 향한 몸 보시는 나와 무관한 별개의 사건이다. 그러면 물리적 시간과 물리적 공간은 있는가?

과거는 이미 지나갔기 때문에 없고, 미래는 아직 오지 않았기 때문에 없으며, 현재는 끊임없이 변화하여 고정되지 않기 때문에 없다.

그리고 이곳과 다른 저곳, 저곳과 다른 이곳은 상대적이어서 이곳이 없으면 저곳도 없고, 저곳이 없으면 이곳도 없다. 따라서 시공은 없다. 그러면 물리적 시간과 공간이 없음은 무엇을 의미하는가?

시간과 공간은 그것을 논하는 나와 독립된 실체가 아니다. 시간과 공간은 오직 그것을 논하는 나와의 관계 속에서 존재할 뿐이다. 과거는 나의 기억으로 존재하고, 미래는 기대, 희망으로 존재한다.

기억과 희망은 과거와 미래의 희망이 아니라 지금 나의 기억이고, 희망이다. 그것은 지금과 어제, 내일이 둘이 아니라 하나임을 뜻한다.

지금과 어제를 합하고 내일을 합하며, 몇 달 전과 몇 달 후를 합하고, 몇 년 전과 몇 년 후를 합하며, 몇 십 년 전과 몇 십 년 후를 합하며, 몇 세기 전과 몇 세기 후를 합하면 과거와 미래가 둘이 아니라 일관하는 하나의 영원이 도출된다.

공간의 측면에서는 나를 다시 분석하여 뼈와 살, 머리와 사지를 나누고, 다시 오장육부를 나누며, 세포로 나누고, 원자와 전자, 핵으로 나누고, 핵을 다시 미립자로 나누면 남과 구분할 수 있는 나는 없다.

그와 달리 미립자를 합하고, 핵과 원자, 전자를 합하며, 세포를 합하고, 오장육부와 머리, 몸통, 사지를 합하며, 동물, 식물과 합하고, 자연과 합하면 남과 구분되고, 자연과 구분할 수 있는 나는 없다. 그러면 실체적 자연과 사물 그리고 내가 없다면 나와 자연, 사물을 분별하는 의식은 없는가?

의식과 의식에 의하여 이루어지는 분별 그리고 분별의 결과인 나와 자연, 사물은 찰나에 나타났다가 사라지는 생멸의 현상으로 고정되지 않아서 실재하지 않는다. 그러면 의식은 어떻게 나타나는가?

동양사상에서는 시공의 차원에서 논의되는 사물의 근원인 시공을 초월한 형이상의 도를 논한다. 도는 시간상으로는 시종이 없고, 생멸이 없어 영원하며, 공간상으로는 이것과 저것이 둘이 아니어서 분별할 수 없는 경지를 나타내는 개념이다.

도는 어떤 분별도 용납하지 않아서 모습도 없고, 말로 드러낼 수 없으며,[98] 언어의 길이 끊어지고, 마음의 길이 사라져서,[99] 사건을 중심으로 이루어지는 시간의식과 물건을 중심으로 이루어지는 공간의식이 없고, 생사와 분합이 없어서 고요하여 움직임이 없다.[100]

그러나 형이상의 도는 자성自性을 지키지 않고 인연에 따라서 다양한 사건으로 변하여 물건으로 화한다.[101] 그것은 "도가 일一을 낳고, 일이 이二를 낳으며, 이가 삼三을 낳고, 삼이 만물을 낳음"[102]이고, 변화하는 현상의 근원인 태극太極이 양의兩儀를 낳고, 양의가 사상四象을 낳으며, 사상이 팔괘八卦를 낳음이다.[103] 그러면 형이상과 형이하, 도와 사물, 분석과 종합은 오로지 현상의 문

98) 《화엄일승법계도》華嚴一乘法界圖(ABC, H0028 v2, p.1a12-a13), "法性圓融無二相 諸法不動本來寂 無名無相絕一切".

99) 《대지도론》 2권(ABC, K0549 v14, p.510a18-a19), "心行處滅 言語道斷 過諸法如涅槃相不動".

100) 《주역》계사상繫辭上 10, "易无思也 无爲也 寂然不動 感而遂通天下之故 非天下之至神 其孰能與於此".

101) 《화엄일승법계도》華嚴一乘法界圖(ABC, H0028 v2, p.1a14), "不守自性隨緣成".

102) 《도덕경》 제42장, "道生一 一生二 二生三 三生萬物".

103) 《주역》계사상繫辭上 11, "是故 易有太極 是生兩儀 兩儀生四象 四象生八卦 八卦定吉凶 吉凶生大業".

제인가?

형이상과 형이하, 도와 사물, 분석과 종합은 그것을 문제로 삼는 인간 자신을 떠나서 성립하지 않는다. 도와 기, 형이상과 형이하를 모두 인간이 그렇게 말한다고 하였음은 이를 단적으로 보여 준다. 따라서 양자의 관계와 유무를 비롯한 모든 문제는 그것을 논하는 인간을 중심으로 논의되어야 한다.

시간과 공간, 자연과 사물에 대하여 그것을 논하는 주체인 인간을 중심으로 논하는 학문은 인식론이다. 칸트는 사물을 인식하는 주체인 인간을 중심으로 존재를 밝히는 인식의 문제를 제기하였다.

칸트는 경험주의자들의 모든 지식의 원천이 경험이라는 주장이나 정신적인 원리를 강조하는 합리론자들의 주장을 모두 반대한다. 그는 경험이 없는 지성은 공허하며, 지성이 없는 경험은 맹목적이라고 비판한다. 그러면 칸트는 어떤 입장을 취하는가?

그는 존재론 중심의 탐구적 방법을 인식의 주체를 중심으로 하는 인식론적 방법으로 바꾸었다. 칸트는 물자체는 알 수 없으며, 경험을 재료로 하여 지성의 범주에 의하여 인식이 이루어진다는 인식 주체 중심의 구성설構成說을 제시하였다.

칸트의 인식론은 아리스토텔레스 이후 전통적인 방법인 자연에 대한 존재론적 접근을 코페르니쿠스적으로 전회轉回하여 자연을 연구하는 인간 자신의 관점에서 인식을 문제로 삼았다.

그것은 과학이 자연이라는 연구 대상을 객체적 관점에서 연구했던 방향을 바꾸어서 자연을 연구하는 주체인 인간의 인식이 무엇인지를 연구했다는 점에서 의미를 갖는다. 그러면 칸트가 이전의 존재론적 인식, 객체 중심의 인식을 바꾸어서 주체 중심의 인식으로 관점을 바꾼 것으로 모든 문제가 해결되었는가?

그가 객체적 관점에서 존재의 문제를 접근하지 않고, 존재를 바라보는 주체

한국사상과 인간의 삶

를 중심으로 관점을 바꾸었다는 점에서는 관점의 전환이라고 할 수 있다. 그러나 그것은 동일한 차원에서 이루어지는 관점의 전환일 뿐으로 주체와 객체가 하나일 때 비로소 드러나는 경계로의 전환이 아니다.

칸트가 객체에 대하여 물자체는 알 수 없다는 불가지론不可知論을 선언한 것은 그의 인식론의 한계를 그대로 보여 준다. 그러면 객체 중심의 인식과 주체 중심의 인식이 갖는 한계는 무엇인가?

만약 인지의 주체인 나와 별개의 실체로서의 신, 도, 진리를 찾는다면 찾아진 신은 여전히 찾는 나와 둘이며, 도 역시 나와 둘이고, 진리도 나와 둘이다.

그것은 대상으로 존재하는 실체적인 신, 도, 진리는 설사 내가 그것을 알거나 찾을지라도 언제나 나와 둘인 상태를 벗어날 수 없음을 뜻한다.

만약 신과 그가 존재하는 천국이 나와 내가 살아가는 세상과 둘이라면 아무리 신을 알고, 천국을 알아도 천국에 이르러서 신을 만나서 신과 하나가 되는 문제는 여전히 남아 있다.

신을 알고, 천국을 알아도 천국으로 가서 신과 만나거나 그에 의하여 죄를 감해 주는 은택을 받지 못하면 원죄原罪에서 벗어나지 못한 죄인으로 남는다.

유식불교에서도 대상의 경계는 실재하지 않는 환상일 뿐으로 오로지 의식만이 존재한다는 유식무경唯識無境을 주장한다. 그리고 식을 눈, 귀, 코, 혀, 몸의 전오식과 뜻의 제6식으로 구분하여 이해하거나 제6식을 넘어서 제7식인 말라식, 그 안의 제8식인 아뢰야식을 설정하더라도 여전히 견분見分과 상분相分의 주체와 객체로 구분하여 스스로 근진根塵을 결합하여 끊임없이 새로운 상을 만들어 내어 그 가운데 갇혀 있는 중생전도衆生顚倒, 세계전도世界顚倒를 논한다. 그러면 이 문제는 어떻게 해결할 수 있는가?

과학자들이나 인지학자들의 주장과 같이 의식을 뇌의 기능이라고 여기거나 뇌와 몸의 상호작용이라고 여기거나를 막론하고 의식과 몸의 차원을 넘어서지 않으면 주체와 객체의 경계를 벗어날 수 없다.

그것은 인지를 문제로 삼는 우리 자신 곧 인지의 주체인 나의 안목을 다변화할 필요가 있음을 뜻한다. 그러면 삶과 세계를 다양하게 이해할 수 있는 안목의 다변화는 어떻게 이루어지는가?

삶과 세계를 하나의 틀로 얽어매지 않고, 다양하게 이해할 수 있는 안목은 나를 떠나서 찾을 수 없다. 삶과 세계를 이해하는 안목은 대상으로 존재하는 사물이나 세계의 문제가 아니라 나의 문제이다. 그러면 지금 여기의 나는 어떤 존재인가?

지금 여기의 나는 형이하의 기氣인 육신이나 의식이 아니라 의식 이전의 마음이 있고, 마음으로 드러나기 이전의 본성이라는 형이상적 주체, 본체가 있다.

형이상의 본체는 나와 삶, 나와 세계의 구분이 없다. 주체와 객체, 천국과 지옥, 삶과 죽음이 둘이 아니며, 옳음과 그름, 선과 악, 구원救援과 원죄原罪, 영원과 순간, 형이상과 형이하가 둘이 아닌 경계인 본성本性을 통하여 삶과 세계를 이해할 때 비로소 둘의 차원에서 제기되는 문제 자체가 해소된다. 그러면 본성은 무엇인가?

동양사상에서는 인간을 형이하의 기氣의 차원에서 물질인 육신으로 여기거나 그것을 넘어선 마음으로 여기지 않고, 몸과 마음을 넘어선 본성, 자성, 불성으로 여긴다.

형이상적 존재인 본성은 시간과 공간을 초월한다. 본성은 시간상으로 영원할 뿐만 아니라 공간상으로 있지 않는 곳이 없어서 온 우주의 모든 존재자, 만물과 둘이 아니다.

만물과 내가 둘이 아닌 측면에서 본성은 무아無我지만 내 안의 나인 점에서는 육신으로서의 자아와 다른 대아大我이고, 영원한 측면에서는 가아假我로서의 육신과 달리 진아眞我이다.

그리고 내 안의 나이면서 동시에 모든 존재와 둘이 아니기 때문에 나 아닌 나라고 말한다. 그러면 내 안의 참나인 나 아닌 나의 측면에서 인지認知는 무엇인가?

지금 여기의 나는 내 안의 참나, 나 아닌 내가 매 순간 다양하게 드러나는 현상인 동시에 다양하게 드러나는 현상이 본래의 자리인 내 안의 나 아닌 나로 돌아가는 귀체歸體, 귀본歸本이다.

귀체, 귀본을 물건적 관점에서 이해하면 표층의 나, 현상의 나가 본체로 돌아가서 본체와 하나가 됨이다. 그것을 앎의 관점에서 나타내면 나의 근원인 본성, 자성, 도를 몰랐던 상태에서 알게 되는 부지不知에서 지知로의 변화이다. 그러면 지는 무엇인가?

귀체, 귀본의 관점에서 인지는 매 순간 남과 구분되고, 세계와 구분되며, 사물과 구분되는 실체로서의 내가 없음을 파악하는 사건이다. 그것은 주체와 객체의 관계를 나타내는 인지의 문제가 나의 측면에서는 표층의 나와 심층의 내 안의 내가 둘이 아님을 파악하는 문제가 됨을 뜻한다.

주체와 객체가 본래 둘이 아니기 때문에 주체를 통하여 객체를 파악하고 나를 앎으로써 세계를 앎이 가능하다. 그러면 내 안의 참나, 나 아닌 나와 세계의 본질, 근원인 도는 어떤 관계인가?

만약 나의 내면과 세계의 본질인 도가 둘이라면 아무리 나의 심층에 이르러도 결코 도를 알 수 없다. 성품, 내 안의 나와 세계의 근원인 도가 둘이 아니기 때문에 나를 앎이 그대로 세계를 앎[104]이다. 그러면 동아시아의 학문에서는 나의 본성과 세계의 본성을 어떻게 이해하는가?

공자의 사상을 담고 있는 《논어》에서는 세계와 인간의 관계를 천도와 인도를 통하여 다음과 같이 밝힌다.

① 천天의 역수曆數가 네 몸에 있으니, ② 진실로 그 중中을 잡으라. ③ 사해四海가

---

104) 《맹자》 진심장구상盡心章句上, "孟子曰 盡其心者, 知其性也. 知其性, 則知天矣. 存其心, 養其性, 所以事天也. 殀壽不貳, 修身以俟之, 所以立命也".

곤궁困窮하면 천록天祿이 영원히 끊어질 것이다.[105]

　인용문은 내용에 따라서 ①, ②, ③으로 구분하여 이해할 수 있다. ①의 천天의 역수는 물리적인 천체가 운행하는 도수度數[106]가 아니라 천도天道를 상징하는 개념이다. 그러므로 ①은 천도가 나와 둘이 아님을 나타낸다. 나의 근원인 성품이 바로 천도이다. 그러면 천도는 무엇인가?

　《주역》에서는 천도天道를 음양陰陽이라는 개념을 통하여 나타낸 음양원리로 그리고 지도地道를 강유剛柔라는 개념을 통하여 나타낸 강유원리로, 인도人道를 인의를 통하여 나타낸 인의仁義원리[107]로 규정하면서 천도와 인도의 관계를 다음과 같이 밝힌다.

　한 번은 음으로 작용하고, 한 번은 양으로 작용함을 일러 도라고 하며, 음양의 작

　용이 계속되는 것을 선善이라고 하고, 매 순간 드러나는 개체적 측면에서 성性이

　라고 한다.[108]

　음양원리인 천도는 끊임없이 작용한다. 이러한 천도의 작용성이 선이며, 선을 매 순간 드러나는 현상의 관점에서 나타내어서 성품性品, 본성本性이라고 한다. 따라서 본성은 천도를 인간의 측면에서 나타낸 개념이다.

　②에서는 집중執中을 논하고 있다. 이때의 중中은 인간의 본성, 성품으로 규정한 천도를 가리킨다. 그러므로 집중은 본성을 주체로 살아감을 뜻할 뿐만 아니라 동시에 삶을 천도로 일관함을 뜻한다.

　③에서는 집중의 여부與否에 의하여 드러나는 삶이 서로 다름을 나타내고

---

105) 《논어》, 堯曰, "堯曰 咨爾舜 天之曆數在爾躬 允執其中. 四海困窮, 天祿永終 舜亦以命禹".
106) 《論語集註》堯曰, "曆數 帝王相繼之次第 猶歲時氣節之先後也".
107) 《주역》 설괘說卦 2, "昔者聖人之作易也, 將以順性命之理. 是以立天之道曰陰與陽, 立地之道曰柔與剛, 立人之道曰仁與義. 兼三才而兩之, 故易六畫而成卦".
108) 《주역》 계사상繫辭上 5, "一陰一陽之謂道. 繼之者善也, 成之者性也".

있다. 집중이 되면 천록天祿이 계속 유지되지만 집중이 되지 않으면 천록이 끊어지는 현상으로 나타난다. 따라서 현상의 측면에서는 대인의 삶과 소인의 삶이 서로 다르다.

공자가 집중을 중심으로 제시한 천도와 인간의 삶에 관한 부분은 인간의 근원, 본체가 천도 즉 성품임을 논하는 ①과 본체인 성품의 작용, 활용, 실천을 나타내는 ② 그리고 작용, 활용에 따라서 나타나는 현상을 나타내는 ③으로 분석할 수 있다. 그러면 공자가 인용문을 통하여 나타내고자 하는 내용은 무엇인가?

그가 인용문을 통하여 나타내고자 하는 내용은 집중이다. 왜냐하면 앞의 부분은 집중이 가능한 근거를 밝히고, 뒤의 내용은 집중의 결과를 나타내기 때문이다. 집중의 양상은 군자의 삶을 통하여 확인할 수 있다.

> 지혜로운 사람은 (본성을 보고) 지知라고 말하고, 어진 사람은 (본성을 보고) 인仁이
>
> 라고 말한다. 백성은 날마다 사용하여도 모른다. 그러므로 군자의 도가 드물다.[109]

군자는 매 순간 천도가 성품임을 자각하고 성품을 본체로 하여 일상의 삶을 산다. 그는 지혜가 필요한 사람에게는 지知를 말해 주고, 자비가 필요한 사람에게는 인仁을 말하여 지금 여기 자신의 그러함을 스스로 느끼도록 활용한다.

그런데 두 번째 인용문의 다음 부분에서는 "음과 양으로 구분하여 나타낼 수 없음을 신神이라고 한다."[110]라고 하였다. 이는 비록 천도를 음양원리로 규정하였지만 고정된 실체가 아님을 뜻한다. 천도를 인간의 관점에서 성품으로 나타내고, 삶의 현상을 지도로 나타내어 천도를 따라서 활용하는 인도를 논하지만 도 자체도 고정되지 않기 때문에 변화의 도, 역도易道[111]라고 말한다.

---

109) 《주역》 계사상繫辭上 5, "仁者見之謂之仁, 知者見之謂之知, 百姓日用而不知, 故 君子之道鮮矣".
110) 《주역》 계사상繫辭上 5, "陰陽不測之謂神.".
111) 《주역》에서는 형이상과 형이하를 구분하여 道와 器로 규정하고, 天道, 地道, 人道를 내용으로 하는 三

본체인 천도는 인간에 있어서는 성품이고, 사물에 있어서는 사물의 본질이다. 본체인 천도의 측면에서는 인간과 사물, 시공의 구분이 없는 일체이다. 그렇기 때문에 본체의 측면에서 이것과 저것의 분별이 없는 무분별을 말하고, 어떤 것도 둘이 아닌 평등을 말하며, 무아無我를 말한다.

사람의 성품은 누구나 같다. 공자는 "사람의 성품은 태어날 때는 같지만 살아가면서 서로 멀어진다."[112]라고 하였다. 살아가면서 서로 멀어지는 삶, 서로 다른 삶이 나타나는 까닭은 삶의 방법이 다르기 때문이다. 그러면 현상에서 서로 다른 삶은 무엇인가?

공자는 인간의 삶을 대인, 군자의 삶과 소인의 삶으로 나눈다. 성인과 상응하는 대인으로서의 군자는 어떤 사람과도 조화를 이루지만 그렇다고 하여 자신의 중심을 버리고 부화뇌동附和雷同하지 않는다.

그러나 소인은 어떤 사람과도 부화뇌동하지만 조화調和를 이루지 못한다.[113] 그러면 왜 사람은 같은데 나타나는 삶의 모습은 서로 다른가?

본체의 측면에서 보면 나는 도와 둘이 아니다. 왜냐하면 본체인 본성이 드러난 것이 현상이기 때문이다. 그러나 현상의 측면에서는 나와 도는 하나가 아니다. 왜냐하면 비록 도가 현상으로 드러나지만 현상이 그대로 도는 아니기 때문이다.

본체와 현상의 하나가 아니면서도 둘도 아닌 관계는 작용이 중요함을 나타낸다. 본체를 알고 현상에서 자신은 물론 남, 모든 생명, 사물까지 이롭게 작용함은 인간 자신의 일이다. 따라서 대인과 소인, 성인과 속인, 부처와 중생은 삶의 두 양태를 나타낼 뿐으로 본성을 나타낸 개념이 아니다.

대인은 근심, 걱정, 두려움이 없는 상락아정常樂我淨의 삶, 자유자재한 삶을

才의 道를 논하면서도 易道를 논하여 고정된 실체가 아님을 밝히고 있다. 《주역》의 내용에 대하여는 이현중, 《역경철학》, 문예출판사, 2014, 132-477을 참고하기 바란다.

112) 《논어》陽貨, "子曰 性相近也, 習相遠也.".

113) 《논어》子路, "子曰 君子和而不同 小人同而不和.".

살지만 소인은 근심, 걱정, 두려움 속에서 벗어나지 못하는 고통의 삶을 산다. 소인은 항상 생존을 위한 투쟁 속에서 살기 때문에 다른 사람은 물론 다른 생명, 세계와 함께 하는 삶이 없다. 그러나 대인은 다른 사람은 물론 온 세계의 모든 존재와 함께 살아간다. 그러면 대인의 삶은 무엇인가?

세 번째 인용문에서는 백성이 날마다 사용하여도 모른다고 하였다. 이 모름은 지부지知不知의 두 측면에서 이해할 수 있다. 첫 번째는 앎에 집착한 상태이며, 두 번째는 모름에 집착한 상태이다. 도, 성품을 알고 활용하면서 활용에 얽매인 경우가 첫 번째이며, 두 번째는 도, 성품을 모르고 활용함으로써 활용에 얽매인 경우이다. 따라서 활용은 지부지知不知를 넘어선 무지無知의 상태에서 이루어져야 한다.

무지의 상태에서 이루어지는 도의 활용, 천도, 성품의 활용은 집중에 의하여 이루어진다. 집중은 매 순간 천도가 본성임을 자각自覺함이다. 매 순간 군자는 천도가 본성임을 자각하고, 천도의 현현顯現이자 성품의 현현인 삶을 산다.

집중이 본체를 중심으로 성품을 나타낸 것과 달리 현상을 중심으로 성품을 나타내어 중용이라고 말한다. 현상이 본체의 드러남을 나타내기 위하여 중용이라는 개념을 사용한다. 이처럼 중용은 집중으로부터 시작되고, 집중은 중용으로 나타난다.

공자는 삶을 살아가는 방법인 학문을 위기지학爲己之學과 위인지학爲人之學으로 구분한다. 학문을 하고 삶을 사는 나를 주체로 하는 학문이 위기지학이며, 나와 대상으로 존재하는 나 밖의 객체를 중심으로 학문하는 학문이 위인지학이다.

위인지학은 소인의 학문 방법이며, 위기지학은 군자의 학문 방법이다.[114] 위

---

114) 《논어》의 憲問에서는 "古之學者爲己, 今之學者爲人."라고 말하고, 衛靈公에서는 "君子求諸己, 小人求諸人."라고 하여 己와 人을 구분할 뿐만 아니라 憲問에서는 "子路問君子 子曰 '脩己以敬' 曰 '如斯而已乎' 曰 '脩己以安人.' 曰, '如斯而已乎' 曰, '脩己以安百姓. 脩己以安百姓, 堯舜其猶病諸'"라고 하여 己와 人을 중심으로 道를 밝히고 있다.

인지학은 다른 사람, 인간이라는 객체적 존재, 실체적 존재를 대상으로 본질을 찾는 학문 방법이다. 따라서 실체적 존재를 대상으로 그 본질을 탐구하는 방법이다. 그러면 위기지학은 무엇인가?

밖의 사물을 바라보는 나인 의식을 보고, 마음을 보며, 마음으로 드러나기 이전의 내 안의 나를 보는 것을 위기지학이라고 말한다. 그것은 나의 가장 표층인 육신/의식으로부터 출발하여, 의식을 넘어서 마음으로 그리고 마음을 넘어서 본성, 자성에 이르는 내적 성찰을 말한다.

2. 근원적 존재로의 주체화와 내적 성찰

동아시아에서는 변화의 세계관을 바탕으로 역학易學이라는 학문을 탄생시켰다. 고조선사상을 통하여 전개된 한국역학[115]은 한국사상의 원형이 되었고, 《주역》의 집대성으로 나타난 중국역학은 중국사상의 원형이 되었다.

중국사상은 인도-유럽어족에 의하여 형성된 서양사상과 특성이 다르지만 동아시아의 한국사상과도 다르다. 중국사상은 물건적 관점에서 형이상과 형이하를 구분하여 도道와 기器를 규정하는 것으로부터 시작된다.

중국사상은 서양사상이 형이하의 현상을 중심으로 차원의 변화가 없이 전개되는 것과 달리 형이상과 형이하의 차원을 바탕으로 전개된다.

서양사상이 사상을 논하는 주체인 인간과 별개의 대상적인 자연, 사물을 논하는 것과 달리 중국사상은 주체인 인간을 중심으로 도道와 기器를 논한다.

중국사상은 기器를 출발점으로 삼아서 도道를 추구한다. 이처럼 인간이 중심이기 때문에 중국사상은 유가와 불가, 도가를 막론하고 인도人道 중심의 사상이다.

다만 노장은 도가 중심이고, 유가는 도와 기를 인간으로 주체화, 내면화하고, 다시 그것을 대상화, 객관화하며, 불가는 주체화한 도와 기를 더욱 주체화, 내면화하여 마음으로 이해한다. 그러면 지금부터 자연을 대상으로 하는 과학의 탐구적 방법과 다른 인문학의 학문 방법이 무엇인지 구체적으로 살펴보자.

인문학의 학문 방법은 인간의 내면을 중심으로 하는 점에서 위기지학爲己之學이다. 나를 중심으로 학문을 위기지학과 위인지학으로 논한 사람은 공자

---

115) 한국역학이 무엇인지 어떤 학문 방법, 방향, 내용, 특성이 있는지는 본 저서의 주제가 아니기 때문에 효율적인 논의를 위하여 19세기 말기의 김항에 의하여 저작된 《정역》을 중심으로 한국역학의 관점에서 고조선사상을 조명하고자 한다.

이다.

공자의 사상을 담고 있는 《논어》는 일정한 주제를 논하는 글이 아니라 대화체의 글이다. 그러므로 대화를 통하여 드러나는 단편적인 내용을 종합적으로 이해하는 것이 필요하다.

《논어》에서 사용된 개념들은 크게 형이상의 경계를 나타내는 무아無我, 무지無知, 무가무불가無可無不可, 성性, 천도天道, 천명天命, 의義, 인仁과 형이하의 경계를 나타내는 기己, 인人, 명命, 리利, 아我로 구분할 수 있다. 그러면 공자는 이 두 부류의 개념들을 통하여 무엇을 말하고자 하는가?

공자는 "나의 말들은 하나로 일관된다."[116]라고 하여 다양한 개념들을 통하여 나타내고자 하는 하나의 내용이 있음을 밝힌다. 그가 밝히고자 하는 내용은 사람다운 사람인 군자의 삶을 나타내는 군자의 도道이다. 그러면 그가 군자의 도를 나타내는 방법은 무엇인가?

그는 형이상과 형이하의 두 부류의 개념들을 중심으로 군자의 도를 밝힌다. 그는 형이상과 형이하를 지금 여기 나의 성품을 나타내는 성性과 물리적 생명을 나타내는 명命으로 주체화, 내면화하고, 나를 나타내는 기(己)와 나 이외의 천지, 만물을 나타내는 인(人)으로 구분하여 내외內外로 나타낸다. 따라서 《논어》는 성명性命을 바탕으로 기인己人을 통하여 체계적으로 이해할 수 있다. 그러면 군자의 도는 무엇인가?

상하의 측면에서 군자의 도는 성과 명이 하나가 되는 성명합일性命一이다. 그것은 기己의 표층인 명命으로부터 벗어나서 심층의 성품에 이르는 과정이다. 그것을 《논어》에서는 수기修己라고 말한다. 수기는 군자의 도의 나로의 주체화, 내면화이다.

군자의 도는 내외의 측면에서는 내외가 하나가 되는 내외합일이다. 그것은 세계를 내 안의 나로 주체화하는 성명합일과 달리 나를 세계와 하나로 합일하

---

116) 《논어》 里仁, "子曰 參乎 吾道一以貫之".

는 천인합일天人合一이다. 《논어》에서는 천인합일을 안인, 안백성으로 나타내고 있다. 안인, 안백성은 심층의 나인 성품의 외적外的 확충擴充이다. 따라서 안인, 안백성은 지금 여기의 심층의 나를 대상화, 객관화함이라고 할 수 있다. 그러면 합일은 무엇인가?

수기가 성명의 합일이고, 안인, 안백성이 천인의 합일이라면 수기와 안인, 안백성이 성립하기 위해서는 양자의 관계가 무엇인지를 논의하지 않을 수 없다.

성명합일과 천인합일은 성性과 명命, 천天과 인人이 둘인가 하나인가의 문제를 안고 있다. 만약 성性과 명命, 천과 인이 본래 둘이라면 하나로 합하는 합일合一은 이루어질 수 없다. 그렇다고 하여 양자가 본래 하나라면 굳이 합일을 할 필요가 없다. 따라서 물건적 관점에서는 어떤 경우에도 양자의 합일은 불가능하다. 그러면 어떻게 해결할 수 있는가?

물건적 관점에서 제기되는 하나와 둘의 관계 그리고 합일과 분생의 문제는 시간적 관점에서는 과거와 미래의 문제가 된다. 둘과 하나의 문제를 시간의 측면에서 살펴보면 둘은 아직 하나가 되지 않았지만 장차 하나가 되어야 할 사건이 되고, 하나는 이미 합일合一이 된 과거적 사건이다. 이처럼 물건적 관점에서 하나인가(一), 둘인가(二)의 문제는 시간적 측면에서는 이연已然과 응연應然의 문제이다. 그러면 물건적 관점에서 제기되는 합일의 문제는 시간의 측면에서 이연의 사건과 응연의 사건으로 접근하면 해결되는가?

하나와 둘, 이연과 응연은 양자가 모두 옳거나 모두 그를 수 없는 양립할 수 없는 모순관계이다. 그렇기 때문에 어느 하나를 중심으로 제기된 주장의 시비是非를 논하여 이단과 정통을 제기하면 그 어떤 주장이라도 옳을 수 없다. 그러면 이 문제를 어떻게 해결할 것인가?

어떤 사건이나 물건을 막론하고 지금의 여기의 나와 무관한 실체적 존재는 없다. 그렇기 때문에 어떤 사물이나 사건을 막론하고 나와 하나로 하는 주체화, 내면화와 나와 둘로 나누어서 객체화, 대상화가 필요하다. 그러면 주체화,

내면화는 어떻게 이루어지는가?

물건적 관점에서 형이상과 형이하를 중심으로 이해하면 형이상의 성性과 형이하의 명命을 중심으로 이해할 수 있다. 수기修己는 현상으로부터 본체인 형이상의 도를 향하는 역逆방향에서 이루어지며, 안인安人, 안백성安百姓은 본체인 도로부터 현상인 만물을 향하는 순順방향에서 이루어진다.

역방향에서 형이하의 물리적 생명으로부터 형이상의 성품을 찾아서 양자가 본래 둘이 아님을 파악하는 성명합일은 심층의 자기로의 주체화, 내면화이며, 순방향에서 형이상의 본성, 성품으로부터 형이하의 물리적 생명으로 드러나는 안인, 안백성은 심층의 자기의 대상화, 객관화이다. 따라서 군자의 도는 순과 역의 두 방향에서 그것을 문제로 삼는 나로 주체화하는 동시에 객관화하여 이해되어야 한다.[117] 그러면 주체화, 내면화하고 다시 객체화, 대상화할 수 있는 실체로서의 도가 있는가?

군자의 도는 고정된 실체적 존재가 아니다. 왜냐하면 나는 고정된 실체가 아니기 때문이다. 따라서 본체인 도, 무아無我, 성품, 내 안의 나를 중심으로 군자의 도를 이해하거나 현상인 언행言行을 중심으로 이해할 것이 아니라 매 순간의 작용, 실천, 활용의 측면에서 이해되어야 한다.

《주역》을 연원으로 전개되는 중국유학, 중국불교를 막론하고 물건적 관점에서 전개된다. 중국사상에서는 도와 현상을 둘로 나누고, 도를 본체로 기를 작용으로 규정하여 양자를 본말로 나타낸다.

도와 기를 체용으로 나타내면서도 양자를 근본과 지말로 규정함은 중국사상에서 체용을 오로지 역방향에서 사용함을 뜻한다. 역방향의 근거가 되는 순방향에서 도를 본체로 그리고 사물을 용으로 규정하여 지말인 사물로부터 벗

---

117) 《논어》의 자기의 내면을 향하여 이루어지는 내적 성찰을 바탕으로 논의되는 학문 방법은 자기와 둘인 대상으로 존재하는 사물을 탐구하는 과학의 학문 방법과 다르다. 《논어》의 학문 방법을 통하여 인문학의 학문 방법을 파악할 수 있다. 인문학과 과학의 학문 방법에 대하여는 이현중, 《유불도儒佛道와 통관洞觀의 인문학》, 충남대출판문화원, 2017, 115-485와 《한국사상과 방달方達의 인문학》, 2018, 19-496이 있다.

어나서 근본인 도에 이르는 역방향의 과정을 중요하게 여긴다.

순과 역의 두 방향에서 본말, 체용을 규정할 때 발생하는 양자의 모순관계는 설사 시간의 관점에서 이연已然과 응연凝然의 문제로 바꾸어도 해결되지 않는다. 그러면 체용을 어떻게 이해할 것인가?

체용의 관계는 도道와 기器를 순역에서 고찰할 때 드러난다. 체용을 역방향에서 이해하면 기器가 체體가 되고, 도道는 용用이다. 이처럼 역방향에서 도, 성품을 찾는 수기, 수도가 중심이 아니라 순방향을 바탕으로 한 역방향에서 양자를 자재自在하게 사용함이 필요하다. 그러면 어떻게 할 것인가?

비록 형이상과 형이하, 순과 역을 구분하여 나타내지만 양자의 어느 것에도 걸림이 없는 자유자재한 사용은 한국사상의 주제인 시간성을 중심으로 전개되는 영원한 현재적 시간관에 의하여 가능하다.

우리가 과거와 미래, 형이상과 형이하, 성품과 육신, 내 안과 나의 밖이 둘이 아닌 영원한 현재의 관점에서 매 순간 끊임없이 새롭고 다양하게 드러나는 작용을 통하여 비로소 주체화, 내면화와 대상화, 객관화를 둘이 아니게 활용할 수 있다.

한대漢代의 훈고학자들은《논어》의 문장 자체를 대상으로 연구를 하였고, 고증학자들은 객관적 사실을 중심으로《논어》를 연구하였다. 이와 달리 성리학자들과 심학자들은《논어》의 내용을 대상으로 연구하였지만 역방향과 순방향의 한 측면에서 연구하였을 뿐으로 나를 중심으로 두 방향을 함께 연구하지 않았다.[118] 그러면 먼저 나를 중심으로《논어》의 군자의 도가 무엇인지 학문을 중심으로 살펴보자.

---

118) 漢代의 훈고학과 청대의 고증학은《논어》를 나와 무관한 실체로서의 문장과 사실을 중심으로 연구하였다. 이와 달리 송대의 성리학과 명대의 양명학은 문장이나 사실이 아닌 군자의 도를 중심으로《논어》를 연구하였지만 성리학이 逆방향에서 탐구적 방법에 의하여 格物致知를 제기한 것과 달리 양명학은 順방향에 내 안의 참나인 성품을 확충하는 致良知를 주장하였다. 그리고 성리학자와 양명학자들은 道統을 내세워서 자신의 학설이 정통임을 주장한다. 이는 군자의 도를 실체적 존재로 인식하였음을 보여 준다.

공자는 자신이 많이 배워서 기억하는 사람이 아니라 하나의 근본원리로 꿰뚫고 있음[119]을 밝혔을 뿐만 아니라 "나의 도道는 하나로 꿴다."[120]라고 하였다. 이는 그의 학문 활동은 물론 일상의 삶이 모두 하나의 근본원리인 도에 의하여 이루어짐을 뜻한다. 그러면 삶을 일이관지一以貫之하는 도는 무엇인가?

삶을 일관하는 동시에 천도와 인도를 일관하고, 세계와 인간을 일관하는 것은 나의 성품이다. 나의 내면에 있는 나인 성품, 본성은 남의 성품, 동물, 식물의 성품과 둘이 아닐 뿐만 아니라 온 우주의 본질과 둘이 아니다. 본성, 성품이 도와 나를 일관한다. 따라서 본체인 도를 나를 통하여 삶에서 구현하는 것은 성품에 의한다.

도의 활용, 본체의 작용은 나의 내면에 있는 본성, 성품을 통하여 이루어진다. 그리고 사람은 누구나 본성을 갖고 있다. 그렇기 때문에 사람다운 삶인 대인의 삶을 살기 위해서는 성품을 활용하지 않을 수 없다. 공자가 삶 가운데서 도의 활용을 강조하는 까닭도 여기에 있다.

> "누가 능히 문을 사용하지 않고 밖으로 나갈 수 있는가? (그럼에도 불구하고 사람들은) 어찌 이 도道를 말미암지 않는가!"[121]

공자는 본체를 중심으로 도가 나를 넘어서고, 유무有無를 넘어서며, 마음과 사고를 넘어선다고 말하지 않는다. 다만 그는 삶 속에서 도를 어떻게 활용할 것인지를 논할 뿐이다.

그가 도의 활용을 강조하는 까닭은 본체의 측면에서 도와 자신을 둘로 보

---

119) 《논어》衛靈公, "子曰 賜也 女以予爲多學而識之者與 對曰 然非與 曰非也 予一以貫之".
120) 《논어》里仁, "子曰 參乎 吾道一以貫之" 여기서 一以貫之의 내용에 대하여는 다양한 해석이 있다. 주희는 일이관지를 체용의 구조를 통하여 이해하였다. 《朱子語類》, 黎靖德 編, 卷第二十七 論語九 里仁篇下 27:9, "一者忠也 以貫之者恕也 體一而用殊" 일이관지의 다양한 해석에 대하여는 〈논어 일이관지장 해석의 검토〉, 《논어의 주석과 해석학》, 김영호, 도서출판 문사철, 2010 107-160쪽을 참고하기 바란다.
121) 《논어》雍也, "子曰 誰能出不由戶 何莫由斯道也".

한국사상과 인간의 삶

지 않기 때문이다. 본체의 측면에서 보면 "도라는 것은 (지금 여기의 자신과) 잠시도 떨어질 수 없다. 만약 (지금 여기의 자신과) 떨어질 수 있다면 도가 아니다."[122]

본체를 중심으로 《논어》를 이해하면 전체의 내용이 천도天道가 아님이 없다. 《논어》를 어떤 관점에서 이해하느냐에 따라서 그 내용이 전혀 달리 해석될 수 있다. 자공子貢이 공자의 말에 대하여 자신의 생각을 논한 부분을 살펴보자.

> 자공이 말하였다. "선생님의 문장은 들을 수 있지만 선생님의 성性과 천도天道에 관한 말씀은 들을 수 없다."[123]

이 부분은 문장과 성性, 천도天道에 관한 말을 어떻게 이해하느냐에 따라서 달라진다. 현상의 측면에서 이해하면 문장과 성, 천도에 관한 말은 서로 다르다. 문장은 형이하의 사실을 나타내며, 성과 천도에 관한 말은 형이상의 도를 나타낸다. 따라서 이 부분은 공자가 일상에 관한 문장을 말하고, 성과 천도에 관한 말을 하지 않았음을 나타낸다.

그러나 본체의 관점에서 보면 나의 성품, 내 안의 참나와 천도가 둘이 아니다. 본체의 관점에서 보면 《논어》의 어떤 문장, 어떤 말을 막론하고 모두 성性과 천도天道에 관한 말이 아님이 없다. 따라서 위의 내용은 자공이 공자의 가르침을 형이하의 측면에서는 이해할 수 있지만 형이상의 측면에서는 이해할 수 없음을 나타낸다.[124] 그러면 도와 현상, 본체와 현상이 둘인가?

인도는 천도天道의 활용이다. 천도가 삶의 근본임을 자각하는 집중執中과 때와 장소에 따라서 다양하고 새롭게 실천하는 중용中庸이 천도의 활용인 인

---

122) 《중용장구》, 주희, "道也者 不可須臾離也 可離 非道也".
123) 《논어》公冶長, "子貢曰 夫子之文章 可得而聞也 夫子之言性與天道 不可得而聞也".
124) 《이탁오의 논어평》, 이탁오 지음 이영호 역주, 성균관대학교 출판부, 2009, 109.

도人道이다. 따라서 인도는 천지의 도를 작용의 관점에서 인간을 중심으로 나타낸 개념이라고 할 수 있다. 공자는 집중과 중용을 나를 중심으로 다음과 같이 말한다.

> 자로子路가 군자君子에 대하여 묻자 공자가 "자기를 닦되 경敬으로 한다."라고 하였다. 자로가 "이와 같을 뿐입니까?"라고 묻자 "자기를 닦아서 다른 사람을 편안하게 한다."고 말하였다. 다시 "이와 같을 뿐입니까?"라고 묻자 "자기를 닦아서 백성을 편안하게 하는 것이니 자기를 닦아서 백성을 편안하게 함은 요순堯舜도 오히려 부족하게 여겼다."[125]

공자는 나를 내적인 측면과 사람, 세계, 사물의 외적 측면으로 구분하여 자기를 주체적 관점에서 기己로 나타내고, 객체, 대상적 관점에서 인人으로 나타낸다. 그리고 삶을 자기의 내면을 향하는 내적 성찰인 수기修己와 자기의 외면을 향하는 확충인 안인安人, 안백성安百姓으로 나타낸다.

그가 군자의 삶을 기와 인의 내외적 구조를 통하여 나타낸 까닭은 삶을 자기로 주체화, 내면화하여 이해하고자 하였기 때문이다. 성품, 천도와 같은 형이상의 경계는 자기와 둘이 아니기 때문에 오로지 자기로 주체화, 내면화할 때 비로소 이해할 수 있다. 그러면 수기는 무엇인가?

인용문에서 수기의 방법을 경敬으로 제시하고 있다. 《주역》의 중지곤괘重地坤卦에서는 "경敬으로 안을 곧게 하고, 의義로 밖을 방정하게 한다."[126]라고 하였다. 이를 통하여 경敬이 내적 경계를 곧게 함임을 밝히고 있다. 그러면 안을 곧게 함은 무엇인가?

---

125) 《논어》憲問, "子路問君子 子曰脩己以敬 曰如斯而已乎? 曰脩己以安人 曰如斯而已乎 曰脩己以安百姓 脩己以安百姓 堯舜其猶病諸".

126) 《주역》重地坤卦 文言, "直其正也, 方其義也. 君子敬以直內, 義以方外. 敬義立而德不孤. 直方大, 不習无不利, 則不疑其所行也".

한국사상과 인간의 삶

안은 육신이 아닌 심성을 가리킨다. 그리고 경敬은 한결같음[127]을 뜻한다. 따라서 경으로 안을 곧게 함은 자기를 향하는 한결같은 내적 성찰, 내적 수렴을 뜻한다. 자기의 내적 성찰은 밖으로 드러나는 언행이 아니라 언행에 대한 사고를 대상으로 한다.

> 어진 행동을 보고 그와 같고자 생각하며, 어질지 못한 행동을 보고 안으로 스스로 반성反省한다.[128]

밖으로 다른 사람의 언행을 보고, 어진 언행을 그대로 실천하고자 생각하고, 어질지 못한 언행을 보고 이를 돌이켜서 자신의 언행을 살피는 것을 내성內省이라고 한다. 내성은 안팎에서 일어나는 모든 일들을 대상으로 시비, 선악을 기준으로 심판審判하지 않고, 안으로 돌이킴이다.

밖의 사물을 실체로 여기고 시비, 선악을 분별하여 바로잡는 것은 위인지학이다. 이와 달리 안팎을 둘로 나누고, 밖의 사물을 실체로 여기고, 시비, 선악을 논하는 주체에 대한 반성이 내성이다.

내성은 세상에 대한 관찰이 아니라 세상을 바라보는 주체인 나에 대한 성찰이다. 공자는 수기의 구체적인 방법을 극기복례위인克己復禮爲仁으로 제시한다.

> 안연顔淵이 인仁을 묻자 공자가 대답하였다. "자기를 이겨서 예禮로 돌아가서 인仁을 주체로 한다. 하루에 자기를 이겨서 예로 돌아가면 천하가 인仁으로 돌아간다. 인을 주체로 함이 자기로 말미암으니 남으로 말미암겠는가."[129]

---

127) 《朱子語類》卷第五, 性理二 6:34, "程子曰 主一之謂敬 一者之謂誠.".
128) 《논어》 이인里仁, "子曰 見賢思齊焉 見不賢而內自省也".
129) 《논어》 안연顔淵, "顔淵問仁 子曰克己復禮爲仁 一日克己復禮, 天下歸仁焉. 爲仁由己, 而由人乎哉 顔淵曰請問其目 子曰非禮勿視, 非禮勿聽, 非禮勿言, 非禮勿動 顔淵曰 回雖不敏, 請事斯語矣".

인용문에서 중요한 내용은 극기복례이다. 공자는 극기복례위인이 자기의 문제일 뿐으로 다른 사람으로부터 이루어질 수 없다고 말한다. 이는 극기복례위인이 자기 안에서 이루어지는 내적 성찰임을 뜻한다. 그러면 극기克己의 주체와 대상으로서의 기己는 무엇인가?

예와 인으로 나타내는 나는 지금 여기에서 드러나는 육신으로서의 나와는 다른 측면이다. 매 순간 다양하고 새롭게 드러나는 나는 육신이라는 표층의 나이며, 극기克己 이후에 드러나는 인과 예로 나타내는 자기는 심층의 나이다.

인과 예로 나타내는 심층의 나는 성품이라고 말한다. 그것은 "한번은 음으로 작용하고, 한번은 양으로 작용하는 본체를 도道라고 하며, 작용이 끊임없이 이어지는 특성을 선善이라고 말하고, 매 순간 드러난 사물의 측면에서 성품性稟이라고 말함"[130]을 뜻한다. 이처럼 도와 성품이 둘이 아니기 때문에 내 안의 나인 성품은 나의 성품인 동시에 다른 사람의 성품이고, 사물의 성품이다. 따라서 나의 성품은 온 우주의 모든 존재의 성품과 둘이 아니다.

나의 성품이 남의 성품과 둘이 아님은 나의 성품과 남의 성품을 구분할 수 없음을 뜻한다. 이처럼 성품이 그대로 도이기 때문에 하나라고 하거나 둘이라고 할 수 없음을 신[131]이라고 말한다. 따라서 신의 측면에서 보면 심층의 본성은 나 아닌 나이다.

본체인 도, 성품이 드러난 현상의 측면에서도 나와 사물은 둘이 아니다. 본체의 측면에서 내 안의 나 아닌 나, 성품을 무아無我[132]라고 말하고, 현상의 측면에서 온 우주의 모든 존재가 내가 아님이 없음을 나타내어 무아라고 말하며, 형이상과 형이하를 막론하고 어떤 것도 실체가 없음을 나타내어 무아라고 말한다. 그러면 무아와 자아自我는 어떤 관계인가?

130) 《주역》계사상繫辭上 5, "一陰一陽之謂道 繼之者善也 成之者性也 仁者見之謂之仁 知者見之謂之知 百姓日用而不知 故 君子之道鮮矣".
131) 《주역》계사상繫辭上 5, "陰陽不測之謂神".
132) 《논어》자한子罕, "子絶四, 毋意, 毋必, 毋固, 毋我".

한국사상과 인간의 삶

맹자는 나의 표층을 소체小體로 규정하고, 무아로 규정한 심층의 자기를 대체大體로 규정하였다. 그리고 사람은 대인과 소인이 없으며, 단지 스스로 대체를 따르는가 아니면 소체를 따르는가에 따라서 대인과 소인이 됨[133]을 밝히고 있다. 그러면 대체와 소체를 따름이 무엇인가?

자기의 대체, 소체와 다른 측면은 바로 마음이다. 이 마음에 의하여 심층의 자기를 따르기도 하고, 표층의 자기를 따르기도 한다. 바로 이 마음이 극기복례위인하는 주체이다. 따라서 마음으로 심층의 자기를 따름이 극기克己이다.

극기는 표층의 자기를 버리거나 심층의 나가 되는 것이 아니라 심층의 자기가 본래의 자기임을 확인함이다. 《논어》에서는 자기의 표층과 심층을 형이상과 형이하로 구분하여 형이상에 이르는 상달上達로 나타낸다.

극기복례위인은 표층의 형이하의 나로부터 출발하여 심층의 형이상의 성품, 천도에 도달함이다. 이때 형이상과 형이하는 고정된 경계가 아니다. 내 안의 심층의 자기를 확인하는 상달은 마음에서 일어나는 지적知的 과정이다. 공자는 상달을 학문學問을 중심으로 다음과 같이 논한다.

> 공자가 "나를 알아주는 이가 없구나."라고 말하자 자공子貢이 묻기를 "어찌하여 선생님을 알아주는 이가 없다고 말하십니까?"라고 하자 공자가 말하였다. "천天을 원망하지 않고, 인간을 탓하지 않으며, 아래로 배워서 위에 도달하니 나를 알아주는 존재는 천天이다."[134]

상달의 방법은 학문學問이다. 학문은 밖으로부터 지식을 수용하여(學) 그것

---

133) 《맹자》만장萬章, "公都子問曰 鈞是人也 或爲大人 或爲小人 何也. 孟子曰 從其大體爲大人 從其小體爲小人. 曰 鈞是人也, 或從其大體, 或從其小體, 何也 曰 耳目之官不思, 而蔽於物. 物交物. 則引之而已矣. 心之官則思, 思則得之, 不思則不得也. 此天之所與我者. 先立乎其大者, 則其小者不能奪也. 此爲大人而已矣.".

134) 《논어》헌문憲問, "子曰 莫我知也夫 子貢曰 何爲其莫知子也 子曰 不怨天, 不尤人, 下學而上達. 知我者 其天乎".

의 근원을 내 안에서 찾는 작업(問)이다. 이처럼 배우고 묻는 일은 모두 마음에 의하여 이루어진다. 그렇기 때문에 남으로부터 배우기만 하고 스스로 묻는 익힘의 과정이 없으면 자신의 것으로 체화體化됨이 없고, 그렇다고 하여 오로지 내면의 자신에게 묻는 사고만을 하고 배움이 없으면 위태롭다.[135]

학문은 마음에 의하여 이루어지는 사고를 중심으로 한다. 사람이 배불리 먹기만 하고 아무것도 하지 않으면 짐승과 다르지 않다. 그렇기 때문에 아무것도 할 일이 없으면 비록 장기나 바둑이라도 두어서 마음을 써야 한다.[136]

형이하의 자아, 물리적 생명과 형이상의 본성, 천도는 형이상과 형이하의 상하 관계와 같다. 그렇기 때문에 학문을 통하여 나의 내면에서 이루어지는 성찰은 형이하에서 형이하에 도달하는 상달上達이다.

그런데 천도와 성품이 둘이 아니다. 그러므로 학문을 통하여 성품에 도달하면 도와 둘이 아님을 안다. 공자는 그것을 나를 아는 존재는 오직 천天이라고 하였다. 이때의 천은 천도를 나타낸다. 그러므로 천도와 성품이 둘이 아니기에 천도가 드러난 현상인 천과 성품이 드러난 인간이 하나임을 나타내는 천인합일의 사건이 '천이 공자를 앎'이다.

공자는 천도와 성품이 둘이 아님을 자신과 천이 둘이 아님을 통하여 나타낸다. 그는 광匡이라는 지역에서 어려움을 당하였을 때 "천天이 장차 사문斯文을 버리지 않을 것이라면 광匡 지역의 사람들이 나를 어찌할 것인가"[137]라고 하여 자신과 천天이 둘이 아님을 밝히고 있다. 그러면 심층의 나를 나타내는 예인禮仁과 표층의 나는 어떤 관계인가?

공자는 극기복례克己復禮를 논한 후에 안연이 세목細目에 대하여 묻자 언행과 관련하여 다음과 같이 말한다.

---

135) 《논어》 為政, "子曰 學而不思則罔, 思而不學則殆".
136) 《논어》 양화陽貨, "子曰 飽食終日 無所用心 難矣哉 不有博奕者乎 爲之猶賢乎已".
137) 《논어》 자한子罕, "子畏於匡 曰文王旣沒, 文不在玆乎 天之將喪斯文也, 後死者不得與於斯文也, 天之未喪斯文也, 匡人其如予何".

한국사상과 인간의 삶

예가 아니면 봄이 없고, 예가 아니면 들음이 없으며, 예가 아니면 말함이 없고, 예가 아니면 움직임이 없다.[138]

인예의지仁禮義知의 사덕四德을 통하여 나타내는 내 안의 나 아닌 나는 매 순간 보고, 듣고, 말하고, 움직이는 다양하고 새로운 언행으로 나타난다. 그것은 본체인 내 안의 나 아닌 나인 본성, 성품이 시청언행의 현상으로 드러남을 뜻한다. 그러면 심층의 나 아닌 내가 어떻게 표층의 다양하고 새로운 나로 드러나는가?

둘이 아닌 본체가 다양한 현상으로 나타남은 작용에 의하여 이루어진다. 내 안의 나 아닌 나인 성품을 본체로 하여 표층의 다양한 언행으로 드러나는 생명현상은 마음의 작용이다. 이처럼 수기, 극기복례위인, 하학이상달을 말하고, 실천하는 주체는 마음이다.

공자가 나를 출발점으로 삼아서 수기修己와 안인安人, 안백성安百姓을 논하는 것과 달리 중국불교에서는 성性과 명命, 수기와 안인, 안백성을 지금 여기의 마음인 중생심衆生心, 일심一心을 바탕으로 성性과 상相, 이理와 사事, 진여문眞如門과 생멸문生滅門의 이문二門을 나누고, 체상용體相用의 삼대三大를 통하여 이해한다.

일심一心을 중심으로 중국불교의 특성을 잘 나타내고 있는 전적은 《대승기신론》이다. 《대승기신론》은 《주역》을 바탕으로 형성된 논맹사상論孟思想에 의하여 외래사상인 불교가 중국화한 중국불교의 특성을 잘 나타낸다.[139]

공자는 자기의 마음이 하고자 하는 것이 그대로 법도와 어긋남이 없는[140] 삶을 이상적인 삶으로 제시한다. 이는 마음을 바탕으로 이루어지는 실천을 통하

---

138) 《논어》안연顏淵, "顏淵曰 請問其目 子曰 非禮勿視, 非禮勿聽, 非禮勿言, 非禮勿動 顏淵曰 回雖不敏, 請事斯語矣".

139) 《大乘起信論》상하, 馬鳴 지음, 정성본 역주해설, 민족사, 2019, 2-18.

140) 《논어》爲政, "子曰 吾十有五而志于學, 三十而立, 四十而不惑, 五十而知天命, 六十而耳順, 七十而從心所欲, 不踰矩".

여 제시된 이상적인 삶이다. 그는 종일 배부를 뿐으로 마음을 쓰지 않으면 사람으로 살기가 어려우니 마음을 쓸 일이 없다면 장기와 바둑을 두는 것이 현명한 일[141]이라고 하여 용심用心을 강조한다. 왜냐하면 수기, 학문이 모두 용심을 통하여 이루어지기 때문이다.

> 배우고 생각하지 않으면 자신의 것으로 남은 것이 없고, 생각하기만 하고 배우지
> 않으면 위태롭다.[142]

공자는 배움과 더불어 배움의 내용을 익히는 생각함을 말한다. 그것은 학문學問의 문問이나 학습學習의 습習이 모두 자기를 중심으로 이루어지는 주체화, 내면화임을 뜻한다. 그러면 학문, 학습은 무엇인가?

학문은 단순하게 남으로부터 지식이나 정보를 습득하여 기억하거나 저장하는 일에 그치지 않고 내면화, 주체화하여 자신과 일체화하는 작업이다. 이처럼 자기와 대상으로 존재하는 지식, 정보를 주체화하여 자신과 일체화하였을 때 지식이 지혜라는 덕德으로 변화한다.

> 길에서 듣고 길에서 말하는 것은 덕德을 버리는 일이다.[143]

다른 사람으로부터 정보, 지식을 얻어서 저장하였다가 그것을 다른 사람에게 전달하는 일이 덕을 버리는 일이라는 것은 지식, 정보를 다시 주체화하여 심층의 나인 본성과 일체화시키는 작업을 통하여 덕으로 변화시켜야 함을 뜻한다. 그러면 수기 곧 극기복례위인과 학문은 어떤 관계인가?

학문學問의 학學과 극기복례위인의 극기는 동일한 내용이며, 문問과 복례위

---

141) 《논어》 陽貨, "子曰 飽食終日, 無所用心, 難矣哉 不有博奕者乎 爲之猶賢乎已".
142) 《논어》 爲政, "子曰 學而不思則罔, 思而不學則殆".
143) 《논어》 陽貨, "子曰 道聽而塗說, 德之棄也".

인 역시 동일한 내용이다. 지식, 정보를 자기와 둘인 상태에서 수용하여 심층의 나를 통하여 본래 둘이 아님을 확인하는 작업이 학문이다.

인人으로부터 지식, 정보를 수용하여 그것을 내면화, 주체화함으로써 기와 인 그리고 양자의 소통으로 드러나는 지식, 정보가 모두 본성, 심층의 나의 드러남임을 확인하는 작업이 학문이며, 극기복례위인이다. 그러면 학문, 극기복례위인과 삶은 어떤 관계인가?

학문과 극기복례위인 그리고 수기는 모두 자기의 삶을 여러 관점에서 나타낸 개념들이다. 공자는 박문약례博文約禮를 통하여 삶이 그대로 학문이자 수기임을 다음과 같이 밝히고 있다.

> 군자가 글에서 널리 배우고, 예禮로 묶으면 또한 어긋나지 않는다.[144]

위의 내용은 문文을 어떻게 이해하느냐에 따라서 달라진다. 문文은 집중, 수기의 방법을 나타내는 학문學問과 달리 배움의 대상, 내용을 나타낸다. 일반적으로는 이때의 문文을 인간을 중심으로 이해한다.[145]

만약 문文을 인간을 중심으로 글로만 이해하면 과학의 대상인 자연은 학문의 대상으로부터 배제된다. 문文은 그것을 드러내는 주체에 따라서 내용이 달라진다. 《주역》에서는 천성과 인성에 의하여 드러나는 천문과 인문을 구분하여 다음과 같이 나타낸다.

> 비형賁亨은 유柔가 와서 강剛을 꾸며 주기 때문에 형통하다. 강剛을 나누어서 위로부터 유柔를 꾸며 주기 때문에 갈 바를 둠이 약간 이로우니 천문天文이며, 문명文明으로 그치니 인문人文이다. 천문天文을 보아 때의 변화를 살피고, 인문人文을 보

---

144) 《논어》雍也, "子曰 君子博學於文, 約之以禮, 亦可以弗畔矣夫".
145) 《논어고금주》, 정약용 저 이지형 역주, 사암, 2010, 106쪽. "形日 文先王之遺文".

아 천하를 화성한다.[146)

산화비괘는 상괘가 간괘艮卦이며, 하괘는 이괘離卦이다. 효사의 측면에서는
이괘로부터 간괘로 변화한다. 유가 강을 꾸밈은 내괘에서 외괘로의 변화를 나
타내고, 강이 유를 꾸밈은 상괘로부터 하괘로의 변화를 나타낸다.

상괘인 간괘가 하괘인 이괘로 드러나는 천문天文은 시간성時間性을 근원으
로 드러난 사건事件을 나타내고, 내괘인 이괘를 바탕으로 외괘인 간괘로 드러
나는 인문人文은 인성人性을 근원으로 드러난 인사人事이다.

그리고 지문地文은 공간성空間性을 근원으로 드러난 물건物件이라고 할 수
있다. 따라서 문文을 지문地文의 측면에서 이해하면 격물치지格物致知로 이
해[147)할 수 있다. 그러면 우리는 문을 어떻게 이해할 것인가?

형이하의 기器의 측면에서 보면 천문과 지문 그리고 인문이 구분되지만 형이
상의 도의 측면에서 보면 둘이 아니다. 따라서 문은 천문과 지문 그리고 인문이
둘이 아닌 세계를 나타낸다. 그러면 박문약례는 어떻게 이해할 수 있는가?

우리가 문文을 삶 가운데서 만나는 모든 사물 곧 만물로 이해하면 박문博文
은 인간의 삶의 과정에서 만나는 모든 일들을 시비, 선악의 분별이 없이 그대
로 수용함을 뜻한다. 그러면 약례約禮는 무엇인가?

만약 박문약례博文約禮의 예禮를 형이하의 차원에서 문물제도를 중심으로
이해하는 데 그치면《논어》의 수기, 학문은 의식의 분별작용에 의하여 이루어
지는 허구적 작업이라는 한계를 벗어날 수 없다.

도가道家, 불가佛家에서 유학을 일종의 처세술일 뿐으로 형이상의 경계가
없기 때문에 철학이라고 할 수 없다거나 제6식의 차원을 벗어나지 못하였다

---

146)《주역》산화비괘 단사, "賁亨 柔來而文剛故亨 分剛上而文柔 故小利有攸往 天文也 文明以止 人文也.
　　觀乎天文, 以察時變, 觀乎人文, 以化成天下".
147)《論語集註》顏淵, "侯氏曰博我以文致知格物也約我以禮克己復禮".

　　　　　　　　　　　　　　　　　　　　　　한국사상과 인간의 삶

는 비판[148]을 하는 것도 형이하의 차원에서 이해하기 때문이다.

약례約禮의 예禮는 심층의 나, 내 안의 나인 성품을 나타내는 사덕四德의 예禮이다. 그리고 약約은 주체화, 내면화의 의미이다. 따라서 약례約禮는 심층의 나, 내 안의 나와 일체화시킴을 뜻한다. 이처럼 내 안의 나와 내외에서 만나는 사물을 일체화시킴은 내 안의 나를 본체로 하여 표층의 나와 밖의 남 그리고 양자를 통하여 소통되는 지식, 정보가 이루어짐을 파악함을 뜻한다. 그러면 약례는 어떻게 이루어지는가?

박문약례博文約禮는 시공의 한계에 갇혀 있는 육신을 자신으로 여기는 마음을 바꾸어서 내 안의 나 아닌 나, 본성이 본래면목임을 확인함이다. 내 안의 나 아닌 나는 자아가 아니기 때문에 무아이면서 동시에 무아와 자아를 넘어선 측면에서는 참나이다. 이때 무아無我와 자아自我, 진아眞我와 가아假我 모두 상대적인 개념일 뿐으로 실체實體가 아니다. 만약 참나, 무아의 어느 개념이 정법正法인가를 논한다면 그것은 또 하나의 의식에 의한 분별分別이다.

심층의 나와 표층의 나, 나와 남, 나와 사물이 둘이 아님을 확인하는 박문약례는 육신을 자신으로 여기는 분별심을 놓아 버리는 방하착放下着인 동시에 본성, 천도가 도심道心, 정심正心, 본심本心으로 작용함을 확인하는 과정이다. 그러면 수기는 무엇인가?

수기는 단순하게 나의 내면의 심층인 내 안의 나, 참나를 찾는 것이 아니다. 참나는 찾지 않으면 사라지거나 없었다가 찾는 순간에 나타나지 않는다. 그리고 수기 자체도 바로 참나의 작용이다. 그러면 본래 있는 참나를 찾는 것은 무의미한가?

참나를 찾는 수기는 단순한 찾음이 아니라 현상의 삶에서 만나는 사물에 대한 분별로 인하여 발생하는 모든 문제들을 해소하는 과정이다. 공자는 사람이 삶을 살면서 만나는 문제에 대하여 그 답을 찾는 과정을 수기로 이해한다.

---

148) 〈관노장영향론觀老莊影響論〉,《감산노인몽유집憨山老人夢游集》下, 감산憨山, 北京圖書館出版社, 2005, 329-342.

어찌할 것인가 어찌할 것인가라고 말하지 않으면 나도 어찌할 수 없을 뿐이다.[149]

우리는 삶 가운데서 매 순간 다양한 사물을 만난다. 그리고 무심하게 만났다가 헤어지기보다는 사물에 집착하여 수많은 분별을 일으키고, 그것을 뇌에 저장하여 다시 사물을 만날 때 분별하는 도구로 활용한다.

지식을 저장하는 과정에서 시비, 선악, 미추를 분별하고, 자신에게 이익과 손해를 끼쳤는지를 헤아린다. 그리고 분별의 결과에 대하여 좋아함과 싫어함, 원망, 미움, 감사함과 같은 다양한 감정들을 결합한다. 그 결과 소유하거나 배제하려는 욕망을 갖게 되어 심적인 갈등을 일으킨다. 따라서 지식, 정보를 그대로 뇌에 저장하지 말고 근원인 내 안의 나 아닌 나로 돌려서 무화無化하는 과정을 거쳐야 한다.

무화는 갈등의 원인을 제거하는 측면 곧 다음 사건을 일으키는 원인을 제거하는 측면에서 본래의 자리에 돌리는 일을 나타내지만 새로운 창조를 위한 준비인 동시에 하나의 사물과의 만남이 완성되는 점에서는 진화라고 말할 수 있다.

무화는 남과 구분되고, 사물과 구분되는 실체적 존재로서의 나를 해체하는 과정을 중심으로 수기를 나타낸 개념이다. 표층의 나인 실체적 자아를 해체하였을 때 비로소 드러나지 않았던 내 안의 내가 드러난다. 공자는 안연을 통하여 내 안의 내가 드러났을 때를 공空을 통하여 밝히고 있는데 그 내용은 다음과 같다.

공자가 말하였다. 회回는 거의 가까웠다. 자주 공空하였다.[150]

안연은 공자가 제자 가운데서 유일하게 학문을 잘하는 제자로 인정한 사람

---

149) 《논어》 위령공衛靈公, "子曰 不曰如之何 如之何者 吾末如之何也已矣".
150) 《논어》 선진先進, "子曰 回也其庶乎 屢空".

이다. 그가 가까웠다는 것은 학문을 잘하고 있음을 뜻한다. 그리고 그가 호학好學을 한다고 말한 근거로 제시한 것이 공호하다는 말이다. 그러면 공함은 무엇을 의미하는가?

공은 무아無我의 상태 곧 내 안의 참나가 주체가 되어 이루어지는 마음인 무심無心을 뜻한다. 무심하게 사는 사람은 삶의 과정에서 만나는 사물에 대하여 일어나는 분별에 집착하지 않는다.

안회顏回는 학문을 좋아하여 분노를 옮기지 않았고, 허물을 반복하지 않는다.[151]

안회는 삶의 과정에서 어떤 사물과 만나더라도 마음에 집착이 일어나면 반드시 알았으며, 한번 일어났던 허물을 다시 반복하지 않았다. 그것은 안회가 자신을 돌아보아 "불선不善함이 있으면 알지 않음이 없었고, 알고 나서는 반복하지 않았음"[152]을 뜻한다. 그러면 이것이 무엇을 의미하는가?

안회는 매 순간 만나는 사물에 대하여 일어나는 마음을 지켜보면서 사물에 마음이 끌려가지 않고, 내 안의 참나인 본성에 맡기면서 살았다. 이처럼 안회의 마음은 항상 인仁이라는 사덕四德으로 나타내는 내 안의 참나가 주체이다.[153] 공자는 제자들에게 인을 중심으로 다음과 같이 수기를 밝힌다.

군자가 인仁을 버리고 어찌 이름을 이루겠는가. 군자는 음식을 먹는 순간에도 인仁을 어김이 없으며, 머물거나 움직임에도 반드시 인仁으로 말미암고, 뒤로 넘어지거나 앞으로 자빠지는 위급한 순간에도 반드시 인仁으로 말미암는다.[154]

---

151) 《논어》옹야雍也, "哀公問 弟子孰爲好學 孔子對曰 有顏回者好學 不遷怒 不貳過 不幸短命死矣 今也則亡 未聞好學者也".

152) 《주역》계사하繫辭下 제오장, "子曰 顏氏之子 其殆庶幾乎 有不善 未嘗不知 知之未嘗復行也 易曰 不遠復 无祇悔 元吉".

153) 《논어》옹야雍也, "子曰 回也 其心三月不違仁 其餘則日月至焉而已矣".

154) 《논어》이인里仁, "君子去仁 惡乎成名 君子無終食之間違仁 造次必於是 顚沛必於是".

소인이 물리적 생명을 중시하여 육신을 자신으로 여기고 살아가는 것과 달리 군자는 내 안의 나인 본성을 주체로 살아간다. 군자를 군자로 부를 수 있는 것은 바로 그가 인이라는 내 안의 참나를 주체로 살아가는 존재이기 때문이다. 소인이 물리적 생명에 대한 이로움을 기준으로 삶을 사는 것과 달리 군자는 매 순간을 오로지 내 안의 참나를 주체로 살아간다. 그러면 공자 자신은 어떤가?

공자는 자신의 일생을 들어서 수기를 논하고 있다. 그는 인생의 말년에 비로소 매 순간 마음을 일으켜서 삶을 살아가도 그대로 도와 어긋나지 않았다고 하였다.

> 칠십七十에 일어나는 마음을 따라서 살아도 법도에 어긋남이 없다.[155]

그가 73세에 삶을 마감한 사실을 돌이켜 보면 죽음에 이르기까지 평생을 수기하였음을 알 수 있다. 그는 삶을 하나의 수기의 과정으로 나타내어 다음과 같이 나타내고 있다.

> 내가 십十하고 오五에 학문에 뜻을 세웠으며, 삼십三十에 서고, 사십四十에 불혹하였으며, 오십五十에 천명을 자각하였고, 육십六十에 이순하였으며, 칠십七十에 마음이 하고자 바를 따라도 법도에 어긋남이 없다.[156]

학문의 뜻을 세움을 나타내는 십오와 천명을 자각한 오십은 모두 오와 십으로 구성된다. 오는 내 안의 참나, 본성, 성품을 상징하는 수이며, 십은 천지, 우주의 근원, 본질을 상징하는 수이다. 따라서 학문을 세우고 학문의 성과가 드

---

155) 《논어》 위정爲政, "七十而從心所欲 不踰矩".
156) 《논어》 위정爲政, "子曰 吾十有五而志于學, 三十而立, 四十而不惑, 五十而知天命, 六十而耳順, 七十而從心所欲, 不踰矩".

러나는 시종이 모두 내 안의 나를 통하여 이루어짐을 알 수 있다.

내 안의 참나가 천지의 근원과 둘이 아님을 아는 것이 오십에 천명을 자각함이다. 천명은 천의 생명현상으로 드러나는 근원인 천도를 나와 둘이 아닌 상태에서 나타낸 개념이다. 수기의 시작에서는 오와 십이 둘로 느껴지지만 수기가 이루어지면 내 안의 참나와 천지의 본성, 근원이 둘이 아님을 자각하게 된다.

삼십과 사십은 지천명으로 가는 과정을 나타낸다. 삼십은 과거와 미래, 현재라는 물리적 시간을 일관하는 근원이 바로 십이 상징하는 천지의 근원, 본성인 도임을 상징하고, 사십은 상하사방이라는 물리적 공간을 일관하는 근원이 바로 십이 상징하는 천지의 근원, 본성인 도임을 나타낸다. 그러면 육십은 무엇인가?

오십을 바탕으로 이루어지는 군자의 삶을 나타낸다. 십오, 삼십, 사십, 오십에 이르기까지는 내 안의 참나인 성품과 천지의 성품을 둘로 알았지만 오십에서는 비로소 나와 둘이 아님을 자각한다.

오가 상징하는 내 안의 참나를 주체로 하여 십이 상징하는 천지의 본성과 하나가 되어 살아가는 삶을 나타내는 수는 육십이다. 육은 삼세를 순과 역의 두 방향에서 나타낸 수이다. 그러므로 순역의 두 방향에서 과거에서 미래를 향하는 흐르는 시간과 미래에서 과거를 향하여 흐르는 형이상적 시간성이 둘이 아닌 삶을 살아감을 나타내는 수가 육십이다.

공자는 육십을 철저하게 나 곧 군자를 중심으로 나타내어 귀에 들리는 모든 소리가 마음에 거슬림이 없다고 하였다. 그것은 어떤 소리를 듣더라도 마음이 걸림이 없음을 뜻한다. 그러면 마지막 부분은 어떤 의미인가?

칠십의 칠은 삼三이 상징하는 시간의 삼세三世와 사四가 상징하는 공간이 하나가 된 경계를 나타낸다. 그리고 십은 천지, 시공의 본성을 상징하는 수이다. 따라서 칠십은 오십에서 시작된 내 안의 참나를 주체로 살아가는 삶이 그대로 천지와 하나가 되어 살아가는 삶임을 뜻한다.

《주역》에서는 형이상적 생명인 성품, 내 안의 나와 물리적 생명인 명이 하나가 되는 성명합일을 제시하였다. 그리고 물리적 생명과 형이상적 본성이 둘이 아닌 성명합일의 경계에서 비로소 나와 천지, 만물과 둘이 아닌 천인합일을 논하고 있다. 그러면 성명합일을 통하여 천인합일을 이룬 상태는 무엇인가?

우리는 앞에서 공자가 칠십이라는 수를 통하여 천인합일의 경계를 나타내었음을 살펴보았다. 이처럼 천도와 나의 심층인 내 안의 나, 성품이 둘이 아님을 자각함을 집중執中이라고 말한다.[157]

집중의 중은 내 안의 나인 본성을 나타낸다. 따라서 집중은 내 안의 참나를 주체로 함을 뜻한다. 이때 내 안의 나인 성품을 중으로 규정한 까닭은 형이상과 형이하, 유有와 무無의 어느 일면에 치우침이 없음을 나타내기 위함이다. 그러면 중이라는 실체가 있고, 집중이라는 실체적 사건이 있는가?

내 안의 나, 참나, 본성을 언급하는 출발점은 육신으로서의 나, 의식으로서의 나이다. 표면의 육신을 자아로 나타내어 이와 상대적인 내 안을 나를 말하고, 참나를 말하며, 본성을 말하고, 무아를 말하며, 대아를 말할 뿐이다.

그리고 대아와 자아, 무아와 자아가 둘이 아님을 나타내기 위하여 중中을 말하고, 중도中道를 말한다. 따라서 수기의 내용은 한마디로 집중이라고 할 수 있다. 그러면 앞에서 살펴보았던 태자의 호랑이에 대한 몸 보시를 어떻게 이해할 것인가?

나를 중심으로 태자의 호랑이를 향하는 몸 보시는 내 안의 나 아닌 나, 본성의 측면에서는 호랑이와 태자가 그대로 나와 둘이 아니다. 그것은 형이상의 차원에서 태자의 호랑이에 대한 몸 보시와 이 사건을 듣는 지금 여기의 내가 둘이 아님을 뜻한다. 그러면 이 사건은 나의 측면에서 무엇을 의미하는가?

---

157) 《논어》, 堯曰, "堯曰 咨爾舜 天之曆數在爾躬 允執其中. 四海困窮, 天祿永終 舜亦以命禹".

태자의 호랑이에 대한 육신의 보시는 삶의 과정에서 매 순간 안팎의 사물을 만나면서 일어나는 분별심을 돌려서 내 안의 나 아닌 나에게 맡김을 뜻한다. 따라서 이 사건은 극기복례위인, 박문약례, 하학이상달에 의하여 이루어지는 수기를 상징적으로 나타낸다.

3. 내 안의 나 아닌 나의 대상화와 외적外的 확충擴充

우리는 앞에서 표층의 나를 벗어났을 때 드러나는 내 안의 나 아닌 나는 시공을 초월한 성품, 본성임을 살펴보았다. 그리고 성품과 천지의 본성, 본질이 둘이 아님을 자각하는 성명합일이 집중이며, 그것이 수기의 내용임을 살펴보았다. 그러면 성품과 천지의 본성인 도라는 실체적 존재가 있는가?

표층의 자아와 심층의 무아는 둘이 아니다. 《주역》에서는 기器를 중심으로 도를 천도와 지도, 인도로 구분[158]하면서도 역도易道,[159] 변화變化의 도道[160]라고 하여 성품과 중도가 고정된 실체가 아님을 밝히고 있다. 그러면 천인합일을 이룬 집중은 어떻게 변화하는가?

집중은 매 순간 시공에서 다양하고 새롭게 드러난다. 이처럼 천지의 도가 내 안의 나를 매개로 하여 시공에서 다양하고 새롭게 드러남을 중용中庸이라고 말한다.

집중은 현상에서 본체를 향하는 역방향에서 천지와 나의 관계를 나타내며, 중용은 본체에서 현상을 향하는 순방향에서 천지와 나의 관계를 나타낸다. 그러면 집중과 중용은 나와 어떤 관계인가?

천지의 본성인 도를 나의 문제로 주체화, 내면화하여 나타낸 개념이 집중이며, 천지의 본성인 도를 나를 중심으로 대상화, 객체화하여 나타낸 개념이 중용이다. 집중의 측면에서는 나와 세계의 본성이 둘이 아니고, 나와 천지를 구분하지 않는 무분별을 강조하지만 중용의 측면에서는 나와 천지의 둘이 하나

---

158) 《주역》 계사하繫辭下 10, "易之爲書也, 廣大悉備, 有天道焉, 有地道焉, 有人道焉. 兼三材而兩之, 故六, 六者非他也 三才之道也".
159) 《주역》 계사하繫辭下 11, "易之興也, 其當殷之末世, 周之盛德邪 當文王與紂之事邪 是故 其辭危. 危者使平, 易者使傾, 其道甚大, 百物不廢. 懼以終始, 其要无咎, 此之謂易之道也".
160) 《주역》 계사상繫辭上 9, "子曰 知變化之道者, 其知神之所爲乎".

가 아니고, 나와 천지를 구분하여 나타내는 분별을 강조한다.

중용은 내면의 참나, 나 아닌 나의 확충이자 대상화, 객체화이며, 심층의 나를 시공에서 다양하고 새롭게 드러내는 실천이다. 공자는 "중용의 덕德이 됨이 지극하다. 백성들이 아름답게 여김이 오래되었다."[161]라고 하였다.

현상의 측면에서 중용은 지혜와 자비의 작용이다. 공자는 중용이 지혜로 드러남을 다음과 같이 밝히고 있다.

> 공자가 말하였다. "나에게 앎이 있는가? 앎이 없다. 비루한 사람이 나에게 물어오
> 면 비고 빈듯하여 나는 그 양단을 살펴서 다 드러낸다."[162]

무지無知는 앎이 없음이 아니라 앎과 모름을 넘어선 앎이다. 그것은 알아도 안다는 생각이 없음을 뜻한다. 남과 구분된 나, 동물, 식물과 다른 사람으로서의 나, 생명이 없는 무생물과 다른 생물인 나, 고정되어 변화가 없는 자아自我는 앎을 소유하려는 욕심을 갖는다. 무지는 내가 있고, 나의 삶이 있다는 실체적 사고를 벗어나 무아無我일 때 비로소 가능하다.

무지, 무아의 상태에서는 상대방의 질문 역시 분별分別하여 받아들이지 않는다. 내 안의 나 아닌 나는 어떤 사람의 어떤 질문이라도 무심無心하게 대한다. 그것을 비고 빈듯하여 마음에 아무런 분별이 없다고 하였다. 그러면 대답은 어떻게 하는가?

형이상과 형이하의 두 차원을 바탕으로 부족한 부분을 드러내고, 넘치는 부분을 덜어 내어 다 드러나게 한다. 이처럼 무아, 무지의 상태에서 상대방에 따라서 다양하게 드러냄은 오로지 상대방과 나를 둘로 보지 않는 상태에서 상대방을 또 다른 나로 대함이다.

무아, 무지의 상태에서 이루어지는 상대방을 또 다른 나로 대함은 자기를

---

161) 《논어》옹아雍也, "子曰 中庸之爲德也, 其至矣乎! 民鮮久矣".
162) 《논어》자한子罕, "子曰 吾有知乎哉 無知也. 有鄙夫問於我, 空空如也. 我叩其兩端而竭焉".

다양하고 새롭게 드러내는 확충이다. 《중용》에서는 희노애락의 감정을 통하여 중용을 다음과 같이 논하고 있다.

희로애락의 감정이 드러나기 이전을 중中이라고 하고, 드러나서 절도에 맞음을 화和라고 한다. 중中은 천하의 대본大本이며, 화和는 천하의 달도達道이다. 중화中和를 이루면 천지가 자리를 잡고, 만물이 길러진다.[163]

치중화致中和는 집중과 중용을 함께 논한 개념이다. 희로애락의 감정을 지혜롭게 사용하면 천지가 천지로 존재하고, 만물이 만물로 존재한다. 그것은 무아, 무지의 상태에서 이루어지는 지혜에 의하여 천지와 만물을 구분하여 개념으로 나타내고, 나와 다른 천지와 만물로 대함으로써 천지와 만물이 존재함을 뜻한다. 따라서 천지와 만물은 방편상 나타낸 개념으로 존재할 뿐으로 실체가 아니다. 그러면 천지와 만물은 단순하게 하나의 개념일 뿐인가?

비록 천지와 만물은 개념을 통하여 드러날 뿐으로 실체가 없지만 그렇다고 하여 허무는 아니어서 실답다. 왜냐하면 중화를 이룸은 단순한 물리적 생명현상이 아니라 내 안의 나 아닌 나인 지혜의 작용이기 때문이다. 지혜는 매 순간 새롭게 드러난다. 그렇기 때문에 천지와 만물도 고정된 실체가 아니라 때와 장소에 따라서 다양하게 드러난다.

비록 천지와 만물을 하나의 이름으로 나타내지만 천지와 만물이 고정되지 않아서 끊임없이 변화한다. 그것은 중화를 이루는 지금 여기의 내가 비록 매 순간 고정하여 이름으로 나타내지만 이름에 얽매이지 않음을 뜻한다. 그러면 치중화가 지혜의 작용일 뿐인가?

중화中和를 이룬 희노애락喜怒哀樂은 다른 사람을 위한 무한한 사랑, 조건이 없는 사랑인 인仁의 표현이다. 공자는 "인인仁人이라야 능히 사람을 좋아하고,

---

163) 주희, 《중용장구》 경일장, "喜怒哀樂之未發 謂之中 發而皆中節 謂之和 中也者 天下之大本也 和也者 天下之達 道也 致中和 天地位焉 萬物育焉".

미워할 수 있다."[164]라고 하여 중화中和를 이룬 언행이 그대로 자기의 성품, 본성이 드러난 지혜와 자비, 인仁임을 밝히고 있다.

중화를 이룬 언행으로 드러나는 지혜와 인仁은 현상의 측면에서는 사람으로 살아감, 사람으로 드러남인 안인安人이며, 국가사회의 구성원인 백성, 국민으로 살아감, 백성, 국민으로 드러남인 안백성安百姓이다.

수기修己를 통하여 드러난 내 안의 나 아닌 내가 다양하고 새롭게 드러남의 측면에서 안인, 안백성은 사람으로 안주함, 백성으로 안주함이다.

대승불교에서는 사상四相이 없는 보살과 사상을 가진 중생[165]을 구분한다. 아상我相, 인상人相, 중생상衆生相, 수자상壽者相은 여러 가지 의미로 이해된다.[166]

남과 구분되고, 사물과 구분되는 내가 있다는 생각이 아상我相이며, 인상人相은 남과 구분되는 내가 인간이라는 생각이고, 중생상衆生相은 인간인 나는 생명을 가진 존재라는 생각이며, 수자상壽者相은 생명을 가진 인간으로서의 내가 고정된 불변의 존재라는 생각이다. 그러면 중생의 사상四相과 부처의 사지四智가 둘인가?

만약 순방향에서 본체를 주체로 현상을 향하여 이루어지는 작용을 나타내면 사지四智이다. 이와 달리 본체를 향하는 역방향에서 현상을 나타내면 사상四相이다. 따라서 사상四相과 사지四智를 하나라고 하거나 둘이라고 할 수 없다.

다만 지금 여기의 내가 어떻게 사느냐에 따라서 사상이 나타나고, 사지가 나타난다. 사상이 있으면 중생이고, 사상이 없으면 부처이며, 깨닫지 못하면 부처가 중생이고, 깨달으면 중생이 부처인 것[167]은 모두 사람의 삶이 중요함을 나타낸다.

---

164) 《논어》里仁, "子曰 唯仁者能好人, 能惡人".
165) 《금강반야바라밀경》1권(ABC, K0013 v5, p.979b04-b05), "須菩提 若菩薩有我相人相衆生相壽者相 卽非菩薩".
166) 《금강경오가해설의》상권, "衆生佛性 本無有異 緣有四相 不入無餘涅槃 有四相卽是衆生 無四相卽是佛".
167) 《금강경오가해설의》상권, "迷卽佛是衆生 悟卽衆生是佛".

안인, 안백성은 중용을 통하여 내 안의 나 아닌 나의 드러남이다. 안인, 안백성은 인상人相, 중생상衆生相을 나타내는 것이 아니라 매 순간 삶으로 드러나는 내 안의 나 아닌 나를 개체적 관점과 사회적 관점에서 나타낸다.

안인, 안백성은 내 안의 나 아닌 나인 성품이 매 순간 인연에 따라서 나타나는 사건을 대상화, 고정화하여 나타내는 개념이다. 공자는 때에 따라서 새롭게 드러나는 자기의 다양한 현현顯現을 다음과 같이 밝히고 있다.

> 말을 해야 할 때 말을 하지 않으면 사람을 잃고, 말을 하지 말아야 할 때 말을 하면 말을 잃는다. 지혜로운 사람은 사람도 잃지 않고, 말도 잃지 않는다.[168]

지혜로운 사람은 군자를 가리킨다. 수기를 통하여 집중한 군자는 중용의 삶을 산다. 그는 말을 해야 할 때 말을 하고, 말을 하지 말아야 할 때 말을 하지 않아서 말의 가치가 드러날 뿐만 아니라 다른 사람을 이롭게 한다. 따라서 위의 내용은 군자의 삶이 때에 맞게 자신을 드러내는 시중時中임을 나타낸다.

시중時中은 중용을 시간을 중심으로 나타낸 개념이다. 중용은 내 안의 내가 때에 따라서 새롭고 다양하게 드러남이다. 내안의 나 아닌 내가 때에 따라서 다양하고 새롭게 드러나는 시중時中의 측면에서 보면 부귀富貴와 빈천貧賤 역시 소유하거나 버려야 할 고정된 물건적 존재가 아니라 때에 따라서 하나가 되거나 둘이 되어야 할 사건일 뿐이다.

> 공자가 말하였다. "부귀富貴는 사람들이 원하는 것이지만 도道로 얻지 않으면 처하지 않는다. 빈천貧賤은 사람들이 싫어하는 것이지만 그 도로 얻지 않는 것은 버리지 않는다."[169]

---

168) 《논어》衛靈公, "子曰 可與言而不與言失人, 不可與言而與之言失言. 知者不失人, 亦不失言".
169) 《논어》里仁, "子曰 富與貴, 是人之所欲也, 不以其道得之, 不處也. 貧與賤, 是人之所惡也, 不以其道得之, 不去也. 君子去仁, 惡乎成名? 君子無終食之間違仁, 造次必於是, 顚沛必於是".

한국사상과 인간의 삶

사람들이 부귀를 취하고 빈천을 버림에도 불구하고 군자는 도가 아니면 부귀를 취하지 않고, 도가 아니면 빈천을 버리지 않는 까닭은 나와 남을 둘로 보지 않기 때문이다.

자신이 빈천貧賤에 처하면서도 버리지 않음은 자신이 남으로부터 원하지 않는 일을 남에게 베풀지 않는 마음의 표현[170]이며, 자신이 부귀富貴에 처하여도 도가 아니면 취하지 않음은 자신이 서고 싶으면 남으로 하여금 서게 하는 마음[171]의 표현이다.

모든 사람들이 원하는 부귀富貴를 버리고, 모든 사람이 싫어하는 빈천貧賤에 처하는 것은 조건이 없는 자비를 나타내는 인仁이다. 인仁은 지혜智慧를 바탕으로 이루어지는 행위의 주체이다. 그렇기 때문에 시중은 인仁을 주체로 이루어지는 작용이다. 공자는 인仁을 주체로 하는 군자의 삶을 다음과 같이 밝히고 있다.

> 군자가 인仁을 버리고 어찌 이름을 이루겠는가! 군자는 음식을 먹는 순간에도 인을 어김이 없으며, 머물고 나아감에 반드시 이로 말미암으며, 넘어지고 자빠지는 위급한 순간에도 반드시 이것으로 말미암는다.[172]

때와 장소에 따라서 안팎에서 어떤 사물을 만나더라도 항상 주체로 해야 할 것이 바로 인仁이다. 이는 군자의 일상의 삶이 내 안의 나 아닌 내가 매 순간 새롭게 드러남을 인예의지仁禮義知의 사덕을 통하여 나타낸 부분이다. 그러면 사건의 측면에서 중용이 시중時中이라면 물건적 측면에서 중용을 어떻게 이루어지는가?

---

170) 《논어》顏淵, "仲弓問仁. 子曰, "出門如見大賓, 使民如承大祭. 己所不欲, 勿施於人. 在邦無怨, 在家無怨." 仲弓曰, "雍雖不敏, 請事斯語矣".
171) 《논어》雍也, "夫仁者, 己欲立而立人, 己欲達而達人. 能近取譬, 可謂仁之方也已".
172) 《논어》里仁, "子曰 富與貴, 是人之所欲也, 不以其道得之, 不處也. 貧與賤, 是人之所惡也, 不以其道得之, 不去也. 君子去仁, 惡乎成名 君子無終食之間違仁, 造次必於是, 顚沛必於是".

물건적 측면에서 안인, 안백성은 각각 때에 따라서 사람으로 안주함, 때에 따라서 백성으로 안주함이다. 그것은 사람을 중심으로 개체적 사람을 만났을 때는 사람으로 자신으로 드러내고, 국가의 구성원인 백성을 만날 때는 백성으로 안주함, 백성으로 자신을 드러냄을 뜻한다. 그러면 안인, 안백성은 어떻게 이루어지는가?

공자는 정명正名을 통하여 안인이 물건화, 대상화임을 다음과 같이 밝히고 있다.

> 제齊나라의 경공景公이 공자孔子에게 정치에 대하여 묻자 공자가 대답하여 말하였다. "임금이라는 이름을 붙여 주고, 임금으로 대하며, 신하라는 이름을 붙여 주고 신하로 대하고, 부모라고 이름을 붙여 주고 부모로 대하며, 자식이라는 이름을 붙여 주고 자식으로 대한다."[173]

사람은 본래 실체적 존재가 아니기 때문에 군신君臣과 부자父子로 분별하여 고정시킬 수 없다. 나 아닌 나인 본성의 차원에서는 사람이나 동물, 무생물이 둘이 아니다.

다만 시간과 공간에 따라서 무생물인 사물을 만나면 사물과 하나가 되어 사물로 나를 드러내고, 생물인 동물이나 식물을 만나면 동물, 식물과 하나가 되어 동물, 식물로 나를 드러내며, 사람을 만나면 사람과 하나가 되어 사람으로 드러낸다.

그리고 모두의 삶의 이로움을 위하여 방편상 자기를 실체화하고, 사물을 실체화하며, 세계를 실체화하여 이름으로 나타낸다. 이처럼 주체적 존재인 기를 대상화, 객관화하여 인人으로 나타냄이 중용의 내용인 정명正名이다.

정명은 국가의 측면에서는 임금과 신하를 구분하여 임금이라는 이름을 붙

---

173) 《논어》顏淵, "齊景公問政於孔子. 孔子對曰 君君臣臣, 父父子子. 公曰, 善哉 信如君不君, 臣不臣, 父不父, 子不子, 雖有粟, 吾得而食諸".

여서 신하와 구분하고, 신하라는 이름을 지어서 임금과 구분하여 임금을 임금으로 대함으로써 신하가 신하로 존재하게 되고, 신하를 신하로 대함으로써 임금이 임금으로 존재하게 함이다.

가정의 측면에서 정명은 자녀와 부모를 구분하여 부모라는 이름을 짓고, 자녀를 자녀로 대함으로써 비로소 부모가 부모로 존재하게 되고, 부모를 부모로 대함으로써 비로소 자녀가 자녀로써 존재하게 됨을 뜻한다.

실체적 존재가 아닌 기己와 인人을 분별하여 언어를 도구로 나타내듯이 임금과 신하, 부모와 자녀는 실체적 존재를 가리키는 개념이 아니다. 임금이 없는 신하, 신하가 없는 임금은 존재할 수 없으며, 부모가 없는 자녀, 자녀가 없는 부모는 존재할 수 없다. 따라서 임금과 신하, 부모와 자녀는 둘이 아니면서도 하나도 아니다. 그러면 삶은 어떤가?

현상의 측면에서 삶은 매 순간에 이루어지는 사건의 연속이다. 그것을 물건적 관점에서 이해하면 임금이라는 이름으로 불리는 사람은 임금의 역할을 하고, 신하라는 이름으로 불리는 사람은 신하의 역할을 하며, 부모라는 이름으로 불리는 사람은 부모의 역할을 하고, 자녀라는 이름으로 불리는 사람이 자녀의 역할을 함으로써 비로소 가정, 국가가 성립된다. 따라서 물건적 관점에서 보면 정명正名은 이름과 역할이 일치하는 명실상부名實相符라고 할 수 있다. 그러면 사건적 관점에서 정명은 무엇인가?

명실상부名實相符는 실체적 사건을 가리키는 것이 아니라 중도中道인 내 안의 성품이 드러난 현상을 나타내는 중용의 관점에서 안인, 안백성을 나타낸 개념이다. 이것과 저것을 구분하여 서로 다른 이름을 짓고, 이것과 이것으로 대하고, 저것을 저것으로 대하여 이것과 저것이 존재하게 하는 정명正名은 문물제도文物制度를 통하여 인문人文을 확장하는 홍예약興禮樂으로 나타난다. 공자는 정명을 예악禮樂과 관련하여 다음과 같이 밝히고 있다.

이름이 바르지 않으면 말이 따르지 않고, 말이 따르지 않으면 일이 이루어지지 않는다. 일이 이루어지지 않으면 예악禮樂이 흥작興作하지 않으며, 예악이 흥작하지 않으면 형벌刑罰이 적중的中하지 않고, 형벌이 적중하지 않으면 백성들이 수족을 둘 곳이 없다. 그러므로 군자는 이름을 지으면 반드시 말을 할 수 있고, 말을 하면 반드시 행할 수 있다. 군자는 말에 대하여 구차함이 없다.[174]

위의 내용은 자로子路가 "위衛나라의 군주가 선생님에게 정사政事를 맡기면 선생님은 무엇을 가장 먼저 하겠습니까?"라고 공자에게 묻자 "반드시 정명正名을 하겠다."라고 대답한 이후에 전개되는 내용이다.[175]

당시는 천자와 제후의 명분이 다르고 제후들도 공후백자남公侯伯子男의 지위가 다르며, 천자의 대신大臣과 제후의 가신家臣의 지위가 다름에도 불구하고, 제후가 천자天子의 역할을 하고, 가신들이 제후의 역할을 하여 세상이 어지럽기 때문에 이를 바로잡기 위하여 공자가 명실상부한 삶의 태도를 요구한 것으로 이해할 수 있다.

그는 자로가 "이와 같군요, 선생님의 우월함이. 어찌 바로잡음을 말하십니까?"라는 말에 대하여 "거칠구나, 유由야! 군자는 모르는 일에 대하여 대개 말을 아낀다."[176]라고 말하며 위의 내용을 시작한다. 이는 그가 시대적 상황에 대한 처방을 넘어서 군자의 도道를 밝히고자 정명을 언급하였음을 뜻한다. 그러면 군자의 도의 측면에서 정명은 무엇인가?

명名의 바름과 바르지 않음은 수기修己를 바탕으로 이루어지는 중용中庸의 실천 여부與否이다. 인仁을 주체로 하여 매 순간 나와 남을 구분하고, 나와 사물을 구분하여 남을 남으로 나타내고 사물을 사물로 나타냄이 정명이다. 그러면 바른 이름에 말이 따름은 무엇인가?

---

174) 《논어》子路, "名不正, 則言不順, 言不順, 則事不成, 事不成, 則禮樂不興, 禮樂不興, 則刑罰不中, 刑罰不中, 則民無所錯手足. 故君子名之必可言也, 言之必可行也. 君子於其言, 無所苟而已矣".

175) 《논어》子路, "子路曰 衛君待子而爲政, 子將奚先 子曰 必也正名乎".

176) 《논어》子路, "有是哉, 子之迂也 奚其正 子曰 野哉, 由也 君子於其所不知, 蓋闕如也".

한국사상과 인간의 삶

만약 집중이 된 상태 곧 나와 남, 나와 사물을 둘로 보지 않는 경계에서 때에 따라서 나와 남, 나와 사물을 구분하여 이름을 지어서 언어로 나타내면 그것이 바로 언행言行이 일치一致하고, 사고와 언어가 일치하는 일이다. 그러면 일이 이루어짐은 무엇인가?

안인, 안백성은 나와 남, 나와 사물이 둘이 아닌 경계를 때에 따라서 사람, 백성, 천하를 통하여 서로가 둘이 아님을 나타내는 예악의 흥작을 통하여 이루어진다. 그것은 서로가 사람으로 안주하고, 백성으로 안주하며, 천하의 구성원으로 안주하는 일이 예악의 흥작을 통하여 이루어짐을 뜻한다.

예악은 나와 남으로 구분된 사람의 경계, 무생물과 구분되는 생물의 경계, 무생물과 생물이 하나가 된 천하의 경계를 나타내는 개념이다. 그것은 예禮라는 온갖 나눔이 악樂이라는 조화를 이루는 세계이다. 따라서 예악의 흥작으로 드러나는 세계가 바로 안인, 안백성의 세계이다.

예악의 흥작이 이루어지지 않으면 예악을 통하여 서로가 소통하고, 모두가 모두와 더불어 소통하지 못하는 사람에게 가하는 형벌을 집행할 수 없고, 형벌을 집행할 수 없기 때문에 백성들이 손발을 둘 곳을 모른다.

수기와 안인, 안백성의 주체인 군자는 언행을 통하여 삶을 산다. 그렇기 때문에 군자의 안인과 안백성 역시 언행을 통하여 이루어진다. 때와 장소에 따라서 다양하게 드러나는 군자의 언행이 곧 군자의 삶이다. 그러면 수기와 안인, 안백성이 둘인가?

만약 수기가 안인, 안백성으로 드러나지 않으면 완성된 것이 아니며, 안인, 안백성은 수기가 아니면 이루어지지 않는다. 따라서 수기와 안인, 안백성은 매 순간 이루어지는 군자의 삶을 둘로 나누어서 나타내었을 뿐이다. 그러면 군자는 어떻게 살아야 하는가?

공자는 군자가 인을 버리고 살아갈 수 없다고 말하고 매 순간 한순간도 인을 어김이 없어야 한다고 하였다. 그것은 군자가 매 순간 인을 주체로 살아야 함을 뜻한다. 그러면 구체적으로 사람은 어떻게 살아야 하는가?

공자는 어진 사람이라야 능히 사람을 좋아하고, 미워한다고 하였다. 이는 군자의 희로애락이 모두 인이 주체가 되어 이루어질 때 그것이 모두 다른 사람을 사람으로 존재하게 하는 안인임을 뜻한다.

군자가 매 순간 인을 주체로 남을 대하면 비록 표면상으로는 다른 사람을 좋아하거나 미워하는 희로애락으로 드러나지만 그것이 모두 그 사람에 대한 인의 표현임을 뜻한다. 그것은 무엇을 뜻하는가?

사람의 본성은 같지만 소인은 육신을 자신으로 여기고 살아가며, 대인은 본성을 주체로 살아가기 때문에 현상에 나타나는 언행의 의미가 서로 다르다. 그것은 대인과 소인이 따로 있는 것이 아니라 마음을 어떻게 쓰느냐에 따라서 소인의 삶과 대인의 삶이 나타남을 뜻한다. 대인은 사람을 미워하고 좋아함이 모두 인의 표현이지만 소인은 미워하고 좋아함이 모두 불인不仁의 표현이다.

예악의 흥작은 군자의 삶의 방법이다. 따라서 오직 군자라야 예악을 논할 수 있다.[177] 그것은 사덕四德을 주체로 살아가는 군자라야 비로소 문물제도를 창조하여 예악을 흥작시킬 수 있음을 뜻한다. 그러면 안백성과 정치는 어떤 관계인가?

예악의 흥작이 바로 백성을 백성으로 안주하게 하는 정치이다. 그리고 정치의 주체는 사덕을 주체로 하는 군자이다. 그렇기 때문에 군자는 백성을 정치의 대상으로 여기고 나와 백성을 둘로 보지 않는다. 공자는 "백성은 정치의 근원으로 삼을 수 있지만 지식, 정보를 통하여 통제할 수 있는 대상이 아니다."[178]라고 하여 백성이 정치의 주체이자 정치의 목적임을 밝히고 있다. 그러면 정치는 어떻게 이루어지는가?

정치는 도덕이 주체이지만 현상의 측면에서는 법치法治로 드러난다. 도덕은 성품의 측면에서 통치자와 백성이 둘이 아닌 경계를 나타내며, 법치는 현

---

177) 《논어》泰伯, "子曰 不在其位 不謀其政".
178) 《논어》泰伯, "子曰 民可使由之, 不可使知之".

한국사상과 인간의 삶

상의 측면에서 각자가 주어진 역할에 따라서 자기의 삶을 살아감을 뜻한다. 따라서 안인, 안백성을 내용으로 하는 정치는 내 안의 나인 본성, 성품을 주체로 하는 점에서 중도가 바탕이 된 중용의 정치이다.

오늘날 우리 사회의 정치인들은 진보와 보수 그리고 중도를 논한다. 유가儒家의 관점에서 보면 중도는 성품, 본성이다. 따라서 수기, 집중을 통하여 본성, 성품이라는 중도를 주체로 이루어지는 중용의 정치가 진정한 진보이자 보수이다.

그들이 말하는 자유와 평등은 중도의 특성을 나타내는 개념으로 양자가 둘이 아니다. 따라서 중도를 바탕으로 한 진보와 보수라는 측면에서 보면 양자는 둘이 아니다. 현실의 측면에서는 진보와 보수가 서로 여야與野가 되어 자신들의 역할을 다 할 때 비로소 온전한 정치가 이루어진다. 그러면 중용의 정치는 오로지 정치인들이 해야 하는가?

오늘날 우리나라는 민주주의를 표방한다. 비록 현상의 정치는 정치인들이 하지만 모든 국민들이 참여하는 정치이고, 함께 하는 정치가 민주정치이다. 따라서 정치인들은 물론 모든 국민들이 성품을 주체로 지혜와 자비를 활용할 때 비로소 중용의 정치가 가능하다. 그러면 집중과 중용은 어떻게 실천되는가?

군자의 삶은 개인적인 측면에서 안인이며, 사회적인 측면에서 안백성이다. 그것은 군자가 매 순간 개체적 측면에서 사람의 삶을 살아가고, 사회적 측면에서 백성으로서의 삶을 살며, 인류, 천하의 구성원으로서의 삶을 살아감을 뜻한다. 그러면 군자는 매 순간 삶을 어떻게 사는가?

고정된 군자가 없으며, 고정된 군자의 삶 역시 없다. 단지 매 순간 안팎에서 만나는 사물을 언제나 본성으로 돌리는 약례約禮를 통하여 무아無我의 경계에서 사람을 만나면 사람으로 자아自我를 드러내고, 백성을 만나면 백성으로 드러내며, 사물을 만나면 사물로 드러낼 뿐이다.

삶은 매 순간 나로 주체화, 내면화하는 수기, 집중인 동시에 내 안의 나 아닌 나인 천도, 성품이 시공에서 다양하고 새롭게 드러나는 객체화, 대상화인 안인, 안백성이자 중용이다.

군자의 삶은 본체인 내 안의 나 아닌 나, 본성과 천도를 떠나서 존재하지 않을 뿐만 아니라 현상으로서의 나를 떠나서도 존재하지 않는다. 《논어》에서 군자의 삶을 역방향의 내적 성찰을 통하여 수기로 나타내고, 순방향의 외적 확충을 통하여 안인, 안백성으로 나타내었지만 양자가 둘이 아니다.

삶은 매 순간 수기를 통하여 무심無心을 바탕으로 이루어지는 용심인 동시에 언행을 통하여 안인, 안백성하는 운신運身이다. 군자의 도는 매 순간에 이루어지는 심신心身의 운용법運用法이다. 본체로 돌아가는 회향, 귀체에 의하여 무심의 용심이 이루어지고, 언행에 의하여 공심共心으로 드러나는 안인, 안백성이 이루어진다.

수기의 측면에서 자기는 실체가 아니어서 있다고 할 수 없으며, 안인, 안백성의 측면에서 자기는 허무가 아니어서 없다고 할 수 없다. 따라서 군자의 도는 유무有無, 염정染淨, 진가眞假, 유위有爲와 무위無爲, 형이상과 형이하, 도道와 기器의 양면을 벗어나 있다.

군자의 도는 고정되지 않아서 주체화, 내면화와 객체화, 대상화의 작용이 자유자재하다. 군자의 삶은 안인, 안백성의 측면에서는 매 순간 다양하게 드러나는 창조의 연속이며, 수기의 측면에서는 매 순간 새로워지는 진화의 연속이다. 따라서 군자의 도는 주체화, 내면화와 대상화, 객관화를 내용으로 하는 변화의 도, 역도易道이다.

수기는 인간으로서의 자기가 어떤 존재인가를 성찰하고, 그것을 바탕으로 이루어지는 안인, 안백성은 인간의 세계인 인문을 밝히는 일이다. 따라서 《논어》의 군자의 도를 통하여 인문학의 방법과 내용 그리고 범위를 파악할 수 있다.

과학은 현상의 사물을 대상으로 분석과 종합의 방법을 통하여 실험하고 관찰함으로써 물리를 밝힌다. 이러한 과학의 학문 방법은 대상적, 객관적 탐구 방법이다.

객관적이라는 말은 학문을 하는 주체를 배제하고, 오로지 객체인 연구 대상이 중심이 되어 학문 활동이 이루어짐을 뜻한다. 그러나 양자역학을 통하여 드러나듯이 학문은 주체를 배제하고 이루어질 수 없다. 왜냐하면 주체와 객체는 별개의 존재가 아닐 뿐만 아니라 둘이 아니기 때문이다.

과학의 대상인 자연도 기계적인 죽은 세계, 인과의 그물에 갇힌 닫힌 경계가 아니라 항상 생명이 넘치는 변화의 연속, 사태의 연속이다.

과학자는 실재하지 않는 자연이라는 허상에서 벗어나야 한다. 과학자는 형이상의 성품, 도가 드러난 시공인 지문地文을 대상으로 연구해야 한다. 시공은 물질이 아니라 항상 생명이 넘치는 변화의 흐름이다. 그러면 어떻게 해야 하는가?

과학자는 자연을 대상으로 하기 이전에 학문을 하는 주체인 자신에 대한 이해가 선행되어야 한다. 그것은 과학자들도 반드시 수기를 먼저 한 후에 그것을 바탕으로 과학을 해야 함을 뜻한다.

과학자나 인문학자를 막론하고 학문의 주체는 인간이다. 그럼에도 불구하고 학문의 주체인 나를 떠나서 대상만을 연구할 때 학문의 결과는 언제나 나와 둘이고, 나의 삶과 둘이다.

비록 학자가 현상의 사물을 대상으로 학문을 하지만 사물을 대하는 주체인 나를 보고, 나를 넘어서 내 안의 성품을 보아야 한다. 그리고 성품의 작용인 마음이 주체가 되어 과학의 학문 활동을 해야 한다. 그러면 오로지 과학자만 그래야 하는가?

오늘날의 인문학자들 역시 동일한 방법으로 인문학을 해야 한다. 사실 오늘날의 학문 풍토가 마치 인문학과 과학이 둘인 것처럼 여겨지는 것은 과학자들의 책임이 아니라 인문학자들의 책임이다.

오늘날의 인문학자들은 자신이 인문학을 한다고 말하지만 과연 얼마나 많은 인문학자들이 과학과 다른 인문학, 과학의 학문 방법과 다른 인문학의 학문 방법을 알고, 학문을 하는지 의문을 갖지 않을 수 없다.

오늘날의 인문학자들은 주로 기존의 논문이나 저서들을 대상으로 그들의 주장이나 이론체계가 갖는 논리적인 정합성이 타당한가를 판단하는 문헌 비판적 방법을 사용한다.

저작을 통하여 제기된 주장이 갖는 논리적 타당성을 문제로 삼는 학문은 상대방을 이기려는 호승심好勝心이 주체이다. 이러한 방법으로 학문을 하면 할수록 수기와 점점 멀어진다.

노자는 "학문을 하면 할수록 지식이 날로 늘어나고 도를 배우면 날로 비워진다."[179]라고 하였다. 학자가 지식을 통하여 자신을 반조返照하지 않으면 학문을 할수록 점점 지식에 갇힌다. 왜냐하면 지식은 쌓일수록 지력知力이 커져서 통제가 어렵기 때문이다.

지식이 쌓여 지력이 되면 사람들로 하여금 더 많은 지식을 소유하여 그것을 바탕으로 다른 사람 위에 군림하여 지배하려는 그릇된 욕심을 갖게 한다.

그러나 지혜는 자신도 이롭게 하고, 남도 이롭게 한다. 지혜는 내 안의 나 아닌 나인 본성, 자성이 주체가 되어 이루어지는 작용이다. 내 안의 나 아닌 내가 주체가 되어 인문학, 과학을 비롯한 모든 학문을 해야 나와 남, 세계의 모두가 이롭다. 기독교에서 본성을 세상을 아름답게 하는 주체인 구세주救世主라고 말한 것도 이러한 까닭이다. 그러면 인문학과 과학은 어떤 차이가 있는가?

인문학은 인간의 차원, 인간을 중심으로 세계를 나타내는 학문이며, 과학은 세계를 나, 내 안의 나 아닌 나를 주체로 대상화, 객관화하여 나타낸다. 그리고 종교는 시간성, 천문을 중심으로 세계를 나타낸다. 그러면 천문을 대상으로 하는 종교와 인문을 대상으로 하는 인문학 그리고 지문을 대상으로 하는

---

179) 《도덕경》 제48장, 노자, "爲學日益, 爲道日損, 損之又損, 以至於無爲, 無爲而無不爲".

과학이 별개인가?

종교와 인문, 경학, 철학 그리고 과학은 본래 둘이 아니다. 둘이 아니기 때문에 셋으로 나누어서 다른 것처럼 나타낼 수 있다. 천문과 지문, 인문이 둘이 아닌 경계를 신문神文이라고 말하고 신도神道[180)라고 말한다. 그러면 앞에서 살펴본 태자의 호랑이에 대한 몸 보시는 어떻게 이해할 것인가?

내 안의 나 아닌 나의 외적 확충의 측면에서 보면 태자와 호랑이 그리고 나와 둘이 아닌 본성, 성품이 과거의 어느 때에는 태자의 호랑이에 대한 몸 보시로 나타나고, 지금은 그것을 듣는 여기의 나로 드러난다.

그러나 수기, 위기지학의 측면에서 보면 태자와 호랑이 그리고 지금 여기의 내가 둘이 아니어서 있다고 할 수 없다. 호랑이 대한 몸 보시도 없고, 그것을 지금 여기의 내가 들음도 없다. 따라서 과거 태자의 호랑이에 대한 몸 보시와 그것을 들음은 있거나 없음, 하나와 둘의 어느 일면으로 고정하여 나타낼 수 없다. 그러면 태자의 몸 보시는 안인, 안백성의 측면에서는 무엇인가?

본체를 바탕으로 이루어지는 작용의 측면 곧 순방향에서 현상을 이해하면 삶은 마치 태자가 굶주린 호랑이 어미와 새끼에게 자신의 생명을 보시하듯이 서로가 서로를 먹이고, 서로가 서로를 살리며, 서로가 서로를 끊임없이 새롭게 하고, 서로가 서로를 다양하게 하는 사건의 연속이다. 지금까지 살펴본 내용을 요약하여 한마디로[181) 정리하여 보자.

물속의 달이 하늘의 달이고
눈동자 속의 사람이 눈앞의 사람이다.

水底銀蟾天上月 眼中瞳子面前人

---

180) 《고조선철학》, 이현중, 도서출판 문진, 2019, 156-201.
181) 《선문염송·염송설화회본》禪門拈頌 拈頌說話會本卷二十三(ABC, H0076 v5, p.718a17-a18), "水底銀蟾天上月 眼中瞳子面前人".

제4부

공간성의 분합分合원리와
《주역》 사상

우리는 삶을 살아가면서 많은 문제와 만난다. 그리고 문제를 해결하는 과정에서 때로는 슬퍼하고, 때로는 기뻐하면서 살아간다. 어떤 사람은 인생이 즐겁다고 말하지만 대부분의 사람들은 인생은 고통이라고 말한다. 그러면 삶은 고통인가?

사람들의 다양한 삶은 삶을 대하는 서로 다른 태도에 의하여 나타난다. 삶을 고통으로 느끼는 사람은 삶에 대하여 부정적인 태도를 갖는 사람이며, 삶을 즐거움으로 느끼는 사람은 삶에 대하여 긍정적인 태도를 갖는 사람이다. 그러면 어떤 태도를 취하는 것이 옳은가?

사람들은 삶의 과정에서 만나는 사물을 실재로 여기고, 시공을 실재로 여기며, 시공과 사물을 중심으로 산다. 그들은 사물과 자신을 동일시하여 어떤 사물은 좋아하고, 다른 사물은 싫어하여 좋아하는 사물을 소유하고, 싫어하는 사물을 배척한다.

그러나 사람은 모든 사물을 소유할 수 없을 뿐만 아니라 모든 사물을 배척할 수 없기 때문에 고통스럽다. 어떤 일은 싫어도 해야 하기 때문에 괴롭고, 어떤 일은 하고 싶어도 할 수 없어서 괴롭다. 그러면 어떻게 하나?

사물이나 삶, 세계가 고통은 아니다. 다만 삶과 세계, 사물을 대하는 나의 마음에 의하여 고통스런 삶이 나타난다. 따라서 매 순간 사물, 삶, 세계만을 보지 말고, 사물을 보고 삶을 보는 나를 보아야 한다.

사물, 세계, 삶을 떠나서 주체인 자신을 봄은 주체와 객체를 둘로 나누어 객체에 끌려 다니지 말고, 삶의 주체인 자신으로 초점을 바꾸어야 함을 뜻한다.

그것은 객체에서 동일한 차원의 주체로 초점이 이동하는 내외內外적 이동이 아니다. 밖에서 안으로서의 이동은 단지 시작일 뿐이며, 주체 내면에서 이루어지는 차원의 고양이 초점 이동의 끝이다. 이처럼 사물을 바탕으로 삶과 세계를 이해하는 방법과 다른 삶과 세계를 보는 나를 보는 방법은 마음에 의하여 이루어진다. 그러면 마음은 무엇인가?

한국사상과 인간의 삶

사람들은 의식과 마음을 동일한 것으로 안다. 그러나 사물을 대상으로 분합分合하는 분별적 사유는 의식에 의하여 이루어진다. 의식은 사물 자체는 아니지만 육신에 속한 기능이기 때문에 사물과 같다.

삶과 세계를 보는 것에 머물지 않고, 삶과 세계를 보는 나를 보기 위해서는 육신에 의하여 이루어지는 의식의 분별을 벗어나서 마음에 이르고, 마음을 벗어나서 마음으로 드러나기 이전의 경지境地에 이르러야 한다.

삶과 세계를 대상으로 초점을 맞추지 않고, 세상을 보는 나를 보고, 여기서 한발 더 나가서 나에 초점을 맞추지 않고, 나를 보는 나, 내 안의 나를 찾는다. 이처럼 사물을 바라보는 주체를 넘어서면 객체와 주체의 분별을 넘어선 차원에 이른다.

주체와 객체가 둘이 아니고, 나와 밖의 사물이 둘이 아닌 경계는 표층의 나와 다른 측면이다. 이때의 나는 남과 둘이 아니고, 사물과 둘이 아니기 때문에 나아님이 없음으로서의 무아無我이며, 나와 남, 나와 사물이 평등平等함으로서의 무아無我이다. 그러면 주체로서의 자아自我와 무아로서의 나는 둘인가?

대상의 사물과 둘인 측면에서의 자아自我는 무아無我로서의 나와 둘이 아니다. 그렇기 때문에 무아와 자아가 둘이 아님을 나타내기 위하여 중도中道라고 말한다. 이때 중도는 이것과 저것의 중앙이라는 공간적 위상이나 시간적 위상을 나타내지 않는다.

분별과 무분별, 자아와 무아, 유有와 무無를 초월하면서도 양자를 벗어나지 않음이 중도中道이다. 그러면 우리는 왜 역逆방향에서 육신, 자아로부터 출발하여 중도中道에 이르러야 하는가?

삶의 과정에서 일어나는 문제들이 서로 다를 뿐만 아니라 만나는 문제를 대하는 태도와 해결하는 방법도 서로 다르다. 그러나 어떤 문제를 막론하고 해결하는 주체는 지금 여기의 나이다. 따라서 삶의 주체인 내가 누구인지를 파악하는 일이 가장 먼저 해결해야 할 과제이다.

인류의 스승으로 추앙을 받는 사람들은 하나같이 인간이란 어떤 존재인가의 문제를 제기하였다. 소크라테스는 "너 자신을 알라"고 하였고, 석가모니 역시 인간이 어떤 존재인가에 대한 자기 성찰을 삶의 근본 문제로 제기하였으며, 《서경》에서는 "인간을 알면 지혜롭다."[182]라고 하였고, 맹자는 "인간을 알면 세계를 안다."[183]라고 하였다. 그러면 인간은 무엇인가?

우리가 자신을 비롯하여 어떤 것을 나타낼 때는 물건적 관점과 사건적 관점이라는 두 관점을 통하여 나타낸다. 물건적 관점은 이것과 저것이라는 자기 동일성을 가진 실체를 중심으로 이해하는 것이며, 사건적 관점은 시작과 끝이라는 변화의 과정을 중심으로 이해하는 것이다. 그러면 물건적 관점과 사건적 관점에서는 인간은 무엇인가?

물건적 관점에서 인간은 하나의 실체에 의하여 나타내기도 하고, 둘이나 셋에 의하여 나타내기도 한다. 본성本性, 내 안의 참나와 일상의 나로 구분하기도 하고, 물질적 관점에서 육신을 인간으로 이해하기도 하며, 본성, 마음, 육신의 셋을 통하여 인간을 나타내기도 하며, 마음을 중심으로 인간을 나타내기도 한다.

사건적 관점에서 나는 탄생과 죽음이라는 시작과 종말을 메꾸는 끊임없는 사건의 연속이다. 그것은 시간의 흐름을 통하여 다양한 사건을 끊임없이 생성하는 주체로서의 나를 의미하는 것이 아니라 여러 조건에 따라서 매 순간 새로운 사건이 나타났다가 사라지는 변화의 연속으로의 나를 뜻한다.

그러면 지금부터 물건적 관점에서 나와 삶, 세계를 고찰해 보자. 물건적 관점에서 나와 삶, 세계를 고찰하는 방법은 순順방향의 분생分生, 분석과 역逆방향의 합일合一이다.[184]

---

182) 《서경》고요모皐陶謨, "知人則哲 能官人 安民則惠 黎民懷之 能哲而惠".
183) 《맹자》진심장구상盡心章句上, "孟子曰 盡其心者 知其性也 知其性 則知天矣 存其心 養其性 所以事天也 殀壽不貳 修身以俟之 所以立命也".
184) 도道와 기器를 바탕으로 전개되는 진합分合의 두 방향을 나타내는 순역順逆은 《주역》에서 사용된 개념이다. 이와 달리 시간성時間性과 시간時間을 중심으로 전개되는 생성生成을 한국사상을 역학易學의 이

한국사상과 인간의 삶

물건적 관점에서 사용하는 역방향의 합일合一과 순방향의 분석分析, 분생分生은 본래 둘이 아니다. 분생分生은 합일合一을 바탕으로 이루어지고, 합일은 분생을 바탕으로 이루어진다.

물건적 관점에서 순역 두 방향의 분합을 통하여 인간을 살펴볼 수 있는 자료는 중국사상의 연원인 《주역》이다. 《주역》 64괘의 내용은 중천건괘重天乾卦와 중지곤괘重地坤卦의 두 괘로 집약된다.[185] 따라서 앞으로 중천건괘와 중지곤괘를 중심으로 순역의 두 방향에서 이루어지는 분합을 통하여 인간과 삶이 무엇인지 살펴볼 것이다.

먼저 나를 물건적 관점에서 분석하여 표층의 육신이라는 실체적 자아自我와 심층의 내 안의 나, 성품, 무아無我가 어떻게 다른지를 살펴본 후에 이어서 중천건괘를 통하여 자아로부터 출발하여 내 안의 성품을 찾아서 하나가 되는 역방향의 성명합일性命合一을 살펴보고, 이어서 중지곤괘를 통하여 내 안의 나 아닌 내가 시공에서 다양하고 새롭게 드러나는 순방향의 분생을 중심으로 나와 삶을 살펴본 후에 마지막으로 앞의 내용을 종합하여 중국사상의 특성이 무엇인지 살펴보고자 한다.

론체계에 담아서 나타낸 《정역》에서는 도역倒逆의 두 방향에서 제시하고 있다. 도역倒逆이 순역順逆과 다른 점은 순順을 도倒로 바꾸어서 순역이 둘이 아닐 뿐만 아니라 물건이 아닌 하나의 사건임을 나타내고 있다.

185) 《주역》 계사상繫辭上 11, "乾坤은 其易之縕耶인저 乾坤이 成列而易이 立乎其中矣니 乾坤이 毁則无以見易이오 易을 不可見則乾坤이 或幾乎息矣리라".

1. 표층의 실체적 자아와 심층의 내 안의 나

학자들은 인간을 정신(영혼)과 물질(육신), 마음과 육신을 중심으로 이해한다. 그들은 정신과 육신을 실체로 인정하고, 양자가 상호작용을 한다고 주장하거나, 유물론의 관점에서 육신이 실체이고, 정신은 육신의 기능이라고 주장하고, 유심론의 관점에서 정신은 실체이고, 육신은 정신의 산물이라고 주장하기도 한다.[186]

오늘날에는 과학이 중심이 되면서 유물론적 인간관이 주류를 이룬다. 사람들은 과학이 인간과 별개의 자연을 대상으로 실험과 관찰을 통하여 법칙을 발견하고자 탐구하듯이 인간 자신도 육신을 대상으로 실험과 관찰을 통하여 실체의 본질을 밝힐 수 있다고 여긴다.

뇌과학자들은 인간을 육신으로 여기고, 정신은 뇌에서 일어나는 전자기적인 현상[187]이나 뇌와 몸의 상호작용에 의하여 일어나는 현상이라고 주장한다.[188] 이처럼 그들은 뇌와 몸의 차이가 있지만 정신을 육체의 속성으로 여긴다.

뇌과학자들은 뇌를 분석하여 어느 부위에서 어떤 정신적 현상이 일어나는지를 파악하고 뇌의 지도를 그려서 정신이 뇌에서 일어나는 현상임을 밝힌다. 이와 달리 뇌의 특정한 부위에서만 일어나는 것으로 여겨졌던 시각 현상이 그 부위가 손실되더라도 다른 부위에서 여전히 시각 현상을 관장하는 것을 발견하였다.

또한 뇌의 특정한 부위가 하나의 지각 작용을 하는 것이 아니라 모든 부위가 모든 기능이 가능할 뿐만 아니라 몸 전체에서 정신적 현상이 일어날 수 있

---

186) 《形而上學》, 리차드 테일러 지음, 엄정식 옮김, 종로서적, 1988, 17-56.
187) 《마음의 미래》, 미치오 카쿠 지음, 박병철 옮김, 김영사, 2019, 31-263.
188) 《몸의 인지과학》, 프란시스코 바렐라외 지음, 석봉래 옮김, 김영사, 2016, 16-405.

고, 뇌를 변화시킬 수 있다고 주장하기도 한다.[189]

눈으로 보지 않으면 모습을 인지할 수 없으며, 귀로 소리를 듣지 않으면 소리를 들을 수 없고, 코로 냄새를 맡지 않으면 냄새를 알 수 없으며, 손이나 몸으로 만져 보고 접촉하지 않으면 느낌을 알 수 없다.

내가 배가 고플 때 아무리 남이 맛있는 음식을 먹어도 나의 배가 부르지 않으며, 남이 음식을 먹고 아무리 맛이 있다고 말하여도 내가 스스로 먹어 보지 않으면 그 음식이 어떤 맛을 갖고 있는지를 알 수 없다.

육신으로서의 나는 남과 다를 뿐만 아니라 자연과 다르고, 사물과 다르다. 이처럼 남과 구분할 수 있고, 사물과 구분할 수 있다고 여겨지는 나는 시간상으로 태어나서 자라고, 늙어서 병들어 죽는다.

남과 구분되고, 사물과 구분되는 나는 공간상으로 이곳에 있으면서 저곳에 있을 수 없고, 이 사람이면서 동시에 저 사람일 수 없을 뿐만 아니라 현재에 살면서 동시에 과거에도 살고 미래에 살 수 없다.

그것은 우주를 우리 은하계와 우리 밖의 은하계로 나누고, 우리 은하계를 다시 태양계와 태양계 밖으로 나누며, 태양계에서 다시 우리나라와 다른 나라를 구분하고, 우리나라에서 다시 대전시와 다른 지역을 구분하여, 대전시에서 다시 유성구와 덕명동을 구분하여 여기의 나를 드러냄을 뜻한다.

그리고 시간상으로 과거의 378억 전도 아니고, 미래의 22세기도 아닌 21세기, 2023년의 1월 15일의 나이다. 이처럼 남과 구분되고, 과거와 미래가 아닌 지금 그리고 다른 우주가 우리 우주의 태양계의 우리나라의 여기에 있는 나는 육신이라고 부르는 물질로서의 나이다.

육신은 시간상 영원히 존재할 수 없을 뿐만 아니라 공간상으로도 남과 하나가 될 수 없고, 여기에 있는 동시에 저기에 있을 수 없는 한계를 갖고 있다. 따라서 육신이 갖고 있는 시공상의 한계가 그대로 나의 한계이다. 그러면 정신

---

189) 《기적을 부르는 뇌》, 노먼 도이지 지음, 김미선 옮김, 지호, 2008, 11-405.

은 없는가?

만약 육신의 일부인 뇌나 몸 전체에서 일어나는 현상이 정신이라면 정신 자체도 물질적인 현상이어야 한다. 그러나 우리는 때로는 아무리 자신의 육신이 소중할지라도 남이 고통에 빠질 때는 자신의 생명마저도 버리고 그의 고통을 제거해 주려는 행동을 보인다.

그것은 사람이면 누구나 갖고 있는 남의 불행을 차마 모른 척 지나치지 못하고 자신의 일로 여기고, 자신의 고통을 제거하듯이 남의 불행을 제거하는 태도이다.[190] 이러한 행동은 결코 육신이라는 물질에서 일어나는 현상이라고 할 수 없다.

우리가 신 열매를 생각하면 입에서 침이 나오고, 과거에 공포 체험을 위하여 찾아갔던 시설을 생각하면 갑자기 몸이 떨리는 현상을 경험한다. 이를 통하여 마음이 몸에 영향을 미치거나 더 나아가서 정신이 몸보다 근원적이라고 생각할 수 있다.

우리가 하나의 생각에 빠져 있으면 아무리 밖에서 시끄러운 소리가 들려와도 들리지 않는다. 그렇기 때문에 "마음이 없으면 보아도 보이지 않고, 들어도 들리지 않으며, 먹어도 맛을 모른다."[191] 따라서 결코 육신이 내가 아니라 정신이라고 말할 수 있다.

육신의 기능으로서의 정신을 불교에서는 의식으로 규정하여 마음과 구분한다. 의식은 이것과 저것을 구분하여 실체로 여기는 작용이 특성이기 때문에 분별의식이라고 말한다. 그리고 육신을 전오식前五識으로 규정하여 육신과 정신을 모두 의식으로 나타내기도 한다.

의식은 다양한 분별작용을 한다. 그것은 밖의 대상 사물을 수용하고, 분석하여 기존의 정보와 대조하고, 때로는 의지를 더하여 인식하는 작용이다. 이러한 의식은 전오식前五識, 육식六識, 칠식七識, 팔식八識이라는 여덟으로 세분

---

190) 《맹자》, 공손추장구상公孫丑章句上 "孟子曰 人皆有不忍人之心 先王有不忍人之心 斯有不忍人之政矣".
191) 《대학장구》제칠장, "心不在焉 視而不見 聽而不聞 食而不知其味".

하기도 하고, 더 이상 분석하기도 한다. 육신 역시 지수화풍地水火風으로 분석하기도 하고, 원자로 분석하기도 하며, 미립자로 분석하기도 한다.

의식의 분별에 의하여 인간 자신도 구성될 뿐만 아니라 세계가 구성된다. 그렇기 때문에 의식에 의하여 구성된 나 그리고 세계는 실재하는 것이 아니라 환상과 같다.[192] 의식의 분별작용은 언어를 통하여 표현된다. 그것은 의식의 분별작용이 언어를 통하여 하나의 개념으로 나타나기도 하고, 주장을 담은 문장으로 나타나기도 하며, 이론체계를 제시한 글로 나타나기도 함을 뜻한다.

신, 도, 정신, 영혼, 물질, 나 역시 의식의 분별작용에 의하여 제시된 개념일 뿐이다. 이러한 개념들은 나와 삶, 세계에 대한 일종의 지식, 정보일 뿐이다. 따라서 언어가 나타내는 지식, 정보와 상응하는 실체로서의 대상은 없다. 그러면 나는 없는가?

우리는 모두 행복한 삶을 원한다고 말한다. 그것은 행복이 있고, 행복을 원하는 남과 다른 내가 있음을 뜻한다. 만약 남과 다른 나, 자연과 다르고, 사물과 다른 내가 없다면 내가 어떤 존재이며, 어떻게 살아야 하는지의 문제도 발생하지 않을 것이다. 그러면 동아시아에서는 인간에 대하여 어떤 생각들을 했는가?

《서경》에서는 "인간을 알면 지혜롭다."라고 말하고, 《주역》에서는 "하늘의 일을 인간이 대신한다."[193]라고 말하여 우주의 중심에 인간이 있음을 논하고 있다. 인간이 세계의 중심이라는 것은 나를 출발점으로 할 때 비로소 세계가 문제가 되고, 우주가 문제가 되며, 만물이 문제가 됨을 뜻한다. 그런 점에서 중국사상의 특징은 인간 중심일 뿐만 아니라 현실적이라고 할 수 있다.

---

192) 《대불정여래밀인수증요의제보살만행수릉엄경》7권(ABC, K0426 v13, p.841a06-a17), "阿難 云何名爲世界顚倒 是有所有 分段妄生 因此界立 非因所因 無住所住 遷流不住 因此世成 三世四方 和合相涉 變化衆生 成十二類 是故世界 因動有聲 因聲有色 因色有香 因香有觸 因觸有味 因味知法 六亂妄想 成業性故 十二區分 由此輪轉 是故世間 聲香味觸 窮十二變 爲一旋復 乘此輪轉 顚倒相故 是有世界 卵生 胎生 濕生化生 有色無色 有想無想 若非有色 若非無色 若非有想 若非無想".

193) 《상서》고요모皐陶謨, "天工人其代之".

그러나 한국사상과 중국사상의 인간 접근은 다르다. 한국사상에서는 시간성을 바탕으로 사건의 관점에서 접근하지만 중국사상에서는 공간성을 바탕으로 물건의 관점에서 인간을 연구한다.

중국사상의 연원인 《주역》에서는 세계를 형상을 중심으로 형이상의 도道와 형이하의 기器를 구분한다. 그리고 도道와 기器는 근본根本과 지말支末의 본말 관계로 나타낸다. 형이상과 형이하의 두 차원에서 세계와 만물을 이해하는 관점은 인간에게도 그대로 적용된다.

인간의 형이상적 측면은 성性으로 그리고 형이하적 측면은 명命으로 규정하여 양자의 관계 역시 본말로 이해한다. 인간의 형이상적 측면인 성품은 시간과 공간을 초월한다. 그렇기 때문에 생사가 없을 뿐만 아니라 온 우주에 있지 않는 곳이 없어서 유무有無를 초월한다. 그러나 형이하적 생명인 명命은 시공에서 다양하게 드러난다.

성품과 생명은 본말의 관계이다. 성품이 시공상에서 다양한 생명현상으로 나타난다. 둘의 관계는 나무에 비유하여 이해할 수 있다. 성품은 나무의 뿌리와 같으며, 물리적 생명은 잎과 같다. 나무의 잎은 시간의 흐름에 따라서 봄이면 가지 끝에서 싹으로 솟아나고, 여름에는 무성하게 잎으로 자라나서, 가을이 되면 낙엽이 되어, 겨울에는 자취를 감춘다.

육신, 몸이라는 물질적인 측면은 나무의 잎과 같아서 시간의 흐름에 따라서 생로병사의 사건으로 나타난다. 물질적인 측면에서 인간은 태어나서 자라고, 장성해서는 어느 정도 성인의 상태를 유지하다가 늙어서 병들고 죽어 간다.

잎은 공간적 측면에서는 이 잎과 저 잎이 하나일 수 없다. 그렇기 때문에 언제나 둘의 상태로 싹이 트고, 자라서 잎이 되며, 생명이 다하면 색깔이 변하여 나무로부터 분리되어 땅에 떨어져 썩어서 흙으로 돌아간다.

나무의 뿌리는 잎과 달리 시간의 흐름에도 변화가 없을 뿐만 아니라 공간적 측면에서 이것과 저것의 구분이 없는 하나이다. 인간의 형이상적 본성, 성품은 나무의 뿌리와 같아서 나와 남, 나와 세계, 나와 만물의 구분이 없는 일체이기 때문에 공간적인 한계가 없다. 또한 본성은 잎과 같은 시간의 흐름에 따라서 일어나는 변화가 없어서 영원하다. 그러면 인간의 형이상적 본성과 물리적 생명은 어떤 관계인가?

인간의 형이상적 성품과 물리적 생명은 비록 서로 구분되지만 둘이 아니다. 그것은 나무의 뿌리와 잎이 둘이 아닌 것과 같다. 만약 나무의 뿌리만 있고, 잎이 없다면 나무의 역할을 할 수 없고, 잎만 있고, 뿌리가 없다면 생명을 유지할 수 없는 것과 같다.

인간의 형이상적 본성은 육신이 없으면 시공에서 드러날 수 없고, 육신은 본성이 없으면 존재할 수 없다. 뿌리와 잎이 둘이면서도 하나이듯이 인간의 두 측면도 하나이면서 둘이다. 그것은 나무의 잎이 시간의 흐름에 따라서 다양한 변화를 통하여 뿌리와 하나가 되었다가 둘이 되기도 하지만 둘이라고 하거나 하나라고 규정할 수 없음을 뜻한다. 그러면 양자는 어떤 관계인가?

형이상의 본성은 물리적 생명의 측면에서는 땅속에 묻혀 있는 뿌리와 같이 감각 지각이나 의식에 의하여 드러나지 않는다. 그런 점에서 물리적 생명은 표면의 나이고, 형이상의 본성은 내 안의 나, 심층의 나라고 할 수 있다.

그런데 심층의 나, 내 안의 나와 표면의 나를 가치상의 우열에 의하여 나누면 뿌리에 의지하여 잎이 존재하기 때문에 본말 관계라고 하지 않을 수 없다. 그렇기 때문에 표면의 나를 가짜 나라고 말하고, 내 안의 나를 참나라고 말하기도 한다.

내 안의 나는 표면의 내가 갖는 시공의 한계를 갖지 않는다. 그것은 물건적 측면에서 나와 남의 구분이 없는 일체이고, 시간적 측면에서 영원함을 뜻한다. 내 안의 내가 남과 구분이 없는 일체이기 때문에 나 아닌 나라고 말한다.

나 아닌 나는 매 순간 다양한 표면의 나로 드러나지만 남과 일체이고, 만물과 일체이며, 세계와 일체여서 내가 아님이 없기 때문에 무아無我라고 말한다.

무아無我는 내가 없음이 아니라 매 순간 나타나는 자아가 고정되지 않음을 나타내는 개념이다. 그러면 자아와 무아를 어떻게 이해할 것인가?

자아와 무아는 나를 표층과 심층으로 구분하여 나타낸 개념이다. 표층과 심층으로 구분하여 나타내기 이전의 차원에서 보면 나는 형이상과 형이하, 표층과 심층의 구분이 없는 하나이다. 양자가 일체인 관점에서 나를 이해하면 생로병사의 현상은 생사를 넘어선 뿌리의 드러남이다.

뿌리의 드러남으로서의 잎의 변화는 그대로 변화가 없음을 나타낸다. 그것은 물리적 생명의 변화인 생로병사가 그대로 영원한 생명으로서의 형이상적 본성의 드러남임을 뜻한다. 따라서 살아도 삶이 없고, 죽어도 죽음이 없으며, 병들고 늙어도 병들고 늙음이 없다.

그런데 《십익》에서는 형이상과 형이하, 도와 기, 성과 명을 구분하여 나타내면서도 성명합일을 통하여 도기합일道器合一 곧 천인합일天人合一을 추구한다. 그러면 성과 명을 구분하여 나타내기도 하고, 합하여 하나로 나타내기도 하는 것은 어떤 의미를 갖는가?

《십익》에서는 양자를 구분하여 나타냄을 그렇게 말함(謂之)으로 규정하고 있다. 그것은 양자가 실체가 아니라 인간이 그렇게 규정함, 분별하여 언어와 문자를 통하여 나타냄의 의미이다. 이처럼 합일하고 분생하는 작용은 성과 명, 도와 기 자체의 문제가 아니라 인간의 문제이다. 그러면 이처럼 분합하는 주체는 무엇인가?

우리는 성과 명, 도와 기를 분합하는 작용의 주체를 마음이라고 말한다. 마음은 나무의 뿌리와 잎을 연결하는 줄기와 같다. 줄기의 관점에서 보면 뿌리와 잎은 줄기에 의하여 하나가 되기도 하고, 둘이 되기도 한다. 줄기를 기준으로 할 때 비로소 뿌리와 잎을 구분할 수도 있고, 양자가 하나라고 할 수도 있다.

뿌리와 잎을 하나로 나타내기도 하고, 둘로 나누기도 하는 분합分合의 주체인 마음은 고정되지 않는다. 마음은 형이상적인 존재도 아니고, 형이하적 존재도 아니지만 양자를 포함한다고 할 수 있다. 그러면《주역》과《십익》에서는 마음을 어떻게 이해하는가?

《십익》에서는 물리적 시간의 관점에서 지래와 수왕을 중심으로 과거와 미래를 나타낸다. 물리적 시간의 과거와 미래를 통하여 마음을 나타냄은 마음을 과거와 미래로 나누어서 나타냄을 뜻한다. 먼저 지래와 수왕에 대하여 어떻게 논하고 있는지 살펴보자.

> 신神으로 미래를 알고, 지식으로 과거를 갈무리 한다.[194]

지래의 주체인 신은 분별을 넘어선 경계, 사고의 차원을 넘어선 경계를 나타낸다. "음과 양으로 분별하여 나타낼 수 없는 경계를 신神이라고 한다."[195] 그러면 신을 통한 지래는 어떻게 이루어지는가?

《십익》에서는 역易이 어떻게 이루어지는가를 논하고 있다. 역易이라는 개념이 나타내는 변화는 육신을 중심으로 내외를 구분하여 육신과 사물의 세계를 밖으로 그리고 내면의 마음을 안으로 구분하여 밖의 경계가 변하여 안으로 화化하고, 안의 경계가 변하여 밖으로 화化하는 내외의 변화이다. 내외의 변화를《주역》에서는 어떻게 나타내는가?

내외의 변화는 내괘와 외괘를 통하여 표현된다. 내괘에서 외괘로의 변화는 역방향에서 이루어지는 밖에서 안으로서의 변화이다. 이에 대하여《십익》에서는 다음과 같이 밝히고 있다.

> 역易은 생각함이 없고, 함이 없어서 적연寂然하여 움직임이 없을 때 느껴서 마침내 천하의 연고에 통通한다.[196]

---

194) 《주역》 계사상繫辭上 제12장, "神以知來, 如以藏往".
195) 《주역》 계사상繫辭上 제5장, "陰陽不測之謂神.".
196) 《주역》 계사상繫辭上 제10장, "易 无思也无爲也 寂然不動 感而遂通天下之故.".

무사無思, 무위無爲의 적연부동寂然不動의 상태가 바로 음양으로 구분하여 나타낼 수 없는 신神이라는 개념이 나타내는 경계境界이다. 이때의 무사, 무위는 밖으로 향하는 마음이 안으로 향하여 하나로 모아진 상태를 나타낸다. 이러한 경계에서 비로소 천하의 연고에 감통感通한다고 하였다.

감통感通은 내외가 하나가 되어 서로 소통함을 뜻한다. 그리고 내외가 하나가 되는 적연부동은 사물과 하나가 됨이 아니라 나의 마음 안에서 이루어지는 내적인 상태이다. 따라서 밖을 향하는 마음을 안으로 거두어들이는 적연부동이 되어야 비로소 감통이 이루어진다. 그러면 감통과 지래知來는 어떤 관계인가?

미래를 앎은 지식을 아는 것이 아니라 지혜의 근원 곧 장차 지식으로 드러날 지혜의 근원을 앎을 뜻한다. 그리고 지래의 근원으로서의 신神은 바로 내 안의 나인 동시에 온 우주의 근원인 나 아닌 나이자 천지의 도이다.

신을 천지의 근원이라고 말하고, 신명한 덕德이라고 말하기도 한다. 내 안의 참나와 천지가 둘이 아닌 경계가 신명한 덕이다. 따라서 미래를 앎은 신명한 덕에 통함이다. 그러면 지식으로 과거를 갈무리함은 무엇인가?

지식으로 과거를 갈무리함은 지식 곧 정보로 육신에 저장함을 뜻한다. 그것은 신에 의하여 이루어진 일체의 경계가 지식에 의하여 개체화함, 대상화함을 뜻한다. 이처럼 정보로 저장된 상태를 뇌과학자들은 마음이라고 말한다.

그러나 정보로 저장된 마음은 뇌에 의하여 저장된 기억이라는 측면에서 의식일 뿐으로 마음은 아니다. 이때 정보는 뇌에만 저장된 것이 아니라 육신에 저장된다. 그것은 과거적 측면에서는 육신을 형성한 의식이라고 말할 수 있음을 뜻한다. 유식불교에서는 인간의 몸을 가장 표층의 마음으로서의 전오식으로 규정한다. 그러면 지식 곧 정보에 의하여 구성된 마음이 진실한 마음인가?

유식불교에서는 마음을 제팔식, 제칠식, 제육식, 전오식의 네 가지 요소로 분석하여 나타낸다. 《서경》에서는 인간의 마음을 도심과 인심으로 규정하고

한국사상과 인간의 삶

있다. 도심은 신으로 표현된 지혜의 근원인 신명한 덕을 나타내며, 인심은 육신의 기능인 의식을 가리킨다. 의식과 도심에 대하여 《서경》에서는 다음과 같이 밝히고 있다.

> 인심人心은 위태롭고, 도심道心은 은미하니 오직 정밀하고, 한결같아야 그 중中을 잡을 수 있다.[197]

도심道心은 은미하여 겉으로 드러나지 않고, 인심은 위태롭기 때문에 정일精一의 용심用心을 통하여 집중執中을 해야 한다. 인심이 위태롭다는 것은 의식의 한계를 나타낸다. 그러면 의식은 무엇인가?

현대의 물리학자들은 의식을 뇌의 기능으로 여기거나 육신 곧 몸의 기능으로 여긴다. 어떤 이론물리학자는 신경의학과 생물학적 지식을 통하여 의식을 다음과 같이 정의한다.

> 의식이란 목적(음식과 집, 그리고 짝 찾기 등)을 이루기 위해 다양한 변수(온도, 시간, 공간, 타인과의 관계 등)으로 이루어진 다중 피드백 회로를 이용하여 이 세계의 모형을 만들어 내는 과정이다.[198]

위의 내용을 보면 의식을 세계를 구성하는 특성을 통하여 정의하고 있다. 이는 《십익》에서 지식, 정보로 세계를 구성하여 저장하는 일을 미래적 관점에서 과거화함으로 나타내고 있는 것과 같다. 그러면 미래적 관점에서 의식은 무엇인가?

미치오 가쿠는 의식을 3단계로 구분하여 식물은 두뇌가 없기 때문에 의식이 없으며, 동물 가운데서 파충류는 공간을 의식하는 1단계 의식을 갖고 있고,

---

197) 《상서》대우모大禹謨, "天之曆數在汝躬 汝終陟元后 人心惟危 道心惟微 惟精惟一 允執厥中".
198) 《마음의 미래》, 미치오 가쿠 지음, 박병철 옮김, 김영사, 2019, 77쪽.

포유류는 사회적 관계를 의식하는 2단계 의식이 있으며, 인간은 시간의식 특히 미래에 대한 의식이 있다고 말한다. 그리고 인간은 뇌간, 대뇌변연계, 전전두피질에 의하여 1단계에서 3단계의 의식을 모두 갖고 있다고 말한다.[199] 그러면 마음, 정신과 육신은 어떤 관계인가?

본성을 배제하고 정신과 육신을 이해하면 양자가 상호작용을 한다고 할 수 있다. 그것은 정신이라는 실체와 육신이라는 실체가 서로 작용하는 것이 아니라 정신이라는 실체도 없고, 육신이라는 실체도 없으며, 단지 정신과 육신의 상호작용에 의하여 일어나는 사건이 있음을 뜻한다.

초기불교에서는 "행위자는 없고, 행위만이 있다."[200]라고 말한다. 이는 나를 여러 관점에서 다양하게 분석한 결과 실체적 존재로서의 나는 없으며 오직 여러 조건들이 결합하여 잠시 나타났다가 사라지는 사건이 있을 뿐임을 뜻한다. 그러면 매 순간 행위, 사건을 일으키는 조건은 무엇인가?

초기불교에서는 인간의 행위에 대한 조건을 오온五蘊으로 제시한다. 오온은 우리가 육신이라고 말하는 지수화풍地水火風의 결합체와 마음이라고 말하는 수상행식의 결합체가 잠시 만나서 형성됨을 뜻한다. 오온이라는 개념에는 인간이란 고정된 존재가 있는 것이 아니라 지수화풍과 수상행식의 결합 곧 심신心身이라고 부르는 여러 조건들의 상호작용에 의하여 일어나는 다양한 행위가 있을 뿐이라는 의미가 포함되어 있다.

정신과 육신이 모두 고정된 실체가 아님(五蘊皆空)을 한마디로 나타내는 말이 무아無我이다. 무아는 불교사상을 나타내는 개념이지만 공자의 사상을 담고 있는 《논어》에서도 나타나는 개념이다.[201] 그러면 무아는 무엇을 의미하는가?

---

199) 《마음의 미래》, 미치오 가쿠 지음, 박병철 옮김, 김영사, 2019, 85쪽.
200) 《잡아함경》 13권(ABC, K0650 v18, p.836a13-a14), "云何爲第一義空經 諸比丘 眼生時無有來處 滅時無有去處 如是眼不實而生 生已盡滅 有業報而無作者".
201) 《논어》 자한子罕, "子絶四 毋意 毋必 毋固 毋我".

《논어》에서는 나를 기己로 나타내고 대상적 존재, 객체를 인人으로 나타낸다. 그것은 《논어》에서 인간을 주체와 객체의 두 관점에서 나타내었음을 뜻한다. 이와 달리 대상 사물과 상대적인 나는 아我로 나타낸다.

그리고 기己를 두 관점에서 말한다. 그 하나는 극기복례위인克己復禮爲仁에서 나타듯이 극기克己의 목적어가 가리키는 대상으로서의 나이다.

나를 넘어선(克己) 다른 측면의 나, 내 안의 나를 인仁이라고 말한다. 인仁이라는 개념을 통하여 나타내는 내 안의 나는 다른 사람들과 둘이 아니다. 공자는 "나와 같지 않은 벗은 없다."[202]라고 하여 나와 남이 둘이 아님을 밝히고 있다.

나는 남과 둘인 측면 곧 육신을 나타내는 동시에 내 안의 나는 성품으로 표현된 남과 둘이 아닌 나를 나타낸다. 그러면 《논어》에서 언급되는 무아는 무엇인가?

《논어》에서는 불교에서 인간과 세계를 대상으로 하는 것과 달리 인간 자신을 대상으로 하기 때문에 오로지 기己와 인人이라는 사람을 중심으로 무아無我를 논하였다. 공자는 스스로 십오十五에 학문에 뜻을 둔 후에 70에 일어나는 마음을 따라서 살아도 법도에 어긋남이 없음을 논하고 있고, 옳음도 없고, 그름도 없음을 논할 뿐만 아니라 무지無知를 논하고 있다.

그는 "인위적인 의도가 없고, 반드시라는 기필함이 없으며, 집착함이 없어서, 내가 없다."[203]라고 하였다. 그것은 그가 단순하게 육신을 중심으로 남과 구분되는 내가 없음을 말한 것이 아니다.

《논어》의 무아는 자신과 남 그리고 사람이라는 실체적 관점, 물건적 관점을 중심으로 실체화함, 대상화함이 없음을 뜻하는 동시에 없음마저도 실체화함이 없음을 뜻한다. 물건적 관점에서의 무아의 의미를 가장 잘 파악할 수 있는 개념은 시중時中이다.

---

202) 《논어》학이學而, "無友不如己者 過則勿憚改".
203) 《논어》자한(子罕), "子絕四 毋意 毋必 毋固 毋我".

공자는 "말을 해 주어야 할 사람에게 말을 하지 않으면 사람을 잃고, 말을 하지 말아야 할 사람에게 말을 하면 말을 잃는다. 지혜로운 사람은 말도 잃지 않고, 사람도 잃지 않는다."[204]라고 하였다.

그것은 남과 구분되는 실체적인 내가 있어 때에 따라서 말을 하거나 침묵함을 의미하는 것이 아니라 나와 남의 분별이 없는 내 안의 나 아닌 내가 때로는 말하는 나로 드러나고, 때로는 침묵하는 나로 드러남을 뜻한다.

우리는 심신의 상호작용 곧 연기에 의하여 나타나는 인식현상이 있기 때문에 인식의 주체가 없음을 아공我空이라고 나타낼 뿐만 아니라 심신 자체도 없기 때문에 인식현상도 고정된 실체가 아님을 나타내기 위하여 법공法空이라고 하여 아법구공我法俱空[205]을 말한다.

아공, 법공의 공은 무아의 무와 같이 없음이나 비었음을 뜻하지 않는다. 유학자들은 불교를 비판할 때 허무虛無, 적멸寂滅의 도라고 말한다. 그리고 유학이야말로 실재로서의 리理를 나타내는 실학實學이라고 말한다.[206]

선불교에서는 공空을 강조하여 불립문자不立文字[207]를 제시하고, 입을 열면 어긋난다[208]고 할 뿐만 아니라 말의 길이 끊어지고, 마음의 길이 사라진 곳[209]을 말한다. 그리고 공과 색이 다르지 않을 뿐만 아니라 진공묘유眞空妙有를 말한다.

그런데 불립문자不立文字도 문자를 세움이며, 개구즉착開口卽錯도 입을 열어 말을 한 것이고, 언어도단 심행처멸도 이미 언어를 통하여 마음을 나타낸

204) 《논어》 위령공(衛靈公), "子曰 可與言而不與言失人 不可與言而與之言失言 知者不失人 亦不失言".
205) 《십팔공론》 1권(ABC, K0580 v16, p.538b04-b06), "問空無分別 云何得有十八種耶 答爲顯人法二無我 是一切法通相 今約諸法種類 不同開爲十八".
206) 《朱子語類》 卷第126 釋氏30, "釋氏虛 吾儒實 釋氏二 吾儒一 釋氏以事理爲不緊要而不理會".
207) 《선문염송집》 1권(ABC, K1505 v46, p.1a02-a04), "自世尊迦葉已來 代代相承 燈燈無盡 遞相密付 以爲正傳 其正傳密付之處 非不該言義 言義不足以故 雖有指陳 不立文字 以心傳心而已".
208) 《선문염송집》 25권(ABC, K1505 v46, p.407a14-a15), "開開口卽錯 閉口卽失 碧眼胡僧暗點頭 孔門弟子無人識".
209) 《대지도론》 2권(ABC, K0549 v14, p.510a18-a19), "心行處滅 言語道斷 過諸法如 涅槃相不動".

한국사상과 인간의 삶

것이다.

고정된 실체를 부정하는 무아의 관점에서 보면 지식 역시 고정된 실체를 나타내지 않는다. 우리는 이것과 저것을 구분하는 의식에 의하여 형성된 지식과 무아의 상태에서 드러나는 지혜를 구분하여 나타낸다.

지혜는 분별이 없는 점에서 무분별지無分別智이며, 배우거나 가르칠 수 없는 점에서 무사지無師智라고 말하고, 앎과 모름의 차원에서 언급하는 모름에 상대적인 앎이 아닌 점에서 무지無知라고 말하기도 한다. 그러면 무아의 상태에서 말하는 정신은 무엇인가?

남과 구분되는 내가 없기 때문에 나에 의한 사고, 나의 마음, 내 육신의 언행이 없다. 무아의 차원에서 정신은 자아의 차원에서 언급되는 의식과 다르다. 의식에 의하여 이루어지는 분별작용과 다른 무분별작용을 대상화하여 마음이라고 말한다. 그러면 마음은 무엇인가?

무아의 차원에서 언급되는 물질과 다른 측면을 나타내는 개념이 마음이다. 그렇기 때문에 마음의 본질은 이것과 저것의 분별이 없음을 나타내어 무심無心이라고 한다.

무심은 분별작용이 없음을 나타내지만 그렇다고 하여 고정된 실체적 개념이 아니다. 다만 실체적 마음에 대하여 상대적인 개념으로 제시되었을 뿐이다.

무심無心에 의하여 이루어지는 행위를 무위無爲라고 말하고, 무심에 의하여 이루어지는 사고를 무사無思, 무심에 의하여 이루어지는 생각을 무념無念이라고 말한다. 이처럼 무심에 의하여 이루어지는 분별작용이 없음을 적연寂然하여 부동不動함으로 나타낸다.

적연부동은 하나의 상태, 안팎의 사물과 만나서 하나임을 느끼는 감통을 낳는다. 그것은 나와 사물이 둘인 상태에서 하나가 되어 갑자기 나타나는 현상이 아니라 본래 그러함에도 불구하고 느끼지 못하였던 사건이다.

감통은 "오직 신묘神妙하여 서두르지 않아도 빠르고, 움직이지 않아도 이미 도착하였다. "[210]라고 표현되기도 한다. 그것은 나와 남이 둘이 아니고, 안과 밖이 둘이 아니며, 유와 무가 둘이 아니기 때문에 동정動靜, 지속遲速이 모두 한자리에서 이루어짐을 뜻한다.

사람이 어떤 생각을 하여도 모두 하나의 다양한 드러남이다. 온갖 다양한 생각들이 모두 하나에서 드러나는 다양함(一致而百慮)이어서 모든 생각들은 한곳으로 돌아가지만 드러남은 서로 다르다.(同歸而殊途)[211]

마음은 나의 마음이나 남의 마음이 둘이 아니기 때문에 한마음(一心)이라고 말하기도 한다. 그러나 하나의 마음이라는 실체적인 마음은 없다. 그렇기 때문에 매 순간 다양한 마음으로 드러난다. 이처럼 드러난 다양한 마음 곧 수도殊途, 백려百慮의 측면에서 마음을 나타내어 공심共心이라고 말하기도 한다.

마음을 무심無心, 일심一心, 공심共心과 같이 다양하게 나타냄은 마음이 고정된 실체가 아님을 뜻한다. 물질과 다른 정신, 육신과 다른 마음이 없다. 마음에 내가 없기 때문에 내가 얻어야 할 지혜도 없고, 깨달아야 할 깨달음도 없으며, 태어남과 죽음이 없기 때문에 태어남과 죽음을 넘어섬도 없다.[212]

---

210) 《주역》 계사상繫辭上 제10장, "唯神也 故不疾而速 不行而至".
211) 《주역》 계사하繫辭下 제5장, "子曰 天下何思何慮 天下同歸而殊塗 一致而百慮".
212) 《반야바라밀다심경》 1권(ABC, K1383 v37, p.404b18-b22), "是故 空中無色 無受想行識 無眼耳鼻舌身意 無色聲香味觸法 無眼界乃至 無意識界 無無明亦無無明盡 乃至無老死 亦無老死盡 無苦集滅道 無智亦無得".

한국사상과 인간의 삶

2. 내적內的 성찰省察과 내 안의 참나

우리는 앞에서 물건적 관점에서 이것과 저것을 구분하여 양자를 하나로 하는 분석과 종합을 통하여 나를 이해하는 실체적 관점에서 내가 누구인지를 살펴보았다.

그런데 남과 구분되는 내가 있는 것이 아니라 매 순간 여러 조건에 의하여 일어나는 사건의 연속으로서의 나이다. 그러면 사건의 관점에서 실체적 자아로부터 연기적緣起的인 측면에서 무아無我임을 확인하는 과정은 무엇인가?

《주역》에서는 물리적 시간의 관점에서 궁리窮理, 진성盡性, 지명至命의 세 단계의 사건을 통하여 자아를 벗어나서 무아에 이르는 과정을 나타낸다.

세 단계의 사건을 나타내는 도구는 여섯의 효爻에 의하여 구성된 중괘重卦이다. 중괘는 여섯의 효를 통하여 자아로부터 시작하여 무아에 이르는 세 단계의 사건을 나타내고 있다. 이는 물리적 사건을 통하여 형이상의 세계를 상징적으로 나타냄을 뜻한다. 그러면 《주역》에서는 나를 어떻게 나타내고 있는가?

《주역》에서는 나를 형이상의 성품을 나타내는 성性과 형이하의 생명을 나타내는 명命으로 구분한다. 그리고 나를 가리키는 자아로부터 무아로의 여행을 성명性命을 통하여 나타내고 있다. 그러면 《주역》의 중괘는 성명을 어떻게 나타내고 있는가?

명命으로부터 시작하여 성性과 하나가 되는 성명합일性命合一은 초효初爻에서 이효二爻, 삼효三爻, 사효四爻, 오효五爻를 거쳐서 상효上爻에 이르는 여섯의 시위時位를 통하여 상징적으로 나타낸다.

여섯의 효를 통하여 나타내는 성명性命은 천인지의 세 단계로 물건화하여 이해할 수 있다. 설괘에서는 성명을 궁리, 진성, 지명[213]의 세 단계로 구분하여 나타낸다. 중괘의 초효와 이효는 궁리窮理를 나타내고, 삼효와 사효는 진성盡性을 나타내며, 오효와 상효는 지명至命을 나타낸다.

《주역》64괘의 내용은 중천건괘重天乾卦와 중지곤괘重地坤卦에 집약된다.[214] 중천건괘는 성품을 중심으로 인간을 나타내고, 중지곤괘는 명을 중심으로 인간을 나타낸다. 따라서 두 괘를 중심으로 성명이 무엇인지 고찰할 수 있다. 먼저 《주역》의 중천건괘의 괘상卦象을 살펴보면 다음과 같다.

중천건괘

중천건괘의 여섯 시위에 모두 양효陽爻가 놓여 있다. 이러한 중천건괘는 두 측면을 갖고 있다. 그 하나는 초효에서 상효에 이르는 여섯 효가 서로 다른 시위에 있음을 통하여 각각 하나의 사건을 나타내고 있는 측면이다.

나머지 하나는 비록 여섯의 시위가 서로 다른 각각의 사건을 나타내지만 모두 양효임을 통하여 비록 서로 다른 사건이지만 초효에서 시작하여 상효에서 끝나는 하나의 사건을 나타내고 있는 측면이다. 그러면 두 측면을 어떻게 이해할 것인가?

단사象辭에서는 "종시終始를 크게 밝히면 시종始終의 여섯 시위時位가 이에 이루어진다."[215]라고 하였다. 이를 통하여 종시를 바탕으로 시종이 이루어지

---

213) 《주역》 설괘說卦 1, "和順於道德而理於義, 窮理盡性以至於命".
214) 《주역》 계사상繫辭上 12, "乾坤은 其易之縕耶인더 乾坤이 成列而易이 立乎其中矣니 乾坤이 毁則无以 見易이오 易을 不可見則乾坤이 或幾乎息矣리라".
215) 《주역》 중천건괘重天乾卦 단사象辭, "大明終始, 六位時成, 時乘六龍以御天".

고, 시종을 여섯 시위에 의하여 나타냄으로써 육효六爻가 성립됨을 알 수 있다. 그러면 종시와 시종은 무엇인가?

시종은 시작과 끝이라는 두 시각의 사이를 연결하는 사건을 나타낸다. 이는 물리적 시간을 바탕으로 과거의 어느 시점에서 시작하여 미래의 어느 시점에서 끝나는 사건이다.

그러나 종시는 단순하게 물리적 시간의 관점에서 과거의 하나의 사건이 끝나고 새로운 시간이 시작하여 계속되는 현상을 나타내지 않는다. 종말과 시초가 하나가 된 종시는 물리적 시간을 바탕으로 전개되는 사건이 성립할 수 있는 근원을 나타낸다.

시종이 일종의 순간이라면 종시는 순간으로 구분하여 나타내기 이전의 영원이다. 따라서 종시를 바탕으로 시종이 형성됨을 알 수 있다. 그러면 육효에서는 이를 어떻게 나타내고 있는가?

초효에서 상효에 이르는 육효는 각각의 효가 나타내는 사건이 서로 연결되어 드러나는 사건을 나타낸다. 그것은 성명합일이라는 사건을 초효의 사건에서 시작하여 상효의 사건으로 이어지는 사건의 연속, 사건의 변화로 나타낸 것이 육효임을 뜻한다.

초효에서 상효에 이르는 변화는 상효에서 초효에 이르는 변화를 바탕으로 할 때 비로소 성립된다. 초효에서 상효에 이르는 변화는 시종의 변화이며, 상효에서 초효에 이르는 변화는 종시 변화이다. 그러면 시종의 변화와 종시의 변화는 어떻게 다른가?

종시변화는 본체에 의하여 이루어지는 작용이 현상에서 드러나는 변화이다. 이와 달리 시종변화는 현상으로부터 출발하여 작용을 통하여 본체로 돌아가는 변화이다.

시종의 변화는 싹이 터서 자라서 꽃을 피워 열매를 맺는 과정과 같다면 종시변화는 열매가 씨로 심어져서 싹이 트는 일련의 사건이 이루어질 수 있는 변화이다. 이를 통하여 열매가 씨로 심어지는 종시변화를 바탕으로 할 때 비로소 싹이 트고, 자라서 꽃이 피고, 열매를 맺는 시종변화가 성립함을 알 수 있다. 그러면 시종변화와 종시변화가 둘인가?

씨와 열매는 본래 둘이 아니다. 단지 인간이 하나를 둘로 나누어서 각각 씨와 열매로 나타낼 뿐이다. 마찬가지로 종시와 시종 역시 하나의 두 측면을 나타내는 개념에 불과하다. 물론 하나라는 것도 씨와 열매라는 구분을 바탕으로 할 때 비로소 성립할 수 있기 때문에 하나의 근원이라는 개념도 상대적일 뿐이어서 실체를 가리키지 않는다.

그런데 《주역》의 64괘를 언어를 통하여 설명하고 있는 괘사卦辭와 효사爻辭는 모두 시종의 변화를 중심으로 논의가 전개된다. 그렇기 때문에 시종의 변화를 통하여 나타내고 있는 성명원리를 이해하기 위해서는 효사를 중심으로 이해하는 작업이 필요하다. 그러면 먼저 중천건괘의 효사를 중심으로 성명을 살펴보자. 중천건괘의 육효의 효사를 도표로 정리하여 나타내면 다음과 같다.

육효	효사
상효	항룡유회亢龍有悔
오효	비룡재천飛龍在天 이견대인利見大人
사효	혹약재연或躍在淵 무구無咎
삼효	군자종일건건君子終日乾乾 석척약무구夕惕若無垢
이효	현룡재전見龍在田 이견대인利見大人
초효	잠룡물용潛龍勿用

중천건괘 육효 효사

위의 도표를 보면 초효에서 상효에 이르기까지 여섯 효사 가운데 다섯 효사가 모두 용과 관련하여 언급되고 있다. 그러면 용은 무엇을 나타내는가?

용은 하늘을 나는 동물이다. 그런데 물속에 잠겨 있는 용으로부터 시작한다. 그리고 삼효의 효사에서는 군자를 언급하고 있다. 이를 통하여 초효에서 상효에 이르는 여섯 시위를 통하여 잠룡, 현룡, 군자, 약룡, 비룡, 항룡으로 변화하지만 변화하지 않는 요소를 용으로 나타냄을 알 수 있다.

이때 용龍은 사효의 효사에 밝히고 있듯이 군자를 상징적으로 나타내는 개념이다.[216] 그러면 용을 통하여 나타내는 군자는 무엇인가?

용이 상징하는 내용은 군자의 성품이다. 성품은 현상에서는 물속에 잠긴 상태나 밭에 있는 용, 군자, 뛰는 용, 날아다니는 용, 시기를 놓친 용과 같이 다양한 상태로 나타나기 이전의 변화하지 않는 부동不動의 본체이다. 그러면 여섯 효를 통하여 나타내는 육용이 나타내는 내용은 무엇인가?

초효의 효사는 "물속에 잠긴 용龍이니 사용하지 말라."[217]이다. 용龍은 본래 하늘을 나는 동물이다. 물속에 잠겨 있는 용은 아직은 하늘을 날지 못하기 때문에 성장해야 할 어린 용龍이다. 이는 형태를 갖추지 못하고 어머니의 배 속에 잉태된 생명체와 같은 상태이다. 그러면 이것이 무엇을 상징하는가?

사람이 형체를 갖추고 태어났지만 육신을 자신으로 여길 뿐으로 내 안의 나인 성품을 알지 못함을 뜻한다. 본유하고, 고유한 성품을 모르고 사용하기 때문에[218] 어떻게 사용하는 것이 이로운지를 모른다. 그러면 이때의 용은 무엇을 해야 하는가?

쓰지 말라는 것은 대사大事에 쓰지 말라는 것이지 소사小事에 쓰지 말라는 것은 아니다. 오히려 성장을 위하여 열심히 써야 할 때이다. 그것은 학문을 통하여 지적知的 성장을 하는 일이다. 학문을 통한 지적 성장은 소사이다. 대사는 천하를 도道로 제도濟度하는 일이다. 그러면 대사와 소사가 다른가?

---

216) 사효에서 용이 상징하는 개념이 군자임을 밝힌 까닭은 사효의 시위時位 때문이다. 사효는 내괘가 상징하는 표층의 나인 명命의 세계가 끝나고 외괘가 상징하는 심층의 나인 본성性의 세계가 시작되는 효이다.

217) 《주역》중천건괘重天乾卦 초효初爻 효사爻辭, "初九, 潛龍勿用".

218) 《주역》계사상繫辭上 5, "百姓日用而不知, 故 君子之道鮮矣".

이효의 효사와 오효의 효사에서는 이견대인利見大人이라는 동일한 내용이 나타난다. 그것은 이효와 오효가 각각 내괘와 외괘의 중효임을 나타내는 동시에 양자가 둘이 아님을 나타낸다.

중괘의 내괘와 외괘, 상괘와 하괘는 상응한다. 그것은 초효와 사효, 이효와 오효, 삼효와 상효가 하나도 아니고 둘도 아닌 관계임을 뜻한다. 그러면 이효와 오효의 이견대인이 어떻게 다른가?

이효에서는 소사인 수기를 중심으로 '대인을 보는 것이 이롭다.'라고 이해할 수 있다. 그것은 대인의 도를 실천하고자 하는 뜻을 세우는 일이다.

그러나 오효에서는 안인, 안백성을 중심으로 '대인의 도를 드러냄', '대인의 도를 실천함'으로 이해할 수 있다. 이는 대사의 측면에서 효사를 이해함이다. 그러면 초효에서 해야 할 일은 무엇인가?

초효에서 시작해야 할 일은 내적內的인 성장이다. 문언에서는 내적 성장을 할 때는 뜻을 밖에 두지 말 것을 당부하고 있다. 그것은 "세상에 마음이 끌려가지 않고, 명예를 이루고자 하지 않으며, 현상에서 옳음을 보지 않아도 고민하지 않아서 즐거우면 행하고, 근심이 되면 어겨서 확고하여 뽑을 수 없음을 물속에 잠긴 용이라고 한다."[219]라고 한 말을 보면 알 수 있다. 그러면 세상에서 어떤 것을 보거나 듣거나 만나도 버리지 않고 확고하게 간직할 것은 무엇인가?

초효의 내용은 대인의 삶을 살고자 하는 뜻을 세우는 입지立志이다. 입지는 사람이 스스로 자신의 삶의 방향을 설정함이다. 입지는 뜻을 이룰 때까지 변함이 없는 점에서 부동심不動心을 세움[220]이며, 변함이 없는 경계를 세움[221]이다. 그러면 이효에서는 어떻게 말하는가?

---

219) 《주역》중천건괘重天乾卦 초효初爻 문언文言, "初九曰 潛龍勿用 何謂也 子曰 龍德而隱者也 不易乎世 不成乎名 遯世无悶 不見是而无悶 樂則行之 憂則違之 確乎其不可拔 潛龍也".

220) 《맹자》, 공손추장구상公孫丑章句上 "公孫丑問曰 夫子加齊之卿相 得行道焉 雖由此霸王 不異矣 如此 則動心否乎 孟子曰 否 我四十不動心".

221) 《주역》뇌풍항괘雷風恒卦 대상大象, "象曰, 雷風恒, 君子以 立不易方".

초효의 시위에서 나타내는 확고한 뜻은 바로 대인의 삶이다. 이는 이효에서 "대인을 봄이 이롭다."[222]라고 하였을 뿐만 아니라 오효에서 "대인의 삶을 드러내는 것이 이롭다."[223]라고 한 것을 보면 알 수 있다. 그러면 이효가 나타내는 내용은 무엇인가?

이효의 효사에서는 "나타난 용이 밭에 있으니, 대인을 봄이 이롭다."[224]라고 하였다. 이효의 효사는 나타난 용이 밭에 있음과 대인을 봄이 이로움의 두 사건으로 구성된다.

나타난 용이 있는 밭은 의식, 마음을 가리킨다. 그러므로 나타난 용이 밭에 있음은 비록 성품을 발견하였지만 여전히 남과 구분되는 육신을 자신으로 여기는 의식에 의하여 성품과 육신을 둘로 여기는 상태이다. 그렇기 때문에 대인을 보는 것이 이롭다고 하였다. 그러면 대인을 봄은 무엇인가?

대인은 성품을 주체로 물리적 생명과 하나가 되어 삶을 산다. 그렇기 때문에 대인을 봄이 이롭다는 것은 일차적으로는 성품과 육신, 나와 내 안의 내가 둘이 아님을 아는 것이 이로움을 뜻한다. 그러면 삼효와 사효에서는 무엇을 나타내는가?

삼효와 사효의 내용은 표층의 나인 육신과 이효에서 드러난 내 안의 나인 성품이 둘이 아님을 확인하는 과정이다. 그렇기 때문에 삼효와 사효의 내용을 한마디로 나타내면 표층의 나인 물리적 생명과 심층의 나인 성품이 둘이 아님을 확인하는 성명합일性命合一이라고 할 수 있다. 그러면 삼효와 사효의 차이는 무엇인가?

삼효는 물리적 생명을 자신으로 여기는 습관이 있어서 발견한 성품과 갈등을 일으키는 과정이다. 초효에서는 단지 지식을 통하여 알고 있을 뿐으로 성품을 발견하지 못하였으나 이효에서 비로소 마음에서 성품이 있음을 확인했

---

222) 《주역》 중천건괘重天乾卦 이효二爻 효사爻辭, "九二, 見龍在田, 利見大人".
223) 《주역》 중천건괘重天乾卦 오효五爻 효사爻辭, "九五, 飛龍在天, 利見大人".
224) 《주역》 중천건괘重天乾卦 이효二爻 효사爻辭, "九二, 見龍在田, 利見大人".

다. 그렇기 때문에 안팎에서 일어나는 모든 일들에 대하여 갈등이 일어난다.

초효가 나타내는 잠룡의 상태에서 사람은 육신을 자신으로 여기는 그릇된 견해인 전도견顚倒見[225]에 의하여 살아왔다. 그러다가 이효에 이르러서 비로소 성품을 발견하고, 성품을 주체로 살아감이 올바른 견해인 정견正見[226]임을 파악한다.

내 안의 나인 성품을 주체로 살아갈 때 비로소 모든 존재가 이로운 삶을 살 수 있다. 그렇기 때문에 대인을 봄이 이롭다고 하였다. 이효에서 비로소 대인이 자신의 본래면목임을 알았기 때문에 삼효에 이르면 삶의 과정에서 안팎의 일을 만날 때마다 정견과 전도견이 갈등을 일으키게 된다. 그러면 어떻게 해야 하는가?

삼효의 효사에서는 "군자가 종일 부지런하고 부지런하면서도 저녁이 되면 슬픈 듯하면 위태로우나 허물이 없다."[227]라고 하였다. 군자가 종일 부지런하고 부지런한 것은 바로 안팎에서 만나는 모든 일들을 정견正見에 의하여 처리함을 뜻한다.

정견에 의하여 안팎에서 만나는 일들을 처리하고자 하지만 표층의 나인 육신이 갖는 속성인 본능에 의하여 오랜 세월 동안 살아왔던 습관이 있기 때문에 바로 고쳐지지 않는다.

때로는 감정에 휘둘려서 그릇된 판단을 하고, 일을 처리한 후에 비로소 돌아보기도 한다. 그렇기 때문에 종일 부지런하여도 저녁에 하루를 돌아보면 마음속에서 부족함을 느끼기 때문에 슬픈 감정을 갖지 않을 수 없다.

슬픈 감정은 슬퍼서 그런 것이 아니라 안타까움인 동시에 더욱 정진하기 위한 다짐이다. 그렇기 때문에 삼효의 시위가 아직은 정견보다는 전도견에 의하여 마음이 지배를 받아서 위태롭지만 허물은 없다고 하였다. 그러면 사효는

---

225) 《유마힐소설경》 1권(ABC, K0119 v9, p.980b17), "是身如幻 , 從顚倒起".
226) 《대지도론》 88권(ABC, K0549 v14, p.1382a15-a16), "知諸法實相 , 所謂無相相 , 是名正見".
227) 《주역》 중천건괘重天乾卦 삼효三爻 효사爻辭, "九三, 君子終日乾乾, 夕惕若, 厲无咎".

어떤가?

사효는 전도견을 주체로 사는 삼효와 달리 정견을 주체로 사는 시간이 더 많다. 그렇기 때문에 삶의 방향이 비로소 육신이 주체가 된 소인의 삶에서 성품이 주체가 된 대인의 삶으로 변화하였다. 이를 중천건괘의 단사彖辭에서는 "건도乾道가 변화하면 이에 성품과 생명이 바르게 된다."[228)라고 하였다.

건도변화가 삼효에서 사효로의 변화를 나타내는 것과 달리 각정성명은 오효와 상효가 나타내는 내용을 가리킨다. 그러면 사효의 내용은 무엇인가?

중천건괘의 사효의 효사에서는 "혹은 뛰고 혹은 못 속에 있으나 허물이 없다."[229)라고 하였다. 혹은 뜀은 사효의 내용을 나타내고, 못에 있음은 초효의 내용을 나타낸다. 이때 용이 연못 속에 있음은 초효가 나타내는 잠용을 가리킨다.

사효에 이르면 용이 하늘을 향하여 나는 연습을 한다. "혹은 (하늘을 향하여) 뜀"은 바로 용으로서의 삶을 나타내는 표현이다. 이처럼 용이 사효에 이르러 비로소 용으로서의 삶을 시작한다. 이때는 성품에 내재된 다양한 작용들이 나타난다.

일상의 삶에서 일어나는 모든 현상들이 고정되지 않아서 언어를 통하여 고정하여 나타낼 수 없음을 안다. 그것은 내면과 외면이 둘이 아니어서 어떤 고정된 실체도 없음을 알고 그렇게 살아감을 뜻한다.

삼효가 마음의 갈등이 많아서 고통스럽기 때문에 포기하기 쉬운 시위인 것과 달리 사효는 배움이 가장 활발하여 생동감이 있고, 재미가 느껴지는 때이다.

사효의 시위에서는 말로 표현할 수 없는 수많은 현상들을 끊임없이 경험하고 체험하게 된다. 이때는 스스로 체험에 의하여 웃고, 웃는 나를 보는 사람들의 웃음이 있고, 그 웃음에 대하여 다시 웃는 나의 웃음이 있어서 항상 웃음이

---

228) 《주역》 중천건괘重天乾卦 단사彖辭, "乾道變化, 各正性命, 保合太和, 乃利貞".
229) 《주역》 중천건괘重天乾卦 사효四爻 효사爻辭, "九四, 或躍在淵, 无咎".

많은 때[230)]이다. 이는 지도地道가 천도天道로 바뀌는 천지의 변화가 이루어지는 때이다. 그러면 건도의 변화는 어떻게 이루어지는가?

건도의 변화는 내괘가 나타내는 소인의 경계가 끝나는 삼효에서 시작하여 대인의 경계를 나타내는 외괘의 시작인 사효에서 끝난다. 따라서 대인의 경계는 중괘에서는 내괘의 시작인 사효에서 비로소 시작된다.

《주역》에서 제시하고 있는 건도의 변화는 인도의 측면에서 소인의 삶에서 대인의 삶으로의 변화로 나타난다. 그렇기 때문에《주역》의 내용은 건도 자체의 변화가 아니라 인도의 측면에서 건도의 변화를 제시하고 있다. 그러면 천도의 변화는 무엇인가?

천도의 변화, 건도乾道의 변화는 건도 자체의 측면에서 살펴보아야 한다. 이때 건도, 천도는 공간성을 내용으로 하는 지도와 다를 뿐만 아니라 인간성을 내용으로 하는 인도와도 다르다.《주역》을 비롯하여《논어》와《서경》에서는 천도를 역수에 의하여 상징적으로 표현된 시간성의 원리로 밝히고 있다. 그러면 시간성의 측면에서 건도변화는 무엇인가?

시간성의 측면에서는 건도의 변화는 선천에서 후천으로의 변화와 더불어 후천에서 선천으로의 변화를 함께 나타낸다. 그것은《주역》의 각 괘에서 괘체卦體가 나타내는 순방향과 효용爻用이 나타내는 역방향의 변화가 둘이 아님을 뜻한다.

시간성 곧 천도를 중심으로 지도, 인도가 둘이 아닌 신도를 밝힌 한국역학의 전적인《정역》에서는 신도를 시간성의 시간화를 나타내는 도생역성倒生逆成과 시간의 시간성화를 나타내는 역생도성逆生倒成의 도역倒逆생성生成을 통하여 나타낸다.

도역생성의 도역倒逆은 순역順逆이 갖는 의미를 보다 분명하게 드러내기 위하여 사용된 개념이다. 일부一夫는 순順이 극에 이르면 역逆이 되고, 역이 극

---

230) 《정역正易》구구음九九吟, 김항金恒, "自笑人笑恒多笑 笑中有笑笑何笑 能笑其笑笑而歌".

에 이르면 순이 되어 양자가 둘이 아님을 나타내기 위하여 순順을 도倒로 바꾸어서 사용하였다.

그리고 도역을 모두 생성生成으로 규정한 까닭은 세계가 고정된 실체가 아니라 시종始終의 사건, 사태의 연속임을 나타내기 위함이다. 도역생성은 순역順逆이 둘이 아니라 하나의 생성임을 나타내기 위하여 사용되는 개념이다.

역생도성은《주역》에서 내괘에서 외괘로의 변화를 통하여 나타내는 인도 중심의 시종의 변화이다. 그것은 물리적 생명에서 형이상적 성품으로 변화인 동시에 소인의 삶에서 대인의 삶으로의 변화이다. 또한 그것은 역방향의 삶에서 순방향의 삶으로서의 변화라고 할 수 있다.

도생역성은《주역》에서 괘체卦體를 통하여 나타내는 종시 변화이다. 효용을 통하여 드러나는 시종의 변화는 괘체가 나타내는 종시변화를 바탕으로 이루어진다. 따라서 시종의 변화가 나타내는 내용은 그대로 종시변화라고 할 수 있다. 그러면 그것이 무엇을 의미하는가?

《주역》의 괘효를 통하여 나타내는 소인의 삶에서 대인의 삶으로의 변화는 시간성의 측면에서는 선천에서 후천으로의 변화를 나타낸다.

그런데 역방향에서 이루어지는 선천에서 후천으로의 변화는 순방향에서 이루어지는 후천에서 선천으로의 변화를 바탕으로 한다.

그것은 씨와 열매의 관계를 통하여 상징적으로 이해할 수 있다. 씨를 바탕으로 싹이 트고, 꽃이 피고, 수많은 열매가 맺는 변화는 시종의 변화, 선천에서 후천으로의 변화이다. 그러나 싹이 뜨고, 꽃이 피며, 열매가 맺는 변화는 씨가 심어지지 않으면 시작되지 않는다. 그것은 열매를 씨로 심는 종시변화가 바탕이 될 때 비로소 싹이 트고, 꽃이 피고, 열매가 맺는 시종의 변화가 가능함을 뜻한다. 그러면 씨와 열매가 둘인가?

시간성의 차원에서 보면 열매가 씨로 심어지는 종시변화, 후천에서 선천으로의 변화와 싹이 트고, 꽃이 피어 열매가 맺어지는 선천에서 후천으로의 시종의 변화가 둘이 아니다. 그것은 마치 씨와 열매가 둘이 아님과 같다.

열매와 씨는 본래 둘이 아니다. 그렇기 때문에 열매의 측면에서 보면 싹도 나타난 열매이며, 꽃도 나타난 열매이고, 열매는 열매이므로 씨와 싹, 꽃, 열매를 구분할 수 없다. 이처럼 싹에서 시작하여 열매에서 끝나는 사건, 선천에서 후천으로의 변화와 열매에서 씨로의 변화, 열매에서 시작하여 씨에서 끝나는 사건, 후천에서 선천으로의 변화가 둘이 아니다.

물건적物件的 관점에서 구분하는 형이상과 형이하, 도와 기, 성과 명, 소인과 대인, 천도와 지도, 천도와 인도, 선천과 후천, 후천과 선천의 변화는 고정된 실체가 아니다. 그렇기 때문에 인도의 측면에서 대인과 소인을 구분하여 양자를 별개의 실체로 여기는 것은 그릇된 용심用心이다.[231] 그러면 다시 《주역》으로 돌아와서 살펴보자.

내괘의 끝인 삼효와 외괘의 시작인 사효는 각 괘의 내용을 집약적으로 나타내고 있는 중요한 부분이다. 삼효와 사효에서는 소인과 대인을 구분하는 형이하의 물리적 생명이 갖는 본능과 형이상의 본성이 갖는 특성과 양자의 관계를 안다.

삼효는 내괘의 끝이다. 그렇기 때문에 표층의 나, 자아와 심층의 나, 본성이 극단적으로 대립하는 때이다. 그것은 비록 심층의 나인 본성이 본래면목임을 알지라도 정서적인 측면에서 육신을 자신으로 여기고 본능에 의하여 살아왔던 습관을 벗어 버리기가 어려워서 매 순간 갈등을 일으킴을 뜻한다.

대인의 경계를 나타내는 외괘의 시작인 사효는 끝없이 이루어지는 진보進步, 정진精進을 나타낸다. 사효의 상태에 이른 사람은 본성을 주체로 살고자 끝없이 노력한다. 효사에서 뛴다는 것은 하늘에서 날기 위하여 나는 연습을 하는 것을 나타낸다.

---

231) 《정역》에서 제시하는 천도天道를 바탕으로 한 신도의 측면에서 인간의 삶은 심신心身의 운용運用이다. 이는 후천의 성리性理의 도道가 매 순간 선천의 억음존양抑陰尊陽의 심법心法으로 드러남을 뜻한다. 이에 대하는 이현중의 《정역사상과 창조의 삶》, 지식과감성#, 2022을 참조하기 바란다.

그럼에도 불구하고 땅에서 걸어 다니던 습관이 발목을 잡아서 잠시 초효의 상태로 돌아가서 물속에서 휴식을 취한다. 그렇기 때문에 효사에서 혹은 뛰면서도 연못 속에 있다고 하였다. 그러나 물속에서의 휴식도 또한 끝없이 앞으로 나아가는 정진精進이다.

사효가 나타내는 뜻을 문언에서는 분명하게 나타내고 있다. 문언에서는 "상하가 무상한 것은 그릇됨이 아니며, 진퇴가 항상 하지 않음은 무리를 떠나지 않음이다."[232]라고 하였다. 상하가 무상함은 자유로움을 뜻하고, 진퇴가 항상하지 않음은 정진이 아님이 없음을 뜻한다. 그러면 오효와 상효는 무엇인가?

오효는 내 안의 나인 성품과 표층의 나인 물리적 생명이 둘이 아님을 확인함을 나타내며, 상효는 내 안의 나를 주체로 물리적 생명을 활용하는 삶이 바른 삶, 대인의 삶임을 확인하는 과정을 나타낸다.

오효의 효사에서는 "나는 용이 하늘에 있으니 대인을 드러냄이 이롭다."[233]라고 하였다. 이 부분은 나는 용이 하늘에 있음과 대인을 드러냄이 이로움의 두 부분으로 이해할 수 있다. 앞의 부분은 오효의 내용을 그대로 나타낸다.

날아가는 용이 하늘에 있음은 용이 비로소 용의 역할을 함을 뜻한다. 그것은 형이상의 성품, 내 안의 나와 형이하의 생명, 육신이 둘이 아님을 확인하였음을 뜻한다. 이에 대하여 문언에서는 다음과 같이 말한다.

"대저 대인은 천지와 덕을 합하고, 일월과 밝음을 합하며, 사시와 차례를 합하고, 귀신과 길흉을 합하여 하늘보다 먼저 하여도 하늘이 어기지 않으며, 하늘보다 뒤에 하여도 하늘의 때를 받드니 하늘도 또한 어기지 않으니 하물며 인간이며, 귀신에 있으랴."[234]

232) 《주역》 중천건괘重天乾卦 사효四爻 문언文言, "九四日 或躍在淵 无咎 何謂也 子日 上下无常, 非爲邪也, 進退无恒, 非離羣也. 君子進德修業, 欲及時也, 故无咎.".
233) 《주역》 중천건괘重天乾卦 오효五爻 효사爻辭, "九五, 飛龍在天, 利見大人.".
234) 《주역》 중천건괘重天乾卦 오효五爻 문언文言, "夫大人者, 與天地合其德, 與日月合其明, 與四時合其序, 與鬼神合其吉凶. 先天而天弗違, 後天而奉天時. 天且弗違, 而況於人乎 況於鬼神乎".

오효에서는 형상을 중심으로 나와 남을 둘로 여기고, 나와 사물, 나와 세계를 둘로 여기는 사고에서 벗어나서 성품의 차원에서 나와 남이 둘이 아닐 뿐만 아니라 나와 사물, 나와 세계가 둘이 아님을 확철確徹하게 파악하는 경계를 나타낸다. 그러면 오효에서는 오로지 지금 여기의 형이하의 물리적 생명과 형이상적 본성이 둘이 아님을 확인하는 것에 그치는가?

오효가 나타내는 대인은 형이상과 형이하, 성인과 군자를 때와 장소에 따라서 지혜롭게 활용하여 모든 사람들로 하여금 자신의 삶의 근거인 건도乾道를 바꾸도록 이끈다.

그것은 사람들로 하여금 형이하의 물리적 생명에서 근원, 삶의 근거, 천도를 찾는 역逆방향의 방법을 버리고 형이상의 본성을 주체로 형이하의 생명으로 드러내는 순順방향으로의 방향 전환이다. 따라서 대인은 형이상과 형이하, 순과 역, 성과 명을 구분하여 지혜롭게 활용한다. 이에 대하여 문언에서는 다음과 같이 밝히고 있다.

> 구호九五의 효사에서 "나는 용이 하늘에 있으니 대인을 드러냄이 이롭다."라고 하였는데 이는 무엇을 말하는가? 공자가 말하였다. "같은 소리가 서로 응하고, 같은 기운이 서로 찾으며, 물은 습한 곳으로 흐르고, 불은 건조한 물건을 향한다. 구름은 용을 따르고, 바람은 호랑이를 따른다. 성인이 흥작하여 만물이 드러난다. 천天에 근본을 둔 사람은 형이상과 친하고, 지地에 근본을 둔 사람은 형이하와 친하여 각각의 무리를 쫓는다."[235]

인용문은 인도의 측면에서 천지를 나타낸다. 공자는 용이 상징하는 인간의 본성을 중심으로 대인의 경계에 대하여 논하면서 형이상과 형이하를 구분하여 인간의 삶을 두 부류로 나눈다.

---

235) 《주역》 중천건괘重天乾卦 오효五爻 문언文言, "九五曰 飛龍在天, 利見大人 何謂也 子曰 同聲相應, 同氣相求, 水流濕, 火就燥, 雲從龍, 風從虎, 聖人作而萬物覩, 本乎天者親上, 本乎地者親下, 則各從其類也".

한국사상과 인간의 삶

그가 소리, 기운, 물, 불을 논하고, 용과 호랑이를 논하여 현상의 사물을 나타내는 것 같지만 모두 인간의 삶을 나타낸다. 용은 형이상의 본성을 상징하고, 호랑이는 성품이 나타난 형이하의 생명을 상징한다. 인간의 본성은 둘이 아니다. 그럼에도 불구하고 본성을 주체로 살아가는 사람의 삶은 본능을 중심으로 살아가는 사람의 삶과 다르다.

공자는 형이상을 천天으로 나타내고, 형이하를 지地로 나타내어 형이상을 주체로 살아가는 성인과 형이하를 중심으로 살아가는 사람을 구분하여 나타내고 있다.

그런데 성인이 홍작함으로써 형이하의 만물이 드러난다고 하였다. 이는 형이상과 형이하가 둘이 아니라 본체와 작용의 관계임을 뜻한다. 따라서 지地를 중심으로 삶을 살아가는 사람은 본능을 따라서 살아가는 소인을 나타내지 않는다. 그러면 지를 중심으로 형이하의 경계를 살아가는 사람은 누구인가?

지地를 바탕으로 살아가는 사람은 지도인 공간성을 바탕으로 인간의 삶을 살아가는 사람을 말한다. 그는 《주역》의 다양한 논의가 대상으로 하는 군자이다.

중건천괘의 삼효 효사에서는 "군자君子가 종일 부지런하고 부지런하면서도 저녁이 되어 슬픈 듯하면 비록 위태로우나 허물이 없다."[236]라고 하여 주역이 군자를 위하여 저작되었음을 나타내고 있을 뿐만 아니라 설괘에서는 "옛날에 성인이 역을 지을 때에 장차 성명의 이치에 따르도록 하기 위함이다."[237]라고 그 점을 밝히고 있다. 그러면 군자는 어떤 삶을 사는가?

군자는 성인이 경전을 통하여 밝힌 인도를 실천하는 삶을 산다. 성인이 천도를 자각하여 인도를 밝히는 천도 중심의 삶을 사는 것과 달리 군자는 인도를 자각하여 실천하는 삶을 산다. 따라서 용은 성인을 상징하고, 호랑이는 군자를 상징한다. 그러면 상효의 내용은 무엇인가?

이미 오효의 효사의 뒷부분에서 나타내고 있듯이 상효는 대인의 삶을 살아

---

236) 《주역》중천건괘重天乾卦 삼효三爻 효사爻辭, "九三, 君子終日乾乾, 夕惕若, 厲无咎".
237) 《주역》설괘說卦 2, "昔者聖人之作易也, 將以順性命之理".

감이 이로움을 나타낸다. 그것은 표층의 육신, 물리적 생명과 심층의 성품, 내 안의 내가 둘이 아님을 알고, 둘이 아니게 살아가는 삶이 올바른 삶임을 나타 냄이 상효임을 뜻한다.

오효에서 일체가 둘이 아님을 알면 비로소 둘이 아니게 살아감이 삶임을 안 다. 그렇기 때문에 상효에서는 "과항過亢한 용龍은 후회後悔한다."[238]라고 하였 다. 과항한 용은 지나친 용이다. 그러면 지나침은 무엇인가?

지나침은 때를 놓침을 뜻한다. 그것은 마음에 의한 앎이 육신에 의하여 실 천으로 드러나지 못함을 가리킨다. 둘이 아닌 경계에 머물러서 그것을 즐길 뿐으로 둘이 아닌 삶으로 실천하지 않음이 항룡이다.

상효는 오효와 달리 둘이 아닌 경계에서 둘이 아니게 살아감이 올바른 삶임 을 파악함을 뜻한다. 단사에서 언급한 각정성명各正性命의 정성正性을 나타내 는 오효五爻와 달리 정명正命을 나타내는 효가 상효이다.

상효가 나타내는 정명正命은 성품을 주체로 하여 물리적 생명을 활용하는 삶이다. 그것은 시간에 따라서 다양하게 드러나기 때문에 역사적 사명이라고 말할 수도 있고, 공간적 측면에서는 사회적 사명이라고 할 수도 있다. 이 양자 를 하나로 나타내는 개념이 천명天命이다. 따라서 상효에서 비로소 천명天命 을 자각自覺함, 정명正命에 이름이라고 할 수 있다.

그런데 상효에서는 과항한 용, 시간이 지난 용, 시의성時義性을 따르지 못하 는 용으로 나타내고 있다. 그것은 정명正命을 알고, 천명天命을 알았을지라도 앎에 머물지 말고, 초효로 내려와서 실천을 해야 함을 뜻한다. 그러면 지금까 지 살펴본 중천건괘의 효사는 무엇을 의미하는가?

초효와 이효는 입지立志와 견성見性을 나타내고, 삼효와 사효는 성품과 생 명의 합일, 오효와 상효는 천명天命을 앎을 나타낸다. 초효와 이효는 궁리窮理 를 나타내고, 삼효와 사효는 진성盡性을 나타내며, 오효와 상효는 지명至命을

---

238) 《주역》 중천건괘重天乾卦 상효上爻 효사爻辭, "上九, 亢龍有悔".

　　　　　　　　　　　　　　　　한국사상과 인간의 삶

나타낸다.

초효에서 시작하여 상효에 이르는 방향은 역逆방향이다. 역방향은 형이하의 생명으로부터 출발하여 형이상의 근원인 성품에 이르는 방향이다.

이것과 저것을 나누고, 남과 나, 나와 사물, 나와 세계를 둘로 나누어 이해하는 분별적 사고의 측면에서는 분별적 사고가 사라짐, 분별적 사고를 놓아 버림이며, 자아의 측면에서는 자아가 죽고 새로운 내가 태어나는 과정이다.

《주역》의 육효가 나타내는 내용은 삼효와 사효에 집약되어 있다. 삼효와 사효를 《주역》에서는 건도변화로 나타내고 있다. 건도변화는 천도의 변화를 인도의 측면에서 나타내는 개념이다. 그러면 삼효와 사효를 중심으로 중천건괘가 나타내는 성명의 이치가 무엇인지 살펴보자.

중천건괘가 나타내는 성명性命의 이치는 소인의 삶에서 대인의 삶으로의 변화, 삶의 주체인 건도乾道의 변화, 내괘에서 외괘로의 변화원리이다.

내괘가 나타내고, 하괘가 나타내는 물리적 생명, 본능이 주체가 된 소인의 삶은 외괘가 나타내고, 상괘가 나타내는 형이상의 본성, 내 안의 나, 참나가 주체가 된 대인의 삶으로 변화한다. 그러면 나머지 사효는 성명을 어떻게 나타내고 있는가?

초효와 이효는 표층의 나로부터 출발하여 심층의 내 안의 나를 찾는 과정을 나타내고, 오효와 상효는 심층의 나인 본성이 주체가 된 성명이 둘이 아닌 경계를 나타내는 동시에 양자가 둘이 아니게 살아가는 군자의 삶이 정명正命임을 나타낸다. 그러면 군자의 성명에 대하여 육효를 중심으로 살펴보자.

초효와 이효는 내 안의 나 아닌 나를 주체로 하여 살고자 하는 뜻을 세우는 입지立志의 시종始終을 나타낸다. 초효의 군자는 표층의 나인 육신과 달리 내면의 심층에 있는 성품을 찾고자 하는 뜻을 세우고, 이효의 군자는 자신의 내면으로의 성찰을 통하여 마음에서 심층의 나를 발견한다. 그것이 성명의 이치를 연구하는 궁리窮理의 과정이다.

궁리를 나타내는 초효와 이효의 측면에서는 남과 함께 살아가는 실천을 할수 없다. 그것은 밖으로 향하는 마음을 거두어들여서 자신의 내면으로 향하는 과정이 바로 초효와 이효가 나타내는 시위時位임을 뜻한다. 이때 가장 필요한 것은 먼저 살다간 성인과 현인들이 제시한 경전들을 매개로 하여 심층의 나에 대한 믿음을 갖는 일이다.

선성先聖과 선현先賢의 말에 담긴 내 안의 나 아닌 나에 대한 믿음을 갖지 못하면 입지가 이루어지지 않을 뿐만 아니라 입지가 되지 않으면 내 안의 나를 발견할 수 없다. 그것은 나와 다른 사람인 성인과 현인에 의하여 내 안의 나인 본성이 드러남을 뜻하는 것이 아니라 그들의 안내를 통하여 내 안의 나를 찾고자 할 때 비로소 드러남을 뜻한다.

그러나 내가 찾지 않는다고 하여 내 안의 내가 사라지지 않으며, 내가 뜻을 세워서 찾고자 한다고 하여 없었던 본성이 갑자가 나타난 것은 아니다.

단지 나를 통하여 항상 드러나고 있음에도 불구하고 날마다 사용하면서도 몰랐던 나를 확인하는 과정일 뿐이다. 나를 떠나서 공자나 부처, 예수가 나로 하여금 내 안의 나를 깨닫게 해 주거나 상제, 천, 하느님이라는 나와 다른 존재가 내 안의 나를 발견하게 하는 것이 아니라 그들의 말을 통하여 지금 여기의 내가 스스로 체험할 뿐이다.

마음속에서 스스로 표층의 나와 다른 심층의 내가 있음을 알았을 때 일어나는 변화를 나타내는 효가 삼효와 사효이다. 이미 발견한 내 안의 나와 표층의 내가 하나가 되기 위하여 갈등을 일으키는 과정이 삼효와 사효를 통하여 표현된다.

표층의 나와 심층의 내가 서로 다름이 극명하게 드러나면서 표층의 나를 주체로 한 삶이 끝나고(삼효), 심층의 내 안의 나를 주체로 살아가는 삶이 시작된다. (사효) 삼효에서 시작하여 사효에 이르는 과정은 진성盡性이다.

삼효가 나타내는 삶은 소인의 삶이며, 사효가 나타내는 삶은 대인인 군자의 삶이다. 그렇기 때문에 진성의 과정을 나타내는 삼효와 사효에서는 내면의 심적인 갈등이 가장 많은 때인 동시에 변화가 가장 많은 때이다.

삼효가 나타내는 소인의 마음은 심층의 나에 대한 의심이 가장 극성極盛한 상태이다. 삼효의 시위는 가장 힘이 들고 고통스러운 상황이다. 이와 달리 사효는 표층의 내가 주체가 된 삶에서 심층의 내가 주체가 된 삶으로의 변화를 나타낸다. 사효의 시위에서는 삼효가 나타내는 내괘의 삶에서 겪었던 것과 다른 수많은 삶을 겪게 된다. 그럼에도 불구하고 모두가 내 안의 나에 의하여 이루어지기 때문에 그 어떤 것도 진실하지 않음이 없다.

삼효와 사효를 통하여 표층의 나와 심층의 내가 하나가 되는 과정을 겪으면 본래 양자가 둘이 아님을 확인하는 오효와 상효에 이른다. 오효에 이르면 비로소 내 안의 나인 본성이 참나임을 확철確徹하게 파악한다. 그것은 군자가 이무기로 생장하여 용이 되는 것이 아니라 용이 이무기로 내려와서 살아감을 파악하였음을 뜻한다.

군자가 상효에 이르면 대인의 삶과 소인의 삶을 구분하여 대인의 삶에 머물지 않고, 소인과 함께하는 삶이 대인의 삶임을 비로소 알게 된다. 그것은 군자가 상효에 이르러서 대인과 소인의 삶이 둘이 아님을 알면서도 양자가 하나가 아님을 알게 됨을 뜻한다. 오효와 상효가 나타내는 내용은 설괘에서 밝힌 정명正命을 자각自覺하는 지명至命이다.

오효에서는 비로소 표층의 육신과 심층의 성품이 둘이 아님을 자각自覺하는 성명합일性命合一이 이루어진다. 그러나 그것은 본래 그러함을 파악하는 지적知的인 측면에서의 합일合一이다. 따라서 군자는 오효에서 대인과 소인, 천天과 인人, 성性과 명命, 내 안(內)과 나의 밖(外)이 둘이 아님을 파악한다.

상효에서는 소인, 인간, 물리적 생명, 밖을 벗어나서 대인, 천, 성품, 안의 경계에 머무는 것 역시 또 하나의 분별임을 알고, 대인의 경계에도 머물지 않고 소인과 함께하는 삶을 살고자 한다. 따라서 중천건괘가 나타내는 궁리, 진성,

지명의 과정을 통하여 지금 여기의 내가 어떤 존재인지를 파악하면 나로 살아가는 삶의 과정이 논의되지 않을 수 없다.

《주역》에서 형이상과 형이하를 나누고, 성과 명을 구분하여 나타낼 뿐만 아니라 성인과 군자를 구분하고 대인과 소인을 구분하여 나타내면서도 도를 역도易道로 나타내고 변화變化의 도道로 나타냄은 도와 기, 성과 명, 대인과 소인의 그 어떤 것도 고정된 실체가 아님을 뜻한다.

그것은《주역》의 상효가 나타내는 정명正命 역시 상효에서 초효를 향하는 변화를 통하여 실천할 때 비로소 그 의미가 드러남을 뜻한다.

중천건괘가 나타내는 역방향에서 이루어진 앎 중심의 성명의 이치를 순방향에서 실천을 중심으로 나타내는 괘는 중지곤괘이다. 따라서 중천건괘를 고찰한 후에는 중지곤괘를 고찰하지 않을 수 없다.

한국사상과 인간의 삶

3. 내 안의 참나의 외적外的 확충擴充과 삶

중천건괘가 나타내는 나의 내면을 향하는 내적 성찰을 통하여 지금 여기의 내가 어떤 존재인지 그리고 어떻게 살아야 하는지를 파악한 후에는 나로 살아가는 삶을 살펴보지 않을 수 없다.

중천건괘가 내괘에서 외괘를 향하는 역逆방향에서 내 안의 나인 성품을 중심으로 나를 나타내는 것과 달리 중지곤괘는 순방향에서 나로 살아가는 삶을 나타낸다. 따라서 지금부터는 중지곤괘가 나타내는 나의 삶이 무엇인지를 살펴보자. 이를 위하여 먼저 중지곤괘의 괘상을 살펴보자.

중지곤괘

중지곤괘의 괘상을 보면 초효에서 상효에 이르기까지 음효가 일관하고 있음을 볼 수 있다. 중지곤괘를 구성하는 음효는 정확하게 셋으로 구분된 직선이다. 그것은 가운데의 빈 곳과 나누어진 양쪽의 두 직선의 길이가 같음을 뜻한다.

음효가 상징하는 경계는 현상이다. 그것은 이것과 저것으로 나누어지는 다름의 경계이고, 과거와 미래로 구분되는 물리적 시간의 경계이며, 시초와 종말이 구분되는 시종의 경계이다. 중전건괘가 시간의 흐름과 상관없이 한결같은 성품을 나타내는 것과 달리 중지곤괘는 물리적 시간에 따라서 다양하게 드러나는 현상을 나타낸다. 그러면 중지곤괘는 단순하게 물리적 생명현상을 나타내는가?

중지곤괘가 나타내는 물리적 생명현상은 성품이 드러난 현상이기 때문에 단순한 물리적 생명현상이 아니다. 그렇기 때문에 중지곤괘의 효사가 나타내는 내용은 중천건괘가 나타내는 형이상의 성품을 바탕으로 이해하지 않을 수 없다. 그러면 중지곤괘의 효사가 나타내는 내용을 파악하기 위하여 중지곤괘의 육효 효사가 무엇인지 살펴보자.

육효	효사
상효上六	용전우야龍戰于野 기혈현황其血玄黃
오효六五	황상黃裳 원길元吉
사효六四	괄낭括囊 무구무예无咎无譽
삼효六三	함장가정含章可貞 혹종왕사或從王事 무성유종无成有終
이효六二	직방대直方大 불습무불리不習无不利
초효初六	리상履霜 견빙지堅冰至

중지곤괘 육효 효사

중천건괘와 중지곤괘를 각각 이해하면 중천건괘가 형이상의 성품을 중심으로 삶을 나타내는 것과 달리 중지곤괘는 형이하의 물리적 생명을 중심으로 삶을 나타낸다. 그러면 중지곤괘의 육효를 중천건괘의 효사와 비교하면서 중지곤괘의 효사에서 인간의 삶을 어떻게 나타내고 있는지 살펴보자.

중지곤괘의 초효의 효사에서는 "서리를 밟으면 단단한 얼음이 온다."[239]라고 하였다. 이는 중천건괘의 초효에서 나타내고 있는 입지立志를 성품이 나난 생명현상의 측면에서 나타내고 있다. 삶의 시작과 더불어 소인의 삶과 대

---

239) 《주역》중지곤괘重地坤卦 초효 효사, "履霜 堅冰至".

인의 삶을 알고, 대인의 삶을 살고자 하는 뜻을 세우지 못하면 결국 소인의 삶을 살아가게 된다.

문언에서는 입지를 한 삶과 그렇지 않은 삶이 어떻게 다른지를 다음과 같이 밝힌다.

> 선善을 쌓은 집안에는 반드시 남은 경사가 있고, 불선不善을 쌓는 집안에는 반드시 남은 재앙이 있다. 신하가 군주를 시해弑害하고, 자식이 부모를 죽이는 일은 어느 날 아침이나 저녁에 갑자기 일어나는 일이 아니다. 그 유래하는 것이 오래니 분별하는 것이 일찍 이루어지지 않았기 때문이다. 역易에서 말하기를 "서리를 밟으면 단단한 얼음이 온다."라고 말함은 대개 순응함을 말한다.[240]

입지立志에 의하여 대인의 삶을 사는 사람은 선을 쌓으며 사는 것과 같다. 대인의 삶은 쌓은 선보다 더 많은 경사慶事로 이어지고, 입지를 하지 못하여 소인의 삶을 살아가는 집안에는 쌓은 불선不善보다 더 많은 재앙이 있다.

남은 경사와 남은 재앙은 비록 사람의 성품은 같으나 입지에 의하여 성품을 주체로 살고자 하는 사람의 삶과 입지를 하지 않고 본능을 주체로 사는 사람의 삶이 시간이 흐를수록 점점 더 멀어짐을 뜻한다.

이효에서는 마음에서 내 안의 나, 성품을 발견한 사람의 삶을 나타내고 있다. "곧고 바르고 크니 익히지 않아도 이롭지 않음이 없다."[241] 직直과 대大는 건괘의 특성을 나타내는 개념들이다. 따라서 이효의 효사를 나타내는 개념은 방方이다.

직直은 중천건괘에서 나타내고 있는 현룡見龍, 군자의 마음에서 드러나는 성품을 나타낸다. 성품은 영원할 뿐만 아니라 공간상으로는 지대至大하다. 그

---

240) 《주역》 중지곤괘重地坤卦 이효 문언, "積善之家 必有餘慶 積不善之家 必有餘殃 臣弒其君 子弒其父 非一朝一夕之故 其所由來者漸矣 由辯之不早辯也 易曰 履霜堅冰至 蓋言順也".
241) 《주역》 중지곤괘重地坤卦 이효 효사, "直方大 不習无不利".

렇기 때문에 영원함을 직直으로 나타내고, 지대至大함을 대大로 나타내었다. 그러면 방은 무엇을 의미하는가?

방方은 사건적 측면에서 직으로 나타내는 영원한 성품이 물건적 측면에서 방정함으로 드러남을 나타낸다. 문언에서는 이효를 중천건괘와 관련하여 다음과 같이 논한다.

> 직直은 정正이고, 방方은 의義이다. 군자는 경敬으로 그 안을 바르게 하고, 의義로
> 그 밖을 바르게 한다. 경의敬義가 세워지면 덕이 외롭지 않다. "곧고 바르고 커서
> 익히지 않아도 이롭지 않음이 없음"은 행하는 바를 의심하지 않음이다.[242]

중천건괘의 이효에서 나타내고 있는 마음속에서 성품을 발견함을 삶의 관점에서 나타낸 효사가 중지곤괘의 이효이다. 이미 성품이 나타났기 때문에 성품을 주체로 삶이 이루어지지 않을 수 없다.

문언의 뒷부분인 불습무불리不習无不利는 오효의 내용을 나타낸다. 이는 중천건괘 이효의 효사와 오효의 효사의 뒷부분이 같듯이 내괘의 이효와 외괘의 오효가 상응함을 나타낸다.

이효에서 본성이 있음을 알지만 본래 성품은 알거나 모름에 상관이 없이 삶의 주체이자 본체이다. 그렇기 때문에 오효의 관점에서 성품이 주체가 되어 물리적 생명현상이 이루어짐을 나타내어 익히지 않아도 이롭지 않음이 없다고 하였다. 그러면 삼효와 사효에서는 어떻게 나타내고 있는가?

삼효의 효사에서는 "빛남을 머금음이 가히 바르니 혹 왕사王事에 종사하더라도 이룸이 없지만 끝은 있다."[243]라고 하였다. 처음 부분에서는 빛남을 머금음이 바르다고 하였다.

---

242) 《주역》중지곤괘重地坤卦 이효二爻 문언文言, "直其正也 方其義也 君子 敬以直內 義以方外 敬義立而德
不孤 直方大 不習无不利 則不疑其所行也".
243) 《주역》중지곤괘重地坤卦 삼효 효사, "含章可貞 或從王事 无成有終".

삼효는 소사小事에 힘을 써야 할 때이다. '장章'은 본성을 주체로 드러난 생명현상, 본성이 드러난 삶 곧 대인의 삶을 나타낸다. 따라서 빛남을 머금음이 바르다는 것은 오로지 소사에 힘써야 할 때임을 나타낸다.

뒷부분에서 논하는 왕사王事는 개체적 측면에서 주체를 세움, 중심을 세움을 뜻한다. 본성을 주체로 하는 삶은 매 순간에 이루어진다.

비록 삶의 매 순간 육신을 자신으로 여기는 전도견顚倒見을 알아차리고 버리지만 항상 정견正見에 의하여 사는 것은 아니다. 이처럼 삼효는 전도견을 끝내는 일이 중심이기 때문에 이룸은 없고, 끝냄은 있다고 하였다.

사효에서는 "주머니를 묶으면 허물도 없고, 명예도 없다."[244]라고 하였다. 주머니를 묶음은 육신이 갖는 본능에서 벗어남, 전도견을 버림을 뜻한다. 이는 초효의 관점에서 입지를 중심으로 사효를 나타낸 것이다.

사효의 내용은 허물도 없고, 명예도 없음이다. 사효는 허물과 명예의 현상을 떠나서 본성을 주체로 살아가는 시위이다. 그것은 정견에 의하여 살아감을 뜻한다. 삼효가 전도견을 버리는 일이 중심이라면 사효는 정견에 의하여 살아감이 중심이다. 문언에서는 사효에 대하여 다음과 같이 말한다.

> 천지가 변화하면 초목이 번성하고, 천지가 폐색되면 현인이 숨는다. 역易에서 말하기를 "주머니를 묶으면 허물도 없고, 명예도 없다."라고 함은 대개 삼감을 나타낸다.[245]

중천건괘의 사효에서는 혹약을 말하고 있다. 사효에 이르면 용이 날기 위하여 하늘을 향하여 뛰어오르는 상황과 같다. 그렇기 때문에 삼효에서 표층의 나와 심층의 내가 둘의 상태에서 하나가 되기 위하여 소통하는 과정에서 갈등

---

244) 《주역》 중지곤괘重地坤卦 사효 효사, "括囊 无咎无譽 蓋言謹也".
245) 《주역》 중지곤괘重地坤卦 사효四爻 문언文言, "天地變化 草木蕃 天地閉 賢人隱 易曰 括囊 无咎无譽 蓋言謹也.".

을 갖는 것과 달리 사효에서는 이미 심층의 내가 중심이 되어 점차 하나가 되는 과정에서 열락悅樂이 일어난다.

사효에서 군자는 삼효의 내괘가 나타내는 삶에서 경험할 수 없었던 다양한 경험을 하게 된다. 그것은 천지가 뒤집어지는 변화이다. 그렇기 때문에 건도가 변화했다고 말하기도 하고, 천지가 변화했다고 말하기도 한다.

문언의 천지가 폐색됨은 내괘를 나타내고, 천지가 변화함은 외괘를 나타낸다. 천지의 폐색은 천과 지가 각각 서로의 자리를 고수하여 소통이 이루어지지 않기 때문에 현인의 삶이 드러나지 않음을 나타내어 현인이 숨는다고 하였다.

그러나 외괘, 상괘가 나타내는 천지의 변화는 천이 지로 내려오고, 지는 천으로 올라가서 하나가 되어 서로 작용함을 의미한다. 그렇기 때문에 그 가운데서 생명이 왕성하게 활동함을 나타내어 초목이 번성한다고 하였다. 이처럼 삼효에서 시작된 천지의 변화가 사효에서 이루어지기 시작한다.

천지의 변화는 개체적 생명현상으로 나타난다. 그렇기 때문에 사효에서 군자는 삼효에서 경험할 수 없었던 많은 변화를 경험한다.

그러나 육신으로서의 내가 경험한 것이지만 내 안의 내가 주체가 되어 이루어지는 변화이기 때문에 표층의 내가 경험한 것이 아니라 함이 없는 함이다.

이때 필요한 것은 심층의 나에게 맡길 뿐으로 표층의 내가 경험을 했다는 생각이 없어야 한다. 그것을 나타내는 것이 주머니를 묶으면 허물도 없을 뿐만 아니라 명예도 없다는 말이다.

만약 자신을 드러내어 남으로부터 기림을 받고자 한다면 더 이상의 정진精進이 없을 뿐만 아니라 내 안의 나를 업신여기는 일이 된다. 그렇기 때문에 일상의 삶 속에서 경험하고 갈 뿐으로 마음에 담아 두어서는 안 된다. 그것을 문언에서는 삼감(謹)으로 나타내었다. 그러면 오효에서는 어떻게 말하고 있는가?

중천건괘에서 밝히고 있는 표층의 나와 심층의 내가 둘이 아님을 파악함을 나타내는 나는 용이 하늘에 있음을 중지곤괘의 오효에서는 "누런 치마이니 크게 길하다."[246]라고 하였다. 누런 치마는 관리가 바지 위에 입는 치마이다. 따라서 대사大事를 실천하기 위하여 관리가 되었음을 뜻한다. 그러면 소사小事와 다른 대사大事는 무엇인가?

소사는 자신의 본래면목을 찾는 수기, 수행의 과정을 나타내고, 대사는 남으로 하여금 자신의 본래면목을 찾도록 이끌어 주는 일을 가리킨다. 문언에서는 오효의 내용을 다음과 같이 말한다.

> 군자가 마음속에서 이치에 통하여 바른 위치에 본체를 세우니 아름다움이 그 가운데 있다. 사지에 뻗어 가고, 사업에 펴지니 아름다움의 지극함이다.[247]

사업은 정명正命을 실천함을 나타낸다. 그것은 한마디로 나타내면 천하를 도로 제도하는 도제천하道濟天下의 사업이다. 따라서 이 부분 역시 상효의 내용을 미리 나타내고 있다고 할 수 있다. 그러면 사업은 구체적으로 무엇인가?

중천건괘에서 논한 대인의 삶을 실천함이 사업이다. 그것은 군자가 천하의 본보기가 되어 천하를 이롭게 하는 일이다. 군자가 천하를 이롭게 함은 도道로 천하를 제도濟度함이다.

군자가 천하의 인류를 도로 제도하는 일은 내 안의 나 아닌 나인 본성, 성품을 주체로 하여 이루어진다. 중천건괘에서 밝힌 하늘을 나는 용을 중지곤괘에서는 군자가 마음속에서 성명의 이치를 파악하고, 본성을 주체로 하여 사지四肢로 드러나고, 천하에 드러나는 사업을 실천함으로 나타내고 있다. 그러면 상효에서는 어떻게 논하고 있는가?

상효의 효사에서는 군자가 백성과 더불어 사는 삶인 정명正命을 나타내고

---

246) 《주역》 중지곤괘重地坤卦 오효五爻 효사, "六五 黃裳 元吉".
247) 《주역》 중지곤괘重地坤卦 오효五爻, 문언文言, "君子 黃中通理 正位居體 美在其中 而暢於四支 發於事業 美之至也".

있다. 이때 군자가 해야 할 일은 백성들로 하여금 자신이 어떤 존재인가를 파악하여 자신의 삶을 살도록 안내하는 일이다.

상효의 효사에서는 "용이 밭에서 싸우니 그 피가 검고 누렇다."[248]라고 하였다. 상효의 시위時位는 밭이 아니라 하늘이다. 그럼에도 불구하고 용이 들판에서 싸운다고 하였다. 그러면 상효는 무엇을 나타내고 있는가?

중천건괘와 중지곤괘를 막론하고 사효에서 초효를 언급하고, 이효에서 오효의 효사를 언급하고, 오효에서 이효의 효사가 나타나며, 삼효에서 상효의 효사가 나타나고, 상효에서 삼효의 효사가 나타난다. 이는 내괘와 외괘가 서로 연관됨을 나타낸다. 그러면 용이 들판에서 싸움은 무엇을 나타내는가?

용은 하늘을 날아가는 동물이다. 그렇기 때문에 들판에서 싸우는 용은 아직은 용의 역할을 할 수 있는 성장한 용이 아니다. 따라서 이 부분은 삼효의 관점에서 정명正命을 논하고 있음을 알 수 있다.

삼효가 나타내는 시위時位에서 사람들은 내면의 나, 심층의 성품이 있음을 알고 있지만 여전히 육신을 자신으로 여기는 습관에서 벗어나지 못하여 의식에 의하여 구성된 분별을 지혜로 착각하고, 의식을 마음으로 착각하며, 본능本能을 본성本性으로 착각한다.

심층의 나와 표층의 내가 둘이 아님에도 불구하고 심층의 나를 의심하여 표층의 나를 심층의 나로 여기는 실수를 범한다. 그것을 용이 들판에서 싸운다고 표현하였다. 삼효의 시위에 처한 사람은 군자가 되고자 수행하는 사람이다.

군자라는 이상적인 인격체가 되기 위하여 내적 성찰을 하는 사람이 겪는 갈등을 나타내는 내용이 바로 중지곤괘의 상효에서 나타내고 있는 효사이다.

내 안의 나인 성품을 발견한 후에 일어나는 내적 갈등은 전도견顚倒見을 정견正見으로 바꾸는 천도天道의 변화가 일어나지 않으면 해결되지 않는다. 따라서 상효의 군자가 해야 할 일은 바로 삼효의 군자가 종일 부지런히 정진하

---

248) 《주역》 중지곤괘重地坤卦 상효上爻 효사, "上六 龍戰于野 其血玄黃".

한국사상과 인간의 삶

는 일을 돕는 일이다. 문언에서는 상효의 "용이 들에서 싸움"에 대하여 다음과 같이 말한다.

> 음陰이 양陽을 의심하면 반드시 싸운다. 왜냐하면 양陽이 없다고 의심하고 (스스로) 용이라고 일컫지만 오히려 음을 벗어나지 못하였기 때문이다.[249]

음陰은 표층의 나를 가리키고, 양陽은 심층의 나를 가리킨다. 따라서 음陰이 양陽이 없다고 의심하는 것은 표층의 육신을 자신으로 여기는 습관이 일어남을 뜻한다. 그렇기 때문에 이미 발견한 심층의 나와 갈등이 일어나게 된다. 이를 용이 들판에서 싸운다고 하였다. 그러면 상효 효사의 뒷부분에서 그 피가 검고 누렇다는 것은 무엇을 의미하는가?

문언에서는 앞의 내용에 이어서 상효의 "그 피가 검고 누렇다."에 대하여 다음과 같이 말한다.

> 대저 검고 누렇다는 것은 천지의 섞임을 나타낸다. 하늘은 검고 땅은 누렇다.[250]

음양의 갈등이 일으키는 결과를 나타내는 내용이 효사의 뒷부분이다. 전쟁에서 싸우다 보면 싸우는 두 사람이 모두 피를 흘리게 된다. 따라서 효사의 뒷부분은 용이 들판에서 싸우게 되면 용과 이무기 모두 피를 흘리게 됨을 뜻한다. 그러면 피는 무엇이고, 현황은 무엇인가?

현황玄黃은 천지가 하나가 된 나를 가리킨다. 표층의 육신, 물리적 생명과 심층의 성품이 둘이 아닌 나는 바로 천지의 본성이 하나가 된 합덕체이다. 따라서 효사의 내용은 음陰과 양陽이 서로 싸우면 자신의 본래면목本來面目을 상

---

249) 《주역》중지곤괘重地坤卦 상효上爻 문언文言, "陰疑於陽必戰 爲其嫌於无陽也 故 稱龍焉 猶未離其類也 故稱血焉.".

250) 《주역》중지곤괘重地坤卦 상효上爻 문언文言, "夫玄黃者 天地之雜也 天玄而地黃.".

실하게 됨을 뜻한다. 그러면 이는 물리적 생명의 상실인 죽음을 의미하는가?

음과 양의 싸움은 심성 내적 사건이다. 그렇기 때문에 심층의 나와 표층의 내가 갈등을 겪는다고 하여 바로 물리적 생명이 상실되는 것은 아니다. 다만 갈등의 시간이 오래되면 육신의 기능에 이상이 생길 수 있음은 분명하다. 그러면 어떻게 해야 하는가?

정명正命을 실천하는 군자는 상효에서 천명天命을 자각하고, 초효에 내려와서 과거에 자신이 그렇게 했듯이 다른 사람들로 하여금 자신의 길을 찾아가게 도와준다.

군자는 삼효의 시위에 처한 사람으로 하여금 심층의 나와 표층의 내가 하나가 아니어서 서로 다름을 분명하게 파악함으로써 본래 둘이 아님을 알도록 이끌어 준다.

바로 삼효에서 사효로 변화하는 건도乾道의 변화變化가 이루어질 수 있도록 도와주는 일이 군자의 바른 삶인 정명正命이다. 이를 중지곤괘의 사효에서는 천지의 변화라고 하였다.

천지의 변화는 천지의 소통 곧 상호작용이다. 그것은 본성과 생명의 소통이다. 천지의 소통에 의하여 온갖 생명현상이 왕성해진다. 따라서 천지의 변화에 의하여 초목이 번성한다.

군자가 때와 장소에 따라서 자신의 성품을 올바로 쓰는 중용에 의하여 천지가 서로의 위를 갖고, 만물이 비로소 존재함[251]이 바로 건도가 변화하여 성품과 생명이 하나가 된 삶이다.

---

251) 《중용》경일장, "喜怒哀樂之未發謂之中 發而皆中節謂之和 中也者天下之大本也 和也者天下之達道也 致中和 天地位焉 萬物育焉".

4. 《주역》과 중국사상의 특성

우리는 앞에서 《주역》의 중천건괘와 중지곤괘를 통하여 나의 두 측면인 성性과 명命을 살펴보았다. 중건건괘는 형이상의 본성, 성품을 중심으로 인간을 나타내고 있고, 중지곤괘는 물리적 생명을 나타내고 있지만 본성, 성품의 작용을 중심으로 인간을 나타내고 있다. 따라서 중천건괘와 중지곤괘의 내용은 모두 형이상적 관점에서 인도를 나타내고 있다.

그런데 중천건괘와 중지곤괘를 막론하고 효사를 중심으로 내괘에서 시작하여 외괘로 향하는 시종의 변화를 중심으로 전개되고 있다. 그것은 중건괘와 중지곤괘를 막론하고 효사가 모두 역방향에서 성명을 나타내고 있음을 뜻한다. 그러면 중천건괘와 중지곤괘에 대한 효사가 모두 역방향에서 이루어지고 있음은 무엇을 의미하는가?

괘사와 효사는 체용의 관계이다. 괘는 본체를 나타내고, 효는 작용을 나타낸다. 따라서 효사가 중심이 되어 이루어지는 괘효의 이해는 현상을 출발점으로 삼아서 그 근원을 찾아가는 명命에서 벗어나서 성性에 이르는 문제가 중심 주제이다.

지금부터는 효사를 중심으로 중천건괘와 중지곤괘를 고찰했던 앞의 방법과 달리 괘를 중심으로 두 괘를 고찰해 보자.

효를 중심으로 64괘를 이해하는 것과 달리 괘卦를 중심으로 성명을 고찰하는 작업은 다음과 같은 몇 가지 점에서 앞의 고찰과 다르다.

첫째는 효爻와 효사爻辭를 중심으로 성명을 고찰함은 역逆방향에서 성명을 고찰함이다. 그러나 괘卦, 괘사卦辭를 중심으로 성명을 고찰함은 순順방향에서 성명性命을 고찰하는 작업이다. 이는 괘卦와 효爻가 나타내는 성명이 각각 순順과 역逆의 두 방향에서 이해할 수 있음을 뜻한다.

둘째는 효, 효사를 중심으로 성명을 이해함은 효사爻辭가 나타내는 내괘內卦에서 시작하여 외괘外卦로의 내외內外 변화를 중심으로 성명性命을 고찰하는 작업이다. 이와 달리 괘, 괘사를 중심으로 성명을 이해함은 상괘上卦에서 하괘下卦를 향하는 상하 변화를 중심으로 성명을 고찰함이다.

셋째는 효, 효사 중심이 아닌 괘, 괘사를 중심으로 성명을 고찰함은 작용이 아닌 본체 중심이다. 왜냐하면 하나의 중괘에서 괘 자체와 괘를 구성하는 육효는 체용의 관계이기 때문이다. 그것은 각 괘를 구성하는 음효陰爻와 양효陽爻의 특성을 각각 용육用六과 용구用九으로 규정하고 있음을 보면 알 수 있다.

넷째는 괘, 괘사 중심으로 성명을 고찰하는 방법은 역방향에서 합일合一이 중심인 것과 달리 순방향은 분생分生이 중심이다. 따라서 앞에서 합일을 중심으로 성명을 고찰하는 것과 달리 지금부터는 분생을 중심으로 성명을 고찰하고자 한다. 그러면 본체를 나타내는 괘 중심의 순방향과 효 중심의 역방향의 합일과 분생은 어떤 관계인가?

괘와 효가 나타내는 상하의 변화와 내외의 변화는 본래 둘이 아니다. 다만 양자를 서로 구분하여 나타낼 뿐이다. 이러한 두 측면의 관계는 씨와 열매의 관계를 통하여 이해할 수 있다. 효사가 나타내는 내외의 변화는 씨가 싹이 트고, 자라서 꽃이 피고 열매를 맺는 현상이라면 괘사가 나타내는 상하의 변화는 열매가 씨로 심어지는 변화이다.

효사의 관점에서 보면 씨가 썩어서 싹이 트고, 자라서 꽃이 피어서 열매가 맺어지듯이 입지, 견성의 궁리窮理를 통하여 내 안의 나를 발견하고, 표층의 나로부터 벗어나서 심층의 나와 하나가 되는 진성盡性의 과정을 거쳐서 본래 양자가 둘이 아님을 확인하고, 둘이 아닌 삶이 바른 삶임을 자각하는 지명의 과정을 거치게 된다.

그런데 열매와 씨는 본래 둘이 아니다. 단지 인간이 의식에 의하여 씨와 열

한국사상과 인간의 삶

매를 구분하여 둘로 나타낼 뿐이다. 따라서 열매의 관점에서 보면 씨도 열매이고, 싹도 열매이며, 꽃도 열매이고, 열매도 열매이다. 그것이 무엇을 의미하는가?

궁리도 내 안의 나인 성품의 작용이고, 진성도 내 안의 나인 성품의 작용이며, 지명, 지천명도 내 안의 나인 성품의 작용이다. 그것은 마치 용이 하늘로부터 내려와서 물속에 있다가 육지로 나오고 다시 뛰어올라서 하늘을 나는 것과 같다. 그러면 양자는 어떤 관계인가?

역방향에서 현상을 중심으로 살펴보면 잠룡과 현룡, 군자룡, 약룡, 비룡, 항룡이 모두 다르다. 왜냐하면 물속에 있는 것과 하늘을 나는 것이 다르며, 밭에 있는 것과 뛰어오르는 것이 다르기 때문이다.

그러나 순방향에서 보면 단지 용이 때에 따라서 다양한 모습을 나타낼 뿐으로 별개의 것이 아니다. 그럼에도 불구하고 용이라고 나타내고, 잠룡, 현룡으로 나타내는 순간 개념에 의하여 별개의 존재가 있는 것처럼 생각하게 된다.

용과 다양하게 나타나는 용의 모습은 바로 성性과 명命을 상징한다. 매 순간 다양한 생명의 현상(命)으로 나타나는 성품의 관점 곧 순방향에서 중천건괘와 중지곤괘를 이해하면 성품이 그대로 물리적 생명현상이다. 그렇기 때문에 형이상과 형이하, 도와 기, 성품과 생명의 구분이 없다. 그러면 잠룡을 어떻게 이해할 것인가?

잠룡은 비록 인간의 성품이 갖추어져 있지만 그 작용이 완전하게 이루어지지 않는 상태라고 할 수 있다. 그것은 마치 땅에 심어진 씨와 같고, 어머니의 자궁 속에 있는 생명체와 같아서 장차 씨가 썩어서 싹으로 화하는 변화의 과정을 거치게 된다.

중지곤괘에서는 물리적 생명의 관점에서 서리를 밟으면 곧 단단한 얼음이 이를 것이라고 하였다. 이는 입지라는 사건을 시초로 학문을 통한 내적內的 성찰省察이 이어지면서 장차 자신의 주체를 확립하는 집중執中이 이루어질 것임을 나타낸다.

현룡은 성품이 모체로부터 벗어나서 출생한 아이, 씨가 변하여 화한 싹과 같은 상태로 드러남을 뜻한다. 현룡은 글자 그대로 역逆방향에서는 성품을 발견하는 견성見性이다. 그러나 성품과 보는 주체가 둘이 아니다. 따라서 순방향에서 현룡은 성품이 그대로 드러남으로서의 현성現性이다.

중지곤괘의 효사에서 곧고, 방정하고, 크니 익히지 않아도 이롭지 않음이 없다고 하였다. 이는 초효에서 시작된 학습學習이라는 자신의 내면을 향하는 성찰省察이 인위적으로 하는 것이 아니라 저절로 이루어지는 닦음이 없는 닦음252)임을 나타낸다. 그렇기 때문에 내적 성찰이 이롭지 않음이 없다고 하였다.

중건건괘의 삼효가 나타내는 군자용君子龍은 성품이 종일 부지런하게 내적 성찰을 통하여 성장하는 사건으로 드러남을 뜻한다. 군자가 종일 부지런하고 또 부지런하여 내적 성찰을 하는 까닭은 이효에서 처음으로 의식과 다른 성품을 발견하였지만 여전히 육신을 자신으로 여기고, 남과 나를 구분하는 의식의 분별이 내 안의 나에게 믿고 맡기는 내적 성찰보다 더 많기 때문이다.

바로 군자룡의 심성 내면에서는 성품을 주체로 하기보다는 육신의 의식을 따르는 습관이 더 기승을 부리기 때문에 항상 심적인 갈등이 일어난다. 그렇기 때문에 때로는 내적 성찰이 잘 이루어지기도 하고, 때로는 지지부진遲遲不進하기도 한다.

군자가 아무리 하루 종일 내적 성찰을 하여도 저녁에 이르러 자신을 돌아보면 양자가 둘이 아님에도 불구하고 육신을 바탕으로 분별하는 일이 더 많기 때문에 슬픈 마음을 갖지 않을 수 없다.

그러나 자신을 돌아보고 만족하지 못하고 겸손謙遜한 마음을 갖는 일 자체도 본성의 작용이다. 그렇기 때문에 비록 위태로울지라도 허물이 없다고 하였다.

중지곤괘의 삼효에서는 성품이 주체임을 알지라도 그것을 실체로 여기고

---

252) 《종경록》 20권(ABC, K1499 v44, p.111a26-a29), "不修之修 則闇蹈佛境矣 故知唯一心眞智 是我本身 湛然常存 現前明淨 自然以智慧嘴 啄破無明㲉 飛出三界 自在無礙".

이미 성품을 보았다고 하거나 알았다고 하는 교만한 마음이 없어야 비로소 바를 수 있다고 하였다. 그렇기 때문에 심층의 나인 참나를 주체로 살고자 하는 정견正見에 의하여 대인의 삶을 살고자 하지만 아직은 스스로 이루는 것이 없다고 하였다.

그러나 삼효의 시위는 소인의 삶이 끝나는 때이다. 그렇기 때문에 소인의 의식에 의한 분별작용이 끝난다고 하였다. 다만 그것이 삼효에서 바로 분별적 사고 자체를 하지 않음을 뜻하지 않는다. 오직 오효에 이르러서 심층의 나와 표층의 내가 둘이 아님을 확철確徹하게 파악했을 때 비로소 멈추게 된다. 그러면 사효의 약룡躍龍은 어떻게 이해할 것인가?

약룡 역시 성품을 나타내는 용이 때에 따라서 다양하게 드러나는 사건을 나타낸다. 군자용이 심성 내면에서 의식의 비중이 성품을 향한 비중보다 많기 때문에 내적 갈등이 극심한 때를 나타내지만 약룡은 심층의 나인 성품을 주체로 하는 경우가 의식을 주체로 하는 경우보다 더 많기 때문에 슬픈 마음이 아니라 즐겁고 기쁜 마음이 일어나는 때이다.

중지곤괘 사효의 효사에서는 주머니를 묶으면 허물도 없지만 명예도 없다고 하였다. 주머니는 입을 말하기도 하고, 마음을 말하기도 한다. 삼효와 달리 사효에서는 성품의 작용이 마음을 통하여 발현되는 경우가 많기 때문에 이전의 삼효에 이르기까지의 시위에서 체험하지 못하였던 다양한 사건을 매 순간 경험하게 된다.

그러나 그것을 육신을 바탕으로 자신이 경험했다고 의식으로 분별하는 일차적인 대상화를 거쳐서 말로 표현하여 이차적 실체화를 하면 남이 듣기에 이해를 할 수 없어서 거북해할 뿐만 아니라 자신도 삼효 이전의 상태로 돌아가기 때문에 마음을 묶고, 입을 묶으라고 하였다.

의식으로 분별하고, 입으로 나타내는 것은 자신을 드러내고자 하는 명예욕에 빠진 것이기 때문에 허물이 되지 않을 수 없다. 그렇기 때문에 주머니를 묶으면 허물도 없고, 명예도 없다고 하였다.

그런데 주머니는 육신이라는 살가죽 주머니를 뜻한다. 육신이라는 가죽 주머니를 함부로 놀리면 그것이 모두 자신을 옭아매는 속박이 된다. 이 부분에서는 군자에게 의식의 분별에 의하여 사고하고, 언행으로 드러내지 말 것을 주문한다. 그저 마음 안에서 일어나는 성찰이 밖에서 어떻게 현상으로 드러나는지를 묵묵히 지켜보면서 경험할 뿐으로 자신이 했다고 생각하거나 언행으로 드러내서는 안 된다.

비룡은 비로소 성품의 작용이 완전하게 드러남을 뜻한다. 다만 앎의 측면에서 성품이 그대로 생명현상으로 드러남이 삶임을 파악했음을 의미한다. 그럼에도 불구하고 효사는 이효와 같이 이견대인利見大人이다. 다만 오효는 대인을 드러냄이 이로움을 뜻한다.

오효의 효사 가운데서 뒷부분은 상효의 내용을 언급하고 있다. 중지곤괘의 효사에서는 누런 치마를 입었으니 크게 길하다고 하였다. 이에 대하여 문언에서는 마음 가운데서 성명의 이치에 통하여 바른 위치에 본체를 세운다고 하였다. 그것은 집중이 되었음을 뜻한다.

역방향에서는 심층의 나를 주체로 삶을 살고자 하는 근본이 세워졌다고 할 수 있지만 순방향에서는 본래 집중이 항상 이루어지고 있음을 뜻한다. 이처럼 집중이 이루어지면 아름다움이 그 가운데서 있어서 사지四肢에 드러나고, 사업事業으로 드러나서 지극한 아름다움을 이룬다.

집중이 중용으로 드러난 결과가 생명과 생명이 하나가 되어 소통을 하는 생명현상으로서의 삶이다. 상효에서는 다시 중용中庸을 중심으로 삶을 논하고 있다. 그것은 집중이라는 일면에 치중하여 중용으로 드러나지 않는 삶은 군자의 삶이라고 할 수 없음을 뜻한다.

상효에서는 시간의 흐름을 따르지 못하는 용으로 나타내고 있다. 그것은 시간의 흐름을 따라서 자신을 자유롭게 드러내어 모든 존재를 이롭게 함이 올바

한국사상과 인간의 삶

른 삶임을 뜻한다. 오효의 효사에서 나타낸 대인의 삶을 드러냄, 대인의 삶을 살아감 그것이 바로 바른 삶인 정명正命이다.

순방향에서 이해하면 상효의 내용은 중천건괘 육효의 내용을 한마디로 나타내어 시간의 흐름에 따라서 다양하게 드러나는 성품을 가리킨다. 그러면 시간의 흐름에 따라서 다양하게 성품이 드러남은 무엇을 뜻하는가?

중천건괘에서는 육효의 효사를 모두 언급한 후에 "용구用九는 여섯의 시위를 통하여 나타내는 여러 용들을 보더라도 머리가 없으면 길하다."[253]라고 하였다.

용구用九는 중천건괘를 구성하는 여섯 개의 양효가 나타내는 작용을 수를 통하여 나타낸 개념이다. 뒷부분은 용구로 표현된 양효의 특성을 나타낸다. 여러 용은 육효가 나타내는 용이다. 따라서 여러 용을 보더라도 머리가 없음은 육룡이 둘이 아님을 뜻한다.

비록 하나의 중괘를 역방향에서 초효에서 상효까지의 여섯 시위로 구분하여 초효와 이효, 삼효와 사효, 오효와 상효로 구분하여 인과관계로 설명하였지만 여섯이 둘이 아니다. 그것은 본말, 시종을 나타내는 초효와 상효는 물론 중간의 여러 효들이 모두 일체임을 나타낸다. 그러면 그것이 무엇을 의미하는가?

여섯의 효가 하나의 효이고, 하나의 효가 여섯의 효이다. 하나의 효를 여섯으로 나누어서 나타내도 여섯이 아니어서 머리와 꼬리가 없다. 그리고 여섯의 효를 하나로 합하여도 하나가 아니어서 머리와 꼬리가 분명하다.

역방향의 변화가 성명의 합일로 표현된 불이不二의 경계를 목표로 하는 것과 달리 순방향의 변화는 성명의 분생으로 표현된 불일不一의 경계를 목표로 한다. 따라서 합일과 분생, 순과 역은 둘이 아니면서도 하나가 아니다.

순방향에서 이루어지는 상괘에서 하괘로의 변화는 역방향의 불이不二 경계를 향하는 변화와 달리 불일不一 경계를 나타낸다. 중천건괘와 중지곤괘의 효

---

253) 《주역》 중천건괘重天乾卦, "用九 見羣龍无首 吉".

사에서 역방향의 성명합일을 논하고 있는 것과 달리 《십익》에서는 순방향에서 성품이 생명현상으로 나타나는 분생을 언급하고 있다.

> 역易에는 태극太極이 있다. 이것이 양의兩儀를 낳고, 양의兩儀가 사상四象을 낳으며, 사상이 팔괘八卦를 낳고, 팔괘가 길흉吉凶을 정한다.[254]

변화의 현상에 근원인 태극이 있다. 이 태극으로부터 음양의 작용을 나타내는 음효와 양효가 성립된다. 그리고 양의가 다시 공간적 세계를 나타내는 사상을 형성하고, 사상이 천지인의 삼세三世를 대상화한 삼재三才의 세계를 낳고, 삼재의 상호작용에 의하여 길흉吉凶이 발생한다.

태극을 근원으로 하여 이루어지는 현상의 변화를 나타내는 이 부분은 효사가 나타내는 역방향의 성명합일과 다르다. 이때 상효의 효사에서 언급된 정명을 바탕으로 한 삶을 순방향에서 그대로 나타내면 길하여 이롭지 않음이 없다고 하였을 것임에도 불구하고 길흉吉凶을 함께 논하고 있다. 그러면 양자는 어떤 관계인가?

변화하는 현상의 근원인 태극으로부터 현상을 향하는 순방향은 불이不二의 경계를 바탕으로 불일不一의 경계를 나타내고, 변화하는 현상으로부터 출발하여 근원인 태극을 찾아가는 역방향은 불일不一의 경계로부터 불이不二의 경계를 향한다.

시초가 아닌 종말을 중심으로 순과 역을 이해하면 역방향은 상효上爻가 나타내는 불이不二의 경계에 이름이 내용이며, 순順방향은 초효가 나타내는 불일不一의 경계에 이름이 내용이다. 그렇기 때문에 불이不二와 불일不一의 경계역시 둘이 아니다.

그런데 순방향이 전제가 되지 않으면 역방향이 성립할 수 없다. 그것은 마

---

254) 《주역》계사상繫辭上 제11장, "是故 易有太極, 是生兩儀, 兩儀生四象, 四象生八卦, 八卦定吉凶, 吉凶生大業".

치 열매가 씨로 심어지지 않으면 싹이 트고, 꽃이 피어 열매를 맺는 과정이 이루어질 수 없는 것과 같다. 괘와 효의 관계 역시 그렇다. 현상의 측면에서 보면 효가 여섯이 모여서 하나의 괘를 형성하지만 괘가 없다면 그것을 구성하는 효가 성립할 수 없다. 그렇기 때문에 괘를 본체로 그리고 효를 작용으로 규정하여 괘체효용卦體爻用의 관계로 나타낸다.

다만 《주역》의 64괘는 효, 효사가 중심이기 때문에 역逆방향이 중심이다. 그렇기 때문에 비록 순과 역을 구분하여 양자의 합일을 논하였지만 여전히 역逆방향에서 합일合一에 초점을 맞추고 있다. 그러면 불교에서는 순역의 방향이 없는가?

부처와 보살을 논하고 있는 《화엄경》 역시 순과 역의 두 방향에서 이해할 수 있다. 학자들은 《화엄경》이 여래출현의 과덕果德과 보살도의 인행因行을 결합하여 과덕의 측면에서는 법계연기法界緣起와 성기性起사상이 전개되고, 인행因行의 측면에서는 부처의 본원력本願力을 바탕으로 요익중생饒益衆生의 원顯을 세우고, 보현의 실천사상을 닦는 보현행원사상, 보살도의 실천이 《보살본업경》과 《십지경》 그리고 《여래홍현경》을 일정한 질서에 의하여 결합하여 형성된 《화엄경》으로 나타났다고 말한다.[255)]

80권 《화엄경》의 여래출현품을 60권 《화엄경》에서는 보왕여래성기품으로 나타내고 있다. 이는 모든 중생이 본래 갖추고 있는 성품의 작용을 나타내는 성기사상으로 인식하였음을 보여 준다.[256)]

성품으로부터 상相을 향하는 방향에서 전개되는 성기性起사상과 상相을 중심으로 성품을 향하는 보살도사상은 방향이 서로 다르다. 따라서 두 사상을

---

255) 〈화엄경 깨달음의 단계〉, 《석림》, 정병삼, 제30집, 동국대학교석림회, 1996, 13-32.
256) 《대방광불화엄경》 15권(ABC, K0079 v8, p.107a06-a17), "菩薩摩訶薩復作是念 以此善根 虛空法界等一切世界 世界性種種業所起 十方不可說世界 不可說佛刹種種世界 諸佛境界 無分齊世界 轉飜覆世界伏世界轉世界 一切無餘世界中 現在諸佛 顯現無量自在神力 彼有菩薩 解虛空法界 等一切諸法 爲諸衆生 於一切世界中 現爲如來出興於世 示現至一切智 無量無邊 自在受生法身 偏至不壞法界 平等普入 同佛身藏 不生不滅 普應一切 善巧方便 出現世間 從眞實法性起 堅固不轉 無礙所持 諸佛無礙 功德所生".

동일한 하나의 차원에서 전개되는 반대의 사상으로 이해하는 것은 타당하지 않다.

보살도사상은 《화엄경》의 오리지널이라고 말하는 십지품을 비롯하여 입법계품入法界品, 십주품十住品, 십행품十行品, 십회향품十回向品, 사성제품四聖諦品, 십정품, 십통품과 같은 여러 품들에서 나타난다. 이러한 여러 품들의 내용이 갖는 공통적인 특성은 회상귀성會相歸性의 방향에서 성불을 향하는 수행이 중심이라는 점이다. 이는 보살도를 나타내는 여러 품들이 역逆방향에서 대방광불大方廣佛, 곧 비로자나불毗盧遮那佛을 설하고 있음을 뜻한다.

《대승기신론》, 《능엄경》에서는 《화엄경》의 여러 내용들을 상相에서 성性을 향하는 방향에서 이루어지는 성불成佛의 과정과 연결하여 십신十信, 십주十住, 십행十行, 십회향十回向, 십지十地의 50단계와 등각等覺, 묘각妙覺의 두 단계를 더하여 52단계로 논하고 있다. 다만 《화엄경》에서는 십주 이전에 있어야 할 십신十信이 보이지 않고, 십지 이후에 등각, 묘각에 관한 내용이 없다. 그러면 순방향에서 비로자나불을 설하고 있는 성기사상은 무엇인가?

여래출현품如來出現品에서는 "세존이 미간의 백호에서 큰 광명을 놓음을 이름하여 여래출현이라고 한다."[257]라고 하였다. 세존의 백호에서 나타난 광명은 한량없는 백천억 나유타 아승기 광명으로 권속을 삼았다. 그 광명이 시방온 허공에 있는 모든 세계를 두루 비추면서 오른쪽으로 열 번 돌아 여래의 한량없이 자유자재自由自在함을 나타내었다.

그리고 수없는 보살 대중을 깨우치고, 일체 시방의 세계들을 진동하며, 모든 나쁜 길의 고통을 없애고, 모든 마군의 궁전을 감추며, 모든 부처님 여래께서 보리좌에 앉아서 바른 깨달음을 이루는 일과 모든 도량에 모인 대중을 나타내었다. 이런 일을 마친 후에 다시 와서 보살 대중을 오른쪽으로 돌고는 여래성기묘덕如來性起妙德 보살의 정수리로 들어갔다.[258]

---

257) 《대방광불화엄경》 50권(ABC, K0080 v8, p.733a04-a05), "世尊從眉間白毫相中放大光明 名如來出現".
258) 《대방광불화엄경》 50권(ABC, K0080 v8, p.733a05-a12), "無量百千億那由他阿僧祇光明以爲眷屬

세존의 미간에서 나타난 광명이 수많은 광명으로 흩어지면서 시방의 허공에 있는 모든 세계를 비추고, 보살들을 깨우치며, 무명을 없애고, 원각을 드러내어 여래성기묘덕 보살의 정수리로 들어감은 바로 부처의 성품이 그대로 보살을 통하여 작용함을 나타낸다. 이를《원각경》에서는 다음과 같이 말한다.

> 여래의 성품이 일체의 청정한 진여, 보리, 열반과 바라밀을 흘려 내어서 보살들을 교수敎授하니, 일체 여래의 본래 일으켰던 인지因地는 모두가 청정한 깨달음의 모습을 원만하게 비춤에 의지하여 무명無明을 영원히 끊어 비로소 부처님의 도를 이룬다.[259]

순방향의 성기사상과 역방향의 보살수행은 대방광불大方廣佛을 화엄 곧 화려한 꽃으로 나타낸 두 측면이다. 그렇기 때문에 양자는 둘이 아니라 본체와 작용의 관계라고 할 수 있다. 성기사상은 본체의 관점에서 비로자나불을 나타내고 보살도사상은 작용의 측면에서 비로자나불을 나타낸다. 그러면 양자를 어떻게 이해할 것인가?

성기사상을 바탕으로 보살의 수행을 이해하면 십신, 십주, 십행, 십회향, 십지가 하나일 뿐만 아니라 등각, 묘각이 둘이 아니다. 52단계는 십지의 열 단계이며, 열 단계 역시 열이 아니라 하나라고 할 수 있다. 그것이 무엇을 의미하는가?

《화엄경》을 하나의 실체적 대상으로서의 부처와 보살, 중생을 나타내는 전적으로 이해하면 그것과 나와는 아무런 관련이 없다. 오직 그것이 나를 나타

其光普照十方盡虛空法界一切世界 右遶十帀 顯現如來無量自在 覺悟無數諸菩薩衆 震動一切十方世界 除滅一切諸惡道苦 映蔽一切諸魔宮殿 顯示一切諸佛如來坐菩提座成等正覺及以一切道場衆會 作是事已 而來右遶菩薩衆會 入如來性起妙德菩薩頂".

259) 《대방광원각수다라요의경》1권(ABC, K0400 v13, p.75c06-c10), "無上法王有大陁羅尼門 名爲圓覺 流出一切 清淨眞如 菩提涅槃 及波羅蜜 敎授菩薩 一切如來 本起因地 皆依圓照 清淨覺相 永斷無明 方成佛道".

내고 있을 때 비로소 의미를 갖는다. 그러면 나와 《화엄경》은 어떤 관계인가?

《화엄경》에서는 부처와 마음 그리고 중생은 둘이 아니라고 하였다. 그것은 나의 마음과 부처의 마음이 둘이 아니고, 나와 부처가 둘이 아니며, 나와 중생이 둘이 아님을 뜻한다. 따라서 《화엄경》의 내용이 그대로 나이다.

육신을 나타내는 개념이 중생이며, 매 순간 성기하는 본체로서의 비로자나불은 나로 드러나기 이전의 내 안의 나 아닌 나이다. 그리고 보살은 내 안의 나의 다양한 작용을 나타낸다. 그러므로 나의 성품과 마음 그리고 육신을 나타내는 개념이 비로자나불과 보살 그리고 중생이다.

법신과 보신, 화신 역시 나를 세 측면에서 나타내는 개념이다. 역逆방향에서는 법신法身을 깨닫고 다시 3아승기겁 동안 공덕을 쌓아서 보신報身을 성취하며, 그 후에 다시 100겁의 공덕을 쌓아서 중생을 제도할 수 있는 32상 80종호의 화신化身을 성취한다.

그러나 순順방향에서는 법신이 그대로 본성이며, 화신은 나 아닌 나의 다양한 작용인 마음이고, 보신은 다양한 생명현상으로 나타나는 육신이다. 순방향에서는 한 생각을 일으켜서 법신이 수많은 보살로 화하여 다양한 생명현상으로 나타난다고 말한다. 그러면 《주역》을 중심으로 살펴본 중국사상의 특성은 무엇인가?

첫 번째로 중국사상은 물건적 관점에서 형이상과 형이하를 구분하여 양자를 각각 도道와 기器로 나타낸다. 형이상의 도와 형이하의 기에 의하여 세계와 인간을 이해하기 때문에 인간 역시 형이상의 성품과 형이하의 물리적 생명을 나타내는 성性과 명命의 이원적 구조를 통하여 이해한다.

중국사상은 유가와 불가, 도가를 막론하고 모두 성명性命을 중심으로 다양한 이론이 전개된다. 따라서 중국유가는 물론 중국불가, 중국도교는 모두 인도人道 중심의 사상이다. 그러면 중국사상과 서구사상은 어떻게 다른가?

중국사상이 현상의 물건적 관점에서 출발하는 점에서는 인도 유럽어족에 의하여 나타나는 서양사상의 특성과 같다. 서양사상 역시 종교, 철학, 과학을 막론하고 이데아와 현실의 이원론을 바탕으로 전개된다.

다만 서양사상은 출발점에서부터 자연을 지향志向하여 발전했다. 그 과정에서 형이상의 경계를 그리스도교를 통하여 종교에 맡기고, 오로지 형이하의 기器를 추구함으로써 세계와 인간을 막론하고 모두 물질적 측면에서 이해한다.

현대의 과학자들은 인간이 곧 육신이라는 물질이라고 이해하여 사고, 도덕, 사랑, 윤리와 같은 현상을 뇌에 의하여 일어나는 전기적이고 자기적인 현상으로 이해할 뿐만 아니라 세계 역시 물질로 이해하는 유물론적 세계관, 인간관, 가치관을 갖고 있다.

서양사상은 형이상의 경계를 배재하고 형이하의 현상 곧 시공을 바탕으로 전개되기 때문에 형이상의 경계가 없는 것과 달리 중국사상은 서구사상과 마찬가지로 형이하의 현상으로부터 출발하지만 형이상의 도, 성품, 본성을 중심으로 전개되는 점에서 서구사상과 다르다.

두 번째로 중국사상은 성性과 명命, 도道와 기器를 구분하여 명命으로부터 형이상의 본성, 자성을 찾아가는 수기修己, 수행修行, 수도修道, 수련修練을 중시한다. 그것은 기器로부터 출발하여 도를 향하는 역逆방향에서 전개되는 궁리窮理, 진성盡性, 지명至命[260]의 과정이 중국사상의 특성임을 뜻한다.

《주역》에서 궁리, 진성, 지명을 통하여 성명합일性命合一을 논하고, 광덕수업廣德修業, 진덕수업進德修業을 통하여 천인합일天人合一을 추구한다. 이때 성명합일은 중천건괘를 통하여 논하고, 천인합일은 중지곤괘를 통하여 논한다. 이처럼 순과 역을 구분하여 먼저 역방향에서 자아성찰을 논하고 이후에 비로소 순방향에서 실천, 함께 살아감을 논한다.

공자의 사상을 담고 있는《논어》에서는 먼저 수기修己를 통하여 성명합일性命合一을 추구하고, 그 후에 비로소 안인安人, 안백성安百姓을 통하여 천인합

---

260) 《주역》설괘說卦 제1장, "和順於道德而理於義, 窮理盡性以至於命".

일天人合一을 추구한다. 공자의 사상을 계승하여 발전시킨 맹자는 역방향에서 "그 마음을 다면 성품을 알며, 성품을 알면 천天을 안다."[261]라고 하여, 지성, 지천을 논하면서도 순방향에서 확충擴充[262]을 논하였다.

중국불교에서는 상구보리上求菩提와 하화중생下化衆生을 함께 논하는 대승불교를 표방하여 역방향의 증오성불證悟成佛을 논하면서도 순방향에서 본래성불本來成佛을 논한다. 그럼에도 불구하고 견성성불見性成佛이라는 역방향의 자아성찰을 중심으로 무념無念, 무주無住, 무상無相[263]을 강조한다.

세 번째로 중국사상이 역방향에서 순방향을 향하는 측면에서 전개되기 때문에 역방향의 앎과 순방향의 실천이 하나가 되는 합일의 문제가 발생한다. 중국유학, 중국불교, 중국도가, 중국도교를 막론하고 역방향에서 수기, 수행과 실천을 구분하여 논하기 때문에 선지후행先知後行의 체계가 되지 않을 수 없다.

앎과 실천을 둘로 나누어서 논의가 전개되기 때문에 필연적으로 지행합일知行合一, 학행합일學行合一, 언행합일言行合一의 문제가 발생한다. 《주역》에서 "역易은 역逆하고 헤아림(數)이다."[264]라고 하여 역방향에서 지래가 이루어진 후에는 반드시 순방향에서 장왕藏往의 실천이 이루어져야 함을 밝히고 있음은 이를 단적으로 보여 준다.

그런데 아무리 상구리보리와 하와중생이 둘이 아니고, 앎과 실천이 둘이 아니며, 마음과 몸이 둘이 아니라고 주장할지라도 출발점에서 양자를 둘로 나누어서 논의를 전개하기 때문에 양자가 하나라고 할 수 없다.

물리적 시간의 관점에서 앎과 행, 수행과 실천을 선후의 관계로 규정하면

---

261) 《맹자》, 진심장구상盡心章句上, "孟子曰 盡其心者, 知其性也. 知其性, 則知天矣. 存其心, 養其性, 所以事天也. 殀壽不貳, 修身以俟之, 所以立命也".

262) 《맹자》, 공손추장구상公孫丑章句上, "凡有四端於我者, 知皆擴而充之矣, 若火之始然, 泉之始達. 苟能充之, 足以保四海, 苟不充之, 不足以事父母".

263) 《六祖壇經》, 六祖 慧能, 頓煌本 "我此法門 從上已來 頓漸皆立 無念爲宗, 無相爲體, 無住爲本".

264) 《주역》설괘說卦 제3장, "是故로 易은 逆數也라".

양자는 하나일 수 없다. 비록 양자를 물리적 시간의 관점에서 선후의 관계를 이루는 인과적 사건으로 이해하여도 여전히 서로 떨어질 수 없는 둘일 뿐으로 하나는 아니다.

중국불교에서 역방향에서 물리적 생명을 자신으로 여기는 전도견을 버리고 순방향에서 본성, 자성을 자신으로 여기는 정견을 갖도록 하는 것은 무아와 자아, 대아와 소아, 성과 명을 둘로 나누어보는 물건적 관점을 나타낸다. 따라서 양자의 둘이면서도 하나이고, 하나이면서 둘인 관계는 모순관계일 수밖에 없다.

도와 기, 성과 명, 양자를 두 방향에서 나타내는 순과 역, 그리고 순역의 방향에서 양자의 관계를 나타내는 수기와 안인, 견성성불과 본래성불, 성명합일과 성명상분性命相分, 천인합일과 천인상분도 역시 모순관계이다. 그러면 이 문제는 어떻게 해결할 수 있는가?

이 문제는 언어의 문제도 아니고, 주장과 주장의 문제도 아니다. 언어는 물론 모든 주장을 제기하는 주체는 사람이다. 언어를 사용하는 인간에 의하여 언어의 다양한 기능이 드러나고, 주장을 제기하는 사람에 의하여 다양한 주장을 담은 말과 글, 이론체계가 나타난다. 따라서 언어와 주장에 의하여 제기되는 모순의 문제는 인간 자신의 문제이다.

언어와 주장에 의하여 제기되는 모순은 그것을 제기하는 사람과 사람 사이의 소통이 이루어지지 못하는 결과를 낳는다. 서로가 자신의 의견을 버리고 상대방의 의견을 수용하거나 의견을 제기한 당사자들이 스스로의 의견을 철회하는 것도 하나의 방법이다. 그러면 애초에 언어를 사용하지 말고, 주장을 제기하지 않으면 문제 자체가 발생하지 않는가?

사람의 사람다움은 언어를 사용하고, 자신의 주장을 제기하는 언행으로 드러난다. 그렇기 때문에 언어를 사용하지 않고, 자신의 주장을 제기하지 않음은 곧 삶을 포기하라는 말과 같다. 그렇다면 어떻게 할 것인가?

상대방이 언어를 어떻게 사용하고, 어떤 주장을 제기하더라도 본체와 작용, 현상에 걸림이 없이 언어를 사용하면 된다. 바로 어떤 것에도 머묾이 없는 마음으로 언어를 사용[265]하는 방법이다.

마음을 쓰면서도 어떤 것에도 머묾이 없음은 언어를 사용하여, 다양한 주장을 제기하고, 여러 행위를 하지만 어떤 언어나 주장, 행위에도 얽매임이 없음을 뜻한다.

어떤 마음을 써도 머묾이 없음은 머묾이 없이 마음을 쓰는 것과 다르다. 그것은 물건적 접근을 사건적 접근으로 바꾸고, 역방향에서 출발하여 순방향에서 마무리를 지음을 바꾸어서 순방향에서 출발하여 역방향에서 마무리를 짓는 방향의 전환을 통하여 이루어진다. 그러면 어떻게 할 것인가?

우리는 앞으로 공간성을 중심으로 전개되는 인도人道 중심의 중국사상의 관점을 벗어나서 시간성을 중심으로 전개되는 천도와 지도, 인도가 하나가 된 신도, 천도 중심의 한국사상을 중심으로 인간과 세계, 삶을 살펴볼 것이다. 지금까지의 내용을 한편의 게송[266]을 통하여 정리하여 보자.

나에게 한 권의 경이 있으니
종이 위에 먹으로 쓴 것 아니라.
펼쳐 보아도 글자 하나 없지만
항상 온 누리에 밝은 빛을 비춘다.

我有一卷經 不因紙墨成

展開無一字 常放大光明

265) 《금강반야바라밀경》1권(ABC, K0013 v5, p.979b06-b08), "是故 須菩提 諸菩薩摩訶薩應如是生淸淨心 不應住色生心 不應住聲香味觸法生心 應無所住 而生其心".

266) 《석문의범》釋門儀範(ABC, 04309_0002 v2, p.112a33-a35), "我有一卷經 不因紙墨成 展開無一字 常放大光明".

제5부

시간성의 생성원리와 고조선사상

우리는 앞에서 시간적 관점에서 일정한 조건에 의하여 잠시 나타났다가 사라지는 행위만이 있음을 밝히는 연기적緣起的 무아無我를 통하여 행위의 주체로서의 자아自我, 이것과 저것이 구분되는 물건적 존재로서의 자아自我가 없음을 살펴보았다.

무아無我는 연기緣起에 의하여 찰나에 생멸하는 사건만이 있을 뿐으로 실체가 없음을 나타내는 개념이다. 무아를 나타내는 연기적 조건도 실체가 아니다. 이러한 무아의 특성을 나타내기 위하여 중도中道라는 개념을 사용한다.

중도는 실체적 존재를 나타내는 유有와 실체적 존재가 없음을 나타내는 무無의 어느 일면에 치우침이 없음을 나타낸다. 중도는 자아라는 고정된 실체가 없을 뿐만 아니라 무아, 본성, 자성이라는 고정된 실체적 존재가 없음을 나타내는 개념이다.

만약 중도가 실체라면 그것은 소아小我와 대아大我를 넘어선 진아眞我이다. 그러나 진아인 중도 역시 실체적 존재가 아니다. 그렇기 때문에 색수상행식色受想行識의 오온五蘊에 대하여 공空을 논하고, 공空에 대하여 불공不空을 논하며, 다시 공불공空不空을 논한다.

《주역》에서는 형이상과 형이하를 구분하여 도道와 기器로 규정하면서도 기器에 따라서 도道를 천도天道와 지도地道, 인도人道의 삼재三才의 도道로 나타낼 뿐만 아니라 삼재三才의 도道를 역도易道, 변화變化의 도道로 나타내어 도道의 공空과 불공不空의 두 측면을 함께 나타내고 있다.

그럼에도 불구하고 《주역》에서는 역逆방향에서 공空을 드러내고, 내 안의 나를 찾아서 공, 내 안의 나에 머물지 않고 중도中道에 이르고, 진아眞我에 이르는 유有에서 출발하여 공空, 불공不空을 향하는 측면에 초점을 맞추고 있다.

다만 《주역》에서는 역逆방향에서 표층의 나를 벗어나서 심층의 나를 찾고, 표층의 나와 심층의 내가 둘이 아닌 중도, 진아眞我를 찾은 후에 중도, 진아眞我로 살아가는 순順방향에 이르고자 한다. 따라서 역방향에서 중도, 진아眞我

를 찾는 문제는 실체적 존재로서의 나를 찾는 문제가 아니라 나의 본래면목本來面目을 찾는 앎의 문제이며, 순방향에서는 나로 살아가는 실천의 문제이다.

중도, 진아를 역도, 변화의 도로 나타내는 까닭은 일차적으로 중도中道, 진아眞我가 고정되지 않아서 앎과 행이 둘이 아님을 나타내기 위함이다. 그러나 이차적으로는 앎이 반드시 행으로 드러나야 함을 뜻한다.

만약 우리가 역逆방향에서 자아로부터 벗어나서 무아를 통하여 참나에 도달하면 다시 참나에도 머물지 않고 참나로서의 삶을 살아야 한다. 그것은 순과 역을 나누어서 역방향에서 나를 찾는 일로 시작하였다면 반드시 순방향에서 나로 살아가는 일로 끝나게 됨을 뜻한다.

역방향에서 출발하여 순방향에 이름은 순과 역으로 구분하여 나타내기 이전에 이름이다. 순역으로 구분하여 나타내기 이전의 측면에서 보면 중도, 참나는 비록 자아와 무아를 넘어서지만 동시에 무아와 자아를 벗어나지 않는다.

그것은 중도는 다양한 자아로 드러났다가 사라지기 때문에 자아와 무아라는 고정된 실체가 없지만 그렇다고 하여 허무虛無, 적멸寂滅이 아님을 뜻한다. 따라서 역방향에서 참나를 찾아도 찾음이 없고, 순방향에서 참나로 살아가도 살아감이 없다. 그러면 이것이 시공의 측면에서 어떤 의미를 갖는가?

중도, 진아의 불공적不空的 특성, 자아와 무아, 나와 세계를 초월하면서도 벗어나지 않는 특성은 역도易道, 변화變化의 도道를 통하여 이해할 수 있다. 그것은 물건적 관점을 사건적 관점으로 바꾸고, 형이하로부터 출발하여 형이상에 이르는 역방향을 순방향으로 바꾸어서 삶과 세계를 고찰함을 뜻한다.

순방향에서 물건적 관점을 사건적 관점으로 바꾸면 공간성을 내용으로 하는 도, 성품의 문제가 시간성의 문제로 드러나며, 앎과 실천의 둘로 나타나는 순과 역의 두 방향이 하나의 생성生成으로 드러난다.

역방향에서 살펴보면 물건적 실체인 육신을 벗어나서 시간적 존재, 사건적 존재로서의 의식에 이르고, 의식을 벗어나서 시간의 근원인 형이상적 존재로서의 시간성에 도달한다. 따라서 시간성은 시공을 초월하지만 시간을 벗어나지 않는다. 그러면 시간성은 물건적 관점을 나타내는 내 안의 나와 어떤 관계인가?

시간성은 개체적 존재로서의 나의 측면에서는 참나를 나타내는 개념이다. 그러나 참나는 나와 세계를 구분하여 나를 나타내는 개념이 아니다. 그렇기 때문에 참나는 나 아닌 나이며, 나 아닌 나는 그대로 시간성이다.

시간성은 아법구공我法俱空이 실체적 경계가 아닐 뿐만 아니라 그것을 나타내는 불공不空도 실체적 경계가 아님을 나타내는 공불공空不空의 의미를 함께 갖고 있다. 이처럼 시간성은 세계가 고정되지 않아서 끊임없이 변화하는 특성을 나타낸다.

변화하는 현상은 근원인 변화성과 함께 나타낸다. 변화성은 변화의 형이상적 특성을 나타내는 개념으로 그 내용은 창조성, 진화성이다. 근원과 현상은 본래 둘이 아니다. 그렇기 때문에 예로부터 역易이라는 하나의 개념에 형이하의 창조, 진화와 형이상의 창조성, 진화성을 함께 나타내었다.

학자들은 역易에는 변역變易, 불역不易, 이간易簡의 세 가지 의미가 포함되었다고 말한다. 변역變易은 현상의 측면에서 변화를 나타내고, 불역不易은 형이상의 측면에서 불변不變하는 변화의 원리, 도를 나타내며, 이간易簡은 변화의 원리가 쉽고 간단함을 나타낸다.[267] 그러면 시간성인 창조성과 진화성은 무엇인가?

창조성과 진화성은 물건적 관점에서 순과 역의 두 방향으로 드러나는 앎과 행, 수행과 실천을 나타내는 개념이다. 한국역학을 체계적으로 나타내고 있는 《정역》에서는 창조성과 진화성을 작용의 측면에서 하나의 생성을 나타내는 두 측면[268]으로 나타낸다.

---

267) 《周易正義》, 王弼注, 孔穎達疏, 第一 論易之三名, "易緯乾鑿度云 "易一名而合三義 所謂易也變易也不易也"…鄭玄依此義作易贊及易論云 "易一名而含三義 易簡一也 變易二也 不易三也".

268) 《정역》제일장第一張, 김항, "龍圖는 未濟之象而倒生逆成하니 先天太極이니라. 龜書는 旣濟之數而逆

시간성은 매 순간 새로운 사건으로 나타난다. 이처럼 사건으로 나타남은 창조성의 특성이고, 새롭게 나타남은 진화성의 특성이다. 따라서 중도, 진아眞我, 참나를 나타내기 위하여 시간성이 사건으로 화하여 나투는 생성의 관점에서 나와 세계 그리고 삶을 파악하는 것이 필요하다. 그러면 순역의 관점에서 시간성은 어떻게 이해할 수 있는가?

시간성을 나를 중심으로 객관화, 대상화하여 공간성으로 나타내면 시간성은 도道, 시간은 기器로 나타내고, 개체와 전체를 나누어서 개체의 측면에서 성性과 명命으로 나타낸다. 그리고 도와 기를 순과 역의 두 방향에서 각각 나타내어서 창조성을 천도天道로 그리고 진화성을 지도地道로 나타낸다.

중국사상은 나를 중심으로 소인, 중생에서 벗어나서 대인, 부처가 되고자 하는 인간 중심의 사상이다. 그것은 중국사상이 지도地道를 중심으로 역逆방향에서 천도天道를 향함을 뜻한다.

중국사상은 물건적 관점에서 표층의 나를 벗어나서 심층의 내 안의 나, 성품, 본성, 자성을 찾기 때문에 나 아닌 나, 온 우주가 일체인 나 아닌 나를 천도天道로 규정하여 시간의 측면에서 역수원리로 나타내고 있을 뿐으로 구체적인 내용을 밝히지 않는다.

유물론적 세계관을 바탕으로 하는 과학의 대상이 인과因果의 그물로 형성된 형이하의 자연自然인 것과 달리 중국사상은 형이상의 도를 추구한다. 다만 중국유학, 중국불교, 중국도가를 막론하고 인도人道가 중심이기 때문에 시간성을 근본주제로 하지 않는다.

그러나 한국사상은 시간성이 근본주제이다. 그리고 시간을 대상화, 객관화하여 하나의 세계로 나타내는 개념이 천天이다. 중국의 고서古書들 속에서 한국민족을 가리켜서 천天을 숭상하는 민족이라고 말하고, 수數를 중심으로 학문을 한다고 말하는 것은 모두 중국인의 관점에서 한국인의 특성을 나타낸 말

生倒成하니 后天无極이니라.".

들이다. 그러면 시간성에 대하여 중국의 전적에서는 어떻게 논하고 있는가?

중국사상의 연원인《주역》에서는 천지天地의 수數에 의하여 구성된 하도河圖와 낙서洛書를 천지의 도를 나타내는 상징체계로 규정하였다.[269] 그리고 하도와 낙서를 통하여 표상된 역도易道, 변화의 도를 근거로 괘효卦爻를 통하여 인도를 나타내고 있다.

《주역》에서 물건적 관점에서 역도를 천도와 지도, 인도의 삼재의 도로 규정하면서도 인도를 중심으로 역도를 나타내었다. 그리고 괘효사를 통하여 회통會通을 논하고 있다. 그것은 인도를 중심으로 나타내는 변화의 도가 바로 회통원리임을 나타낸다.

《주역》이 추구하는 회통의 경계는 바로 천도와 지도, 인도가 회통하는 경계인 신도神道이다. 신도는《주역》에서 밝히고 있는 인도의 근원이고,《주역》의 인도가 근원이 되어 유불도가 전개된다. 따라서 신도는 유불도가 회통하는 원리라고 하지 않을 수 없다.

중국사상의 역사를 살펴보면 원명元明 이후는 유불도儒佛道의 합일合一을 추구하는 회통會通의 역사이다. 그럼에도 불구하고 유학을 중심으로 도가와 불가를 논하거나 불가를 중심으로 유가와 도가를 논하고, 도가를 중심으로 유학과 불교를 논하여 가치상의 우열을 가진 체계로 나열하였을 뿐으로 하나의 경계는 드러내지 못하였다.

그런데 천도天道, 신도神道를 바탕으로 형성된 사상은 한국사상이다. 신라의 최치원崔致遠은 우리나라의 전통사상이 유불도儒佛道를 포함한다고 하여 그 내용이 신도神道임을 밝히고 있다.

우리나라에 현묘한 도道가 있으니 풍류風流라고 말한다. 가르침을 펴는 근원은 선

---

269) 《주역》계사상繫辭上 9, "天一地二天三地四天五地六天七地八天九地十이니 天數五오 地數五니 五位相得하야 而各有合하니 天數二十有五오 地數三十이라 凡天地之數 五十有五니 此所以成變化하야 而行鬼神也라.".

사仙史에 상세하게 갖추어져 있다. 삼교를 포함하여 군생을 접화接化함이 실다운 내용이다. 또한 들어와서는 가정에서 효도하고, 나가서는 나라에 충성하는 것은 노사구魯司寇의 뜻과 같고, 무위의 일에 처하여 말이 없는 가르침을 행하는 것은 주주사周柱師의 종지와 같으며, 온갖 악을 행하지 않고, 모든 선을 받들어 행하는 것은 축건태자竺乾太子의 교화와 같다.[270]

노사구魯司寇는 공자孔子를 가리키며, 주주사周柱史는 노자를 가리키고 축건태자竺乾太子는 고타마 싯다르타를 가리킨다. 따라서 위의 내용들은 각각 유가儒家와 도가道家 그리고 불가佛家의 내용을 요약하여 나타낸 부분이다.

최고운은 한국의 전통사상인 풍류風流에 삼교의 가르침을 통하여 군생群生을 접화接化하는 내용이 포함되어 있다고 하였다. 이를 통하여 한국전통사상, 고유사상을 풍류도風流道로 인식하였음을 할 수 있다. 그러면 풍류도는 무엇인가?

풍류는 바람의 흐름을 뜻한다. 이때 바람은 바로 《주역》에서 말하는 신도를 상징하는 개념이다. 신神은 이것과 저것으로 분별하여 나타낼 수 없는 근원적 경계를 가리킨다. 따라서 풍류는 근원적 경계의 작용, 흐름을 나타낸다.

풍류는 현상의 측면에서는 생명의 소통을 뜻한다. 그렇기 때문에 중국의 유가와 불가, 도가를 막론하고 근원적인 생명의 소통인 풍류를 다양한 관점에서 나타낸 사상들이다. 송대宋代의 선사禪師들이 본분사本分事를 실천하며 살아가는 납자衲子들을 작가作家라고 말하고,[271] 작가들의 소통을 풍류라고 말하는 것[272]이 바로 이 점을 보여 준다. 그러면 풍류도와 중국사상의 차이는 무엇인가?

---

270) 《삼국사기三國史記》신라본기4新羅本紀四 진흥왕眞興王 37年, 김부식金富軾, "崔致遠鸞郞碑序曰 國有玄妙之道曰風流 設敎之源 備詳仙史 實乃包含三敎 接化群生 且如 入則孝於家 出則忠於國 魯司寇之旨也 處無爲之事 行不言之敎 周柱史之宗也 諸惡莫作 諸善奉行 竺乾太子之化也".

271) 《조당집》7권(ABC, K1503 v45, p.277c11), "洞山云 灼然夾山是作家".

272) 《선문염송집》1권(ABC, K1505 v46, p.6a07-a08), "雲門杲頌 拈起一枝花 風流出當家 若言付心法 天下事如麻".

한국사상이 중국사상의 세 지주인 유불도의 삼가三家를 포함하고 있다는 것은 물건적 관점에서 지도, 인도, 천도를 구분하여 이해하는 공간성 중심의 중국사상과 달리 한국사상이 공간성의 근원인 시간성이 중심임을 뜻한다. 그러면 한국사상은 어떻게 파악할 수 있는가?

한국사상의 연원은 고조선사상이다. 고조선사상은 시대에 따라서 외래사상을 수용하여 다양한 형태의 한국사상으로 발전하였다. 따라서 우리는 고조선사상을 통하여 한국사상의 특성을 파악할 수 있다. 그러면 고조선사상을 어떻게 파악할 것인가?

우리가 고조선사상[273]을 고찰할 때 고려할 문제는 고조선 사람들에 의하여 기록된 전적典籍들이 없는 점이다. 만약 고조선 사람들이 직접 자신들의 사상을 기록한 전적들이 있다면 그것이야말로 고조선사상을 고찰할 수 있는 일차적인 자료이다.

그러나 고조선 사람들에 의하여 문자로 기록된 일차적인 자료는 없지만 후대에 고조선에 관하여 기록한 《삼국유사三國遺事》를 비롯하여 많은 자료들이 있다. 따라서 우리들이 고조선사상을 고찰하기 위해서는 《삼국유사》와 더불어 고고학, 민속학, 예술을 비롯하여 다양한 측면에서 자료들을 활용해야 한다.

앞으로 고조선사상을 고찰하기 위하여 활용할 일차적인 자료는 《삼국유사》에 실려 있는 단군檀君의 고조선 개국에 관한 내용들이다. 우리는 《삼국유사》에 수록된 고조선의 건국에 관한 내용을 건국자인 단군을 중심으로 단군신화檀君神話라고 말하기도 하고, 단군사화檀君史話라고 말하기도 한다.

신화와 사화史話는 성격이 서로 다르다. 사화는 과학적 사실, 객관적 사실에 관한 담론으로 이해할 수 있다. 실재하는 사건에 대한 기술이 사화라면 신화

---

273) 과학사상, 문학사상, 철학사상이라고 말하듯이 사상은 논리적이고 체계적인 학문으로 발전하기 이전의 다양한 생각, 견해, 주장들을 통칭하는 개념이라고 할 수 있다. 따라서 철학보다는 느슨한 의미로 사용되는 개념이 사상이다. 그러나 우리는 고조선사상을 이론체계적 측면에서 느슨한 의미로 사용하지 않고, 철학이나 경학과 다른 의미를 담고 있는 점에서 사상을 사용하고자 한다. 그 차이는 다음 부분에서 고조선사상의 구체적인 내용의 고찰을 통하여 드러날 것이다.

는 상상 속에만 존재할 뿐으로 실재하지 않는 사건에 대한 기술로 이해한다.

그런데 신화와 사화는 경계, 차원이 서로 다를 뿐으로 사실 여부與否와는 무관하다. 사실이 주체와 객체를 구분하여 객관적인 관점에서 표현된 세계라면 신화는 주체와 객체로 구분할 수 없는 무분별의 경계를 나타내는 말들이다.

형이하의 경계에서 현상 중심으로 세계를 나타내어 사실이라고 말하고, 형이상의 경계에서 근원을 중심으로 세계를 나타내어 신神이라고 말한다. 그렇기 때문에 사실에 관한 기술인 사화와 신에 관한 기술인 신화는 그 성격이 서로 다르다. 그러면 단군신화와 단군사화는 어떤 관계인가?

《삼국유사》에 게재揭載된 하나의 내용을 신화神話와 사화史話로 규정함은 내용 자체의 문제가 아니라 그것을 이해하는 인간의 문제이다. 그것은 우리가 《삼국유사》의 고조선 건국에 관한 내용을 다양한 관점에서 다양한 내용으로 이해할 수 있음을 뜻한다.

우리가 형이상의 관점에서 고조선의 건국에 관한 내용을 신화로 이해하면 사상이 드러나고, 형이하의 관점에서 고조선의 건국에 관한 내용을 이해하면 역사적 사실이 드러난다. 그렇기 때문에 고조선의 개국에 관한 내용을 어떻게 이해할 것인가는 목적에 따라서 우리가 선택할 문제이다. 그러면 우리는 고조선의 개국에 관한 내용을 어떻게 이해할 것인가?

우리가 살펴보고자 하는 내용은 현상을 대상으로 사실적으로 설명하거나 기술하는 것이 아니라 현상에 대한 기술을 대상으로 의미를 찾아서 가치를 부여하는 일이다. 현상에 관한 기술, 설명을 대상으로 의미를 찾아서 가치를 드러내는 일은 현상의 근원, 본질을 찾아서 현상과의 관계를 논하는 방법을 통하여 이루어진다.

우리는 현상의 근원인 본체를 대상으로 현상과의 관계를 밝히는 작업을 주제로 하는 학문을 경학經學이라고 말하고, 철학哲學이라고 말한다. 철학哲學이라는 개념은 지혜sophia를 사랑함philo을 뜻하는 philosophy를 《서경書經》의

"사람을 알면 곧 지혜롭다. (知人卽哲)"[274]의 철哲을 중심으로 번역하여 형성되었다.

유럽에서 태동하여 서구 문화의 근간이 되는 철학은 자연철학으로부터 시작되었다. 과학의 학문적 연구 대상인 자연과 결합된 철학은 유럽철학이 형이상의 경계가 없는 형이하학임을 단적으로 보여 준다.

중세는 물론 오늘날에도 여전히 철학은 과학의 학문적 토대를 세우는 일에 몰두한다. 이와 달리 동아시아에서는 형이상의 근원을 나타내는 도道를 중심으로 전개되는 도학道學을 논한다. 그리고 도를 나타내고 있는 전적들을 중심으로 전개되는 학문 활동인 점에서 경학經學[275]이라고 말한다.

경학經學, 도학道學을 철학으로 이해하기도 하지만 도학, 경학과 철학은 내용상 많은 차이가 있다. 가장 중요한 차이는 철학에는 동아시아의 경학, 도학의 중심 주제인 형이상적 경계가 없는 점이다.

우리가 형이하의 자연, 사물, 우주나 형이상의 도, 자성, 본성을 비롯한 다양한 개념들을 통하여 세계와 인간을 논할 수 있는 것은 인간과 세계 자체가 고정된 실체가 아니기 때문이다. 그렇기 때문에 도道와 기器를 논하면서도 중도中道를 논하고, 중도 역시 고정된 실체로 오해할 가능성이 있기 때문에 역도易道라고 말한다.

맹자는 집중執中을 논하면서 중中이라는 고정된 실체를 잡는 고정된 사건으로 오해하는 것을 경계하였다. 그는 집중을 실체적 관점에서 접근하여 하나를 들어서 모든 것을 버리는 것[276]으로 잘못 이해함을 비판한다.

---

274) 《서경書經》 고요모皐陶謨, "知人則哲 能官人 安民則惠 黎民懷之 能哲而惠".

275) 경학을 형이하의 관점에서 문자에 의하여 성인의 말씀을 기록한 전적인 경전을 대상으로 연구하는 학문으로 이해하면 한대漢代의 유학儒學을 나타내는 개념인 경학經學과 다르지 않다. 그러나 경전이 형이상의 도를 나타내는 전적을 가리키는 개념이며, 도에 관한 학문을 경학이라고 이해하면 형이상과 형이하를 막론하고 세계 자체가 그대로 경전이기 때문에 경학은 문자에 의하여 구성된 글을 대상으로 하는 학문으로 한정되지 않는다.

276) 《맹자》, 진심장구상盡心章句上, "子莫執中 執中爲近之 執中無權 猶執一也 所惡執一者 爲其賊道也, 擧一而廢百也.".

《삼국유사》의 고조선 개국에 관한 내용은 형이상과 형이하의 두 측면에서 살펴보아야 한다. 그것은 신화와 사화를 중심으로 사상과 역사의 두 측면에서 《삼국유사》를 이해하는 것이 필요함을 뜻한다. 그러면 고조선사상을 밝히기 위하여 단국의 개국에 관한 내용을 어떻게 이해할 것인가?

형이상의 경계는 일상의 언어를 통하여 나타낼 수 없기 때문에 언어의 일상적인 사용 방법과 달리 사용한다. 그것은 신화를 통하여 경학적인 경계, 형이상의 경계를 상징적으로 나타낼 수 있음을 뜻한다. 따라서 우리가 고조선사상을 밝히기 위해는 단군의 개국에 관한 내용을 형이상의 관점에서 신화가 상징하는 의미를 중심으로 고찰해야 한다.

이에 지금부터는 중도인 참나를 물건적 관점이 아닌 시간의 관점에서 시간성을 중심으로 고찰하고자 한다. 이를 위하여 먼저 한국사상의 원형을 담고 있는 단군신화를 중심으로 고조선사상에서는 중도를 시간성의 차원에서 어떻게 밝히고 있는지를 살펴보고, 이어서 시간성의 시간화를 중심으로 고조선사상을 살펴본 후에 시간의 시간성화를 중심으로 고조선사상을 살펴본 다음 마지막으로 항상 새롭게 드러나는 삶의 측면에서 고조선사상을 살펴보고자 한다.

1. 환인桓因과 시간성

　중국사상의 근본주제인 성명합일, 천인합일은 형이상의 도와 형이하의 기를 하나로 하는 도기합일道器合一이다. 역逆방향의 도기합일은 불이不二를 추구하며, 순방향의 도기합일은 불일不一을 추구한다. 왜냐하면 성품과 물리적 생명은 둘로 나누어도 둘이 아니며, 하나로 합하여도 하나가 아니기 때문이다. 따라서 성품이나 생명이 있다고 하거나 없다고 하거나, 있으면서도 없다고 말하거나, 있는 것도 아니고 없는 것도 아니라고 말할 수 있다. 그러면 성품과 생명의 분합은 무엇인가?

　만약 성명합일이 수행에 의하여 얻어지는 앎의 문제라면 육신을 통하여 실천하는 문제를 소홀히 하고, 성명합일을 실천의 문제로만 여기면 실제로 성품과 생명을 나누거나 합하는 실체 분합分合으로 착각할 수 있다.

　성품과 생명의 분합分合은 의식의 분별작용일 뿐이다. 만약 우리가 의식의 차원에서 순과 역을 구분하고, 역방향에서 이루어지는 성性과 명命의 합일合一과 순방향에서 이루어지는 성性과 명命의 분생分生을 불이不二와 불일不一로만 이해하면 양자를 이해하기 이전과 달라진 것이 없다.

　하나의 이론체계를 대상으로 연구하여 얻어진 개념들을 다시 자신의 의식에 의하여 새롭게 구성하는 새로운 이론체계의 구축은 삶의 변화를 가져오지 않는다. 오로지 스스로 역방향에서 수행을 통하여 합일을 경험하고, 순방향에서 실천을 통하여 분생을 경험할 때 비로소 양자의 관계를 올바로 파악할 수 있다.

　자성, 본성, 내 안의 참나를 깨닫고자 하는 역방향에서는 어떤 사고나 사고의 결과를 언어를 통하여 나타내는 개념, 주장, 이론, 사상도 모두 한계를 갖는다. 순방향에서 보면 어떤 사고나 사고의 결과를 나타내는 개념이나 주장, 이론, 사상을 막론하고 모두 본성, 자성의 작용에 의하는 나타나는 현상이다.

사고와 개념, 주장, 이론, 사상, 언행은 인간이 어떻게 사용하느냐에 따라서 현상에서 다양하게 나타난다. 만약 어떤 사람이 중생을 제도하고, 천하를 도로 제도하고자 하는 입지立志, 서원誓願을 실천하기 위하여 분합적 사고를 하고, 언어를 사용한다면[277] 모두 지혜와 자비의 발현이다. 그러면 어떻게 해야 하는가?

여기서 사고와 언어를 사용하는 범주와 방향의 변화가 필요하다. 그것은 순과 역으로 구분하기 이전의 경계로 되돌리는 변화이며, 물건적 관점을 사건적 관점으로 바꾸는 변화이다. 나를 통하여 이루어지는 주체화, 내면화의 합일과 객체화, 대상화의 분생을 시간의 관점에서 나타내면 양자가 모두 시종始終의 생성이다.

물건적 관점에서 분석과 종합의 대상으로서의 나, 세계, 삶은 변화하지 않는 고정된 실체적 존재로서의 나, 세계, 삶인 것과 달리 사건적 관점에서 시초와 종말을 통하여 끊임없이 이루어지는 변화의 연속으로서의 나, 세계, 삶은 항상 새롭고 다양한 창조와 진화이다.

변화하지 않는 내가 출생하고, 사망하는 과정을 끊임없이 다양하게 변화하면서 살아감을 가장 잘 나타내는 개념은 나이다. 나는 지금이라는 시간에 갇혀 있고, 여기라는 공간에 갇혀 있으며, 나라는 육신에 갇혀 있다.

지금이라는 시간은 물리적 시간을 나타내는 과거와 미래, 현재 가운데서 현재를 나타내는 개념이다. 그렇기 때문에 지금이라는 시간에 갇혀 산다는 것은 현재에 갇혀 산다는 것을 뜻한다. 그리고 여기에 갇혀 있음은 공간적으로 이곳과 저것이 실재한다고 여기고 저곳과 다른 이곳이 실재한다고 여기는 태도이다. 그러면 나에 갇혀 있음을 무엇을 뜻하는가?

---

277) 입지, 서원을 했다고 하여 실체적인 내가 하는 실체적 사건으로서의 입지, 서원이 아니다. 따라서 함이 없는 함으로서의 입지, 서원을 말한다.

남과 다른 내가 있다고 여기는 태도이다. 이는 시간과 공간이 하나가 된 세계 안에 남과 다른 내가 있어서 생사生死를 반복하는 삶을 산다는 태도이다. 그러면 나라는 태도는 어떤 의미를 갖는가?

매 순간 만나는 시간과 공간을 통하여 드러나는 사건과 물건이 실재할 뿐만 아니라 남과 다른 내가 실재한다는 태도이다. 이러한 사고의 특징은 현상이 중심이 되어 현상의 모든 것들을 실재한다고 여긴다.

시공이 있고, 내가 있다고 여길 때 현상을 대상으로 그것을 분석하고, 시비, 선악과 같은 가치를 부여한 한 후에 어느 하나를 배제하고, 다른 하나를 소유하고자 하는 욕망을 갖게 된다. 그리고 욕망과 욕망이 충돌할 때 서로 양보하지 않아서 갈등이 일어나게 된다. 그러면 변화의 관점에서 고정된 내가 없다는 태도는 어떤가?

고정된 내가 있어서 매 순간 다양하게 사고하고, 다양한 언행을 한다고 여기면 자신의 사고를 비롯한 인식, 의지와 다양한 언행을 책임지고자 하는 뜻을 갖게 되고, 자신이나 삶 그리고 자신이 소속된 사회에 대하여 연대 책임을 지려는 주체적 의식을 갖게 되는 긍정적인 측면이 있다.

연기적緣起的 관점, 사건적 관점에서 남과 구분되는 실체가 없고, 생각하고 사고하며, 말하고 행동하는 사건은 있지만 주체가 없다면 선善을 행하기는 어렵고, 악惡을 행하기가 쉽기 때문에 사람들은 죄를 짓고도 스스로 반성하거나 다른 사람에게 입힌 피해와 고통을 아파하거나 책임지려고 하지 않을 것이다. 그러면 무아라고 할 수 있는 행위를 구성하는 요소는 있는가?

연기적 사건은 본성, 자성이라는 근본을 바탕으로 다양한 요소에 의하여 나타났다가 사라진다. 자아와 무아를 넘어선 본성, 자성은 나의 근원인 점에서 보면 내 안의 나, 참나이지만 남의 근원일 뿐만 아니라 만물의 근원이므로 나 아닌 나이다.

자성, 본성은 무아와 자아를 넘어선 중도이고, 무아와 자아를 벗어나지 않는 중도이다. 그것은 내 안의 나 아닌 나, 참나, 진아도 고정되지 않아서 매 순간 끊임없이 다양한 나로 드러남을 뜻한다.

순방향에서 보면 표층의 나는 심층의 내가 드러난 나이고, 나는 내 안의 나 아닌 나의 드러남이며, 유와 무는 중도의 드러남이고, 생사는 열반의 드러남이며, 윤회는 해탈의 드러남이다.

공과 색이 모두 중도의 드러남이기 때문에 공과 색의 어느 일면을 고집해도 고집함이 없고, 집착해도 집착함이 없으며, 윤회를 해도 윤회함이 없고, 지知와 부지不知의 어느 일면에 걸려 있어도 그대로 무지無知의 드러남이기 때문에 어느 것에도 걸림이 없다.

중도의 관점에서 표층의 자아와 심층의 무아는 둘이 아니면서 하나가 아니고(不二而不一), 순과 역의 두 방향에서 논의되는 앎과 행, 수행과 실천도 하나이면서 둘이고, 둘이면서 하나이다(不二而不一).

부정적인 측면에서 이것을 버리고 저것을 찾거나, 긍정적 측면에서 지금 여기의 내가 그대로 그것이라고 말하는 것이 모두 중도, 내 안의 나, 참나의 드러남이다. 지금 여기서 내가 만나는 사건을 통하여 지혜를 발현하여 모두를 이롭게 하는 자비를 실천하는 일이 바로 삶이다.

우리는 그냥 살면서도 때로는 삶이라고 짐짓 나와 둘인 것처럼 말하기도 하고, 때로는 삶을 다시 나누어서 수기와 안인, 안백성[278]으로 나타내고, 수행으로 나타내며, 상구보리上求菩提와 하화중생下化衆生[279]으로 나누어서 나타내더라도 때와 장소에 따라서 그리고 사람에 따라서 필요한 대로 사용할 뿐이다.

상구보리가 필요하다고 생각하고, 상구보리를 요구하는 사람에게는 짐짓 깨달음이 있는 것처럼 나타내어 말해 주고, 깨달음에 얽매여 있는 사람에게는 본래 삶이 그대로 깨달음의 연속임을 알아서 깨달음에서 벗어나서 자유롭게

---

278) 《논어》헌문憲問, "子路問君子 子曰 脩己以敬 曰如斯而已乎 曰脩己以安人 曰如斯而已乎 曰脩己以安百姓 脩己以安百姓 堯舜其猶病諸".

279) 《범망경술기》梵網經述記卷上(ABC, H0033 v2, p.115a06), "上求菩提 下濟群生".

해 주며, 하화중생이 필요하다고 여기고 하화중생을 원하는 사람에게는 삶을 하화중생을 중심으로 나타내어 본래 삶 자체가 그대로 하화중생 곧 함께 살아가는 공생共生임을 알아서 스스로 자유롭게 해 줄 뿐이다.

수기와 안인, 안백성, 상구보리와 하화중생이라는 실체도 없고, 군자와 소인, 보살과 중생, 대인과 소인, 부처와 중생도 없으며, 삶도 없고, 삶을 살아가는 나도 없다. 단지 필요에 따라서 전일적全一的 경계境界를 구분하여 방편상 이것과 저것으로 구분하여 나타낼 뿐이다. 그렇기 때문에 이것과 저것이라는 분별의 형태를 띠고 있는 언어를 보고 그것을 나타내기 이전의 분별이 없는 경계를 느낄 수 있다.

바로 칠판에 쓰는 낙서 금지를 통하여 그것이 낙서이지만 낙서를 통하여 낙서 이전의 진리를 느끼게 하는 작업이라는 점에서 낙서 금지는 낙서이면서도 낙서가 아니다. 그렇기 때문에 낙서라고 말하는 것도 인간이고, 진리를 나타내는 글이라고 말하는 것도 우리 자신임을 놓쳐서 안 된다.

우리 자신이라는 말도 낙서도, 진리에 관한 말도 모두 하나의 자리에서 드러난 것이기 때문에 둘이 아니다. 그것은 인위적으로 둘이 아닌 경계를 붙드는 것이 아니라 본래 그러함을 알고 느끼면서 그렇게 살아감을 뜻한다.

우리는 여기서 물건적 분합의 문제를 분별적 사유와 언어의 문제로 해결하더라도 여전히 문제가 있음을 느낀다. 우리가 부정의 중관中觀과 긍정의 유식唯識을 동일한 차원에서 아무리 합하여도 여전히 대긍정大肯定의 차원에 이르지 못한다.

유식唯識은 일심一心의 작용인 생멸문生滅門을 나타내고, 중관은 일심一心의 본체인 진여문眞如門을 나타낸다고 하지만 양자를 아무리 합하여도 일심의 차원에서 양자를 논하는 것과 다르다. 일심의 차원에서 보면 유식은 업業을 구성하는 부정적 창조성이 아니라 진여문眞如門이 드러난 긍정적 창조이다.

그리고 일심一心의 차원에서의 중관은 색色을 부정하는 중관이 아니라 진여

眞如를 그대로 나타내는 부정이다. 따라서 일심의 차원에서의 부정否定으로서의 중관은 단순한 부정이 아니라 본래의 자리로 돌아가는 회향回向이며, 일심의 차원에서의 유식唯識은 단순한 긍정肯定이 아니라 일심의 나툼이다. 그러면 어떻게 할 것인가?

일심과 이문의 관계는 체용상을 통하여 드러난다. 본체의 관점에서는 사람과 사물이 둘이 아니다. 그러나 본체의 작용에 의하여 나타나는 현상의 사물은 서로 다르다. 따라서 본체가 현상의 사물의 근원이지만 사물이 그대로 본체는 아니다.

불이不二의 본체와 불일不一의 현상은 작용에 의하여 이루어진다. 동일한 물을 독사가 마시면 독이 되지만 젖소가 마시면 우유가 되는 것과 같다. 이때 현상에서 본체를 향하는 역방향과 본체에서 현상을 향하는 순방향에서 일심은 서로 다른 의미를 갖는다. 역방향에서는 수행, 수기이지만 순방향은 교화, 제도이다.

그러나 본체와 작용, 현상도 실체가 아니다. 나를 몸과 마음으로 구분하고 다시 몸을 지수화풍地水火風으로 구분하고, 마음을 수상행식受想行識으로 분석하여 나의 실재성을 부정함은 나라는 고정된 실체가 없음을 나타내는 방편이다.

그러나 몸과 마음으로 분석하고, 몸과 마음을 다시 구분하는 마음 자체의 관점에서 분별적 사유의 한계를 드러내는 긍정적 방법 역시 현상에서 본성을 향하는 역방향인 점에서는 동일하다. 이처럼 본성과 마음, 생명을 본체와 작용 그리고 현상이라는 개념을 통하여 이해할 때 순역의 문제가 발생한다. 그러면 본체와 작용, 현상이라는 실체가 있는가?

나를 심층과 표층으로 나누고, 성품과 육신으로 구분하며, 양자를 연결하는 마음을 논하여 본성과 마음, 육신으로 나타내거나 삼자를 각각 본체와 작용, 현상으로 구분하여 나타내는 방법도 하나의 방편일 뿐이다.

순방향에서는 본성과 마음, 물리적 생명을 각각 본체와 작용 그리고 현상으로 이해할 수 있지만 역방향에서는 육신, 마음, 본성을 본체와 작용, 현상으로 이해할 수 있다. 이처럼 본체와 작용, 현상도 실체가 아닐 뿐만 아니라 성품과 마음, 육신 역시 실체가 아니다. 그러면 어떻게 할 것인가?

첫째는 물건적 관점에서 분합分合을 통하여 나를 찾거나 나타내는 작업에 머물지 말고, 한 걸음 더 나아가서 사건적 관점에서 생성生成을 중심으로 나와 삶, 세계를 고찰함이 필요하다. 그것은 물건적 관점에서 역逆방향을 중심으로 근원적 존재인 성품, 자성自性, 불성佛性은 찾는 상구보리上求菩提가 중심이 아니라 상구보리上求菩提와 하화중생下化衆生이 둘이 아닌 사건의 관점에서 삶을 살아감을 뜻한다.

마음을 중심으로 앎, 깨달음을 추구하거나 몸을 중심으로 실천을 추구하는 분합적分合的 삶이 갖는 한계는 매 순간 다양하게 창조하고, 매 순간 새롭게 진화하는 생성의 삶을 통하여 극복할 수 있다.

둘째는 사건의 관점에서 사건의 근원을 찾는 방향이 아니라 사건의 근원인 창조성으로서의 시간성을 본체로 하여 이루어지는 작용으로서의 사건을 중심으로 삶을 이해하는 일이 필요하다. 이는 물건적 분합分合을 넘어서 사건적 생성을 통하여 삶을 이해함이다.

만약 분합을 통하여 순과 역의 어느 한 방향을 중심으로 나를 찾거나 삶을 추구하면 의식의 분별에 머물러서 갈등을 일으키게 된다. 바로 남과 나를 구분하여 자신을 위하여 모든 존재를 소유하려는 욕심에 의하여 분별이 이루어기 때문이다. 따라서 분합이 의미를 갖고 모든 존재에게 이롭기 위해서는 시간성으로부터 생성되는 사건적 삶을 추구해야 한다.

셋째는 유심론唯心論이나 유물론唯物論, 주체와 객체, 주관과 객관, 마음과 육신의 어느 일면에 치우쳐서 객관의 부정을 통하여 주관적 유심론에 치우치거나 그와 반대로 오로지 유물론에 빠져서 주체, 주관을 부정하고 극도의 객관주의에 빠지는 것은 모두 양변에 치우친 것이다. 따라서 양자의 어느 일변에 치우치지 않는 중도中道를 견지堅持하는 것이 필요하다.

유심론과 유물론은 몸과 마음의 어느 일면을 중심으로 다른 측면을 부정하는 결과를 낳는다. 유물론으로 나타내는 극도의 객관주의는 주체를 부정하기 때문에 주객이 둘이 아닌 중도를 드러내지 못하고, 유심론으로 나타내는 극도의 주관주의는 객체를 부정하기 때문에 주객이 둘이 아닌 중도를 드러낼 수 없다.

넷째는 중도를 견지함은 극단의 부정이나 극단의 긍정을 벗어나서 양자를 떠나지 않는 대긍정大肯定의 태도가 필요함을 뜻한다. 만약 역방향에서 오로지 부정의 방법만을 사용하여 자성, 본성을 찾고자 한다면 허무에 빠지고, 순방향에서 오로지 긍정의 방법만을 사용한다면 현실의 자아, 육신, 물질에 빠져서 역시 환상에서 벗어나지 못한다.

대긍정은 동일한 차원에서 반대의 관계를 이루는 긍정과 부정이라는 두 경계를 넘어서야 한다. 그렇기 때문에 대긍정의 관점에서 보면 부정을 하여도 긍정과 다르지 않으며, 긍정을 하여도 부정과 다르지 않다. 이는 오로지 나와 남, 나와 사물, 나와 세계를 둘이 아닌 평등한 차원에서 이해할 때 비로소 가능한 태도이다. 그러면 중도적 관점에서 나와 세계 그리고 삶을 어떻게 이해할 것인가?

나는 물건적 관점에서 나타내면 역逆방향에서는 내 안의 나를 찾아서 하나가 되는 합일合一의 과정이지만 순방향에서는 나 아닌 내가 때에 따라서 다양하게 드러남이다. 그것은 참나라는 내 안의 나는 고정된 실체적 존재가 아니라 때에 따라서 다양하게 드러나는 사건임을 뜻한다.

나를 자아와 무아를 넘어선 참나, 대아와 소아, 유有와 무無를 넘어선 중도中道라고 말한다. 그러나 중도는 이것과 저것이라는 실체적 존재와 다른 또 하나의 실체가 아니다. 중도는 있음과 없음, 공과 색, 유와 무를 넘어서 있으면서도 있음과 없음, 공과 색, 유와 무로 드러남을 나타낸다.

물건적 접근과 다른 사건적 관점에서 중도, 참나는 끊임없이 새롭게 나타나는 생성일 뿐이다. 그것은 참나는 시초와 종말의 두 시점을 연결하는 사태, 사건의 연속, 흐름임을 뜻한다. 이처럼 중도, 본성, 참나의 생성적 특성을 나타내는 개념이 시간성時間性이다.

시간성은 고조선사상의 중심 개념이다. 《주역》을 비롯하여 중국유학의 여러 전적에서는 시간성을 객관화, 대상화하여 물건적 관점에서 천도天道로 규정한다. 현대의 실존철학자인 하이데거는 존재의 본질을 시간성으로 규정한다. 그러면 고조선사상에서 시간성은 어떻게 표현되고 있는가?

고조선사상을 살펴볼 수 있는 단군신화[280]에서 전체의 내용을 나타내는 한마디는 ᄒᆞᆫ님, 환인桓因이다. 따라서 단군신화의 전체 내용은 ᄒᆞᆫ님, 환인에 대한 설명이라고 할 수 있다. 이때 ᄒᆞᆫ님을 나타내는 구조는 환웅桓雄과 단군檀君 그리고 웅호熊虎라는 세 요소이다. 이 세 요소를 통하여 변화의 연속, 사건의 흐름으로 ᄒᆞᆫ님을 나타내고 있다.

ᄒᆞᆫ님은 환웅에서 시작하여 단군을 거쳐서 웅호에 이르는 사건의 변화와 웅호에서 시작하여 단군을 거쳐서 환웅에 이르는 사건의 변화 그리고 두 측면을 종합적으로 나타내는 단군의 개국 조선이라는 사건의 세 측면에서 나타내고 있다. 따라서 ᄒᆞᆫ님, 환인은 단군의 조선 개국을 중심으로 두 측면을 종합하여 파악해야 한다.

---

280) 단군신화檀君神話는 일연一然이 《삼국유사三國遺事》에 싣고 있는 단군檀君의 고조선 개국에 관한 내용을 이해하는 하나의 관점을 나타낸다. 그것은 단군의 고조선 개국이 역사적 사실임을 부정하기 위하여 사용하는 개념이 아님을 뜻한다. 고조선의 개국에 관한 내용은 다양한 측면에서 연구할 수 있다. 우리가 《삼국유사三國遺事》에 실린 고조선의 개국에 관한 내용을 사실적 관점에서 나타내면 그것을 단군사화檀君史話라고 할 수 있다. 그리고 단군의 개국에 관한 내용을 그것이 상징하는 의미를 중심으로 형이상적 차원에서 연구하면 고조선사상을 밝힐 수 있다. 이때 사상을 밝히는 방법은 그 내용을 사실이 아닌 신화神話의 관점에서 접근하여 그것이 상징하는 내용을 밝히게 된다. 이처럼 사상적 관점에서 《삼국유사三國遺事》의 단군의 고조선 개국에 관한 내용을 이해하면 그것을 단군신화檀君神話라고 말할 수 있다. 따라서 단군의 고조선 개국에 관한 《삼국유사三國遺事》의 내용을 다양한 관점에서 다양한 연구 방법으로 접근하는 것이 필요하다.

흔님을 나타내는 도구는 수와 언어이다. 그것은 흔님이 "수를 통하여 의미를 나타낸 세계"[281]와 언어를 통하여 나타낸 세계의 두 측면을 함께 나타내고 있음을 뜻한다. 그러면 수를 통하여 나타낸 세계는 무엇인가?

수는 계산의 단위이기도 하지만 시간을 나타내는 도구이다. 수를 통하여 나타낸 시간의 세계는 언제나 과거와 미래, 현재로 구분되어 나타난다. 따라서 과거와 미래, 현재를 일관하는 세계, 하나의 세계를 나타내는 수는 시간이 아닌 시간의 근원을 상징한다. 이처럼 시간을 나타내는 도구인 수를 통하여 상징적으로 나타내는 경계는 바로 시간성이다.

시간성은 시간과 달리 영원할 뿐만 아니라 공간적 측면에서 이것과 저것의 분별이 없다. 이처럼 시간성이 시공을 초월한 측면에서는 형이상적 존재이기 때문에 시공의 근원이다. 그러나 시간성은 시공을 초월한 동시에 시공을 벗어나지 않는다. 그것은 시간성이 자신의 상태를 벗어나서 시간으로 타자화他者化하는 특성을 갖고 있음을 뜻한다. 그러면 시간성과 중도는 어떤 관계인가?

중도中道는 공空과 불공不空의 두 측면을 함께 갖고 있다. 그것은 물건적 관점에서 중도를 공불공空不空으로 나타낼 수 있음을 뜻한다. 이와 달리 중도를 사건적 측면에서 나타내는 개념이 시간성이다. 따라서 흔님은 바로 중도의 내용이다. 그러면 흔님은 무엇인가?

흔님을 언어의 측면에서 살펴보면 소리와 뜻의 두 측면에서 살펴볼 수 있다. 먼저 소리의 측면에서 살펴보면 흔님은 우리말의 하나님, 하나인 님, 하나임이다. 따라서 환인桓因은 흔님을 소리를 중심으로 한문으로 번역하여 나타낸 개념이라고 할 수 있다.

하나님, 하나님의 하나는 만법이 돌아가는 귀결점으로서의 하나이면서 새로운 시작의 근본인 하나이다. 이를 수로 나타내면 하나는 시종始終을 일관하는 하나이면서도 종시終始를 함께 나타내는 십十이다. 이처럼 매 순간 새로운

---

281) 一然《三國遺事》, 古朝鮮, "古記云 昔有桓因庶子桓雄 數意天下".

하나로 나타나면서도 동시에 본래의 자리인 십十으로 돌아가기 때문에 시작함이 없고, 끝을 맺어도 끝남이 없음을 나타내는 개념이 하느님, 하나임이다.

시간성을 수를 통하여 나타내는 전통은 《주역》에서도 찾을 수 있다. 《주역》에서는 천지의 도를 나타내는 상징체계인 하도와 낙서를 언급하면서 그것이 천지의 수에 의하여 구성[282]되었다고 말할 뿐만 아니라 물리적 시간을 나타내는 도구인 천간天干과 지지地支[283] 역시 수로 나타내기도 한다.

시간성은 시초에서 종말로의 시종의 변화와 종말에서 시초로의 종시의 변화를 통하여 나타낼 수 있다. 그것은 흔님, 환인이 종시변화와 시종변화를 통하여 상징적으로 표현할 수 있음을 뜻한다. 단군신화에서는 흔님, 환인을 종시변화와 시종변화의 두 측면에서 나타낸 후에 양자의 관계를 밝히고 있다. 그러면 흔님, 하나님, 하나임은 수를 통하여 어떻게 나타내는가?

시초와 종말을 상징하는 일一과 십十을 통하여 시간성을 나타낼 때 시간성이 갖는 특성을 분명하게 드러내기 위해서는 시간성을 나타내는 인간을 중심으로 하지 않을 수 없다. 만약 우리가 오로지 시간성만을 논하고, 그것을 논하는 나와 관계를 나타내지 않으면 시간성은 하나의 실체적 존재가 된다.

시종의 측면에서 시간성을 나타내는 일과 종시의 측면에서 시간성을 나타내는 십의 중심에 인간을 중심으로 시간성을 나타내는 오五가 있다. 오五는 시간성의 측면에서는 미래성을 나타내는 십과 과거성을 나타내는 일과 달리 현재성을 상징하는 수이다.

오五는 물건적 관점에서 나타내면 나의 심층을 나타내는 내 안의 나이다. 오五를 진아眞我, 본성本性, 자성自性, 불성佛性과 같은 다양한 개념을 통하여

---

282) 《주역》계사상繫辭上 9, "天一地二天三地四天五地六天七地八天九地十이니 天數五오 地數五니 五位相得하야 而各有合하니 天數二十有五오 地數三十이라 凡天地之數 五十有五니 此所以成變化하야 而行鬼神也라.".

283) 산풍고괘山風蠱卦의 괘사卦辭에서는 "蠱는 元亨하니 利涉大川이니 先甲三日하며 後甲三日이니라."라고 하였고, 중풍손괘中風巽卦의 구오九五 효사爻辭에서는 "九五는 貞吉悔亡하니 无不利니 无初有終이라 先庚三日하며 後庚三日이니 吉하니라."라고 하여 갑甲과 경庚을 중심으로 천간天干을 논하고 있다.

나타내기도 한다. 이처럼 오五는 시간성의 차원에서는 현재성을 나타내는 동시에 공간성의 차원에서는 인간성을 나타낸다. 그러면 십과 일은 무엇을 의미하는가?

체용상의 측면에서 시간성을 나타내면 십은 본체의 관점에서 시간성을 나타내고, 일은 현상의 측면에서 시간성을 나타내며, 오는 작용의 측면에서 시간성을 나타낸다.

《주역》에서는 시간성을 바탕으로 역도를 삼극三極의 도[284]로 규정하고, 공간성을 바탕으로 삼재의 도[285]로 규정한다. 무극無極과 태극太極은《도덕경道德經》[286]과《주역周易》[287]에서 나타나고, 황극皇極은《서경書經》의 홍범洪範[288]에서 나타난다. 주돈이周敦頤는《태극도설太極圖說》에서 무극無極과 태극太極을 함께 사용하였다.[289]

무극과 태극 그리고 황극이 함께 나타나는 것은《정역正易》[290]에 이르러서이다. 《정역》에서는 삼극三極을 무위無位와 유위有爲의 두 측면에서 사용한다. 그것은 삼극三極을 시간성과 시간의 두 측면에서 사용함을 뜻한다. 십일과 오를 삼극三極과 관련하여 나타내면 십은 무극十無極이고, 오는 황극五皇極이며, 일은 태극一太極이다. 그리고 삼재三才의 도道와 관련하여 이해하면 십十은 천도이고, 일一은 지도地道이며, 오五는 인도人道이다.

지금부터 단군신화에 나타나는 단군의 조선 개국에 관한 내용을 통하여 흔님, 환인이 무엇인지 구체적으로 살펴보자. 이를 위하여 먼저《삼국유사》에 기록된 단군의 조선 개국에 관한 내용을 제시하면 다음과 같다.

---

284) 《주역》계사상繫辭上 3, "六爻之動은 三極之道也니".
285) 《주역》계사하繫辭下 10, "兼三才而兩之라 故로 六이니 六者는 非他也라 三才之道也니".
286) 《도덕경》제이십팔장, "復歸於無極".
287) 《주역》계사상繫辭上 11, "易有太極하니".
288) 《상서》주서周書, 홍범洪範, "次五日建用皇極".
289) 《太極圖說》, 周敦頤, "無極而太極".
290) 《정역正易》제일장, 金恒, "擧便无極이시니 十이니라. 十便是太極이니 一이니라. 一이 无十이면 无體요 十이 无一이면 無用이니 合하면 土라 居中이 五니 皇極이니라".

① 《위서魏書》에서 말하기를 지금으로부터 이천 년二千年 전에 단군왕검檀君王儉이 아사달에 도읍을 세우고 나라를 세워 조선朝鮮이라고 하였다. 그런데 그때가 (중국의) 요堯 임금이 즉위한 때와 같다.

② 《고기古記》에서 (단군檀君의 건국建國에 대하여 다음과 같이) 말하였다. "옛날에 환인桓因의 아들 환웅桓雄이 있어서 수에 의하여 의미가 드러나는 천하를 통하여 인간의 세계를 구하기를 원하였다. 아버지가 아들의 뜻을 알고 아래로 삼위三危, 태백太白을 내려다보니 인간을 널리 이롭게 할 만하였다. 이에 천부인 세 개를 주어 가서 다스리도록 하였다. 환웅이 삼천의 무리를 이끌고 태백산의 정상에 있는 신단수神檀樹 아래 내려와 그곳을 신시神市라고 불렀다. 이분이 바로 환웅桓雄 천왕天王이다. 그는 풍백風伯과 우사雨師 그리고 운사雲師를 거느리고 곡식, 생명, 질병, 형벌, 선악을 주관하는 등 무릇 인간의 360여 가지 일을 다스림으로써 인간 세상을 이치理致에 의해 교화하였다. 그때에 곰 한 마리와 호랑이 한 마리가 같은 굴에 살면서 항상 신웅神雄에게 인간이 되기를 기도하였다. 이에 신웅神雄은 영험 있는 쑥 한 묶음과 마늘 스무 개를 주면서 '너희들이 이것을 먹고 백일 동안 햇빛을 보지 아니 하면 곧 인간이 될 것이다.'라고 하였다. 곰과 호랑이는 환웅이 준 마늘과 쑥을 받아서 먹었다. 그런데 곰은 몸과 마음을 깨끗하게 한 지 21일 만에 여자가 되었으나 호랑이는 계율을 지키지 못하였기 때문에 인간이 될 수 없었다. 웅녀熊女는 함께 혼인할 사람이 없으므로 매일 신단수 아래에서 아이 갖기를 기도하였다. 이에 환웅이 잠깐 인간의 모습으로 변화하여 웅녀와 혼인을 하여 아이를 낳고 그를 단군왕검檀君王儉이라고 불렀다. 단군檀君은 평양성平壤城에 도읍을 정하고 (나라를 세워) 비로소 조선朝鮮이라고 불렀다. 또한 백악산白岳山 아사달阿斯達로 도읍을 옮겼으며, 또한 궁홀산이라고 말하고, 금미달이라고 말한다. 나라를 다스린 지 1500년이 되었을 때 주나라의 무왕武王이 기자箕子를 조선에 봉封했다. 단군은 이에 장당경藏唐京으로 옮겼으며, 후에 아사달로 돌아와 은거하여 산신山

한국사상과 인간의 삶

神이 되었는데 나이는 1908세였다."[291]

인용문의 내용을 보면 ①은 오로지 역사적 사실의 관점에서 고조선에 대하여 언급한 부분이고, ②는 신화의 형식을 통하여 고조선에 대하여 언급하고 있다. 저자는 ①을 통하여 단군의 조선 개국이 사서史書에 기록된 역사적 사실임을 밝히고, ②를 통하여 개국의 정신이 무엇인지를 밝히고 있다. 따라서 우리는 ②를 통하여 역사의 측면에서는 역사를 이끌어 가는 역사 정신으로 나타나고, 철학적 측면에서는 개국 정신으로 나타나는 고조선사상을 파악할 수 있다.

지금부터 ②를 고찰하여 고조선사상이 무엇인지를 밝히고자 한다. ②의 구조를 보면 수와 언어를 도구로 하여 내용을 전개한다. 내용을 중심으로 전체의 구조를 살펴보면 두 방향에서 세 가지의 내용이 제시되고 있는 독특한 구조를 띠고 있다. 그러면 먼저 내용을 나타내기 위하여 사용된 도구인 수와 언어에 대하여 살펴보자.

인용문에서 사용되고 있는 수를 보면 천부인天符印 세 개를 비롯하여 삼천三千의 무리, 삼칠일三七日, 백일百日, 삼백육십여사三百六十餘事, 쑥 한 묶음과 마늘 20개와 같은 수들이 언급되고 있다.

일반적으로 수數는 셈을 하는 단위로 사용되거나 시간을 나타내는 단위로 사용된다. 삼칠三七과 백百이라는 수의 뒤에 일日이 사용되고 있다. 이를 통하여 단군신화에서 사용되는 수들이 시간과 관련하여 사용되고 있음을 알 수 있다. 그러면 단군신화는 단순하게 물리적 시간을 바탕으로 나타나는 사건을 나

---

291) 《三國遺事》, 一然, 古朝鮮, "魏書云 乃往二千載 有檀君王儉 立都阿斯達 開國號朝鮮 與高同時 古記云 昔有桓因庶子桓雄 數意天下 貪求人世 父知子意 下視三危太伯 可以弘益人間 乃授天符印三箇 遣往理 之 雄率徒三千 降於太伯山頂神壇樹下 謂之神市 是謂桓雄天王也 將風伯雨師雲師 而主穀主命主病主 刑主善惡 凡主人間三百六十餘事 在世理化 時有一熊一虎 同穴而居 常祈于神雄 願化爲人 時神遺靈艾 一炷 蒜二十枚曰 爾輩食之 不見日光百日 便得人形 熊虎得而食之 忌三七日 熊得女身 虎不能忌 不得 人身 熊女子 無與爲婚故 每於神壇樹下 呪願有孕 雄乃假化而婚之 孕生子 號曰檀君王儉 都平壤城 始 稱朝鮮 又移都於白岳山阿斯達, 又名弓[一作方]忽山, 又今彌達. 御國一千五百年. 周虎(武)王卽位己卯, 封箕子於朝鮮, 壇君乃移於藏唐京, 後還隱於阿斯達爲山神, 壽一千九百八歲".

타내는가?

만약 물리적 시간을 바탕으로 전개되는 사건을 나타내려면 굳이 신화라는 형식을 사용할 필요가 없다. 따라서 단군신화의 시간의 단위를 나타내는 수는 물리적 사건을 나타내지 않는다. 그러면 단군신화에 나타나는 수는 무엇인가?

환인桓因과 환웅桓雄의 본질을 밝히는 부분에서는 "수의천하數意天下 탐구인세貪求人世"라고 하여 수를 언급하고 있고, 환웅이 인간 세상에 내려와서 한 일을 "재세이화在世理化"라고 하여 변화를 언급하고 있으며, 환웅이 남자가 되는 것과 곰이 여자가 되는 것을 모두 "가화假化", "화위인化爲人"이라고 표현하였다. 이를 통하여 단군신화에서 사용되고 있는 수는 곰이 변變하여 사람으로 화化하는 변화와 관련이 있음을 알 수 있다. 그러면 변화와 관련하여 사용되는 수는 어떤 의미를 갖는가?

물리적 변화는 형체의 변화이다. 곰이 사람이 되었다고 할 때 곰의 몸이 변하여 여자의 몸으로 화하는 것이 그것이다. 만약 이와 같은 물리적 변화를 나타내고자 한다면 굳이 환웅이 남자로 변하고, 곰이 변한 여자와 결혼을 하여 단군을 낳을 필요가 없이 스스로 단군으로 변화하면 될 것이다.

그리고 물리적 변화를 나타내는 데 사용되는 수는 양을 나타낼 뿐으로 시간과 관련되어 사용되지 않는다. 따라서 100일日과 같이 사용할 필요는 없다. 그렇다면 단군신화에서 나타나는 숫자들은 물리적 변화가 일어나는 시간을 나타내는 것이 아니라 다른 성격의 변화를 물리적 변화에 의하여 상징적으로 나타내고 있다고 할 수 있다.

물리적 형체의 변화는 반드시 시간을 전제로 한다. 그렇다고 하여 숫자를 통하여 물리적 시간의 변화를 나타낸다면 그것은 시간의 흐름을 나타낼 뿐이다. 그러므로 본질적으로 시공을 초월한 어떤 존재를 상징적으로 나타내기 위하여 숫자를 상징적으로 사용하고 있음을 알 수 있다. 그러면 수를 통하여 나타내고자 하는 변화는 무엇인가?

한국사상과 인간의 삶

단군신화에서 수를 통하여 나타내고자 하는 변화의 성격은 신화의 성격을 통하여 파악할 수 있다. 신화는 시공을 넘어선 차원을 언어를 통하여 상징적으로 나타낸다. 따라서 단군신화의 수 역시 시공을 넘어선 세계를 상징적으로 나타내기 위하여 활용되고 있음을 알 수 있다.

세계世界는 시간을 나타내는 세世와 공간을 나타내는 계界가 결합된 개념이다. 따라서 세계는 시공時空을 나타낸다. 그러나 형이하의 시공時空은 시공을 초월한 형이상의 도道를 떠나서 성립할 수 없다. 그렇기 때문에 세계는 형이하의 시공을 나타내는 데 사용하기도 하고, 형이상의 도를 나타내기도 한다. 이처럼 세계는 시공을 가리키기도 하고, 형이상과 형이하의 차원, 경계를 나타내기도 한다.

시간을 나타내는 형식을 통하여 상징적으로 나타낼 수밖에 없는 세계는 시간의 존재근거이자 시간의 본성인 시간성時間性이다. 따라서 단군신화에서 신화라는 형식과 수를 통하여 상징적으로 나타내고자 하는 경계境界는 시간성이다.

시간성은 시간이 갖는 속성을 나타내는 것이 아니라 세계의 본성인 변화성變化性, 창조성創造性, 생명성生命性, 창발성創發性을 나타내는 개념이다. 그것은 세계가 고정되지 않아 끊임없이 변화하여 다양하게 자신을 드러내기 때문에 어떤 틀에 의하여 대상화할 수 없는 창발創發의 연속이면서 생명이 춤추는 사태, 끊임없는 생성의 과정임을 나타낸다. 그러면 언어의 측면에서 단군신화의 특성이 무엇인지 살펴보자.

언어의 측면에서 단군신화의 특성을 고찰할 때 고려해야 할 점은 단군신화의 내용이 세 부분으로 구분되었을 뿐만 아니라 두 개의 서로 다른 방향에서 언급되고 있다는 사실이다. 세 부분으로 나누어서 구성된 내용을 고찰하기에 앞서 서로 다른 방향이 무엇인지 살펴보자.

하나의 현상을 고찰할 때 일반적으로 접근하는 방법은 시간의 흐름과 공간적인 관계를 중심으로 분석하고 종합하는 방법이다. 그것은 씨를 심어서 싹이 트고 꽃이 피어 열매를 맺는 과정에 비유하여 나타내면 싹으로부터 꽃, 열매라는 인과의 관계로 나타나는 사건의 관점과 씨, 꽃, 열매라는 물건을 중심으로 현상을 이해함을 뜻한다.

그러나 열매를 얻기 위한 과정으로서의 싹이 트고 자라서 꽃이 피는 과정은 그 이면에 열매가 씨로 심어지는 과정을 전제로 한다. 그것은 사건과 물건으로 나타나는 현상의 이면에서 작용하는 근원적인 세계를 대상으로 하는 사상, 철학이 전제로 할 때 비로소 역사의 현상이 존재할 수 있음을 뜻한다.

오늘날 우리가 과거의 고조선의 사상을 고찰하는 작업은 씨가 심어지고 싹이 터서 자라온 과거로 거슬러 올라가는 작업에 불과한 것이 아니라 씨로 드러나기 이전의 이미 완전한 존재로서의 열매가 씨로 심어졌음을 확인하는 작업이다.

오늘날을 바탕으로 과거를 돌아봄은 씨가 심어지고 싹이 터서 자라는 완성의 과정이 아니라 본래 완전한 존재인 열매가 씨로 나타나고, 싹으로 나타나며, 꽃으로 나타나는 점에서 모든 과정이 열매의 다양한 드러남이라는 측면을 함께 고찰하려는 것이다. 그러면 왜 그러한 작업이 필요한가?

만약 씨가 심어져서 싹이 트고, 그것이 자라서 꽃이 피고, 열매를 맺는 현상을 중심으로 세계를 이해하면 오로지 열매를 얻고자 하는 목적이 중요할 뿐으로 씨를 심고 가꾸는 과정 자체의 완전함과 아름다움, 가치를 놓치게 된다.

만약 우리가 오로지 현상을 중심으로 세계를 분별하여 서로 다름만을 드러내어 가치상의 우열優劣을 논하고, 시비是非를 논하면 대립과 투쟁의 공멸共滅만이 드러나지만 근원인 열매로부터 싹이 트고 꽃이 피는 방향에서 보면 세계와 인류가 하나여서 공생共生하고, 공영共榮할 수 있다.

단군신화에서 나타나는 수가 계산의 수가 아닐 뿐만 아니라 언어 역시 현상의 물리적 변화를 나타내는 않음을 통하여 환웅, 단군이라는 개념을 어떻게 이해할 것인지를 알 수 있다.

고조선의 역사를 헤아려 보면 2300여 년이 된다.[292] 그리고 단군의 나이를 1908세[293]로 나타내고 있다. 이를 통하여 단군이라는 개념이 한 사람을 가리키는 고유명사가 아니라 통치자를 통칭하는 보통명사로 이해할 수 있으며, 환인과 환웅이라는 개념 역시 고유명사가 아니라 통치자를 가리키는 보통명사로 이해할 수 있다.[294] 이런 점을 들어서 일부의 학자들은 고조선 이전에 환인桓因의 나라와 환웅桓雄의 나라가 있었다고 주장한다.[295]

우리는 여기서 역사와 역사 정신에 대하여 살펴보지 않을 수 없다. 한 나라의 역사는 단순한 시간의 흐름이 아니라 역사의 주체인 민족, 나라의 역사 정신을 바탕으로 전개된다. 우리는 그것을 역사철학이라고 할 수 있다. 역사철학은 역사를 보는 사관으로 나타난다.

우리는 다른 나라로부터 경제적인 선진국으로 인정받고 있다. 그럼에도 불구하고 아직도 건국연대에 대한 논란이 일어난다. 그것은 우리가 역사관을 정립하지 못하였음을 뜻한다.

역사 정신은 한국인, 한국이라는 나라의 정체성을 나타낸다. 한국인으로서의 우리가 어떤 존재이며, 어떻게 사는지를 나타내는 민족적 정체성은 한국사

---

292) 일연一然(1206~1289)의 《삼국유사三國遺事》, 이승휴李承休(1224~1300)의 《제왕운기帝王韻紀》, 서거정徐居正(1420~1488)의 《동국통감東國通鑑》에서는 단군이 기원전 23세기에 조선을 개국했다고 서술하고 있다. 윤내현尹乃鉉 교수는 《고조선연구》, 一志社, 1994에서 고조선이 기원전 2333년에 개국하여 2300여 년을 지속하였음을 밝히고 있다.

293) 《三國遺事》, 一然, 古朝鮮, "壇君乃移於藏唐京, 後還隱於阿斯達爲山神, 壽一千九百八歲".

294) 《환단고기桓檀古記》나 《부도지符都誌》, 《규원사화揆園史話》를 보면 환인과 환웅 그리고 단군을 통치자를 지칭하는 보통명사로 사용하고 있다. 학계에서는 《환단고기桓檀古記》와 《규원사화揆園史話》의 사료적 가치를 인정하는 학자들과 부정하는 학자들로 양분된다. 북한의 학자들과 재야의 학자들이 사료적 가치를 인정하는 것과 달리 남한의 강단사학자들은 두 저서의 사료적 가치를 부정한다. 고조선에 관한 문헌자료가 많지 않은 상황에서 편견을 갖지 않고 학자적 양심에 따라서 기존의 자료에 대한 철저한 검증과 활용이 중요하다고 여겨진다. 앞으로 관련된 학자들에 의하여 사실에 바탕을 둔 치밀한 연구가 이루어져서 합리적인 결과가 도출되기를 기대한다. 이에 대하여는 《한국통사》, 이덕일, 다산초당, 2020을 참고하기 바란다.

295) 임승국은 《환단고기》를 근거로 고조선 이전에 환인桓因의 환국桓國과 환웅桓雄의 신시神市를 합하여 대략 9213년의 역사를 주장한다. 《한단고기》, 임승국 번역 주해, 정신세계사, 1987.

상을 통하여 고찰할 수 있다.

오늘날 세계는 우리와 함께 K-culture라는 우리 전통의 풍류를 즐긴다. 그것은 우리나라가 이미 경제적인 선진국을 넘어서 문화의 강국임을 보여 준다.

그러나 우리가 아무리 선진국이라고 할지라도 우리의 정체성을 살펴볼 수 있는 과거의 역사와 미래의 방향을 설정할 한국사상을 정립하지 못하면 독립된 국가라고 할 수 없다.

오늘날 우리 민족은 대한민국과 북한으로 나누어져서 대립을 하고 있고, 한국 사회에서는 영호남의 갈등을 비롯하여 다양한 요인에 의하여 구성원들 사이에 갈등이 심각하다.

우리 사회의 구성원들이 하나가 되고, 남과 북이 하나가 되기 위해서 가장 필요한 일은 고조선 이후 지금까지의 과거의 역사를 공유하고, 고조선사상 이래 발전해 온 한국사상을 통하여 우리 민족의 미래를 공유하는 일이다.

고조선 이후의 우리의 역사에 관한 연구는 역사학자들의 몫이다. 비록 지금은 학계와 재야학자들 사이에 대립이 있지만 서로의 부족한 부분을 상대로부터 보완하여 객관적이고, 합리적으로 우리의 역사를 정립할 것이다.

우리는 한국사상의 정립을 위하여 고조선사상이 무엇인지 고찰하고자 한다. 그러면 환웅, 단군과 같은 개념을 어떻게 이해할 것인가?

단군신화의 내용을 살펴보면 환인에 대한 언급으로 시작하여 환인의 아들인 환웅에 대하여 언급하고, 그다음으로는 웅호熊虎가 사람이 되기를 원하여 환웅에게 기도祈禱를 한 결과 곰이 사람이 되어 다시 환웅과 결혼을 함으로써 단군을 낳았고, 단군이 고조선을 개국했다는 내용이다.

환웅은 환인의 여러 아들 가운데 하나이다. 그것도 환웅은 아버지인 환인의 뜻을 정확하게 파악하여 그 뜻을 따르려는 아들이고, 환인은 아들인 환웅의 뜻을 알고 그의 뜻과 함께하는 아버지이다. 따라서 환인과 환웅은 하나이면서도 구분되는 관계를 나타낸다.

한국사상과 인간의 삶

하나의 동굴에서 살고 있는 웅호熊虎는 환웅과 하나가 되고자 하는 뜻을 갖고 있다. 그리고 그 뜻을 이루어 동물의 상태에서 벗어나서 사람이 되고, 다시 환웅과 혼인을 하여 단군을 낳음으로써 부모의 역할을 하였다.

다음에 이어지는 단군은 환웅과 웅녀의 자식이면서 환인의 손자이다. 이러한 내용을 통하여 단군신화가 천신인 환웅의 가족을 통하여 환인을 나타내고 있음을 알 수 있다. 이처럼 단군신화는 한마디로 나타내면 환인桓因에 관한 내용이기 때문에 환인이 어떤 존재인지를 파악하는 것이 선결문제이다.

먼저 글자의 의미를 중심으로 환인桓因이라는 개념을 살펴보자. 환인의 환桓은 빛을 뜻한다. 그리고 인因은 원인, 근원이라는 의미이다.[296] 환인을 다른 곳에서는 환인桓仁[297]으로 기록하기도 하였다. 이때의 인仁은 씨, 핵이라는 의미로 곧 근원을 뜻한다. 따라서 환인은 빛의 근원이라는 의미가 된다. 빛의 근원은 빛이라는 에너지로 나타나기 이전의 존재를 뜻한다.

빛이 나타남으로써 밝음과 어두움이 형성되면서 시간의 세계가 전개되고, 시간의 세계가 전개됨으로써 공간의 세계가 된다. 공간의 세계는 만물의 세계이다. 그것은 시간상의 사건을 대상화함으로써 만물의 세계가 전개됨을 뜻한다. 그런 점에서 보면 환인은 곧 만물의 근원을 나타낸다.

사람들은 물건적 관점에서 만물과 우주를 창조하고 기르는 근원적인 존재를 신神이라고 말한다. 공간적 위상을 가진 실체적 존재인 신은 공간의식에 의하여 구성한 개념이다. 단군신화에서도 환인桓因의 아들인 환웅을 천신天神으로 규정[298]하고 있다.

단군신화에서 사용되고 있는 신神이라는 개념은 책상이나 태양과 같이 공간적 위상을 가진 객체적 존재가 아니다. 그것은 공간의식의 차원에서 성립되는 개념과 달리 시간과 관련하여 제시된 개념이다. 그 점은 환인이라는 개념

---

296) 《揆園史話》肇判記, 北崖子, "桓者卽光明也 象其體也 因者本源也 萬物之藉以生者也.".

297) 《太白逸史》桓國本紀, 李陌, "朝代記曰昔有桓仁降居天山.".

298) 《三國遺事》, 古朝鮮, 一然, "時有一熊一虎, 同穴而居, 常祈于神雄, 願化爲人. 時神遺靈艾一炷, 蒜二十枚.".

을 살펴보면 드러난다.

환인을 음音의 측면에서 살펴보면 환桓은 혼이다. 그리고 인因은 님을 가리킨다. 그러므로 환인은 혼님이다. 이때 혼을 현대의 표기법으로 고치면 '하나'가 되어 환인은 하나님이 된다. 하나님이라는 개념은 고구려에서도 사용되었을 뿐만 아니라 조선시대에도 사용되었다.

기퍼드(D. L. Gifford)를 비롯한 선교사들은 기독교의 유일신인 여호와를 우리말로 번역하는 과정에서 우리의 고유어인 하나님Hananim을 사용하였다.

언더우드는 중국과 초기 한국의 종교를 탐구하는 과정에서 옛 한국의 일부였던 고구려왕국(the Kingdom of Kokurei)에서 하나님이라 불리는 유일한 신을 섬겼다는 사실을 발견하였다. 하나님은 설명적인 용어로 크고 유일한 하나(only One)를 가리키는 개념이다. 그는 지금의 한국인들이 사용하는 하나님의 의미가 고구려 이전의 의미와 다름을 파악하고, 고구려 이전의 의미가 본래의 의미이며, 지금의 의미는 그것으로부터 파생되었음을 알았다. 그리고 그는 본래의 의미로 사용되어야 한다고 결론을 내렸다.[299]

그럼에도 불구하고 헐버트를 비롯한 선교사들은 "하나님Hananim이라는 단어는 하늘과 님의 합성어로 한자어 천주天主에 해당한다."[300]라고 하였다. 이는 하나님을 주재적主宰的 특성을 중심으로 해석하여 이해한 결과라고 할 수 있다.

하나님이라는 우리말은 조선 선조의 노계蘆溪(1561-1642)의 가사에서도 보인다.[301] 그러면 하나님을 음역한 환인은 무엇인가?

하나님은 기독교의 유일신과 다르다. 그것은 환인이 의미상으로 빛의 근원

299) 《언더우드》, L. H. Underwood, 이만열 역, 기독교문화사, 1990, 136쪽. 《삼일신고》, 최동환 해설, 서울, 지혜의나무, 2009, 109쪽에서 117쪽 재인용.

300) 《대한성서공회사》, 류대영, 옥성득, 이만열, 대한성서공회, 1994, 106쪽에서 114쪽. 《삼일신고》, 최동환 해설, 서울, 지혜의나무, 2009, 113쪽에서 재인용.

301) 《노계가사》, 박인로, 1636년 목판본, 박성의 주해, 정음사, 1975, 117쪽. 《삼일신고》, 최동환 해설, 서울, 지혜의나무, 2009, 109쪽에서 재인용.

을 의미하는 동시에 음의 측면에서 하나님을 가리킴을 통하여 확인할 수 있다. 하나님의 하나는 모든 것, 전체, 한결같음, 영원함, 하나, 일체, 근원과 같은 다양한 의미를 갖고 있다.

환인이 나타내는 하나님은 시간과 관련되어 있다. 환인이 나타내는 하나님의 하나는 시간상으로 한결같음, 영원함을 나타낸다. 그리고 님은 근원을 나타낸다. 따라서 하나님은 물리적 시간의 근원, 존재근거, 본성으로서의 시간성時間性을 나타낸다.

하나님은 반구대의 암각화와 천전리 암각화 그리고 암사동 토기를 통하여 일관되게 상징적으로 표현되고 있는 신명神明을 가리키는 개념이다.

신명은 물건의 관점에서 이것과 저것으로 구분하여 나타낼 수 없는 하나의 세계(神)를 가리키는 동시에 매 순간 타자화他者化하는 현상화의 특성(明)을 갖고 있다.

불교에서는 신명을 공적영지空寂靈知로 나타내기도 한다. 공적空寂은 지부지知不知를 넘어선 경계를 통하여 신神을 나타내고, 영지靈知는 지知를 통하여 명明을 나타낸다. 따라서 공적영지는 앎을 통하여 신명을 나타낸 개념이다.

시간성은 있음과 없음의 두 측면을 넘어서 있으면서도 양자를 포함하고 있다. 그것은 유무有無를 넘어선 점에서는 형이상적이지만 현상과 별개의 존재가 아니어서 현상적 존재로 현상화現象化한다. 그렇기 때문에 단순하게 형이상적 존재가 아니지만 그렇다고 하여 형이하적 존재도 아니다.

시간성은 자신의 상태를 고집하지 않고, 자신의 상태에서 벗어나서(變) 다른 존재자로 나타난다. (化) 그것을 시간과 관련하여 나타내면 시간성의 시간화時間化, 시간성의 시간으로의 현현顯現이라고 할 수 있다.

그러나 시간의 차원에서 시간성은 시간의 본성인 점에서 시의성時義性이다. 시의성을 객관화하여 나타내면 만물의 세계로서의 공간의 세계가 전개된다. 이때 시의성은 공간의 본성인 공간성인 동시에 만물의 근거인 만물성이다.

사물의 본성으로서의 사물성은 인간에 있어서는 인간의 본성이다. 그것을 시간의 측면에서 나타내면 인간의 본래성이라고 할 수 있다. 시간성과 시의성, 시의성과 공간성, 공간성과 사물성, 사물성과 인간성은 하나의 세계를 지칭하는 다양한 개념이다.

2. 시간성의 시간화와 생성

시간성時間性은 형이상적 존재이지만 시간은 형이하적 존재이다. 그러므로 시간성을 근원으로 시간이 존재한다. 일부의 사람들이 시간성을 시간의 속성으로 여기는 것은 형이상적 경계를 배제하기 때문에 일어나는 현상이다.

시간성이 배제된 시간은 실체적 존재이다. 유물론적 관점에서 시간을 이해하는 사람들은 시간을 과거와 미래, 현재의 세 양상으로 구분한다.

그리고 시간이 물체처럼 운동을 한다고 여긴다. 그들은 시간이 과거에서 미래를 향하여 흐를 뿐으로 미래에서 과거로 흐르지 않아서 불가역적不可逆的이라고 말한다.

그러나 시간은 형상을 가진 물건적 존재가 아니기 때문에 운동을 하지 않아서 흐른다고 말할 수 없다. 그리고 과거에서 미래를 향하여 흐르는 시간을 논하기 위해서는 미래에서 과거를 향하여 흐르는 시간을 전제로 해야 한다. 그러면 어떻게 해야 하나?

시간의 흐름은 상징적인 표현이다. 그리고 두 방향의 흐름을 논하기 위해서는 시간성을 전제로 하지 않을 수 없다. 왜냐하면 두 방향의 흐름이 모두 시간성의 작용을 두 측면에서 나타내기 때문이다.

미래에서 과거를 향하는 흐름을 통하여 시간성의 형이상적 특성이 드러나고, 과거에서 미래를 향하는 흐름을 통하여 시간성의 형이하적 특성이 드러난다.

시간이 순간인 것과 달리 시간성은 시간을 초월한 영원한 특성을 갖는다. 그러나 시간성은 순간을 넘어서 영원에 머물지 않고 항상 시간으로 드러난다. 시간성은 사건과 물건, 시간과 공간, 인간과 세계, 인간과 우주, 유와 무와 같은 온갖 분별이 없지만 무분별이라는 고정된 경계도 없다.

시간성을 나타내는 흔님을 한역漢譯한 개념이 환인桓因이다. 일연一然은 불교적 관점에서 환인을 제석천帝釋天으로 주석하였다.[302] 오늘날의 일부 학자들은 일연의 주석에 따라서 환인을 제석천을 나타내는 개념으로 이해한다.

그러나 미래불인 미륵불을 현재의 백제에서 찾고자 했던 백제불국토설,[303] 미래불을 현재의 화랑과 하나로 이해하고자 했던 신라불국토설, 고려에서 단군과 불교의 연등불燃燈佛을 광명光明을 바탕으로 하나로 이해한 연등불사상[304]은 영원한 현재적 관점에서 불교를 이해한 결과이다. 따라서 환인을 공간적 관점에서 도리천忉利天의 천주이자 옥황상제玉皇上帝라고 불리는 제석천으로 이해하는 것은 바람직하지 않다.

흔님, 환인을 현대의 한국어로 나타내면 하나임, 하나님이다. 이는 하나와 님, 임이 결합하여 형성된 개념이다. 이때 하나는 시간을 나타낸다. 과거와 미래 그리고 현재로 나타내는 시간이 하나임을 나타내는 개념이 하나이다.

그리고 님, 임은 상대방을 존중하는 의미를 나타내는 개념이다. 님, 임을 하나와 관련하여 이해하면 근원을 나타낸다. 따라서 하나님은 시간성을 나타내는 개념이라고 할 수 있다. 그러면 단순하게 어원적인 풀이에 지나지 않는가?

단군신화를 보면 환인의 본질적인 특성을 수를 통하여 나타내거나 수가 상징하는 의미를 표현하는 언어를 통하여 나타내고 있다. 그리고 환인과 환웅을 부자父子로 나타내었다.

부모와 자녀의 관계는 두 측면에서 이해할 수 있다. 그 하나는 물리적 생명의 측면에서 부모에 의하여 자녀의 육신이 생성되는 측면이며, 나머지 하나는 부모와 자녀가 구분할 수 없는 일체의 측면이다. 부모와 자녀의 구분하여 나

---

302) 《삼국유사》, 일연一然, "謂帝釋也".
303) 〈百濟思想의 연구〉, 《백제연구》, 柳南相, 충남대백제연구소, 1982, 88-102.
304) 〈고려의 燃燈信仰과 檀君사상〉, 《虛有河崎洛博士 回甲記念論文集》, 柳南相, 기념논총발간위원회, 1973, 185-216.

타낼 수 없는 하나의 측면을 우리는 성품, 자성, 본성이라고 말한다.

부모와 자녀가 구분되는 측면은 씨가 땅에 심어져서 싹이 트고, 꽃이 피어 다시 열매가 맺어지는 물리적 시간 곧 형이하의 측면이며, 부모와 자녀를 구분할 수 없는 측면은 열매가 씨로 심어지는 측면 곧 형이상의 측면이다. 그러면 양자를 어떻게 이해할 것인가?

장차 맺어야 할 완전한 존재로서의 열매가 씨가 된다. 그렇기 때문에 본래 열매와 씨의 구분이 없다. 단지 시종의 측면에서는 씨와 열매라고 구분하여 말할 뿐이다. 따라서 부모와 자녀를 구분할 수 없는 일체적인 측면이 바탕이 되어 씨에서 열매를 향하는 현상이 이루어진다.

환인과 환웅 역시 하나이면서 둘이다. 하나의 측면에서는 환웅의 뜻이 그대로 환인의 뜻이다. 아버지인 환인이 자식인 환웅의 뜻을 알고 그 뜻에 따라서 다스리도록 보냈음은 환인과 환웅이 둘이 아닌 일체임을 나타낸다. 그러면 환웅의 뜻은 무엇인가?

환인 파악한 환웅의 뜻은 수를 통하여 드러난 천하(數意天下)에 의하여 인간의 세상을 구하고자 함(貪求人世)이다. 따라서 환인의 뜻 역시 인간의 세상을 구하려는 뜻이 본성이다. 그러면 수에 의하여 드러난 천하는 어떤 의미인가?

수는 언어와 마찬가지로 이것과 저것을 분별하여 나타내는 수단이다. 그렇기 때문에 수에 의하여 나누어진 세계로서의 천하는 시간의 세계이다. 그것은 시간이라는 실체적 존재를 나타내는 것이 아니라 시간이 나타내는 시초와 종말이라는 두 시점을 일관하는 사건으로 드러남을 뜻한다. 그러면 사건을 통하여 드러나는 세계는 무엇인가?

사건을 통하여 드러나는 시간성은 환웅을 통하여 상징적으로 나타내고 있다. 인용문에서 환웅을 어떻게 표현하고 있는지 살펴보자.

① 옛날에 환인桓因의 아들 환웅桓雄이 있어서 수에 의하여 의미가 드러나는 천하를 통하여 인간의 세계를 구하기를 원하였다. 아버지가 아들의 뜻을 알고 아래로

삼위三危, 태백太白을 내려다보니 인간을 널리 이롭게 할 만하였다. 이에 천부인 세 개를 주어 가서 다스리도록 하였다.[305)

② 환웅이 삼천의 무리를 이끌고 태백산의 정상에 있는 신단수神檀樹 아래 내려와 그곳을 신시神市라고 불렀다. 이분이 바로 환웅桓雄 천왕天王이다.[306)

③ 그는 풍백風伯과 우사雨師 그리고 운사雲師를 거느리고 곡식, 생명, 질병, 형벌, 선악을 주관하는 등 무릇 인간의 360여 가지 일을 다스림으로써 인간 세상을 이치理致에 의해 교화하였다.[307)

①은 환웅을 통하여 환인을 나타내고 있다. 환인은 환웅에 의하여 표현된 인간 세계를 구하고자 하는 뜻이 본성이다. 다만 환웅은 수에 의하여 드러난 천하를 통하여 인간 세계를 구하고자 한다.

이때 환웅이 내려가야 할 인간 세계는 삼위三危, 태백太白으로 나타내고, 환웅이 인간 세계를 다스리는 존재임을 나타내는 징표를 천부인 세 개로 밝히고 있다. 그러면 삼위와 태백은 무엇인가?

역사적 관점에서 사실을 중심으로 두 개념을 이해하면 삼위와 태백은 서로 다른 지명이라고 할 수 있다. 그러나 사상의 측면에서 양자는 일종의 상징적 표현으로 이해할 수 있다.

환인은 환웅이 자신을 대신하는 존재임을 천부인 세 개를 통하여 보여 준다. 그것은 마치 하나의 환인이 환웅, 단군, 웅호로 표현되듯이 환웅을 천부인 셋으로 표현하는 것과 같다.

삼위를 셋과 관련하여 이해할 필요는 천부인 세 개와 더불어 인간의 세계를 다스릴 풍백, 우사, 운사의 세 관리를 나타내는 것을 통해서도 확인된다. 그러

---

305) 《三國遺事》, 一然, 古朝鮮, "昔有桓因庶子桓雄 數意天下 貪求人世 父知子意 下視三危太伯 可以弘益 人間 乃授天符印三箇 遣往理之.".

306) 《三國遺事》, 一然, 古朝鮮, "雄率徒三千 降於太伯山頂神壇樹下 謂之神市 是謂桓雄天王也".

307) 《三國遺事》, 一然, 古朝鮮, "將風伯雨師雲師 而主穀主命主病主刑主善惡 凡主人間三百六十餘事 在世理化".

한국사상과 인간의 삶

면 삼위, 천부인 셋이 상징하는 의미를 어떻게 이해할 것인가?

환인이 시간성을 상징하는 개념이라면 지상에 나타난 환인인 환웅은 시간성과 관련되지 않을 수 없다. 우리는 시간과 공간을 통하여 인간을 나타낸다. 인간을 나타내는 시간과 공간이 바로 세계世界이다. 세世는 시간을 나타내고, 계界는 공간을 나타낸다. 시간은 과거와 미래, 현재의 삼세三世로 구분하여 나타내고, 공간은 하늘과 땅, 인간의 천지인天地人의 삼재三才로 나타낸다.

시간을 중심으로 삼위와 태백을 이해하면 삼위三危는 물리적 시간의 측면에서 과거와 미래 그리고 현재의 삼세三世를 나타내고, 태백은 높은 산의 의미를 통하여 삼세를 일관하는 하나의 근원을 상징한다. 따라서 삼세를 일관하는 태백은 시간성을 나타낸다. 그러면 삼위와 태백은 어떤 관계인가?

삼위와 태백은 환웅이 환인과 함께 있었던 천상이 아니라 지상이다. 그것은 환웅이 천상으로부터 내려왔을 때 비로소 전개되는 세계이다. 그러면 환웅이 내려온 지상은 무엇을 상징하는가?

환웅이 내려온 지상의 세계는 시간의 세계이다. 따라서 삼위와 태백은 시간의 차원에서 이해되어야 한다. 그리고 삼위는 시간을 나타내고, 태백은 시간의 근거인 시간성을 나타낸다.

다만 이때의 시간성은 시간의 관점에서 시간의 존재근거로서의 시간성을 나타낸다. 우리는 그것을 시의성時義性이라고 한다. 따라서 태백이라는 개념이 나타내는 시의성과 삼위가 나타내는 시간의 두 경계를 통하여 환인이 내려다본 천하를 나타낸다. 그러면 시의성과 시간의 관계는 무엇인가?

시의성과 시간의 관계는 시의성이 시간화하는 과정을 통하여 파악할 수 있다. 인용문의 내용은 바로 환웅이 인간 세상으로 내려와서 행하는 이화理化를 통하여 시간성이 시간화하는 과정을 상징적으로 나타내고 있다.

환웅의 이화理化는 세 단계로 표현되고 있다. 그 첫째 단계는 환웅이 인간의 세계를 구하고자 하는 뜻을 세움이다. 이 단계는 시간성의 시간화의 시생始生

단계로 그 내용은 ①을 통하여 확인할 수 있다.

①에서는 환웅이 "수에 의하여 밝혀진 세계"에 의하여 인간의 세계를 구하고자 하는 뜻을 세웠고, 환인이 환웅의 뜻을 수용하여 허락하고 그 증거로 천부인天符印 세 개를 준다. 그러면 천부인 세 개는 무엇을 상징하는가?

시간성의 차원에서는 과거성과 미래성, 현재성을 상징하며, 시간의 차원에서는 과거와 미래 그리고 현재를 상징한다. 이때 환웅이 시간성을 상징하는 개념이기 때문에 천부인 세 개는 과거성과 미래성, 현재성을 상징한다.

두 번째 단계는 환웅이 인간의 세계로 내려와서 인간의 세계를 다스림이다. ②에서는 시간성의 시간화의 두 번째 단계를 나타낸다. ②에서는 환웅이 3천의 무리를 이끌고 태백산의 정상에 있는 신단수 아래로 내려와서 그곳을 신시神市라고 불렀다고 말한다. 이것이 무엇을 상징하는가?

환웅이 인간 세계로 내려옴은 형이상의 시간성이 인간 세계 곧 현상에서 드러남을 뜻한다. 이처럼 시간성을 형이하의 측면에서 나타낼 때 시간의 본성, 시간의 의미를 나타내는 시의성時義性이라고 말한다.

그런데 생장한 시간성의 세계를 신시神市라고 하였다. 신시神市는 환웅이라는 천왕이 내려온 세계이다. 그것은 인간의 관점에서는 형이상의 시간성을 통하여 드러난 차원, 경계를 나타낸다. 이는 인간의 마음에서 비로소 나타난 형이상의 시간성을 뜻한다. 따라서 신시는 시의성을 상징적으로 나타내는 개념이다. 그러면 세 번째 단계는 무엇인가?

환웅을 통하여 나타내는 시간성의 시간화의 세 번째 단계는 ③에서 나타내고 있다. ③에서는 인간의 세계를 이치에 의하여 교화함(在世理化)으로 나타내고 있다. 그러면 이화理化는 어떻게 이루어지는가?

이화理化의 내용은 인간의 360여 가지 일을 다스림(凡主人間三百六十餘事)이다. 따라서 이화의 내용은 360여사가 상징하는 의미가 무어인지를 파악하는 일로부터 시작해야 한다. 360여사가 상징하는 의미를 파악할 수 있는 단서

는 환인이 나타내는 시간성이다. 단군신화의 내용이 시간성이기 때문에 360
여사 역시 시간성을 중심으로 파악하지 않을 수 없다. 그러면 360이라는 수는
무엇인가?

《십익》에서는 천지天地의 수數에 의하여 구성된 하도河圖와 낙서洛書를 언
급하고, 이어서 64괘를 구성하는 384효를 언급하면서 360을 일년一年을 간의
단위를 나타내는 기수朞數로 규정한다.[308] 그러면 384효와 360의 기수는 어떤
관계인가?

《주역》은 30괘와 하경의 34괘로 구성된다. 이때 하경의 34괘 가운데서 택수
곤괘澤水困卦, 수풍정괘水風井卦, 택화혁괘澤火革卦, 화풍정괘火風鼎卦의 네 괘
는 포태궁괘胞胎宮卦라고 부른다.

포태궁괘는 자궁子宮에 새로운 생명을 잉태하고 있는 산모의 상태를 통하
여 성명합일性命合一의 시생 단계를 나타낸다. 산모의 안의 생명은 독립된 생
명체가 아니기 때문에 하경도 30괘가 되어 상하경이 모두 60괘가 된다. 그러
면 포태궁괘의 24효는 역수曆數에서는 무엇을 상징하는가?

현행의 역수曆數는 음력陰曆과 양력陽曆의 기수朞數가 서로 다르다. 그래서
두 기수를 일치시키기 위하여 3년에 한 번씩 음력에 윤달을 추가하고, 5년에
다시 윤달을 추가한다.

이때 윤달을 나타내는 상징하는 효가 포태궁괘의 24효爻이다. 384효에서
윤달을 상징하는 24효爻를 제거하면 360이 남는다. 따라서 《주역》 64괘의 384
효는 360의 기수를 나타낸다. 그러면 현행의 기수는 360과 다르지 않는가?

음력의 역수는 부족하기 때문에 윤달을 추가하고, 양력의 기수는 초과하기
때문에 기수가 감소한다. 그것은 지구가 태양을 운행하는 속도가 달이 지구를
운행하는 속도보다 느림을 뜻한다. 그러면 360역수는 무엇을 의미하는가?

360의 기수는 음력과 양력이 하나가 된 음양의 합덕역合德曆일 뿐만 아니라

---

308) 《주역》 계사상繫辭上 9, "乾之策二百一十有六, 坤之策百四十有四, 凡三百有六十, 當期之日".

음력과 양력의 과부족이 없는 정역正曆이다. 이는 이것과 저것의 분별에 의하여 가치상의 우열로 드러나는 물건과 달리 시초에서 종말을 일관하는 시간의 세계를 뜻한다.

360여사餘事는 360의 기수를 나타낸다. 360의 기수를 시종始終으로 드러나는 사건을 통하여 나타낸 수가 360여사餘事이다. 따라서 360여사를 주재함은 시간을 다스림을 뜻한다.

환웅에 의한 시간의 다스림은 시간성의 본성에 의하여 이루어지는 변화를 상징적으로 나타낸다. 그것은 환웅의 이화가 시간성이 시간으로 변화하는 시간성의 시간화임을 뜻한다. 그러면 360여사의 주재가 어떻게 나타나는가?

풍백風伯, 우사雨師, 운사雲師가 곡식, 생명, 질병, 형벌, 선악을 주관한다. 이때 삼사三師가 주관하는 대상은 곡식, 생명, 질병, 형벌, 선악과 같은 물건이다. 곡식은 잡초와 다르고, 생명은 죽음과 다르며, 질병은 건강과 다르고, 형벌은 상찬賞讚과 다르다. 이처럼 이것과 저것으로 구분되는 실체적 세계가 바로 선악善惡의 세계이다. 따라서 이 부분은 360여사를 주재함이 현상에서 물건적 세계의 다스림으로 드러남을 나타낸다. 그러면 풍백, 우사, 운사는 무엇을 상징하는가?

물건적 세계의 근원은 시간성을 대상화하여 나타낸 공간성 중심의 천도와 지도, 인도로 나타낸다. 물건적 세계를 주관하는 존재인 풍백, 우사, 운사는 천도와 지도, 인도를 상징하는 개념이다. 그러면 세 단계를 통하여 나타내는 환웅은 무엇인가?

③은 사건적 경계를 나타내는 ①, ②와 달리 물건적 경계를 나타낸다. 환웅을 나타내는 전체의 내용은 사건과 물건 그리고 근원인 시간성이다. 따라서 환웅이 상징하는 내용은 시간성, 시간, 공간이다.

환웅이 인간의 세상에 내려옴으로 나타낸 첫 번째 시생의 단계는 시간성이 시의성으로 드러남이고, 환웅이 인간의 세상에서 360여사를 주재함으로 나타낸 두 번째 생장의 단계는 시의성이 시간, 사건으로 드러남이며, 풍백, 우사, 운사에 의하여 선악을 주관함으로 나타낸 세 번째 장성의 단계는 시간, 사건이 공간, 물건으로 드러남이다. 따라서 환웅을 통하여 상징적으로 나타낸 환인의 세계는 시간성에 의한 사건의 생성이다.

그것은 시간성이라는 실체적 존재가 생장성하는 것이 아니라 환웅에서 시생하여 선악의 분별이 상징하는 웅호의 경계로 장성함을 뜻한다. 다만 환웅에서 시생하여 웅호에서 장성한 부분에서는 웅호를 직접 언급하고 않고, 시간의 주재의 결과로 나타나는 생사生死, 선악善惡과 같은 개념을 통하여 나타내고 있다.

환웅을 통하여 나타내는 환인은 중심이 사건에 있다. 그렇기 때문에 사건을 중심으로 물건의 세계를 드러내고 있다고 할 수 있다. 그러면 이화의 방법인 360여사餘事를 다스림은 무엇인가?

시간은 시초에서 종말을 향하는 시종의 사건을 통하여 표현된다. 360을 시간의 관점에서 이해하면 360은 일종의 시간의 단위이다. 따라서 1일에서 시작하여 360일에서 끝나는 일 년이라는 시간의 단위를 통하여 시간을 다스림이 이루어진다.

그런데 360일을 중심으로 시간을 논하면 매년 새로운 일 년이 계속된다. 일 년이라는 시간의 단위를 통하여 나타내면 시초와 종말이 있지만 종말에서 다시 시초가 시작되어 계속된다. 이러한 360일의 특성을 나타내는 도형이 원형이다. 원형을 구성하는 원주상의 어떤 점이라도 시초와 종말이 하나가 되어 구분할 수 없다. 그러면 원의 근원이라고 할 수 있는 구심점은 무엇인가?

원형의 원주를 형성하는 근원은 구심점이다. 이 구심점은 시간의 근원, 의미를 나타내는 시의성을 상징한다. 따라서 시의성이 변하여 매 순간의 시간으로 화함을 나타내는 도상이 원형이다. 그러면 원주는 무엇을 상징하는가?

하나의 구심점이 매 순간 원주가 나타내는 시간으로 화化한다. 그러나 원주를 구성하는 점은 서로 연결이 되어 나누어지지 않는다. 그것은 원주 위의 점이 나타내는 현재는 과거와 미래, 시초와 종말이 구분되지 않는 현재임을 뜻한다. 그러면 원이 상징하는 내용은 무엇인가?

보이지 않는 구심점과 원이 나타내는 내용은 시간성이 매 순간 시간으로 드러나는 영원한 현재를 나타낸다. 원주를 구성하는 각각의 점이 상징하는 현재는 시종이 하나가 된 점이자 과거와 미래가 된 현재이다. 이처럼 나타난 시간성으로서의 현재를 가리키는 개념이 영원한 현재이다. 그러면 구심점과 원은 어떤 관계인가?

원은 구심점으로 집약되어 하나가 되고, 그 하나는 다시 공空으로 사라진다. 그러나 그 공空은 아무것도 없는 절대무絶對無가 아니라 하나의 점으로 나타나고, 그것을 다시 객관화, 대상화하여 나타내면 원이 된다.

원을 직선화하여 나타내면 과거와 미래를 시종과 종시로 하여 과거에서 미래를 향하는 방향과 미래에서 과거를 향하는 두 방향에서 나타낼 수 있다. 이때 두 직선의 양 끝을 일一과 십十이라는 수로 나타내고 그 중간을 열 마디로 나누면 일一에서 십十까지의 열 개의 수로 나타낼 수 있는 점을 얻을 수 있다.

그리고 양 끝을 중심으로 중앙에 하나의 점을 찍어서 삼자의 관계를 통하여 시간성을 상징적으로 나타낼 수도 있다. 이 직선은 시간을 나타내는 동시에 시간을 나타내는 도구로 활용할 수 있다.

그것은 하나의 직선을 열 가지의 수를 통하여 나타낼 수 있는 열 개의 점으로 구분하여 나타냄으로써 그것을 통하여 시간성을 나타내는 동시에 시간을 나타낼 수 있음을 뜻한다. 《주역》에서 언급되는 천지의 수는 천지의 도를 나타내는 하도와 낙서를 구성하는 수로 언급되고 있다.

그리고 《정역》에서는 십과 일 그리고 오의 세 수를 각각 무극과 태극 그리고 황극으로 규정하고, 삼극을 통하여 시간성의 원리를 밝히고 있다. 그러면 환웅을 통하여 나타내는 시간성의 시간화는 무엇인가?

시간성은 이것과 저것으로 구분하여 나타낼 수 있는 형상을 가진 물건과 다를 뿐만 아니라 시종의 인과因果로 나타나는 사건과도 다르다. 시간성은 물건적 실체가 갖는 분석과 종합의 분합分合을 초월할 뿐만 아니라 시종의 사건을 초월하기 때문에 나와 남, 사람과 사물의 구분이 없다. 시간성은 동動과 정靜, 선善과 악惡, 시是와 비非, 영원과 순간과 같은 분별을 넘어선다.

그러나 시간성은 시의성으로 변하여 시간으로 화한다. 그것은 물리적 시간인 과거, 현재, 미래를 초월한 시간성이 삼세를 일관하는 시의성으로 변하여 시종의 사건으로 화함을 뜻한다. 이때 시의성은 삼세에 상응하는 과거성과 미래성, 현재성이다. 따라서 셋은 본래 하나의 시간성이다.

시의성을 바탕으로 한 시간은 영원한 현재이다. 이 영원한 현재를 바탕으로 과거는 시초가 되고, 미래는 종말이 되어 시종의 사건이 전개된다. 그것은 나의 관점에서는 지금 이 순간과 이 순간을 고정화한 여기 그리고 여기를 주체화, 집약화한 내가 시초와 종말을 구분하여 나타내는 기준임을 뜻한다.

마지막 부분에서 시간의 측면에서 360의 사건으로 나타낸 이화理化의 내용을 다시 생명과 죽음, 선과 악, 질병과 건강, 곡식과 잡곡을 통하여 이것과 저것으로 드러나는 물건을 다스림으로 나타내고 있다.

온갖 분별로 나타나는 물건은 독립하여 스스로 존재하는 것이 아니라 언제나 함께 존재한다. 분별을 이루는 두 항인 이것과 저것은 서로에 의하여 존재한다. 선이 없으면 악이 없고, 악이 있으면 선이 있다. 그렇기 때문에 선을 보존하기 위하여 악을 제거하면 선도 역시 사라진다.

현상의 세계를 물건의 세계, 이것과 저것이 분명하게 구분되는 실체적 세계인 것처럼 사고하고, 사고의 결과를 언어를 통하여 나타낸다. 그러나 분별이 그대로 시간성의 드러남이다. 그렇기 때문에 실체적 존재로서의 저것과 다른 이것이나 이것과 무관한 저것은 없다. 그러면 시간성의 현현으로서의 나는 어떤 존재인가?

현상적 측면에서 남과 구분되는 내가 있는 것 같지만 나와 남이 그대로 둘이 아닌 하나 곧 시간성의 다양한 현현이다. 그렇기 때문에 매 순간에 다양하게 드러나는 나는 고정되지 않아서 항상 새로운 나이다.

만약 과거와 미래, 현재를 일관하는 남과 다른 내가 있어서 때와 장소에 따라서 다양한 언행을 하고, 사고를 비롯하여 다양한 작용을 하면서 산다고 생각하면 그것은 착각일 뿐이다.

현상은 나와 남의 관계로 드러나는 사건의 연속, 사건의 흐름이다. 찰나에 나타나는 서로가 서로를 먹여 주는 생명현상, 서로가 서로를 존재하게 하는 공생共生, 서로가 서로를 이용하여 서로가 서로이게 하는 공용共用, 서로가 서로의 몸이 되는 공체共體, 서로가 서로의 마음이 되는 공심共心의 사건을 말할수 있을 뿐이다.

우리는 매 순간에 나타나는 다양한 사건, 시간성의 현현顯現을 삶이라고 말한다. 그리고 나의 삶, 너의 삶이라고 구분하여 나타내지만 나의 삶과 구분되는 남의 삶은 없다. 단지 함께하는 하나의 생명현상이 있을 뿐이다.

환인이 환웅임을 나타내는 개념이 널리 인간을 이롭게 함으로서의 홍익인간이다. 홍익인간은 시간성이 인간의 360시간을 다스리는 사건과 이것과 저것으로 구분되는 물건의 세계를 주관하는 사건을 내용으로 한다.

시간성이 사건으로 화化하여 물건으로 나타나는 시간성의 현현顯現이 그대로 홍익인간弘益人間이다. 홍익인간은 사람이라는 실체적 존재가 다른 사람을 이롭게 함을 의미하지 않는다. 홍익인간은 시간성이 사건으로 화하여 물건으로 나타나는 시간성의 물건으로서의 현현 자체가 그대로 사람과 사람의 삶임을 뜻한다. 그러면 그것이 구체적으로 무엇을 의미하는가?

사람과 사람의 관계, 사람과 사람으로 드러나는 사건을 인간人間이라고 한다. 그것은 사물과 다른 존재로서의 인간, 자연과 다르고, 세계와 다른 실체적 존재로서의 인간이 있는 것이 아니라 사람과 사람의 관계를 나타내는 삶을 인

한국사상과 인간의 삶

간으로 나타냄을 뜻한다. 서로가 서로를 존재하게 하는 사건이 삶이며, 그것을 나타내는 개념이 홍익인간이다.

3. 시간의 시간성화와 생성

우리는 앞에서 시간성이 매 순간 시간의 생성으로 드러나고, 시간을 통하여 이루어지는 사건을 대상화하여 이것과 저것이라는 물건적 세계가 전개됨을 살펴보았다. 그러면 물건적 세계는 실재하는가?

우리는 단군신화의 첫 부분을 통하여 환웅에서 시작하여 물건에 이르는 변화를 살펴보았다. 이때 환웅에서 시작하여 물건에서 끝나는 생장성生長成의 변화를 물건적 차원에서 시작하여 반대의 방향에서 나타내고 있는 부분이 있다. 그것이 곰과 호랑이에 관한 내용이다. 그러면 곰과 호랑이는 무엇을 나타내는가?

곰과 호랑이는 이것과 저것이라는 분별의 세계, 물건의 세계를 나타낸다. 곰과 호랑이는 실체적 존재가 아니다. 곰이 없는 호랑이가 없고, 호랑이가 없는 곰은 없다. 그것을 나타내는 개념이 그들의 생활 터전으로 표현된 동굴이다.

곰과 호랑이가 비록 서로 다른 개체이지만 하나의 동굴에서 함께 산다. 그것은 마치 사람의 몸에 100조의 세포들이 하나가 되어 육신을 형성하면서 살아가는 것과 같고, 지구의 주변을 둘러싸고 있는 대기권에서 인간을 비롯하여 수많은 생명체들이 생명을 유지하면서 살아가는 것과 같다.

비록 우리가 곰과 호랑이라는 개념을 통하여 마치 두 개의 실체적 존재가 있는 것처럼 표현하지만 우리 몸의 세포들이 모여서 간, 폐, 신장, 심장, 비장과 육부를 비롯하여 뼈와 살갗, 혈관 등의 수많은 부분들을 형성하여 하나의 육신을 형성하듯이 육신 공동체이면서 각 세포마다 수많은 의식들이 모여서 하나의 마음을 가진 마음 공통체이다. 그러면 이러한 세포, 세포의 의식이 있는가?

세포가 모여서 오장육부를 비롯하여 온몸을 구성하는 부분들이 형성되었다고 말하지만 한편으로는 육신 공동체, 마음 공동체는 그대로 서로가 서로를 먹여서 살리는 공식共食, 서로가 서로에게 작용하는 공용共用, 서로가 서로를 새롭게 하는 공생共生이라는 사건을 몸과 마음으로 구분하여 나타낸 것일 뿐이다. 그러면 구체적인 내용이 무엇인가?

환웅에서 시작하여 웅호熊虎에서 끝나는 변화의 이면에는 웅호에서 시작하여 환웅에서 그치는 변화가 있다. 환웅에서 시작하여 웅호에 끝나는 변화의 이면을 단군신화에서는 다음과 같이 나타내고 있다.

① 그때에 곰 한 마리와 호랑이 한 마리가 같은 굴에 살면서 항상 신웅神雄에게 인간이 되기를 기도하였다.[309]

② 이에 신웅神雄은 영험한 쑥 한 묶음과 마늘 스무 개를 주면서 "너희들이 이것을 먹고 백 일 동안 햇빛을 보지 않으면 곧 인간이 될 것이다."라고 하였다. 곰과 호랑이는 환웅이 준 마늘과 쑥을 받아서 먹었다. 곰은 몸과 마음을 깨끗하게 한 지 21일 만에 여자가 되었으나 호랑이는 계율을 지키지 않아 사람의 몸을 얻지 못하였다.[310]

③ 웅녀熊女는 함께 혼인할 사람이 없으므로 매일 신단수 아래에서 아이 갖기를 기도하였다. 이에 환웅이 잠깐 인간의 모습으로 변화하여 웅녀와 혼인을 하여 아이를 낳고 그를 단군왕검檀君王儉이라고 불렀다.[311]

①은 전체 내용의 성격을 나타낸다. ①은 곰과 호랑이가 하나의 굴에서 살았다는 내용이다. 곰과 호랑이는 앞부분에서 나타낸 이화理化의 결과 드러나

---

309) 《三國遺事》, 一然, 古朝鮮, "時有一熊一虎 同穴而居 常祈于神雄 願化爲人".

310) 《三國遺事》, 一然, 古朝鮮, "時神遺靈艾一炷 蒜二十枚曰 爾輩食之 不見日光百日 便得人形 熊虎得而食之 忌三七日 熊得女身 虎不能忌 不得人身".

311) 《三國遺事》, 一然, 古朝鮮, "熊女子 無與爲婚故 每於神壇樹下 呪願有孕 雄乃假化而婚之 孕生子 號曰檀君王儉".

는 현상을 나타낸다.

이화理化는 곡식, 생명, 형벌, 선악을 주관함, 주재함이다. 곡식을 주관함은 생명을 연장시키는 곡식과 생명을 소멸시키는 독초毒草를 구분하여 곡식을 장려함이고, 생명을 주관함은 생명을 장려하는 일과 소멸시키는 일 곧 생사를 주관함이다.

그리고 형벌을 주관함은 선악을 구분하여 선을 행하는 사람에게 상을 주고, 악을 행하는 사람에게 벌을 줌을 의미하고, 선악을 주관함은 선과 악을 구분하여 선을 장려하고, 악을 징창懲創함을 뜻한다.

선과 악의 양면을 주관하는 사건을 대상화, 객관화하면 선과 악이 된다. 이처럼 사건을 대상화, 객관화하여 실체화한 결과가 객관적 물건의 세계이다.

그런데 환웅을 언급한 부분에서는 물건적 세계를 웅호로 나타내지 않았으며, 물건적 경계가 본래의 환웅으로 돌아가는 변화에서 비로소 웅호로 나타내고 있다.

그것은 환웅의 웅호를 향한 변화를 웅호의 환웅을 향한 변화와 구분하기 위함으로 여겨진다. 다만 두 방향의 변화가 모두 생성이라는 점에서는 같다. 그러면 웅호에서 환웅을 향하는 변화에 대하여 살펴보자.

곰과 호랑이는 이것과 저것으로 구분하여 나타내는 분별의 경계, 물건의 경계를 나타낸다. 곰과 호랑이가 나타내는 물건의 경계는 바로 나와 남, 나와 자연, 나와 우주, 나와 세계를 구분하여 둘로 나타낸 경계이다. 그러면 곰과 호랑이는 무엇인가?

곰은 잡식성이지만 꿀을 좋아하고, 겨울 내내 겨울잠을 자며, 온순하고, 번식기繁殖期가 아니면 단독생활을 한다. 호랑이도 단독생활을 하지만 육식을 하고, 사슴, 멧돼지 등을 사냥하며, 힘이 세고, 포악하다.

양자는 모두 다른 생명을 수단으로 살아가는 삶의 양태를 보여 준다. 양자가 나타내는 삶은 투쟁의 삶, 서로가 서로의 먹이가 되는 삶, 서로가 서로를 먹고 사는 삶, 고통스런 삶이다.

호랑이는 먹이를 찾아서 하루에 90㎞ 이상을 달릴 뿐만 아니라 매우 빨리 뛰어 한 번에 4m를 도약할 수 있고, 헤엄을 잘 친다.

호랑이가 외향적인 특성을 갖는 것과 비교하여 곰은 내향적이라고 할 수 있다. 이처럼 물건의 세계를 음적陰的인 곰과 양적陽的인 호랑이로 둘로 나누어서 상징적으로 나타내었다. 그러면 음적인 곰과 양적인 호랑이는 무엇인가?

곰은 의식을 상징하고, 호랑이는 육신을 상징한다. 의식은 끊임없이 분별작용을 한다. 의식은 분별작용에 의하여 밖의 대상을 주체화하여 내면에 지식으로 저장하고, 그것을 씨로 하여 밖의 대상을 다시 확대 재생산하여 내면에 저장하는 일을 반복한다. 그러면 그들이 하나의 동굴에서 살아감은 무엇을 상징하는가?

비록 의식에 의하여 이것과 저것을 구분하지만 독립된 실체적 존재인 이것과 저것은 없다. 물건의 경계는 이것과 저것이 서로 의존하여 존재하기 때문에 둘이 아니다.

선과 악을 별개의 실체로 생각하지만 선이 없으면 악이 없고, 악이 없으면 선이 없다. 선이 있으므로 악이 있고, 악이 있으므로 선이 있다.

곰과 호랑이가 둘이지만 서로가 서로의 존재근거임을 나타내기 위하여 하나의 동굴에서 산다고 하였다. 그러면 동굴은 무엇인가?

동굴은 곰과 호랑이가 태어나는 장소인 동시에 살아가는 집이다. 그것은 곰과 호랑이로 표현된 분별의 세계, 물건적 세계, 실체적 세계의 근원을 상징하는 개념이다.

샤머니즘에서는 샤먼으로 거듭나기 위하여 다른 사람과 격리하여 홀로 지내는 장소를 선택한다. 이처럼 과거의 사람이 죽고 새로운 사람이 탄생하는 재생, 부활의 장소가 동굴이다.[312]

---

312) 《샤머니즘》, 미르치아 엘리아데, 이윤기 옮김, 까치, 2014, 67.

현상의 관점에서 동굴은 환웅이다. 그것은 환웅을 현상의 경계에서 공간성인 지도地道, 물리物理를 상징하는 동굴로 나타내었음을 뜻한다. 그러면 곰과 호랑이의 본성은 무엇인가?

곰과 호랑이가 변하여 환웅으로 화하는 과정의 시작은 ①에서 나타내고 있다. 곰과 호랑이는 신웅神雄에게 기도했다. 신웅神雄은 환웅을 나타내는 개념으로 천왕天王이라고도 하였다. 이 두 개념을 하나로 나타내면 환웅은 천신天神이다. 천신인 환웅이 상징하는 내용은 시의성이다. 그러면 기도는 무엇을 의미하는가?

곰과 호랑이가 기도한 내용은 인간이 됨이다. 그것은 환웅의 인간 세계를 구하고자 하는 뜻과 같다. 환웅의 인간을 구하려는 뜻과 웅호의 인간이 되고자 하는 뜻이 같음은 양자의 본성이 하나임을 나타낸다.

환웅과 웅호는 비록 둘로 나타내지만 양자가 모두 환인의 다른 표현인 점에서 둘이 아니다. 환웅이 환인의 본체적 표현이라면 웅호는 환인의 현상적 표현이다.

웅호의 환웅을 향한 기도는 주종主從의 관계에서 이루어지는 일방적인 소통이 아니라 양자가 평등한 쌍방의 소통이다. 따라서 환웅과 웅호는 하나가 아니다.

곰과 호랑이의 기도는 사물의 더 높은 차원으로 변화하고자 하는 본성, 진화하고자 하는 본성을 나타낸다. 인간의 관점에서는 일상의 삶을 벗어나서 다른 차원에서 살고자 하는 뜻을 세우는 입지立志이자 서원誓願이다.

입지, 서원은 환웅에 대한 믿음을 바탕으로 이루어진다. 《주역》에서는 믿음을 바탕으로 따를 것을 생각함[313]이라고 하였고, 《대학》에서는 머물 곳을 알아서 정함[314]이라고 하였다.

---

313) 《주역周易》 계사상繫辭上 제십이장, "子曰祐者는 助也니 天之所助者順也오 人之所助者信也니 履信思乎順하고 又以尙賢也라.".

314) 《대학大學》 경일장經一章, "知止而后有定".

웅호가 사람이 됨은 웅호가 변하여 환웅으로 화하는 작용의 두 번째 단계를 나타낸다. 기도로 표현된 시생의 단계를 거쳐서 생장의 단계를 나타내는 내용이 ②이다.

②에서는 웅호가 사람이 되는 과정을 나타내고 있다. 웅호가 사람이 되고자 함은 단순하게 사람이 됨으로 그치지 않는다. 웅호가 사람이 되고자 하는 뜻은 결국 환웅과의 결혼으로 이어진다.

웅녀가 환웅과 결혼함은 환웅으로부터 나누어져서 둘이 되었다가 다시 환웅과 하나가 되어 본래의 상태로 돌아감이다. 이처럼 웅녀의 환웅과의 결혼은 복귀復歸를 뜻한다.

오늘날 우리는 여자의 결혼을 시집으로 간다고 말한다. 현상의 측면에서는 여자가 태어난 집에서 남자의 집으로 가는 것이지만 형이상의 차원에서는 본래의 자신의 집으로 돌아감이다.

예로부터 여자의 결혼은 본래의 자리로 돌아감(于歸)이라고 말한다. 우귀于歸는 남녀로 서로 떨어져서 성장하다가 결혼을 통하여 부부라는 하나의 인격체로 살아가는 변화를 나타내는 개념이다. 그러면 시간의 측면에서는 무엇인가?

시간성이 본성에 의하여 시간으로 화하여 물건으로 나타나듯이 물건은 시간으로 화하여 시간성으로 돌아가는 것이 본성이다. 그것이 곰과 호랑이가 사람이 되고자 기도함을 통하여 표현하고자 하는 내용이다.

체용상의 측면에서는 나타난 현상이 본체로 돌아가는 귀체歸體의 과정이자 공호으로부터 드러난 색色이 다시 공호으로 돌아가는 귀공歸호의 과정이다. 그러면 웅호에서 시작되어 환웅에서 끝나는 변화의 두 번째 단계는 무엇인가?

②를 살펴보면 웅호의 환웅에 대한 기도로부터 시작된 변화의 두 번째 단계인 생장은 신웅神雄에 의하여 제시된 조건을 지키는 일이다. 환웅은 웅호에서 두 가지의 조건을 제시하였다. 그 하나는 영험한 쑥 한 묶음과 마늘 스무 개를

먹는 일이며, 나머지 하나는 백일百日 동안 햇빛을 보지 않음이다.

백 일 동안 햇빛을 보지 않음은 동굴 밖으로 나가서 활동을 하지 않음이다. 사람이 되는 변화는 동굴이 상징하는 내적 세계를 넘어서 동굴 밖으로 달려 나가서 이루어질 수 있는 변화가 아니다.

만약 곰과 호랑이가 변하여 사람이 되는 변화가 물건적 변화라면 과학 기술에 의하여 이루어질 수 있다. 오늘날 과학자들은 사람의 의식을 로봇에게 이식을 하여 육체를 바꾸어 가면서 영생을 할 수 있다고 여긴다.

비록 생체에서 벗어났지만 여전히 로봇이나 컴퓨터와 같은 또 하나의 물체에 갇혀 있는 점에서 영생을 얻지 못하였을 뿐만 아니라 진화라고 할 수 없다. 그러면 햇빛을 보지 않음은 무엇인가?

곰과 호랑이는 육식동물이다. 그렇기 때문에 밖에 나가서 활동을 하는 것은 모두 생명을 유지하기 위하여 다른 생명들을 사냥하는 일이다. 따라서 햇빛을 보지 않는 백 일은 자신의 물리적 생명을 유지하기 위하여 남의 생명을 해치는 일을 하지 않음이다. 그러면 남의 생명을 해치지 않음은 무엇을 상징하는가?

이것과 저것이라는 모습을 바탕으로 이루어지는 분별을 놓아 버림을 뜻한다. 그것은 육신을 중심으로 모습을 구분하여 나와 남을 별개의 존재로 여기고, 나와 사물, 나와 우주를 둘로 보는 견해見解에서 벗어남을 뜻한다. 그러면 쑥과 마늘을 먹음은 무엇을 의미하는가?

쑥과 마늘은 육식과 다른 채식의 내용이다. 따라서 환웅이 제시한 전체의 내용은 육식을 버리고 채식을 해야 함을 나타낸다. 이는 나와 남을 둘로 여기고 남을 내 삶의 도구로 아는 잘못된 견해, 어리석은 지견知見을 버리고 모든 존재가 나와 둘이 아님을 알아야 함을 뜻한다. 그러면 육식은 하지 않고, 채식은 해도 되는가?

채식의 대상인 식물들은 동물과 달리 자신을 취하려는 대상으로부터 도망

칠 수도 없을 뿐만 아니라 거부할 수도 없다. 오로지 원하는 모든 존재들에게 오롯하게 자신을 내맡기는 상태이다. 그렇기 때문에 서로가 서로를 먹고자 싸워서 상대방의 몸을 취하는 육식과 다르다.

쑥과 마늘을 먹는 삶은 동굴 안에서 이루어진다. 쑥과 마늘을 먹음은 나와 남이 둘이 아닌 차원, 경계를 나타낸다. 그렇기 때문에 어떤 존재가 다른 존재를 먹음은 서로가 서로를 먹으면서 살아가는 일이다. 우리는 그것을 부정적인 측면에서 희생犧牲이라고 말하지만 긍정적인 측면에서는 조건이 없는 사랑인 자비이다.

동굴은 물건의 측면에서는 공체共體, 공심共心으로 드러나지만 사건의 측면에서는 과거와 미래 그리고 현재를 일관하는 하나를 뜻한다. 그것이 바로 시간이 갖는 의미로서의 시의성이다.

곰과 호랑이가 21일 동안 조건을 충족하면서 몸과 마음을 정갈하게 하면 비로소 인간의 몸을 얻는다. 그러면 인간의 몸을 얻음은 무엇을 의미하는가?

곰과 호랑이가 상징하는 물건적 차원에서 시간의 차원으로 화함을 뜻한다. 이러한 물건에서 사건으로의 변화는 본래의 자리로 돌아가서(歸) 합하여(合) 하나가 되는(一) 과정이다.

곰이 여자의 몸을 얻음은 본래의 자리로 돌아가서 합하여 하나가 될 수 있는 준비가 되었음을 상징한다. 그러면 그것이 무엇을 의미하는가?

여자가 다른 사람인 남자를 만나서 하나가 되는 결혼을 할 수 있을 뿐만 아니라 아이를 낳을 수 있을 만큼 몸과 마음이 성숙하였음을 뜻한다. 그러면 웅호에서 시작된 다음 단계의 변화는 어떻게 이루어지는가?

웅호가 변하여 환웅으로 화함으로써 본래의 자리로 돌아감은 ③에서 밝히고 있다. ③을 보면 웅호가 기도를 통하여 사람이 되고자 하는 자신의 뜻을 표현하여 사람됨이 시작되었듯이 환웅과 하나가 되어 본래의 자기로 돌아감 역시 자신의 뜻을 표현하는 기도로 시작된다. ③에서는 웅녀가 다시 환웅에게 기도하여 아이를 낳고자 함을 밝히고 있다. 그러면 웅녀는 왜 아이를 낳고자 하는가?

웅녀가 남자와 결혼을 하여 하나가 되는 사건은 아이를 낳는 결과로 나타난다. 오늘날의 사람들은 결혼을 두 사람이 하나 됨으로 생각한다. 그렇기 때문에 결혼은 해도 아이를 낳지 않는 사람들이 아이를 낳는 사람들보다 더 많다. 그런 점에서 보면 결혼과 아이를 낳음이 같은 사건이라고 이해할 수 없을 것이다.

부부가 아이를 낳음은 단순하게 하나의 새로운 생명체를 낳음에 그치지 않는다. 아이는 그대로 하나의 우주이다. 그렇기 때문에 새로운 우주를 창조하는 일이 바로 아이를 낳는 일이다. 웅녀가 결혼하기를 원하는 것이 아니라 아이를 낳기를 원하는 까닭은 바로 아이를 낳음이라는 사건 안에 결혼이 포함되어 있다고 여기기 때문이다. 따라서 물건적 차원에서 시작된 변화의 완성은 환웅과의 결혼을 통하여 완성되는 것이 아니라 자식을 낳음을 통하여 완성된다. 그러면 웅녀가 결혼하는 방법은 무엇인가?

곰과 호랑이가 사람이 되고자 하는 뜻을 세워서 그 뜻을 이룰 수 있는 방법을 얻었듯이 사람이 되어 또 다른 우주를 낳는 일로서의 사람을 낳는 일을 완성하기 위해서는 역시 환웅에게 기도를 할 수밖에 없다.

그것은 물건에서 사건으로 그리고 다시 사건에서 시의성으로의 변화는 환웅이라는 근원, 내 안의 나, 나 아닌 나에 의하여 가능함을 뜻한다. 따라서 두 단계를 거치기 위하여 언급되고 있는 기도는 바로 환웅에게 모든 일을 맡기는 일이라고 할 수 있다. 그것이 무엇을 의미하는가?

웅호의 관점에서 보면 육신을 얻어서 사람이 되고, 다시 남자와 결혼하여 하나가 되는 것이 모두 환웅에 의하여 이루어진다. 그것은 웅호에서 시작하여 환웅에서 완성되는 변화가 실체적 존재인 웅호가 사람이 되고, 환웅과 결혼을 하여 자식을 낳는 것이 아니라 환웅에서 시작하여 웅호에서 끝나는 변화가 그

한국사상과 인간의 삶

대로 웅호에서 시작하여 환웅에서 끝나는 변화임을 뜻한다.

여기서 환인이 환웅을 보내어서 인간의 세계를 다스림과 웅호가 환웅과 결혼함이 모두 환인을 두 측면에서 나타낸 것임을 알 수 있다.

그것은 웅녀가 환웅이 짐짓 변화한 남자와 결혼을 한다는 표현에서도 확인할 수 있다. 물건적 관점에서 보면 실체적 개체가 있는 것 같지만 그것이 모두 하나의 사건임을 나타내는 것이 결혼이다.

두 남녀라는 실체적 존재, 물건적 존재가 있어서 결혼을 통하여 둘이 하나가 되는 것처럼 표현하였지만 그 이면에는 이미 결혼한 부부가 부모가 되어 자식을 낳았기 때문에 남녀가 성장하여 결혼을 할 수 있다.

그것은 부부와 자녀의 역할이 계속됨으로써 인간의 삶이 단속되지 않고 계속되는 것과 같다. 따라서 부모나 자녀라는 고정된 실체적 존재가 없다.

물건의 측면에서는 웅녀와 환웅의 하나 됨(合)이 결혼이지만 사건의 측면에서는 웅녀에서 시작하여 환웅에서 끝나는 사건이 결혼이라는 사건이다. 이때 시초를 나타내는 웅녀의 기도에서 환웅과의 결혼이라는 종말을 일관하는 존재가 환웅이다.

결혼이 환웅에 의하여 이루어질 뿐만 아니라 환웅이 다시 웅녀를 만나서 수많은 단군을 낳는 사건 곧 잉태孕胎하여 자식을 낳는 사건으로 나타난다.

이때 웅호가 환웅과 결혼이라는 하나가 된 결과로서의 단군의 탄생은 또 다른 사이클을 나타낸다. 그것은 웅녀와 환웅의 결혼을 통하여 다시 환웅이 인간의 세계에 내려와서 인간을 다스리는 일이 계속됨을 뜻한다. 그러면 이것이 상징하는 의미는 무엇인가?

곰과 호랑이가 사람이 되고자 기도하는 사건은 웅호가 환웅이 되는 첫 번째 단계이며, 웅호가 쑥과 마늘을 먹고 동굴에서 백 일 동안 햇빛을 보지 않고 생활하여 여자의 몸을 얻음은 두 번째의 단계이고, 환웅과 결혼하여 단군을 낳음은 세 번째 단계이다.

세 단계를 통하여 나타내는 웅호와 환웅과의 합일습—은 공간적 관점에서 이것과 저것이 하나가 되어 시간적 관점에서 사건으로 변하고, 다시 시간이 시의성과 합하여 하나가 되어 시간성으로 화하여 영원한 현재로 드러난다. 따라서 윗부분에서 나타내는 내용은 시간의 시간성화이다.

웅호의 환웅과 합일을 나타내는 세 단계는 각각 시간의 시간화의 세 단계인 생장성을 나타낸다. 웅호의 환웅과의 합일을 통하여 나타내는 세 단계는 웅호가 인간이 되고자 하는 뜻을 세우는 시생의 단계에서 환웅이 제시한 조건을 충족하여 여자의 몸을 얻는 생장의 단계 그리도 환웅과 결혼하여 단군을 낳는 장성의 단계이다.

시간의 시간성화를 나타내는 세 단계는 시간성이 변하여 나타난 사건, 물건이 다시 시간성으로 돌아가는 소멸을 나타낸다. 그것은 시간성의 시간화인 사건의 생성, 물건의 현현이 그대로 완성, 새로운 생성을 위한 준비로서의 소멸이자 시간의 시간성화임을 뜻한다.

시간성의 시간화의 측면에서는 매 순간의 생성이 사건과 물건의 나타남이기 때문에 유有라고 할 수 있지만 나타난 사건과 물건이 그대로 사건으로 화하고, 시간성으로 화하는 점에서는 나타남이 없어서 무無, 생성이 없음으로서의 공空이다.

인간을 중심으로 웅호를 통하여 나타내는 시간의 시간성화를 이해하면 의식의 분별을 놓아 버리고 하나의 마음이 되는 일로부터 시작하여 다시 시간성과 하나가 되는 합일이 이루어지고, 시간성이 시간으로 화함으로써 끝난다.

시간의 시간성화는 의식에 의한 물건적 사고를 버리고 사건적 사고로 바꾸는 주체화, 내면화를 시작으로 본성인 시의성에 이르는 두 번째 단계를 거쳐서 세 번째 단계인 시간성과 합일하여 다시 시간으로 화한다.

시간의 시간성화를 물건적 관점에서 나타내면 생장성의 세 단계를 각각 본체와 작용 그리고 현상의 구분을 통하여 나타낼 수 있다. 첫 번째 단계인 본래의 자리인 본체로 돌아가고자 하는 뜻을 세움은 입지, 서원을 세움을 뜻한다. 그리고 두 번째의 단계인 의식을 버리고 시의성과 하나가 됨은 바로 단군이 상징하는 인간의 본성과 하나가 됨이다. 또한 세 번째 단계인 환웅과 결혼하여 단군을 낳음은 시간성과 하나가 되어 아법구공我法俱空이 이루어진 경계를 나타내고, 단군의 탄생은 본성에 의하여 삶을 살아감을 뜻한다.

4. 환인桓因과 홍익인간

우리는 앞에서 《삼국유사》의 단군의 개국에 대한 기록을 사상적 관점에서 환인을 중심으로 살펴보았다. 그 과정에서 환인이 시간성을 상징하는 개념임을 살펴보았다. 따라서 고조선사상인 환인사상은 시간성이 주제가 되어 전개되는 사상이라고 할 수 있다.

그런데 단군신화의 내용은 환인에 관한 내용이 가장 먼저 나타나고 이후에 환웅에 대한 내용이 기술되며, 다음 부분에서 웅호에 관한 내용이 설명되고, 마지막으로 단군에 관한 내용이 언급되고 있다. 그러면 이러한 구조를 통하여 드러내고자 하는 내용은 무엇인가?

단군신화에 나타나는 사상을 한마디로 나타내면 환인사상이다. 환인이 무엇인가를 밝히기 위해서 사용되는 개념이 환웅과 웅호, 단군이다. 이 세 개념을 중심으로 삼자의 관계가 무엇인지를 밝힘으로써 환인이 무엇인지가 드러난다. 그러면 환웅, 웅호, 단군의 순서로 기술함은 어떤 의미를 갖는가?

환웅에 관한 언급이 존재론적 언급, 본체론적 언급이라면 웅호에 관한 언급은 인식론적 언급, 현상론적 언급이라고 할 수 있다. 그것은 환웅에 관한 내용을 토대로 웅호에 관한 내용이 비로소 성립함을 뜻한다. 그러면 마지막으로 단군을 언급한 까닭은 무엇인가?

존재와 당위, 천도와 지도, 천도와 인도, 이상과 현실, 본체와 현상의 관계는 물건적 관점, 실체적 관점에서는 양자가 양립할 수 없는 모순관계이다. 바로 이러한 문제를 해결할 수 있는 관건은 본체와 현상의 관계를 나타내는 작용이다.

본체와 현상의 관계를 밝힐 수 있는 작용의 관점에서 이해할 수 있는 개념이 단군이다. 그것은 환인에 관한 내용인 환웅과 웅호가 둘이 되고, 하나가 되는 매개, 도구, 지점, 경계가 단군임을 뜻한다. 따라서 환웅과 웅호의 관계를 통하여 환인을 파악할 수 있는 관건은 단군이다. 그러면 단군을 중심으로 환인사상을 파악하는 의미가 무엇인가?

인용문의 내용을 보면 환웅이 웅호로 변화함은 인간을 매개로 하여 이루어지고, 웅호가 환웅과 결혼하여 하나가 됨도 인간을 매개로 하여 이루어진다. 이처럼 환인사상의 중심에 단군이 있다. 따라서 단군을 중심으로 환인사상을 고찰함은 환인사상을 통섭적通涉的으로 이해함이다. 《삼국유사》의 단군에 관한 내용은 다음과 같다.

> (환웅이 이에 잠시 남자로 화하여 웅녀와 결혼하였다. 아이를 잉태하여 자식을 낳았는데 그를 불러 말하기를 단군왕검이라고 하였다.) ① 평양성에 도읍을 정하고, (나라를 세워서) 말하기를 조선이라고 하였다. 또한 백악산白岳山의 아사달阿斯達로 옮겼으며, 또한 궁홀산弓忽山이라고 말하고, 금미달今彌達이라고 말한다. 나라를 다스린 지 1500년이 되었을 때 주나라의 무왕武王이 기자箕子를 조선에 봉封했다. 단군은 이에 장당경藏唐京으로 옮겼으며, 후에 아사달阿斯達로 돌아와 은거하여 산신山神이 되었는데 나이는 1908세였다.[315]

①이 제시하는 단군에 관한 내용은 환웅에서 시작하여 웅호에서 끝나는 변화와 웅호에서 시작하여 환웅에서 끝나는 변화의 관계를 나타낸다. 그러면 양자는 어떤 관계인가?

①을 살펴보기 이전에 인용문에서 제시한 앞부분을 살펴보자. 단군은 환웅

---

315) 《三國遺事》, 一然, 古朝鮮, "雄乃假化而婚之 孕生子 號曰檀君王儉 以唐高(堯)卽位五十年庚寅(唐堯卽位元年戊辰, 則五十年丁巳, 非庚寅也, 疑其未實), 都平壤城(今西京), 始稱朝鮮. 又移都於白岳山阿斯達. 又名弓(一作方)忽山, 又今彌達. 御國一千五百年. 周虎(武)王卽位己卯, 封箕子於朝鮮, 壇君乃移於藏唐京, 後還隱於阿斯達爲山神, 壽一千九百八歲".

과 웅녀가 부모가 되어 낳은 자식이다. 그것은 단군이라는 개념이 나타내는 의미가 환웅과 웅녀의 합일체임을 뜻한다. 그러면 환웅과 곰이 사람이 된 웅녀는 무엇을 상징하며, 양자가 하나가 된 합일체는 무엇을 상징하는가?

단군은 시간성의 차원, 시간성을 대상화한 공간성의 차원, 시간성과 공간성의 양자의 세 관점에서 이해할 수 있다. 다만 시간성과 공간성을 함께 살펴볼 때 단군의 특성의 잘 드러난다. 그러면 시간성과 공간성의 양자를 중심으로 단군을 살펴보자.

환웅은 시간성을 나타내고, 웅녀는 공간성을 상징한다. 그러므로 환웅과 웅녀가 결혼을 하여 낳은 자식인 단군은 시간성과 공간성이 둘이 아닌 경계를 나타낸다. 그러면 시간성과 공간성이 둘이 아닌 경계는 무엇인가?

시간성과 공간성이 하나가 된 경계는 단군이 평양성에 도읍을 정하고 세운 나라인 조선을 통하여 상징적으로 나타내고 있다. 그것은 물건적 측면에서는 시간과 공간이 하나가 되고, 사건과 물건이 하나가 되며, 형이상과 형이하가 하나가 되어 양자를 구분하여 하나라고 하거나 둘이라고 할 수 없는 경계를 나타낸다. 그러면 조선이라는 나라를 통하여 상징하는 경계가 무엇인가 구체적으로 살펴보자.

단군이 나타내는 경계는 시간성의 시간화와 시간의 시간성화를 통하여 확인할 수 있다. 이때 시간성의 시간화는 환웅에서 시작하여 웅호에서 끝나는 생성이다. 시간성에서 시작하여 시간에서 완성되는 매 순간 일어나는 사건의 창조작용이 시간성의 시간화이다.

그런데 환웅에 관한 부분에서는 웅호를 언급하지 않고 있다. 오로지 인간의 세계를 다스린다는 언급만이 있다. 그것은 사건의 객관화, 대상화를 통하여 물건의 경계, 입자적 경계가 전개됨을 나타내기 위함이다.

사건의 대상화, 객관화를 통하여 물건적 경계가 드러남은 웅호에서 시작하여 환웅에서 끝나는 결혼이 상징하는 의미를 통하여 유추할 수 있다.

한국사상과 인간의 삶

곰과 호랑이는 하나의 동굴에 함께 산다. 그러나 둘 가운데 하나만이 사람의 몸을 얻는다. 이를 통하여 동굴은 곰과 호랑이 모두가 공존할 수 없는 세계, 이것과 저것으로 구분된 실체적 경계를 상징함을 알 수 있다.

환웅은 환인과 함께 있던 하늘로부터 인간의 세계로 내려온다. 그리고 인간의 세계를 이치로 교화敎化하는 이화理化를 실천한다. 이화는 360의 역수를 다스리는 시간의 다스림을 통하여 생명, 곡식을 비롯한 다양한 일들을 주관함을 내용으로 한다.

시간의 다스림을 통하여 곡식을 주관하고, 생명을 주관함은 바로 사건을 객관화, 대상화하여 나타내는 물건적 경계가 전개됨을 뜻한다. 형이상과 형이하, 도道와 기器, 생生과 사死, 윤회와 열반과 같은 경계는 물건적 관점에서 비로소 등장한다. 따라서 곡식과 풀, 건강과 질병, 삶과 죽음, 선과 악과 같은 실체적 경계가 바로 곰과 호랑이가 나타내는 경계이다. 그러면 시간성의 시간화와 시간의 시간성화는 어떻게 이루어지는가?

환웅이 천상에서 인간의 세계로 내려와서 이화를 함은 환인의 본성이자 환웅의 본성인 인간의 세계를 구하고자 하는 뜻이 그대로 드러난 현상이다.

그리고 웅호가 상징하는 실체적 존재, 물건적 존재 역시 인간이 되고자 원하였다. 이때 웅호가 인간이 되고자 원했던 것은 단순하게 자신이 인간이 되고자 한 것이 아니라 자식을 낳고자 함이다. 따라서 환웅과 웅호의 본성에 의하여 시간성의 시간화와 시간의 시간성화가 이루어진다.

웅호가 사람이 되고, 환웅과 결혼을 함은 웅호가 자신이 본래 왔던 곳으로 되돌아가서 환웅으로 작용함을 뜻한다. 환웅과의 결혼은 단순하게 왔던 곳으로 돌아가는 귀체, 귀본에 그치는 것이 아니라 새로운 환웅의 작용을 나타내는 자식을 낳기 위함이다. 따라서 환웅과 웅호의 작용은 둘이 아니다.

환인을 나타내는 환웅과 웅호의 시간성의 시간화와 시간의 시간성화가 둘이 아님은 시간적 측면에서는 동시적임을 뜻한다. 시간성의 시간화와 시간의 시간성화는 시간의 선후가 없이 동시적으로 일어난다.

매 순간에 이루어지는 시간성의 시간화와 시간의 시간성화를 하나의 개념으로 나타내면 영원한 현재라고 할 수 있다. 영원은 시간성을 나타내고, 현재는 시간을 나타낸다. 영원한 현재는 시간성과 시간이 둘이 아님을 나타내기 때문에 현재라는 시간의 영원한 지속을 의미하지 않는다. 그러면 영원한 현재는 무엇인가?

영원한 현재의 경계에서는 매 순간 끊임없이 다양한 생명의 현상이 나타나는 동시에 매 순간 나타난 생명은 사라져서 새로워진다. 이처럼 영원한 현재의 경계는 매 순간 다양한 생명이 나타나는 창조의 연속인 동시에 매 순간 나타난 생명이 소멸하여 새로운 창조를 준비하는 진화의 연속이다. 따라서 영원한 현재를 바탕으로 전개되는 변화, 생성, 역易이 바로 환인사상의 내용이다.

영원한 현재적 관점에서 환인을 나타내는 개념이 인간이다. 환웅의 본성도 인간 세계를 구함이고, 웅호의 본성도 환웅과 하나가 되어 인간을 낳음이다.

그것은 환웅에 의한 시간성의 시간화와 웅호에 의하여 시간의 시간성화가 인간을 매개로 하여 이루어짐을 뜻한다. 그러면 인간은 무엇을 상징하는가?

인간은 형이하적 차원에서 다른 생명체와 구분되는 사람을 나타내는 개념이 아니다. 시간의 차원에서는 과거와 미래가 하나가 된 현재를 나타낸다. 따라서 인간은 현재성이 나타난 시간으로서의 영원한 현재를 나타낸 개념이다. 그러면 영원한 현재를 나타내는 개념은 무엇인가?

환웅을 통하여 나타내는 시간성의 시간화와 웅호를 통하여 나타내는 시간의 시간성화가 둘이 아님을 나타내는 개념이 단군이다. 단군은 물건적 관점에서는 인간의 본성을 상징하는 개념인 동시에 사건적 관점에서는 현재성을 상징하는 개념이다.

시간성의 관점에서 단군은 과거성과 미래성이 하나가 된 현재성을 상징하는 동시에 공간성의 측면에서는 천성天性과 지성地性이 하나가 된 인간성人間

性을 상징한다. 그러면 미래성과 과거성, 천성과 지성이 둘인가?

환웅을 통하여 나타내는 시간성의 시간화와 웅호를 통하여 나타내는 시간의 시간성화가 인간을 매개로 이루어진다. 그리고 환웅에서 시작하여 웅호에서 끝나는 사건도 생성이며, 웅호에서 시작하여 환웅에서 끝나는 사건도 생성이다. 이처럼 두 사건으로 나타내는 생성은 환인을 상징한다. 따라서 두 측면에서 나타내는 사건은 둘이 아니다(不二). 그러면 왜 환웅과 웅호의 변화를 구분하여 나타내었는가?

환웅에 의하여 상징하는 시간화와 웅호에 의하여 상징하는 시간성화를 구분함은 환인이 상징하는 시간성을 대상화, 객체화하여 공간성을 중심으로 나타냄이다. 시간성의 객체화, 대상화는 현재성을 중심으로 미래성과 과거성을 나눔이며, 인간성을 중심으로 천성天性과 지성地性을 구분함이다.

시간성을 현재성을 중심으로 미래성과 과거성으로 나누고, 다시 객관화하여 인간성을 중심으로 천성과 지성으로 구분하여 나타냄으로써 형이상과 형이하, 도와 기, 성性과 명命, 순과 역, 체와 용의 관계가 형성된다.

형이상과 형이하를 나타내는 도와 기, 성과 명, 순과 역은 체와 용, 근본根本과 지말支末이라는 개념이 나타내듯이 가치상의 우열을 갖는다. 그렇기 때문에 역逆방향에서 지말支末인 현상, 작용, 명命, 기器, 사물을 벗어나서 근본을 찾는 수기修己, 수행修行을 강조하게 된다.

무념無念, 무위無爲, 무상無想, 무심無心, 무주無住를 비롯하여 불不, 공空과 같은 수많은 부정어를 사용하여 역逆방향에서 형이상의 본성, 자성, 성품이라는 본체를 찾아가는 수기, 수행, 수련修練을 통하여 상구보리上求菩提, 깨달음을 강조하는 것이 《주역》을 비롯하여 중국유불도儒佛道의 사상의 공통적인 특성이다.

그러나 단군신화에서는 시간성의 시간화를 먼저 언급한다. 그리고 이어서 시간의 시간성화를 나타내어 시간성의 시간화가 그대로 시간의 시간성화함을 나타낸다.

그것은 중국사상에서 언급되고 있듯이 현상의 유위有爲, 자아自我를 출발점으로 삼아서 무아無我, 무위無爲, 무상無相, 무념, 무주를 찾은 후에 다시 무위無爲를 바탕으로 유위有爲를 행하려는 것과는 반대의 방향이다.

환인사상에서는 일상의 삶, 현상이 그대로 본체임을 나타낸다. 지금 여기의 내가 바로 무아며, 지금 여기의 일상의 삶이 그대로 무위이고, 지금 여기의 세계가 그대로 법계法界이며, 일상의 용심用心이 그대로 무심이며, 일상의 용심이 그대로 무주임을 뜻한다.

환인의 경계는 그대로 조선이라는 나라를 통하여 나타내는 경계이다. 이때의 조선은 형이상의 경계도 아니고, 형이하의 경계도 아니지만 그렇다고 하여 중도中道라는 경계도 아니다. 왜냐하면 매 순간 새롭게 진화하여 매 순간 다양하게 창조되는 사건의 연속일 뿐이기 때문이다.

환인사상은 공간성을 중심으로 전개되는 사상이 아니지만 물건적 관점에서 객체화, 대상화하여 나타내면 이것과 저것으로 구분하여 나타낼 수 없는 경계 (神)가 매 순간 새롭고 다양하게 드러나는(道) 신도神道사상이라고 할 수 있다.

물론 신神이라는 개념이 나타내고, 도道라는 개념이 나타내는 고정된 실체적 존재는 없다. 오로지 나를 통하여 둘이 아니면서 하나도 아닌 경계가 매 순간 객관화되고, 대상화되어 다양하게 드러날 뿐이다.

신神은 시간성과 공간성, 인간성의 어느 하나로 규정할 수 없지만 그렇다고 하여 시간성, 공간성, 인간성을 벗어나는 것이 아니라 그 어떤 것으로 드러날 수 있음을 나타내는 개념이다.

그리고 도는 길이라는 의미와 더불어 과정, 수단, 방법 그리고 형이상적 존재를 가리키는 의미가 있다. 따라서 신도는 도를 대상화, 객관화하여 나타낸 개념으로 신의 길, 신의 삶, 신의 존재방식이라고 할 수 있다.

신도를 실체적 관점에서 이해하면 환인과 환웅, 단군, 웅호를 나와 둘로 나타내어 시간성을 주재하는 실체적 존재로 나타낼 수 있다. 이때 신과 시간성 곧 환웅은 별개의 존재로 나타내게 된다. 그렇기 때문에 가장 근원적 존재인 신, 상제, 화웅化翁, 화무상제化無上帝가 있어서 시간성을 주재한다고 표현할 수 있다.

그리고 시간성이 드러난 시간의 경계와 공간의 경계가 하나가 된 시공의 경계가 나와 둘로 존재한다고 나타내게 된다. 그것은 자연이라는 개념이나 천지, 우주, 세계라는 개념을 통하여 형이하의 경계, 시공의 경계를 나타내는 것과 같다. 그러면 실체적 세계가 있는가?

환웅, 단군, 웅호를 하나의 환인으로 이해하고, 환인을 나로 주체화, 내면화하여 이해하면 나의 세계가 그대로 신도神道이며, 나의 삶이 그대로 자유자재自由自在한 삶이고, 지금 여기의 내가 바로 부처이며, 구세주救世主이고, 지금 여기의 내가 신神이며, 지금 여기의 내가 그대로 상제上帝이다.

나는 매 순간 새로워지고, 매 순간 다양하게 드러나는 나 아닌 나이다. 세계와 둘이 아니고, 삶과 둘이 아닌 나이다. 이처럼 나와 남, 세계, 삶이 둘이 아니기 때문에 개체적 존재로서의 신, 상제, 구세주, 부처는 없다. 그러면 나는 그대로 살아도 되는가?

지금 여기라는 고정된 실체도 없고, 나라는 고정된 실체도 없으며, 고정된 삶도 없고, 고정된 세계도 없다. 새로워지기 위해서 죽어야 하고, 진화를 해야 비로소 새로운 나로 창조할 수 있으며, 하나의 사건이 완성이 되어야 비로소 새로운 사건을 시작할 수 있고, 하나의 사건이 끝을 맺어야 새로운 사건을 다시 시작할 수 있다.

매 순간의 죽음은 다시 태어나는 부활이며, 진화는 그대로 창조이고, 소멸은 그대로 생존이며, 윤회가 그대로 해탈이고, 무명이 그대로 열반이다. 그렇기 때문에 열반을 드러내기 위하여 열반을 버리고, 해탈을 드러내기 위하여 해탈을 버리고, 부활하기 위하여 죽으며, 창조하기 위하여 진화한다.

환웅이라는 시간성이 나타난 현상의 측면에서 보면 시간의 시간성화가 본체인 환웅으로 돌아가는 귀체, 귀본이지만 시간이 본체가 되어 시간성으로 현상하는 작용이 시간의 시간성화이다. 그렇기 때문에 체용상이라는 개념이 나타내는 고정된 실체가 없다. 그러면 불교의 대승과 소승이 있는가?

중국불교에서는 소승과 대승을 구분하여 대승불교를 표방한다. 그리고 부처와 중생, 윤회와 열반, 번뇌와 보리를 둘로 나누어서 하나를 버리고 다른 것을 취하여 열반에 안주하는 이고득락離苦得樂의 추구를 상구보리上求菩提에 빠진 소승小乘이라고 비판하고 하화중생下化衆生을 강조한다. 그러면 소승과 대승이 있는가?

실체적 관점에서 무명, 번뇌, 윤회와 지혜, 깨달음, 해탈을 대상적 관점에서 둘로 보고 무명, 번뇌, 윤회로부터 벗어나서 지혜, 깨달음, 해탈에 안주하고자 하는 태도를 소승으로 비판하고, 양자가 둘이 아님을 주장하는 대승 역시 하나의 소승이다. 왜냐하면 대승을 주장하는 사람들도 역시 소승과 대승을 분별하는 의식에서 벗어나지 못하였기 때문이다.

진정한 대승은 소승과 대승을 넘어선 일승이 아니라 일승마저도 집착하지 않아야 한다. 그럼에도 불구하고 중국불교의 꽃이라고 말하는 선불교에서는 역逆방향에서 본체인 성품을 향하는 견성성불見性成佛을 강조한다.

수행, 수도는 성품이라는 본체를 찾아가는 사건이 아니라 중생이 본체가 되어 성품으로 드러나는 작용일 뿐이다. 만약 중생과 부처, 본성과 사상의 경계를 오로지 한 방향에서 체용으로 이해하면 끝없는 수행만이 있고, 자각만이 있을 뿐이며, 상구보리만이 있을 뿐으로 하화중생의 실천은 없다.

대승과 소승의 구분은 물건적 관점에서 형이상과 형이하를 구분하는 이원론적 사고가 갖는 전형적인 사례이다. 대승불교에서는 불신佛身을 법신法身과 보신報身, 화신化身을 통하여 이해한다. 그러면 삼신은 어떤 관계인가?

체용體用의 구조를 중심으로 삼신三身을 이해하면 법신은 본체이며, 보신,

한국사상과 인간의 삶

화신은 작용이다. 화엄학에서는 석가모니를 중심으로 보신과 화신을 이해하여 비로자나불, 노사나불, 석가모니불이라고 말한다. 그러면 불신과 나는 어떤 관계인가?

만약 역방향에서 본체인 법신을 찾아가는 견성성불의 관점에서 삼신을 이해하면 색신色身을 버리고 법신을 찾은 후에 법신을 바탕으로 보신과 화신의 삼신三身을 이루어야 할 것이다. 따라서 불신은 장차 이루어야 할 목표가 된다.

그러나 법신이 본체가 되어 화신化身의 작용에 의하여 보신의 현상으로 드러나는 과정이 없다면 색신이라는 현상을 벗어나서 본체인 법신에 이르는 역방향의 수행을 논할 수 없다.

그리고 법신이 본래의 내가 아니라면 유위적有爲的인 수행을 통하여 법신에 이를 수 없다. 왜냐하면 법신은 유위적인 수행과 무관하기 때문이다. 그러므로 수행을 통하여 법신을 찾거나 깨달아서 법신과 의식이 하나가 될 수 없다. 그러면 이 문제는 어떻게 해결할 수 있는가?

물건적 관점에서 셋이면서도 하나인 삼신三身의 문제는 사건적 관점에서는 과거와 미래의 두 측면에서 언급할 수 있다. 그것은 순역의 두 방향에서 삼신을 나타내면 장차 이루어야 할 사건과 이미 이루어진 사건으로 나타낼 수 있음을 뜻한다.

이미 이루어진 이연已然, 기제旣濟와 장차 이루어야 할 응연應然, 미제未濟의 두 측면에서 삼신설三身說을 이해하면 성불成佛이라는 사건의 문제가 된다.

삼신설은 이연의 관점에서는 본래성불의 문제이며, 응연의 관점에서는 증오성불의 문제이다. 본래성불과 증오성불은 양자가 모두 옳을 수 없는 모순관계이다.

그것은 양자를 동일한 차원에서 제기되는 반대의 주장으로 이해하면 해결할 수 없는 문제임을 뜻한다. 이는 성불을 논하는 주체인 나와 대상화, 객관화하여 둘로 나타내기 때문에 나타나는 현상이다. 이 문제는 환인사상과 어떤 관계인가?

단군이 나타내는 영원한 현재적 관점에서 불신을 이해하면 삼신은 나의 세 측면을 나타낸다. 법신불인 비로자나불은 본성, 자성이며, 화신불인 노사나불은 작용인 마음이고, 보신불인 석가모니불은 육신이다.

본래성불과 증오성불도 나를 나타낸다. 본성을 중심으로 나를 나타내면 본래성불이며, 육신을 중심으로 나를 나타내면 증오성불이다. 부처와 중생, 보살 역시 나를 나타내는 개념이다.

부처는 나의 본성을 가리키고, 중생은 나의 물리적 생명을 가리키며, 보살은 나의 마음을 가리킨다. 따라서 물리적 생명과 마음, 본성이 둘이 아니며, 부처와 보살, 중생도 둘이 아니다. 그러면 이것이 무엇을 의미하는가?

그것은 단군신화에서 제시하고 있는 단군을 중심으로 이해하면 영원한 현재를 바탕으로 매 순간 환웅을 통하여 나타내는 시간성의 시간화와 웅호를 통하여 나타내는 시간의 시간성화가 둘이 아닌 생성生成임을 뜻한다.

시간성의 시간화의 측면에서는 본성이 매 순간 마음에 의하여 다양한 언행으로 드러나기 때문에 매 순간 부처의 작용이 언행으로 드러나는 본래성불이다.

그러나 시간의 시간성화의 측면에서는 매 순간 나타나는 언행은 마음에 의한 시종의 작용이며, 시종의 사건은 시간성으로 돌아간다. 따라서 매 순간 언행으로 나타난 중생은 보살로 돌아가고, 부처로 돌아가는 증오성불의 연속이다.

매 순간의 본래성불과 증오성불은 하나의 성불이라는 사건의 생성이다. 매 순간에 이루어지는 성불이라는 사건의 생성은 동시에 완성됨으로써 소멸되는 과정이자 새로워지는 생성이다. 따라서 성불은 본래성불과 증오성불을 막론하고 하나의 생성일 뿐이다. 그러면 양자와 부처, 중생과는 어떤 관계인가?

생성이라는 사건으로서의 성불은 매 순간 부처라는 본체가 보살이라는 작용에 의하여 중생이라는 생명으로 현상함을 나타내어 본래성불이라고 말한다.

　　　　　　　　　　　　　　한국사상과 인간의 삶

그리고 나타난 생명의 현상은 다시 부처로 돌아가서 비로소 완성되는 동시에 새로운 성불을 위한 준비가 됨을 증오성불이라고 말한다.

본래성불의 측면에서는 성불이라는 사건이 부처의 삶인 중생으로 나타나기 때문에 없는 것은 아니지만 증오성불의 측면에서는 중생이 그대로 보살로 돌아가서 부처와 하나가 되기 때문에 있다고 할 수 없다. 그러면 성불이라는 사건이 있는가?

성불이라는 사건의 생성은 찰나에 나타났다가 사라지고 새로워져서 다시 다양하게 나타나는 사건의 연속이다. 그렇기 때문에 나타나도 나타남이 없고, 사라져도 사라짐이 없다. 따라서 환인이 나타내는 경계는 매 순간 창조이면서 동시에 진화이다. 그러면 성불이라는 사건과 나는 하나인가?

성불이라는 사건을 통하여 확인할 수 있듯이 생성을 객체화, 대상화하여 형이상의 도道와 형이하의 기器로 나타내고, 나를 형이상의 성性과 형이하의 명命으로 나타내기도 한다. 그것은 단군을 객체화, 대상화하여 환웅과 웅호로 나타내고, 환웅과 웅호를 다시 주체화, 내면화하여 단군으로 나타낼 수 있음을 뜻한다.

단군은 매 순간의 내가 그대로 대상화, 객관화와 주체화, 내면화의 두 측면이 있음을 나타낸다. 시간의 시간성화를 통하여 천지와 천지의 도가 둘이 아니고, 천지의 도와 내가 둘이 아니며, 천지와 내가 둘이 아니고, 표층의 자아와 심층의 무아가 둘이 아님을 나타낸다.

그리고 시간성의 시간화를 통하여 매 순간 무아가 다양한 자아로 드러나고, 인간과 세계가 둘이 아닌 경계가 매 순간 인간과 사물로 다양하게 드러남을 나타낸다. 그러면 환웅, 웅호, 단군을 통하여 나타내는 환인을 대상화, 객관화하면 어떻게 이해할 수 있는가?

시간성을 객관화, 대상화하면 시의성 곧 공간성이 되고, 그것을 다시 객관화, 대상화하면 공간이 전개된다. 환인을 객관화하여 나타내면 환웅은 시간성이 되고, 단군은 인간성이 되며, 웅호는 공간성이 된다. 따라서 환인은 시간성과 공간성, 인간성이 둘이 아닌 경계를 나타낸다. 그러면 공간성을 중심으로 환인을 나타내면 어떻게 표현되는가?

공간성을 중심으로 형이상과 형이하를 구분하여 환인을 이해하면 환웅은 천도를 나타내며, 단군은 인도를 나타내고, 웅호는 지도를 나타낸다. 따라서 환인은 삼재의 도가 둘이 아닌 신도를 나타낸다. 그러면 환인桓因은 그리스도교의 삼위일체설三位一體說과 관련하여 이해할 수 있는가?

환인을 그리스도교의 삼위와 관련하여 이해하면 환웅과 단군 그리고 웅호가 성부聖父와 성자聖子, 성신聖神과 상응하여 삼위가 일체임을 나타내는 개념으로 이해할 수 있을 뿐만 아니라 불교의 삼신설三身說과 연관시켜서 이해할수도 있다.

그러나 고조선사상의 내용인 환인사상은 실체적 관점에서 나와 독립된 별개의 존재로서의 신이나 천국, 구세주를 논하지 않으며, 성부와 성신 그리고 성자라는 실체적 존재를 제시하지 않기 때문에 셋이 하나라는 삼위일체를 주장하지 않는다.

또한 고조선사상에서는 법신이나 화신, 보신이라는 실체적 존재를 상정하지 않는다. 그것은 환웅과 단군, 웅호를 물건적 관점에서 실체적 존재로 이해할 수는 있지만 사건의 과정을 나타나낸 시위적時位的 개념이기 때문에 환웅과 단군, 웅호가 삼신설三身說과 그대로 일치하지 않음을 뜻한다.

우리는 고조선사상을 공간성을 중심으로 《주역》의 사상과 관련하여 이해할 수도 있고, 그리스도교, 불교와도 관련하여 이해할 수 있다.

그러나 단군을 형이상과 형이하 그리고 중도의 어느 한 측면을 중심으로 이해할 수 있지만 그것이 그대로 단군의 내용은 아니다.

단군은 형이하의 현상을 중심으로 인간의 본성을 나타내는 개념이라고 할수 있지만 오로지 인간의 본성만을 나타내지 않는다.

한국사상과 인간의 삶

단군은 시간의 측면에서는 현재를 나타낸다. 그러나 이때의 현재는 과거, 미래와 다른 물리적 시간인 현재가 아니라 과거와 미래가 하나가 된 현재이다. 그러므로 단군은 시간의 측면에서는 시간성이 현현顯現한 시간으로서의 영원한 현재를 나타낸다.

체용상의 측면에서는 환웅이 본체가 되어 웅호로 현상하는 작용을 나타내는 동시에 웅호가 본체가 되어 환웅으로 귀결되는 작용을 나타내는 개념이 단군이다.

단군이라는 개념의 함의는 고정되지 않아서 다양한 관점에서 여러 의미로 이해할 수 있다. 우리가 고조선사상을 다른 사상과 비교하여 이해하는 목적은 양자를 비교하여 시비, 본말을 가리려는 것이 아니다.

어떤 주장이나 사상을 막론하고 나타난 현상일 뿐으로 본체는 하나의 본성이다. 만약 현상에 얽매여 하나의 주장, 사상만이 옳다고 하거나, 본체에 얽매여 모든 주장, 사상이 옳다고 하고, 작용의 측면에서 모든 주장, 사상이 옳기도 하고 그르기도 하거나, 옳음도 없고 그름도 없다는 것은 역시 말장난이다.

만약 어떤 사람이 오로지 그리스도교만이 진리임을 증명하기 위하여 성경을 주석하여 불교와 유학의 모든 내용이 성경 속에 이미 들어 있다고 주장하면 본체를 들어서 모든 주장이 둘이 아님을 통하여 기독교에서 벗어나게 해줄 뿐이다.

불교나 노장, 유학을 비롯하여 어떤 종교나 사상을 바탕으로 자신의 주장을 제시하더라도 좋지만 주장은 주장일 뿐으로 고정된 실체가 아니기 때문에 그것에 얽매이지 않아야 한다. 그러면 단군은 중국사상의 관점에서 어떻게 이해할 수 있는가?

"하늘이 하는 일을 인간이 대신한다."[316]라고 말할 때의 인간은 단군을 나타내며, "진실로 사람이 아니면 도는 헛되이 행하여지지 않는다."[317]라고 말하는

---

316) 《서경》 고요모皐陶謨, "天工人其代之".
317) 《주역》 계사상繫辭上 8, "苟非其人, 道不虛行".

인간 역시 단군을 나타내고, 《중용》에서 "희로애락喜怒哀樂을 절도에 맞게 쓰는 중화中和를 이루면 천지가 제자리를 잡고, 만물이 길러진다."[318]라고 한 말역시 단군을 중심으로 환인을 나타낸다. 그러면 한국역학에서는 어떻게 나타내는가?

《정역》에서는 시간을 상징하는 물리적 천지와 일월과 인간을 "천지에 일월이 없으면 빈껍데기와 같고, 일월에 인간이 없으면 실체가 아닌 그림자와 같다."[319]라고 말한다. 이때의 사람은 "말을 해야 할 때 말을 하지 않으면 사람을 잃고, 말을 하지 말아야 할 때 말을 하면 말을 잃는다. 지혜로운 사람은 사람도 잃지 않고, 말도 잃지 않는다"[320]는 사람이다.

그는 "천지는 일부一夫의 말을 하고, 일부一夫는 천지의 말을 말한다."[321]라고 한 것처럼 영원한 현재적 관점에서 끊임없이 새롭게 진화하고, 다양하게 창조하는 생성의 연속으로 나타날 뿐이다. 그러면 영원한 현재적 관점에서 진화와 창조의 연속인 생성의 경계는 무엇인가?

진화와 창조의 연속인 생성의 경계는 나의 삶을 살아가는 용심用心과 운신運身을 통하여 이해할 수 있다. 나는 매 순간 환웅에서 시작하여 웅호에서 드러나는 이화理化가 나타내는 내용에 따라서 운신運身하고, 웅호에서 시작하여 환웅에서 드러나는 결혼結婚이 나타내는 내용에 따라서 용심用心해야 한다.

현상의 측면에서 보면 곰과 호랑이로 나타내는 사물은 모두 사람이 되고, 환웅이 되는 과정을 겪는다. 그것은 매 순간 나타나는 입자적 존재, 물건적 존재가 사건화하고, 다시 시간성화하여 소멸하듯이 나타나도 나타남이 없음을 뜻한다.

---

318) 《중용》 경일장, "喜怒哀樂之未發謂之中 發而皆中節謂之和 中也者天下之大本也 和也者天下之達道也 致中和 天地位焉 萬物育焉".

319) 《정역》 제팔장第八張, 김항, "天地는 匪日月이면 空殼이오 日月은 匪至人이면 虛影이니라".

320) 《논어》 위령공衛靈公, "子曰 可與言而不與言失人 不可與言而與之言失言 知者不失人 亦不失言".

321) 《정역》 제구장第九張, 김항, "嗚呼라 天地无言이시면 一夫何言이리오 天地有言하시니 一夫敢言하노라. 天地는 言一夫言하고 一夫는 言天地言이니라".

　　　　　　　　　　한국사상과 인간의 삶

웅호가 환웅으로 돌아가는 시간의 시간성화의 측면에서 나의 용심은 매 순간 나타나는 물건이 온 우주가 함께 현상現相한 모습일 뿐만 아니라 매 순간의 모습은 여러 조건이 모여서 형성된 일시적인 사건이며, 사건을 형성하는 조건이 사라지면 소멸된다. 따라서 개체적 존재가 없을 뿐만 아니라 실체적 존재와 존재 사이에 일어나는 사건도 없고, 하나의 커다란 실체적 존재로서의 천지나 세계 그리고 성품이나 도 역시 없다. 그러면 무아, 무위, 무념, 무주를 말하는가?

환웅에서 시작하여 단군의 역수의 다스림으로 끝나는 시간성의 시간화는 매 순간 나타나는 사건의 연속을 뜻한다. 그것은 곡식을 주관하고, 생명을 주관하며, 병을 주관하는 사건과 같은 여러 사건들이 매 순간 다양하게 드러남을 뜻한다.

그러나 사건의 연속일 뿐이어서 나와 남, 세계, 사물이라는 분별하여 나타낼 수 있는 대상으로서의 실체가 없다. 단지 나를 통하여 사건화한 시간성을 다시 객체화, 객관화하여 나타내면 물건의 경계가 전개된다.

그것은 환웅에서 시작하여 단군에서 드러나는 사건으로 나타낼 뿐으로 웅호를 나타내지 않음을 통하여 양자를 구분하여 달리 나타내는 부분에서 확인할 수 있다. 이처럼 우리는 매 순간 시공에서 생명현상을 드러낸다.

서로가 서로를 먹이고, 서로가 서로를 살리며, 서로가 서로를 발전시키고, 서로가 서로를 새롭게 하며, 서로가 서로를 가르치는 함께하는 삶, 서로가 서로의 본체가 되고, 서로가 서로의 현상이 되는 작용은 언행을 통하여 드러난다.

서로가 서로의 몸이 되어 서로를 먹이고, 서로를 살리며, 서로를 가르치고, 서로를 발전시키며, 서로를 새롭게 하는 운신運身은 서로의 몸이 둘이 아니고, 서로의 마음도 둘이 아니며, 나와 남, 나와 세계, 나와 사물, 나와 성품, 나와 도가 둘이 아니게 마음을 쓰는 용심用心을 바탕으로 전개된다.

그것은 무아도 자아도 아니며, 중도도 아닌 본체로서의 공체共體에 의하여 이루어지는 무심도 아니고 유심도 아닌 용심으로서의 공심에 의한 작용이며, 서로가 서로를 먹이고, 서로가 서로는 살리는 공생共生, 서로가 서로를 존재하게 하는 공존共存, 서로가 서로를 끊임없이 진화하고 발전하게 하는 공영共榮으로 드러나는 삶이다. 그러면 단군이 도읍을 세워서 나라를 여는 개국은 어떤 의미를 갖는가?

웅호와 환웅이 결혼하여 단군을 낳고 단군이 조선이라는 나라를 세워서 다스림은 환웅이 인간의 세계에 내려와서 인간 세계를 다스림과 같다. 그것은 천신天神으로 표현된 환웅과 지물地物을 나타내는 웅호를 중심으로 두 측면의 변화로 나타내고 있는 환인에 관한 내용이 단군이라는 인간을 중심으로 전개됨을 뜻한다.

단군은 물건적 측면에서 개체적 존재로서의 인간을 통하여 이해할 수 있을 뿐만 아니라 사건적 측면에서 사회를 중심으로 이해할 수 있다. 개체적 측면에서 단군은 물건적 차원에서 사건적 차원으로의 변화와 사건적 차원에서 시간성의 차원으로의 변화를 통하여 확인할 수 있다.

물건적 차원에서 사건적 차원으로서의 변화는 곰과 호랑이가 웅녀라는 사람이 되는 변화이며, 사건적 차원에서 시간성의 차원으로의 변화는 웅녀가 환웅과 결혼을 하여 하나가 되는 변화이다.

이는 본래의 자리로 돌아가서(歸) 합하여(合) 하나가 되는(一) 세 단계의 변화이다. 이를 다시 둘로 나누어 나타내면 각각 귀합歸合과 합일合一의 변화라고 할 수 있다. 그러면 귀합, 합일의 변화는 무엇인가?

인용문을 보면 21일 동안 금기禁忌를 지켰다는 내용과 함께 100일 동안 햇빛을 보지 않았다는 내용이 있다. 이는 환웅의 이화를 나타내는 부분에서 언급된 360여사를 주관함과 관련이 있다. 360이라는 수가 역수曆數임은 이미 앞에서 살펴본 바와 같다. 따라서 위의 내용 역시 역수원리 곧 천도天道의 측면에서 살펴볼 필요가 있다.

100은 역수원리를 나타내는 하도河圖와 낙서洛書를 구성하는 전체의 수를 나타낸다. 그리고 20은 하도의 중심수인 15와 낙서의 중심수인 5를 함께 나타내는 개념이다.

두 도상의 중심수인 20과 작용을 나타내는 40과 40을 합한 80수를 더하면 100수가 된다. 이로부터 중심수 20에서 시작되어 21을 거쳐서 100까지의 수와 360이 역수원리를 상징적으로 나타내고 있음을 알 수 있다. 그러면《주역》에서는 하도와 낙서가 나타나지 않는가?

《십익十翼》에서는 천지의 수[322]를 논하고, 하도와 낙서에 대하여 논하고 있다. [323] 그러나《십익》에는 하도와 낙서의 도상圖像이 없다.

하도와 낙서의 도상圖像은 한대漢代 이후에 나타났으며, 송대宋代의 주희朱熹에 이르러서 비로소 확정되었다. 그러나 도상을 확정한 주희 자신도 하도와 낙서를 현상의 측면에서 태극太極을 중심으로 이해하였을 뿐으로 구체적인 내용을 파악하지 못하였다.

그런데 19세기 말기의 김항이 저작한《정역》을 통하여 구체적인 내용이 밝혀졌다. 김일부는《정역》을 자신이 사고에 의하여 저작한 것이 아니라 자신에게 주어진 천명天命 때문[324]이라고 하였다.

고조선사상에서 하도와 낙서라는 도상에 대한 구체적인 언급이 없음에도 불구하고 대체가 드러났다가 19세기에 이르러서 비로소《정역》을 통하여 구체적이고, 체계적으로 드러난 현상의 의미를 나타낸 말이다.

한국사상과 중국사상은 역사적으로 깊은 관계를 맺으면서 발전해왔다. 한국사상과 중국사상은 역학易學이라는 상고시대의 공통문화를 바탕으로 한다.

---

322) 《주역》계사상繫辭上 9, "天一地二天三地四天五地六天七地八天九地十이니 天數五오 地數五니 五位相得하야 而各有合하니 天數二十有五오 地數三十이라 凡天地之數五十有五니 此所以成變化하야 而行鬼神也라".

323) 《주역》계사상繫辭上 11, "是故로 天生神物이어늘 聖人이 則之하며 天地變化어늘 聖人이 效之하며 天垂象하야 見吉凶이어늘 聖人이 象之하며 河出圖하며 洛出書어늘 聖人이 則之하니".

324) 《정역》금화오송金火五頌, 김항金恒, "聖人所不言 豈一夫敢言 時 命".

인류의 공통인 선사문화先史文化가 동아시아에서는 역학易學, 역문화易文化라는 공통의 문화로 발전하였다. 그러면 고조선사상과 《주역》의 사상은 어떻게 다른가?

한국사상은 천도, 신도가 중심이 된 사상이지만 중국사상은 천도를 근거로 하여 형성된 인도人道에 관심을 갖는다. 중국사상에서 천도는 지도地道와 상대적인 측면에서 언급될 뿐으로 천도天道 자체가 논의되지 않는다.

천지의 도는 상징체계인 하도河圖와 낙서洛書와 관련하여 한국과 중국의 상고시대부터 논의되었다. 그럼에도 불구하고 《주역》에서부터 주희에 이르기까지 현상의 근원인 태극太極을 중심으로 하도와 낙서를 이해하였을 뿐으로 천도의 내용인 시간성時間性 자체의 관점에서 연구하지 않았다.

하도와 낙서의 도상圖像이 확정되고, 내용이 밝혀지는 과정에서 나타나듯이 시간성을 바탕으로 천지의 도를 연구하는 한국사상과 공간성을 바탕으로 천지의 도를 연구하는 중국사상이 다름은 사상 자체의 문제가 아니라 사람의 문제이다.

도, 본성의 관점에서 보면 인도人道와 천도天道 그리고 지도地道가 모두 역도易道의 내용인 점에서 가치상의 우열이 없다. 그러나 작용의 측면에서 보면 역도易道를 어느 때, 어떤 사람이, 어떻게 사용하느냐에 따라서 다양하게 드러난다.

도道를 중도中道라고 말하고, 다시 역도易道, 변화變化의 도道라고 말함은 작용의 측면에서 여러 사람, 여러 나라, 여러 민족을 통하여 다양하게 드러남을 나타낸다.

중국사상의 연원인 《주역》에서 상고시대의 역문화, 역사상을 어떻게 나타내고 있는지를 살펴보면 신도, 천도 중심의 한국사상과 지도, 인도 중심의 중국사상의 관계를 알 수 있다. 계사상편에서는 시초와 괘를 중심으로 신도, 천도와 인도의 관계를 다음과 같이 밝히고 있다.

시초蓍草의 덕德은 원만하면서 신령하고, 괘卦의 덕은 방정하면서도 지혜로우며, 육효六爻의 뜻은 변화로 공헌한다. 성인이 이를 통하여 마음을 닦고, 물러나 은밀한 세계에 머물러서, 길흉吉凶을 백성과 함께 근심하고, 신神으로 미래를 알며, 지식으로 과거를 갈무리하니, 그 누가 능히 이와 같겠는가?[325]

시蓍와 괘卦는 각각 신도神道, 천도天道와 인도人道를 상징적으로 나타내는 수단이다. 시蓍는 미래를 점치는 수단인 50개의 시초를 가리키는 것이 아니라 천지의 수에 의하여 구성된 도상인 하도와 낙서를 통하여 상징적으로 나타내는 신도神道, 천도天道를 가리킨다.

신도, 천도는 원이신圓而神으로 나타내고, 인도는 방이지方而知로 구분하여 나타내고 있다. 원과 방은 각각 천도와 인도의 특성을 나타내는 개념이며, 신과 지는 천도와 인도의 내용을 나타낸다.

원형과 방형은 그 형태가 서로 다르지만 하나의 중심점을 갖는다는 점에서 하나의 세계를 나타내는 서로 다른 방법이라고 할 수 있다.

천도와 인도가 일체이면서도 하나가 아님을 나타내는 개념이 신神과 지知이다. 신神은 이것과 저것, 있음과 없음과 같은 모든 분별을 넘어선 경계, 차원을 나타내는 개념이다.[326] 물건적 관점에서는 중도라고 말하기도 하지만 역학에서는 고정됨이 없이 변화하는 역도易道라고 말한다.

신, 천도를 바탕으로 형성된 개념이 지知이다. 하나의 구심점, 중심을 등거리로 확산하면 원이 되고, 이 원을 다시 네 점으로 잇는 등거리로 나타냄으로써 비로소 방형이 형성된다.

---

325) 《주역》계사상편繫辭上篇 11, "子曰 夫易何爲者也 夫易開物成務 冒天下之道 如斯而已者也 是故 聖人以通天下之志 以定天下之業 以斷天下之疑 是故 蓍之德圓而神 卦之德方以知 六爻之義易以貢 聖人以此洗心 退藏於密 吉凶與民同患 神以知來 知以藏往 其孰能與此哉".

326) 《대방광원각수다라요의경》1권(ABC, K0400 v13, p.75c06-c14), "無上法王 有大陁羅尼門 名爲圓覺流出一切 淸淨眞如 菩提涅槃 及波羅蜜 敎授菩薩 一切如來 本起因地 皆依圓照 淸淨覺相 永斷無明 方成佛道 云何無明 善男子 一切衆生 從無始來 種種顚倒 猶如迷人 四方易處 妄認四大爲自身相 六塵緣影爲自心相 譬彼病目 見空中花及第二月".

이와 마찬가지로 신의 경계, 무분별의 경계를 고정화하여 대상적 존재로 나타낸 것이 지知라는 개념이다. 따라서 지知는 무분별지인 신神과 달리 분별지分別智를 가리키는 개념이다.

성인의 경계인 내 안의 나 아닌 나를 주체로 살아가는 사람은 원圓과 방方이 나타내는 천도와 인도를 삶에서 활용하여 신神으로 미래를 알고, 미래를 지식에 의하여 분별하여 언어로 나타냄으로써 과거를 갈무리한다. 따라서 과거와 미래라는 물리적 시간은 신神과 지知에 의하여 형성된 세계임을 알 수 있다. 그러면 지래知來와 장왕藏往은 무엇을 의미하는가?

지래와 장왕을 언급하기에 앞서 성인이 이를 통하여 마음을 씻는다고 하였다. 천도와 인도를 나타내는 원圓과 방方에 의하여 세심洗心을 함으로써 비로소 지래와 장왕이 이루어진다. 그러면 세심은 무엇을 의미하는 것일까?

세심은 생각함이 없고, 함이 없어서 고요하여 움직임이 없는 경계327)를 나타낸다. 생각함이 없고, 함이 없음은 생각하여도 생각에 얽매임이 없고, 행위를 하여도 함에 얽매임이 없는 경계, 차원을 가리킨다. 따라서 적연부동寂然不動은 고요하여 움직임이 없는 경계가 아니라 움직여도 움직임이 없는 경계를 나타낸다.

적연부동의 경계 역시 고정되지 않는다. 그것을 나타내는 개념이 신이지래神以知來이다. 적연부동하여 천지와 감통함이 신이지래이다. 신이지래를 바탕으로 이루어지는 지식의 생산을 지이장왕이라고 하였다.

이제 《주역》과 《논어》에서 괘효卦爻와 언사言辭를 통하여 나타내고 있는 내용이 성명性命과 기인己人이라는 개념을 중심으로 제시되는 대인의 도, 군자의 도임을 알 수 있다. 군자의 도는 지이장왕知以藏往의 경계를 중심으로 전개된다.

하나의 중괘를 구성하는 육효가 상괘와 하괘, 내괘와 외괘로 구성되어 상하

---

327) 《주역》계사상繫辭上 10, "易无思也 无爲也 寂然不動 感而遂通天下之故".

한국사상과 인간의 삶

와 내외의 관계를 통하여 성명性命을 나타낼 뿐만 아니라 명을 중심으로 기己와 인人을 나타내고 있다. 이 네 요소를 상하, 좌우로 나열하면 하나의 사각형이 형성된다.

중괘 자체의 외형外形도 사각형일 뿐만 아니라 중괘의 구조를 언사를 통하여 나타내는 상하, 내외의 구조를 형성하는 내 안의 나인 본성, 인성, 성性과 표층의 나, 물리적 생명, 명命 그리고 내 안의 나를 물리적 생명의 관점에서 나타내는 기己와 밖의 또 다른 표층의 나를 나타내는 인人 역시 사각형을 이룬다.[328] 그러면 상하와 내외가 만나는 구심점은 무엇인가?

상하와 내외가 만나는 하나의 점은 마음이다. 성품과 생명을 구분하여 양자를 형이상과 형이하의 상하로 나타내고, 양자를 하나로 나타내는 것도 마음이다. 나와 다른 사람을 둘이 아닌 하나로 이해하는 것도 마음이며, 나와 다른 사람을 하나가 아닌 둘로 이해하는 것도 마음이다.

형이상과 형이하, 도와 기, 성과 명을 주체화하여 이해하면 나로 집약되며, 나를 상하, 내외적 구조를 대상화하여 물건적 관점에서 나타내면 도와 기, 성과 명이 된다.

그리고 나를 집약하여 나타내면 마음이며, 마음을 대상화하여 물건적 관점에서 나타내면 본체와 작용 그리고 현상의 관계를 이루는 본성과 마음 그리고 물리적 생명이다.

《논어》에서는 도와 기, 성과 명을 나를 중심으로 주체화, 내면화하여 수기로 나타내고, 나를 대상화, 객체화하여 안인, 안백성으로 나타낸다. 따라서 성명, 기인의 구조를 통하여 나타내고 있는 수기, 안인, 안백성이 마음을 중심으로 전개되는 세심洗心이 중심임을 알 수 있다.

그러면 앞에서 살펴본 내용을 바탕으로 역학易學을 바탕으로 형성된 지도地道, 인도人道 중심의 중국사상과 다른 천도天道, 신도 중심의 고조선사상을 정

---

328) 《내 안의 참나와 논어사상》, 이현중, 지식과감성#, 2022, 29-90.

리하여 보자.

고조선사상을 나타내고 있는 인용문의 내용은 한마디로 ᄒᆞ님, 하나님, 환인에 관한 사상이다. 인용문의 내용을 보면 ᄒᆞ님, 하나님, 환인은 시간성을 상징한다. 그리고 환웅과 단군, 웅호는 모두 각각 시간성을 시간의 측면에서 나타내고, 인간의 측면에서 나타내며, 물리적 생명의 측면에서 나타낸다.

환웅과 단군, 웅호를 물건적 관점에서 이해하면 천도의 내용인 시의성과 지도의 내용인 물건성, 사물성 그리고 인도의 내용인 인성人性이 각각 환웅과 단군 그리고 웅호라는 개념을 통하여 표현되고 있다. 그러면 환웅과 단군, 웅호가 나타내는 시의성(시간성)과 인성, 사물성은 무엇인가?

환웅이 인간의 세계를 이화理化하는 측면에서 보면 환웅은 사건으로 변하여 공간상의 물건으로 화하여 나타나는 점에서 창조성創造性, 변화성變化性을 나타내고, 웅호가 다시 환웅으로 돌아가는 측면에서 보면 진화성進化性, 귀체성歸體性, 소멸성消滅性을 나타낸다.

환웅과 단군, 웅호를 시간성을 중심으로 나타내면 환웅의 창조성, 변화성은 미래성이고, 웅호의 진화성, 귀체성, 소멸성은 과거성이며, 단군은 현재성이다.

환웅에서 시작되어 단군을 거쳐서 웅호로 드러나는 변화는 환웅을 시초로 하여 웅호에서 끝나는 변화이다. 이는 환웅이 나타내는 일一과 이二, 분별과 무분별, 형이상과 형이하를 넘어선 경계에서 시작하여 단군이 나타내는 형이상, 무분별, 일체의 경계를 나타내는 사건으로 드러나고, 다시 웅호가 나타내는 분별, 물건, 이二, 형이하의 경계로 드러남이다.

그러나 웅호에서 시작하여 환웅에서 끝나는 변화가 나타내듯이 웅호에 의하여 상징되는 물건은 언제나 사건을 통하여 나타내는 단군을 향하여 돌아가서 분별과 무분별, 형이상과 형이하, 일과 이를 넘어선 환웅의 경계와 합하여 하나가 된다.

환웅이라는 시의성이 변하여 단군이라는 사건으로 화하고, 웅호라는 물건으로 드러남은 매 순간에 이루어지는 끝없는 창조이며, 웅호라는 물건이 단군이라는 사건으로 돌아가서 합하여 환웅이라는 시의성과 하나가 됨은 매 순간 이루어지는 끊임없는 진화이다.

환웅이 변하여 시의성이 됨은 창조의 시작이며, 웅호라는 물건적 존재로 나타나는 나툼은 창조의 마무리이다. 그리고 웅호가 변하여 사건으로 돌아감은 귀체, 회향의 시작이며, 환웅과 하나가 됨은 회향의 마무리인 진화이다. 그러면 흔님, 환인, 하나님은 무엇인가?

흔님, 환인, 하나님은 일종의 개념이다. 그것은 흔님, 하나님, 환인의 의미를 환웅과 단군, 웅호를 통하여 상징적으로 나타내고 있듯이 어떤 개념이나 수와 같은 다양한 방법을 통하여 나타낼 수 있지만 그것이 그대로 환인 자체는 아님을 뜻한다.

우리는 이를 통하여 환인이라는 무엇인가라는 질문 자체를 바꾸어서 접근할 필요가 있다. 그것은 지금 단군신화를 중심으로 환인이 무엇이라고 설명하는 것과 이를 읽는 행위 자체가 그대로 환인이기에 환인과 환인이 아님을 구분하여 실체적 관점에서 나타낼 수 없음을 뜻한다. 그러면 우리의 이러한 수작酬酢, 글을 써서 환인을 나타내고, 글을 읽으면서 느끼는 사건이 아무런 의미가 없는가?

환인에 대하여 다양한 방향에서 접근하여, 밝달사상, 신도사상, 한사상과 같이 다양한 개념을 통하여 다양하게 이론체계화함이 모두 의미를 갖는다. 왜냐하면 나와 온 우주 그리고 세계에 관한 사고와 언행 그리고 다양한 접근이 그대로 환인이기 때문이다.

물리적 관점에서 웅호를 중심으로 과학적으로 고찰할 수 있고, 성품, 자성의 관점에서 단군을 중심으로 형이상적, 경학적 관점에서 고찰할 수 있으며, 형이상과 형이하를 넘어선 중도의 관점에서 환웅을 중심으로 환인을 고찰할 수 있다. 그러면 환인을 나타내는 환웅과 단군, 웅호를 어떻게 이해할 것인가?

환인을 다시 환웅, 단군, 웅호의 세 개념을 통하여 나타내었기 때문에 삼자의 관계를 나타내지 않을 수 없다. 삼자를 실체화하여 나타내면 본체와 작용 그리고 현상의 세 측면에서 이해할 수 있다. 환웅은 본체이며, 단군은 작용이고, 웅호는 현상이다.

환웅의 측면에서 보면 웅호가 나타내는 이것과 저것의 분별의 경계가 없다. 그렇기 때문에 본체를 중심으로 무위, 무념, 무상, 무주, 무아와 같은 개념을 통하여 환인을 나타낼 수 있다.

그러나 웅호의 관점 곧 현상의 측면에서는 나와 남이 있고, 자연, 우주가 있기 때문에 유위有爲를 말하고, 생사를 말하며, 선악, 시비를 말한다. 그러면 양자는 어떤 관계인가?

본체를 중심으로 현상을 이해하면 현상은 본체의 드러남이기 때문에 본체를 떠날 수 없고, 본체는 현상을 통하여 드러나기 때문에 현상을 떠날 수 없어서 양자가 하나이다. 그러나 본체가 드러난 현상이지만 현상이 그대로 본체는 아니기 때문에 본체와 현상을 구분하지 않을 수 없다. 그러면 본체와 현상은 어떤 관계인가?

본체와 현상을 중심으로 세계를 이해하면 양자가 하나가 아님은 이해할 수 있지만 둘이 아님은 이해할 수 없다. 현상을 보면 부조리不條理, 불의不義, 악惡이 선善, 의義보다 많다.

본체가 그대로 드러난 것이 현상이라면 본체와 현상이 다를 수 없다. 그럼에도 불구하고 현상을 보면 근원인 본체의 특성을 인정할 수 없다.

유학儒學에서는 천하에 옳지 않은 부모는 없다[329]고 말한다. 그러나 현실의 부모는 자식을 살해하는 짓도 한다. 불교에서는 중생이 본래 부처라고 말한

---

329) 《맹자집주孟子集註》, 이루장구상離婁章句上, "瞽瞍底豫而天下之爲父子者定 昔羅仲素語此云 只爲天下無不是底父母.".

다. 그러면 왜 무명無明이 있고, 수행을 하여 부처가 되어야 하는가?[330]

기독교에서는 하느님이 전지全知하고, 전능全能하며, 전선全善하다고 말한다. 그렇다면 현실은 왜 선인善人보다는 악인惡人이 더 많은가?

이상과 현실, 도道와 기器, 성性과 명命, 이理와 사事, 성性과 상相, 공空과 색色, 존재와 현상, 유有와 무無와 같이 세계를 둘로 나누어서 본체와 현상을 근본根本과 지말支末이라는 가치상의 우열에 의하여 나타내면 양자를 하나로 이해하거나 둘로 이해하거나를 막론하고 현상을 설명하고, 의미를 찾을 수 없다.

만약 본래 부처라면 수행을 할 필요가 없으며, 수행을 해야 한다면 중생일 뿐으로 부처라고 할 수 없다. 도, 성품, 공을 중심으로 만법을 이해하면 수행을 하고, 수기를 하며, 선을 행하고 악을 제거할 필요가 없다.

그러나 현상을 중심으로 세계를 이해하면 끝없이 수행하고, 선을 행하며, 악을 제거할 뿐으로 대인이 되고, 성인이 되며, 성불成佛하는 일은 꿈도 꿀 수 없다.

만약 세계, 만법을 본체와 현상의 둘로 나누어서 이해할 뿐으로 양자를 논하는 나를 떠나서 논하면 양자는 그저 본체와 현상일 뿐이다. 그렇기 때문에 나로서는 어찌 할 수 없는 상황에 놓이게 된다. 그러면 어떻게 해야 하나?

나는 본체도 아니고, 현상도 아니어서 대인도 아니고, 소인도 아니며, 성도 아니고, 명도 아니며, 성性도 아니고, 상相도 아니다. 단지 내가 성과 명을 논하고, 본체와 작용을 논할 뿐이다.

본체와 현상은 그것을 논하는 인간을 떠나서 이루어질 수 없다. 본체와 현상의 중심에 양자의 관계를 나타내는 인간이 있다. 본체와 현상을 구분하여 하나로 여기거나 둘로 여기는 일이 모두 인간에 의하여 이루어진다.

환인이 나를 떠나서 성립될 수 없듯이 본체와 작용 그리고 현상 역시 나를 떠나서 성립될 수 없다. 그렇기 때문에 천도天道와 지도地道를 논하고, 천당과

---

330) 《大方廣圓覺修多羅了義經》(大正藏, 17, 1, 0915b10), "若諸衆生本來成佛 何故復有一切無明 若諸無明
衆生本有 何因緣故如來復說本來成佛 十方異生本成佛道後起無明 一切如來何時復生一切煩惱".

지옥을 논하며, 대인과 소인, 성인과 속인을 논하지만 그것이 모두 나와 관련됨을 놓치지 말아야 한다.

우리가 환인사상을 단군을 중심으로 이해할 필요가 여기에 있다. 단군은 시간성의 측면에서는 현재성을 나타내며, 공간성의 측면에서 인간성을 상징한다. 그렇기 때문에 나의 본래면목을 나타내는 단군을 통하여 본체와 작용을 이해함이 필요하다. 그러면 구체적으로 어떻게 할 것인가?

공간성의 관점에서 인간성, 자성을 중심으로 체용을 이해해도 여전히 삼자의 관계는 그대로 남는다. 그렇기 때문에 나의 본래면목을 다시 시간성의 차원에서 접근하면 비로소 문제가 해결된다.

시간성의 현재성을 중심으로 체용상의 관계를 이해하면 체용상은 생장성의 과정일 뿐이다. 이때 단군이 상징하는 현재성 가운데는 체에서 상을 향하는 방향의 작용과 상에서 체를 향하는 방향의 작용이 포함된다.

본체인 환웅에서 현상인 웅호를 향하는 방향의 작용이 유위라면 현상인 웅호로부터 본체인 환웅을 향하는 방향의 작용은 무위이다. 이 두 방향의 생성은 하나이면서 둘이고, 둘이면서 하나이다.

전자를 통하여 본체가 현상으로 드러남을 나타내지만 후자를 통하여 현상이 고정된 실체가 아니어서 드러남이 없음을 나타낸다. 본체와 현상의 하나이면서도 둘인 관계는 모순이 아니라 항상 새롭고 다양하게 드러나는 진화와 창조의 연속적인 흐름이다. 그러면 체용의 모순관계는 어떻게 해결되었는가?

공간성을 시간성의 문제로 전환하는 방법은 답을 찾는 것이 아니라 문제를 해소하는 방법이다. 그것은 공간성의 관점에서 제기되는 문제들에 대한 답을 찾는 것이 아니라 시간성의 문제로 전환하여 본래 문제가 없었음을 확인하는 방법이다. 그러면 이것이 어떤 의미를 갖는가?

우리가 문제의 답을 찾는 것은 문제를 제기하는 나 밖에서 답을 구함을 뜻한다. 그와 달리 본래 문제가 없었음을 확인하는 방법은 문제 자체를 녹여서 없애는 해소解消의 방법이다. 따라서 양자는 각각 유위와 무위의 차이가 있다고 할 수 있다.

이 문제는 인문학의 학문 방법과 과학의 학문 방법의 차이를 그대로 보여준다. 심성의 내면과 외면을 구분하여 내도內道와 외도外道로 나타내는 것이 바로 이 점을 나타낸다.

유학이나 불교를 막론하고 내도를 강조하는 까닭은 학문의 방법이 다르지 않음을 뜻한다. 그러면 답을 밖에서 찾는 방법은 무엇인가?

공간성의 측면에서 나를 연구함은 연구하는 나와 대상으로서의 내가 둘인 상태에서 출발한다. 자연, 우주, 세계, 만물을 나와 별개의 독립된 실체로 여기는 것은 모든 문제를 나와 둘로 여기는 태도이다. 그것은 바로 나를 떠나서 세계를 논하고, 도를 논하며, 성품을 논하고, 우주를 논하며, 세계를 논함을 뜻한다.

우리는 객관적인 것이 합리적이고, 합리적인 것이 진리라는 생각을 한다. 그것은 나를 떠나서 독립된 별개의 자연, 우주가 있다는 과학의 실체적 세계관을 바탕으로 전개되는 사고의 결과이다.

나를 떠나서 밖으로 달려 나가는 태도를 외도外道라고 말한다. 이와 달리 나와 일체화시켜서 내 안에서 자연, 세계, 우주, 성품, 도를 찾아가는 방법 곧 주체 내적 성찰이 내도內道이다.

나를 중심으로 세계를 내외로 구분하여 이해한 것은 《주역》에서 시작된다. 《논어》에서도 나를 중심으로 내외적 관점에서 기己와 인人으로 구분하여 내적內的 성찰省察을 강조하고 있다.

맹자는 학문의 방법을 마음에서 구하는 내적 성찰과 마음 밖에서 구하는 외적 구함을 구분하여 논하고 있다. 후대에 불교가 중국에 수입되면서 불교를 내도內道로 그리고 유학을 외도外道로 구분하여 양자를 정통과 이단을 구분하는 기준으로 제시하기도 하였다. 이는 송대의 성리학자들이 불교의 이론을 수용하여 유학을 새롭게 하면서도 오히려 불교를 이단으로 규정하는 현상처럼 시비是非가 실체가 아님을 보여 주는 현상이다.

나를 출발점으로 삼아서 내 안의 나를 발견하고, 내 안의 나를 통하여 나 아닌 나를 확인하는 방법이 안으로 향하는 내적 성찰인 내도內道이다. 나를 출발점으로 삼아서 내적 성찰을 할 때 비로소 본체와 작용, 현상이 어떤 관계인지를 파악할 수 있다. 그러면 본체와 현상을 어떻게 이해할 것인가?

불교학자들은 본체와 현상 그리고 작용의 셋에 의하여 세계와 인간을 이해하는 방법은 불교적 요소가 중국에 전래하여 형성된 개념이라고 말한다.

그러나 《십익》에서는 이미 체용이 논의되고 있을 뿐만 아니라 작용 역시 논의되고 있다. 그리고 체용상을 함께 논하는 《대승기신론》에서도 본체와 형상을 하나로 하여 체상과 용의 이분법적 사고를 할 뿐을 체용상을 삼자로 이해하지 않는다.

그것은 불교가 역방향에서 견성성불이라는 목적을 중심으로 수행을 논하기 때문에 현상을 환화로 논할 뿐으로 진상眞相으로 여기지 않기 때문이다.

체용상을 체상과 용이 아닌 삼자로 활용하는 것은 시간성 중심의 고조선사상에서 비로소 볼 수 있다. 그것은 고조선사상 자체가 체용상의 구조에 의하여 구성되었다는 의미가 아니다.

다만 시간성을 근원으로 공간성이 성립하기 때문에 시간성의 차원에서 공간성을 볼 때 비로소 공간성의 차원이 적나라하게 드러남을 뜻한다.

고조선사상에서는 환인이라는 시간성을 상징적으로 나타내는 개념을 환웅과 단군 그리고 웅호의 삼자를 통하여 생성의 사건으로 나타낸다. 이를 공간적 관점에서 공간성을 중심으로 이해하면 환웅은 본체라고 할 수 있고, 단군은 작용이라고 할 수 있으며, 웅호는 현상이라고 할 수 있다. 그러면 환인을 체용상에 의하여 이해할 수 있는가?

시간성과 공간성의 차이는 체용상의 개념을 통해서도 분명하게 드러난다.

만약 체용상에 의하여 환인을 이해하면 본체를 나타내는 환웅의 측면에서는 웅호라는 다양한 현상이 존재할 수 없으며, 그와 반대로 현상을 나타내는 웅호의 측면에서는 하나를 나타내는 환웅이 존재할 수 없다.

그것은 본체가 작용하여 현상이 나타나기 때문에 그대로 본체와 현상이 다르지 않아야 함에도 불구하고 현상이 그대로 본체가 아님을 뜻한다. 물건적 관점에서 세계를 둘도 아니면서 하나도 아닌 불이不二불일不一이라고 말하고 중도中道라고 말하는 것이 이 점을 잘 보여 준다. 그러면 시간성을 공간성의 경계에서 체용상을 논한 까닭이 무엇인가?

본체와 현상의 문제는 바로 인간의 문제이다. 환인의 내용이 환웅과 웅호이지만 그 중심에 인간이 있고, 환웅과 웅호를 막론하고 모두 인간에 뜻을 갖고 있는 존재로 그려지고 있음은 이를 나타낸다.

본체와 현상을 구분하는 까닭은 인간 곧 지금 여기의 내가 어떻게 살 것인가를 문제를 해결하기 위함이다. 그것은 본체의 문제도 아니고, 현상의 문제도 아니다. 본체는 이미 그렇게 되어져 있기 때문에 어쩔 수 없는 일이고, 이미 본체가 나타난 현상 역시 어쩔 수 없다.

다만 본체를 어떻게 작용하느냐에 따라서 현상이 달라질 수 있다. 결국 삶은 작용의 측면에서 접근할 문제이다. 현상의 측면에서 나도 이롭고 남도 이로워 모두가 이로운 삶을 살기 위해서는 어떻게 작용할 것인가의 문제가 중요하다. 그러면 나와 체용상이 둘인가?

본체는 지금 여기의 내 안의 심층을 나타내며, 현상은 나의 표층을 나타내고, 작용은 나의 심층과 표층을 하나로 연결하는 동시에 둘로 구분하는 기준이 되는 중심을 나타낸다.

본체의 측면에서 보면 사람을 비롯하여 모든 존재는 이미 동일한 본성을 갖고 있다. 생명체를 중심으로 이해하면 모든 생명체는 본유하고, 고유한 생명의 근본, 근원을 공유하고 있다. 그렇기 때문에 본체의 관점에서 보면 나와 남이라는 구분이 없을 뿐만 아니라 태어나고 죽는 생사의 문제도 없고, 유와 무를 비롯하여 모든 분별이 없는 경지境地이다.

현상의 측면에서 보면 선인과 악인이 있고, 쌍둥이도 남이 보면 비슷하지만 서로 다를 뿐만 아니라 나는 한시도 같은 모습이 없어서 매 순간 변화하여 항상 새로워지고, 항상 달라져서 하나의 모습, 하나의 상태는 없다.

남자와 여자가 같을 수 없고, 나와 남이 같을 수 없으며, 선과 악이 분명하고, 옳음과 그름이 분명하며, 아름다움과 추함이 달라서 결코 같을 수도 없고, 하나일 수도 없다. 그러면 본체와 현상은 어떤 관계인가?

본체와 현상의 관계에 관한 문제는 불교에서 부처와 중생의 관계에 대한 논의를 통하여 파악할 수 있다. 대승불교에서는 중생본래성불衆生本來成佛을 논하면서 견성성불을 논한다. 그렇다면 다음과 같은 문제가 발생한다. 중생이 본래 부처라면 무명이 어떻게 있으며, 무명이 있다면 어찌 중생이 부처라고 할 수 있고, 부처는 언제 다시 중생으로 돌아가는가의 문제가 발생한다.

중생본래성불과 견성성불, 증오성불의 두 관점은 동시에 옳을 수 없는 모순관계이다. 수행을 통하여 장차 이루어야 할 사건이 성불이라면 이미 성불이라는 과거적 측면에서 중생본래성불을 논할 수 없고, 성불이 이미 이루어진 과거적 사건이라면 수행을 통하여 장차 이루어야 할 견성성불은 성립할 수 없다. 그러면 어떻게 할 것인가?

성불과 중생의 관계는 나의 문제로 내면화, 주체화하여 양자를 본체와 작용 그리고 현상의 세 관점에서 살펴보면 이해할 수 있다.

부처는 나의 심층이 바로 나와 남 그리고 세계, 만물과 둘이 아닌 경계임을 나타내고, 중생은 나의 표층 곧 육신을 통하여 드러나는 다양한 생명현상을 나타낸다. 그리고 보살은 바로 부처라는 본체의 다양한 작용을 인격화하여 나타낸 개념이다. 그러면 작용을 나타내는 보살은 나의 무엇인가?

보살은 나의 작용을 가리키는 개념이다. 본체인 성품이 현상의 다양한 생명현상으로 드러나기 위해서는 마음이라는 작용이 개제가 된다. 이처럼 본체와 작용 그리고 현상은 나의 본성, 자성과 마음 그리고 육신이라는 세 측면을 중심으로 주체화, 내면화하여 이해해야 한다. 나의 성품과 마음 그리고 육신의 측면에서 체용상을 어떻게 이해할 것인가?

삶은 어떻게 살아가느냐의 문제, 본체를 어떻게 작용하여 현상으로 드러내느냐의 문제일 뿐이다. 본래 온갖 생명현상을 나타내는 중생은 본체인 부처의 작용에 의하여 나타난 결과이다. 그것은 본체의 작용에 의하여 수많은 그리고 다양한 현상이 나타남을 뜻한다.

그러나 많은 사람들은 현상이 그대로 실재이기 때문에 현상을 떠나서 본체가 없을 뿐만 아니라 육신과 다른 본성이 없다고 생각한다. 이처럼 본체와 현상을 바꾸어서 생각하기 때문에 전도견顚倒見이다.

전도견은 본체는 없고 현상이 그대로 진상, 실상이라고 여기기 때문에 본체와 현상, 본성과 육신을 올바로 파악할 수 없는 점에서 한계를 갖는다.

이와 달리 본체가 부처일 뿐으로 나는 중생이기 때문에 수행을 통하여 부처가 되겠다는 생각도 잘못된 생각이다. 그러면 어떻게 할 것인가?

바로 본체가 있음을 믿고 부처로 작용하는 삶이다. 그것은 나의 본질이 부처이기 때문에 부처의 삶을 살고자 함을 뜻한다. 그것은 나를 현상의 측면에서 중생이라고 여기지 않고 본체인 부처의 관점에서 오로지 작용을 문제로 삼아야 함을 뜻한다. 그러면 본체가 아닌 작용의 측면에서 인간은 어떻게 살아야 하는가?

작용의 측면에서 보면 인간의 삶은 본체를 중심으로 삶을 살아가는 자연적이고, 무위적인 삶, 대인의 삶, 성인의 삶, 부처의 삶과 현상을 중심으로 살아가는 인위적이고, 유위적인 삶, 소인의 삶, 속인의 삶, 중생의 삶으로 나타낼 수 있다.

사람들은 현상의 측면에서 육신을 자신으로 여기고, 나와 남을 둘로 생각하여 남과 경쟁하여 이기는 것을 삶의 방법이라고 생각한다.

그러나 그동안의 인류 역사를 통하여 드러나듯이 육신을 중심으로 이루어지는 소인의 삶, 현상 중심의 삶은 언제나 고통을 낳을 뿐이다. 그러면 어떻게 살아야 하는가?

유학이나 불교를 비롯하여 기독교와 같은 다양한 종교, 사상, 철학에서는 대인, 성인, 깨달은 사람의 삶, 세상을 구하고자 하는 거룩한 삶을 논한다. 대인의 삶, 성인의 삶이 아름답지만 여전히 소인과 상대적인 대인, 속인과 상대적인 성인에 불과하다.

일상의 사람들이 자신에 대한 내적 성찰이 없이 본체와 현상이 둘이 아님에도 불구하고 오로지 현상을 중심으로 삶을 살거나 수기, 수도를 하는 사람들이 오로지 본체를 중심으로 삶을 사는 것은 모두 한편에 치우친 생각의 산물이다. 그렇기 때문에 소승과 대승을 구분하여 일승一乘을 논하기보다는 일승마저도 넘어설 것을 논한다. 그러면 그러한 삶이 무엇인가?

소인과 대인, 속인과 성인의 분별을 넘어선 일승, 중도에도 얽매임이 없는 삶은 양자를 넘어선 별개의 삶이 아니다. 본래 환인이기에 환인으로서의 삶이 그대로 자유자재한 삶이다. 하나와 둘, 분별과 무분별을 넘어서지만 그렇다고 하여 중도에도 머물지 않는 삶 그것은 그냥 나의 삶이다.

나의 삶은 지금 여기라는 시공에 의하여 나타내지만 시공에 얽매이지 않아서 시공과 둘이 아닐 뿐만 아니라 남과 구분하여 나를 나타내지만 나에 얽매이지 않아서 남과 둘이 아니다.

나는 남과 둘이 아니지만 하나도 아니기에 하나와 둘에 얽매이지 않는다. 무아가 아니기에 매 순간 다양한 자아로 드러나지만 자아는 고정되지 않아서 무아이다. 그렇기 때문에 무아와 자아를 넘어선 중도라고 말하지만 무아와 자아를 떠난 중도가 따로 없다. 자아와 무아, 중도가 둘이 아니기에 나를 찾거나 나를 나타내거나 둘이 아니다. 그러면 어떻게 살 것인가?

한국사상과 인간의 삶

나의 문제로 주체화, 내면화하고, 나를 떠나서 밖의 대상으로 향하는 객관화, 대상화는 모두 마음에 의하여 이루어진다. 나의 문제로 내면화, 주체화하여 나와 둘이 아님을 확인하는 합일合—과 나를 통하여 새롭게 드러내는 분생分生이 모두 마음에 의하여 이루어진다.

삶은 매 순간의 마음에 의하여 성품, 자성, 본체가 현상으로 드러남이다. 그렇기 때문에 나를 통하여 매 순간 새롭고 다양하게 드러나는 삶은 고정되지 않아서 고정된 하나의 본체인 하느님, 신神, 상제上帝, 물리物理가 스스로 드러나는 자연自然도 아니며, 다양하고 새로운 현상 자체가 서로의 작용에 의하여 상호작용으로서의 인과에 의하여 이루어지는 인연도 아니다.

삶은 본체의 측면에서는 본래 그러하기 때문에 자연이지만 현상의 측면에서는 인연을 벗어나지 않고, 인연을 넘어서기에 자연이지만 자연을 벗어나지 않는다. 삶이 그대로 현상에서 본체를 향하는 유위적有爲的 수행과 본체에서 현상을 향하는 무위적無爲的 제도濟度, 실천이다.

우리가 삶을 본체와 현상으로 구분하여 상을 만나서 본성으로 돌아가는 회상귀성會相歸性의 수행을 논하고, 깨달음을 말하며, 성기론적 관점에서 제도, 실천을 논하지만 본래 양자가 둘이 아니어서 다만 삶을 나타낼 뿐이다.

인간의 삶을 다양한 측면에서 나타내는 종교, 사상, 이념, 학문, 예술, 문학을 비롯한 모든 활동은 나를 떠나서 존재하지 않는다. 다만 우리가 마음에 의하여 때로는 나로 주체화, 내면화하여 하나의 관점에서 이해하고, 때로는 나와 대상화, 객관화하여 둘의 관점에서 나타낼 뿐이다.

그럼에도 불구하고 나와 삶이 별개이고, 나와 종교, 이념, 사상이 별개이며, 나와 자연, 우주, 세계가 별개이고, 나와 조상, 나라, 민족, 국가가 별개이며, 나와 부처, 성인, 신, 구세주가 별개라고만 생각을 한다.

삶과 하나인 종교, 삶과 하나인 수행과 삶과 하나인 실천, 삶과 하나인 학문, 삶과 하나인 인문학, 삶과 하나인 과학이 필요하다.

삶과 하나인 종교, 삶과 하나인 학문, 삶과 하나인 수행과 실천, 삶과 하나인 인문학과 과학은 나와 둘이 아닌 삶, 둘이 아닌 종교, 둘이 아닌 학문, 둘이 아닌 인문학, 둘이 아닌 과학이다.

환인, ᄒᆞᆫ님, 하나님으로 표현된 경계는 나와 둘이 아닌 정치, 나와 둘이 아닌 종교, 나와 둘이 아닌 사상, 나와 둘이 아닌 교육, 나와 둘이 아닌 경제, 나와 둘이 아닌 사회, 나와 둘이 아닌 삶을 나타낸다. 그러면 물건적 관점에서 삼재三才로 나타내는 삼재三才의 도道와 어떤 관계인가?

도, 성품, 이理는 본체를 나타낸다. 본체의 평등성을 나타내어 무위, 무상, 무념, 무주, 무분별을 논한다. 그리고 기器, 사事, 명命은 현상을 나타낸다. 본체가 나타난 현상의 측면에서 사사무애를 말하고, 둘이 아님을 말한다.

그리고 현상의 천지인을 따라서 도를 천도와 지도, 인도로 나눈다. 이를 체용상의 구분과 대응하여 이해하면 천도는 본체에 그리고 지도는 현상에 대응한다. 그리고 인도는 작용에 대응한다.

본체를 중심으로 천도天道를 스스로 그러한 경계인 자연自然으로 나타내고, 무위無爲로 나타내는 사상이 도가道家이며, 현상을 중심으로 인과因果의 그물을 말하는 학문이 과학이고, 천도天道에 근거하여 현상의 평천하를 말하는 유학儒學은 인도人道, 작용이 중심이다.

다만 본체와 작용 그리고 현상이 둘이 아니듯이 천도에 근거한 인도를 말하고, 인도로 드러나는 천도를 말하며, 천도에 근거한 지도地道를 말하고, 지도로 드러나는 천도를 말할 때 비로소 체용상體用相이 둘이 아닌 환인의 차원에서 논의가 이루어질 수 있다.

나의 마음에 의하여 본체와 현상을 구분하여 나타내기도 하고, 둘로 나타내기도 한다. 그것이 우리의 삶이 본래 어떤 것에도 걸림이 없어서 자유롭고, 어떤 것에도 둘이 아니어서 평등함을 뜻한다. 자유와 평등은 개체와 사회의 조화가 아니라 본래 나의 삶이 그러함을 나타낸다.

자아와 무아를 벗어난 찰나, 진아, 중도가 나를 떠나서 따로 있지 않고 나의 본체를 진아, 참나, 중도라고 말하며, 유위와 무위, 자연과 인연을 넘어선 중용이라는 작용이 나와 따로 있지 않아서 나의 마음에 따라서 다양한 작용이 현상으로 드러남을 중용이라고 말한다.

나의 마음을 중심으로 현상으로부터 본체를 향하며 말할 때 언제나 중심이 있음을 나타내어 중도라는 본체가 바탕이 된 집중이라고 말하고, 본체로부터 현상을 향하여 이루어지는 작용을 말하여 중도가 정도로 드러나는 중용이라고 말한다.

그러나 본체와 작용, 현상을 형이상과 형이하의 본말을 중심으로 논하면 일방적이지만 시간성의 차원에서 보면 형이하로부터 시작하여 형이상에서 끝나는 변화 역시 체용상의 구조에 의하여 나타낼 수 있어서 양자가 둘이 아니다. 따라서 집중과 중용을 공간성의 차원에서 이해하는 것으로는 부족하며, 시간성의 차원에서 이해할 때 비로소 그 전모가 드러난다.

시간성의 측면에서는 단군은 환웅이 인간의 세계를 이화하는 시간성의 시간화와 웅호가 환웅과 하나가 되는 시간의 시간성화가 둘이 아니면서도 하나가 아님을 나타낸다. 그것은 환웅의 미래성과 웅호의 과거성이 단군이 나타내는 현재성에서 하나가 될 뿐만 아니라 현재성을 통하여 미래성과 과거성이 둘이 됨을 뜻한다. 따라서 시간성의 측면에서 단군은 영원한 현재를 나타낸다.

공간성의 측면에서 단군은 시간성과 공간성, 천성과 지성이 하나가 되고 둘이 되는 인간성이 매 순간 다양하고 새롭게 드러나는 인문을 뜻한다. 인문에는 인간이 있고, 나라가 있으며, 인간과 국가에 의하여 이루어지는 학문, 예술, 종교, 정치, 사회, 교육을 비롯하여 인간의 삶을 구성하는 모든 내용들이 포함된다. 그러면 어떻게 살 것인가?

매 순간 환웅이 변하여 웅호로 화하듯이 일상의 삶을 살지만 웅호가 환웅으로 돌아가듯이 살아도 살아감이 없다. 그렇기 때문에 지금 여기의 삶을 떠나서 무위의 삶을 찾지 말고, 지금 여기의 삶이 그대로 무위임을 알고 살아갈 뿐이다.

무, 형이상, 본체에서 시작하여 유, 형이하, 현상으로 드러나는 매 순간의 사건, 물건의 측면에서 세계는 고정되지 않고 매 순간 다양하게 드러나는 창조이자 확장이다.

그러나 나타난 물건, 유, 현상은 다시 사건으로 그리고 시간성이라는 형이상의 세계로 돌아가는 측면에서 세계는 매 순간 새로워지는 진화이자 소멸이다.

제6부

고조선사상과
한국사상

우리는 앞에서 고조선사상에 나타난 한국사상의 원형을 살펴보았다. 고조선사상은 시간성을 바탕으로 영원한 현재적 관점에서 전개되는 생성론이다. 그것은 시간성의 시간화와 시간의 시간성화를 내용으로 하는 생성론이 고조선사상의 내용임을 뜻한다.

시간성의 시간화를 통하여 사건의 생성이 이루어진다. 이와 더불어 시간의 시간성화를 통하여 사건이 본래의 자리로 돌아가는 귀체歸體, 귀공歸空으로서의 생성이 이루어진다. 따라서 세계는 시간성의 시간화의 측면에서는 끊임없는 생성의 연속이면서도 동시에 시간의 시간성화의 측면에서는 매 순간 소멸되어 생성이 있다고 할 수 없다.

시간성의 시간화를 통하여 이루어지는 시간의 생성은 사건의 연속으로 나타난다. 그리고 사건을 대상화, 실체화하여 공간적 물건의 경계가 전개된다. 그것은 사건의 세 단계가 그대로 물건적 측면에서 세 차원이 됨을 뜻한다. 따라서 시간성의 시간화의 측면에서 세계는 매 순간 천문天文과 인문人文, 지문地文의 창조이다.

시간의 시간성화의 측면에서 세계는 매 순간 나타나는 현상의 세 경계인 지문, 인문, 천문이 소멸되어 시간성으로 복귀하는 귀체, 귀공의 과정이다.

그것은 물건적 세 단계가 사건화하여 시간성으로 돌아가는 과정임을 뜻한다. 따라서 시간이 시간성화하는 세 단계는 그대로 새로운 창조를 위한 진화의 세 단계라고 할 수 있다. 그러면 시간성의 시간화와 시간의 시간성화가 둘인가?

단군신화에서는 시간성의 시간화와 시간의 시간성화를 환웅과 단군, 웅호의 세 개념을 통하여 나타내고 있다. 그것은 환웅에서 단군을 거쳐서 웅호에 이르는 시간성의 시간화와 웅호에서 단군을 거쳐서 환웅에 이르는 시간의 시간성화가 둘이 아님을 뜻한다. 위의 내용이 모두 환인桓因이라는 하나의 경계를 드러내기 위하여 두 측면에서 사건화하여 하나의 변화로 나타내고 있음을

한국사상과 인간의 삶

보면 알 수 있다.

한국사상은 고조선사상을 원형으로 하여 시대에 따라서 외래사상을 수용하여 발전해 왔다. 고조선시대의 말기에 이르면 중국사상을 수용하여 고조선사상과 중국사상이 하나가 되어 삼국시대 초기의 한국선도사상을 낳았고, 신라와 고려에서는 중국불교, 인도불교를 수용하여 한국불교사상이 발전하였으며, 조선에 이르러서는 성리학을 중심으로 한국유학사상으로 발전하였다. 그러면 시간성 중심의 고조선사상이 공간성 중심의 중국사상을 만나서 어떻게 발전하였는가?

중국사상의 수용은 중국사상의 한국화이며, 중국사상의 한국화는 공간성의 시간성화이다. 공간성의 시간성화는 삼국사상이나 고려사상, 조선사상을 막론하고 한국사상의 특성이다. 그러면 공간성의 시간성화는 무엇인가?

중국사상을 대표하는 세 사상인 유가儒家와 도가道家, 불가佛家는 당대唐代 이후에 서로 회통會通하여 합일合一을 하면서 발전하였다. 그럼에도 불구하고 중국사상은 공간성이 중심이기 때문에 물건적 관점에서 합일合一을 추구한 결과 자기 학파의 사상을 중심으로 다른 사상을 상하의 관계로 나열하는 방법에서 벗어나지 못하였다.

물건적 관점에서의 합일은 세 사상을 모두 소멸하여 새로운 다른 하나가 되거나 아니면 하나가 다른 둘을 흡수吸收하여 소멸하는 방법밖에 없다. 중국사상사에서 세 학파의 회통과 합일이 가치상의 우열을 정하여 이단異端과 정통正統을 논함으로 나타나는 것이 그 점을 보여 준다.

중국사상은 유가사상에서 보여 주듯이 도의 전수계통인 도통道統을 논하고, 도道를 전수傳授하는 성인을 중심으로 성통聖統을 논한다. 이때 성리학의 도통이 다르고 심학의 도통이 다르다. 중국불교 역시 교종을 중심으로 한 도통이 다르고 선종을 중심으로 한 도통이 다르다.

도통, 성통을 논하는 까닭은 자파가 정통이고 다른 학파는 이단임을 주장하기 위함이다. 유가와 불가, 도교가 서로 다른 학파를 이단으로 규정할 뿐만 아니라 유가 내에서도 성리학과 심학의 도통이 다르고, 불가 내에서 교종과 선종의 도통이 다를 뿐만 아니라 선종 내에서도 종파에서 따라서 도통이 서로 다르다.

한국사상은 유불도儒佛道로 드러나기 이전의 경계인 시간성이 현현顯現한 영원한 현재의 관점에서 세 사상을 이해한다. 그것은 세 사상이 모두 하나의 다양한 드러남임을 뜻한다. 따라서 세 사상은 가치상의 우열이 없다. 그러면 한국사상에서는 구체적으로 어떻게 나타나고 있는가?

근원과 현상, 본체와 작용을 나타내는 도道와 기器를 지금 여기의 마음으로 주체화하여 나타낸 중국불교에서는 일심一心을 바탕으로 진여문眞如門과 생멸문生滅門의 두 측면에서 본체와 작용, 현상의 삼대三大를 통하여 만법을 논한다. 331)

도와 기는 본말의 관계이다. 그것은 양자가 가치상의 우열이 있음을 뜻한다. 진여眞如와 생멸生滅 역시 가치상의 우열이 있다. 진여가 진실한 실상實相임을 나타내는 것과 달리 생멸은 환상이다. 따라서 환상幻相의 생멸문으로부터 출발하여 실상의 진여문을 향하는 수행이 근본적인 주제가 되지 않을 수 없다.

원효는 《대승기신론》에서 제시한 일심一心과 이문二門, 삼대三大를 중심으로 당시 불교의 다양한 이론을 하나로 회통하여 둘이 아님을 밝히고 있을 뿐만 아니라 불교의 다양한 이론이 모두 의미가 있음을 통하여 하나가 아님을 밝히고 있다.

원효가 교종敎宗을 중심으로 불교를 통하여 유불도儒佛道 삼가를 통섭적 관점에서 이해하고 있는 것과 달리 지눌知訥은 선불교를 중심으로 선교禪敎를 일치시키고 있을 뿐만 아니라 삶과 선이 둘이 아님을 돈오점수론頓悟漸修論을

---

331) 《대승기신론》 1권(ABC, K0623 v17, p.703a21-b01), "此中顯示實義者 依於一心 有二種門 所謂心眞如門心生滅門 此二種門各攝一切法 以此展轉 不相離故".

통하여 밝히고 있다.[332]

고조선사상이 삼국과 고려를 거쳐서 조선에 이르면 형이상의 도道를 출발점으로 공간적 관점에서 천지인天地人의 삼재三才가 하나가 되어 작용하는 원리가 사상의 출발점이 된다. 그것은 한글의 창제원리를 통하여 확인할 수 있다.

조선의 말기에 이르면 초기에 제시되었던 천도天道와 지도地道, 그리고 인도人道가 둘이 아닌 시간성의 차원에서 무극無極, 태극太極, 황극皇極의 삼극三極을 통하여 도역생성론倒逆生成論으로 나타난다. 그것은 고조선사상의 내용인 시간성의 원리가 조선 말기에 이르러서 역학易學의 이론체계에 담겨서 새롭게 드러남을 뜻한다.

조선 말기에 이르러서 고조선사상의 내용인 시간성의 원리가 드러남은 현대 한국사상이 탄생할 수 있는 기초가 형성되었음을 뜻한다.

오늘날의 우리는 조선 말기에 역학易學으로 나타난 고조선사상을 바탕으로 현대의 서구사상 곧 과학 기술 중심의 서구사상을 수용하여 현대의 한국사상을 정립할 수 있다.

오늘날 우리가 안고 있는 수많은 문제는 지금 여기의 나, 한국, 한국인이 무엇인가의 본질을 파악하는 한국역사의 문제와 앞으로 우리는 어떤 사람, 어떤 나라가 될 것인가의 미래의 방향을 설정하는 한국사상의 문제를 통하여 해결된다.

이에 지금부터는 고조선사상이 외래사상인 중국불교와 중국유학을 수용하여 어떻게 한국사상으로 발전하였는지를 살펴보고자 한다.

지면 관계상 원효사상을 통하여 삼국시대의 한국불교의 특성을 살펴보고, 이어서 한글의 창제원리를 통하여 한국사상이 한글에 어떻게 반영되고 있는지를 살펴보며, 다음에는 퇴계와 율곡의 성리학을 통하여 한국성리학의 특성

---

332) 지눌知訥은 원효의 사상을 계승하여 선불교를 한국화한 사람이다. 지눌이 중국의 선불교를 어떻게 한국화했는지는 사상적 관점에서 체계적으로 고찰하는 것이 필요하다. 이에 대하여는 다른 지면을 통하여 밝히고자 한다.

을 살펴보고, 마지막으로《정역》의 사상을 통하여 조선에 나타난 한국역학의 특성을 살펴보고자 한다.

이를 통하여 한국문화로 드러나는 한국사상의 원형이 어떻게 변화하여 발전해 왔는지를 포착함으로써 한국사상의 미래를 어떻게 설정할 것인지를 파악할 수 있을 것이다.

1. 원효의 쌍현귀기雙顯歸起와 불일불이不一不二의 한국불교

원효는 후대 사람들에 의하여 회통, 통섭의 달인으로 평가를 받는다. 그것은 원효가 당시의 다양한 불교이론들을 회통적 관점에서 통섭하였음을 뜻한다.

통섭通涉은 그의 저작에 담긴 사상뿐만 아니라 자신의 삶의 특성을 나타낸다. 그는 출가한 승려였지만 요석공주와 사이에서 설총을 낳았을 뿐만 아니라 세간에서 출세간의 삶을 살아갔다. 이처럼 그의 삶 자체가 그대로 승속僧俗을 넘어서 회통적이고 통섭적이다.

그의 승속을 둘이 아니게 살아간 삶은 우연히 이루어진 것이 아니라 중관과 유식을 비롯하여 다양한 불교사상을 회통하여 통섭시킨 사상이 삶으로 나타난 결과이다. 따라서 그의 삶과 사상은 결코 둘이 아니다.

원효의 생애와 저작에 담긴 사상을 오늘날의 학자들은 화쟁사상, 통섭철학[333]이라고 말한다. 그의 화쟁사상, 통섭철학은 생존했던 당시부터 오늘에 이르기까지 주목을 받고 있다.

오늘날 우리는 그의 통섭철학을 통하여 불교의 다양한 이론의 회통을 넘어서 인문학과 과학을 회통시키고, 언어와 사유를 지혜롭게 활용하여,[334] 양극화가 극심한 현대사회에서 자유자재한 삶의 길[335]을 기대한다.

그는 《대승기신론》,《금강삼매경》의 이론체계를 빌려서 자신의 화쟁사상, 통섭철학을 전개한다. 그의 화쟁사상, 통섭철학은 일심一心으로부디 시작된다. 일심은 세간과 출세간을 아우르고, 과거와 미래를 아우르며, 근본과 지말을 아우르는 지금 여기의 중생심이다.

---

333) 〈원효와 차이통섭의 철학〉,《철학논총》제104집, 박태원, 새한철학회, 2021, 392.

334) 《원효의 화쟁철학》, 박태원, 세창출판사, 2020, 109-155.

335) 〈원효의 사상과 실천의 통일적 이해〉,《원효》, 정영근, 고영섭 편저, 예문서원, 2011, 381-482.

중생심은 불생불멸不生不滅, 본각本覺, 청정清淨의 출세간적 측면과 생멸生滅, 시각始覺, 오염染汚의 세간적 측면이 있다. 이를 《대승기신론》에서는 진여문眞如門과 생멸문生滅門으로 구분하여 나타낸다.

《대승기신론》에서는 중생심을 대승법으로 규정하고, 그것을 일심, 진여문과 생멸문의 이문으로 구분할 뿐만 아니라 다시 체용상體用相의 삼대三大를 구분하여 나타낸다. 이는 중국사상이 보여 주는 전형적인 물건적 표현이다. 그러면 일심, 이문, 삼대를 통하여 나타내고자 하는 내용은 무엇인가?

선종禪宗과 교종敎宗을 막론하고 중국불교는 현상을 출발점으로 삼아서 공空, 삼매三昧, 각覺에 이르는 역逆방향이 중심이다. 《대승기신론》과 《금강삼매경》에서는 그 내용을 생멸에서 출발하여 진여에 이르는 수행의 방법인 지관止觀을 중심으로 나타내고 있다.

일심이 세간과 출세간을 아우름에도 불구하고 생멸로부터 진여를 향하는 방향에서 수행만을 강조할 때 깨달음과 실천이 괴리되는 문제를 갖게 된다. 그것은 오늘날의 한국불교가 현상을 환상으로 여기고 삶에서 벗어나고자 할 뿐으로 현실의 삶에 적극적으로 뛰어들지 못하는 한계를 갖고 있음을 뜻한다.[336]

그동안 학자들은 원효의 저서들을 분석하여 일심, 화쟁, 통섭을 비롯한 중요 개념을 추출하고 그것을 중심으로 그의 사상을 체계화하고자 하였다.

그럼에도 불구하고 그의 불교를 종합적으로 나타낼 수 있는 철학체계가 밝혀지지 않았다.[337] 그러면 원효불교의 통섭적 체계는 어떻게 구성되는가?

중국불교는 인도불교가 물건적 관점에서 형이상의 도道와 형이하의 기器를 구분하여 순順과 역逆의 두 방향에서 양자의 관계를 밝히는 《주역》의 사유구조를 바탕으로 중국화한 결과이다. 따라서 주역적 사유구조가 그대로 나타난다. 중국불교에서는 도道와 기器를 이理와 사事, 성性과 상相으로 구분하여 역

---

336) 〈불교의 깨달음과 그 구현〉, 《동아시아불교문화》 제27호, 이찬훈, 동아시아불교문화학회, 2016, 283-316.
337) 《원효》, 고영섭, 예문서원, 2011, 41-43.

逆방향에서 근본을 찾아가는 수행이 중심이다.

《대승기신론》역시《주역》에서 밝히고 있는 물건적 사유체계를 그대로 반영하고 있는 전형적인 전적이다. 그렇기 때문에 일심을 이문과 삼대를 통하여 논하면서도 삼대를 체상과 용의 이원적 구조로 이해한다.

《대승기신론》이 본체와 작용, 현상을 논하면서도 본체와 현상을 하나로 하여 오로지 체와 용의 이분법적인 관점에서 논하는 까닭은 본체가 그대로 드러난 현상의 측면이 중심이 아니라 환화와 같은 실재하지 않는 현상으로부터 벗어나서 본체에 이르는 수행을 강조하기 위함이다. 《대승기신론》에서 수행하기를 권하기 위하여 지었음을 밝히고 있음[338]은 이를 단적으로 보여 준다.

원효는《금강삼매경론》을 통하여 견상귀본遣相歸本과 종본기행從本起行, 쌍현귀기雙顯歸起[339]를 제시하고 그것을 바탕으로《금강삼매경》을 분석하여《금강삼매경》과 다르고, 《대승기신론》과 다른 자신의 불교철학을 논한다.

그는 성性과 상相을 구분하여 상相으로부터 출발하여 근본인 성性에 이르는 견상귀본遣相歸本과 성으로부터 상을 향하는 종본기행從本起行 그리고 양자가 둘이 아님을 나타내는 쌍현귀기雙顯歸起를 통하여 상구보리와 하화중생, 진과 속, 이理와 사事, 성性과 상相이 둘이 아니면서도(不二), 하나가 아닌(不一) 중도中道의 경계를 일미一味로 나타낸다.

그는 한국적 사유의 주제인 시간성을 중심으로 시간성의 시간화와 시간의 시간성화 그리고 양자가 둘이 아닌 시간성의 차원에서 불교를 자신의 통섭철학으로 제시하였다.

그의 말년 저작으로 여겨지는《금강삼매경론》은 원효의 철학체계를 잘 나타내고 있다. 지금부터《금강삼매경론》과《대승기신론소》, 별기를 중심으로 원효의 통섭적 불교철학에 대하여 고찰하고자 한다.

---

338) 《대승기신론》1권(ABC, K0616 v17, p.614b03-b04), "八者 爲示利益勸修行故 有如是等因緣 所以造論".
339) 《금강삼매경론》1권(ABC, K1501 v45, p.65a04-a05), "又前二品遣相歸本 中間二品從本起行 後二品者 雙顯歸起 以此二三攝大乘盡".

이를 위하여 통섭의 경계를 나타내는 견상귀본, 종본기행, 쌍현귀기를 중심으로 먼저 시간의 시간성화를 나타내는 불이의 측면에서 살펴보고 이어서 시간성의 시간화를 나타내는 불일의 측면에서 살펴보고자 한다.

1) 다양한 주장의 회통과 지관·교화의 통섭

용수는 언어의 길이 끊어지고, 마음의 작용이 사라진 필경공畢竟空을 말한다. 그러나 필경공도 하나의 개념일 뿐으로 실체가 아니다. 그렇기 때문에 유도 아니고, 무도 아니며, 유무도 아니고, 유도 아니고 무도 아니며, 있지 않는 것도 아니고 없지 않는 것도 아닌 것도 또한 아니라고 말한다.[340]

그러나 이 말은 사고의 내용을 담은 언어이다. 그리고 필경공이나 중도, 열반은 오온五蘊, 단상斷常, 윤회, 무명과 상대적인 개념일 뿐으로 실체를 가리키지 않는다. 이처럼 사고를 하고, 언어를 통하여 사유의 내용을 나타내면서도 언어와 사유를 벗어난 경계를 말한다.

중국불교의 선사들은 불립문자를 말하고, 이심전심을 말한다. 그리고 그들은 불교는 무아사상이기 때문에 어떤 실체적 존재도 용납하지 않는다.

그러면서도 그들은 많은 말을 효과적으로 사용하는 언어의 장인들이며, 개념들을 잘 분석하고 종합하여 체계적으로 논하는 회통의 대가들이다. 그들은 왜 그러는 것일까?

불교에서 유무, 단상을 벗어난 중도를 말하고, 고락을 벗어난 중도, 윤회와 해탈을 넘어선 중도, 자아와 무아를 넘어선 진아眞我를 말하는 것은 불교가 본체론이나 현상론이 아닌 인식론임을 뜻한다.

불교를 유심론이라고 말하고, 유식무경唯識無境이나 일체유심조一切唯心造

---

340) 《大智度論》卷第五十四, 釋天主品 第二十七, 龍樹, "須菩提所說般若波羅蜜 畢竟空義 無有定相 不可取 不可傳譯得悟 不得言有 不得言無 不得言有無 不得言非有非無 非非有非非無亦無 一切心行處滅 言語 道斷故"

한국사상과 인간의 삶

를 말하는 것이 모두 불교가 본체론이나 현상론이 아닌 작용론임을 보여 준다. 따라서 언어와 사유작용, 이론체계, 개념에 관한 현상론적 관점이나 성품, 도와 같은 본체에 관한 본체론적 접근이 아닌 작용론의 측면에서 불교를 이해해야 한다.

원효는 일상의 마음인 중생심이 대승심이라는 주제로 담론을 제기한 《대승기신론》을 주목한다. 그는 일심을 전제로 하여 이문을 논하고 삼대를 논하는 사유구조를 통하여 현상으로부터 본체를 향하는 방향 곧 생멸문에서 진여문을 향하는 방향과 본체로부터 현상을 향하는 방향 곧 진여문으로부터 생멸문을 향하는 두 방향에서 일심을 논한다.

진여문과 생멸을 향하는 두 방향은 순과 역의 두 방향이다. 원효는 다양한 불교의 이론들을 화쟁하고, 출세간과 세간이 둘이 아닌 경계에서 살아가는 삶을 순과 역의 두 방향을 함께 고려하는 사유체계를 통하여 논한다.

후대의 사람들은 원효사상의 특성을 화쟁으로 규정한다. 화쟁은 다양한 쟁론들을 조화시킴을 뜻한다. 그러나 화쟁을 단순하게 다양한 주장이나 이론체계에만 적용한다면 그의 사상의 전모를 파악할 수 없다.

세간과 출세간을 넘나드는 그의 삶은 성聖과 속俗을 넘어선 무애자재無碍自在한 삶이다. 따라서 그의 사상을 화쟁이나 통섭으로 파악하기 위해서는 그의 사상의 전모를 가리키는 개념으로 이해해야 한다.

화쟁은 다양한 주장들을 회통시킬 수 있는 사유체계, 언어의 자유로운 사용, 세간과 출세간이 둘이 아닌 불이不二의 삶의 측면에서 이해할 수 있다. 이때 삶의 방법, 언어의 사용은 모두 사유체계와 관련되어 있다.

삶에 대한 다양한 주장은 언어의 사용 따라서 다양하게 드러난 결과이며, 언어의 사용은 다양한 사유를 통하여 드러난다. 따라서 다양한 주장을 회통하고, 논쟁을 화쟁和諍시키기 위해서는 사유체계를 살펴보지 않을 수 없다.

불교에 관한 다양한 주장의 회통은 모순관계를 형성하는 두 주장으로부터 일어난다. 모순관계를 이루는 두 주장은 양립이 불가능하다. 사람들은 두 주장 가운데 하나의 주장을 선택하여 수용하고 나머지 주장을 배척한다. 그러면 모순관계를 형성하는 주장들을 어떻게 회통하는가?

모순 고사에서 나타나듯이 모순관계는 주장과 주장 사이에서 나타날 뿐으로 실재의 창과 방패의 관계는 아니다. 마찬가지로 모순관계를 형성하는 두 주장의 회통은 주장 자체에서 이루어지는 것이 아니라 주장을 제기하는 사람의 마음의 문제이다.

> 어떤 사람들의 말이 오로지 어느 한 측면만을 고집하면 그 말들은 의미를 잃는다.
> 만약 어느 한 측면에 집착함이 없으면 두 말이 모두 의미를 갖는다.[341]

원효는 이것과 저것을 나누는 분별심, 중생심에 의하여 제기된 실체적 주장이라면 어떤 주장이라도 모두 의미가 없지만 진여심, 여래심에 의하여 제기된 주장이라면 어떤 주장이라도 모두 의미가 있다고 말한다.

그가 마음을 중심으로 화쟁을 이해함은 현상이나 본체가 아닌 작용의 측면에서 화쟁을 논하고, 승속僧俗이 둘이 아닌 삶을 살아감을 뜻한다. 본체의 측면에서 다양한 주장이 있을 수 없으며, 현상의 측면에서는 하나의 주장이 있을 수 없다. 따라서 모순관계를 이루는 주장의 회통, 화쟁은 작용의 문제이다. 그러면 중생심과 여래심이 둘인가?

원효는 일심을 통하여 화쟁을 논한다. 그가 일심을 통하여 논하는 화쟁이 무엇인지는 불지佛地의 만덕萬德을 나타내는 다음과 같은 말을 통하여 확인할 수 있다.

> 불지의 만덕을 나타내는 두 문이 있다. 상相을 버리고 일심으로 돌아오는 문에서

---

341) 《열반종요》涅槃宗要(ABC, H0009 v1, p.533a01-a02), "或有說者 定取一邊 二說皆失 若非實執 二義 俱得".

보면 모든 공덕의 모양은 동일한 법계이므로 비록 제1의의 몸을 말하지만 색상色相의 차별된 경계가 없다. 그러나 성性을 따라서 온갖 공덕을 이루는 문에서 보면 색상과 심법心法의 공덕을 갖추지 아니함이 없기 때문에 한량없는 상호 장엄을 말한다. 비록 두 문이 있지만 서로 다른 상이 없다. 그러므로 여러 주장들이 모두 장애가 되지 않아서 이와 같은 무애법문을 드러낸다.[342]

불지佛地는 지금 여기 나의 본체를 나타내는 개념이다. 그러므로 불지의 만덕萬德은 모든 사람들의 본유한 자성, 불성의 본성을 나타낸다. 이때 불지에 대한 다양한 주장들은 둘로 구분할 수 있다.

불지의 만덕을 나타내는 여러 주장들은 상相을 떠나서 성性에 이르는 방향에서 제기되거나 성性에서 출발하여 온갖 상相으로 드러나는 방향에서 제기된다.

상을 버리고 일심으로 돌아가는 문은 이문에서 일심을 향하는 문이며, 성을 따라서 온갖 공덕을 이루는 문은 일심에서 이문을 향하는 문이다.

이때 상을 떠나서 일심으로 돌아가는 문에서는 언어와 사고를 넘어선다. 그러나 성을 따라서 온갖 공덕을 이루는 문에서는 언어와 사고가 모두 진성眞性의 작용이다.

만약 각각의 주장 자체를 대상으로 내용의 시비를 가리고자 하면 다른 방향에서 제기되는 주장의 내용이 서로 다르기 때문에 두 방향에서 제기되는 주장이 양립할 수 없다. 그러면 어떻게 두 주장을 화쟁하는가?

종성만덕문從性成萬德門과 사상귀일심문捨相歸一心門을 동일한 차원의 반대 관계로 이해하면 양자가 모두 옳을 수 없지만 서로 다른 경계에서 이해하면 양자가 모두 옳다.

---

342) 《열반종요》涅槃宗要(ABC, H0009 v1, p.533a02-a08), "佛地萬德 略有二門 若就捨相歸一心門 一切德相 同法界故 說唯是第一義身 無有色相差別境界 若依從性成萬德門 色心功德 無所不備 故說無量相好莊嚴 雖有二門 而無異相 是故諸說皆無障礙 爲顯如是無礙法門".

사상귀일심문이 상을 벗어나서 성의 차원에서 일심을 나타내는 것과 달리 종성만덕문은 성을 벗어나서 상의 차원에서 일심을 나타낸다. 따라서 내용이 서로 다르지만 각각 일심을 다른 관점에서 나타내기 때문에 양자가 모두 옳다.

원효는 비록 두 문을 중심으로 서로 다른 주장이 제기되었지만 두 문이 다른 상相이 없어서 서로 장애가 되지 않는다고 말한다. 따라서 두 주장이 모두 무애법문無礙法門이다. 그러면 무애법문은 무엇인가?

그가 제시하는 무애법문은 주장을 대상화하여 이해하지 않고 지금 여기의 일심으로 주체화, 일체화하여 불이不二의 경계에서 주장을 이해함을 뜻한다. 이처럼 불이不二의 경계에서 어느 주장을 막론하고 모순관계가 없음을 통하여 문제를 해소하는 것이 화쟁이다.

그런데 다양한 주장들의 모순관계를 해소하는 화쟁은 중생을 이롭게 하는 교화의 방편이다. 그리고 불이不二의 경계에서 이루어지는 다양한 이론의 화쟁은 수행의 문제이다. 따라서 화쟁을 논의하기 위해서는 수행과 교화의 두 측면을 함께 살펴보지 않을 수 없다.

일심으로 돌아가는 문은 사상捨相을 조건으로 이루어지는 수행이며, 만덕萬德을 이루는 문은 성품에 의하여 이루어지는 교화이다. 따라서 무애법문은 사상귀일심捨相歸一心과 종성성만덕從性成萬德이 둘이 아니면서 하나가 아님을 나타낸다. 그러면 양자가 둘이 아니면서 하나가 아님을 어떻게 나타내는가?

원효는《대승기신론》에서 제시한 삼대를 중심으로 본체에서 현상을 향하는 종본기행從本起行과 현상에서 본체를 향하는 견상귀본遣相歸本 그리고 양자가 둘이 아님을 나타내는 쌍현귀기雙顯歸起를 통하여 불이不二의 차원과 불일不一의 차원이 둘이 아님을 나타낸다.

견상귀본과 종본기행, 쌍현귀기는 원효의 불교철학을 관통하는 세 요소이다. 원효의 철학체계를 관통하는 세 요소는 그가《금강삼매경》의 의미를 밝히고 있는 부분에서도 드러난다.

깨뜨리지 못할 것이 없으므로 '금강삼매金剛三昧'라고 이름하고, 세우지 못할 것이 없으므로 대승을 망라한 '섭대승경攝大乘經'이라고 이름하며, 모든 취지가 이 두 가지 의미를 벗어나지 않기 때문에 한량없는 뜻을 지닌 '무량의종無量義宗'이라고 이름을 부른다.[343]

원효는 긍정의 측면에서 모든 것을 포섭하는 대승의 경을 말하고, 부정의 측면에서 모든 것을 부정하여 아무것도 세우지 못하는 금강과 같은 삼매를 밝히는 경을 말하며, 긍정과 부정을 넘어선 대긍정의 측면에서 양자가 둘이 아니어서 무량의 의미를 나타내는 근본을 논한다.

원효가 《금강삼매경》을 이해하는 세 관점은 그의 통섭적인 철학체계를 구성하는 요소이다. 이 세 요소는 《금강삼매경》을 분석하는 사유체계인 동시에 그 내용을 구성하는 세 요소이고, 세간과 출세간, 상구보리와 하화중생을 일관하는 삶을 나타내는 요소이다.

그는 《금강삼매경》의 정설분을 관행을 나타내는 앞의 육품과 의심을 통틀어서 밝히는 총지품의 두 부분으로 구분한다. 이때 관행을 나타내는 부분이 육품이기 때문에 양자는 모두 육품으로 구성된다. 원효는 앞의 육품을 주체와 객체, 안과 밖, 진성眞性과 여래장如來藏으로 구분하여 다음과 같이 나타낸다.

육품의 첫째는 무상법품無相法品으로 무상관無相觀을 밝히고, 둘째는 무생행품無生行品으로 무생행을 나타내며, 셋째는 본각리품本覺利品으로 본각에 의하여 사물을 이롭게 함을 나타내고, 넷째는 입실제품入實際品으로 허虛에서 실實로 들어감이고, 다섯째는 진성공품眞性空品으로 모든 행이 참된 성품인 공空에서 나왔음을 밝히며, 여섯째는 여래장품如來藏品으로 여래장으로 들어가는 무량한 문門을 드러

---

343) 《금강삼매경론》 1권(ABC, K1501 v45, p.60a14-a17), "無所不破 故名金剛三昧 無所不立 故名攝大乘經 一切義宗無出是二 是故亦名無量義宗 且擧一目以題其首 故言金剛三昧經也".

낸다. 이와 같이 관행이 육문六門에 의하여 모두 포괄된다.[344]

육품은 주객의 측면에서는 무상관과 무상행의 관행이고, 내외의 측면에서는 본각의 이로움에 의하여 중생을 교화함과 중생으로 하여금 실제에 들어가도록 함이고, 출입의 측면에서 나타내면 모두 진성인 공空에서 나와서 여래장으로 들어가는 다양한 문이다. 원효는 일심을 중심으로 육품을 이문과 연관시켜서 이해하기도 한다.

> 한편 이 여섯 품에는 또 다른 뜻이 있다. 첫째의 무상법품無相法品은 관의 대상이 되는 법(所觀法)을 나타낸다. 그 법은 이른바 일심一心인 여래장의 체體이다. 둘째의 무생행품無生行品은 관하는 자의 행(能觀行)을 밝힌다. 그것은 이른바 6행行이라고 하는 무분별관無分別觀이다. 셋째의 본각리품本覺利品은 일심一心 가운데 생멸문生滅門을 나타내며, 넷째의 입실제품入實際品은 일심 가운데 진여문眞如門을 나타낸다. 다섯째의 진성공품眞性空品은 진제眞諦와 속제俗諦를 한꺼번에 떠나되 그 두 가지를 파괴하지 않음이며, 여섯째 여래장품如來藏品은 여러 가지 문을 거두어 모두 일미一味임을 보인다.[345]

원효는 무상법품에서 무상의 관觀과 대상으로서의 법法으로 구분하여 법이 일심인 여래장의 체體임을 보이고, 무생행품은 무분별관의 육행六行이며, 본각리품은 일심의 생멸문이고, 입실제품은 일심의 진여문이며, 진성공품은 진속을 넘어서지만 벗어나지 않음이며, 여래장품은 일미를 나타낸다고 하였다.

---

344) 《금강삼매경론》 1권(ABC, K1501 v45, p.64b05-b09), "別顯之中卽爲六分 一無相法品 明無相觀 二無生行品 顯無生 三本覺利品 依本利物 四入實際品 從虛入實 五眞性空品 辨一切行出眞性空 六如來藏品 顯無量門入如來藏 如是六門 觀行周盡".

345) 《금강삼매경론》 1권(ABC, K1501 v45, p.64b20-65a02), "又此六品亦有異意 謂初品示所觀之法 法謂一心如來體 第二品明能觀之行 行謂六行無分別觀 第三本覺利品 顯一心中之生滅門 第四入實際品 顯一心中之眞如門 第五眞性空品 雙遣眞俗不壞二諦 第六如來藏品 遍收諸門同示一味 以此二重六門 攝大乘義周盡".

육품을 그대로 각각의 의미를 논한 원효는 육품을 두 품씩 연결하여 세 부분으로 구분하여 이해한다.

> 이 6품品은 세 문門으로 합할 수 있다. 앞의 무상법품無相法品과 무생행품無生行品
> 은 관행觀行의 시작과 끝을 포섭하고, 다음의 본각리품本覺利品과 입실제품入實際
> 品은 교화教化의 근본과 지말을 밝히며, 진성공품眞性空品과 여래장품如來藏品은
> 원인을 포섭해서 결과를 이룸을 보인다.[346]

무상법품과 무생행품은 관행의 시종이며, 본각리품과 입실제품은 교화의 본말이다. 관행과 교화는 내외의 관계로 둘이 아니다. 그것은 양자가 모두 진성의 공함을 원인으로 하여 나타나는 결과인 여래장으로 돌아감을 뜻한다. 앞의 육품을 진성과 여래장을 중심으로 이해하면 육품을 셋으로 합할 수 있을 뿐만 아니라 둘로 합할 수 있다.

> 형상과 생함이 모두 없어지는 것은 본각本覺의 이로움이요, 실제와 참된 공은 여
> 래장이다. 또는 이렇게 볼 수도 있다. 앞의 문은 허망한 것을 버려서 바른 인因을
> 드러내고, 뒤의 문은 참됨을 드러내어 과果를 이룬다. 이와 같이 두 가지로 요약할
> 수 있는 두 문으로 역시 대승을 두루 포섭한다.[347]

원효는 육품을 각각 이해하면서도 관행으로 일관한다고 하고, 두 품씩 셋으로 나누어 설명하면서도 모두 대승을 나타낸다고 하였을 뿐만 아니라 모두 일미라고 하였다. 이처럼 그는 상구보리의 관행과 하화중생의 교화를 구분하고,

---

346) 《금강삼매경론》 1권(ABC, K1501 v45, p.65a02-a04), "又此六品合爲三門 前二品攝觀行始終 次二品
者教化本末 其後二門攝因成果".

347) 《금강삼매경론》 1권(ABC, K1501 v45, p.65a05-a08), "又此六品只是二門 相生都泯 是本覺利 實際眞
空 是如來藏 又前門者遣妄顯因 其後門者顯眞成果 如是二二之門 亦攝大乘周盡".

다시 양자를 시종, 본말로 구분하여 여섯으로 이해하고, 시종, 본말을 하나로 하여 셋으로 이해하며, 진성과 여래장, 원인과 결과의 둘로 나타내고, 일미, 일심으로 이해한다.

　육품을 여섯, 셋, 둘, 하나와 같은 다양한 관점에서 이해함은 그가 육품을 하나마저도 고정되지 않는 불이不二의 차원에서 이해함을 뜻한다. 그가 "형상과 일어남은 자성自性이 없고, 본각이라고 하지만 본래가 없고, 실제實際도 실체가 아니며, 참된 성품 또한 공하니 어찌 여래장의 성품이 따로 있다고 하겠는가?"[348]라고 함은 이를 전적으로 보여 준다.

　그러나 원효는 육품을 불이의 경계에서 이해할 뿐만 아니라 불일의 경계에서 이해한다. 그것은 그가 견상귀본을 통하여 불이의 경계를 논하고, 종본기행을 통하여 불일의 경계를 논하면서도 쌍현귀기를 통하여 양자가 둘이 아님을 논함을 통하여 확인할 수 있다.

> 앞의 두 품은 상相을 버리고 본래의 자리로 돌아감이며(遣相歸本), 중간의 두 품은
> 본래의 자리로부터 행위를 일으킴(從本起行)이고, 나중의 두 품은 돌아감과 일으
> 킴을 모두 나타낸다(雙顯歸起).[349]

　견상귀본과 종본기행, 쌍현귀기는 근본과 지말의 구조를 바탕으로 전개된다. 근본과 지말을 나타내는 상하의 구조를 중심으로 위의 내용을 이해하면 근본에서 지말을 향하는 사건과 지말에서 근본을 향하는 사건을 구분하여 나타낸 후에 마지막으로 양자의 관계를 나타내는 부분을 제시하고 있다.

　견상귀본은 지말인 상에서 출발하여 근본을 향하는 사건이다. 이를 원효는

---

348) 《금강삼매경론》 1권(ABC, K1501 v45, p.65a08-a10), "又此六品唯是一味 所以然者 相生無性 本覺無本 實際離際 眞性亦空 何由得有 如來藏性".
349) 《금강삼매경론》 1권(ABC, K1501 v45, p.65a04-a05), "又前二品遣相歸本 中間二品從本起行 後二品者 雙顯歸起 以此二三攝大乘盡".

귀본歸本으로 규정한다. 돌아감(歸)은 직선의 끝이 아니라 원의 출발점으로 다시 돌아감이다. 따라서 귀본은 견상과 귀본의 시종이 둘이 아님을 뜻한다. 그러면 견상귀본은 무엇인가?

견상귀본은 상相을 벗어나서 근본으로 돌아감을 뜻한다. 그것은 어떤 개념이나 개념들에 의하여 형성된 주장, 주장과 주장이 결합하여 형성된 이론체계를 만나더라도 그것에 얽매지 않고, 개념, 주장, 이론으로 드러나기 이전을 파악함을 뜻한다.

> 이제 그 흐름을 돌이켜서 근원으로 돌아가게 하려면 먼저 모든 상相을 깨뜨려 없애야 한다. 그러므로 처음에 무상법無相法을 관찰해야 함을 밝혔다. 비록 모든 상相을 없애더라도 관찰하는 마음이 남아 있으면 관찰하는 마음이 일어나서 본각本覺에 부합하지 못하므로 일어나는 마음을 없애야 한다. 그러므로 두 번째 무생행無生行을 나타내었다.[350)]

그는 견상귀본을 한마디로 나타내어 흐름을 돌이켜서 근원으로 돌아감으로 나타낸다. 그것은 지말인 현상을 향하는 마음을 돌이켜서 근본으로 향함을 뜻한다. 그러면 근본과 지말은 무엇인가?

근본은 본각本覺이며, 지말은 현상의 사물이다. 견상귀본의 견상은 현상을 만나서 현상에 얽매임이 없음을 나타내고, 귀본은 본각으로 돌아감을 뜻한다. 무상법품은 경境의 측면에서 현상에 대한 관찰을 통하여 이것과 저것이라는 고정된 실체가 없음을 나타낸다.

무생행품은 지智의 측면에서 일어나는 마음이 있지도 않고, 없지도 않아서 일어나도 일어남이 없음을 나타낸다. 따라서 견상귀본의 견상遣相은 경境과 지智의 둘이 모두 사라지는 쌍민雙泯을 나타낸다.

---

350) 《금강삼매경론》 1권(ABC, K1501 v45, p.64b10-b13), "今欲反流歸源 先須破遣諸相 所以初明觀無相法 雖遣諸相 若存觀心 觀心猶生不會本覺 故泯生心 所以第二顯無生行".

주체인 지와 객체인 경의 어느 것에도 얽매임이 없으면(遺相) 진성眞性이 드러난다. 그것이 근본에 돌아가는 귀본歸本이다. 상相을 보는 동시에 상相으로 드러나기 이전을 보는 견상귀본은 바로 여래를 봄[351]이다.

여래를 봄은 보는 주체와 대상인 여래가 둘이 아니라 지와 경이 사라짐으로써 본각이 드러남이다. 이처럼 부처라는 명상名相이 나타내는 자신의 본래면목을 확인함이 견상귀본이다. 견상귀본은 자신을 이롭게 하는 수행이다. 스스로를 이롭게 하는 수행은 동시에 남을 이롭게 하기 때문에 교화敎化를 논한다.

> 행위가 일어남이 없어서 본각에 부합하면 이것에 의하여 중생을 교화하여 본각의 이익을 얻게 하므로 세 번째 본각리本覺利의 문을 밝혔다. 만약 본각에 의하여 중생을 이롭게 하면 중생이 곧 허상으로부터 실제實際에 들어갈 수 있으므로 네 번째 실제에 들어감을 밝혔다.[352]

본각리품과 입실제품은 종본기행을 나타낸다. 종본기행은 근본으로부터 지말을 향하는 사건이다. 그는 "일체의 유정은 시작이 없는 이래부터 무명의 장야長夜에 빠져 망상의 대몽을 꾼다. 이에 보살은 일미관행을 닦아서 무생법인을 터득하였다. 그때 보살은 중생이 본래 적정하여 그대로 본각인 줄을 통달하고서 일미의 침상에 누워 본각의 이익으로 중생을 제도하였다. 본 품에서는 이러한 도리를 드러내므로 본각리품이라고 한다."[353]라고 하였다. 그러면 입실제품은 무엇인가?

"실제는 허환虛幻을 떠나 있음을 지칭한 것으로 구경究竟의 뜻이다. 허환을 떠나 있는 구경이기 때문에 실제라 한다. 교학에 의거하여 이치를 닦아서 이

---

351) 《금강반야바라밀경》 1권(ABC, K0013 v5, p.979b19-b20), "凡所有相 皆是虛妄 若見諸相非相 則見如來".
352) 《금강삼매경론》 1권(ABC, K1501 v45, p.64b13-b15), "行旣無生方會本覺 依此化物 令得本利故第三明本覺利門 若依本覺以利衆生 衆生卽能從虛入實 所以第四明入實際".
353) 《금강삼매경론》 1권(ABC, K1501 v45, p.64b13-b15), "一切有情 無始已來 入無明長夜 作妄想大夢 菩薩修觀獲無生時 通達衆生本來寂靜 直是本覺 臥一如床 以是本利 利益衆生 此品顯是道理 故名本覺利品".

입리入理하고, 행입行入하기 때문에 입入이라 말한다. 그러나 실제는 경계가 없음(無際)을 실제의 경계로 삼고, 이입理入과 행입行入은 깨달음에 들어감이 없음(無入)으로 깨달음에 들어가기 때문에 입실제품이라고 하였다."[354]

견상귀본은 안으로의 수행이며, 종본기행은 밖으로의 교화이다. 그것은 양자가 일심을 두 문을 중심으로 내외로 구분하여 나타내었을 뿐으로 둘이 아님을 뜻한다. 원효는 진성공품과 여래장품을 통하여 양자가 둘이 아님을 다음과 같이 논한다.

> 안으로의 수행은 곧 모양이 없고 일어남이 없으며, 밖으로의 교화는 곧 본각의 이익으로 실제에 들어가게 하니 이러한 두 가지 이익으로 만 가지 행위를 구비하지만 똑같이 참된 자성으로부터 나와서 모두 진성의 공을 따른다. 그러므로 다섯 번째 진성공을 밝혔다. 이 진성에 의하여 만 가지 행이 곧 갖추어져서 여래장 일미의 근원으로 들어가니 이에 여섯 번째 여래장을 나타내었다.[355]

진성공품은 수행과 교화가 모두 진성의 공함에 의하여 이루어지는 종본기행을 나타내며, 진성에 의한 이루어지는 만행이 모두 여래장으로 돌아감을 나타내는 여래장품은 견상귀본을 나타낸다. 그러면 양자는 어떤 관계인가?

원효는 진성공품과 여래장품을 쌍현귀기로 규정하였다. 이때 쌍현귀기의 귀歸는 견상귀본을 나타내고, 기起는 종본기행을 나타낸다. 따라서 쌍현귀기는 견상귀본과 종본기행을 쌍으로 나타냄을 뜻한다. 그러면 쌍현귀기는 무엇인가?

쌍현귀기는 견상귀본과 종본기행을 둘로 나타냄이다. 그것은 양자가 하나

---

354) 《금강삼매경론》 1권(ABC, K1501 v45, p.64b13-b15), "言實際者 離虛之稱 究竟之義 離幻究竟 故名實際 依教修理 理入行入 故名爲入 然實際 以無際爲際 二入是無入之入 故名入實際品".

355) 《금강삼매경론》 1권(ABC, K1501 v45, p.64b15-b18), "內行卽無相無生 外化卽本利入實 如是二利以具萬行 同出眞性皆順眞空 是故第五明眞性空 依此眞性萬行斯備 入如來藏一味之源 所以第六顯如來藏".

가 아님을 뜻한다. 하나가 아님은 둘과는 다르다. 하나가 아님은 둘이 아님을 바탕으로 할 때 성립된다. 따라서 쌍현귀기는 불이不二를 바탕으로 한 불일不一의 차원을 나타낸다. 그러면 견상귀본과 종본기행, 쌍현귀기는 무엇인가?

견상귀본은 다양한 사물로 드러나는 불일不一의 차원에서 출발하여 하나의 근본으로 돌아감을 뜻한다. 따라서 견상귀본은 불이不二의 차원을 나타낸다. 이와 달리 종본기행은 불이不二의 차원에서 출발하여 불일不一의 차원에 이름이다. 따라서 종본기행은 불일不一의 차원을 나타낸다. 그러면 그것이 어떤 의미를 갖는가?

원효는《금강삼매경》의 육품을 앞의 세 품과 뒤의 세 품의 둘로 나누어서 양자가 둘이 아니라고 말하면서도 양자를 인과因果 관계로 나타낸다. 그리고 육품을 견상귀본에서 시작하여 종본기행을 거쳐서 쌍현귀기에 이르는 과정으로 나타낸다.

견상귀본에서 시작하여 종본기행을 거쳐서 쌍현귀기에 이르는 인과의 과정은 수행이 이루어진 후에 비로소 교화가 이루어지고, 교화가 이루어진 후에 비로소 양자가 둘이 아닌 대승의 보살도가 전개됨을 뜻한다.

그런데《금강삼매경》의 경우와 같이 견상귀본과 종본기행을 구분하여 이해하면 견상귀본이 나타내는 수행이 먼저 이루어져야 비로소 종본기행이 나타내는 교화가 가능하다.

그러나 수행이 없는 실천은 불가능하고, 실천이 없는 수행은 의미가 없기 때문에 양자가 둘이 아님을 논하지 않을 수 없다.[356] 그러면 원효는 어떤 관점을 취하는가?

원효는 경전의 대의를 서술하면서 일심이라는 근원을 시작으로《금강삼매

---

[356] 견상귀본의 수행과 종본기행의 교화 그리고 양자를 함께 나타내는 쌍현귀기는 세간에서 출세간으로 그리고 다시 출세간에서 세간으로 향하는 양자가 둘이 아니어서 어느 일면에도 머물지 않음을 뜻한다. 원효의 출세간에서 세간을 향하는 교화에 대하여는〈원효의 세간관 고찰〉,《선문화연구》, 고승학, 제20집, 101-131을 참고하기 바란다.

경》을 금강삼매, 섭대승경, 무량의종의 세 측면으로 나타내면서 일체의 뜻과 종지가 금강삼매와 섭대승경을 벗어나지 않기 때문에 무량의종이라고 함[357]을 밝힌다. 이를 통하여 원효의 관점이 무량의종임을 알 수 있다.

원효가 무량의종을 바탕으로 섭대승경과 금강삼매를 이해함은 그가 쌍현귀기를 바탕으로 종본기행과 견상귀본을 논함을 뜻한다. 원효가 쌍현귀기를 바탕으로 종본기행과 견상귀본을 이해함이 어떤 의미를 갖는지는 삼대三大를 중심으로 살펴보면 알 수 있다.

종본기행은 근본인 본체를 바탕으로 지말인 현상을 향하는 작용이며, 견상귀본은 지말인 현상으로부터 출발하여 근본인 본체로 돌아감을 뜻한다. 따라서 양자는 서로 다른 방향에서 이루어지는 작용이라고 할 수 있다. 그러면 원효는 체용상을 어떻게 이해하는가?

《대승기신론》에서는 비록 본체와 작용, 현상을 구분하여 체용상으로 나타내지만 본체와 현상을 하나로 묶어서 체상과 용 곧 체용의 구조를 중심으로 이해한다. 이와 달리 원효는 체용상의 본체와 현상을 본말의 관계를 통하여 분명하게 구분하여 이해한다.

> 상相과 용用은 두 가지 뜻이 함유되어 있다. 첫째는 여래장 중에 한량없는 성공덕性功德의 상을 잘 나타내는 것으로 이것이 바로 상대相大의 뜻이며, 또 여래장의 불가사의한 업용業用을 나타내는 것으로 이것이 바로 용대用大의 뜻이다. 둘째는 진여가 일으킨 염상染相을 상이라 이름하고 진여가 일으킨 정용淨用을 용이라 이름하는 것으로 아래 글에서 "진여정법에는 실로 염染이 없지만 다만 무명으로 훈습하기 때문에 곧 염상染相이 있으며, 무명염법에는 실로 정업淨業이 없으나 다만 진여로 훈습하기 때문에 정용淨用이 있는 것이다."라고 한 것과 같다.[358]

---

357) 《금강삼매경론》1권(ABC, K1501 v45, p.65a05-a08), "又此六品只是二門 相生都泯 是本覺利 實際眞空 是如來藏 又前門者遣妄顯因 其後門者顯眞成果 如是二二之門 亦攝大乘周盡".
358) 《대승기신론소기회본》大乘起信論疏記會本卷一(ABC, H0020 v1, p.740b09-b17), "言相用者含有二

원효는 상과 용을 두 관점에서 이해한다. 그는 성과 상을 근본과 지말의 관계로 설정하고, 양자를 중심으로 근본인 본체로부터 지말인 현상을 향하는 방향에서 종본기행을 논하고, 지말인 현상으로부터 근본인 본체를 향하는 견상귀본을 논하듯이 두 방향에서 상과 용을 논한다.

첫 번째로 그는 지말에서 근본을 향하는 방향에서 상相과 용用을 논한다. 그는 여래장의 성공덕의 상相이 상대相大이며, 여래장의 불가사의한 업용業用을 용대用大라고 말한다.

두 번째로 그는 근본에서 지말을 향하는 방향에서 상相과 용用을 이해한다. 그는 진여가 일으킨 염상染相을 상相이라고 말하고, 진여가 일으킨 정용淨用을 용用이라고 말한다. 그러면 그는 상용을 통하여 무엇을 논하는가?

원효는 여래장을 중심으로 상과 용을 이해한다. 그것은 그가 《대승기신론》이 견상귀본의 수행이 중심이 되어 상과 용을 나타내고 있다고 이해하였음을 보여 준다. 그러면 원효가 나타내는 체용상은 무엇인가?

원효는 견상귀본과 종본기행을 나타내면서도 쌍현귀기를 제시하였다. 체용상의 관점에서 보면 쌍현귀기는 본체에서 현상을 향하는 작용인 종본기행과 현상에서 본체를 향하는 작용인 견상귀본이 둘이 아님을 뜻한다. 그것은 첫째로 종본기행과 견상귀본을 막론하고 본체인 진성과 현상이 하나가 되어 매 순간의 작용으로 드러남을 뜻한다. 두 번째로 종본기행의 교화도 작용이며, 견상귀본의 수행도 작용으로 이 두 작용이 하나임을 뜻한다. 그러면 이것이 나타내는 의미는 무엇인가?

쌍현귀기는 종본기행과 견상귀본이 둘이 아니면서 동시에 하나가 아님을 뜻한다. 그것은 매 순간의 삶이 제도중생의 교화인 동시에 상구보리의 수행임을 뜻한다. 따라서 삶을 두 측면에서 나타낸 수행과 교화는 삶을 떠나서 찾을

義 一者能示如來藏中無量性功德相 卽是相大義 又示如來藏不思議業用 卽是用大義也 二者眞如所作深相名相 眞如所起淨用名用 如下文言眞如淨法實無於染 但以無明而熏習故則有染相 無明染法本無淨業 但以眞如而熏習故則有淨用也".

한국사상과 인간의 삶

수 없다. 그러면 일상에서 만나는 다양한 주장을 어떻게 회통하는가?

우리가 어떤 주장을 만나더라도 말과 글을 벗어나서 근원인 자성自性으로 돌이켜서(견상귀본) 어떤 말이나 주장, 이론이 모두 성품으로부터 일어났음을 알고(종본기행), 말고, 글, 주장, 이론을 둘이 아니게 대한다.(쌍현귀기)

2) 다양한 무애법문과 무애자재한 삶

우리는 앞에서 원효가 쌍현귀기를 통하여 종본기행과 견상귀본이 둘이 아님을 밝혀서 성과 상, 이와 사의 두 문은 서로 다른 차원이기 때문에 양자를 바탕으로 제기되는 모든 주장이 모두 무애법문임을 살펴보았다.

삶의 측면에서 쌍현귀기는 상구보리의 수행과 하화중생의 교화가 선지후행이나 지행합일과 같은 둘이 아니라 둘이 아니면서 동시에 하나도 아님을 나타낸다. 그것은 매 순간의 삶이 그대로 교화이면서 동시에 수행임을 뜻한다.

그런데 우리가 앞에서 이미 제기된 다양한 주장을 이해하고, 삶의 두 측면이 어떤 관계인지를 밝히는 관점에서 벗어나서 다양한 주장을 제시하고, 삶을 사는 측면에서 그가 제시한 쌍현귀기를 이해하지 않을 수 없다.

원효는 쌍현귀기를 일심의 개합을 통하여 다양하게 드러나는 무애법문으로 나타내고, 무애자재한 삶으로 나타낸다. 개합의 개開는 개념을 세워서 대상화함, 실체화함이고, 합合은 여러 주장이 나타내는 상相을 깨뜨려서 주체화함, 일체화함이다.

언어로 표현할 수 없는 중도, 일심의 개념을 세워서(立) 여는 과정(開)을 통하여 다양한 주장으로 나타나고, 명상名相으로 표현된 다양한 주장들은 상을 깨뜨리는(破) 하나 됨의 과정(合)을 통하여 언어와 명상을 벗어난다. 그러면 개합이 둘인가?

일심을 세워서 이문을 열어 둘로 나타내지만 서로 융합하며(不一而融二),

이문을 파하여 일심으로 합하여 나타내지만 하나가 아니다. (融二而不一) 세움이 그대로 깨뜨림으로 돌아가고, 깨뜨림은 다시 세움으로 드러나서 입파立破가 둘이 아니다.

입파가 둘이 아니기 때문에 세워도 세움이 없고, 깨뜨려도 깨뜨림이 없다. 따라서 입파, 개합은 하나도 아니면서 둘도 아니다. (不一不二) 그는 입파와 개합을 통하여 드러나는 이치에 대하여 다음과 같이 말한다.

> 가히 이치가 아닌 지극한 이치이며, 그러함이 아닌 위대한 그러함이라고 할 만하다. 이것이 이 경에서 밝히고자 하는 큰 뜻이다. 그러함이 아닌 위대한 그러함이기 때문에 경의 말이 묘하게도 진리에 들어맞고, 이치가 아닌 지극한 이치이므로 경의 취지가 시공을 벗어난다.[359]

세움이 없지만 세우지 않음이 없음은 사유와 언어를 도구로 하여 세워서 열지만 세움에 얽매이지 않음을 뜻하며, 깨뜨림이 없지만 깨뜨리지 않음은 세워진 언어, 만법에 얽매임이 없을 뿐만 아니라 얽매임이 없음에도 머물지 않음을 뜻한다.

사유와 언어를 통하여 세워도 세움이 없기 때문에 어떤 개념을 통하여 나타내는 분별사유의 결과라도 실체화, 대상화가 아니며, 언어를 떠나고, 사유를 떠남은 깨뜨려서도 깨뜨림이 없기 때문에 허무에 떨어지는 무화無化가 아니고, 空에 집착하여 머무는 낙공落空이 아니다. 그러면 일심의 개합이 어떻게 이루어지는가?

일심의 개합은 시간과 공간을 범주로 하여 이루어진다. 시간의 측면에서는 일심을 시종始終으로 구분하여 인과因果로 나타낸다. 그리고 공간의 측면에서

---

359) 《금강삼매경론》 1권(ABC, K1501 v45, p.60a10-a16), "爾乃無破而無不破 無立而無不立 可謂無理之至理 不然之大然矣 是謂斯經之大意也 良由不然之大然 故能說之語妙契環中 無理之至理 故所詮之宗超出方外 無所不破 故名金剛三昧 無所不立 故名攝大乘經 一切義宗無出是二 是故亦名無量義宗".

는 일심을 주체와 객체로 구분하여 경境과 지智로 나타낸다.

원효는 쌍현귀기의 관점에서 개합을 통하여《금강삼매경》을 비롯하여 여러 경전들의 종요를 밝힌다. 일심을 열어서 경지境智와 인과의 관행觀行을 논하고, 관행에 관한 수많은 언설들을 合하여 일심의 종지로 밝힌다.

> 관행行의 관觀은 횡적인 논리로 경境과 지智에 공통되는 것이고, 행行은 종적인 논리로 인과因果에 걸쳐 있다. 과果는 오법五法이 원만함을 말하고, 인因은 이른바 6행行이 다 갖추어짐을 말한다. 지智는 본각과 시각을 말하고, 경境은 진眞과 속俗이 다 사라짐을 말한다. 진과 속이 모두 사라진다고 해서 아주 없어지는 것은 아니며, 본각과 시각이 있다 해서 생겨남이 있는 것은 아니다.[360]

종적인 인과는 시종으로 분석한 결과이다. 그리고 횡적인 경지는 주객으로 분석한 결과이다. 따라서 시각과 본각과 둘이 아닌 구경각에 이르면 경의 진속이 함께 사라지지만 그렇다고 하여 각覺이 생한 것도 아니고, 진속이 사라진 것도 아니다. 그는 경境과 지智, 인因과 과果가 둘이 아님을 다음과 같이 논한다.

> 이와 같은 인과는 경과 지를 떠나 있는 것이 아니며, 경과 지도 둘이 아니어서 오직 일미一味일 뿐이다. 그러므로 일미의 관행을 이 경의 종지로 삼는다.[361]

원효는 이미 세워 놓은 여러 개념들을 통하여 둘이 아님을 드러내는 종합의 관점에서 관행이 일미임을 밝힌 후에 하나로부터 둘로 다시 셋으로 그리고 열

---

360) 《금강삼매경론》金剛三昧經論卷上(ABC, H0017 v1, p.604c09-c10), "言觀行者 觀是橫論 通於境智 行是竪望 亘其因果 果謂五法圓滿 因謂六行備足 智卽本始兩覺 境卽眞俗雙泯 雙泯而不滅 兩覺而無生 無生之行 冥會無相.".

361) 《금강삼매경론》金剛三昧經論卷上(ABC, H0017 v1, p.604c17-c19), "如是因果不離境智 境智無二 唯是一味 如是一味觀行以爲此經宗也".

에 이르기까지 다양한 개념을 세워서 나타내어도 각각이 하나의 진상眞相임을 밝히는 분석의 관점에 대하여 다음과 같이 논한다.

> 이를 다시 열 가지 문으로 나누어 설명할 수 있다. 종취로 삼는 것을 일문一門에서
> 부터 하나씩 늘여 10문門까지 설명한다. 일문은 무엇인가? 일심 가운데 일념一念
> 이 움직여 일실一實에 순응하여, 일행一行을 닦고, 일승一乘에 들어가 일도一道에
> 머무르며, 일각一覺에 의하여 일미一味를 깨닫는다.[362]

일문과 이문, 삼문, 사문, 오문을 거쳐서 십문에 이르기까지 열 가지의 문은 둘이 아니다. 일문에 아홉의 문이 모두 포함되며, 다시 하나의 문에 아홉 가지의 문이 있어서 두 문이 하나도 아니면서 둘도 아니다. 이에 대하여 원효는 다음과 같이 논한다.

> 그러나 이 뒤에서 말하는 아홉 가지 문이 모두 한 가지 문에 포섭되며 한 가지 문
> 에 아홉 가지가 있으니, 하나의 관觀을 벗어나지 않는다. 그러므로 펼쳐 보여도 하
> 나인 문을 더 보태는 것이 아니요, 종합해 보아도 열 가지 문에서 줄어들지 않는
> 다. 따라서 늘지도 않고 줄지도 않는 것이 이 경의 종요가 된다.[363]

개합을 통하여 드러나는 종지와 요체는 둘이 아니라 일미이며, 일각이고, 일도이다. 열 가지의 맛이 둘이 아니어서 일미이며, 불각과 시각, 본각이 둘이 아니어서 일각이다. 따라서 《금강삼매경》이 보여 주는 성상性相 중심의 쌍현귀기와 원효의 개합에 의한 종요宗要는 성격이 다르다. 그러면 원효의 개합은

---

362) 《금강삼매경론》金剛三昧經論卷上(ABC, H0017 v1, p.604c17-c19), "十門爲其宗者 謂從一門 增至十
門 云何 一心中一念動 順一實 修一行 入一乘 住一道 用一覺 覺一味".
363) 《금강삼매경론》金剛三昧經論卷上(ABC, H0017 v1, p.605a19-a22), "然此後九門 皆入一門 一門有九
不出一觀 所以開不增一 合不減十 不增不減爲其宗要也".

한국사상과 인간의 삶

쌍현귀기와 어떻게 다른가?

《대승기신론》과《금강삼매경》에 나타나는 사유체계, 논리구조에서 언급되는 성과 상, 이와 사는 본말本末, 염정染淨으로 나타내는 가치상의 우열이 있다. 그것은 상相을 벗어나서 성性에 이르고, 사事를 벗어나서 이理에 이르며, 염染을 벗어나서 정淨에 이르고자 하는 방향성이 있음을 뜻한다.

견상귀본과 종본기행을 나누어서 쌍현귀기를 제시할 때 양자가 가치상의 우열이 있고, 진가眞假의 차이가 있기 때문에 양자를 함께 나타내는 쌍현귀기가 되기 위해서는 견상귀본이 신행이 되어야 비로소 종본기행이 가능하게 된다. 따라서 쌍현귀기는 양자가 둘인 상태에서 양자를 모두 드러냄을 의미한다.

그런데《대승기신론》과《금강삼매경》을 막론하고 일심법을 세워서 여는 과정이 있었기 때문에 저작이 형성되었고, 저작을 통하여 독자들의 견상귀본이 가능하다. 따라서 견상귀본에서 시작하여 종본기행에 이르는 합슴의 과정이 성립하기 위해서는 먼저 종본기행의 개開의 과정이 있어야 한다. 그러면 원효는 어떤 관점에서 개합을 논하는가?

원효가 개합을 통하여 제시하는 종요는 일심을 성과 상, 이와 사, 유와 무, 진과 속으로 나타내지만 상相, 사事, 유有, 속俗은 염染이나 환화幻化가 아니라 진여가 드러난 생멸인 점에서 진상眞相이다. 그것은 일심을 본체를 중심으로 이해하면 본체가 그대로 드러난 현상이기 때문에 본체와 현상이 둘이 아님을 뜻한다.

견상귀본과 종본기행을 나누어서 논하여도 양자가 가치상의 우열이 없으며, 쌍현귀기를 논하여도 양자와 다른 제삼의 어떤 것을 나타내지 않는다. 그러면 원효는 왜 종요를 통하여 종본기행으로부터 시작하여 견상귀본을 논하는가?

종본기행을 시작으로 하여 견상귀본을 논하고 이어서 쌍현귀기를 논할 때의 견상귀본은 견상귀본에서 시작하여 종본기행을 거쳐서 쌍현귀기에 이르는 경우와 그 의미가 다르다.

종본기행을 시작으로 논의되는 견상귀본의 상相은 깨뜨리고, 벗어나야 할 대상으로서의 환상幻相이 아니라 진상眞相이다. 따라서 종본기행과 견상귀본은 둘이 아니다.

《대승기신론》과《금강삼매경》에서 제시하는 견상귀본에서 종본기행을 거치는 쌍현귀기는 수행을 통하여 증오성불證悟成佛함으로써 비로소 요익중생饒益衆生할 수 있다. 따라서 본래성불을 논할 수 없다.

그러나 종본기행을 시작으로 견상귀본을 논하고, 양자가 둘이 아닌 쌍현귀기를 논하면 본래성불을 바탕으로 증오성불을 논하는 것과 같다. 만약 본래성불이라면 증오성불을 말할 수 없다.《원각경》에서는 증오성불과 본래성불의 관계에 대하여 다음과 같이 밝히고 있다.

> 만일 중생들이 본래부터 부처였다면 무슨 까닭으로 다시 온갖 무명無明이 있습니까? 만일 온갖 무명이 중생들에게 본래부터 있는 것이라면 무슨 까닭으로 여래는 또 본래부터 부처였다고 말합니까? 만일 시방의 다른 중생들이 본래 부처의 도를 이루었다가 나중에 무명을 일으켰다 한다면 일체의 여래는 언제 다시 온갖 번뇌를 일으키겠습니까?[364]

본래성불과 증오성불, 종본기행과 견상귀본의 양립이 불가능한 모순관계는 생멸심, 분별심에 의하여 발생한다. 이 문제는 성불成佛을 시간의 측면에서 과거적 사건과 미래적 사건으로 분별하기 때문에 발생하며, 물건의 측면에서 성性과 상相을 구분하여 근본과 지말이라는 실체적 존재로 이해함으로써 발생한다.

---

364) 《大方廣圓覺修多羅了義經》(大正藏, 17, 1, 0915b10), "若諸衆生本來成佛 何故復有一切無明 若諸無明 衆生本有 何因緣故如來復說本來成佛 十方異生本成佛道後起無明 一切如來何時復生一切煩惱".

일체 세계의 시작과 마침, 나고 없어짐, 앞과 뒤, 있고 없음, 모이고 흩어짐, 일어나고 멈춤이 잠깐 사이에도 계속되어, 돌고 돌아 오는 것이니, 가지가지로 취했다 버렸다 함이 모두가 윤회輪廻이다. 아직 윤회를 벗어나지 못한 채 원각을 분별하려고 하는 것은 곧 그 원각의 성품마저 함께 굴러다닐 것이 되니, 설령 윤회를 면하려고 한들 그렇게 될 수가 없다.[365]

성불이라는 사건을 실체화하여 과거적 사건이나 미래적 사건으로 나타내면 양자가 양립이 불가능한 관계가 된다. 성불이 과거적 사건이라면 이미 이루어졌기 때문에 지금과 상관이 없고, 장차 일어날 미래적 사건이라면 아직은 이루어지지 않기 때문에 지금과는 상관이 없다. 그리고 과거적 사건이나 미래적 사건은 지금 여기에서 이루어지는 분별이다. 그러므로 양자를 둘로 나누어서 이해하는 분별을 넘어서 원각의 차원에서 이해되어야 한다.

그것은 비록 원각이 나타난 현상이 성불이지만 현상이 그대로 본체는 아니기 때문에 현상의 경계에서 본체인 원각을 이해할 수 없음을 뜻한다. 따라서 현상인 양자를 통하여 원각을 보고자 하는 전도견顚倒見을 벗어나서 본체인 원각圓覺의 상태에서 양자를 이해하는 정견正見이 필요하다. 그러면 원각의 상태에서 이루어지는 일미一味는 무엇인가?

《대승기신론》에서는 중생의 경계를 나타내는 불각不覺과 소승을 나타내는 상사각相似覺, 보살을 나타내는 수분각隨分覺, 부처를 나타내는 구경각究竟覺을 구분한다.[366] 이때 상사각과 수분각은 수행을 나타내는 시각始覺이다. 따라서 원각圓覺을 불각과 시각, 구경각으로 구분하여 이해할 수 있다. 그러면 시

---

365) 《대방광원각수다라요의경》 1권(ABC, K0400 v13, p.78c07-c11), "一切世界始終生滅 前後有無 聚散起止 念念相續 循環往復 種種取捨 皆是輪迴 未出輪迴而辦圓覺 彼圓覺性卽同流轉 若免輪迴 無有是處".
366) 《대승기신론》 1권(ABC, K0623 v17, p.703c21-704a07), "如凡夫人覺知前念起惡故 能止後念令其不起 雖復名覺 卽是不覺故 如二乘觀智 初發意菩薩等 覺於念異 念無異相 以捨麤分別執著相故 名相似覺 如法身菩薩等 覺於念住 念無住相 以離分別麤念相故 名隨分覺 如菩薩地盡 滿足方便 一念相應 覺心初起心無初相 以遠離微細念故得見心性 心卽常住 名究竟覺".

각과 본각, 불각은 어떤 관계인가?

> 이른바 각의覺義라 함은 마음의 본체가 망념을 여읜 것을 말한다. 망념을 여읜 모
> 습은 허공계虛空界와 동등하며, 두루 하지 않은 곳이 없어 법계 그대로인 한 모습
> 인지라 이것이 곧 여래의 평등한 법신法身이니 이 법신에 의하여 본각本覺이라
> 한다.[367]

여래의 평등한 법신을 중심으로 각을 나타내어 본각이라고 말한다. 이는 여
래라는 개념이 법신을 가리키고, 법신을 각을 통하여 나타내면 본각임을 뜻한
다. 그러나 여래, 법신이 실체가 아니듯이 본각도 실체가 아니다.

> 시각을 상대하여 본각이라는 명칭을 세운다. 그러나 시각이 될 때가 곧 본각인지
> 라 따로 다른 각覺을 세운 것은 아니다. 시각이란 것은 본각에 의하여 불각이 있
> 고, 불각에 의하여 시각이 있음을 나타내는 개념이다.[368]

불각이 본각의 상대적인 개념으로 제시되었고, 시각도 본각에 의하여 상대
적으로 제시된 개념이라면 삼자가 둘이 아니다. 그럼에도 불구하고 각覺을 시
간에 따라서 구분하여 다양하게 나타낸 까닭은 견상귀본의 관점에서 수행을
권하기 위한 방편이다. 그렇기 때문에 《금강삼매경》에서도 본각과 시각이 둘
이 아닌 일각一覺을 논하고 있다.

> 모든 여래께서는 항상 일각一覺으로 모든 식을 전변시켜 암마라에 들게 한다. 어
> 째서 그런가? 일체 중생의 본각도 항상 일각으로 모든 중생을 깨닫게 하여 저 중

---

367) 《대승기신론》(大正藏 T 32 1 0576a24), "所言覺義者 , 謂心體離念, 離念相者 , 等虛空界無所不遍 , 法
界一相即是如來平等法身 , 依此法身說名本覺".

368) 《대승기신론》1권(ABC, K0623 v17, p.703c17-c20), "以待始覺 立爲本覺 然始覺時 即是本覺 無別覺
起立 始覺者 謂依本覺有不覺 依不覺說有始覺".

생들로 하여금 모두 본각을 얻게 하기 때문이며, 그 정식情識이 공적하여 무생임을 깨닫게 하기 때문이다. 왜냐하면 그것의 결정된 본성은 본래 움직임이 없기 때문이다.[369]

부처와 중생이 본각이기 때문에 일각일 뿐만 아니라 시각과 본각이 둘이 아니기 때문에 일각이다. 그러면 원효는 불각, 시각, 본각을 어떻게 이해하고 있는지 위의 경문에 대한 그의 주석을 살펴보자.

이 문장은 두 가지 각인 본각과 시각을 한꺼번에 나타낸다. "모든 중생의 본각"이라고 한 것은 본각 쪽이고, "정식情識이 공적하여 무생임을 깨닫게"라고 한 것은 시각 쪽으로 시각이 본각과 동일함을 나타낸 것이다.[370]

교화하는 부처, 보살과 중생이 동일한 본각이기 때문에 일각이며, 견상귀본의 "정식이 공적하여 무생임을 깨닫는" 시각이 그대로 동일하여 일각이다. 이처럼 본각이 시각이고, 시각이 불각인 일각이다. 그러면 본각과 시각은 무엇인가?

본각은 각을 과거적 관점에서 나타낸 개념으로 본래 깨달아 있음을 뜻한다. 그리고 시각은 각을 현재적 관점에서 나타낸 개념으로 비로소 깨달음을 뜻한다. 따라서 과거와 현재가 하나가 아니듯이 본래 깨달아 있음의 측면에서는 비로소 깨달음의 시각은 없으며, 비로소 깨달음의 측면에서는 본각은 없다. 따라서 둘은 양립할 수 없다.

본각이 있기 때문에 불각은 없으며, 불각이 없는 까닭에 시각은 없고, 시각

---

369) 《금강삼매경》 1권(ABC, K0521 v14, p.60b19-b23), "佛言 諸佛如來常以一覺而轉諸識入庵摩羅 何以故 一切衆生本覺 常以一覺覺諸衆生 令彼衆生皆得本覺 覺諸情識空寂無生 何以故 決定本性本無有動".
370) 《금강삼매경론》 2권(ABC, K1501 v45, p.88b20-89a17), "此文具顯本始二覺 謂一切衆生本覺等者 是本覺義 覺諸情識寂滅无生者 是始覺義 是顯始覺卽同本覺也".

이 없는 까닭에 본래 본각이 없다. 본각이 없음에 이를 수 있음은 본각이 있음으로 말미암아 연원이 있기 때문이며, 본각이 있음은 시각이 있기 때문이고, 시각이 있음은 불각이 있기 때문이며, 불각이 있음은 본각에 의지하기 때문이다. [371] 그러면 삼자는 어떤 관계인가?

본각과 시각 그리고 불각은 서로 의지하여 성립한다. 이를 통하여 모든 법은 없는 것도 아니고, 있는 것도 아니며, 있는 것도 아니면서 없는 것도 아님을 나타낸다. [372] 그러면 원효가 개합을 통하여 나타내고자 하는 일각은 무엇인가?

그가 여러 경전들에 나타난 다양한 사상들을 일심의 개합에 의하여 나타낸 종요는 쌍현귀기를 바탕으로 한 종본기행과 견상귀본을 나타낸다. 이때 종본기행은 근본에서 일어나는 작용이다. 그것은 본각이 시각으로 드러남을 뜻한다.

그리고 견상귀본은 현상으로부터 근본으로 돌아가는 작용이다. 그것은 시각이 그대로 본각으로 돌아감을 뜻한다. 따라서 원효가 일심의 개합을 통하여 나타내는 쌍현귀기는 매 순간의 시각은 나타난 본각인 동시에 불각으로 돌아감으로서의 일각이다. 그러면 일각이 의미하는 것은 무엇인가?

견상귀본의 관점에서 삶을 나타내면 매 순간의 삶은 본각을 향하는 시각이다. 그렇기 때문에 삶을 시각을 중심으로 나타내어 상구보리, 수행이라고 말한다.

종본기행의 관점에서 삶을 나타내면 매 순간의 삶은 본각이 드러난 시각이다. 이처럼 매 순간의 본각이 나타난 시각을 중심으로 삶을 나타내어서 하화중생, 제도라고 말한다.

---

371) 《대승기신론소기회본》大乘起信論疏記會本卷二(ABC, H0020 v1, p.749a24-b05), "當知由有本覺故本無不覺 無不覺故終無始覺 無始覺故本無本覺 至於無本覺源由有本覺 有本覺者由有始覺 有始覺者由有不覺 有不覺者由依本覺".

372) 《대승기신론소기회본》大乘起信論疏記會本卷二(ABC, H0020 v1, p.749b05-b10), "本覺義者對始覺義說 以始覺者卽同本覺 始覺義者 依本覺故而有不覺 依不覺故說有始覺 當知如是展轉相依 卽顯諸法非無而非有 非有而非無也".

그러나 원효가《금강삼매경론》에서 종요를 통하여 제시한 일미, 일각은 본각이 매 순간 시각으로 나타나고, 나타난 시각은 다시 본각으로 돌아가서 불각이자 구경각이 됨을 뜻한다.

그것은 매 순간의 삶 자체가 그대로 종본기행이면서 동시에 견상귀본이기 때문에 오로지 하나의 시각일 뿐임을 뜻한다. 따라서 삶은 요익중생饒益衆生과 상구보리上求菩提가 둘이 아니어서 무애자재無礙自在하다. 그러면 원효가 제시하는 일각一覺에 의하면 부처와 보살, 중생은 어떤 관계인가?

본각의 부처와 불각의 중생이 둘이 아닌 일각이다. 이는 부처와 중생을 논하는 나와 부처, 중생이 둘이 아님을 뜻한다.

나의 출세간적 측면, 진여를 부처라고 말하고, 매 순간 다양한 언행으로 나타나는 생명의 현상을 중생이라고 말하며, 근본과 현상이 둘이 아닌 작용을 보살이라고 말한다. 그러므로 나는 부처도, 보살도, 중생도 아니어서 일심, 본각, 여래장이다. 그러면 삶에서 수행은 아무런 의미가 없는가?

본각의 현성顯成으로서의 시각이 바로 요익중생의 교화이며, 여래장 즉 본각으로 돌아가는 수성修成으로서의 시각은 수행修行이다. 따라서 지금 여기의 일심에 의하여 이루어지는 삶이 그대로 하화중생이면서 상구보리이다. 그렇기 때문에 삶이 그대로 수행이라고 하지 않을 수 없다. 수행의 측면에서 보면 본각과 시각이 모두 수행이다.

> 이 일각에는 본각과 시각의 뜻이 있다. 본각에는 드러냄으로써 이루어진다는 의
> 미가 있으므로 진수眞修라는 설이 도리에 맞는 것이며, 시각에는 닦아서 이룬다는
> 뜻이 있으므로 신수新修라는 말에도 도리가 있다.[373]

지금 여기의 삶은 매 순간 현상으로 드러나는 성품, 자성, 본각의 작용인 하

---

373) 《금강삼매경론》1권(ABC, K1501 v45, p.68a06-a08), "又此一覺有本始義 以有本覺顯成義故 眞修之
說 亦有道理 以有始覺修成義故 新修之談 亦有道理".

화중생이며, 동시에 드러난 언행이 진성, 본각, 여래장으로 돌아가는 작용인 상구보리이다. 이처럼 양자가 둘이 아니기 때문에 쌍현귀기라고 말하고, 일미, 일심, 일도라고 말한다. 그러면 원효가 쌍현귀기의 사유체계를 통하여 나타내는 종요는 한국사상과 어떤 관계인가?

물건적 관점에서 쌍현귀기는 성으로부터 시작하여 상을 향하는 작용인 정용淨用과 상으로부터 출발하여 성을 향하는 작용인 업용을 함께 나타낸다.

이문의 측면에서 정용은 진여문으로부터 시작하여 생멸문을 향하는 작용이며, 업용은 생멸문으로부터 시작하여 진여문을 향하는 방향이다.

일각의 측면에서 업용은 불각으로부터 구경각을 향하는 시각이며, 정용은 본각, 구경각이 불각으로 나타난 시각이다. 이처럼 시각이 불각과 둘이 아니고, 본각, 구경각과 둘이 아닌 일각이다.

그런데 《대승기신론》을 비롯하여 중국불교의 전적은 상구보리와 하화중생, 수도와 제도, 시각과 구경각을 둘로 나누어서 상구보리가 이루어짐으로써 비로소 하화중생이 가능하며, 수도를 완성함으로써 비로소 제도가 가능하고, 시각을 통하여 본각이 합일하여 구경각이 이루어짐을 논한다.

중국불교가 대승불교를 표방하고, 상구보리와 하화중생이 둘이 아니라고 말하지만 여전히 상구보리와 하화중생을 구분하고, 상구보리를 논한 후에 하화중생을 논한다.

그것은 선불교에서 선교일치를 주장하면서도 교종을 점수로 그리고 선종을 돈오로 구분하고, 본래성불과 증오성불을 논하면서도 견성성불을 주장하는 것과 같다. 그러면 쌍현귀기를 주장하는 원효는 선을 어떻게 이해하는가?

원효는 쌍현귀기를 통하여 하화중생을 논하고, 이어서 상구보리를 논하여 양자가 둘이 아님을 밝힌다. 그는 종본기행을 논하고 견상귀본을 논하면서 쌍현귀기를 논하여 양자가 둘이 아님을 밝힌다. 그러면 선禪의 관점에서 쌍현귀기는 무엇인가?

한국사상과 인간의 삶

《대승기신론》에서는 생멸심을 놓아 버리고 진여심으로 돌아가는 지止를 논하고, 진여심이 지혜로 드러나는 관觀을 논한다. 이때 지관은 둘이 아니지만 지가 이루어지지 않으면 관이 이루어지지 않는다. 지止는 선정禪定이고, 관觀은 지혜智慧이다. 따라서 양자는 둘이 아니면서도 구분되는 체용의 관계로 나타낸다. 이처럼 체용의 관계는 근본과 지말이라는 가치상의 우열이 있다.

그러나 원효가 쌍현귀기를 바탕으로 제시하는 종요는 관觀을 먼저 나타내고, 관觀의 완성으로서의 귀본의 측면에서 지止를 논한다. 이때의 지止는 선정의 의미가 아니라 본래의 자로 돌아가는 회귀, 귀본, 회향의 의미이다.

종요를 통하여 나타내는 종본기행은 일상의 삶이 그대로 지혜의 작용임을 나타내며, 견상귀본은 지혜의 작용의 완성이 자비의 작용임을 나타낸다.

일상의 언행은 그대로 본성의 지혜의 작용이며, 일상의 언행이 끝남은 지혜의 작용의 완성인 동시에 자비의 작용의 시종이다.

견상귀본을 불교에서는 회향廻向이라고 말한다. 회향은 돌아감의 의미로 지혜의 작용의 이면에서 이루어지는 자비의 작용을 나타낸다. 자비의 작용은 지혜를 바탕으로 이루어지는 시종의 작용이다. 그러면 다른 사람에게 말과 글을 통하여 주장이나 이론을 제기할 때는 어떻게 해야 하는가?

모든 말과 글, 주장, 이론이 나와 남, 세계가 둘이 아닌 본성에서 일어남을 알고 또 다른 나인 남을 자신으로 대하는 마음으로 상대방이 필요한 말과 글, 주장, 이론을 제기하여 상대방을 이롭게 하지만(종본기행), 어떤 말과 글, 주장, 이론을 제기하고 행위를 하더라도 함이 없기에(견상귀본) 어떤 결과가 나타나더라도 무심하게 지켜볼 뿐이다. 그러면 앞에서 살펴본 내용을 바탕으로 원효불교의 특성이 무엇인지 정리해 보자.

원효는 견상귀본, 종본기행, 쌍현귀기를 통하여 관행과 교화가 둘이 아닌 일미, 일도임을 밝힌다. 그는 쌍현귀기를 통하여 다양한 사상을 회통하고, 상구보리와 하화중생, 진속이 둘이 아닌 무애자재한 삶을 나타낸다.

그는 《금강삼매경》을 견상귀본에서 시작하여 종본기행을 거쳐서 쌍현귀기에 이르는 구조를 통하여 이해한다. 그것은 그가 《금강삼매경》을 관행을 중심으로 일도를 나타낸 전적으로 이해했음을 뜻한다.

그러나 원효는 《금강삼매경론》에서 쌍현귀기를 바탕으로 일심의 개합을 통하여 종본기행과 견상귀본이 둘이 아닌 일미, 일도임을 밝힌다. 그는 《금강삼매경》이 역방향에서 견상귀본, 종본기행, 쌍현귀기의 선후관계를 통하여 관행과 교화를 논한 것과 달리 쌍현귀기를 통하여 종본기행의 교화와 견상귀본의 관행이 둘이 아님을 밝힌다.

원효의 불교는 하화중생을 바탕으로 상구보리가 전개되는 구조를 통하여 양자가 둘이 아니면서도 하나가 아닌 관계로 나타난다. 그것은 세간과 출세간을 구분하여 세간에서 출세간으로 그리고 다시 출세간에서 세간으로의 구조로 드러나는 중국불교와 다른 특성이다.

원효가 제시한 쌍현귀기를 바탕으로 논의되는 종본기행과 견상귀본은 출세간이 세간으로 드러나는 동시에 세간이 출세간으로 돌아가서 양자가 둘이 아니면서도 하나가 아님을 뜻한다.

쌍현귀기의 측면에서 각覺은 종본기행의 본각이 드러난 시각이며, 견상귀본의 불각이 시각을 거쳐서 본각에 이르는 각의 과정이다. 따라서 본각과 시각, 불각이 둘이 아닌 일각이다.

쌍현귀기의 측면에서 삶은 본체적 측면에서는 부처이자 본각이고, 작용적 측면에서는 보살이자 시각이며, 현상적 측면에서는 불각이자 중생이다.

중생심은 본각이 드러난 시각의 측면에서 하화중생이며, 본각으로 돌아가는 시각의 측면에서 상구보리이다. 그러므로 매 순간의 삶이 그대로 하화중생이면서 상구보리이다.

《금강삼매경》과 《대승기신론》이 물건적 관점에서 일심, 이문, 삼대를 논하는 것과 달리 원효는 사건적 관점에서 일심을 이해하고, 실상을 나타낸다. 따

한국사상과 인간의 삶

라서 원효의 철학체계는 중국불교의 철학체계와 다른 한국불교의 특성을 나타낸다. 그러면 한국사상과 어떤 관계인가?

쌍현귀기는 환인을 나타내며, 환웅에서 시작하여 웅호에서 완성되는 작용이 종본기행이고, 웅호에서 시작하여 환웅에서 완성되는 작용이 견상귀본이다. 그것은 시간성의 시간화를 종본기행으로 그리고 시간의 시간성화를 견상귀본으로 나타내었음을 뜻한다.

일각, 일미, 일도, 일심은 환인을 상징한다. 이는 시간상으로는 영원한 현재이다. 매 순간의 사건은 시간성의 현현顯現으로 나타난 사건은 다시 시간성으로 돌아감으로써 완성된다.

종본기행은 하화중생이다. 그것은 매 순간의 삶이 그대로 생명 나눔인 공생共生임을 뜻한다. 그리고 견상귀본은 공생共生이면서도 동시에 회향回向임을 뜻한다. 따라서 쌍현귀기는 지금 여기의 삶이 그대로 하화중생인 동시에 상구보리임을 뜻한다.

2. 한글 창제원리와 삼재합일의 한국유학

한국사상사의 관점에서 보면 조선의 초기에 세종대왕에 의하여 이루어진 한글의 창제는 한국사상이 중국유학을 수용하여 한국화한 결과로 나타나는 한국유학의 특성을 보여 주는 사건이다. 그러면 한국유학은 무엇인가?

한국유학은 한국사상을 바탕으로 한국화한 중국유학이다. 중국유학은 물건적 관점에서 인간을 매개로 하여 성명합일과 천인합일을 추구하는 학문이다.

다만 역방향에서 성명합일을 바탕으로 한 천인합일을 추구한다. 그것은 중국유학의 천인합일이 장차 이루어야 할 미래적 사건일 뿐으로 이미 이루어진 과거적 사건이 아님을 뜻한다.

그러나 한글의 창제와 사용은 그대로 시간성의 차원에서 이루어지는 사건이다. 그것은 삼재의 합일이 순방향에서는 이연의 합일로 나타나고, 역방향에서는 응연의 합일로 나타나면서도 양자가 둘이 아닌 경계로 드러남을 뜻한다. 그러면 한글의 창제와 사용이 한국사상의 주제인 시간성의 특성을 어떻게 반영하고 있는지 살펴보자.

인간의 삶에서 말과 그것을 나타내는 글의 중요성은 아무리 강조해도 지나치지 않다. 우리는 언어를 통하여 다른 사람과 소통하고, 공감하면서 일상의 삶을 살아간다. 이때 언어는 사고의 세계와 유기적인 관계를 갖는다.

인간의 사고는 언어에 의해 이루어지며, 사고의 세계는 언어에 의해 드러난다. 어느 나라, 어느 민족을 막론하고 자신의 고유한 사유의 세계를 드러낼 수 있는 독특한 언어 세계를 갖고 있다. 그것은 민족, 국가마다 자신의 세계관, 인간관, 가치관을 나타낸 자신들만의 언어를 사용함을 뜻한다.

만약 남의 글을 빌려서 자신들의 사유체계를 나타내려면 많은 어려움이 따

한국사상과 인간의 삶

르지 않을 수 없다. 그것은 마치 사각형의 물체를 삼각형의 그릇에 담는 것과 같아서 물체를 제대로 드러낼 수 없는 것과 같다.

물론 어느 민족, 어느 나라의 언어를 막론하고, 그리고 음성언어와 문자언어를 막론하고, 언어 자체가 갖는 시공적인 한계를 말하는 것이 아니다.

언어를 수단으로 삶을 사는 측면에서 보면 남의 언어를 빌려서 자신의 말을 표현할 때 사고, 언어의 세계와 글의 세계가 서로 어긋나서 일상생활에 큰 불편을 겪게 된다.

세종이 훈민정음을 창제할 당시에는 일부의 사대부 계층만이 한자를 사용했고, 대부분의 백성들은 한자를 사용하지 못하였다. 그렇기 때문에 한자를 사용하는 계층과 한자를 사용하지 못하는 계층 사이에는 언제나 갈등이 있을 수밖에 없었다.

세종은 모든 백성들이 서로 소통할 수 있는 수단인 새로운 글, 우리의 사유체계를 그대로 담아서 소통할 수 있는 글을 창제하고자 하였다.

그러나 당시에 한자를 사용할 수 있는 일부의 계층들은 문자의 사용이 그대로 권력이었기 때문에 그것을 포기하려고 하지 않았다.

그가 당시의 신료들과 사대부들의 반대에도 불구하고 한글을 창제할 수 있었던 것은 오로지 백성을 사랑하는 마음이 있었기 때문이다. 그의 백성들을 사랑하는 마음은 한글을 훈민정음으로 규정한 것으로 통해서도 드러난다.

백성을 가르치는 바른 소리인 훈민정음訓民正音에는 백성을 둘로 여기지 않고, 그들의 고통을 없애고자 하는 불인인지심不忍人之心이 담겨 있다. 따라서 한글의 창제는 세종의 백성을 사랑하는 불인인지심의 표출이다. 그러면 한글의 창제가 오로지 세종 한 사람에 의하여 이루어진 사건인가?

"훈민정음의 창제는 하늘이 세종대왕의 마음을 열고 그의 손을 빌려서 이루어졌다."[374] 한글의 창제는 천도天道가 세종이라는 지금 여기의 인간을 통하여

---

374) 《訓民正音》解例本 鄭麟趾 序文, "若其淵源精義之妙 則非臣等之所能發揮也. 恭惟我殿下天之聖 制度施爲超越百王. 正音之作 無所祖述 而成於自然. 豈以其至理之無所不在 而非人爲之私也. 夫東方有國

이루어지는 존재론적 사건이다.

세종을 통하여 한글의 창제로 나타난 천도를 한글에서는 초성을 통하여 나타낸다. 천도에서 시작된 한글의 창제가 모음이 상징하는 인간을 거쳐서 지도를 상징하는 종성에서 나타난다. [375]

"하늘이 하는 일을 인간이 대신하기 때문에"[376] "진실로 인간이 아니면 도가 헛되이 행해지지 않는다."[377] 그러면 세종은 단지 천天의 도구인가?

한글의 창제가 천도적 사건, 존재론적 사건이라는 것은 한글의 창제는 이미 있던 것을 응용하거나 인간의 사고에 의해 구성된 것이 아니라 자연의 이치에 따른 것임을 뜻한다. [378] 따라서 한글을 창제한 세종은 바로 《주역》에서 말하는 지인至人이라고 하지 않을 수 없다.

지인은 넓은 의미의 대인을 가리킨다. 그리고 성인과 현인이 덕에 상응하는 현실적인 지위를 확보하지 못하여 천하에 도를 실천하지 못하는 것과 달리 대인과 군자는 현실에서 덕을 실천하는 사람이다. 지인至人은 덕을 갖추고 삶에서 실천을 하는 내성외왕內聖外王을 가리킨다. 그러면 세종은 한글을 창제하기 위하여 무엇을 하였는가?

종성이 상징하는 삶의 현장에서 한글의 창제로 드러나는 사건이자 초성이 상징하는 천도에서 시작하여 종성이 상징하는 지도地道에서 드러나는 사건은 모음이 상징하는 인간을 통해서 이루어진다. [379]

초성에서 종성을 향하는 방향과 달리 종성에서 시작하여 초성에서 끝나는

不爲不久 而開物成務之大智 盖有待於今日也歟".

375) 《訓民正音》解例本, "初聲有發動之義 天之事也 終聲有止定之義 地之事也 中聲承初之生 接終之成 人之事也".

376) 《상서尙書》고요모皐陶謨, "天工人其代之".

377) 《주역》 계사하繫辭下 제8장, "苟非其人, 道不虛行".

378) 《訓民正音》解例本 制字解, "指遠言近牖民易, 天授何曾智巧爲" 및 鄭麟趾 序文, "殿下天縱之聖 … 正音之作, 無所祖述, 而成於自然, 豈以其至理之無所不在, 而非人爲之私也".

379) 《訓民正音》解例本, "盖字韻之要 在於中聲 初終合而成音 亦猶天地生成萬物 而其財成輔相 則必頼乎人也".

한국사상과 인간의 삶

사건은 지도의 작용이 인간을 매개로 하여 초성이 상징하는 천도에서 완성됨을 뜻한다.

그것은 천도의 작용이 세종을 매개로 하여 지도로 드러나는 것은 바로 지도의 작용이 세종을 매개로 하여 천도에서 완성되는 작용[380]과 둘이 아님을 뜻한다. 그러면 종성이 상징하는 지도로부터 시작하여 초성이 상징하는 천도에서 완성되는 것은 무엇인가?

그것은 세종이 한글의 창제를 위하여 무엇을 했는가의 문제이다. 그는 백성들이 자신의 의사를 표현하고 싶어도 그것을 드러낼 수단이 없어서 답답해하는 것을 안타깝게 여기고 백성들의 고통을 제거하기 위하여 훈민정음을 창제하였다. 따라서 세종이 훈민정음을 창제한 동기는 지극한 위민爲民 정신이다.

맹자孟子는 왕도 정치의 시종始終을 의식주의 해결과 교육에 의한 도덕적 주체의 확립으로 제시하였다. 의식주의 해결은 인간이 삶을 살기 위하여 필요한 생리적 생활 조건을 충족시키는 일이다.

그러나 왕도 정치의 완성은 백성들로 하여금 본래성의 자각을 통해 도덕적 자아를 확립하여 인간의 본래 지평인 인격적 세계에 도달하게 함에 있다.

도덕성의 회복은 교육에 의해 이루어지고 교육은 언어를 매개로 이루어지기 때문에 우리의 글을 창제한다는 것은 곧 왕도 정치의 완성에서 중요한 문제라고 하지 않을 수 없다.

세종은 자신이 창제한 글을 훈민정음訓民正音이라고 명명하여 백성들을 본래성의 세계로 인도하고자 하는 그의 강력한 염원을 나타내고 있다.

사실 백성들의 생활에서 자신의 의사를 표현할 수 있는 글자가 없다는 것은 의식주에 의해 야기되는 곤궁보다도 더욱 심한 고통과 불편을 안겨 준다.

세종의 백성을 위하는 마음은 그가 백성들을 위해 펼친 수많은 치적을 통해서도 확인할 수 있다. 그는 장영실蔣英實, 이순지李純之, 이천李蕆, 정초鄭招, 정

---

380) 《訓民正音》解例本, "韻成要在中聲用 人能輔相天地宜 陽之爲用通於陰 至而伸則反而歸".

인지鄭麟趾를 비롯한 과학들을 통하여 백성들의 일상적인 생활 여건을 편리하게 만들고자 측우기, 해시계 등의 수많은 도구들을 발명하였다.

그러나 그가 아무리 백성을 사랑하는 마음을 갖고 있을지라도 지혜가 없었다면 훈민정음의 창제는 불가능했을 것이다. 그것은 세종이 아무리 백성들을 사랑하는 마음으로 백성들의 고통을 없애고자 하여도 지혜가 없다면 방법을 찾을 수 없음을 뜻한다. 그러면 세종은 백성들의 고통을 제거하기 위하여 글자를 제작할 수 있는 방법을 어떻게 찾았는가?

세종은 백성들을 위하여 새로운 한글을 창제할 수 있는 지혜를 얻기 위하여 유학을 연구하였다. 그는 당시 중국에서 전래된 《성리대전性理大全》은 물론 사서四書와 삼경三經 그리고 역사서를 연구하였을 뿐만 아니라 송대宋代 역학易學의 이론체계를 바탕으로 중국의 음운학音韻學을 참고하였다.

삼경과 사서는 공자와 맹자의 근본유학을 담고 있는 전적들일 뿐만 아니라 《성리대전》과 송대의 역학은 성리학의 이론체계를 나타내는 전적들이다. 이와 더불어 새로운 언어를 창조할 수 있는 도구인 언어학 역시 중국음운학을 자료로 하였다. 이를 통하여 세종의 한글 창제는 유학을 바탕으로 이루어졌음을 알 수 있다.

그는 경연經筵에서 "나는 제자백가의 글은 원하지 않으며, 다만 사서四書, 오경五經, 《통감강목統監綱目》만을 돌려 가며 강독하기 바란다."[381]라고 하였다. 이것을 보면 세종이 유학이 추구하는 도제천하道濟天下의 뜻을 갖고 있음을 알 수 있다. 그의 뜻에 따라서 실제로 경연에서는 《주역周易》과 《성리대전》이 강독되었다.

그는 경서를 공부하는 방법에 대해서도 구체적으로 제시하고 있다. "오늘날의 선비는 명색은 경학을 공부한다고 하면서도 참으로 이치를 궁구하고 마음을 바르게 쓰는 자를 보지 못했다"[382]고 당시의 세태를 개탄하였다. 그리고 그

---

381) 《世宗實錄》五年 癸卯 九月 乙酉條. "上曰 予不欲觀諸子百家之序 唯四書五經綱目通鑑 循環講讀".
382) 《世宗實錄》七年 乙巳 十一月 甲子條. "今之儒者, 名爲治經學, 而窮理正心之士, 未之聞也.".

는 "구절을 따라 경서를 읽는 것은 학문에 아무 이익이 없으니, 반드시 마음의 공부가 있어야 유익하다"[383]고 하였다.

세종은 유가의 경서와 역사서를 중시했을 뿐만 아니라 경서를 연구할 때도 구절을 따라 그 내용을 이해하는 데 그치지 않고, 그 내용을 심성 내면에서 자득自得하는 데 목표를 두었음을 알 수 있다. 그러면 유학의 전적들 가운데 어떤 전적들을 중심으로 연구하였는가?

세종은 《주역》을 바탕으로 송대역학宋代易學의 이론체계를 활용하였다. 그가 백성들을 위하여 창제한 한글은 소통의 도구로서의 언어의 기능을 넘어서 천지와 만물의 이치인 삼재三才의 도道를 나타내는 표상 체계이다. 그러면 한글의 창제 과정을 살펴보자.

한글 창제의 과정을 파악하기 위해서는 형이상적 측면과 형이하적 측면을 함께 파악해야 한다. 형이상의 측면에서는 한글의 창제원리가 무엇인지를 밝히는 일이며, 형이하의 측면에서는 창제원리에 의하여 구체적으로 어떻게 창제되었는지를 파악하는 일이다.

형이상과 형이하는 본체와 작용이라는 개념을 통하여 이해할 수 있다. 본체를 중심으로 한글 창제라는 사건을 이해하면 한글 창제에 담긴 사상을 밝힐 수 있으며, 작용을 중심으로 이해하면 구체적으로 어떻게 창제가 이루어졌는지를 파악할 수 있다.

성리학의 관점에서 본체는 리理이며, 작용은 기氣이다. 한글은 작용의 측면에서 기氣를 나타내고 있지만 그 내용은 본체인 리理를 담고 있다. 한글은 작용의 측면에서 음양과 오행에 의하여 기를 나타내고 있으며, 본체의 측면에서는 천지의 도를 담고 있다.[384]

천지의 변화는 본래 하나의 기氣로 음양과 오행은 서로 처음과 끝이 된다. 만물이

---

383) 《世宗實錄》即位年 戊戌 十月 戊子條. "上日, 然句讀經書, 無益於學, 必有心上功夫, 乃有益矣.".
384) 《訓民正音》解例本, "天地之道 一陰陽五行而已".

음양과 오행에 의하여 형체와 소리를 가지니 근본은 둘이 아니어서 리理와 수數가 통한다.[385]

리理는 천지의 도를 나타내며, 수數는 음양과 오행을 나타내는 수이다. 그리고 천지의 도에 의하여 이루어지는 천지의 변화는 일기一氣에 의하여 이루어지는 음양과 오행이다. 따라서 리理와 기氣의 본체와 작용은 둘이 아니다.

그럼에도 불구하고 오늘날의 훈민정음에 대한 연구는 본체 중심의 형이상적 측면에서 사상을 중심으로 연구하거나 형이하의 작용을 중심으로 구체적인 제자가 어떻게 이루어졌는지에 초점을 맞추어서 두 측면을 함께 나타내지 못하고 있다.

음양과 오행의 작용을 구체적으로 어떻게 적용하여 훈민정음을 제작하였는지에 대하여 여러 의견이 있다. 이정호 교수에 의하여 훈민정음의 창제가 역리易理에 근거하였음이 정설화定說化되면서 하도河圖와 낙서洛書를 제자와 관련하여 연구하기 시작하였다.[386]

학자들은 비록 이정호 교수가 하도河圖와 낙서洛書를 바탕으로 상형이자방고전象形而字倣古篆에 의하여 한글이 창제되었음을 밝혔지만 자음은 ㄱ, ㄴ, ㅁ, ㅅ, ㅇ의 기본음만을 밝혔고, 중성음도 •, ㅡ, ㅣ만을 밝혔기 때문에 상형의 문제가 충분하게 밝혀지지 못하였다고 지적하였다.[387]

상형이자방고전象形而字倣古篆임에도 불구하고 상형象形의 측면이 명확하지 드러나지 않았기 때문에 학자들은 자방고전字倣古篆에 치중하여 훈민정음이 기존의 어떤 글자를 기원으로 창제되었는지를 연구하여 몽고전자 기원설, 티베트문자 기원설, 산스크리트문자 기원설, 각필구결자 기원설과 같은 다양

---

385) 《訓民正音》解例本, "天地之化本一氣 陰陽五行相始終 物於兩間有形聲 元本無二理數通".
386) 《훈민정음의 구조원리 그 역학적 연구》, 이정호, 아세아문화사, 1990.
387) 〈훈민정음 제자해 정음이십팔자각상기형이제지에 대하여〉, 《한국어학》 제88권, 김양진, 한국어학회, 2020, 148.

한 주장들을 제기하였다. [388]

상형이자방고전象形而字倣古篆의 중심이 되는 상형象形은 발성기관을 대상으로 한다. 이때 발성기관을 모음이 발생하는 기관과 자음이 발생하는 기관의 둘로 나누어서 이해한다.

모음은 발음기관인 '혀 윗면을 포함한 공간'의 형상을 본뜬 것이며, 자음은 '입의 안과 밖을 포함해서 허하고, 실한 흩어지고 뭉치는 무겁고 가벼운 발음들이 구체적으로 실현되는 조음점'의 형상을 본뜬 것이라는 주장이 있다.

모음이 만들어진 '혀 윗면을 포함한 공간'이 하늘이며, 자음이 만들어진 '입의 안과 밖을 포함해서 허하고, 실한 흩어지고 뭉치는 무겁고 가벼운 발음들이 구체적으로 실현되는 조음점'이 땅이라는 주장이다. [389]

이정호 교수가 밝힌 이론체계를 더욱 구체화하여 체계적으로 밝히는 문제는 중요하다. 그렇기 때문에 기존의 학계의 학문적 활동은 바람직한 활동이라고 하지 않을 수 없다.

다만 이와 더불어 형이상의 측면에서 훈민정음의 창제가 갖는 의미를 밝히는 것이 필요하다. 그것은 훈민정음의 창제에 담긴 사상을 밝히는 일이다.

언어학적인 측면에서 훈민정음의 창제가 갖는 의미와 훈민정음의 독창성은 다양한 측면에서 많은 연구 성과가 도출되었다. 다만 사상적 측면은 아직도 부족한 부분이 있다.

이정호 교수에 의하여 하도와 낙서를 중심으로 훈민정음에 나타난 사상을 고찰하면서 한국적 특성이 드러나기 시작하였다. 그는 훈민정음의 28자를 28수宿와 관련하여 논의하기도 하였다.

그러나 그의 독창적이고 선구적인 연구 업적에도 불구하고, 한국사상적 특

---

388) 〈훈민정음 제자해 정음이십팔자각상기형이제지에 대하여〉, 《한국어학》 김양진, 제88권, 한국어학회, 2020, 163.
389) 〈훈민정음 제자해 정음이십팔자각상기형이제지에 대하여〉, 《한국어학》 김양진, 제88권, 한국어학회, 2020, 166.

성, 한국역학적 특성을 체계적이고 종합적으로 드러내지 못하였다. 그러면 훈민정음의 창제에 담긴 한국사상적 특성, 한국역학적 특성은 무엇인가?

훈민정음은 삼재의 도와 음양오행의 원리에 의하여 이루어졌다. 음양오행원리는 만물의 근원인 천지가 운행하는 원리로서 천지의 음양작용이 구체적으로는 오행작용으로 나타난다.[390] 이처럼 음양오행원리는 천지와 만물의 운행원리 곧 작용원리이다.[391]

음양오행원리는 삼재의 운행원리이다. 그렇기 때문에 음양오행원리가 삼재의 원리인 삼재의 도의 내용이다. 《주역》에서는 세계를 천지인의 삼재의 구조를 중심으로 형이상과 형이하의 도道와 기器를 통하여 나타내고 있다.

《십익》에서는 역도易道를 삼재三才의 도道로 규정하고 괘卦가 육효六爻인 까닭이 삼재의 음양작용을 표상하려는 것[392]이라고 하여 삼재의 도가 바로 역도임을 밝히고 있다.

역도가 삼재의 음양작용원리를 내용으로 하는 삼재의 도이며, 삼재의 음양오행원리를 바탕으로 훈민정음이 창제되었다는 것은 바꾸어 말하면 훈민정음이 역리易理의 표상 체계임을 의미한다.

역도의 측면에서 보면 훈민정음의 창제는 세종의 사고에 의해 구성된 것이 아니라 천지天地의 도道의 내용인 음양오행원리 자체의 자기 전개라고 말할 수 있다.

천지의 본성이 인간의 본성을 통하여 훈민정음의 창제라는 현상으로 나타났다. 따라서 매 순간에 이루어지는 인간의 삶이 본성의 나툼임을 알 수 있다.

음양오행의 원리는 만물의 생성과 인간의 생장은 물론 천지, 자연의 운행원리이기 때문에 천지에 존재하는 만물 가운데 그 어느 것도 음양오행을 벗어나

---

390) 《訓民正音》解例本, "天地之道 一陰陽五行而已".
391) 《訓民正音》解例本, "天地之化本一氣 陰陽五行相始終".
392) 《周易》, 계사하繫辭下 10, "易之爲書, 廣大悉備, 有天道焉, 有人道焉, 有地道焉. 兼三才而兩之, 故六. 六者非他也, 三才之道也.".

한국사상과 인간의 삶

서 존재할 수 없다. 따라서 인간의 목소리도 역시 음양오행원리를 벗어날 수 없다.[393]

또한 목소리에 의해 이루어진 말을 나타내는 글도 역시 음양오행원리를 벗어나지 않는다. 즉 천지자연의 소리가 있으면 반드시 그것을 나타내는 천지, 자연의 글자가 있게 마련이며, 소리에 따라 글자를 만들어서 만물의 뜻을 통하게 할 수 있다.[394] 그러면 구체적으로 훈민정음의 제작원리에 대해 살펴보자.

훈민정음은 초성初聲과 중성中聲 그리고 종성終聲의 세 부분으로 구성된다. 이때 초성과 중성 그리고 종성은 각각 천지인天地人 삼재三才를 상징한다. 초성은 하늘의 작용을 나타내고, 중성은 사람의 작용을 나타내며, 종성은 땅의 작용을 나타낸다.[395]

초성이 종성보다 앞서는 것은 하늘이 땅보다 앞서는 자연의 이치를 나타내는 것이다. 천天과 지地는 체용體用 관계이기 때문에 체體를 먼저 하고 용用을 뒤에 한다. 이 점에 대해 해례본解例本에서는 "그 움직여서 양陽인 것도 건乾이며, 고요하여 음陰인 것도 또한 건乾으로서, 건이 실하여 음과 양으로 나누어져 주관하고 다스리지 않는 것이 없기 때문에 초성을 다시 종성으로 사용한다."[396]라고 논하였다.

초성과 종성의 관계는 현상적 측면에서 보면 태초太初의 일기一氣가 두루 흘러서 다함이 없으며, 사시의 운행이 돌고 돌아서 끝이 없음을 상징한다. 초성이 다시 종성으로 이어지고 종성이 다시 초성으로 이어지는 것은 겨울에서 다시 봄이 시작되듯이, 순환하여 그침이 없는 천지의 작용을 상징한다.[397] 그

---

393) 《訓民正音》解例本, "凡有生類 在天地之間者 捨陰陽而何之 故人之聲音 皆有陰陽之理...夫人之有聲本於五行.".
394) 《訓民正音》解例本 序文, "有天地自然之聲 則必有天地自然之文 所以古人因聲制字 以通萬物之情 以載三才之道 而後世不能易也".
395) 《訓民正音》解例本. "初聲有發動之義 天之事也 終聲有止定之義 地之事也 中聲承初之生 接終之成 人之事也".
396) 《訓民正音》解例本. "終聲之復用初聲者, 以其動而陽者乾也, 靜而陰者亦乾也, 乾實分陰陽, 而無不君宰也".
397) 《訓民正音》解例本. "一元之氣, 周流不窮, 四時之運, 循環無窮, 初聲之復爲終, 終聲之復爲初, 亦此義也.".

러면 초성과 종성으로 쓰이는 자음의 구성에 대해 살펴보자.

초성은 아牙, 설舌, 순脣, 치齒, 후喉의 발음기관의 모양을 본떠서 제작하였다. 초성은 모두 17자로 목木, 화火, 토土, 금金, 수水의 오행에 의해 어금니(牙), 혀(舌), 입술(脣), 치아(齒), 목구멍(喉)의 다섯 기관을 중심으로 그 모양을 본뜬 것이다.

목구멍은 깊숙하고 물기가 있어서 수水에 해당하는데, 그 소리가 텅 비고 걸림이 없는 것이 물속이 환하고 잘 흐르는 것과 같다. 어금니는 얽히고 길어서 목木에 해당하는데, 어금니에서 나는 소리는 목구멍에서 나는 소리와 비슷하지만 그 실實함이 나무가 물에서 나지만 물에 없는 형상을 갖고 있는 것과 같다.

혀는 날카롭고 움직이는 것으로 화火에 해당하는데, 혀에서 나는 소리가 구르며 나는 것이 마치 불이 타오르면서 너울거리는 것과 같다. 치아는 단단하여 음식을 씹으니 금金에 해당하는데, 치아에서 나는 소리가 부스러지면서 정체되는 것은 쇠가 잘게 부서져서 쇳덩이가 되는 것과 같다. 입술은 모나고 다물어져 토土에 해당하는데, 그 소리가 머금고 넓은 것은 마치 흙이 만물을 머금어서 넓고 큰 것과 같다.

오행 가운데 물은 만물을 낳는 근원이고, 불은 만물을 완성하는 작용이기 때문에 수와 화가 중요하듯이, 목구멍은 소리를 내는 문이며 혀는 소리를 가르는 고동으로 목구멍소리와 혓소리가 가장 근본이 된다. 그러면 구체적으로 목구멍, 혀, 치아, 입술, 어금니의 모양을 본떠서 어떻게 초성을 제작했는지 살펴보자.

아음牙音인 ㄱ은 혀의 뿌리가 목구멍을 닫는 형상을 본뜬 것이고, 설음舌音인 ㄴ은 혀가 윗잇몸에 닿는 형상을 본뜬 것이다. 순음脣音인 ㅁ은 입의 형상을 본뜬 것이고, 치음齒音인 ㅅ은 치아의 형상을 본뜬 것이며, 후음喉音인 ㅇ은 목구멍의 형상을 본뜬 것이다.

한국사상과 인간의 삶

ㅋ은 ㄱ에 비해 소리가 조금 거세므로 획을 더한 것이다. ㄴ에서 ㄷ, ㄷ에서 ㅌ, ㅁ에서 ㅂ, ㅂ에서 ㅍ, ㅅ에서 ㅈ, ㅈ에서 ㅊ, ㅇ에서 ㆆ, ㆆ에서 ㅎ도 그 소리에 의해 획을 더한 것이다. 그러나 ㆁ은 다르다. 왜냐하면 ㆁ은 ㅇ에서 유래되었지만 발음되는 부위가 목구멍을 떠나서 어금니이기 때문이다.

반설음 ㄹ과 반치음 ㅿ도 또한 혀와 치아의 형상을 본떴으나 그 체용이 다르며 획을 더한 것은 아니다. 이 가운데 ㄱ, ㄷ, ㅂ, ㅈ, ㅅ, ㆆ은 완전히 맑은 소리(全淸)이고 ㅋ, ㅍ, ㅌ, ㅊ, ㅎ은 비교적 맑은 소리(次淸)이며 ㄲ, ㄸ, ㅃ, ㅉ, ㅆ, ㆅ은 완전히 흐린소리(全濁)이고 ㆁ, ㄴ, ㅁ, ㅇ, ㄹ, ㅿ은 맑지도 흐리지도 않은 소리(不淸不濁)이다.

이 23자의 자음을 오음五音으로 구분하면 다음과 같다. 즉 ㄱ, ㅋ, ㄲ, ㆁ은 아음이고 ㄷ, ㅌ, ㄸ, ㄴ은 설음이다. 그리고 ㅂ, ㅍ, ㅃ, ㅁ은 순음이며 ㅈ, ㅊ, ㅉ, ㅅ, ㅆ은 치음이고 ㅇ, ㆁ, ㆆ, ㅎ, ㆅ은 후음이다. 또한 ㄹ은 반설음이고 ㅿ은 반치음이다. 그러면 모음은 어떻게 제작되었는가?

중성中聲은 천지인삼재와 그 관계를 중심으로 형상화하여 구성하였다. 중성은 모두 11자로 그 기본은 ·, ㅡ, ㅣ이다. ·는 둥근 하늘을 본뜬 것으로 혀가 오그라들고 소리가 깊어서 하늘이 자子에서 열리는 것을 의미한다. ㅡ는 평평한 땅을 본뜬 것으로 혀가 조금 오그라들고 소리가 깊지도 얕지도 않아서 땅이 축丑에서 펴지는 것을 의미한다. ㅣ는 사람이 서 있는 모습을 본뜬 것으로 혀가 오그라지지 않고 소리가 얕아서 사람이 인寅에서 태어난 것을 상징한다.

이 세 글자를 기본으로 하여 그 관계를 중심으로 나머지 8자가 이루어진다. 이것은 천지인삼재의 음양작용, 즉 합벽闔闢작용을 상징한다.

ㅗ는 천일생수天一生水의 자리이며, ㅏ는 천삼생목天三生木의 자리이다. ㅜ는 지이생화地二生火의 자리이고, ㅓ는 지사생금地四生金의 자리이다.

ㅛ는 천칠성화天七成火의 수이고, ㅑ는 천구성금天九成金의 수이다. ㅠ는 지륙성수地六成水의 수이고, ㅕ는 지팔성목地八成木의 수이다. 수水와 화火는 기

氣를 떠나지 않으면서 음과 양이 사귀어 하나가 되는 처음이므로 합闔하고, 목木과 금金은 음과 양이 고정한 질質이어서 벽闢한다.

•는 천오생토天五生土의 자리를 나타내며, ㅡ는 지십성토地十成土의 수를 나타낸다. 오직 ㅣ는 그 자리와 수가 없는데, 사람은 무극无極의 진리와 음양오행의 정기精氣가 신묘하게 엉겨서 생긴 존재이므로 일정한 자리와 수에 의해 논할 수 없기 때문이다.

ㅗ, ㅜ는 •와 ㅡ가 합해진 것으로 하늘과 땅이 처음으로 사귀는 뜻을 취한 것이다. ㅏ, ㅓ는 ㅣ와 •가 합해진 것으로 하늘과 땅의 작용이 사물에 피어나되 사람을 기다려서 이루어진 것을 상징한다.

ㅛ, ㅠ, ㅑ, ㅕ는 각각 ㅗ, ㅜ, ㅏ, ㅓ와 같은데, ㅣ에서 일어난다는 뜻을 취한 것이다. ㅗ, ㅏ, ㅜ, ㅓ가 그 •를 하나로 하는 것은 처음 일어난 뜻을 취한 것이고, ㅛ, ㅑ, ㅠ, ㅕ가 •를 둘로 하는 것은 두 번째 일어난 뜻을 취한 것이다.

ㅗ, ㅏ, ㅛ, ㅑ의 •가 위와 밖에 있는 것은 하늘에서 나서 양陽이 되었기 때문이고 ㅜ, ㅓ, ㅠ, ㅕ의 •가 아래와 안에 있는 것은 땅에서 나서 음陰이 되었기 때문이다. •가 여덟 소리에 모두 들어 있는 것은 양이 음을 거느려 만물에 두루 흐르는 것을 나타낸다. 그리고 ㅛ, ㅑ, ㅠ, ㅕ가 전부 사람을 겸비하고 있는 것은 사람이 만물의 영장으로 능히 하늘과 땅의 일에 참여하기 때문이다. 그러면 초성과 종성은 어떤 관계인가?

초성은 음양이 나누어져 오행의 기氣가 갖추어지는 하늘의 작용이며, 종성은 강유剛柔가 나타나서 음양의 질質이 이루어지는 땅의 공능을 나타낸다.

그리고 초성은 다시 종성으로 사용되는데, 그 까닭은 사시가 겨울에서 다시 봄으로 이어져 순환하듯이, 태초의 기운이 두루 흐르고 흘러서 다함이 없음을 나타낸다. 즉 만물이 땅에서 나서 다시 땅으로 돌아가는 이치를 그대로 나타낸 것이다.[398] 그러면 하나의 글자는 어떻게 형성되는가?

---

398) 《訓民正音》解例本, "以初聲對中聲而言之 陰陽天道也 剛柔地道也 中聲者一深一淺一闔一闢 是則陰陽分而五行之氣具焉 天之用也 初聲者 或虛或實或颺或滯或重若輕 是則剛柔著而五行之質成焉 地之

한국사상과 인간의 삶

초성과 중성, 종성의 세 소리가 합하여 글자를 이룬다.[399] 초성과 중성 그리고 종성이 하나의 글자를 이루는 것은 동정이 서로 뿌리박고 음과 양이 서로 사귀어 변화하는 것을 상징한다. 움직이는 것은 하늘이며, 고요한 것은 땅이고, 양자를 겸한 것은 사람이다. 오행은 하늘에서는 신神의 운행이며, 땅에서는 질質의 완성이고, 사람에서는 인仁, 의義, 예禮, 지智, 신信의 운행이다.[400] 그러면 초성과 중성이 어떻게 결합되는가?

초성과 중성을 결합하여 음을 형성하는 것은 중성이다. 중성은 초성과 종성의 가운데서 양자를 하나로 합슴하여 하나의 글자를 형성한다.[401] 이처럼 중성은 양자를 하나로 합闔하고 다시 둘로 나누는 합벽闔闢작용을 한다.[402]

합벽작용은 천지의 작용을 나타낸다. 《주역》에서는 "문을 닫는 것과 같은 작용을 곤坤이라고 말하고, 문을 여는 것과 같은 작용을 건乾이라고 말하며, 한 번은 닫고 한 번은 여는 것을 변變이라고 말하고, 왕래往來가 다함이 없는 것을 통通이라고 한다.[403]"라고 하였다.

건곤은 천지의 도를 나타내는 괘이다. 따라서 합벽은 천지의 도의 작용을 상징한다. 이처럼 천지의 작용인 합벽을 음양과 오행으로 나타낸다. 그리고 합벽이 인간을 상징하는 중성에 의하여 이루어진다고 하였다.

그런데 초성과 중성의 관계를 보면 천의 작용을 중성에 의하여 표현된다. 그러나 초성과 종성이 합하여 형성된 글자의 측면에서 보면 움직임은 천天이고, 고요함은 지地이며, 움직임과 고요함을 겸하여 서로 바뀌는 것이 인人이

功也 中聲以深淺闔闢唱之於前 初聲以五音淸濁和之於後 而為初亦為終 亦可見萬物初生於地 復歸於地也".

399) 《訓民正音》解例本, "初中終三聲 合而成字 初聲或在中聲之上 或在中聲之左 如君字ㄱ在ㅜ上 業字ㆁ在ㅓ左之類 中聲則圓者橫者在初聲之下, ㆍㅡㅗㅛㅜㅠ是也 縱者在初聲之右 ㅣㅏㅑㅓㅕ是也 如吞字ㆍ在ㅌ下, 卽字ㅡ在ㅈ下, 侵字ㅣ在ㅊ右之類 終聲在初中之下 如君字ㄴ在구下, 業字ㅂ在어下之類".

400) 《訓民正音》解例本, "以初中終合成之字言之 亦有動靜互根陰陽交變之義焉 動者天也 靜者地也 兼互動靜者人也 盖五行在天則神之運也 在地則質之成也 在人則仁禮信義智神之運也".

401) 《訓民正音》解例本, "中聲者 居字韻之中 合初終而成音".

402) 《訓民正音》解例本, "中聲者 一深一淺一闔一闢 是則陰陽分而五行之氣具焉 天之用也".

403) 《주역》 계사상繫辭上 11, "闔戶謂之坤 闢戶謂之乾 一闔一闢謂之變 往來不窮謂之通".

다.[404] 이처럼 중성은 초성의 생生을 이어서 종성의 성成으로 이어 줄 뿐만 아니라 다시 종성의 생生을 이어서 초성의 성成을 이어 준다.[405]

초성은 하늘의 일을, 종성은 땅의 일을, 그리고 중성은 초성을 받아 종성을 이루는 사람의 일을 나타낸다. 그러나 초성과 종성이 중성을 매개로 하여 세 소리가 합하여 하나의 글자가 형성된다.

하나의 글자는 초성에서 시생하여 종성에서 종성하는 생성을 나타내는 동시에 종성에서 시생하여 초성에서 종성하는 생성을 나타낸다.

천에서 시작하여 지에 이르는 천의 작용과 지에서 시작하여 천에 이르는 지의 작용이 인간에서 하나가 되는 사건은 고조선사상에서 나타내고 있는 영원한 현재의 시간관을 바탕으로 전개되는 생성의 세계관을 나타낸다. 그러면 훈민정음의 창제와 사용은 어떤 의미를 갖는가?

세종의 훈민정음의 창제와 지금 여기의 우리가 훈민정음을 사용함은 영원한 현재적 관점에서 이루어지는 생성이다. 바로 한글의 창제와 글자와 글자가 결합하여 하나의 단어가 되고, 단어가 모여서 문장이 되며, 문장이 모여서 하나의 글이 되는 사건의 생성이 모두 영원한 현재이다.

그리고 훈민정음의 창제와 매 순간의 훈민정음의 사용은 그것을 도구로 하여 매 순간의 사건을 창조하고, 창조한 사건이 완성되면서 새로워지는 진화의 연속인 생성이다. 이처럼 변화는 매 순간 새로워지는 진화이며, 매 순간 다양해지는 창조이다. 그것이 훈민정음이 갖는 한국사상적 특성이다.

훈민정음의 창제를 물건적 관점에서 대상화하여 나타내면 한 글자 한 글자마다 하늘과 땅이 합일合一하여 만물을 생성生成하고 화육化育하는 작용의 중

---

404) 《訓民正音》解例本, "以初中終合成之字言之 亦有動靜互根陰陽交變之義焉 動者天也 靜者地也 兼互動靜者人也".

405) 《訓民正音》解例本, "以初聲對中聲而言之 陰陽天道也 剛柔地道也 中聲者一深一淺一闔一闢 是則陰陽分而五行之氣具焉 天之用也 初聲者 或虛或實或颺或滯或重若輕 是則剛柔著而五行之質成焉 地之功也 中聲以深淺闔闢唱之於前 初聲以五音淸濁和之於後 而為初亦為終 亦可見萬物初生於地 復歸於地也".

심에서 인간이 마름질함으로써 천지인天地人의 삼재三才가 합일슴一하여 작용하는 세계를 나타낸다.[406] 그러면 한글의 창제가 갖는 한국사상사적韓國思想史的 의미는 무엇인가?

세종 당시의 한자는 일부의 계층이 사용할 수 있는 전용물로 백성들은 사용할 수 없었다. 그것은 당시 한자가 하나의 권력이었음을 뜻한다. 따라서 이미 한자를 사용하고 있는 양반과 사대부들의 대부분이 한글의 창제를 반대하지 않을 수 없다.

한글의 창제를 반대하는 사람의 의견을 가장 잘 대변한 인물은 당시 집현전集賢殿의 부제학副提學인 최만리崔萬理이다. 그는 한글의 창제에 대하여 다음과 같은 반대의 의견을 제시하였다.

> 우리 조선은 조종祖宗 이래 지성으로 사대하고 한결같이 중화中華의 제도를 준행하였는데, 이제 문장과 법도를 같이하는(同文同軌) 때를 당하여 언문을 창작하신 것은 보고 듣기에 놀라움이 있습니다… 어찌 대국을 섬기고 중화를 사모하는 데 부끄러움이 없겠습니까… 역대로 중국에서 모두 우리나라는 기자箕子의 유풍이 있다 하고, 문물과 예악을 중화에 견주어 말하기도 하는데, 이제 따로 언문을 만드는 것은 중국을 버리고 스스로 이적夷狄과 같아지려는 것이니… 어찌 문명의 큰 흠절이 아니겠습니까.[407]

위의 내용을 보면 한자에 의하여 형성된 중국문화로부터의 새로운 문화를 창조하는 시작이 한글의 창제로부터 시작됨을 알 수 있다.

최만리가 한글의 창제를 반대하는 까닭은 한글로 인하여 중국문화로부터

---

406) 《訓民正音》解例本, "韻成要在中聲用 人能輔相天地宜".

407) 《世宗實錄》世宗 26年 2月 20日, "我朝自祖宗以來 至誠事大 一遵華制 今當同文同軌之時 創作諺文 有駭觀聽 儻曰諺文皆本古字 非新字也 則字形雖倣古之篆文 用音合字 盡反於古 實無所據 若流中國 或有非議之者 豈不有愧於事大慕華…歷代中國 皆以我國 有箕子遺風 文物禮樂 比擬中華 今別作諺文 捨中國而自同於夷狄 是所謂棄蘇合之香 而取螗蜋之丸也 豈非文明之大累哉".

이탈하여 다른 새로운 문화를 창달暢達함을 염려하였기 때문이다. 그러면 훈민정음의 창제 이전에는 한국문화가 없었는가?

훈민정음의 창제 이전에도 한국사상에 바탕을 둔 한국문화는 존재하였다. 다만 한국사상, 한국문화를 표현하는 도구가 우리의 소리를 다 담을 수 없는 한자였다가 비로소 우리의 소리를 담을 수 있는 훈민정음이 창제되었음을 뜻한다.

한글 창제가 갖는 실용적인 측면은 그동안 표의문자인 한자를 사용하면서 조선의 사람들이 생활과 괴리되는 불편함을 해소했다는 점이다. 백성들이 일상의 삶에서 서로 소통을 원활하게 할 수 없었을 뿐만 아니라 심지어는 생명과 직결되는 송사에 있어서도 자신의 의견을 제대로 개진할 수 없었다.

> 이로써 글을 해석하면 그 뜻을 알 수 있고, 송사를 청단하면 그 실정을 알아낼 수 있다. 자운字韻은 청탁淸濁을 능히 분별할 수 있고, 악가樂歌는 율려律呂가 능히 화합할 수 있어서 사용하여 구비하지 않은 것이 없으며, 어디를 가더라도 통하지 않는 곳이 없어서, 비록 바람 소리와 학 울음, 닭 울음소리나 개 짖는 소리까지도 모두 표현해 쓸 수 있게 되었다.[408]

한글은 누구나 쉽고 빠르고 배울 수 있을 뿐만 아니라 생활의 모든 방면에서 표현하지 못하는 것이 없어서 백성들의 삶의 질을 현격하게 높였다. 이는 또한 한자를 사용하는 일부의 계층들이 독점했던 권력을 함께 나누어 갖는 평등이 이루어지는 길이었다. 그렇기 때문에 당시의 한자를 사용했던 사람들이 반대하지 않을 수 없었다.

이조판서 허조가 아뢰기를, "신은 폐단이 일어나지 않을까 두렵습니다. 간악한

---

408) 《世宗實錄》世宗 28年 9月 29.

백성(奸民)이 진실로 율문을 알게 되면, 죄의 크고 작은 것을 헤아려서 두려워하고 꺼리는 바가 없이 법을 제 마음대로 농간하는 무리가 이로부터 일어날 것입니다.[409]

한자를 사용한다고 하여 모두 법을 농간하는 것은 아니다. 만약 그렇다면 당시의 한자를 사용하는 관리와 사대부들이 법을 농간하였다고 할 수 있다.

최만리와 허조를 막론하고 한글의 창제를 반대했던 사람들의 마음은 백성과 관리가 하나의 언어를 사용하는 평등한 세상을 반대했다고 할 수 있다. 그러면 세종은 단순하게 백성들로 하여금 송사에서 억울함이 없도록 하려고 하였는가?

공자는 자신도 송사를 남과 같이 해결할 수 있지만 자신이 원하는 것은 송사 자체가 없는 세상을 원한다고 하였다. 세종이 삼경과 사서를 바탕으로 유학을 연구하였기 때문에 공자의 뜻을 구현하는 세상을 만들고자 하였음을 알 수 있다.

세종이 원하는 세상은 송사가 일어나기 전에 백성들이 서로 의사소통이 잘 이루어져 송사 자체가 일어나지 않는 세상이다. 그러면 세종이 훈민정음을 통하여 구현하고자 했던 세상은 단순하게 유학의 이상理想일 뿐인가?

세종이 한글을 통하여 꿈꾸었던 세상은 훈민정음의 창제원리에 담긴 사상을 통하여 찾을 수 있다. 그것은 세종이 무엇을 위하여 훈민정음을 창제했는지 그리고 훈민정음을 통하여 꿈꾸었던 미래가 무엇인지를 찾는 문제이다. 그러면 훈민정음의 창제에 담긴 사상은 무엇인가?

훈민정음은 초성과 중성 그리고 초성의 세 요소가 중심이 되어 저작되었다. 이때 초성은 천문을 나타내고, 중성은 인문을 나타내며, 종성은 지문을 나타낸다. 따라서 하나의 글자에 담긴 사상은 천지인의 삼재가 하나가 된 세상을

---

409) 《世宗實錄》世宗 14年 11月 7.

나타낸다. 그러면 단순하게 삼재가 하나가 된 세상을 나타내고 있는가?

초성과 중성이 합하여 하나가 되는 것은 중성에 의하여 이루어진다. 따라서 훈민정음에서 나타내는 천지인의 삼재가 합일되는 세계는 인간을 통하여 이루어짐을 알 수 있다. 그러면 글자와 글자가 결합하여 하나의 문장이 되고, 문장과 문장이 결합하여 글이 되는 것은 어떤 의미를 담고 있는가?

초성을 다시 종성으로 쓰는 것은 천문이 인간을 매개로 하여 지문으로 드러남을 나타낸다. 그것은 훈민정음이 천문에서 시작하여 인간을 매개로 지문으로 드러나는 변화와 더불어 지문으로 드러난 변화가 다시 인간을 매개로 하여 천문으로 돌아가는 두 방향의 변화를 함께 나타냄을 뜻한다. 그러면 이것이 무엇을 의미하는가?

《주역》에서는 형이하의 기로부터 형이상의 도를 향하는 역방향과 도로부터 출발하여 기에 이르는 순방향을 구분하여 역방향에서 인도를 나타낸다. 그리고 천도는 위로부터 아래로 작용하고, 지도는 아래로부터 위로 작용한다고 하여 천도와 지도가 순방향과 역방향에서 작용함을 밝히고 있다. 그러면 《주역》은 무엇을 나타내는가?

《주역》에서는 궁리, 진성, 지명의 과정을 거쳐서 이루어지는 지천명을 논하고, 순방향에서는 천명을 실천하는 삶을 논하여 성명의 이치를 논하고 있다. 따라서 《주역》은 역으로부터 출발하여 순에 이르는 방향을 논하고 있다.

그러나 훈민정음에서는 초성을 그대로 종성으로 쓰는 것을 통하여 순順방향의 사건과 종성에서 초성으로 돌아가는 역逆방향의 사건을 하나로 나타내고 있다. 그것은 물건적 관점에서 도道와 기器를 구분하여 이해하는 중국사상과 달리 사건적 관점에서 순역을 하나의 생성生成을 나타내고 있음을 뜻한다.

초성에서 시작하여 종성에서 끝나는 사건이 그대로 종성에서 시작하여 초성에서 끝나는 사건이다. 바로 훈민정음에서는 천도가 아래로 작용하여 지도로 드러나고, 지도가 위로 작용하여 천도로 귀체, 귀공함을 하나의 글자에 담아서 나타내고 있다.

> 일원一元의 기운이 두루 흘러서 다함이 없으니 네 계절의 운행이 순환하여 끝이
> 없다. 그러므로 정貞이 가고 다시 원元이 오고, 겨울이 가고 다시 봄이 온다. 초성
> 이 다시 종성이 되고, 종성이 다시 초성이 됨이 모두 이러한 뜻이다.[410)]

초성에서 종성을 향하고, 다시 종성에서 초성으로 돌아오는 두 방향의 작용
이 음양작용이며, 음양작용을 본체와 사상四象으로 나타낸 것이 오행작용이다.
이처럼 음양과 오행으로 나타내고, 본체와 작용으로 나타내며, 형이상의 도, 리
와 형이하의 기, 기로 삼재의 세계를 나타내는 것이 중국사상의 특성이다.

그러나 고조선사상은 시간성의 시간화와 시간의 시간성화가 하나인 흔님,
환인사상이다. 이처럼 시간성의 시간화와 시간의 시간성화가 둘이 아닌 환인
의 경계는 영원한 현재이다. 따라서 고조선사상은 영원한 현재를 바탕으로 전
개된 생성의 세계를 나타낸다.

한글이 저작되는 원리를 초성에서 종성을 향하는 방향과 종성에서 초성을
향하는 두 방향에서 살펴보면 초성에서 시작하여 종성에서 끝나는 사건은 환
웅을 통하여 상징하는 시간성의 시간화이며, 종성에서 시작하여 초성에서 끝
나는 사건은 웅호를 통하여 나타내는 시간의 시간성화이다. 따라서 흔님사상,
환인사상이 한글로 나타났다고 할 수 있다. 그러면 영원한 현재의 내용인 생
성은 어떻게 표현되는가?

한글의 글자와 글자를 결합하여 단어를 만들고, 단어와 단어를 결합하여 문
장을 만들며, 문장과 문장을 결합하여 글을 만들어서 서로 소통하는 것은 바
로 영원한 현재의 내용인 생성이다. 오늘날 우리가 한글을 사용하여 사고하고
문자로 나타내는 삶이 그대로 생성이다. 따라서 한글은 고조선사상을 나타내

---

410) 《訓民正音》解例本, "一元之氣 周流不窮 四時之運 循環無端 故貞而復元 冬而復春 初聲之復爲終 終聲
之復爲初 亦此義也".

고 있다.

한글이 중국유학을 도구로 하여 창제되었지만 고조선사상을 나타내고 있기 때문에 한자와 다른 특성을 갖는다. 우선 형태상으로 보면 한자가 표의문자인 것과 달리 한글은 표음문자이다. 그러면 글자의 제작원리, 형태의 측면에서 한자와 어떻게 다른가?

《설문해자說文解字》를 보면 한자의 제작원리를 삼재를 중심으로 나타내고 있다. 《주역》에서 밝히고 있는 바와 같이 세계를 시간과 공간의 측면에서 사건과 물건으로 나누어서 사건의 세계는 천天으로 그리고 물건의 세계는 지地로 나타내고 있다.

그리고 사건과 물건의 근거가 되는 형이상적 존재를 도로 규정하고 있다. 이를 통하여 천지인天地人의 삼재의 세계의 근거가 천도天道, 지도地道, 인도人道를 내용으로 하는 삼재의 도임을 나타내고 있다. 이처럼 세계를 천지와 그것을 인식하는 주체인 인간으로 구분하여 삼재를 별개로 나타내고 있는 것이 한자이다.

한자는 삼재 각각의 측면에서 물건의 세계를 나타내는 상형象形문자와 사건의 세계를 나타내는 지사指事문자로 구성되었다. 그리고 이 양자를 바탕으로 형성形聲문자와 회의會意문자가 구성되었다.

그것은 천지의 세계, 사물의 세계를 나타내는 상형과 지사가 먼저 구성되고, 이어서 양자가 더하여진 형성과 회의를 통하여 사물을 구분하여 상형하고, 지사하는 주체인 인간의 세계를 나타낸 것임을 뜻한다. 그리고 앞의 네 가지의 문자를 구성하는 원리를 바탕으로 전주轉注와 가차假借라는 운용원리를 더하여 여섯 가지의 한자를 구성하고 운용하는 원리를 밝히고 있다.

그러나 한글은 삼재가 하나가 되어 나타나고 있다. 초성과 종성은 각각 천天과 지地를 나타내고, 중성은 인간을 나타낸다. 초성을 그대로 종성으로 사용하는 것은 하늘의 뜻이 땅에서 드러나는 것으로 이것이 바로 순順방향을 나타낸다. 그리고 종성을 중성을 매개로 하여 초성과 하나로 연결하는 것은 역逆 방향을 나타낸다. 이처럼 순역順逆이 합일合一됨으로써 천지인天地人이 합일 合一된 세계를 상징적으로 나타내고 있는 것이 한글의 각 글자 하나이다. 그러 면 한글 창제에 나타난 한국유학은 성리학과 어떤 차이가 있는가?

성리학의 학문 방법을 보면 거경궁리이다. 이때 궁리의 구체적인 방법으로 격물치지를 제시한다. 그런데 이러한 학문 방법은 공자가 제시한 학문 방법과 차이가 있다. 그렇기 때문에 후대의 학자들이 성리학은 공맹의 정통이 아니라 는 비판을 한다. 그러면 공자의 학문 방법과 성리학의 학문 방법이 어떤 차이 가 있는가?

공자는 나를 중심으로 삶 가운데서 만나는 사물을 주체화, 내면화하여 이해 함으로써 성명합일을 이루고 그것을 바탕으로 비로소 내 안의 참나인 성품을 확충하는 안인, 안백성을 제시한다. 따라서 주체와 객체를 나누어서 객체를 중심으로 주체가 수동적으로 사물의 이치를 수집하여 저장하는 격물치지를 논하지 않는다. 그러면 한글 창제는 유학의 학문 방법을 수용하고 있는가?

한글은 종성에서 초성을 향하는 방향을 통하여 수기의 문제를 포함하고 있 고, 초성에서 종성을 향하는 방향을 통하여 안인, 안백성의 문제를 포함하고 있다.

그러나 한글에는 양자가 하나일 뿐만 아니라 순서 역시 순방향이 먼저이고, 역방향이 뒤라고 할 수 있다. 따라서 중국유학이 역방향에서 출발하여 순방향 에 도달하고자 하는 방법과는 차이가 있지만 두 문제가 본래 둘이 아님을 나 타내고 있는 점에서 한국적으로 표현된 유학인 한국유학이라고 하지 않을 수 없다. 그러면 한국사상사적 측면에서 한글의 창제가 갖는 의미는 무엇인가?

고조선에서 시작된 한국사상이 삼국과 고려를 거쳐서 조선에 이르면서 외 래사상인 중국의 유불도儒佛道 사상을 수용하여 한국화韓國化하는 과정을 거 친다. 이 과정에서 도가道家, 도교道教를 바탕으로 시작된 중국사상의 한국화가 고려시대에 이르러서 비로소 한국불교로 생장生長하였다.

조선에 이르면 한국불교로 생장한 한국사상이 한국유학韓國儒學으로 장성長成하였다. 한국사상의 장성은 조선의 말기末期에 이르러서 비로소 이루어진다. 한국사상의 장성이 이루어지는 조선 역시 생장성生長成의 세 마디로 구분하여 이해할 수 있다.

조선의 초기는 성리학을 바탕으로 한 한국유학의 한국화가 시작되는 출생기出生期라고 할 수 있고, 16세기는 성리학의 한국화의 생장기生長期라고 할 수 있으며, 19세기에서 20세기는 한국유학의 장성기長成期이면서 동시에 한국사상의 분가기分家期라고 할 수 있다.

한국사상의 장성기인 조선의 초기 사상을 살펴볼 수 있는 대표적인 자료가 한글이다. 한글은 고조선에서 고려를 거치고 조선에 들어오면서 중국사상의 특징인 삼재적 세계관, 물건적 세계관을 바탕으로 이루어진 역逆방향 중심, 수도修道 중심, 학문 중심의 인간관을 한국화할 수 있는 토대가 형성되었음을 나타낸다.

그것은 중국이 삼재를 구분하여 인도人道를 중심으로 성명性命원리가 중심이 되는 성리학性理學을 역방향에서 수양론修養論, 수기론修己論을 중심으로 체계화한 것과 달리 한글에서는 삼재가 하나가 되고, 순역順逆이 하나가 된 세계 곧 도道 자체의 관점에서 세계와 인간을 이해하였음을 뜻한다.

조선의 사상사는 삼재의 합일, 순역의 합일을 바탕으로 도에서 만물이 생성되고 다시 만물의 생성이 그대로 도로 수렴되는 생성의 측면, 고조선사상의 내용인 시간성의 시간화의 측면, 신도神道와 천도天道를 중심으로 중국유학을 한국화함으로써 한국유학을 완성하는 과정이었다. 그러면 인간관의 관점에서는 한글의 창제가 갖는 의미는 무엇인가?

그것은 천지를 나타내는 초성과 종성이 인간을 나타내는 중성인 모음에 의하여 결합되고 흩어짐을 통하여 확인할 수 있다. 천지가 하나가 되어 천지의 역할을 할 수 있는 것은 인간이 있기 때문이다. 그렇기 때문에 인간이 인간다운 삶을 살아가지 않으면 천天이 천天이 될 수 없으며, 지地가 지地가 될 수 없다.

천이 시간성의 세계를 나타내고, 지는 공간성의 세계를 나타낸다. 그것은 천이 영원의 세계를 나타내며, 지가 영원의 세계가 나타난 현상으로서의 사물의 세계를 나타냄을 뜻한다. 그렇기 때문에 인간에 의하여 천지가 제 역할을 할 수 있음은 시공의 세계가 시공으로 존재할 수 있는 까닭이 인간에 있음을 뜻한다.

세종은 한글의 창제를 통하여 유학사상이 삶에서 어떻게 작용할 수 있는지를 잘 보여 주었다. 그는 한글의 창제뿐만 아니라 측우기測雨器를 발명하고, 천문도天文圖를 제작하는 것과 같이 사상을 삶에서 구현하는 과학적 활동이 둘이 아님을 보여 주었다.

훈민정음을 처음 접했던 외국인들은 간단하면서도 독창적이고, 배우기 쉬우며, 과학적으로 발명된 문자라는 다양한 평가를 하였다.[411]

한글은 표음문자임에도 불구하고 문자 자체가 천지와 만물의 지극한 이치를 모두 드러내고 있는 독특한 특성을 갖고 있다.

자음과 모음의 구성원리는 물론 하나의 글자를 구성하는 원리, 나아가 글자의 운용원리가 모두 천天과 지地 그리고 인人의 삼재三才의 이치를 그대로 드러내고 있다.

훈민정음은 단순하게 언어를 드러내는 글자가 아니라 천도와 지도, 인도가 둘이 아니고, 종교와 과학, 인문이 둘이 아닌 신도神道의 경계를 나타낸다.

한글의 창제가 갖는 또 하나의 의미는 고조선의 한국전통사상을 바탕으로 시작된 한국사상이 중국의 도교, 도가를 수입하고, 불교를 수입하여 한국화하는 과정을 거쳐서 조선에 이르면 성리학을 치국이념으로 하여 중국유학이 비

---

411) 〈20세기 초 전후, '훈민정음'의 재탄생과 한계〉,《한국민족문화》서민정, 제82호, 부산대학교 한국민족문화연구소, 2022, 37.

로소 한국화하기 시작하였다. 이처럼 중국사상의 한국화가 조선에 이르러서 장성의 단계에 접어들면서 한글의 창제라는 사건으로 나타났다.

한국이 세종에 의하여 창제되었다는 것과 더불어 한국사상의 주제인 시간성을 통하여 중국유학의 주제인 천인합일을 나타낸 점에서 한국사상을 담고 있는 한국사상의 상징체계인 동시에 한국문화의 표본이라고 할 수 있다. 그러면 시간성을 어떻게 표현하였는가?

한글은 한국고유사상을 바탕으로 유학의 경계를 문자를 통하여 나타냄으로써 한국사상의 구현과 활용이 어떻게 이루어질 수 있는지를 잘 보여 주는 사례이다. 그것은 한글의 창제를 통하여 하나의 사상이 삶에서 어떤 역할을 할 수 있는지를 잘 보여 주고 있음을 뜻한다.

성리학자들도 유학에 근거하여 한자의 제자원리를 밝히고자 하였다. 북송의 소강절은 상수역학을 어음語音에 접목시켜서 세상의 말소리에 대한 관념체계를 제시하였다.

그는 말소리인 성聲과 글자음인 음音을 나누어서 각각 천성도天聲圖와 지음도地音圖로 나타내었다. 천성도天聲圖에서는 평상거입平上去入의 사성四聲을 천도天道의 사상四象에 상응하는 일월성신日月星辰으로 나누고, 이를 다시 흡벽翕闢으로 나누었다.

지음도地音圖에서는 글자음의 개발수폐開發收閉를 땅의 사상四象인 수화목석水火木石과 관련시켜서 청음淸音과 탁음濁音으로 나누어서 나타내었다.

소강절은 〈성음창화도聲音唱和圖〉를 통하여 정성正聲 160성聲과 정음正音 192음音이 결합하여 30,720개의 보편적인 어음체계를 도출하였다. 그러나 한자는 본래 표의表意문자이기 때문에 음音을 나타낼 수 없는 문자이다. 따라서 소강절 이후에 제작된 모든 운도韻圖는 세간의 논란을 가중시켰다.[412]

훈민정음은 한자와 같이 유학의 존재론적 근거인 역도를 나타나낸 상수역

---

412) 〈象數易學 기반의 훈민정음에 구현된 말글체계〉, 《민족문화》 제53집, 심소희, 한국고전번역원, 2019, 233-264.

학을 근거로 제작되었다. 그러나 소강절의 〈성음창화도〉를 통하여 확인할 수 있는 것처럼 표의문자의 부족한 표음기능을 완전하게 나타낼 수 있는 표음문자가 훈민정음이다. 그러면 표의문자와 표음문자의 차이는 무엇인가?

한자는 물건적 관점에서 형상을 본떠서 제작된 문자이다. 그것은 중국사상, 중국문화가 모두 물건적 관점에서 형이상과 형이하를 구분하여 도와 기, 이와 사를 나누고 인간 역시 성과 명으로 구분하는 것이 이를 나타낸다. 이처럼 뜻을 드러내기 위하여 형상 곧 모습을 중심으로 형성된 문자이기 때문에 소리를 나타내기 어렵다.

그러나 표음문자인 훈민정음은 시간적 관점에서 사건을 통하여 시간성을 나타낸다. 이때 사건 가운데 물건이 포함되고, 시간이 공간을 포함하듯이 시간성이 공간성을 포함한다. 그러므로 훈민정음이 표음문자이지만 한자와 같이 유학의 삼재의 도를 그대로 드러내는 동시에 한자가 드러낼 수 없는 사건의 세계, 시간의 경계 그리고 시간, 사건을 초월한 시간성의 세계를 나타낼 수 있다.

한국사상은 훈민정음의 초성에서 종성을 향하는 시간성의 시간화와 종성에서 초성을 향하는 방향을 통하여 나타내는 시간의 시간성화가 하나가 된 글자를 통하여 영원한 현재를 나타낸다. 영원한 현재를 공간적 관점에서는 물건화하여 나타내면 천지인의 삼재가 하나가 된 경계가 나타난다. 따라서 훈민정음에는 한국사상이 그대로 반영되어 있다.

3. 퇴율의 이기론과 순역합일順逆合一의 한국성리학

1126년 송宋은 금金에게 침략을 당하여 수도인 개봉開封을 빼앗기고 휘종徽宗과 흠종欽宗이 포로로 잡혀 가면서 고종高宗이 남경南京에서 즉위하여 남송南宋의 시대가 열렸다.

남송南宋의 주희는 송나라의 국력이 쇠퇴한 원인을 당시의 노장老莊과 법가法家, 불교佛敎에서 찾았다. 그는 법가를 용用만 있고, 체體는 없다고 비판하였다.[413] 그리고 노불과 유학을 다음과 같이 논한다.

> 불교는 허이고, 우리 유학은 실이다. 불교는 둘로 나누고, 우리 유학은 하나이다.
> 불교는 사리를 긴요하게 여기지 않을 뿐만 아니라 알지도 못한다.[414]

주희는 노장과 불교가 오로지 무無를 추구한다고 비판한다. 그는 노불이 유와 무를 둘로 나누어서 오로지 무만을 추구하지만 유학은 유무가 둘이 아니어서 실답다고 하였다. 그러면 무를 추구함이 무엇인가?

> 석씨는 오직 상달에만 힘쓰고 하학은 없다. 그렇다면 그 상달처가 어찌 옳겠는가?
> 원래 서로 연결되지 못하여 단지 단절되니 도가 아니다.[415]

주희가 당시의 노불과 법가를 비판한 이면에는 하학이상달下學而上達하는

---

413) 《주자어류朱子語類》, 卷137, "或流於申韓 或歸於黃老 或有體而無用 或有用而無體 不可一律觀".
414) 《주자어류朱子語類》, 卷126, "釋氏虛 吾儒實 釋氏二 吾儒一 釋氏以事理爲不緊要而不理會".
415) 《근사록近思錄》, 卷13, "明道日 釋氏 惟務上達而無下學 然則其上達處 豈有是也 元不相連屬 但有間斷 非道也".

한국사상과 인간의 삶

공맹孔孟의 유학儒學으로 돌아가고자 하는 뜻이 담겨 있다.

그는 성명합일을 통하여 천인합일을 추구하는 공맹의 유학을 바탕으로 노불老佛을 흡수하여 유학의 새로운 이론체계인 성리학을 제시하였다.

주희가 추구했던 실학으로서의 성리학은 유와 무, 형이상과 형이하, 근본과 지말을 갖춘 이론체계이다. 그는 《십익》의 이기理氣, 성명性命에 관한 이론을 바탕으로 장횡거張橫渠, 정이천程伊川, 정명도程明道, 주돈이周敦頤, 소강절邵康節을 비롯한 여러 학자들의 유가儒家에 관한 이론들을 집대성하였다.

그는 이理와 기氣를 통하여 본체론本體論을 세우고, 성性과 정情을 중심으로 심성론心性論을 세웠으며, 거경궁리居敬窮理를 통하여 수양론修養論을 세웠다.

성리학의 이론체계에 내재된 논리구조는 철저하게 이원론적이다. 본체론인 이기론에서 이理와 기氣를 형이상과 형이하의 두 측면에서 본체로 제기하여 양사를 합간合看과 이간離看의 분합分合에 의하여 이해하고, 성품을 천지의 성性과 기질의 성性으로 이해한 것은 이 점을 단적으로 보여 준다.

이와 기를 중심으로 전개되는 이원론적 사유구조는 수양론, 학문론에서도 그대로 드러난다. 그는 공자가 제시한 군자의 도의 내용인 수기와 안인, 안백성을 지知와 행行으로 구분하여 양자를 선후先後, 경중輕重을 통하여 이해한다.

> 지知와 행行은 항상 서로 의지한다. 마치 눈에 발이 없으면 다닐 수 없고, 발에 눈이 없으면 볼 수 없는 것과 같다. 선후를 논하면 지知가 먼저이고, 경중을 논하면 행行이 무겁다.[416)]

공자는 수기를 바탕으로 안인, 안백성을 논하여 수기와 안인, 안백성을 논하였지만 양자를 둘로 보지 않았다. 그러나 주희는 내외 중심의 군자의 도를 객관화, 대상화하여 앎과 실천의 지행知行으로 나타내어서 양자를 선지후행先

---

416) 《주자어류》권제구卷第九 학삼學三, "知行常相須 如目無足不行 足無目不見 論先後知爲先 論輕重行爲重".

知後行의 관계로 나타내었다.

우리는 앞으로 주희의 본체론에서 중요한 문제인 이理와 기氣의 관계가 한국성리학에서 어떻게 논의되었는지를 고찰할 것이다. 이를 통하여 한국사상의 특성이 성리학에서는 어떻게 반영되고 있는지를 살펴볼 것이다.

주희는 상달에 치중했던 노불과 달리 하학을 강조하였다. 그가 《대학》의 격물치지格物致知를 강조한 것은 하학의 문제를 중요하게 여겼음을 단적으로 보여 준다.

성리학 역시 심학의 비판을 받았다. 성리학性理學은 역逆방향에서 수기修己를 중심으로 거경궁리居敬窮理를 통하여 군자의 도를 이론체계화하였고, 심학心學은 순방향에서 치양지致良知를 통하여 안인安人, 안백성安百姓을 중심으로 군자의 도를 이론체계화하였다.

주희와 왕양명 자신은 물론 후대의 학자들은 학문의 전수계통인 학통과 도통을 연결하여 성리학과 심학이 공맹의 유학을 계승한 정통이라고 주장한다.

그러나 공맹유학의 일부분을 중심으로 발전시킨 두 학문이 다른 학문을 배제하고 정통성을 주장할 수 있는지는 의문이다. 오히려 성리학과 심학은 상호보완의 관계라고 할 수 있다.

한국성리학을 연구하는 학자들은 퇴계와 율곡을 중심으로 영남학과 기호학으로 구분한다. 퇴계와 율곡이 한국성리학을 대표하는 학자임에는 틀림없지만 퇴계나 율곡의 어느 한 사람의 성리학이 그대로 한국성리학이라고 주장할수 있는지는 별개의 문제이다. 그러면 한국성리학의 중국성리학과 다른 특성은 무엇인가?

일부의 학자들은 한국사상의 특성을 묘합적妙合的 사유로 이해하였다. 묘합적 사유는 율곡栗谷의 이기론理氣論을 이기지묘理氣之妙로 나타낸 부분에서도 드러난다. 따라서 율곡을 필두로 하는 기호성리학畿湖性理學이 한국사상의 정통을 계승했다는 주장으로 이어지게 된다.

한국사상과 인간의 삶

어떤 학자들은 이를 비판하고 퇴계의 성리학 역시 묘합적妙合的 사유구조를 갖고 있다는 주장을 제기하였다.[417] 그러면 한국성리학, 한국사상을 묘합적妙合的 사유로 이해할 수 있는가?

물건적 관점에서 분합적分合的 사유를 중심으로 묘합적妙合的 사유로 이해하는 것은 한국사상의 특성을 드러내기에는 한계를 갖는다. 유불도를 묘합妙合하고, 형이상과 형이하를 묘합妙合하며, 이기를 묘합妙合하는 사유는 양자를 실체적 관점에서 접근하는 중국사유의 특성이다.

공맹유학의 수기는 성과 명을 묘합妙合하는 성명합일性命一이며, 안인, 안백성은 묘합을 객체를 중심으로 전개하는 천인합일天人合一이다.

분합이 둘이 아닌 묘합은 주희의 이기理氣를 합간合看과 이간離看에 의하여 이해하는 분합적 사유에서 한 걸음 발전했다고 할 수 있지만 여전히 물건적 관점을 벗어나지 못하였다.

물건적 관점에서 이와 기를 실체적 존재로 이해하면 이와 기에 대한 다양한 주장이 대상을 올바로 기술하는가 아니면 그릇되게 기술하는가의 시비是非를 논할 수밖에 없다.

하나의 주장이나 학설에 대한 시비의 판단은 정통正統과 이단異端의 구분으로 이어져서 수용과 배척의 결과를 낳는다. 따라서 다양한 주장, 학설이 공존할 수 있는 길이 사라진다.

오늘날의 학자들은 퇴계와 율곡을 중심으로 성리학을 기호학과 영남학으로 구분하여 양자가 모두 옳을 수 없는 모순관계인 것처럼 주장한다. 그러면 두 사람의 주장은 어떤 관계인가?

퇴계의 성리학은 이기理氣의 본질이 무엇인가를 밝히는 문제와 이理와 기氣의 관계를 나타내는 곳에서 그 특징을 찾을 수 있다. 주희를 비롯하여 성리학자性理學者들이 이理의 특성을 존유存有하지만 활동하지 아니하는 존재[418]로

---

417) 〈퇴율의 묘합적 사유〉, 《퇴계학논집》 제18호, 김동희, 영남퇴계학연구원, 2016, 55-91.
418) 《朱子語類》卷第一 理氣上, "蓋氣則能凝結造作, 理卻無情意, 無計度, 無造作. 只此氣凝聚處, 理便在其

규정한 것과 달리 퇴계는 이리의 체용體用을 구분하여 이동理動을 주장하고, 사칠四七의 관점에서는 이발理發을 주장하며, 격물치지格物致知의 관점에서는 이리의 자도自到를 주장한다.

퇴계가 이동理動, 이발理發, 이자도理自到를 주장한 까닭은 이리와 기氣를 이원론적二元論的 관점에서 이해하기 때문에 나타나는 필연적인 결과라고 할 수 있다. 배종호 교수는 주희철학이 비록 이리와 기氣의 관계를 '불가분개不可分開'와 '결시이물決是二物'의 두 관점을 함께 제기하고 있지만 '결시이물決是二物'의 관점이 위주가 된 이기이원론理氣二元論이며, 그러한 주희의 관점을 그대로 수용한 것이 퇴계退溪의 철학이라고 말한다.[419]

혹자는 배종호의 주장의 이면에 주희의 이기론의 일면만을 부각시켜서 퇴계와의 일치성을 드러내어 퇴계의 학문이 주희의 성리학의 정통을 계승하였음을 부각시키려는 의도가 깔려 있다고 비판할 수 있다.

그러나 주희가 합간과 이간, 전언과 편언 등의 개념들을 통하여 양자의 관계를 회통시키고 있음을 보면 어느 일면을 위주로 이해하면 전모全貌를 드러낼 수 없다. 그리고 퇴계의 성리학이 주희사상과 일치한다고 하여 그것이 공맹유학과의 일치를 보장하는 것은 아니며, 퇴율의 사상이 공맹유학과 일치한다고 하여 그것이 진리임을 보증하는 것은 아니다.

또한 진리라는 고정된 실체는 없을 뿐만 아니라 진리를 논하는 공맹도 고정되지 않아서 실체적 존재가 아닐 뿐만 아니라 주희와 그의 이기론, 퇴율과 그들의 이기론 그리고 이에 대하여 논하는 나와 주장도 실체가 아니다.

오늘날의 학문을 하는 사람은 시대적 상황에 따라서 학문을 해야 한다. 그것은 주희의 성리학을 기준으로 퇴율의 성리학을 평가하는 것에서 더 나아가서 오늘날의 시대적 상황에 따라서 다양한 관점에서 퇴율의 성리학이 오늘날

中. 且如天地間人物草木禽獸, 其生也, 莫不有種, 定不會無種子白地生出一箇物事, 這箇都是氣. 若理, 則只是箇淨潔空闊底世界, 無形跡, 他卻不會造作 氣則能醞醸凝聚生物也. 但有此氣, 則理便在其中.".
419) 《韓國儒學史》, 裵宗鎬, 서울, 연세대학교 출판부, 1986, 96.

한국사상과 인간의 삶

에도 여전히 우리의 삶에서 가치를 갖도록 재해석해야 함을 뜻한다.

퇴율의 성리학의 현대화는 우리의 전통사상인 고조선사상을 바탕으로 퇴율의 성리학을 현대화하는 작업이다. 이러한 작업은 퇴율의 성리학이 주희의 성리학과 일치 여부를 가려서 누가 정통인가를 파악하는 문제가 아니다.

그리고 만약 퇴율의 성리학이 주희의 성리학과 일치한다면 퇴율의 성리학이라고 말하고, 한국성리학이라고 말할 수 없다. 그러면 먼저 퇴계의 이기론이 갖는 기본 입장이 무엇인지 살펴보자. 그는 이기理氣가 일물一物이 아님을 공자孔子와 명도明道의 말을 인용하여 다음과 같이 밝히고 있다.

> 지금 살피건대, 만일 이理와 기氣가 과연 하나라면 공자孔子께선 하필 형이상形而
> 上과 형이하形而下로 도道와 기器를 나누었겠으며, 명도明道는 하필 "모름지기 이
> 와 같이 말해야 한다."라고 하였겠는가. 명도는 또 기器를 떠나서 도道를 찾을 수
> 없기 때문에 기器가 또한 도道라고 한 것이지 기器가 곧 도道라고 말한 것은 아니
> 며, 도道를 벗어나 기器가 있을 수 없기 때문에 도가 또한 기器라 한 것이지 도가
> 곧 기器라고 말한 것은 아니다.[420]

인용문은 주희의 이기론이 《십익十翼》의 도기론道器論을 바탕으로 형성되었기 때문에 도기道器에 관한 《십익》의 내용과 정명도程明道의 도기道器에 관한 내용을 논거로 하여 자신의 이기理氣가 둘이라는 주장이 옳음을 논증한 부분이다.

《십익》은 편에 따라서 저작 연대와 저자가 다르다. 다만 《십익》은 공자의 저작이 아니라 공자의 제자들에 의하여 저작되었다는 것이 학계의 통설이다. 그러므로 비록 공자 자신이 저작한 것은 아니더라도 그의 제자들이 공자의 가르

---

420) 《退溪集 卷之四十一》 雜著 〈非理氣爲一物辯證〉, 李滉, "今按若理氣果是一物 孔子何以以形而上下分
道器 明道何必曰須著如此說乎 明道又以其不可離器而索道 故曰器亦道 非謂器卽是道也 以其不能外
道而有器 故曰道亦器 非謂道卽是器也".

침의 내용을 기록한 것이라는 점에서 공자의 주장을 담고 있다고 할 수 있다.

《십익》에서는 형이상적 존재와 형이하적 존재를 구분하여 각각 도道와 기器로 규정하고 있다. 뿐만 아니라 도와 더불어 이理와 기氣 역시 언급하고 있다. 설괘편의 "이치를 궁구하여 성품을 다함으로써 명에 이른다."[421]라는 궁리窮理, 진성盡性, 지명至命의 성명性命과 궁리窮理는 훗날 중국사상의 중심 주제가 되었다.

주희는 도道와 기器, 형이상과 형이하 그리고 이理와 기氣를 서로 연결하여 "천지간에는 이理도 있고 기氣도 있다. 이理는 형이상의 도道이며, 사물을 생성하는 근본이다. 기氣는 형이하적 존재인 기器로 사물을 생성하는 도구이다."[422]라고 하여 종합적으로 밝혔다.

퇴계는 공자가 도道와 기器를 나누어서 형이상과 형이하를 말한 것은 이理와 기氣가 하나가 아님을 밝히기 위함이며, 정명도가 도道가 기器이고, 기器가 도道라고 말한 것도 도를 떠나서 기器가 존재할 수 없고, 기器를 떠나서 도를 찾을 수 없음을 밝혔을 뿐 그도 역시 도와 기가 하나가 아님을 밝히고 있다고 하였다. 위의 내용을 보면 퇴계가 이와 기의 관계를 결시이물決是二物로 보았다고 할 수 있다.

인용문의 내용 가운데서 유의할 부분은 공자가 《주역》에서 형이상과 형이하를 나누어서 도道와 기器를 말하였을 때 양자가 구분되는 측면을 나타내는 동시에 이상而上과 이하而下를 함께 논하여 양자의 일체적 관계도 밝힌 점이다.

정명도는 도와 기가 비록 서로 구분되지만 일체적 관계임을 나타내기 위하여 도道가 기器이고, 기器가 도道라고 하였다. 따라서 도와 기를 둘로 나누거나 하나로 나타내는 어느 측면만을 고수할 수 없다.

또 하나의 문제는 과연 도道와 기器의 관계와 이理와 기氣의 관계가 동일한

---

421) 《周易》說卦第一章, "和順於道德而理於義, 窮理盡性以至於命".
422) 《朱文公集》권58, "答黃道夫 天地之間 有理有氣 理也者 形而上之道也 生物之本也 氣也者 形而下之器也 生物之具也".

가이다. 그것은 도를 이理로 나타내고, 기器를 기氣로 나타낼 수 있느냐의 문제이다.

만약 기器와 기氣가 가리키는 내용이 서로 다르다면 도道와 기器의 관계를 들어서 이理와 기氣의 관계를 논증하는 방법 역시 문제가 있다.

우암은 도道와 기器를 형形과 더불어 삼단三段으로 이해하여 형形과 기器가 다름을 밝히고 있다.[423] 이를 보면 기器와 기氣는 서로 다른 측면이 있음을 알수 있다. 퇴계는 "도와 기의 구분이 곧 이와 기의 구분이다."[424]라고 말하면서 이와 기가 일물이 아니라고 말한다. 그는 "주자가 평소 이와 기를 논한 많은 말 가운데 이와 기를 일물一物이라고 말한 적이 없으며, 이 편지에서는 '이와 기는 결단코 이물二物이다.'라고 했기 때문이다."[425]라고 하였다.

그런데 퇴계는 이와 기가 이물二物임을 논증하면서도 이와 기가 일물이 아님을 논증(非理氣爲一物辨證)한다고 하였다. 그것은 퇴계도 역시 주희가 이와 기의 관계를 나타내는 합간合看과 이간離看을 바탕으로 자신의 주장을 전개하였음을 뜻한다.

이합離合은 분합分合이다. 본래 나눔은 합함과 둘이 아니다. 나눔이 없으면 합함이 없고, 합함이 없으면 나눔이 없다. 따라서 퇴계가 이와 기가 둘이라고 말하지 않고, 한 물건이 아니라고 논증한 것(非理氣爲一物辨證)은 오로지 이와 기가 둘이라는 주장만을 하지 않았음을 뜻한다.

이와 기를 일물로 보거나 이물로 보거나를 막론하고 그 주체는 인간이다.

---

423) 《송자대전宋子大全》권일백삼십卷一百三十, 잡저雜著, "形而上形而下 退溪, 沙溪二先生所釋殊不甚安故嘗以爲當以形字爲主 而處道字器字於形之上下 以形道器爲三件物事 則所釋井井無難見矣 二先生則以形與道爲二 而以形與器爲一 似與孔子本旨不合矣 蓋道則理也 器則氣也 理氣妙合而凝 以生萬物之形 故中庸首章註天以陰陽五行化生萬物 氣以成形 理亦賦焉 語類亦曰形而上全是天理 形而下只是那査滓 至於形 又是査滓至濁者 是皆以理氣形三者分別言之矣 旣以理氣形三者分別言之 則當以道爲形之上 器爲形之下矣 如此看未知如何".

424) 《退溪先生文集》卷四十一 雜著, "道器之分 卽理氣之分".

425) 《退溪先生文集》卷四十一 雜著, "今按朱子平日論理氣許多說話 皆未嘗有二者爲一物之云 至於此書 則直謂之理氣決是二物".

다시 말하면 모든 존재가 본래 이와 기가 하나가 되어 형성된 존재이기 때문에 양자를 구분하여 둘이나 하나로 나타내기 이전의 존재는 하나도 아니고 둘도 아니다.

퇴계는 학문의 방법을 논하면서 같음과 다름의 두 측면에서 분석과 종합을 함께 해야 함을 밝히고 있다.

> 무릇 의리義理의 학學과 정미精微한 이치理致는 반드시 마음을 크게 하고 안목을 높여서 절대로 먼저 한 가지 설을 주장하지 말고 마음을 비우고 기운을 평온하게 하여 천천히 그 의취義趣를 살펴서 같음 가운데 다름이 있음을 알고, 다름 가운데 같음이 있음을 알아서 나누어 둘이 되어도 서로 구분하여 나타내기 이전의 의미를 해치지 않고, 합슴하여 하나가 되어도 실제로는 서로 섞이지 않는 데로 귀결되어야 주밀하고 치우침이 없게 된다.[426]

퇴계는 학문을 하는 사람은 어떤 주장이나 이론을 대하더라도 사심私心을 개재介在시켜서 하나의 주장으로 몰아가지 말고 다양한 주장 가운데서 같음이 있고, 같음 가운데서도 다름이 있음을 알아서 분석과 종합을 해야 한다고 주장한다.

같음과 다름은 존재론적 측면에서 이해할 수도 있고, 인식론적 측면에서 이해할 수도 있다. 다만 같음과 다름은 현상의 차원에서 형상形狀을 바탕으로 논의되는 같음과 다름이 아니다.

인문학의 대상은 물건 자체가 아니라 이치이다. 성리학의 대상은 형이상의 이理와 형이하의 기氣이지만 기氣는 물物과 달라서 현상의 사물 자체가 아니다. 따라서 형이하의 기氣에 관한 이치도 물리와 다르다.

---

426) 《退溪集》第十六卷 書三 答奇明彦, "大抵義理之學 精微之致 必須大著心胸 高著眼目 切勿先以一說爲主 虛心平氣 徐觀其義趣 就同中而知其有異 就異中而見其有同 分而爲二而不害其未嘗離 合而爲一而實歸於不相雜 乃爲周悉而無偏也".

우리는 여기서 《주역》의 형이상과 형이하, 도道와 기器에 관한 언급을 다시 살펴볼 필요가 있다. 《주역》에서는 "형이상적 존재를 도道라고 하며, 형이하적 존재를 기器라고 한다."[427]라고 하였다.

도道와 기器를 "형形"을 중심으로 이상以上과 이하以下로 구분하여 양자를 하나로 연결하고 있다. '도道'와 '기器'의 의미를 살펴보면 도는 내용물이며, 내용물을 담고 있는 그릇이 기라는 점에서 양자가 일체이다. 이처럼 도道와 기器는 하나이면서 둘이다.

도道와 기器가 하나이면서 둘이기 때문에 양자는 두 측면에서 나타낼 수 있다. 기器로부터 도를 향하는 관점에서 기를 바탕으로 도를 나타내기도 하고, 도에서 기器를 향하는 관점에서 도를 바탕으로 기를 나타낸다.

형이하의 기로부터 출발하여 도를 향하는 방향은 역방향이며, 형이상의 도로부터 출발하여 기를 향하는 방향은 순방향이다. 따라서 순과 역의 두 방향에서 도를 논할 수 있다.

《주역》에서는 형이상적 세계와 형이하적 세계의 특성을 들어서 형이상의 세계인 도道에 도달하는 것을 치일致一로 규정하고 그것을 바탕으로 현상세계를 나타내면서는 일치一致하면서도 온갖 생각으로 나누어진다고 하였다.[428]

형이상의 세계가 시공을 초월한 세계이기 때문에 구분되어지고 나누어질 수 없는 세계임을 들어서 역방향에서는 치일致一로 규정하고 그것을 바탕으로 다양하게 나누어지고 구분되어지는 현상세계를 나타낼 때 순방향에서 일치一致를 바탕으로 백 가지 생각, 다른 길로 나타낸 것이다.

또한 《주역》에서는 일치, 치일의 형이상적 세계와 백려百慮, 수도殊塗의 형이하적 세계를 같음과 다름을 통하여 밝히고 있다.[429] 같음과 다름은 존재론

---

427) 《周易》, 계사상繫辭上 12, "是故 形而上者謂之道, 形而下者謂之器, 化而裁之謂之變, 推而行之謂之通, 擧而錯之天下之民謂之事業".

428) 《周易》繫辭下篇 第五章, "易曰 憧憧往來, 朋從爾思 子曰天下何思何慮 天下同歸而殊塗, 一致而百慮, 天下何思何慮……易曰 三人行則損一人 一人行則得其友 言致一也.".

429) 《周易》의 火澤睽卦의 彖辭에서는 "彖曰睽 火動而上, 澤動而下, 二女同居, 其志不同行. 說而麗乎明, 柔

적인 측면에서 언급된 개념으로 같음은 형이상의 세계를 가리키는 것이며, 다름은 형이하의 세계를 가리킨다.

그런데 같음과 다름을 구분하여 '같으면서도 다름(同而異)'이라고 하여 구분되면서도 하나임을 밝히고 있다. 따라서 《주역》에서 제시하고 있는 학문하는 방법은 같음의 측면과 다름의 측면을 함께 보는 것임을 알 수 있다.

주희는 같음과 다름을 중심으로 존재를 인식하는 방법을 합간合看과 이간離看으로 규정하고 있다. 그의 관점은 "일음일양지위도一陰一陽之謂道"에 관한 제자와의 문답에서 드러난다.

"어찌 음양을 도라고 합니까?" "마땅히 이합離合의 두 측면에서 보아야 한다."[430]

형이하적 관점을 중심으로 형이상적 존재인 이理와 형이하적 존재인 기氣가 일체임을 나타내는 것이 합간이다. 합간을 통하여 이기理氣의 관계를 나낸 것이 '불가분개不可分開'이다. 반면에 형이상적 관점을 중심으로 이와 기가 결코 하나일 수 없음을 나타내는 것이 이간이다. 이간을 통하여 이기理氣의 관계를 나타내면 '결시이물決是二物'이 된다.

인용문에서 "나누어서 둘이 되더라도 나누기 이전을 해치지 않고(分而爲二而不害其未嘗離), 합하여 하나가 되더라도 실제로는 서로 섞이기 이전으로 귀결되어야 한다.(合而爲一而實歸於不相雜)"라는 말은 불상리不相離, 불상잡不相雜의 이기 관계를 합간合看과 이간離看을 중심으로 설명한 것이다. 퇴계가 주희가 제시한 합간과 이간을 수용하였음은 다음의 내용을 통해서도 확인할수 있다.

___

進而上行, 得中而應乎剛, 是以小事吉. 天地睽而其事同也, 男女睽而其志通也, 萬物睽而其事類也, 睽之時用大矣哉."라고 하였고 이에 대하여 大象에서는 "象曰 上火下澤睽 君子以同而異."라고 하였다.
430) 《朱子語類》卷第七十四: 108, 易十, "一陰一陽之謂道 陰陽何以謂之道 曰當離合看".

나누어 말한 곳을 나누어 보되 합쳐서 보는 데 해롭지 않게 하며, 합쳐 말한 곳은 합쳐서 보되 나누어 보는 데 해롭지 않게 하여, 사사로운 의견을 가지고 이리저리 끌어당겨 나눈 것을 합하여 한 덩어리로 만들거나 한 덩어리를 나누어 쪼개지도 않았습니다. 이렇게 오래도록 하면 자연히 점점 조리가 정연해져 어지러운 곳을 용납하지 않게 됨을 보게 되고, 점차로 성현의 말이 횡설수설橫說竪說하더라도 각각 마땅한 바가 있어 서로 방해하지 않는 것을 보게 될 것입니다. [431]

분개分開와 혼륜渾淪은 퇴계가 이理와 기氣의 관계를 나타내는 개념이다. 혼륜은 이理와 기氣가 일체의 관계임을 나타내는 개념으로 이와 기를 같음의 관점에서 나타낸 것이다. 이는 주희가 언급한 합간의 다른 이름이라고 할 수 있다.

그리고 분개는 이理와 기氣가 각각 다른 존재임을 나타내는 개념으로 이와 기를 다름의 관점에서 나타낸 것이다. 이는 주희가 언급한 이간의 다른 이름이라고 할 수 있다.

앞의 내용을 통하여 퇴계가 분개와 혼륜의 어느 일면을 중심으로 이와 기의 관계를 살펴서는 안 되고 양면을 함께 살펴보아야 한다는 인식을 갖고 있음을 알 수 있다.

그는 같음과 다름의 관점에서 분개와 혼륜을 함께 보아야 어긋남이 없다고 생각하였기 때문에 어느 일면에 치우치는 것을 경계하였다. 퇴계는 기대승과의 편지에서 학문의 자세에 관하여 논하면서 분석을 싫어하고 합하여 하나로만 보아서는 안 됨을 밝히고 있다.

대저 학문을 익히면서 분석을 싫어하고 합하여 하나의 설로 만드는 데 힘쓰니 옛

---

431) 《退溪集》第十六卷 書三 答奇明彦, "分開說處 作分開看 而不害有渾淪 渾淪說處 作渾淪看 而不害有分開 不以私意左牽右掣 合分開而作渾淪 離渾淪而作分開 此如久久 自然漸覷其有井井不容紊處 漸見得聖賢之言橫說竪說 各有攸當 不相妨礙處".

사람이 '맛도 모르면서 대추를 삼키는 골륜새와 같다.'라고 하였습니다. 그 병통이
적지 않습니다."[432]

위의 인용문에서는 퇴계가 이리와 기氣를 분개적分開的 관점에서 분석하여
보아야 하며 혼륜의 관점에서 하나로 보는 것을 경계하고 있음을 확인 할 수
있다.

퇴계가 이기理氣의 관계를 분개分開의 관점에서 이해하여 사단四端과 칠정
七情을 각각 "이가 발하여 기가 따르고理發而氣隨之, 기가 발하여 이가 탄다氣發
而理乘之"고 하여 이기호발理氣互發을 주장하고, 이理를 체용을 중심으로 이해
하여 이동理動을 주장하였으며, 격물치지格物致知의 관점에서 이자도설理自到
說을 주장하였고, 이귀기천理貴氣賤을 강조하였기 때문에 그가 분개分開의 관
점이 위주라는 것은 부인할 수 없다.

그러나 퇴계가 이기理氣를 단순하게 분개分開의 관점만을 중심으로 혼륜渾
淪과 대립적 관점에서 이해하지 않았다. 퇴계의 이기론은 이기일원론理氣一元
論과 모순관계를 이루는 이기이원론理氣二元論이 아니라 이기일원론과 이기
이원론으로 구분하기 이전의 일체적 관점을 전제로 이루어지는 이기이원론理
氣二元論이라고 할 수 있다.

그 점은 논리적으로 살펴보면 알 수 있다. 만약 퇴계의 이기론이 이기일원
론과 모순관계를 이루는 이기이원론이라면 자신이 이기일원론에 가하는 비
판이 그대로 이기이원론에도 적용되기 때문에 상대방은 그르고 자신의 주장
은 옳다는 것이 성립될 수 없게 된다. 다시 말하면 주희가 이기理氣 관계를 불
상잡, 불상리의 두 면을 모두 주장하였기 때문에 어느 일면만이 옳고 다른 면
이 그르다는 주장 자체가 성립할 수 없는 것이다.

---

432) 《退溪集》卷之十六 書 答奇明彦論四端七情第一書, "夫講學而惡分析 務合爲一說 古人謂之 鶻圇吞棗
其病不少".

혹 이것을 자기의 설로 삼으면 또한 의리의 본래 정해진 본분에 거의 어긋나지 않을 것이고, 만약 잘못 본 곳이나 잘못 말한 곳을 남들의 지적으로 인하거나 스스로 깨달아서 손 가는 대로 고친다 해도 스스로 만족스러울 것이니, 어찌 하나의 소견을 그대로 자기 뜻으로 고집해서 남의 말 한마디도 용납하지 않겠습니까. 또 어찌 성현의 말 가운데 자기의 의견과 동일한 것은 취하고 동일하지 않은 것은 억지로 같다고 하거나 혹은 배척하여 그르다고 하겠습니까?[433]

퇴계는 어느 하나의 주장을 수용하더라도 고수하여 다른 의견을 배척하지 않아서 자신의 깨닫는 바에 따라서 끊임없이 수정하지만 그렇다고 하여 성인의 말을 자의적으로 수용하거나 배척하지 않았다. 그러면 율곡의 이기론은 어떤가?

율곡의 이기론은 기본적으로 정주程朱의 성리학에 기반을 두고 있지만 나름대로의 독창성을 갖고 있다.[434] 퇴계가 인간에 관심을 집중하고, 화담이 자연과 생사 등에 관심을 갖고 있는 것과 달리 율곡은 천인합일의 관점에서 인간과 자연에 모두 관심을 가졌다.[435]

율곡의 자연과 인간을 회통적 관점에서 이해하는 경향은 이기론에서 그대로 드러난다. 율곡의 이기론은 이통기국理通氣局, 기발이승氣發理乘, 이기지묘理氣之妙를 통하여 살펴볼 수 있다.

율곡은 이理와 기氣의 존재 양상이 다름을 들어서 양자의 관계를 이통기국, 기발이승으로 밝힌다.

이理와 기氣는 원래 서로 떨어지지 않아 한 물건인 것 같으나 다른 까닭은 이理는 무형이고 기氣는 유형有形이며, 이理는 무위無爲이고 기氣는 유위有爲이기 때문입

---

433) 《退溪集》第十六卷 書三 答奇明彦, "其或以是自爲說 則亦庶幾不戾於義理素定之本分 如遇見差處說差處 因人指點 或自覺悟 而隨手改定 亦自快愜 何能一有所見 遽執己意 不容他人一喙耶".

434) 〈율곡철학의 현대적 의미〉,《율곡사상연구 제10집》, 황의동, 한국율곡학회, 2005.

435) 〈화담, 퇴계, 율곡의 이기관 비교 연구〉,《동서철학연구》황의동, 제49집, 한국동서철학회, 2008.

니다. 무형과 무위이면서 유형과 유위의 주主가 되는 것은 이理이고, 유형과 유위이면서 무형과 무위의 기器가 되는 것은 기氣입니다. 이理는 무형이고 기氣는 유형이므로 이는 통하고 기는 국한되며(理通氣局), 이는 무위이고 기는 유위이므로 기가 발하면 이가 탑니다.(氣發理乘)[436]

율곡은 무형, 무위의 이理가 유형, 유위의 기氣의 주主가 된다고 말하고, 이는 통하고 기는 국한되어 기는 발하고 이가 탄다고 하였다. 이는 형이상의 이理와 형이하의 기가 서로 떠나지 않기 때문에 일물—物인 것 같지만 이와 기가 서로 다름을 나타낸다. 그는 이理의 시공을 초월한 특성을 통하여 이통理通을 다음과 같이 밝힌다.

이理는 본말도 없고 선후도 없습니다. 본말도 없고 선후도 없으므로 아직 감응하지 않았을 때에도 먼저가 아니며, 이미 감응하였을 때에도 뒤가 아닙니다. 그러므로 기를 타고 유행하여 천태만상으로 고르지 않으나 그 본연의 묘리妙理는 없는 데가 없습니다. 기氣가 치우치면 이理도 치우치나 치우친 것은 이理가 아니라 기氣이며, 기氣가 온전하면 이理도 온전하나 온전한 것은 이理가 아니라 기氣입니다. 청清, 탁濁, 수粹, 박駁과 조박糟粕, 외신煨燼, 분양糞壤, 오예汙穢 가운데에도 이理가 있지 않은 곳이 없어, 각각 그의 성性이 되지만 그 본연의 묘리는 그대로입니다. 이것을 이가 통한다고 하는 것입니다.[437]

위의 내용을 보면 이理는 시간을 초월한 존재이기 때문에 본말, 선후가 없

436) 《栗谷全書》卷之十 答成浩原, "理氣元不相離 似是一物 理氣所以異者 理無形也 氣有形也 理無爲也 氣有爲也 無形無爲而爲有形有爲之主者理也 有形有爲而無形無爲之器者氣也 理無形而氣有形 故理通而氣局 理無爲而氣有爲 故氣發而理乘".

437) 《栗谷全書》卷之十 答成浩原, "理通者何謂也. 理者無本末也, 無先後也. 無本末無先後, 故未應不是先, 已應不是後. 是故乘氣流行, 參差不齊, 而其本然之妙, 無乎不在. 氣之偏則理亦偏, 而所偏非理也氣也. 氣之全則理亦全, 而所全非理也氣也. 至於清濁, 粹駁糟粕, 煨燼糞壤汙穢之中. 理無所不在, 各爲其性, 而其本然之妙, 則自若也. 此之謂理之通也.".

한국사상과 인간의 삶

고, 공간을 초월한 존재여서 무소부재無所不在함을 알 수 있다. 그렇기 때문에 기기氣와의 관계에 있어서 비록 기기氣의 편전偏全에 의하여 이理도 편전하지만 편전하는 것은 이理 자체가 아니라 기기氣이다. 이처럼 이가 기를 타고 유행하여 천태만상으로 고르지 않으나 그 본연의 묘리妙理는 없는 데가 없음을 이통理通이라고 말한다. 한편 율곡은 기국氣局에 대하여 다음과 같이 밝히고 있다.

> 기기氣는 이미 형적形迹에 관계되기 때문에 본말이 있고 선후가 있습니다. 기의 본체는 담일청허湛—淸虛할 뿐이니, 어찌 일찍이 조박糟粕, 외신煨燼, 분양糞壤, 오예汚穢 등의 기가 있겠습니까마는, 오직 기가 승강升降하고 비양飛揚하여 조금도 쉬지 않으므로 천태만상으로 고르지 아니하여 만 가지 변화가 생기는 것입니다. 이에 기가 유행할 때에 본연을 잃지 않는 경우도 있고 본연을 잃는 경우도 있으니, 이미 그 본연을 잃어버렸다면 기의 본연은 이미 존재가 없어지게 됩니다. 치우친 것은 치우친 기기氣이고 온전한 기가 아니며, 맑은 것은 맑은 기이고 탁한 기가 아닙니다. 조박, 외신은 조박, 외신의 기이고, 담일청허湛—淸虛의 기가 아닙니다. 이것은 이理가 만물 가운데에 그 본연의 묘리가 어디에나 그대로 있는 것과는 같지 않으니, 이것이 이른바 기가 국한된다는 것입니다.[438]

이가 시공을 초월한 형이상적 존재인 것과 달리 기는 시공 내의 형이하적 존재이다. 그렇기 때문에 기는 본말이 있고, 선후가 있다. 다만 기의 본체는 조박糟粕, 외신煨燼, 분양糞壤, 오예汚穢 등의 기가 없지만 승강升降하고 비양飛揚하여 작용하기 때문에 천태만상으로 고르지 않다. 이처럼 이理가 만물 가운데서도 본연의 묘리를 잃지 않는 것과 다름을 기국氣局이라고 말한다.

---

438) 《栗谷全書》卷之十 答成浩原, "氣局者何謂也. 氣已涉形迹, 故有本末也, 有先後也, 氣之本則湛—淸虛而已. 曷嘗有糟粕煨燼糞壤汚穢之氣哉? 惟其乘降飛揚, 未嘗止息. 故 參差不齊, 而萬變生焉. 於是氣之流行也, 有不失其本然者, 有失其本然者. 旣失其本然, 則氣之本然者, 已無所在. 偏者偏氣也, 非全氣也, 淸者淸氣也, 非濁氣也. 糟粕煨燼, 糟粕煨燼之氣也, 非湛—淸虛之氣也. 非若理之於萬物本然之妙, 無乎不在也. 此所謂氣之局也.".

이통·기국을 통하여 이와 기의 특성을 나타내고 있는 것과 달리 작용의 관점에서 이와 기의 관계를 밝히고 있는 것이 기발이승氣發理乘이다.

그는 "사단四端은 이理가 발하고 기氣가 따르는 것이며, 칠정七情은 기氣가 발하고 이理가 탄 것이다."라는 퇴계의 주장에 대하여 "퇴계의 호발互發이라는 두 글자는 말을 표현하는 방법상의 실수가 아닌 것 같으니 아마도 이理와 기氣가 서로 떨어지지 않는 묘리妙理를 깊이 보지 못한 듯하다."[439]라고 하였다.

율곡이 퇴계의 이기호발을 문제로 삼는 것은 퇴계가 이와 기를 둘로 나누어 보았을 뿐만 아니라 그 결과 이理의 존재 특성인 무위에 어긋나게 이발理發을 주장한 점이 성리학과 부합하지 않는다고 여겼기 때문이다. 율곡은 이理는 무위이며, 기가 유위라는 점을 들어서 기발이승氣發理乘을 주장하였다.

> 이理는 형이상인 존재이고 기는 형이하인 존재로 이 두 가지는 서로 떨어질 수 없다. 이미 서로 떨어질 수 없다면 그 발용發用도 하나이기 때문에 각각 서로 발용한다고 말할 수 없다. 만약 "서로 발용함이 있다"고 한다면 이理가 발용할 때에 기氣가 혹 미치지 못하는 경우가 있고, 기가 발용할 때에 이가 혹 미치지 못하는 경우가 있을 것이다. 그럴 경우 이와 기는 이합離合이 있고 선후가 있으며, 동정에 단서가 있고 음양에 시작이 있는 것으로 그 착오가 작지 않다.[440]

율곡은 이와 기가 본래 떨어질 수 없는 불상리임에도 불구하고 불상잡의 입장에서 양자를 구분하여 이와 기가 서로 발하는 이기호발설을 제기하면 이가 발할 때 기가 미치지 못하고, 기가 발할 때 이가 미치지 못할 수 있다고 비판하였다. 그러면 율곡은 오직 불상리의 관점에서 이기를 이해하는가?

---

439) 《栗谷先生全書》卷之十 書二 答成浩原, "若退溪互發二字,則似非下語之失恐不能深見理氣不相離之妙也".
440) 《栗谷先生全書》卷之十 書二 答成浩原, "理形而上者也 氣形而下者也 二者不能相離 旣不能相離 則其發用一也 不可謂互有發用也 若曰互有發用 則是理發用時 氣或有所不及 氣發用時 理或有所不及也 如是則理氣有離合 有先後 動靜有端 陰陽有始矣 其錯不小矣".

한국사상과 인간의 삶

율곡이 이해하고 있는 이와 기의 관계를 나타내는 단적인 개념은 이기지묘理氣之妙이다. 이기理氣의 묘합妙合은 일차적으로 이기理氣가 하나임을 뜻한다. 그는 이기지묘理氣之妙를 다음과 같이 밝히고 있다.

> 이理와 기氣의 묘합妙合은 알기도 어렵고 말하기도 어렵습니다. 이理의 근원은 하나일 뿐이요, 기의 근원도 하나일 뿐입니다. 기가 유행하여 고르지 못하면 이 역시 유행하여 고르지 못하니, 기는 이를 떠날 수 없고 이도 기를 떠날 수 없습니다. 이와 같다면 이와 기는 하나이니, 어디에서 차이가 있음을 보겠습니까. 이른바 "이理는 이理이고 기氣는 기氣이다."라는 말은 어디에서 그 "이理는 이理이고 기氣는 기氣이다."라는 것을 볼 수 있겠습니까.[441]

율곡의 이기의 묘합은 단순하게 양자가 하나임을 뜻하지 않는다. 왜냐하면 이와 기의 양자를 바탕으로 할 때 비로소 묘합을 논할 수 있기 때문이다.

그는 묘합을 "하나가 아니기 때문에 하나이면서 둘이고, 둘이 아니기 때문에 둘이면서 하나이다."라고 하였다. 이는 불상리, 불상잡의 어느 일면을 중심으로 이기를 이해한 것이 아니다. 그는 이기지묘理氣之妙에 대하여 다음과 같이 논한다.

> 이理는 기氣의 주재主宰이고 기는 이가 타는 것이니, 이가 아니면 기가 근거할 데가 없고 기가 아니면 이가 의지할 데가 없습니다. 이와 기는 이미 두 물건이 아니요 또 한 물건도 아닙니다. 한 물건이 아니기 때문에 하나이면서 둘인 것이요 두 물건이 아니기 때문에 둘이면서 하나인 것입니다. 한 물건이 아니라는 것은 무슨 뜻입니까. 이와 기가 비록 서로 떠나지 못한다 하더라도 묘합한 가운데 이理는 따

---

441) 《栗谷先生全書》卷之十 書二 答成浩原, "理氣之妙 難見亦難說 夫理之源 一而已矣 氣之源 亦一而已矣 氣流行而參差不齊 理亦流行而參差不齊 氣不離理 理不離氣 夫如是則理氣一也 何處見其有異耶 所謂 理自理氣自氣者 何處見者理自理氣自氣耶".

로 이理이고 기는 따로 기여서 서로 뒤섞이지 않으므로 한 물건이 아니라고 한 것입니다. 그리고 두 물건이 아니라는 것은 무슨 뜻입니까. 비록 이는 따로 이이고 기는 따로 기라 하더라도 한데 붙어 간격이 없어서 선후가 없고 이합離合이 없어 두 물건이 됨을 볼 수 없기 때문에 두 물건이 아니라고 한 것입니다. 그러므로 동動과 정靜이 끝이 없고 음陰과 양陽이 처음이 없는 것이니, 이가 처음이 없기 때문에 기 또한 처음이 없는 것입니다.[442]

율곡은 이와 기의 관계를 하나도 아니고, 둘도 아니어서 하나이면서 둘이고 둘이면서 하나인 관계로 보고 있음을 알 수 있다. 하나라는 것은 이와 기가 불상리의 관계임을 나타내는 것이며, 둘이라는 것은 이와 기가 불상잡의 관계임을 나타낸다.

그러나 율곡이 제시한 이기의 묘합은 "하나이면서 둘이고 둘이면서 하나"인 것과는 다르다. 그는 "하나가 아니기 때문에 하나이면서 둘이고", "둘이 아니기 때문에 둘이면서 하나이다."라고 하였다. 그러면 그가 말한 묘합을 어떻게 이해할 것인가?

묘합은 이기를 떠나서 다른 하나의 실체를 나타내지 않는다. 그것은 이기의 묘합이 하나와 둘로 구분하여 나타내기 이전의 존재를 나타냄을 뜻한다. 그것은 율곡 역시 이기이원론理氣二元論에 대응하는 이기일원론理氣一元論을 주장한 것이 아니라 이와 기로 구분하여 나타내기 이전의 근원적인 존재를 바탕으로 이와 기의 특성과 관계를 나타냄을 뜻한다.

퇴계와 율곡은 모두 주희의 이기론을 수용하여 자신들의 성리학적 이론체계를 형성하였다. 퇴계는 이와 기를 불상잡의 관점에서 논하였지만 그 근저에

---

442) 《栗谷先生全書》卷之十 書二 答成浩原, "夫理者氣之主宰也 氣者理之所乘也 非理則氣無所根柢 非氣則理無所依著 旣非二物 又非一物 非一物故一而二 非二物故二而一也 非一物者何謂也 理氣雖相雜不得 而妙合之中 理自理氣自氣不相挾雜 故非一物也 非二物者何謂也 雖曰理自理氣自氣 而渾淪無間 無先後無離合 不見其爲二物 故非二物也".

는 이와 기를 구분하여 나타내기 이전의 근원적인 세계를 바탕으로 하고, 율곡은 이기지묘理氣之妙를 주장하였지만 이리와 기氣의 불상리不相離만을 주장한 것이 아니라 불상잡不相雜과 불상리不相離의 두 측면을 종합하여 나타내고 있다. 그러면 퇴계와 율곡의 주장을 어떻게 이해할 것인가?

퇴계와 율곡이 어떤 관점에서 이와 기의 특성을 논하고 양자의 관계를 밝히거나를 막론하고 두 사람의 주장은 이와 기 자체의 문제가 아니라 양자에 관한 이론이다.

그것은 학문 자체가 객관적 대상이라는 의미가 아니라 학문의 도구인 개념, 주장, 이론체계가 모두 학문의 대상에 관한 지도地圖와 같음을 뜻한다.

주희가 이기론의 근거로 제시한 《주역》에서는 "형이상적 존재를 일러 도道라고 말하고(謂之), 형이하적 존재를 일러 기器라고 말한다. (謂之)"[443]라고 하여 그것이 인간에 의하여 언급된 것임을 분명히 하고 있다.

도道와 기器, 이理와 기氣가 모두 인간에 의하여 언급된 것일 뿐 세계 자체에 그러한 개념이 있는 것은 아니다. 한원진韓元震은 불상리, 불상잡이 합간과 이간의 문제임을 다음과 같이 밝히고 있다.

> 이理와 기氣를 이간하면 두 개의 사물이 된다. 두 개의 사물이 되면 이선기후理先
> 氣後이고, 기이이동氣異理同이다. 이理와 기氣를 합간하면 하나의 사물이 된다. 하
> 나의 사물이 되면 리와 기는 선후가 없으며, 이동異同이 없다. 간자看字를 착안하
> 여 보면 사람이 분리하고 합습하여 보는 것을 말하는 것이지 리와 기가 분리하고
> 합함이 있을 때를 말하는 것이 아니다.[444]

---

443) 《周易》繫辭上篇 第十二章, "是故 形而上者謂之道 形而下者謂之器 化而裁之謂之變 推而行之謂之通 擧而錯之天下之民謂之事業".
444) 《朱子言論同異攷》卷一 理氣, 韓元震, "蓋理氣離看 則爲二物 爲二物則理先而氣後 氣異而理同矣 合看 則爲一物 爲一物 則理氣無先後 無同異矣 看字又當着眼看 謂人離合看 非謂理氣有離合時也".

이와 기의 불상잡, 불상리의 관계를 나타내는 합간合看과 이간離看은 인간이 그렇게 본다는 것이지 이기 자체를 합하고 나누는 것은 아니다. 그러면 이기론은 주희라는 한 사람에 의하여 자의적으로 이루어진 사고의 결과일 뿐인가?

만약 성리학이 이간과 합간을 중심으로 전언專言과 편언偏言, 본원本源과 유행流行, 체體와 용用을 구분하여 나타낸 이론체계라면 희론戱論에 불과하다.

그것은 성리학이 주희라는 한 사람의 분별의식에 의하여 멋대로 사고한 결과를 언어로 나타낸 것이라면 그것은 한 사람의 견해를 진리라고 우기는 말장난임을 뜻한다.

이론체계로 드러나는 학문의 결과는 제시한 사람의 사적私的인 생각이나 사고 체계를 나타낸 일종의 의견으로 오직 자신의 이론체계 안에서 논리적 정합성을 갖추면 될 뿐 그 내용을 들어서 시비是非를 논할 수 없다.

그럼에도 불구하고 만약 어떤 사람이 자신의 의견이 옳을 뿐만 아니라 정통이고, 다른 사람의 의견은 이단이라는 주장을 해도 아무런 의미가 없다. 그러면 주희의 이합간이 어떤 성격을 갖는가?

주희가 어떤 관점에서 이합간을 주장하였는지는 그의 언급들을 통하여 추론推論할 수 있다. 그가 역逆의 관점에서 수양론, 공부론에 중심을 두고 있기 때문에 심즉리心卽理를 인정할 수 없는 점에서 보면 이합간 자체의 진리성을 논증하는 문제는 따로 남는다. 그러면 한국성리학자인 한원진은 왜 이합離合을 인간의 문제라고 하였는가?

남당도 역시 주희의 입장을 옹호하기 위한 언급에 불과하다면 그것은 한 개인의 자의적인 사고를 표현하는 것일 뿐으로 그의 이기론의 진리성은 확보되지 않는다. 그러면 그의 의도는 어디에 있는가?

남당의 의도를 파악하는 것은 앞에서 살펴본 퇴계와 율곡의 이기론을 통해서 그 실마리를 찾을 수 있다. 왜냐하면 남당은 율곡의 이론을 계승한 학자이기 때문이다. 퇴율退栗이 서로 다른 주장을 하지만 양자가 일체인 관점 곧 이기理氣를 통하여 나타내기 이전의 세계를 바탕으로 각각 이기지묘理氣之妙, 이기결시이물理氣決是二物을 주장하고 있음을 살펴보았다. 그러면 퇴계와 율곡의 이기론을 어떻게 이해할 것인가?

퇴계와 율곡의 이기론은 순順과 역逆이 하나가 된 순역합일順逆合一의 관점에서 제기된다. 그것은 물건적 관점에서 세계를 형이상과 형이하로 구분하여 도와 기로 나타내고, 인간을 형이상과 형이하의 측면에서 구분하여 성과 명을 나타나기 이전에서 출발함을 뜻한다.

도와 기, 성과 명으로 구분하여 나타내기 이전은 단군신화에서 환인桓因으로 나타낸 시간성時間性이다. 퇴계의 이기론은 도생역성의 관점에서 시간성을 사건화하여 나타낸 것이며, 율곡의 이기론은 역생도성의 관점에서 시간을 시간성화하여 나타낸 것이다.

퇴계와 율곡의 이기론은 모두 시간성을 바탕으로 전개되는 생성론이기 때문에 실체적 존재로서의 이와 기의 어느 하나를 중심으로 양자를 합하거나 나누어진 상태를 바탕으로 전개되지 않는다. 따라서 우리는 퇴계와 율곡이 성리학이라는 하나의 실체적 이론체계나 주희라는 실체적 인간에 경도되지 않았음을 알 수 있다. 그러면 퇴계와 율곡의 이기론은 구체적으로 어떻게 이해할 수 있는가?

퇴계는 이기가 고정된 실체가 아니라 때와 장소에 따라서 다양하게 드러남을 밝히고 있다. 그것을 현상을 중심으로 이해하면 이와 기를 불상잡不相雜의 관점에서 둘로 나누어서 이해한다고 표현할 수 있다.

하나의 본체가 작용에 의하여 다양하게 드러나는 도생역성의 측면에서 이기를 논한 사람이 퇴계이다. 그렇기 때문에 비록 하나의 본체가 드러난 현상이지만 현상 자체는 서로 다르기 때문에 둘로 나타내지 않을 수 없다.

퇴계가 도생역성의 관점에서 이기理氣를 논함은 본체가 작용하여 드러난 현상의 측면에서 이리를 논함을 뜻한다. 그는 시간성을 출발점으로서 삼아서 (倒生) 그것이 시간으로 드러나는 현상의 측면에서 이와 기를 논하였다.(逆成)

도생역성의 관점에서 보면 시간성은 고정되지 않아서 매 순간 다양하게 드러난다. 따라서 도생역성에 의하여 이기理氣를 논함은 시간성의 본성인 창조성을 중심으로 이와 기를 논함이라고 할 수 있다.

퇴계는 도생역성의 관점에서 본체에서 시작하여 현상의 측면에서 본체를 나타내기 때문에 본체로서의 이리와 형이하의 질質인 기를 둘로 나누어서 나타내지 않을 수 없다.

도생역성의 관점에서 보면 기氣만 발發하는 것이 아니라 이리도 역시 발發한다. 퇴계가 이동理動, 이자도리自到를 주장함으로써 이기호발理氣互發을 주장한 까닭이 여기에 있다.

그러나 이발理發의 발發과 기발氣發의 발發은 그 의미가 다르다. 그것은 오직 기氣만 발하고 이는 발하지 않는다는 기발이승일도氣發理乘一途의 발發과 "기발이이승지氣發而理乘之, 이발이기수지理發而氣隨之"의 이발과 기발의 의미가 서로 다름을 뜻한다.

그럼에도 불구하고 퇴계가 이발과 기발이 다르고, 이와 기가 하나가 아닌 둘임을 강조하는 까닭은 그 도달점이 현상에 있기 때문이다. 바로 현상에서 완성되는 작용이자 현상에서 드러나는 본체의 작용에 의한 창조를 드러내기 때문에 언제나 둘을 강조하였다.

퇴계의 이발론理發論은 주희가 이리를 존재하지만 활동하지 않는 것으로 이해[445]하고 있는 것과 다르다. 만약 퇴계가 이와 기를 구분하여 오로지 기가 발할 뿐으로 이리는 발하지 않는다고 주장하였다면 그것은 부존재와 같다고 할 수밖에 없다.

---

445) 《朱子語類》卷第一 理氣上, "蓋氣則能凝結造作, 理卻無情意, 無計度, 無造作. 只此氣凝聚處, 理便在其中. 且如天地間人物草木禽獸, 其生也, 莫不有種, 定不會無種子白地生出一箇物事, 這箇都是氣. 若理, 則只是箇淨潔空闊底世界, 無形跡, 他卻不會造作; 氣則能醞釀凝聚生物也. 但有此氣, 則理便在其中.".

만약 이理가 존재하지만 활동하지 않는다면 존재함이 드러날 방법이 없게 된다. 그렇다면 그것은 인간의 논리적 사유에 의하여 요청된 것일 뿐으로 실재하지 않는 인간의 상상적 구성물에 불과하다.[446] 그러면 율곡의 이기론은 무엇인가?

율곡의 이기론은 역생도성의 관점에서 전개된다. 그것은 현상의 시간으로부터 출발하여 본체인 시간성을 향하는 시간의 시간성화를 중심으로 이기론을 전개함을 뜻한다. 이때 역생은 기氣이며, 도성은 리理이다. 따라서 율곡은 기氣를 출발점으로 삼아서 그것과 비교하여 이理를 나타낸다.

그는 역생의 관점 곧 현상을 출발점으로 삼아서 본체에 이르는 도성의 관점에서 이기를 논한다. 현상의 측면에서 보면 하나의 원기元氣가 음양陰陽으로 나누어지듯이 다양하게 드러난다. 그러나 근원인 본체의 측면에서 보면 둘이 아니다.

마찬가지로 현상에서 본체를 향하는 역방향에서 보면 형이하의 기와 형이상의 이가 둘이 아니다. 그렇기 때문에 둘이 아닌 경계를 중심으로 이기를 나타내어 이기理氣의 묘합妙合을 주장하였다.

역생의 측면에서 보면 매 순간에 나타나는 현상은 다양하여 구분하지 않을 수 없다. 그렇기 때문에 역생의 측면에서 이통과 기국을 통하여 이기가 하나가 아님을 나타낸다. 그러나 도성의 측면에서는 이기지묘를 통하여 양자가 둘이 아님을 나타내지 않을 수 없다.

매 순간에 나타나는 현상은 그대로 고정되지 않아서 소멸한다. 그러나 그것은 단순한 유有에서 무無로의 변화가 아니라 새로운 시작을 위한 준비라는 점에서 창조를 위한 진화, 새로운 탄생을 위한 죽음에 비유할 수 있다.

역생도성을 통하여 도달한 경계는 공, 아법구공, 천인합일과 같이 다양한 관점에서 나타내는 물건적 개념으로는 드러나지 않는다.

---

446) 《심체와 성체1》, 모종삼저, 황갑연외 옮김, 서울, 소명출판, 2012, 76쪽.

단군신화에서는 현상을 상징하는 웅호로부터 시작하여 근원인 환웅에서 끝나는 사건을 나타내고 있다. 이처럼 웅호에서 시작하여 환웅에서 끝나는 사건은 현상에서 근원인 본체로 돌아가는 귀공, 귀체라고 할 수 있다.

귀공, 귀체는 환웅이 인간의 세계에 내려와서 시간을 다스리는 일을 통하여 이치로 교화하는 이화를 다른 측면에서 나타낸 개념이다. 단군신화에서는 이화를 환웅이 인간 세상에서 360이라는 역수를 다스림, 주재함으로 나타내고 있다. 그러면 역수를 다스림은 무엇인가?

나와 남, 나와 세계의 구분이 없는 시간성이 본성에 의하여 매 순간 현상으로 드러나는 현상화를 역수의 다스림으로 나타낸다. 그것은 이것과 저것으로 구분하여 나타낼 수 없는 세계가 매 순간 다양하게 나타났다가 사라지는 사건의 연속으로 드러남을 뜻한다.

시간성이 매 순간 사건으로 드러남은 무에서 유로 화함이지만 시간성이라는 실체나 시간이라는 실체를 전제로 하지 않는다. 그것을 나타내는 것이 바로 역생도성을 나타내는 웅호가 사람이 되고, 다시 환웅과 결혼하여 하나가 되는 사건이다.

웅호가 환웅으로 돌아감은 개체적 존재의 개체성이 그대로 이것과 저것으로 구분할 수 없는 신의 경계의 드러남임을 보여 준다. 이처럼 귀체, 귀공의 관점에서 전개되는 율곡의 이기론과 본체의 작용의 측면에서 전개되는 퇴계의 이기론은 서로 구분되면서도 둘이 아닌 관계로 나타내지 않을 수 없다. 그러면 양자의 이기론은 단순한 관점의 차이일 뿐인가?

이제는 물건적 관점에서 사건적 관점을 비교하여 퇴계와 율곡의 이기론을 살펴보았던 앞의 과정과 달리 오로지 시간성을 중심으로 퇴계와 율곡의 이기론을 살펴보자.

그것은 퇴계와 율곡은 물론 성리학을 집대성한 주희가 둘이 아닌 내 안의 나인 본성, 온 우주의 본성과 둘이 아닌 내 안의 나 아닌 나를 중심으로 살펴보는 일이다.

바로 주희, 퇴계, 율곡의 이기론을 바라보는 나를 넘어서 그 나를 보는 나, 나와 도가 둘이 아닌 나 아닌 나의 특성인 창조성을 통하여 세 사람의 이기론을 살펴보는 작업이다.

창조성은 변화성을 특성으로 하는 공간성과 다른 시간성의 특성이다. 퇴율의 이기론이 나타내는 창조적 특성은 그것을 나타내는 도구인 언어를 중심으로 살펴보면 잘 드러난다, 그러면 그것이 퇴율의 이기론이 단순한 개념적인 차이에 불과함을 뜻하는가?

우리는 퇴계와 율곡의 이기론을 통하여 언어를 도구로 드러나는 시간성의 특성을 이해할 수 있다. 언어의 기능, 작용을 중심으로 퇴율의 이기론을 살펴보면 양자가 서로 다르다. 퇴계와 율곡이 동일한 주제인 이기理氣의 본질과 양자의 관계에 대하여 서로 달리 나타낼 뿐만 아니라 이발理發과 기발氣發을 서로 달리 나타내는 까닭은 언어의 기능을 서로 다르게 사용하고 있음을 뜻한다.

순과 역을 중심으로 이와 기를 이해하면 순과 역이 하나가 아닌 관점에서 순과 역을 구분하여 이해하면 이와 기가 서로 발한다고 하지 않을 수 없어서 이는 기를 향하여 작용하고, 기는 이를 향하여 작용한다고 말하며, 순과 역이 둘이 아닌 관점에서 일체를 중심으로 나타내면 오로지 기만 발하고 이는 탄다고 하지 않을 수 없다.

이때 순과 역을 구분하여 이와 기를 논하는 도구인 언어의 기능 역시 서로 다르게 나타난다. 역逆의 관점에서 언어를 사용하면 언어의 인지적 기능, 의미론적 기능, 사다리적 기능이 부각되고, 순順의 관점에서 언어를 사용하면 언어의 창조적 기능, 무분별의 세계를 분별하여 세계를 드러내는 표현적 기능이 부각된다.

그러나 순과 역이 둘이 아니듯이 순과 역을 구분하여 이해할 때 나타나는 언어의 두 측면의 기능 역시 둘이 아니다. 순과 역이 하나가 되어 순과 역을 구분할 수 없는 일체의 관점 곧 순과 역으로 구분하여 나타내기 이전의 시간성을 바탕으로 양자를 구분하거나 하나로 나타낼 때 언어는 무분별의 세계를 분별하여 나타내는 창조적 기능을 한다.

언어 이전의 세계는 무분별無分別의 세계이다. 그것이 인간의 사고에 의하여 이것과 저것이 구분되고 다시 그것이 언어를 통하여 다른 세계로 표상된다. 이것이 언어를 도구로 하여 드러나는 시간성의 본성인 창조성이다.

한국사상의 특성은 시간성을 바탕으로 전개되는 도역의 생성이다. 생성은 창조와 진화를 내용으로 하는 변화이다. 이때 변화는 물건적 측면에서 실체적인 본체, 도, 성품이 작용하여 형이하의 경계로 드러나는 현상과 다르다. 왜냐하면 체용이나 체상과 용의 어떤 구분에 의하여 도와 기, 성과 명을 이해하더라도 양자는 순과 역의 두 방향이 양립할 수 없는 모순을 안고 있기 때문이다.

그러나 역생도성의 생성과 도생역성의 생성은 양자의 방향을 구분하여 나타냈지만 하나의 생성일 뿐이다. 역생도성의 생성이 귀체, 소멸, 진화, 죽음, 유에서 무를 향하는 생성이라면 도생역성의 생성은 창조, 재생, 탄생, 무에서 유를 향하는 작용, 현상화, 대상화의 생성이다.

도생역성과 역생도성은 하나의 생성이기 때문에 양자 가운데 어느 하나를 버리고 다른 것을 찾거나 어느 하나를 다른 것으로 변화시키거나, 양자를 버리고 새로운 제삼자를 찾아야 할 대상이 아니다. 따라서 퇴계와 율곡의 이기론 그리고 성리학은 어느 하나가 옳고 어느 하나가 그른 것이 아니라 양자가 모두 옳다. 그러면 어떻게 할 것인가?

퇴율의 이기론과 성리학이 시대에 따라서 다양하게 이해되듯이 때와 장소에 따라서 그리고 사람에 따라서 다양하게 사용하면 된다. 그것은 양자의 이론을 대상으로 우리가 어떤 마음으로 살아야 할 것인지의 문제 곧 삶의 문제, 본성을 주체로 어떻게 살아야 할 것인지의 실천의 문제로 접근할 수 있음을 뜻한다.

우리는 도역생성으로 표현되는 시간성의 본성을 퇴계와 율곡의 이기론을 통하여 확인하였다. 그것은 시간성의 매 순간 현상을 다양하게 창조하는 창조적 작용, 매 순간 현상을 새롭게 진화하는 진화적 작용에 의하여 창조와 진화의 연속으로 드러나는 현상이 우리의 삶임을 퇴율의 이기론을 통하여 드러났음을 뜻한다.

그럼에도 불구하고 혹자는 물건적 관점에서 공간성을 중심으로 순과 역의 두 방향에서 전개되는 중국사상의 삶의 방법에 빠져서 여전히 창조와 진화가 둘이 아닌 한국사상의 특성에 대하여 의문을 제기할지도 모른다.

어떤 사람들은 퇴계와 율곡의 이기론을 그것을 문제로 삼는 나와 둘이 아닌 경계에서 보지 않고, 하나가 아닌 경계에서 보면 반드시 순과 역의 두 방향이 양립할 수 없는 모순관계임을 들어서 비판을 할 것이다.

그리고 나와 둘이 아닌 경계를 시간성이 아닌 공간성의 차원에서 둘로 보아서 실체적 존재로 이해하여 여전히 시간성과 시간이 하나가 아니기 때문에 시간성의 시간화와 시간의 시간성화가 하나가 아니라고 비판을 제기할 것이다.

그러나 오로지 하나의 개념이나 주장, 이론을 대상으로 시비를 판정하는 행위는 일종의 욕심에 불과하다. 그의 행위는 다른 사람이 제시하는 개념이나 주장, 이론의 부족한 점을 보완하여 그의 주장이나 이론이 완전해지게 하고자 하는 자비를 바탕으로 일으키는 지혜의 작용이 아니다. 그러면 본성을 주체로 하지 않는 행위가 있는가?

소인이나 중생, 죄인의 육신을 자신으로 여기는 전도견顚倒見에 의하여 나와 남을 구분하고, 나와 세계를 구분하여 남, 세계를 삶의 수단으로 삼아서 자신을 욕심을 채우고자 하는 온갖 행위도 모두 하나의 본성에서 나온다.

다만 그는 본성을 올바로 사용하여 모든 사람을 이롭게 하는 지혜와 자비를 활용하는 삶을 살지 못하고 자신도 해치고, 다른 사람도 해치는 삶을 살 뿐이다. 따라서 본성을 잘 작용시키지 못한 삶이라고 할 수 있다. 그러면 소인과 대인, 정견과 전도견이 둘인가?

형이상의 본성이라는 내 안의 나 아닌 나를 주체로 여기는 정견正見도 지금 여기의 내가 취하는 하나의 견해일 뿐이다. 그리고 전도견을 버리고 정견을 취하여 사는 주체는 나이며, 정견을 버리고 전도견에 따라서 부침浮沈하는 것도 나이다.

퇴계와 율곡의 이기론은 나와 남, 나와 세계로 구분하여 나타낼 수 없는 시간성의 현현顯現이다. 그것은 퇴계와 율곡의 이기론은 시간성이 퇴율을 통하여 때와 장소에 따라서 다양하게 드러난 시간화, 창조적 작용의 결과임을 뜻한다.

주희가 집대성한 성리학은 다른 사람들이 제기한 다양한 주장들을 정리하여 재구성한 이론체계이다. 하나의 이론체계가 아무리 정교할지라도 반드시 그와 대응하는 새로운 이론체계가 나타날 수밖에 없다. 왜냐하면 이론체계는 의식에 의하여 제기된 분별적 사고의 산물이기 때문이다.

주희가 이기론을 제기하면서 합간合看과 이간離看을 비롯하여 여러 관점에서 다양한 주장을 제기하는 것 자체가 그대로 그의 학문 활동이 내 안의 나 아닌 나인 본성을 자각하는 수기를 바탕으로 이루어지는 안인, 안백성의 차원이 아님을 보여 준다.

공자의 학문관을 파악할 수 있는 《논어》에서는 학문을 주체인 나로 주체화하는 수기와 수기를 통하여 드러나는 본성과 세계의 본성인 천도가 둘이 아닌 차원을 매 순간 다양하게 대상화, 실체화하여 드러내는 안인, 안백성을 제시하고 있다.

그런데 주희가 제시한 성리학은 정이천程伊川의 이기론理氣論, 격물치지론格物致知論과 장재張載의 심통성정설心統性情說, 천지지성天地之性과 기질지성氣質之性을 비롯하여 여러 이론들을 연결하여 새로운 이론체계를 구성한 점에서 공자가 제시한 학문과는 전혀 다르다.

공자가 제시한 학문의 범위, 학문의 내용, 학문의 방법에 의하면 한대漢代의 훈고학이나 송대의 성리학, 명대의 심학, 청대의 고증학考證學을 막론하고 모두 공자의 학문관을 벗어났다고 할 수 있다. 그러면 중국유학은 아무런 의미가 없는가?

한국성리학은 중국유학의 한계에 대한 반성적 비판을 바탕으로 출발한다. 퇴계와 율곡은 이기理氣를 논하면서도 그것을 논하는 주체인 나와 둘이 아닌 차원 곧 심층의 나, 내안의 나, 본성을 바탕으로 이기를 논한다.

그것은 퇴율이 공자가 제시했던 이기를 나로 주체화, 내면화하여 이해할 뿐만 아니라 그것을 다시 대상화, 객관화하여 나타내었음을 뜻한다. 율곡의 이기론은 수기의 관점에서 이기를 나로 주체화, 내면화하여 나타내었고, 퇴계는 안인, 안백성의 관점에서 내 안의 나와 세계, 이기가 둘이 아닌 경계를 대상화, 물건화하여 이기로 나타내었다. 따라서 퇴계와 율곡의 이기론은 같은 차원의 다른 주장이 아니다.

퇴계와 율곡의 이기론이 제기되는 관점, 차원, 경계, 방향이 서로 다르다. 그것은 두 사람의 이기론이 하나는 옳고, 나머지 하나는 그르기 때문에 양자가 모두 옳을 수 없는 모순관계가 아님을 뜻한다. 오히려 두 사람의 이기론은 시간성이라는 경계를 두 방향에서 나타내기 때문에 모두 옳을 뿐만 아니라 모두 가치와 의미가 있다.

원효가 제시했던 사유체계, 이론체계, 논리구조를 통하여 퇴율의 이기론을 이해하면 율곡의 이기론은 견상귀본이라는 수도, 수기의 관점에서 제기되었고, 퇴계의 이기론은 종본기행이라는 제도, 실천의 관점에서 제기되었다. 그러면 양자를 어떻게 이해할 것인가?

원효는 쌍현귀기를 밝혔다. 종본기행과 견상귀본을 동시에 함께 드러내는 쌍현귀기의 관점에서 보면 퇴율의 이기론은 양자가 모두 일체의 양면을 드러내는 하나이면서도 둘이고, 둘이면서도 하나인 관계이다. 그러면 한글의 창제원리와 퇴율의 이기론은 어떤 관계인가?

율곡의 이기론은 한글의 끝소리로부터 시작하여 첫소리로 돌아가는 관점에서 합일과 분생이 둘이 아닌 삼재의 도, 역도를 바탕으로 이기론을 제시하였고, 퇴계는 첫소리가 끝소리로 드러나는 관점에서 합일과 분생이 둘이 아닌 삼재의 도, 역도를 바탕으로 이기론을 제시하였다.

그런데 첫소리와 끝소리가 모음에 의하여 결합이 되지 않으면 한글의 한 글자도 이루어지 않는다. 그렇기 때문에 견상귀본과 종본기행을 나누어서 논하고, 첫소리와 끝소리를 나누어 논하듯이 퇴계와 율곡의 이기론이 서로 다름을 논하지만 쌍현귀기를 논하고, 모음에 의하여 양자를 결합하여 한 글자를 만들듯이 두 이기론을 함께 보아야 한다. 그러면 퇴율의 성리학은 중국성리학과 어떤 차이가 있는가?

퇴계와 율곡이 이와 기를 바탕으로 이일분수理一分殊를 수용하고, 양자의 관계를 논하는 불상리不相離, 불상잡不相雜를 비롯한 다양한 관점들을 그대로 수용한 점에서 그들의 이기론은 성리학을 나타내고 있다.

그러나 퇴계와 율곡이 한국사상의 근본주제인 시간성을 바탕으로 성리학을 주체적으로 수용하여 생성의 관점에서 이기론을 제시한 점에서는 한국성리학이라고 하지 않을 수 없다.

오늘날 두 학자의 이기론을 대상으로 서로 다른 점을 들어서 어느 이기론이 옳고, 어느 이기론이 그른가, 다시 말하면 어느 학자의 이기론이 주희의 이기론을 계승한 정통인가를 논하는 것은 아무런 의미가 없다. 그러면 오늘날 우리에게 두 사람의 이기론은 어떤 의미를 갖는가?

과학과 인문학을 막론하고 학문의 주체는 인간이다. 그렇기 때문에 인간으로서의 나의 문제로 주체화하여 하나로 이해하지 않으면 학문을 하는 나에게 아무런 이익이 없을 뿐만 아니라 나와 상관이 없는 일이다.

인문학이 자연을 대상으로 하는 과학과 다른 점은 학문을 하는 주체인 나를 대상으로 하는 학문인 점이다. 인문학적 특성을 잘 드러내고 있는 유학은 학문의 출발점과 끝점을 인간에서 찾는다.

성리학 역시 유학이기 때문에 유학의 학문적 특성을 벗어나지 않는다. 한국 성리학자들은 퇴계와 율곡이 보여 주듯이 이기론이라는 본체론을 대상으로 접근한 것이 아니라 그것을 논하는 주체인 나로 주체화하여 접근한다. 그렇기 때문에 퇴율 이후에는 직접 인간의 본성이 무엇인가를 논하지 않을 수 없다.

18세기 초기에서 시작하여 20세기 초반에 이르기까지 200년 동안 전개된 인물성동이논쟁은 인간의 본성과 동물의 본성이 같은가, 다른가에 대하여 한원진과 이간을 중심으로 두 사람의 의견에 동조하는 학자들 사이에 일어난 논쟁이다.

이 논쟁은 글자 그대로 성리학자들 그것도 율곡 문하의 학자들 사이에서 일어난 학술논쟁이다. 그렇기 때문에 이 논쟁을 학문적인 일, 곧 수기와 관련된 사건으로 이해할 수 있다. 다만 인물성동이론쟁이 학술적인 논쟁이라고 하여도 과연 수기와 관련된 것인가는 다른 문제이다.

그들의 논쟁은 율곡의 이통기국理通氣國이라는 하나의 주장을 바탕으로 전개된다. 그들은 동일한 하나의 대전제로부터 서로 다른 결론을 도출하였다. 그리고 그들은 상대방의 주장은 그르고 자신의 주장은 옳다고 말한다. 그러면 그들의 주장은 무엇인가?

이간은 인간의 본성과 사물의 본성이 같다는 동론同論을 주장하고, 한원진은 인간의 본성과 사물의 본성이 다르다는 이론異論을 제기한다. 이때 두 사람이 자신들의 주장이 옳음의 증거로 제시하는 내용이 모두 주희의 주장이라는 점에서는 같다.

그런데 주희는 중용과 맹자의 내용을 해석하는 과정에서 서로 다른 주장인 인물성동론과 인물성이론을 제시하였다. 이처럼 동일한 한 사람의 서로 다른 주장을 근거로 제기되는 두 사람의 주장은 반드시 양자가 옳을 수 없는 모순관계로 드러날 수밖에 없다. 그러면 오늘날 우리에게 인물성동이논쟁은 어떤 의미를 갖는가?

오늘날은 과학과 기술이 주도하는 시대이다. 오늘날의 인류사회는 인공지능의 비약적인 발전에 의하여 생활의 편리함을 누리고 있다.

그러나 한편으로는 오늘날의 사람들은 인간에 의하여 생산된 인공지능이 인간을 지배할지도 모른다는 우려를 안고 있다. 인간과 인공지능이라는 사물의 본성과 양자의 관계가 무엇인가의 문제는 오늘날에도 여전히 해결되어야 할 과제이다. 오늘날 우리가 인물성동이논쟁을 주목해야 할 필요가 여기에 있다. 그러면 인물성동이논쟁은 어떻게 이루어졌는가?

이간과 한원진이 자신들의 주장을 제기하는 근거는 가까이는 율곡의 이통기국理通氣局이라는 주장이고, 멀리는 주희의 주장이다. 그것은 두 사람의 논쟁이 다른 사람의 권위에 기대어 자신의 주장이 타당함을 논증하는 방법을 취하고 있음을 뜻한다. 그러면 이것이 공자의 수기와 관련이 있는가?

공자는 수기修己의 방법으로 박문약례博文約禮를 제시한다. 그는 나와 밖의 사물, 문장을 만나는 박문博文을 통하여 지식, 정보를 수용한 후에 그것을 다시 나의 내면으로 주체화하여 내 안의 나 아닌 나와 둘이 아님을 확인하는 약례約禮를 제시한다.

박문을 바탕으로 한 약례는 지식을 전달하는 남과 지식을 전달 받는 나 그리고 지식의 셋이 하나의 근원으로부터 비롯하였음을 확인하는 과정이다. 그렇기 때문에 박문약례를 앎을 중심으로 나타내어 깨달음을 얻는다고 말할 수 있을 것이다.

그러나 본래의 자기 자신을 확인하는 점에서 이전과 다름이 없기 때문에 굳이 깨달음이라고 나타낼 필요가 없다. 다만 박문약례가 되지 않으면 삶 가운데서 실천으로 드러나지 않기 때문에 박문약례의 결과를 덕德으로 제시한다.

박문약례는 수기의 방법인 동시에 학문의 방법이다. 그리고 학문은 반드시 덕德을 갖추어 실천하는 결과를 낳는다. 만약 그렇지 않으면 길거리에서 남을 듣고 다시 다른 사람에게 전달하는 일종의 전달자에 불과할 뿐으로 수기를 하는 군자라고 할 수 없다. 공자는 "길거리에 듣고 다시 길거리에서 말함은 덕을 버림이다."[447]라고 하여 이 점을 강조한다.

만약 어떤 사람이 주희라는 다른 사람의 주장을 자의적으로 활용하여 새로운 주장을 내세우는 것에 그친다면 그의 주장은 공자가 말한 도청도설道聽塗說에 불과하다. 그러한 주장은 수기를 하는 학문이 아닐 뿐만 아니라 안인, 안백성을 내용으로 하는 치인도 아니다.

한 사람의 주장이 다른 사람을 이겨서 자신의 존재를 드러냄으로써 생명을 보존하기 위한 투쟁의 도구가 아니라 자신도 이롭고 남도 이로운 행위가 되기 위해서는 박문약례를 바탕으로 제기되는 치인治人의 방법[448]으로서의 주장이 되어야 한다. 그러면 인물성동이논쟁을 어떻게 이해할 것인가?

인물성동이논쟁이 오늘날의 우리에게 가치가 있기 위해서는 나를 중심으로 이해되어야 한다. 그것은 인물성동이논쟁을 공자가 제시한 수기와 안인, 안백성의 방법에 의하여 이해하는 작업이다.

나를 중심으로 인물성동이논쟁을 이해함은 인물성동이논쟁을 순과 역의 두 방향에서 이해함이다. 그 구체적인 방법은 역방향에서 두 주장을 내면화, 주체화하고, 다시 순방향에서 두 주장을 대상화, 실체화하여 이해하는 방법이다.

이 방법은 두 주장을 동일한 차원에서 평면적으로 이해하지 않는다. 그것은 두 주장을 대하는 나의 내면으로 들어와서 형이하의 물리적 생명의 경계인 명命과 형이상의 본성의 차원인 성性을 중심으로 순과 역의 두 방향에서 이해하는 방법이다. 그러면 왜 순역의 두 방향에서 인물성동이논쟁을 이해해야 하는가?

인물성동이논쟁에 참여한 사람들이 제기하는 주장들은 모두 형이하의 물리

---

447) 《논어》양화陽貨, "子曰 道聽而塗說 德之棄也".
448) 《내 안의 참나와 논어사상》, 이현중, 지식과감성#, 2022, 124-252.

적 시공의 차원에서 평면적으로 전개되고 있다. 이간은 공간적 이위異位를 바탕으로 인물성논쟁, 미발심성론을 제기하였고, 한원진은 시간적 동시同時를 바탕으로 인물성논쟁과 미발심성론을 제기하였다.

한원진과 이간의 주장이 시공의 차원에서 벗어나지 못하는 한계는 두 사람의 주장을 회통적 관점에서 종합하고자 했던 이철영의 동위이시同位異時를 바탕으로 전개되는 주장[449]에서도 여전히 나타난다.

만약 오로지 물리적 시공의 차원에서 인물성人物性, 미발심성未發心性을 고찰하면 형이상의 이理, 성품이 드러나지 않을 뿐만 아니라 형이상과 형이하의 관계를 체계적으로 나타낼 수 없다. 그들이 율곡의 이통기국理通氣局, 주희의 이일분수理一分殊라는 동일한 대전제에 의하여 주장을 제기하면서도 서로 다른 주장을 용납할 수 없는 까닭이 여기에 있다. 그러면 순과 역의 두 방향에서 두 주장을 어떻게 이해할 것인가?

이理와 기氣는 본체와 현상의 두 측면에서 본질을 나타낸다. 그리고 양자의 본질과 특성, 관계를 나타내는 나에 있어서 이와 기는 그대로 성품과 육신이다. 이때 중요한 것은 이와 기를 바탕으로 성품을 논할 때 그것을 논하는 관점이 어딘가의 문제이다.

본체와 현상을 구분하고, 양자의 관계인 작용을 논하는 존재는 인간이다. 인간의 관점에서 보면 본체와 현상은 성품과 육신이고, 작용은 마음이다. 그러므로 이와 기를 나와 무관한 실체적 존재로 이해할 것이 아니라 나의 문제로 주체화, 내면화하여 이해하는 것이 필요하다. 그러면 본성지성과 기질지성은 무엇인가?

본연지성과 기질지성은 서로 다른 성품을 나타낸 개념이 아니라 본체의 차원에서 성품을 논한 개념이 본연지성이며, 현상의 차원에서 성품을 논한 개념이 기질지성이다. 여기서 본체와 현상의 관계를 분명하게 파악하는 것이 필요

---

449) 《호락논변의 전개와 현대적 가치》, 홍정근, 學古房, 2021, 319-367.

하다.

본연지성의 작용을 나타내는 성선설의 관점은 본체에서 현상을 향하는 순방향이다. 그것은 사람의 본성은 항상 작용하여 현상으로 드러남을 뜻한다.

그러나 현상의 측면에서 보면 대인과 소인, 성인과 속인의 삶이 다르다. 그렇기 때문에 현상에서 본체를 향하는 작용인 수기가 필요하고, 본체에서 현상을 향하는 작용인 치인이 필요하다. 그러면 왜 동일한 본성에 의하여 나타나는 현상에서 대인의 삶과 소인의 삶이 서로 다른가?

본성이 현상에서 드러날 때 선과 악으로 고정된 것이 아니라 어떻게 작용하느냐에 따라서 결정된다. 그렇기 때문에 본체인 성품, 본연의 성품을 그대로 드러내면 현상에서는 대인, 성인의 성품이라고 할 수 있다.

그러나 본성이 있음도 모르고 사물을 따라서 마음을 쓰고, 그것을 다시 언행으로 드러내면 현상의 언행의 관점에서 기질지성이 악으로 드러난다고 할 수밖에 없다. 그렇기 때문에 본체의 관점에서 성을 나타내고, 작용의 관점에서 성을 나타낼 수 있다.

만약 현상의 관점에서 성삼품설性三品說이나 성삼양설性三樣說을 제기하면 본체의 관점에서 성품을 논하는 동론자同論者들에 의하여 비판을 받을 수밖에 없다.

그렇다고 하여 본체의 관점에서 인간의 성품과 사물의 성품이 같다고 주장하면 이론자異論者들에 의하여 현상의 측면에서 성인과 소인의 언행이 같지 않음을 들어서 비판을 받을 수밖에 없다.

순과 역의 두 방향에서 인물성을 고찰하면 역방향에서는 인물성의 동론을 제기할 수밖에 없다. 동론同論을 통하여 수기의 근거가 확보된다. 모든 존재의 성품이 같기 때문에 누구나 학문, 수기를 통하여 성인, 대인이 될 수 있다.

그러나 역방향에서 이론異論을 통하여 실천의 근거가 제기된다. 비록 사람의 상품은 같지만 현상에서 서로 달리 나타나기 때문에 다른 사람의 가르침이 필요하다.

성인, 대인이 가르침을 베풀어서 다른 사람으로 하여금 수기를 통하여 대인의 삶을 살고, 성인의 삶을 살도록 인도할 수 있다. 그러면 이러한 주장도 역시 공자의 주장을 두 사람의 주장에 적용한 것에 불과하지 않는가?

공자가 제시한 수기, 안인, 안백성을 중심으로 군자라는 이상적 인격체의 삶의 길을 제시한 것으로 이해한 것도 나이며, 순과 역의 두 방향에서 군자의 도를 이해한 것도 나이다.

나를 통하여 공자가 제시한 군자의 도가 재해석되고, 재창조되어 지금 여기에서 새롭게 나타나고, 《논어》의 내용이 새롭게 드러나며, 나를 통하여 이간과 한원진의 주장들이 현대화하고, 새로워진다.

인물성동이논쟁 역시 과거의 특정한 시대에 특정한 사람들에 의하여 일어났던 사건에 불과하지 않고 오늘날에도 생명을 갖기 위해서는 나를 통하여 재해석되고, 새로운 가치와 의미가 부여되어야 한다.

언제 어디서나 항상 시대와 상황에 맞도록 과거의 주장, 이론을 재해석함으로써 새로운 의미와 가치를 부여하는 작업이 바로 지금 여기에서 한국인으로서의 내가 학문함의 의미이다.

지금 여기의 나를 통하여 인물성동이논쟁이 새롭게 해석됨으로써 그것을 통하여 현대인의 삶이 풍요로워지고, 새로워지도록 기능하게 하는 창조적이고 진화적인 작업이 학문이다.

오늘날 인공지능이 폭발적으로 발전하면서 많은 기대와 우려를 낳고 있다. 우리는 인물성동이논쟁을 통하여 인공지능을 어떤 방향으로 발전시키고, 어떻게 활용할 것인지를 해결할 수 있는 단서를 찾을 수 있을 것이다.

4. 《정역》의 도역생성론倒逆生成論과
한국역학韓國易學

시간성을 중심으로 전개되는 한국사상의 특성이 잘 드러나는 학문은 역학易學이다. 역학易學은 서양사상과 다른 동아시아의 독특한 사상이다. 역사상易思想 중심의 역문화易文化는 한국과 중국을 중심으로 발전하여 왔다.

한국문화는 시간성을 중심으로 전개되는 천도天道, 신도神道사상이 바탕이 된 역문화易文化이다. 그러나 중국사상은 공간성을 중심으로 전개되는 지도地道, 인도人道 사상이 바탕이 된 역문화易文化이다.

시간성을 바탕으로 전개되는 신도는 삼국시대의 한국선도, 통일신라와 고려시대의 한국불교, 조선시대의 한국유학으로 한국사상사를 전개시켜 왔다.

조선시대의 한국유학은 생장성의 세 마디로 분석하면 시생始生은 한글 창제에 나타난 순역합일을 바탕으로 전개되는 삼재의 음양원리를 통하여 확인할 수 있으며, 퇴율의 성리학을 통하여 생장기의 조선유학을 살펴볼 수 있고, 장성기의 한국유학은 조선의 말기에 나타난 《정역》을 통하여 고찰할 수 있다.

《정역》은 19세기 말기에 충청 지역의 선비에 의하여 저작된 역학 서적이다. 한국사상사적 측면에서는 저자인 김일부金一夫가 《정역》을 통하여 한국사상을 역학의 학문체계로 밝혔다고 할 수 있다. 이처럼 《정역》은 고조선사상의 역학적 표현인 동시에 한국유학의 역학적 표현이다. 그러면 한국역학과 중국역학은 어떻게 다른가?

《정역》은 한국사상의 특성과 역학적 특성을 함께 갖고 있기 때문에 한국역학의 전적이다. 《정역》이 갖고 있는 한국사상적 특성은 저자의 다음과 같은 내용을 통하여 확인할 수 있다.

도道가 셋으로 나누어지는 것은 이치의 스스로 그러함이니 이에 유儒도 있고, 불

佛도 있으며, 선仙도 있다. 누가 일부가 이 길을 밟은 줄을 알겠는가! 사람이 없으면 홀로 지키고 사람이 있으면 전하리라.[450]

김일부는 자신이 유불선儒佛仙 삼교三敎로 드러나기 이전의 근원적인 도道를 자각하고, 그것을《정역》을 통하여 제시하였음을 밝히고 있다.

그것은 최고운崔孤雲이 유가儒家와 불가佛家, 도가道家를 포함한 한국고유사상을 풍류風流로 규정하면서 밝힌 내용과 같다. 따라서《정역》이 한국사상을 계승하였다고 하지 않을 수 없다. 그러면《정역》의 역학적 특성은 무엇인가?

한국사상이 중국사상의 세 지주라고 할 수 있는 유가와 불가, 도가道家 또는 선교仙敎를 포함할 수 있는 것은 공간성의 근원인 시간성을 주제로 하기 때문이다.

중국역학의 전적인《주역》에서는 "역易은 상象이다."[451]라고 물건적 관점에서 공간성을 중심으로 형이상의 도를 밝히고 있다. 그리고 형이하의 기器를 천지인天地人의 삼재三才로 구분하여 형이상의 도를 천도天道와 지도地道, 인도人道로 나타내어 역도, 변화의 도로 밝히고 있다.

그러나《정역》에서는 "역易은 역曆이다."[452]라고 하여 사건적 관점에서 시간성時間性을 중심으로 역도를 밝힌다.《주역》이 물건적 관점에서 공간적 위상이 없는 형이상形而上과 공간적 위상을 가진 형이하形而下를 구분하는 것과 달리《정역》에서는 시간적 무위無位와 유위有位를 구분한다.

《정역》의 무위無位와 유위有位는 공간상의 지위를 나타내는 것이 아니라 시간적 위상인 시위時位를 바탕으로 사용되는 개념이다. 그러면 시간성은 어떻게 나타내는가?

시간성은 무위로, 시간은 유위로 나타내며, 무위를 공空으로 나타내기도 한

---

450) 《정역》无位詩, 김항, "道乃分三理自然이니 斯儒斯佛又斯仙을 誰識一夫眞蹈此오 无人則守오 有人傳".
451) 《주역》계사하繫辭下 제삼장, "是故로 易者는 象也니 象也者는 像也오".
452) 《정역》대역서大易序, 김항, "易者는 曆이니".

다. 그리고 유위의 경계인 시간은 선천과 후천으로 구분하여 나타낸다.

또한 상제, 화무상제, 화화옹, 화옹, 반고, 천황, 지황, 인황, 무극, 태극, 황극과 같은 개념들을 통하여 시간성과 시간을 나타낸다. 그러면 시간성은 실재하는가?

만약 시간성, 무위, 상제, 화옹, 화화옹, 반고와 같은 개념들이 그것을 논하는 나와 둘로 존재하는 실체라면 수많은 개념들을 통하여 다양한 차원에서 나타낼 수 없다.

《정역》을 보면 무위와 유위를 구분하여 나타내기도 하지만 양자를 천간天干과 지지地支에 의하여 나타낸다. 그것은 간지가 나타내는 내용이 시간성과 시간을 함께 나타냄을 뜻한다. 이처럼 간지는 형이상과 형이하의 경계를 함께 나타낸다. 그러면 시간성과 시간이 하나인가?

이미 시간성을 논하는 순간 시간과 같을 수 없다. 비록 그것이 사고를 통하여 분별하고, 언어를 통하여 그 결과를 나타낸 것일지라도 양자는 둘이다. 따라서 양자를 같은 차원에서 평면적으로 이해하면 《정역》의 내용을 파악할 수 없다.

《정역》에서는 물리적 시간을 나타내는 수를 통하여 시간성을 상징적으로 나타낸다. 이때의 수는 일상의 수와 용법이 다르기 때문에 이수理數[453]라고 말한다. 《정역》에서 사용되는 이수는 시간성이라는 본질이 제거된 물리적 시간을 나타내는 수와 다르다.

또한 천지와 일월, 무극과 황극, 태극과 같은 개념들 역시 무위의 시간성을 나타내기도 하고, 유위의 시간을 나타내기도 한다. 따라서 문맥에 의하여 양자를 구분하여 이해하는 것이 필요하다. 그러면 우리는 《정역》을 어떻게 이해해야 하는가?

우리가 《정역》을 체계적이고 종합적으로 이해하기 위해서는 본체와 작용

---

453) 《정역》 제십장第十張, 김항, "推衍에 无或違正倫하라 倒喪天理父母危시니라. 不肖敢焉推理數리오마는 只願安泰父母心이로소이다".

그리고 현상이라는 세 차원으로 구분하여 이해할 필요가 있다.

그것은《정역》이 물건적 관점에서 체용상이라는 실체적 존재를 제시한 것이 아니라 방편상 전개되는 내용을 논리적인 차원에서 구분하여 이해할 필요가 있음을 뜻한다.

만약《정역》을 동일한 차원에서 이해하여 형이상의 본체의 차원에서 언급되는 부분을 현상의 차원에서 이해하거나 현상의 차원에서 논의되는 내용을 형이상의 본체의 차원에서 이해하면 내용들 사이에 논리적인 모순이 일어나서 전체의 내용을 파악할 수 없다.

《정역》을 연구하거나 연구하지 않거나를 막론하고 많은 사람들이《정역》에 관심을 갖는 까닭은 현상적 차원에서 장차 우리나라에 일어날 변화를 예언하고 있다고 생각하기 때문이다.

초기의《정역》을 연구했던 학자들은《정역》이 선후천 변화원리를 나타낸다고 말한다. 이때 선천에서 후천으로의 변화가 어떤 차원의 변화인지가 중요하다.

선천에서 후천으로의 변화원리는 형이상의 역도의 차원에서 논의되는 말이다. 만약 선천에서 후천으로의 변화를 현상의 차원에서 물리적 변화로 이해하면 변화원리는 물리物理가 될 수밖에 없다.

사람들의 관심은 장차 일어날 지구의 변화, 그 속에서 일어날 한국의 변화이다. 그들은《정역》이 23.5도度 기울어진 지축이 반듯하게 일어서고 그 이후에 일어날 지구의 변화를 나타내는 예언서라고 생각한다.

그들은 지축의 변화에 의하여 지구의 환경이 변화하여 사계절이 온화하고 자연재해가 없는 지상의 낙원이 될 것이며, 한국이 정신적으로 세계를 이끄는 나라가 될 것이라고 생각한다.

지옥과 같은 현재의 삶이 끝나고, 천국과 같은 세상이 열린다는 종말론적 기대는 변화의 때가 언제인지를 찾게 만든다.《정역》을 연구하는 대부분의 학자들이 선천에서 후천으로 변화하는 때가 몇 년, 몇 월, 며칠, 몇 시인지를 찾는다.

지금까지 여러 사람들이 도수를 추연推衍하여 선후천 변화의 시기를 제시하였지만 한 번도 적중한 적이 없다. 변화하는 현상은 고정되지 않아서 있다거나 없다고 할 수 없다. 따라서 변화의 때를 찾는 것은 거북의 털을 찾는 것과 같다.

그리고 만약 《정역》이 물리적 변화, 실체적 변화를 나타내는 전적이라면 그것은 과학의 영역이기 때문에 차라리 과학의 성과를 참고하는 것이 더 좋다.

가장 중요한 점은 저자인 김일부金一夫가 스스로 《정역》에서 도를 제시하였음을 곳곳에서 밝히고 있다. 따라서 《정역》을 오로지 현상의 차원에서 이해하는 것은 옳지 않다. 그러면 《정역》은 형이상의 도를 나타내는가?

물건적 관점에서 형이상과 형이하를 중심으로 《정역》을 이해하면 선천에서 후천으로의 변화는 건도乾道가 변화함으로써 성명性命이 바르게 되는[454] 형이하에서 형이상으로의 변화이다.

물리적 생명의 차원에서 살아가는 삶을 버리고, 형이상의 본성을 주체로 살아가는 삶으로 변화하는 것이 천도의 변화인 선천에서 후천으로의 변화이다.

만약 《정역》이 성명의 변화 다시 말하면 궁리, 진성, 지명을 역방향에서 이루어지는 본성의 자각과 그것을 주체로 이루어지는 삶을 제시한 것이라면 굳이 《정역》을 볼 것이 없이 《주역》을 잘 연구하면 된다. 그러면 《정역》은 어떻게 이해할 것인가?

《주역》의 경우처럼 물건적 관점에서 형이상과 형이하를 구분하여 순順과 역逆의 두 방향을 나누어서 역방향을 중심으로 지도地道를 바탕으로 한 인도人道를 중심으로 이해하면 현상을 중심으로 세계를 실체로 대하는 것과 달리 형이상의 도, 본성, 성품을 또 하나의 실체로 여기게 된다.

---

454) 《주역》 중천건괘 단사, "乾道變化에 各正性命하나니 保合大和하야 乃利貞하니라.".

김일부는 천지일월을 논하고, 형이상과 형이하, 도와 기, 성과 명을 논하는 인간 그것도 추상적인 인간이 아니라 지금 여기의 나를 떠나서 논의할 수 없음을 밝히고 있다. 그는 "천지에 일월日月이 없으면 비어 있는 껍데기와 같고, 일월에 지인至人이 아니면 빈 그림자와 같다."[455]라고 하였다.

그는 비록 천지가 본체일지라도 일월의 작용이 없으면 본체가 본체일 수 없음을 나타내면서도 본체와 작용을 나타내는 인간이 없으면 성립할 수 없음을 밝히고 있다. 그러면 김일부는 《주역》에서 사용되는 체용과 같은 의미로 체용을 사용하는가?

그가 사용하는 체용體用이라는 개념은 본체에 현상을 포함시켜서 체상과 작용의 둘로 나누어서 이해하는 불교와 다르고, 작용에 현상을 포함하여 체와 용의 둘로 나누어서 이해하는 중국유가儒家의 체용론과 다르다.

《정역》에서 논의되는 체용이라는 개념은 체용상의 세 측면을 모두 사용할 뿐만 아니라 체용상을 형이상에서 출발하여 형이하로 향하는 순방향에서만 사용하지 않는다. 오히려 순과 역의 두 방향에서 체용상을 사용한다.

그것은 《정역》에서 무위에서 유위를 향하는 방향에서 체용상을 사용하는 것과 함께 유위에서 무위를 향하는 역방향에서도 체용상을 사용함을 뜻한다. 그러면 이것이 천지일월과 인간의 관계와 어떤 연관이 있는가?

김일부는 역도가 시간성임을 밝힌 후에 역도가 없으면 성인聖人이 없다고 말하고, 이어서 "성인이 없으면 역학易學이 없다."[456]라고 하여 성인을 바탕으로 역학을 논한다.

그는 시간성을 출발점으로 삼아서 성인을 논하고 다시 역학이라는 학문을 통하여 시간성에 의하여 인간이 존재하고, 학문이 존재함을 밝힌다. 그러면 《정역》의 역학적 특성은 어떻게 나타나는가?

그는 대역서에서 "역易은 역曆이다."라고 하여 《정역》의 역학적 주제가 시간

---

455) 《정역》제팔장第八張, 김항, "天地는 匪日月이면 空殼이오 日月은 匪至人이면 虛影이니라.".
456) 《정역》대역서大易序, 김항, "無曆이면 無聖이오 無聖이면 無易이라.".

성임을 밝히고 있다. 김일부는 복희伏羲로부터 시작하여 신농神農, 황제黃帝, 요堯, 순舜, 우禹, 탕湯, 문왕文王, 무왕武王, 공자孔子를 거쳐서 자신에게 이르는 역학의 학문적 전통을 제시한다.[457] 그와 동시에 복희에서 시작된 성통을 공자에서 일단락을 짓고, 자신에서 하나가 된다고[458] 말한다.

김일부는 자신의 학문적 연원을 복희로부터 시작되어 공자에 이르는 성인의 도의 전수계통을 통하여 밝히면서도 공자로 종결되는 이전의 성통과 자신의 성통이 다름을 밝힌다.

그것은 김일부가 역학의 전통을 따르면서도 기존의 역학의 전통과 다른 내용을 제시하고 있음을 뜻한다. 그가 밝힌 역학의 전통과 다른 학문적 특성은 공자와 자신의 경계를 나타내는 다음을 통하여 확인할 수 있다.

> 천지 무형의 경계를 통관洞觀함은 일부一夫가 능하고, 천지 유형의 이치를 방달方
> 達함은 공자가 먼저 하였다.[459]

그는 자신이 무형의 경계를 통관한 것과 달리 공자가 유형의 경계를 방달했다고 하여 공자에 이르기까지의 역학적 전통이 공간성을 주제로 함과 달리 자신이 시간성을 주제로 함을 밝히고 있다. 그러면 이것이 일부一夫의 의식에 의하여 드러낸 분별에 불과한가?

김일부가 시간성을 주제로 하여 역학을 천명闡明하는 일은 개체적 존재의 개체적 행위가 아니다. 그가 시간성을 주제로 역학을 밝히고, 공자 이전의 성인들이 공간성을 주제로 역학을 밝히는 행위는 그대로 도의 현현顯現이다.

---

457) 《정역》제일장第一張, 김항, "嗚呼라 盤古化하시니 天皇无爲시고 地皇載德하시고 人皇作이로다. 有巢
旣巢하시고 燧人乃燧로다. 神哉라 伏羲劃結하시고 聖哉라 神農耕市로다. 黃帝甲子星斗요 神堯日月
甲辰이로다. 帝舜七政玉衡이오 大禹九州玄龜로다. 殷廟에 可以觀德이오 箕聖乃聖이시니 周德在玆하
야 二南七月이로다. 麟兮我聖이여 乾坤中立하사 上律下襲하시니 襲于今日이로다.".

458) 《정역》제일장第一張, 김항, "嗚呼라 今日今日이여 六十三 七十二 八十一은 一乎一夫니라.".

459) 《정역》대역서大易序, 김항, "洞觀天地無形之景은 一夫能之하고 方達天地有形之理는 夫子先之시니라.".

아, 천지天地가 말을 하지 않으면 일부一夫가 어찌 말을 할 것인가. 천지가 말씀을
하기 때문에 일부一夫가 감히 말한다. 천지는 일부의 말을 말하고, 일부는 천지의
말을 말한다.[460]

위의 내용을 보면 그는 천지와 일부가 둘이 아닌 경계 곧 시간성이 시간화
함으로써《정역》의 저작이라는 사건의 생성으로 드러남을 밝힌다. 천지와 일
부가 둘이 아닌 경계는 공자와 일부가 둘이 아닌 경계이다. 그는 시간성의 경
계에서 공자에 대하여 다음과 같이 밝힌다.

오, 지극하다, 무극無極의 무극無極이여! 부자夫子가 말하지 않았으니 말하지 않았
지만 믿음은 부자의 도이다. 늦게 기뻐하여 십으로 날개하고, 하나로 꿰어 내니 진
실로 만세의 스승이다.[461]

《십익》에서는 오로지 태극만을 언급하였을 뿐으로 무극은 말하지 않는다.
김일부는 공자가 무극을 밝히지 않음은 밝혀야 할 때가 아니었기 때문이라고
말한다. 이는 공자와 김일부가 둘이 아닌 경계가 공자의 때와 김일부의 때에
따라서 서로 다르게 드러남을 뜻한다. 그러면 공자는 무엇을 했는가?
　공자는《십익》을 통하여 태극太極을 논하고,《논어》를 통하여 일이관지一以
貫之를 논하여 자신의 해야 할 일을 하였다. 그것은 공자가 인간의 문제로 주
체화하여 역도를 밝혔음을 뜻한다.
　그가 군자의 도를 수기修己와 치인治人으로 제시한 것은 역방향의 궁리窮
理, 진성盡性, 지명至命을 바탕으로 전개되는 순방향의 실천을 지금 여기의 인

---

460)　김항,《정역》제구장第九張, "嗚呼라 天地无言이시면 一夫何言이리오 天地有言하시니 一夫敢言하노
　　라. 天地는 言一夫言하고 一夫는 言天地言이니라.".
461)　《정역》제이장第二張, 김항, "嗚呼至矣哉라 无極之无極이여 夫子之不言이시니라. 不言而信은 夫子之
　　道시니라. 晚而喜之하사 十而翼之하시고 一而貫之하시니 儒我萬世師신져. 天四면 地六이오 天五면
　　地五요 天六이면 地四니라.".

한국사상과 인간의 삶

간을 중심으로 인도로 드러냈음을 뜻한다. 그러면 김일부가 무극을 말한 것은 어떤 의미를 갖는가?

물리적 시간의 차원에서 보면 공자와 일부라는 사람이 서로 다른 시대를 살면서 공자는 공간성을 중심으로 역도를 밝혔으며, 일부는 시간성을 중심으로 역도를 밝혔다.

그러나 시간성의 차원에서 보면 공자와 일부가 둘이 아닐 뿐만 아니라 《주역》과 《정역》의 저작이 모두 시간성의 시간화일 뿐이다. 이에 대하여 김일부는 다음과 같이 밝힌다.

> 성인이 말씀하지 않는 것이니 어찌 일부一夫가 감히 말할 수 있으리오 마는 때가 되었기 때문이고, 명命이기 때문이다.[462]

성인은 공자를 비롯하여 이전의 성인들을 가리킨다. 그리고 김일부가 《정역》을 통하여 밝힌 내용은 이전의 성인들이 밝히지 않았던 내용이다. 《정역》의 저작은 이전의 성인들의 뜻과 다름을 나타내는 것이 아니라 때가 다름을 뜻한다.

공자의 시대와 다른 시대에 해야 할 김일부의 바른 삶으로서의 천명天命이 《정역》의 저작으로 나타난 것이다. 그러면 김일부가 《정역》을 통하여 밝힌 《주역》과 다른 내용은 무엇인가?

《주역》은 공간성을 중심으로 형이상과 형이하를 구분하여 역도를 나타내었다. 이때 공간성을 가장 효과적으로 나타낼 수 있는 도구는 괘효卦爻의 상상像이다. 괘효의 상을 통하여 《주역》은 역방향의 앎과 순방향의 행을 구분하여 나타낸다.

64괘는 각각 성性을 중심으로 지知를 논하는 중천건괘重天乾卦와 명命을 중

---

462) 《정역》제육장第六張, 김항, "聖人所不言이시니 豈一夫敢言이리오마는 時오 命이시니라.".

심으로 행行을 나타내는 중지곤괘重地坤卦로 집약된다. 따라서 나머지 62괘는 중천건괘와 중지곤괘의 내용을 각각의 사건을 통하여 상징적으로 나타낸다.

괘효와 함께 괘효의 의미를 언사言辭에 의하여 밝히고 있는 부분이 괘효사이다. 괘사卦辭는 괘체卦體의 관점에서 각 괘의 내용을 밝히고, 효사爻辭는 효용爻用의 측면에서 각 괘의 내용을 나타낸다.

괘효의 내용을 밝히기 위하여 괘사와 효사가 제시되었지만 괘효사 역시 이해하기 어렵기 때문에 다시 괘효와 괘효사에 대하여 설명하는 열 편의 글이 공자와 제자들에 의하여 제시되었다. 그것이 《십익》이라는 글이다. 그러면 《정역》은 어떻게 구성되는가?

시간성을 상징적으로 나타내는 《정역》은 공간성을 나타내는 《주역》의 괘효, 괘효사와 도구가 다르다. 《정역》은 천간天干과 지지地支로 구성된 간지도수干支度數와 하도河圖와 낙서洛書를 구성하는 도서상수圖書象數를 활용하고, 삼역팔괘도三易八卦를 비롯하여 괘효卦爻를 활용할 뿐만 아니라 언사도 활용한다. 따라서 형식적인 측면에서 보면 《정역》이 《주역》의 괘효와 괘효사를 포함하고 있다. 그러면 《정역》을 어떻게 이해할 것인가?

《정역》이 저작된 이후에 《정역》에 대한 다양한 주석이 등장하였을 뿐만 아니라 여러 사람에 의하여 다양한 측면에서 활용되어 왔다. 일부의 학자들이나 종교 활동을 하는 사람들은 《정역》을 자신들의 종교에 끌어들여서 자신들의 종교가 우수함을 나타내는데 이용하기도 하였다.[463]

그러나 어떤 전적이나 종교, 학문을 막론하고 그것을 활용하는 사람의 의도와 이해의 수준에 따라서 다양하게 드러날 수밖에 없다. 《정역》에 대한 다양한 이해가 있었다는 것은 그만큼 《정역》의 내용이 풍부함을 반증하는 것이라고 할 수 있다.

《정역》은 저자가 밝힌 저작 의도에 따라서 이해하는 것이 올바른 방법이다.

---

463) 《一夫傳記와 正易哲學》, 柳南相, 林炳學, 도서출판 研經院, 2013, 13-17.

한국사상과 인간의 삶

앞에서 살펴본 바와 같이 김일부는 천지의 말을 말한 것이라고 밝힌다. 그것은 특정한 이념이나 사상 또는 종교의 관점에서 《정역》이 저작된 것이 아님을 뜻한다. 따라서 우리가 《정역》을 이해할 때는 어떤 이념이나 사상, 종교의 측면에서 이해해서는 안 된다.

우리가 《정역》을 연구하는 태도는 김일부가 《정역》을 저작한 태도를 통하여 확인할 수 있다. 그는 자신의 저작을 통하여 역도易道를 드러내는 행위를 상제上帝와의 대답의 형식을 빌어서 다음과 같이 논한다.

> "복상復上에서 달을 일으키면 천심天心에 이르고, 황중皇中에서 달을 일으키면 황심皇心에 이른다. 감히 말이 많은 고인 달을 가져다가 몇 번이나 복상 건너 천심에 당하는가?" "달을 복상復上에서 일으키면 천심월天心月이고, 달을 황중皇中에서 일으키면 황중월皇中月입니다. 한 하늘 널리 화化하시는 화옹化翁의 마음이 정녕코 황중월皇中月을 분부합니다."[464]

인용문은 김일부와 화무상제의 대화 형식이다. 이때의 화무상제는 천지의 근원, 본성을 나타내는 상징적인 개념이다. 《정역》에서는 상제上帝, 화무상제化无上帝, 화옹化翁, 화화옹化化翁, 반고盤古와 같은 다양한 개념들을 통하여 천지의 근원을 나타내고 있다.

상제를 비롯하여 여러 개념들은 시간성을 상징적으로 나타내는 개념들이다. 그것은 상제, 화무상제가 시공상에 존재하는 물건과 같은 존재, 실체적 존재를 가리키는 개념이 아님을 뜻한다. 따라서 상제, 화무상제를 실체적 관점에서 특정한 존재나 사람을 가리키는 개념으로 이해하는 것은 《정역》과 무관하다.

---

464) 《정역》化无上帝言, 김항, "復上에 起月하면 當天心이오 皇中에 起月하면 當皇心이라. 敢將多辭古人月이 幾度復上當天心고. 月起復上하면 天心月이오 月起皇中하면 皇心月이니 普化一天化翁心이 丁寧分付皇中月이로소이다.".

시간성이라는 개념이 나타내는 경계는 형이상의 무분별의 경계이자 생멸生滅이 없는 적연부동寂然不動의 경계이다. 그러나 생멸을 벗어나지 않아서 생멸의 경계에서 나타나는 생성의 작용이 없지 않다. [465]

상제는 시간성이 현상의 사물의 근원임을 상징적으로 나타내는 개념이며, 화무상제는 시간성이 형이상의 초월적 경계이기 때문에 무상無相의 경계임을 상징적으로 나타내는 개념이고, 화옹, 화화옹, 화무옹은 시간성을 작용을 중심으로 상징적으로 나타낸 개념들이다.

형이상의 도를 말하고, 성품, 자성自性을 말하며, 구세주救世主를 말한다. 그것은 지금 여기의 나의 형이상적 측면, 심층의 나, 나와 세계를 구분할 수 없는 경계를 방편상 형이하의 사물처럼 대상화하여 나타내었음을 뜻한다. 따라서 만약 시공에 존재하는 사물처럼 나와 별개의 신神, 도道, 상제上帝, 구세주救世主, 부처가 있다고 착각해서는 안 된다. 그러면 김일부와 상제, 화무상제의 대화는 무엇인가?

만약 김일부를 형이하의 사물과 같은 육신을 중심으로 이미 나타났다가 죽은 한 사람으로만 이해하면 그의 대화를 이해할 수 없다. 그의 대화는 지금 여기의 나의 형이하적 측면인 육신의 물리적 생명과 형이상적 측면인 본성의 끊임없는 상호작용에 의하여 삶이 이루어지고 있음을 그대로 보여 준다.

육신의 차원에서 살펴보아도 하나의 육신이 독립하여 스스로 존재할 수 없다. 물과 공기를 비롯하여 밖에서 공급하는 에너지가 없으면 육신이 움직이지 못할 뿐만 아니라 에너지를 자신의 생명과 일체화하는 소화작용과 생명에 활용한 신진대사 역시 외부에서 공급되는 공기가 없으면 이루어지지 않는다.

본성이라는 개념도 형이하의 만물과 구분하여 사용하지만 형이하의 사물과 다름을 뜻하는 것만은 아니다. 본성은 분별하여 나타내는 모든 존재가 둘이 아니어서 평등할 뿐만 아니라 각각이 존재가치를 갖고 있어서 자유로움을 나

---

465) 《정역》十五一言, 김항, "嗚呼라 盤古化하시니 天皇无爲시고 地皇載德하시고 人皇作이로다.".

타내는 개념이다.

본체로서의 본성本性, 자성自性, 불성佛性과 같은 개념을 현상의 물건적 측면에서 나타내면 나와 남, 나와 세계의 분별이 없어서 무아無我이고, 세계와 내가 둘이 아니기 때문에 내가 아님이 없어서 무아無我이며, 온 우주에 있지 않는 곳이 없기 때문에 무아無我이다.

사건적 측면에서 본성은 육신을 갖기 이전에도 있었고, 육신을 벗어난 이후에도 있어서 영원하다. 이처럼 형이상과 형이하의 어느 측면을 막론하고 개체적 존재로서의 나는 없으며, 오로지 시간성의 본성에 의하여 매 순간 끊임없이 나타났다가 사라지는 사건의 생성이 있을 뿐이다. 그러면 화무상제와 김일부의 대화는 무엇인가?

화무상제는 글자 그대로 형이상의 측면에서 내 안의 나 아닌 나를 나타내는 개념이며, 김일부는 형이하의 측면에서 표층의 나, 현상의 나를 나타낸다. 따라서 양자의 대화는 형이상의 본성, 나 아닌 나, 시간성이 끊임없이 현상으로 드러나는 동시에 현상의 시간상에서 드러나는 사건은 매 순간 시간성으로 돌아가는 상호작용의 영속永續을 뜻한다. 그러면 우리는 어떻게 삶을 살아야 하는가?

김일부는 매 순간의 삶에 대한 태도를 저작의 과정에서 사용되는 도구인 역수曆數의 추연推衍을 통하여 상징적으로 밝히고 있는데 그 내용은 다음과 같다.

"추연推衍에 혹 정륜正倫을 어기지 말라. 천리天理를 거꾸로 하여 잃으면 부모가 위태롭다." "불초不肖한 제가 어찌 감히 이수理數를 추연推衍할 수 있겠습니까? 다만 원하는 것은 부모님의 마음이 평안하고 태평하기를 바랄 뿐입니다."[466]

인용문에서 일부는 시간성을 부모로 나타내고 있다. 그리고 자신을 자식으

---

466) 《정역》化无上帝重言, 김항, "推衍에 无或違正倫하라 倒喪天理父母危시니라. 不肖敢焉推理數리오마는 只願安泰父母心이로소이다".

로 나타내어 시간성과 자신을 부자父子 관계로 나타내고 있다.

그러나 상제와 인간, 부모와 자식의 관계를 통하여 상징적으로 나타내지만 양자의 소통인 대화를 통하여 시간성과 김일부가 둘이 아님을 나타낸다.

세계와 둘이 아니고, 온 우주의 사물과 둘이 아니며, 모든 생명체와도 둘이 아님을 이치로 나타내어 천리天理라고 하였다. 이때의 천天은 시간을 나타내고, 이理는 이치를 나타낸다. 따라서 천리는 시간으로 드러나는 근원인 시간성을 나타내는 개념이다. 그러면 천리와 이수는 무엇인가?

형이하의 물리적 시간을 나타내는 도구는 수이다. 그렇기 때문에 형이상의 시간성을 나타내는 도구 역시 수이다. 다만 계산의 단위로서의 수와 다르기 때문에 형이상적 존재를 나타내는 개념이라는 측면에서 이수理數라고 말한다. 그러면 추연은 무엇인가?

이수를 통하여 상징하는 내용은 역시 수의 변화를 통하여 도출되는 수로 나타낼 수밖에 없다. 그렇기 때문에 형이상적 경계를 상징하는 수와 수를 더하고 빼고, 곱하고 나누는 변화를 추연이라고 말한다.

그러나 이수理數의 추연推衍은 단순한 수의 계산이 아니다. 왜냐하면 이수의 추연을 통하여 역도易道를 자각하는 동시에 역도를 대상화, 객관화하여 다양하게 나타낼 수 있기 때문이다. 따라서 이수의 추연은 신중愼重하지 않을 수 없다. 그러면 추연은 어떻게 하는가?

김일부는 이수를 추연하는 태도를 오로지 부모의 마음이 평안하고 태평하기를 바라는 마음이라고 하였다. 그것은 부모와 김일부가 둘인 상태에서 이루어지는 마음이 아니다. 오히려 둘이 아닌 상태에서 나타나는 마음이다. 그렇기 때문에 스스로 그러할 뿐으로 의도적이거나 목적을 가진 마음이 아니다. 그러면 부모라고 말할 수 있는 천지는 무엇인가?

천지는 물리적 차원에서는 시간과 공간을 나타내는 개념이지만 무위無位의 차원에서는 시간성을 나타내는 개념으로 사용된다. 그리고 시간성의 차원에

한국사상과 인간의 삶

서는 물리적 천지와 인간인 김일부의 구분이 없다. 그렇기 때문에 시간성이 매 순간 시간으로 현현顯現함을 천지와 일부의 사이에 이루어지는 대화라는 사건을 통하여 상징적으로 나타내고 있다.

천간天干과 지지地支에 의하여 구성된 간지도수, 하도와 낙서를 구성하는 도서상수, 간지도수와 도서상수 그리고 물리적 시간을 나타내는 책력冊曆을 구성하는 수인 역수曆數가 모두 수이다. 그러면 수가 상징하는 의미를 어떻게 파악할 수 있는가?

수는 문맥에 따라서 무위와 유위, 형이상과 형이하의 다양한 관점에서 여러 의미를 나타낸다. 그렇기 때문에 만약《정역》에 나타나는 수를 비롯하여 다양한 도구들을 동일한 차원에서 평면적으로 이해하면 그 내용을 파악할 수 없다. 그러면《정역》에서 사용되는 수와 괘효, 언사를 어떻게 이해할 것인가?

《정역》에서 사용되는 간지도수, 도서상수, 괘효는 물론 언사言辭가 나타내는 내용은 크게 나누면 세 차원을 나타내는 세 관점에서 파악할 수 있다.[467] 이 세 관점은 앞에서 이미 언급이 되었던 본체와 작용 그리고 현상이다.

오늘날의 학자들이《정역》을 이해하기 어렵다고 여기는 까닭은 시간성이 논의되는 논리구조를 파악하지 못하고 동일한 차원에서 평면적으로 이해하기 때문이다. 간지도수를 예로 들어 보자. 만약 간지도수를 현상의 측면에서 이해하면 그것은 물리적 시간을 나타내는 도구이다. 따라서《정역》은 물리적 시간을 구성하는 법칙 곧 책력을 구성하는 법칙을 나타낸 서적으로 이해하게 된다. 그러면《정역》은 단순하게 책력의 구성 법칙을 나타낼 뿐인가?

사람들이 관심을 갖는 것은 물리적 시간을 나타내는 책력을 구성하는 법칙이 아니라 자신들이 모르지만 미래에 일어날 현상이다. 사람들은 현상의 차원

---

467)《정역》을 세 관점에서 정치精緻하게 고찰한 논문으로는 김만산 교수의 〈간지의 존재이유와 존재구조〉,《동서철학》제94집, 2019, 〈《정역》대역서의 역자역야와 역학체계에 관한 연구〉,《충남도립대학 논문집》제22집, 2021, 〈《정역》의 오행원리에 관한 연구〉,《충남도립대학논문집》제23집, 2022의 세 편이 있다.

에서 접근하여 《정역》이 미래에 일어날 어떤 현상을 미리 밝히고 있는지를 찾고자 한다.

학자들은 《정역》을 한마디로 나타내어 선천에서 후천으로의 변화원리라고 말한다. 그들은 변화를 현상의 차원에서 물리적 시간, 사건의 관점에서 이해하여 《정역》이 물리적 변화의 시위時位를 나타낸다고 여긴다. 그러면 그들은 어떤 물리적 변화를 원하는가?

많은 사람들이 《정역》을 통하여 알려는 것은 지구의 기울어진 축軸이 바로 서는 현상에 의하여 일어나는 지구와 우리나라의 변화이다. 이러한 현상은 인간의 생사와 관련된 중대한 변화이기 때문에 사람들은 어느 때 그런 변화가 있을 것인지를 궁금해한다. 그러면 간지도수를 본체의 차원에서는 어떻게 이해하는가?

간지도수는 형이상의 차원 곧 시공을 초월하는 본체의 차원에서는 시간성을 상징적으로 나타내는 도구이다. 본체는 시공을 초월하기 때문에 시간과 공간의 위상이 없음을 통하여 나타낸다. 무위無位, 공空이라는 개념이 나타내는 경계境界가 바로 이것이다. 그러면 형이상의 시간성과 형이하의 시간이 둘인가?

형이하의 현상 곧 물리적 시간, 물리적 공간은 본체인 시간성을 떠나서 존재하지 않는다. 그렇기 때문에 형이상의 본체를 나타내기 위해서는 형이하의 물리적 시공을 통하여 나타내지 않을 수 없다. 그러면 본체와 현상의 관계는 어떻게 나타내는가?

본체는 항상 작용하여 현상으로 드러나고, 현상은 다시 본체로 돌아간다. 그렇기 때문에 본체에서 현상을 향하는 작용과 현상에서 본체를 향하는 두 측면의 작용을 통하여 본체와 현상의 관계를 나타내지 않을 수 없다. 그러면 본체와 현상을 나타내는 두 측면은 무엇인가?

물건적 관점에서 형이상을 도道로 그리고 형이하를 기器로 나타낸 《주역》에서는 현상으로부터 본체를 향하는 역방향과 본체로부터 현상을 향하는 순

한국사상과 인간의 삶

방향에서 양자의 관계를 순과 역으로 나타낸다.

다만 물건적 관점에서 역도, 변화의 도를 나타내는 《주역》에서는 역방향에서 시작하여 순방향에서 끝을 맺는다. 이때 순과 역의 두 방향을 인간을 중심으로 나타내어 역방향의 지知와 순방향의 행行을 나타낸다.

그러나 《정역》에서는 시간의 관점에서 시간성과 시간을 통하여 본체와 현상의 관계를 나타낸다. 《정역》에서 논하는 삼극三極의 도道는 바로 시간성을 중심으로 본체와 작용, 현상을 생장성의 단계, 과정, 사건을 통하여 상징적으로 나타내는 개념이다. 《주역》의 삼재三才의 도道와 다른 《정역》의 삼극三極의 도道[468]는 《주역》에서 천지의 도를 나타내는 도상으로 규정한 하도와 낙서를 중심으로 다음과 같이 논의된다.

> 도서圖書의 이치는 후천后天이면서 선천先天이고, 천지天地의 도道는 기제旣濟이면서 미제未濟이다. 용도龍圖는 미제未濟의 상象으로 도생역성倒生逆成하니 선천先天의 태극太極이다. 귀서龜書는 기제旣濟의 수數로 역생도성逆生倒成하니 후천后天의 무극无極이다. 오五가 중심에 있으니 황극皇極이다.[469]

인용문에서는 하도와 낙서를 《주역》의 괘효卦爻와 비교하여 양자의 내용이 어떻게 다른지를 밝히고 있다. 하도와 낙서의 내용은 시간성의 원리를 중심으로 후천에서 선천으로의 변화가 중심인 것과 달리 《주역》에서 밝히고 있는 괘효는 기제旣濟를 바탕으로 미제未濟를 향하는 변화가 중심이다.

기제와 미제는 시간의 측면에서 선천과 후천에 대응하여 이해할 수 있다.

---

468) 《주역》의 계사상繫辭上 2에서는 "六爻之動은 三極之道也니"라고 하였고, 계사하繫辭下 10에서는 "六者는 非他也라 三才之道也니"라고 하여 삼재의 도와 삼극의 도를 나타내고 있다. 다만 三極을 논하면서도 《書經》에서 밝힌 皇極과 《老子》에서 밝힌 无極을 함께 논하지 않고 오로지 太極만을 밝혀서 三才의 도, 그 가운데서 人道를 밝히고자 함을 단적으로 보여 주고 있다.

469) 《정역》제이장第二張, 김항, "圖書之理는 后天先天이오 天地之道는 旣濟未濟니라. 龍圖는 未濟之象而倒生逆成하니 先天太極이니라. 龜書는 旣濟之數而逆生倒成하니 后天无極이니라. 五居中位하니 皇極이니라.".

다만 선천과 후천이 시간을 하나의 기준을 중심으로 구분하여 나타낸 것과 달리 기제와 미제는 이곳에서 저곳으로 이동하는 사건, 곧 건넘(濟)이라는 사건을 중심으로 이미 이루어진 사건을 기제로 그리고 장차 이루어야 할 사건을 미제로 나타내고 있는 점에서 차이가 있다. 그러면 괘효를 통하여 표현되는 역도와 《정역》을 통하여 표현되는 역도는 어떻게 다른가?

《주역》은 형이상의 도와 형이하의 기를 구분하여 순과 역을 논한다. 《주역》의 순역의 방향을 중심으로 나타내면 《주역》이 "그러므로 역易은 역수逆數이다."[470]라고 하여 역방향에서 시작하여 순방향에 이름을 목표로 하는 것과 달리 《정역》에서는 후천이면서 선천이라고 하여 순방향을 바탕으로 역방향을 향한다. 그러면 하도와 낙서의 내용은 무엇인가?

김일부는 하도를 미제의 상象으로 낙서를 기제의 수數로 규정한다. 미제의 상은 드러나지 않았으나 장차 드러날 경계를 미리 나타낸 도상을 뜻한다. 그리고 이미 드러난 현상을 수를 통하여 분석하여 나타낸 도상이 기제의 수이다. 그러면 하도와 낙서의 경계는 무엇인가?

하도는 후천의 무극을 출발점으로 삼아서 선천의 태극을 드러내며, 낙서는 선천의 태극을 출발점으로 삼아서 후천의 무극을 드러낸다. 하도는 무극으로부터 출발하여 도생역성한 결과 선천의 태극에 이르고, 낙서는 태극으로부터 출발하여 역생도성하여 후천의 무극에 이른다. 그러면 황극과 양자는 어떤 관계인가?

무극을 나타내는 하도의 중심에는 황극이 있고, 태극으로부터 출발하는 낙서의 중심에도 황극이 있다. 이처럼 하도와 낙서의 중심에 있는 황극을 《정역》에서는 오황극으로 규정한다. 그리고 김일부는 무극과 태극을 수로 나타내는 동시에 양자의 관계를 다음과 같이 밝힌다.

---

470) 《주역》설괘說卦 3, "數往者는 順하고 知來者는 逆하니 是故로 易은 逆數也라.".

들어 보면 문득 무극无極으로 십+이다. 십+은 곧 태극太極으로 일—이다. 일—은 십+이 없으면 체體가 없고, 십+은 일—이 없으면 용用이 없으니 합슴하면 토土이다. 가운데 거함이 오五이니 황극皇極이다.[471]

무극과 태극은 체용의 관계로 수로 나타내면 십과 일이다. 그리고 체와 용이 둘이 아니어서 체용을 함께 나타내는 개념이 오행五行의 토土라고 하였다. 이때 양자의 관계가 무엇인지를 파악하기 위해서는 체와 용이라는 개념의 의미를 파악해야 한다.

체용은 본래 체용상體用相을 구분하여 사용하는 개념이다. 이를 이원론적 사유구조에 맞추어서 나타내면 체용이라고 말한다. 이때의 체용은 본체와 현상을 포함한 작용의 둘로 나타내기도 하고, 본체에 상을 포함하여 체와 용으로 나타내기도 한다. 그러면 십과 일이 나타내는 무극과 태극은 어떤 관계인가?

삼극과 삼재는 이미 《주역》에서 언급된 개념이다. 《주역》에서는 물건적 관점에서 도와 기를 구분하여 기의 측면에서 삼재를 논하고 있다. 그러나 《정역》에서는 사건적 관점에서 삼극을 중심으로 체용을 논한다. 그러면 《주역》의 체용과 《정역》의 체용은 어떻게 다른가?

《주역》에서는 도와 기를 구분한 후에 순과 역의 두 방향을 구분하고 역방향에서 출발하여 순방향에 이르고자 한다. 그렇기 때문에 역방향에서 체용의 가치를 구분하여 근본과 지말이라는 가치상의 우열을 제시한다.

가치상의 우열을 가진 본말의 관계는 용으로부터 체를 향하는 한 방향에서만 논의가 된다. 그것은 역방향에서 논의되는 체용은 수기, 수행, 수도의 측면에서 언급되기 때문에 현상을 버리고 떠나서 본체를 향하는 작용만이 성립됨을 뜻한다.

그러나 수기, 수행, 수도는 제도濟度, 실천을 떠나서 성립되지 않으며, 수행,

---

471) 《정역》제일장第一張, 김항, "擧便无極이시니 十이니라. 十便是太極이니 —이니라. —이 无十이면 无體요 十이 无—이면 無用이니 슴하면 土라 居中이 五니 皇極이니라.".

수기의 내용인 앎도 제도의 내용인 실천을 떠나서 성립하지 않는다. 그것은 순과 역을 구분하여 나타내는 측면에서 보면 순과 역이 하나인 본래의 차원, 양자가 하나인 차원에서 논의가 이루어져야 함을 뜻한다.

순과 역을 가치상의 우열을 논하여 선지후행先知後行으로 나타내면 행行, 실천의 문제가 앎 속에 파묻혀서 그 의미가 드러나지 않는다. 수도, 수기를 오로지 앎으로 문제로 이해하여 공적영지空寂靈知로 규정하여 오로지 앎을 강조하는 폐단이 그것이다.

《정역》에서는 사건적 관점에서 유위로부터 무위를 향하는 작용을 역생도성으로 규정하고, 무위로부터 유위를 향하는 작용을 도생역성으로 규정한다. 이처럼 도역倒逆의 두 방향에서 이루어지는 작용을 생성으로 규정한 것은 두 작용에 가치상의 우열이 없음을 뜻한다.

그것은 도역의 생성에는 본체와 작용, 현상이라는 구분이 없음을 뜻한다. 그럼에도 불구하고 군이 도역의 생성을 물건적 관점에서 체용에 의하여 나타내면 무위와 유위가 서로 체용이 되는 호상체용이라고 할 수 있다.

도생역성이 시간성의 시간화를 나타내고, 역생도성이 시간의 시간성화를 나타내기 때문에서 역방향에서 시작하여 순방향에서 끝나는 《주역》과 다르다. 《정역》은 시간성의 시간화를 바탕으로 그것이 동시에 시간성으로 돌아가는 두 측면에서 생성을 논한다.

고조선사상에서는 매 순간 환웅이 인간을 매개로하여 360의 시간을 다스리는 사건으로 나타나고, 다시 현상에서 웅호로 드러나는 생성을 논하는 동시에 웅호가 다시 사람을 거쳐서 환웅으로 돌아가는 생성을 논한다.

그리고 양 측면의 사건, 작용을 환인을 나타내는 두 측면으로 규정하여 양자가 둘이 아님을 밝히고 있다. 그러면 《정역》에서 밝히고 있는 세계관은 무엇인가?

《정역》에서 시간성과 시간을 무위無位와 유위有位로 구분하여 양자를 도역의 생성으로 나타낸 것은 세계와 인간을 구분할 수 없는 시간성이 매 순간 다양하게 드러나는 도생역성과 드러나는 사건이 그대로 소멸하는 역생도성이 둘이 아님을 통하여 매 순간의 사건 아닌 사건의 연속, 지속을 드러내기 위함이다.

세계는 도생역성의 측면에서는 끊임없는 생성이지만 역생도성의 측면에서는 소멸의 연속이다. 그러나 시간성의 측면에서는 생성과 소멸이 둘이 아니어서 세계는 생멸의 연속이지만 생멸을 벗어나서 적연부동하다.

《정역》에서 밝히고 있는 생성은 매 순간의 변화가 그대로 생生이면서 동시에 멸滅임을 뜻한다. 그것은 유위로부터 시작하여 무위에 이르고 다시 유위로 드러나는 것이 아니라 매 순간의 유위가 그대로 무위임을 뜻한다. 따라서 생은 멸의 생이고, 멸은 생의 멸이라고 할 수 있다.[472] 따라서 《정역》의 세계관은 영원한 현재이다.[473] 그러면 인간의 삶은 어떤가?

《정역》이 나타내는 영원한 현재는 시간성의 시간화와 시간의 시간성화를 함께 나타내는 개념이다. 현재의 측면에서는 매 순간 시간성이 다양한 사건으로 드러나지만 영원한 측면에서는 시간이 시간성으로 돌아가서 시간은 없다. 그러면 《정역》이 나타내는 선후천변화는 무엇인가?

시간성의 시간화의 측면에서는 매 순간 후천이 선천으로 드러나는 도생역성이지만 시간의 시간성화의 측면에서는 매 순간 선천이 후천으로 돌아가는 역생도성이다. 그러므로 《정역》이 나타내는 선후천변화는 현상의 측면에서 물리적 변화 현상만을 나타내는 것도 아니며, 그렇다고 하여 형이상의 측면에서 오로지 형이상적 변화원리만을 나타내는 것도 아니다.

인간의 측면에서 영원한 현재는 매 순간 사람의 사고를 매개로 하여 언행으로 드러나는 시간성이 그대로 마음을 거쳐서 시간성으로 돌아감을 뜻한다. 그렇기 때문에 세계는 매 순간 다양하게 나타나는 창조創造의 연속이면서 동시

---

472) 《금강삼매경》 1권(ABC, K0521 v14, p.65b02-b03), "因緣所生義 是義滅非生 滅諸生滅義 是義生非滅".
473) 《정역사상과 창조의 삶》, 이현중, 지식과감성#, 2021, 314-343.

에 매 순간 새로워지는 진화進化의 연속이다. 그러면《정역》에서는 인간의 삶을 어떻게 나타내고 있는가?

《정역》에서는 인간의 삶을 성리性理의 도道와 심법心法의 학學을 통하여 다음과 같이 나타내고 있다.

> 음陰을 누르고 양陽을 높이는 것은 선천先天의 심법心法의 학學이며, 양陽을 고르고 음陰을 따름은 후천后天의 성리性理의 도道이다.[474)]

인용문의 내용은 선천과 후천에 인간이 하는 일을 나타낸다. 선천은 심법心法을 통하여 학문을 하는 때이며, 후천은 성리性理의 도道를 행하는 때이다. 그러면 도와 학의 관계는 어떻게 이해할 것인가?

현상에서 출발하여 성리를 향하는 역방향에서 인간의 삶을 나타내면 억음존양抑陰尊陽의 심법心法이 중심이 되어 선천에서 후천을 향하는 방향에서 학도學道라고 말할 수 있다. 그것은《주역》에서 궁리, 진성, 지명을 통하여 나타내고 있는 성명의 이치라고 할 수 있다.

그러나 후천에서 선천으로의 변화를 중심으로 인간의 삶을 나타내면 성리의 도가 심법의 학으로 나타난다. 그것을《주역》에서는 "한 번은 음으로 작용하고, 한 번은 양으로 작용하는 것을 도라고 말하고, 작용이 계속되는 것을 선이라고 말하며, 매 순간 물건의 본성으로 나타내어 성품이라고 말한다."라고 하였으며, 맹자는 성선설을 통하여 이 점을 나타내었다. 그러면 도학과 학도가 둘인가?

후천에서 선천으로의 변화는 도생역성이며, 선천에서 후천으로의 변화는 역생도성이다. 이때 비록 도역의 생성이 모두 생성인 점에서는 둘이 아니지만 도역이 서로 다른 측면에서는 양자가 평등하다.

---

474)《정역》제팔장, 김항, "抑陰尊陽은 先天心法之學이니라. 調陽律陰은 后天性理之道니라.".

그러나 도생역성을 바탕으로 역생도성이 전개된다. 그렇기 때문에 도생역성을 바탕을 한 역생도성의 측면에서 인간의 삶을 이해하면 매 순간 도의 현현, 시간성에 의하여 사건이 드러나는 시간성의 시간화의 측면에서는 인간의 삶은 다양하게 드러나는 창조의 연속이다.

그러나 도생역성은 동시에 역생도성이다. 역생도성의 측면에서 인간의 삶은 본래의 자리로 돌아가는 귀체, 귀공歸空의 연속이다. 역생도성의 측면에서 이루어지는 귀체, 귀공은 단순한 돌아감이 아니라 새로운 창조를 위한 진화이다. 따라서 인간의 삶은 매 순간 이루어지는 창조와 진화의 연속이다.

나와 남, 나와 사물을 중심으로 이해하면 매 순간의 삶은 다른 사람으로 하여금 삶을 연장할 수 있도록 베푸는 보시의 연속인 동시에 보시는 그대로 본래의 자리로 돌아가는 회향의 연속이다.[475] 그러면《정역》을 어떻게 이해할 것인가?

《정역》에서 밝히고 있는 도학道學을 통하여《정역》을 어떻게 이해할 것인지를 파악할 수 있다. 만약 김일부와《정역》을 나와 둘로 보고,《정역》의 내용인 역수원리, 선후천변화원리를 나로 둘로 보는 것은 실체로 여기는 태도이다.

그것은 공자가 말한 박문약례博文約禮와 어긋나는 점에서 유학의 학문 방법과 다르다. 박문약례는 매 순간 드러나는 시간성의 시간화로서의 다양한 사건인 천문天文과 지문地文으로서의 수많은 물건 그리고 인문人文인 다양한 지식을 나를 통하여 수용하여 내 안의 나 아닌 나인 성리와 둘이 아님을 확인함을 뜻한다. 그러면 어떻게 해야 하는가?

《정역》을 비롯하여 문자로 구성된 책을 대하는 것은 나이다. 따라서《정역》의 내용을 이해하기 위해서는 나의 본성을 주체화, 내재화하여 이해해야 한다. 선사禪師들은 이를 다음과 같이 말한다.

---

475) 《불설유마힐경》 2권(ABC, K0120 v9, p.1025a22-b04), "無盡意菩薩曰 布施回向一切智而爲二 布施而自然 一切智亦爾 一切智自然 布施亦爾 如是持戒 忍辱 精進 一心 智慧 一切智而分布爲二 智慧而自然 一切智亦爾 一切智自然 智慧亦爾 於其中而一入者 是不二入".

영리한 사냥개는 흙덩이를 쫓지만 사자는 사람을 문다.[476)]

사냥을 잘하는 한韓나라의 개는 사람이 흙덩이를 던지면 그것을 고기로 알고 남보다 먼저 달려가서 흙덩이를 입에 문다. 사냥개가 흙덩이가 고기가 아님을 아는 순간 사람은 다시 흙덩이를 던진다. 이처럼 사냥개는 끊임없이 사람에 속아서 흙덩이를 쫓는다.

그러나 사자獅子는 고기를 얻으려는 사냥개와 달리 고기를 얻으려는 욕심이 없다. 그러므로 사자는 사람에 속아서 흙덩이를 따라가지 않는다. 사자는 흙덩이를 던지는 사람의 손을 단박에 문다.

《정역》이라는 책을 쓴 존재도 사람이고, 책을 읽는 나도 사람이다. 그렇기 때문에 《정역》의 저자인 김일부와 지금 여기의 내가 하나가 되어 대화를 해야 비로소 그 내용을 파악할 수 있다. 그러면 어떻게 해야 하는가?

우리는 《정역》을 비롯하여 어떤 책이나 이론, 사상, 종교를 막론하고 올바른 태도가 필요하다. 만약 책이나 이론, 사상, 종교를 따라서 그 안에 있는 개념과 주장, 이론에 매몰되어 그것들을 실체로 여기고 나 밖에서 개념, 주장, 이론이 가리키는 대상을 찾는 것은 마치 영리한 사냥개가 고기를 얻고자 흙덩이를 찾는 것과 같다.

욕망이 가득 찬 사냥개와 같은 마음을 쓰는 사람은 길거리에서 남의 말을 듣고 그 자리에서 바로 다른 사람에게 지식, 정보를 전달하듯이 하나의 말과 글에 함몰이 되어서 그것을 읽고 쓰는 주체인 자기 자신을 모른다.

그러나 사자는 흙덩이와 같은 밖의 사건과 물건을 쫓는 것이 아니라 흙덩이를 던지는 사람 곧 사물의 근원을 찾는다. 그는 책을 읽으면서도 책의 글을 따라가지 않고, 책 안의 말과 글을 쫓지 않고, 말과 글을 읽는 나를 보고, 거기서 다시 한 걸음 더 나아가서 나로 드러나기 이전의 나, 나와 책의 저자가 둘이 아

---

476) 《선문염송집》 12권(ABC, K1505 v46, p.200b19), "師子咬人 韓獹逐塊".

닌 경계를 바로 찾는다.

공자가 "극기복례위인"을 통하여 "자아를 넘어서 본성에 이름"을 말하고, 맹자가 "마음을 다하면 성품을 알고, 성품을 알면 천天을 안다."[477]라고 한 것이 모두 이를 가리킨다. 인도의 불교가 중국화한 결과를 잘 나타내고 있는《능엄경》에서는 다음과 같이 말한다.

돌이켜서 소리를 듣는 자성自性을 듣는다.[478]

어떤 소리를 들을 때 단순하게 귀로 소리를 듣는 것에 그치지 말고, 소리를 듣는 동시에 소리로 드러나기 이전의 듣는 주체인 자성을 들어야 한다.

삶의 과정에서 만나는 모든 감각지각의 내용들은 밖에서 온 것이 아니라 밖의 사물로 인하여 나의 내면에서 나타난 것이다. 만물은 나와 남, 나와 세계, 나와 사물이 둘이 아닌 성품, 본성의 현현顯現이다.

그러나 박문약례, 극기복례, 반문문자성은 순과 역을 구분한 역방향에서 해야 할 수기의 내용이다. 자아를 벗어나 자신의 본래면목에 이르는 수기가 끝이 아니다. 수기는 반드시 안인, 안백성의 치인으로 드러나야 한다. 이처럼 수기와 치인을 구분하여 앎과 실천의 지행으로 구분하는 것은 중국유학의 특성이다.

그러나《정역》에서 제시하는 도학道學은 성리학자들이 말하는 도학처럼 역방향에서 격물치지를 통하여 활연관통豁然貫通하는 앎이 중심이 아니다.

《정역》의 도학은 원효가 제시한 쌍현귀기와 같다. 원효는《금강삼매경》을 건상귀본에서 시작하여 종본기행을 거쳐서 쌍현귀기에 이르는 과정으로 논의가 전개되는 구조로 분석하고, 자신은 그와 달리 일심의 개합開合을 통하여 종요宗要를 밝히면서 일미를 논한다. 그것이 그가 일심을 종본기행과 건상귀

---

477) 《맹자》진심장구상, "孟子曰 盡其心者 知其性也 知其性 則知天矣.".
478) 《대불정여래밀인수증요의제보살만행수릉엄경》 6권(ABC, K0426 v13, p.830a23), "反聞聞自性".

본를 통하여 나타낸 쌍현귀기이다.

《정역》의 도학은 억음존양과 성리의 도가 둘이 아님을 나타낸다. 그것은 역방향에서 억음존양을 통하여 순방향의 성리의 도에 이름이 아니라 성리의 도가 그대로 억음존양임을 나타낸다.

억음존양은 매 순간을 사물을 만나서 현상에 얽매이지 않고 근본으로 돌아가는 귀체인 점에서 견상귀본이다. 그리고 성리의 도는 매 순간 성품과 이치가 둘이 아닌 경계가 다양한 사건으로 나타나는 종본기행이다.

그러나 성리의 도가 그대로 억음존양의 심법이다. 이처럼 양자가 둘이 아님을 나타내는 개념이 도학이다. 따라서 도학은 원효의 쌍현귀기와 같다.

시간의 근원을 나타내는 반고, 도생역성의 측면에서 작용의 주체를 나타내는 화옹, 역생도성의 측면에서 귀체를 나타내는 화무상제, 본체를 인격적인 존재로 표현한 상제는 다양한 측면에서 시간성을 나타내는 개념이다.

시간성을 학문의 측면에서 나타내면 도학이고, 체용상의 측면에서 나타내면 끊임없는 작용이며, 작용을 순과 역의 두 방향에서 나타내면 도생역성과 역생도성이고, 특성을 나타내면 하나의 생성이다.

도학의 측면에서 보면 도의 전수계통을 나타내는 도통道統과 주체인 성인을 중심으로 나타내는 성통聖統이 둘이 아니다. 비록 김일부가 유소有巢, 수인燧人에서 시작하여 자신에 이르는 성통을 논하지만 그것을 정통과 이단의 증거로 제시하지 않는다.

그가 성통을 논한 까닭은 도생역성의 측면에서 매 순간 시간성이 시간으로 화함을 나타내기 위함이다. 그는 성통을 논한 후에 "오늘에 이어진다. 아, 오늘, 오늘이여"[479]라고 과거와 미래를 일관하는 영원한 현재인 오늘을 말한다.

시간성의 시간화를 나타내는 도생역성도 생성이고, 시간의 시간성화를 나타내는 역생도성도 생성이다. 두 측면에서 나타내는 생성은 시간성을 나타내

---

479) 《정역》 제일장第一張, 김항, "麟兮我聖이여 乾坤中立하사 上律下襲하시니 襲于今日이로다 嗚呼라 今日今日이여 六十三 七十二 八十一은 一乎一夫니라".

기 때문에 일도一道이고, 일미一味이다.

시간성의 시간화는 후천에서 선천으로 작용하는 도생역성이며, 시간의 시간성화는 선천에서 후천으로 작용하는 역생도성이다. 이 두 방향의 작용은 하나의 생성이다.

시간성과 시간이 둘이 아닌 영원한 현재의 측면에서 삶은 그대로 본체의 작용이다. 매 순간의 언행이 그대로 반고의 작용, 상제의 작용, 조화옹의 작용이다.

그리고 나타낸 매 순간의 사건은 그대로 본래의 자리로 돌아가는 회향 작용, 귀체 작용이다. 이처럼 후천에서 선천으로의 작용과 선천에서 후천으로의 작용이 모두 변화이다.

도생역성의 측면에서 변화를 실체화하여 유有라고 말하고, 현상이라고 말할 수 있다. 역생도성의 측면에서 변화를 실체화하여 무無라고 말하고, 본체라고 말할 수 있다. 그리고 변화를 역생도성과 도생역성으로 나누어서 작용이라고 말할 수 있다.

그러나 어떤 수나 개념도 말할 수 없는 대상을 수와 언어에 의하여 대상화, 실체화하기 때문에 수와 언어는 그대로 알맹이가 없어서 공空하다.

변화를 작용을 중심으로 나타내면 시간성이 매 순간 시간화하기 때문에 유위有爲이지만 동시에 시간이 다시 시간성으로 화하기 때문에 작용함이 없어서 무위無爲이다.

성리의 도가 매 순간 억음존양의 심법으로 나타난다. 그러나 억음존양의 심법은 그대로 성리 곧 성품과 이치가 둘이 아닌 경계로 돌아가서 억음존양이 없다. 그렇기 때문에 억음존양의 심법, 수기를 통하여 성품과 이치가 둘이 아닌 경계에 도달하지 않는다.

오히려 매 순간의 삶이 그대로 성품과 이치가 둘이 아닌 경계의 드러남이며, 억음존양의 심법은 그대로 성리의 도로 귀체, 회향하는 과정이다. 그렇기 때문에 성리의 도가 드러나도 드러남이 없고, 억음존양의 심법도 따로 존재한다고 할 수 없다. 그러면 우리가 《정역》이라는 하나의 텍스트를 연구함은 어떤 의미를 갖는가?

도생역성의 측면에서 보면 《정역》의 내용인 역수원리, 선후천변화원리는 나를 통하여 항상 삶으로 드러나고 있다. 매 순간 성리가 마음을 인因으로 하고, 몸을 연緣으로 하여 인문으로 전개되고, 시공을 인연으로 하여 지문으로 전개되며, 시간성이 인간과 시공을 인연으로 하여 사건인 천문으로 전개된다.

그러나 역생도성의 측면에서 보면 역수원리가 드러나는 매 순간의 선천에서 후천으로의 변화는 물리적 생명, 물건에서 사건을 거쳐서 형이상의 도에 이름이지만 사건으로 나타나기 이전의 본래의 자리로 돌아감이다.

도생역성의 관점에서 보면 시간성이 시간으로 화하는 생성과 도가 기로 드러나는 변화, 성품이 심법으로 드러나는 작용, 용심用心과 운신運身이 없지는 않지만 역생도성의 관점에서 보면 매 순간의 사건은 시간성으로 돌아가고, 매 순간의 물리적 생명현상은 본성으로 돌아가며, 매 순간의 물건은 사건을 거쳐서 형이상의 도로 돌아가기 때문에 현상이 있다고 할 수 없다. 그러면 형이상과 형이하가 둘인가?

도생역성과 역생도성은 둘이 아니다. 그것이 반고를 비롯하여 상제, 화무상제, 화화옹과 같은 본체와 작용 그리고 현상이 둘이 아님을 나타내는 다양한 개념들이 갖는 특성이다.

그럼에도 불구하고 《주역》의 관점에서 보면 역방향에서 심법心法의 학學을 통하여 성리性理의 도道를 깨닫는 앎이 이루어지고 그 후에 비로소 성리가 심법으로 드러나는 실천이 이루어진다.

그러나 《정역》이 나타내는 시간성의 원리, 도역생성원리의 측면에서 보면 본체와 작용, 현상이 둘이 아닐 뿐만 아니라 하나의 개념일 뿐으로 실체적 존재는 없다.

매 순간 실천하고, 살아가는 그대로 유위有爲이면서 동시에 무위無爲이다. 따라서 지금 여기의 삶이 그대로 수행이고 실천이며, 상구보리이자 하화중생이다.

도생역성을 바탕으로 이루어지는 역생도성이 둘이 아닌 반고盤古, 상제上帝의 관점에서 보면 삶은 매 순간 다양하게 드러나는 창조이며, 매 순간 새롭게 변화하는 진화이다. 따라서 삶 자체는 삶이라는 개념이나 선악, 시비, 유위有爲와 무위無爲를 비롯하여 어떤 개념으로도 나타낼 수 없다.

지금 여기의 나와 세계, 사물의 현상은 물론 형이상의 본체의 경계도 작용도 수와 언어를 통하여 대상화할 수 없다. 그럼에도 불구하고 수와 언어에 의하여 어떤 개념이나 주장, 체계로 나타내더라도 계룡산을 나타내는 지도일 뿐으로 계룡산은 아니다.

역방향에서 보면 현상이나 본체, 작용을 나타내는 어떤 개념이나 주장, 이론도 말장난일 뿐으로 시비, 선악이 없다. 그러나 순방향에서 보면 어떤 개념이나 주장, 이론을 제기하더라도 근원의 나타남이기 때문에 진실하지 않음이 없어서 역시 시비, 선악을 구분할 수 없다.

지금 여기에서 이루어지는 쌍현귀기의 삶, 도학의 삶이 중요하다. 독사가 샘물을 남을 해치는 독을 생성하는 것과 달리 젖소가 마시고 생명을 이롭게 하는 우유를 생성하는 것과 같은 살아감이 중요하다.

종본기행을 바탕으로 한 견상귀기, 성리의 도를 바탕으로 한 억음존양의 심법은 서로가 서로를 살리고, 서로가 서로를 새롭게 하며, 서로가 서로를 다양하게 하는 삶으로 나타난다.

어떤 개념을 사용하고, 어떤 주장이나 이론을 제기하더라도 상대방을 둘로 보지 않고 그를 이롭게 하려는 자비로운 마음으로 사용하면 언어유희가 아니라 지혜의 활용이다.

어떤 분별을 하더라도 상대방을 나와 둘로 보지 않고, 그의 이로움을 위하여 일으키는 분별은 분별이 아니라 지혜이다. 서로를 이롭게 하는 말은 설사 거짓말이라도 거짓말이 아니라 상대방을 새롭게 해주는 지혜의 활용이다. 그러면 인물성동이논쟁은 어떻게 이해할 수 있는가?

역생도성의 관점에서 인성과 물성의 관계를 보면 이간의 인물성동론에 도달한다. 그것은 극기복례위인이 나타내듯이 나와 남이 둘이 아니고, 나와 사물, 나와 세계가 둘이 아닌 역방향의 경계에서는 이간의 인물성동론을 제기하지 않을 수 없음을 뜻한다.

그러나 도생역성의 관점에서 보면 매 순간 나와 남, 나와 세계, 나와 사물이 둘이 아닌 경계가 다양하게 드러난다. 현상의 측면에서 보면 나의 본성과 남의 본성이 다르고, 나와 동물, 나와 사물의 본성이 다르며, 나와 세계의 본성이 다르다. 그렇기 때문에 도생역성의 관점에서 보면 한원진의 인물성이론을 제기하지 않을 수 없다. 그러면 양자가 둘인가?

인성과 물성의 동론을 논하는 것도 나이고, 인성과 물성의 이론을 논하는 것도 나이다. 나의 심층의 본성은 나와 남이 둘이 아니기에 동이同異가 없다.

그러나 나 아닌 나는 매 순간 지혜롭고 자비롭게 동이를 논하는 나로 드러난다. 나와 사물이 다름에 갇혀 있는 사람에게 같음을 말하고, 나와 사물이 같음에 갇혀 있는 사람에게 다름을 말해서 어떤 말, 주장, 사상에도 얽매임이 없이 자유롭게 해 준다.

동이를 통하여 나와 남이 이롭도록 다양한 언행을 하고, 때로는 시비, 선악, 미추를 논하기도 하지만 시비, 선악, 미추를 실체화하여 그것에 얽매이지 않는다. 그것은 매 순간의 억음존양이 그대로 성리가 드러난 도임을 뜻한다.

현상의 분별과 본체의 무분별을 놓아 버리고 중도라는 것마저도 벗어던지면 동이도 없고, 시비도 없으며, 선악도 없고, 미추도 없는 경계가 항상 흘러가고 있을 뿐이다.

삶도 도이며, 생명도 도이고, 사물도, 세계도, 논쟁도 모두 도이다. 이처럼 도 아님이 없기 때문에 도라는 것도 없다. 그것은 매 순간 끊임없이 언행을 하지만 언행을 함이 없음을 뜻한다.

시비, 선악을 논하더라도 그저 논할 뿐으로 양자를 둘로 여기지 않기 때문에 그것에 얽매이지 않는다. 오로지 서로가 서로를 살리고, 서로가 서로를 이롭게 하며, 서로가 서로를 새롭게 하고, 서로가 서로를 다양하게 하는 논쟁이 있을 뿐이다.

이간과 한원진이라는 고정된 실체는 없다. 그렇기 때문에 그들에 의하여 제기된 고정된 인물성동이논쟁이라는 주장도 없다. 다만 다양한 사람에 의하여 다양한 인물성동이논쟁이 나타날 뿐이다.

제7부

한국사상과 영원한 창조와 진화의 삶

우리는 앞에서 내 안의 나는 고정되지 않아서 온 우주의 모든 존재와 둘이 아니기 때문에 나 아닌 나일 뿐만 아니라 매 순간 새롭게 드러나는 나임을 살펴보았다.

나 아닌 나는 둘이 아닌 경계를 나타내며, 매 순간 새로운 나로 드러남은 둘이 아닌 경계가 매 순간 작용하여 다양한 현상으로 드러남을 나타낸다.

우리는 과학과 중국사상의 분합적 학문 방법을 통하여 내 안의 나를 찾는 과정에서 한국사상을 통하여 나와 세계, 사물이 둘이 아닌 나 아닌 나가 바로 시간성임을 파악하였다.

이제는 한국사상을 바탕으로 나를 찾는 과정이 아닌 매 순간 시간성을 바탕으로 다양하고 새롭게 전개되는 한국인의 삶을 고찰할 때가 되었다.

오늘날 한국을 비롯하여 인류는 거대한 양극화의 물결에 휩쓸려 가고 있다. 인류가 처한 상황은 우크라이나와 러시아, 이스라엘과 하마스의 전쟁과 중국과 대만, 남한과 북한의 대치를 통하여 확인할 수 있다.

전쟁을 하거나 일으키는 마음은 개인주의와 사회주의, 자본주의와 공산주의, 선진국과 후진국을 분별하는 마음이다. 분별하는 마음이 인류사회의 양극화현상을 낳는다.

이제는 모든 양극화를 넘어서 인류가 하나가 되고, 모든 국가가 하나가 되며, 모든 민족이 하나가 되어, 저마다 처한 상황 속에서 늘 자신, 자기 나라를 새롭게 발전시키는 진화와 항상 다양하게 드러내는 창조의 삶을 누려야 한다.

현상의 측면에서 다름은 그대로 존재 의미가 되고, 가치이기 때문에 획일화를 강요하지 않으며, 본체의 측면에서는 둘이 아니기에 매 순간 하나가 아니게 작용하는 지혜롭고 자비로운 삶이 한국의 미래이자 인류의 미래이다.

온 우주와 둘이 아닌 심층의 나 아닌 나는 본체이며, 매 순간 새로워지는 창조와 진화는 작용이고, 때와 장소에 따라서 다양하고 새롭게 드러남은 현상이다.

한국사상과 인간의 삶

현상의 관점에서 본체를 나타내어 둘이 아닌 불이不二라고 말하고, 본체의 측면에서 현상을 나타내어 하나가 아닌 불일不一이라고 말하며, 작용의 측면에서 본체를 나타내어 중도中道라고 말하고, 현상의 측면에서 본체를 나타내어 집중執中이라고 말하며, 본체의 관점에서 작용을 나타내어 중용中庸이라고 말한다.

본체를 중심으로 나를 대상화하여 시공을 초월하여 본유本有하고, 고유固有하다고 말하고, 고요하여 움직이지 않음[480]을 말하며, 부동不動하여 단지 에너지를 배출할 뿐[481]이라고 말하기도 한다.

본체를 중심으로 나를 나타내어서 옹달샘은 악인惡人이나 선인善人을 분별하지 않고 모두에게 물을 주며, 거울은 아름다운 사람과 추한 사람을 구분하여 배척하거나 환영하지 않는다고도 말한다.

본체를 중심으로 현상을 보면 본체가 그대로 현상으로 드러나기 때문에 본체와 현상이 둘이 아니다. 이처럼 본체를 중심으로 현상을 나타내어 불이不二라고 말한다. 현상의 측면에서 보면 사물은 그대로 본체가 아니어서 본체와 현상은 하나가 아니다. 그러므로 현상의 측면에서 본체를 나타내어 불일不一이라고 말한다. 현상은 항상 무량無量, 무수無數의 다양하고 새로운 사물로 나타난다. 그러면 본체와 작용, 현상이 있는가?

만약 본체와 현상 그리고 작용을 구분하여 셋으로 이해하면 항상 양립할 수 없는 모순관계를 벗어날 수 없다. 현상의 측면에서 보면 사물은 본체의 드러남이기 때문에 본체는 언제나 자신을 감추지 않고 드러난다.

그러나 한편으로는 사물이 그대로 본체가 아니기 때문에 본체는 자신을 드러내지 않는다. 따라서 현상의 측면에서 보면 본체는 자신을 드러내는 동시에 감춘다. 이처럼 불이不二와 불일不一, 감춤과 드러냄의 양자는 양립이 불가능

---

480) 《주역》계사상 제10장, "易无思也, 无爲也, 寂然不動, 感而遂通天下之故".
481) 《대방광불화엄경》33권(ABC, K0079 v8, p.236b15-b17), "如來性起正法 一切如來平等智慧光明所起 一切如來一味智慧 出生無量無邊功德".

한 모순관계이다. 그러면 이 문제의 원인은 어디서 찾을 수 있는가?

현상은 항상 다양하여 새롭기 때문에 불일不一이라고 말하며, 본체는 항상 여여如如하여 부동不動하기 때문에 불이不二라고 말한다. 따라서 불일과 불이, 감춤과 드러남의 양자가 갖는 모순은 작용의 문제이다. 그러면 어떻게 해결할 것인가?

본체와 현상의 관계를 나타내는 작용은 두 측면이 있다. 순방향에서는 체로부터 상을 향하는 작용이 있고, 역방향에서 보면 상으로부터 체를 향하는 작용이다. 이러한 두 방향의 사건 가운데서 어느 것을 중심으로 보느냐에 따라서 감춤과 드러냄이라는 작용의 의미가 달라진다. 그렇기 때문에 양자의 모순관계가 발생한다. 그러면 이러한 모순은 어떻게 해결하는가?

모순의 문제는 인간의 삶에서는 지적知的인 일에 그칠 수도 있지만 지적인 일은 반드시 행과 관련된다. 그렇기 때문에 양자의 관계를 나타내는 모순은 중요한 의미를 갖는다. 나를 본체인 본성을 중심으로 이해하면 모든 언행은 본성의 작용이다. 그렇다면 나의 삶은 현상의 측면에서 모두 대인大人, 성인聖人의 삶을 살아야 한다.

그러나 현상의 측면에서 사람들의 살아가는 모습을 보면 선하고, 옳은 삶을 사는 사람보다는 악하고, 옳지 못하게 살아가는 사람이 훨씬 많다. 따라서 현상적 측면에서 보면 모든 사람이 본체인 본성을 갖고 있다고 주장하기는 어렵다.

오늘날 학자들은 맹자의 성선설性善說과 순자의 성악설性惡說을 양립할 수 없는 모순관계로 이해한다. 만약 두 사람의 주장을 다음과 같은 행동을 중심으로 이해하면 더욱 양자는 양립할 수 없는 모순관계라고밖에 말할 수밖에 없다.

물은 사람이나 동물, 식물을 막론하고 생명의 중요한 요소이다. 그러나 동일한 물이라도 그것을 사용하는 주체에 따라서 나타나는 결과는 달라진다. 만약 젖소가 옹달샘의 물을 마시면 우유가 되어 모든 사람을 이롭게 하지만 독사가 물을 마시면 다른 사람을 해치는 독이 된다.

그것은 마치 동일한 자동차이지만 위급한 사람에게 자동차는 사람을 살리는 구급차가 되지만 강도에게는 남을 해치는 흉기가 되는 것과 같다. 현상의 측면에서 보면 우유와 독, 구급차와 절도竊盜의 도구로서의 자동차는 하나라고 할 수 없다. 그러면 우리는 어떻게 할 것인가?

앎과 행위는 모두 나의 문제이다. 그것은 삶에 대하여 논하는 나를 배제하고 나를 떠나서 별개의 객관적인 실체로서의 현상이 있다고 여길 수 없음을 뜻한다. 만약 앎과 행위는 물론 물, 자동차를 나와 별개의 고정된 실체로 여기면 사물에 대한 주장이 모순관계를 형성한다고 할 수 있다.

그러나 불일과 불이를 나에 의하여 이루어지는 두 측면의 작용으로 이해하면 모순관계는 없다. 불일과 불이를 나로 주체화하여 삶의 두 방향으로 이해하면 모순관계가 아니라 끊임없이 새롭게 변하여 다양하게 화하는 창조와 진화일 뿐이다.

삶의 과정에서 만나는 모든 문제는 우리와 세계, 사물과의 작용의 문제이다. 물을 마신 소가 우유를 만드는 과정을 거치면 우유가 되고, 독을 만드는 과정을 거치면 독이 되어 현상의 측면에서 상대방을 이롭게 하고, 상대방을 해치는 결과를 낳는 것과 같다. 그러면 사람으로서의 나는 누구이며, 어떻게 살아야 하는가?

만약 물건적 관점에서 나와 삶 그리고 세계를 이해하면 첫째는 나와 세계, 사물이 둘이 아님을 파악하는 과정을 거쳐야 한다. 그것을 우리는 지적知的인 작업인 수행, 수도, 수양이라고 말하고, 깨달음을 얻는다고 말한다.

둘째는 나와 삶, 세계, 사물이 둘이 아닌 불이의 경계에서 다시 현상을 향하여 때와 장소에 따라서 새롭고 다양하게 자신을 드러내고, 사물을 드러내며, 세계를 드러내야 한다. 그것을 우리는 제도, 실천, 교화라고 말한다.

삶을 나로 주체화, 내면화하여 내적 성찰을 통하여 이해하는 방법은 본체를 중심으로 삶에 접근하는 방법이며, 내 안의 나 아닌 나를 중심으로 대상화, 객관화하여 나와 남, 나와 자연, 나와 세계, 나와 분별하는 외적 확충은 현상을 중심으로 삶을 접근하는 방법이다. 그러면 삶에 대한 두 방향이 어떤 문제를 안고 있는가?

사람들은 나를 순순順順방향에서 부처를 본체로 하여 중생으로 드러나는 성기론적性起論的 측면[482]에서 온갖 생명들을 이롭게 하는 제도중생濟度衆生을 논하고, 역逆방향에서 현상인 중생으로부터 시작하여 본체인 부처, 본성에 이르는 회상귀성會相歸性[483]의 측면에서 수행修行을 논한다.

본체의 측면에서 중생을 논하면 중생이 본래 부처이기 때문에(衆生本來成佛) 도道는 유위적有爲的인 수행을 필요로 하지 않는다. 일상의 마음이 그대로 도이기 때문에 수행이 필요하지 않아서 다만 오염시키지 않으면 될 뿐이라는 도불용수道不用修[484]를 주장한다.

그러나 현상을 중심으로 우리의 삶을 살펴보면 사람들이 모두 부처의 삶을 살지 못하기 때문에 내적 성찰을 통하여 본체를 찾아가는 견성성불見性成佛을 말하고 증오성불證悟成佛을 논하지 않을 수 없다. 그러면 중생은 본래성불인가 아니면 증오證悟를 통하여 성불하는가?

도불용수道不用修는 모든 사람에 대한 주장이 아니라 증오성불을 논하는 사람에게 제시되는 주장일 뿐이다. 그것은 평상심平常心이 도道라고 주장하고, 도불용수를 주장하는 마조馬祖 자신도 처음부터 그런 주장을 하지 않았음을 통하여 할 수 있다. 그러면 왜 도불용수를 주장하였는가?

만약 일상의 모든 사람이 부처, 대인, 군자, 성인, 보살의 삶을 산다면 굳이

---

482) 《대방광불화엄경》 33권(ABC, K0079 v8, p.236b15-b17), "如來性起正法 一切如來平等智慧光明所起 一切如來一味智慧 出生無量無邊功德".

483) 《종경록》 14권(ABC, K1499 v44, p.78b03), "佛則性相雙融 生則會相歸性".

484) 《조당집》 17권(ABC, K1503 v45, p.339b02-b03), "如何卽成佛 大師答曰 道不用修 但莫污染 莫作佛 見菩薩見 平常心是道".

힘들게 수행을 할 필요가 없다. 그렇다고 하여 중오성불을 논하면서 다시 중생본래성불衆生本來成佛을 함께 논할 수 없다. 이처럼 본래성불과 중오성불이라는 두 주장은 양자가 모두 옳을 수 없는 모순관계를 형성한다.[485] 그러면 본래성불과 중오성불은 어떤 관계인가?

본래성불과 중오성불은 성불成佛이라는 사건을 각각 서로 다른 관점에서 제시한 주장이다. 그렇기 때문에 두 주장이 모순이 아니라 두 주장이 모두 옳다.

본래성불은 성불을 순順방향에서 과거적 사건으로 나타내고, 중오성불은 성불을 역방향에서 미래적 사건으로 나타내었을 뿐이다. 이처럼 두 주장은 동일한 내용을 서로 다른 관점에서 제기되었다. 그러면 서로 다른 방향에서 이해할 필요가 있는가?

만약 삶을 나타내는 두 관점인 본체와 작용을 동일한 차원에서 이해하면 그 특성을 모두 드러내기 어렵다. 삶을 동일한 차원에서 본체와 작용으로 나누어서 이해하면 현상에서 본체를 향하는 방향에서는 내적 성찰을 통하여 드러나는 앎을 중심으로 논하게 되고, 본체에서 현상을 향하는 방향에서는 실천을 중심으로 논하게 되어 앎과 실천이 둘로 나타난다.

공자의 사상을 살펴볼 수 있는 《논어》에서는 이상적인 삶을 논하면서 학문을 중심으로 이루어지는 수기修己를 논하고, 이어서 수기를 바탕으로 안인, 안백성을 논하고 있다. 이는 비록 수기와 안인, 안백성을 함께 논하였지만 수행과 실천, 앎과 행行을 실행을 둘로 나누어서 나타내었음을 보여 준다.

인간의 삶을 객관화, 대상화하여 나와 둘로 나타내어 수기, 수행과 안인, 안백성의 실천으로 구분하여 이해할 때 나타나는 문제는 수기, 견성見性과 안인, 안백성이 동시에 이루어지지 않는다는 점이다.

양자를 구분하여 나타내면 수기를 해야 비로소 안인, 안백성이 가능하고, 견

---

485) 《大方廣圓覺修多羅了義經》(大正藏 第17冊 第1卷 0915b10), "若諸衆生本來成佛 何故復有一切無明 若諸無明衆生本有 何因緣故 如來復說本來成佛 十方異生本成佛道 後起無明 一切如來 何時復生一切 煩惱".

성성불을 해야 비로소 하화중생이 가능한 시간적 선후이자 인과관계로 표현할 수밖에 없다. 이처럼 수기, 수행을 중심으로 삶을 논하면 현실과 둘이 된다.

나를 내외內外로 구분하여 수기와 안인, 안백성과 같이 기인己人을 중심으로 이해하는 방법은 《주역》에서부터 나타난다. 《논어》에서는 내외를 구분하여 밖의 현실로 향하는 마음을 거두어서 안을 살피는 내성內省을 중심으로 수기를 논하고, 중국불교에서는 마음에서 구할 뿐으로 밖에서 구하면 외도外道라고 주장한다.

내성을 통하여 드러나는 심층의 나는 내 안의 나이다. 그렇기 때문에 내성을 중심으로 삶을 학문이라고 말하거나 수기, 수행, 수심修心을 논하는 순간 삶이 앎의 문제로 환원되어 실천과 둘이 된다.

선불교에서 진심眞心, 불성, 자성을 공적영지空寂靈知[486]로 규정함은 이를 단적으로 보여 준다. 비록 앎을 지知, 부지不知를 넘어선 무지無知라고 하여도 여전히 앎과 관련된 점에서 행과 둘이다.

내성內省을 중시하고, 앎을 중시할 때 나타나는 가장 큰 문제는 시비是非이다. 유학이나 불교, 도가, 도교를 비롯하여 어떤 학파를 막론하고 자신의 주장, 자기 학파의 주장, 자신의 학문이 옳음을 주장하기 위하여 내세우는 것이 도통道統이다.

도통은 도를 주고받는 사람들의 계통을 나타낸다. 그들은 도통道統을 통하여 자신의 학파가 정통正統이고, 나머지는 이단異端이라는 주장을 한다. 이처럼 도통을 중심으로 학문을 이해하면 모든 학파가 이단인 동시에 정통이기도 하는 이율배반二律背反에 빠진다. 그러면 왜 이러한 현상이 일어나는가?

당대唐代에 이르러 불교가 융성隆盛하자 유학자들은 유학儒學이 한대漢代에 누렸던 최고의 위상을 되찾고자 하였다. 이러한 상황에서 도교, 불교를 반영하여 유학을 새롭게 이론체계화한 성리학性理學에서는 격물치지格物致知를 중

---

486) 《법집별행록절요 병입사기》法集別行錄節要并入私記(ABC, H0074 v4, p.757a19-a22), "今之所明空寂靈知 雖非分別之識 亦非證悟之智 然亦能生識之與智 或凡或聖 造善造惡 順違之用 勢變萬端".

심으로 궁리窮理를 강조한다.

중국사상은 물건적 관점에서 형이상과 형이하를 구분하고, 도道와 기器를 구분하며, 성性과 명命을 구분하고, 성性과 상相을 구분하며, 이理와 사事를 구분한다.

그리고 유불도儒佛道를 막론하고 이분법적인 사유구조를 통하여 현상에서 본체를 찾아가는 역방향을 중심으로 인간을 논하고, 삶을 논하며, 세계를 논한다.

역방향에서 수행을 통하여 대인, 성인을 찾고, 내 안의 참나인 부처를 찾아서 견성성불見性成佛을 목표로 삼는 순간 아무리 안인, 안백성을 논하고, 하화중생을 논하며, 수행과 실천이 둘이 아니라고 논할지라도 여전히 수기, 수행, 상구보리가 중심이 되지 않을 수 없다.

형이상과 형이하를 구분하여 도道와 기器로 나타내고, 양자를 근본根本과 지말支末의 관계로 나타내는 순간 양자는 가치상의 평등한 관계가 아니다. 그렇기 때문에 양자를 중심으로 전개되는 어떤 주장이나 이론을 막론하고 모순관계에 놓이지 않을 수 없다.

도道와 기器의 본말本末 관계를 나타내는 전형적인 개념이 본체와 작용이라는 체용이다. 본체와 현상, 본체와 작용을 한마디로 나타내는 체용體用을 통하여 인간을 이해하고 세계를 이해할 때 여러 가지 문제가 나타난다.

현상을 그대로 실상實相으로 여기고 사는 사람들은 표층의 육신을 자신으로 여기고 의식의 분별작용을 마음으로 여기며 살기 때문에 심층의 나 아닌 나를 생각하지 않을 뿐만 아니라 유물론적唯物論的 세계관에 사로 잡혀서 육신, 의식을 떠난 성품이나 시공을 초월한 성품, 자성, 도를 부정한다.

일상의 사람들과 달리 내적內的 성찰省察인 수행을 하는 사람들은 본성, 자성, 불성이라는 내 안의 나, 심층의 나에 얽매여 표층의 나를 배척한다. 뿐만 아니라 오로지 본체인 본성에 의하여 드러나는 작용인 마음을 중요하게 여길 뿐으로 육신이나 밖의 대상적인 사물은 환상幻相일 뿐으로 실재하지 않는다고 배척한다.

본체와 현상을 구분하여 근본과 지말의 관계로 나타내면 본체가 현상으로 드러나지만 현상이 그대로 본체가 아니기 때문에 양자에 관한 모든 주장은 모순관계를 형성한다.

이 문제를 해결하기 위하여 본체와 현상을 넘어서면서도 양자를 벗어나지 않는 중도, 실상과 같은 새로운 개념을 내세워도 여전히 문제는 해결되지 않는다. 왜냐하면 새로운 개념과 기존의 개념들과의 괴리乖離를 제거하는 작업을 다시 해야 하기 때문이다. 그러면 어떻게 해결할 수 있는가?

물건적 관점에서 본체와 현상을 구분하여 인간을 이해하고, 세계를 이해하며, 그 결과를 언어를 통하여 다양한 주장과 이론의 제기하는 주체는 인간이다. 인간이 스스로 형이상과 형이하를 구분하여 도와 기로 규정하고, 본말로 나타내며, 본체와 현상으로 나타낸다.

인간이 스스로 개념을 생산하고, 개념들을 모아서 문장을 만들어서 주장을 담고, 여러 문장들을 조합하여 글을 저작하여 하나의 이론체계를 구성한다. 따라서 체용, 본말, 시비, 선악과 관련하여 일어나는 모든 문제는 개념, 이론, 주장에 있는 것이 아니다.

그것은 마치 계룡산의 지도를 다양하게 나타내는 것과 같아서 지도가 계룡산은 아니다. 그럼에도 불구하고 우리가 지도와 계룡산을 혼동하는 것을 넘어서 지도가 진짜이고, 계룡산이 가짜라고 착각하는 것과 같다.

《주역》에서는 형이상과 형이하를 구분하여 각각 도와 기로 나타내면서 "그것을 말하여(謂之) 도라고 한다."[487]라고 말하여 도道와 기器를 구분하여 나타내는 중심에 인간이 있음을 밝히고 있다. 이는 본체인 도와 현상인 기의 문제가 인간을 중심으로 전개됨을 뜻한다. 그러면 도와 기의 중심에 인간이 있음

---

487) 《주역》 계사상繫辭上 12, "是故 形而上者謂之道, 形而下者謂之器, 化而裁之謂之變, 推而行之謂之通, 擧而錯之天下之民謂之事業".

은 무엇을 뜻하는가?

형이상과 형이하, 도와 기, 성性과 명命, 성性과 상相, 이理와 사事를 구분하여 둘로 나타내고, 양자를 다시 내면화, 주체화하여 하나로 이해하는 주체적 존재가 인간이다. 따라서 본체와 작용, 본체와 현상의 관계는 그것을 문제로 삼는 나의 문제로 주체화하여 이해하지 않을 수 없다. 그러면 본체와 현상을 나를 중심으로 주체화, 내면화하여 이해함은 무엇인가?

본체와 작용 그리고 현상을 나를 중심으로 주체화, 내면화하여 이해하면 본체는 본성이며, 현상은 육신이고, 마음은 작용이다. 따라서 본체와 작용, 현상의 관계를 나타내는 순과 역은 바로 본성에서 육신을 향하는 방향과 육신에서 본성을 향하는 두 방향이 된다.

다만 나를 중심으로 본체와 작용, 현상을 이해하더라도 순과 역의 두 방향은 여전히 모순관계이다. 시비, 선악과 같은 분별을 넘어선 무분별의 경계, 불이의 경계, 자유와 평등의 경계인 본성과 시비, 선악, 유무를 비롯한 분별의 경계인 현상은 양립할 수 없다. 그러면 어떻게 할 것인가?

본성, 자성自性은 모든 사람이 공유共有할 뿐만 아니라 본유本有하고, 고유固有하여 유무有無, 생사生死, 시공時空, 형이상과 형이하의 분별과 무분별의 어느 일면에 치우침이 없다. 따라서 현상의 다양함은 본체 자체의 문제가 아닐 뿐만 아니라 현상 역시 본체가 드러나기 때문에 현상의 다양함과 새로움은 현상 자체의 문제가 아니다.

본체와 작용, 현상의 측면에서 보면 본체와 현상의 양립 문제는 작용에 의하여 일어나고 작용에 의하여 해소된다. 따라서 본체와 현상과 관련된 문제는 마음의 문제 곧 마음을 쓰는 용심用心의 문제이다.

본체인 본성을 어떻게 쓰느냐에 따라서 현상인 육신의 의하여 드러나는 언행이 다양하게 드러난다. 그것은 바로 마음을 어떻게 쓰느냐에 따라서 성품이 현상의 측면에서 다양하게 나타남을 뜻한다.

화엄경에서 일체유심조一切唯心造[488]를 통하여 만법이 모두 마음에 의하여 이루어짐을 나타내고, 유식학에서 대상 경계는 존재하지 않으며, 오로지 식만이 있을 뿐이라고 유식무경唯識無境[489]을 주장함은 마음에 의하여 이루어지는 작용이 중요함을 나타낸다. 그러면 용심用心은 어떻게 해야 하는가?

중국사상에서는 물건적 관점에서 순역順逆을 구분하여 분합적分合的 용심用心을 논한다. 《주역》에서는 형이상과 형이하를 구분하여 성性과 명命으로 나타내고, 나와 남을 나누어서 양자를 내內와 외外로 나타내어 성명합일性命合一과 내외합일內外合一을 통하여 인간과 세계가 하나가 되는 천인합일天人合一을 추구한다.

성과 명, 도와 기의 경우와 같이 본체와 현상을 중심으로 인간과 세계를 이해하는 분합적 방법의 한계는 설사 그것을 논하는 인간 자신의 내면으로 돌아와서 인간과 세계가 둘이 아닌 경계에서 시작하는 것으로 해결되지 않는다. 바로 이 부분에서 한국사상이 필요하다.

공간성을 중심으로 인간과 세계를 분합에 의하여 세계를 이해할 때 발생하는 모순은 공간성으로 드러나기 이전의 시간성을 중심으로 인간과 세계를 이해할 때 비로소 해결된다.

한국사상의 연원을 살펴볼 수 있는 고조선사상에서는 사건적 관점에서 시간성을 바탕으로 시간성의 시간화와 시간의 시간성화를 논한다. 그것은 시간성이 스스로 사건으로 변하여 물건으로 화하는 동시에 물건은 사건으로 돌아가고, 사건은 자성으로 돌아감을 뜻한다.

시간성의 시간화와 시간의 시간성화는 환인桓因을 나타내는 두 측면이다. 그러므로 환인은 영원한 시간성이 매 순간 시간으로 나타나는 현재인 동시에 현재는 언제나 시간성으로 돌아가는 영원한 현재이다.

---

488) 《대방광불화엄경》 19권(ABC, K0080 v8, p.541a15), "若人欲了知 三世一切佛 應觀法界性 一切唯心造".
489) 《成唯識論》(大正藏 第31冊 第7卷 0038c18), "如契經說三界唯心 又說所緣唯識所現 又說諸法皆不離心 又說有情隨心垢淨 又說成就四智菩薩 能隨悟入唯識無境".

영원한 현재는 원효에 의하여 종본기행과 견상귀본이 하나가 된 쌍현귀기로 나타나고,《정역》에서는 도생역성과 역생도성의 생성이 하나가 된 반고盤古로 나타난다. 따라서 한국사상의 관점에서 용심用心은 영원한 현재를 바탕으로 이루어진다.

영원한 현재를 바탕으로 용심을 나타내면 한마음이다. 한마음은 흔님, 하나님을 마음의 관점에서 나타낸 개념이다. 그렇기 때문에 한마음은《대승기신론》에서 제시한 일심과 그 성격이 다르다.

한마음은 작용의 관점에서 본체와 현상을 포함하여 마음으로 나타낸 개념이다. 본체의 관점에서 한마음은 진여심인 무심無心이고, 현상의 관점에서 한마음은 생멸심인 공심共心이다. 그러면 본체와 현상, 성과 상을 구분하여 이해하는 물건적 분합에 의하여 일어나는 문제는 오로지 한마음으로 해결할 수 있는가?

만약 한마음이 고정된 실체와 같다면 일심이나 공空, 도道, 이理, 성性과 다르지 않아서 여전히 문제를 안고 있다. 그렇기 때문에 한마음을 중심으로 이루어지는 작용을 현상을 향하는 방향 곧 도생역성과 역생도성의 두 방향에서 살펴보는 것이 필요하다.

도생역성의 방향에서 한마음을 살펴보면 무심에서 출발하여 공심이 현상의 사물로 드러나는 작용으로 나타난다. 한마음은 지성과 감성 그리고 의지의 세 요소인 지정의知情意로 분석하여 이해할 수 있다.

지성知性은 현상으로부터 본체를 향하는 방향에서 삶을 파악하는 지적知的 작용을 나타내는 개념이며, 감성感性은 본체로부터 현상을 향하는 방향에서 삶을 살아가는 실천實踐 작용을 나타내는 개념이다. 그러면 의지意志는 무엇인가?

의지는 마음의 방향을 설정하는 작용을 나타내는 개념이다. 의지는 지성과 감성의 두 방향에서 이루어지는 서로 다른 작용 곧 생성작용의 방향을 설정하는 도역작용을 나타낸다. 역逆방향에서 내면화, 주체화를 통하여 합일合一하는 지적知的 작용과 순順방향에서 대상화, 객체화하여 분생하는 행적行的 작용이 모두 의지에 의하여 이루어진다.

유학儒學과 불교佛敎에서는 삶의 방향을 설정하는 의지의 문제를 입지立志, 서원誓願이라고 말한다. 의지가 어느 한 방향에 머물지 않아서 자유자재할 때 비로소 삶의 두 방향이 함께 드러난다.

그것은 순과 역의 두 방향에서 이루어지는 지성과 감성, 지혜와 자비의 작용이 앎과 실천이 하나가 된 삶으로 드러남을 뜻한다. 그러면 지성과 감성, 지혜와 자비에 의하여 이루어지는 두 방향의 작용이 무엇인지 살펴보자.

지성의 작용으로서의 앎은 본래 나와 남, 나와 세계, 나와 사물이 둘이 아님을 파악하는 일이다. 그것은 내 안의 나 아닌 나를 통하여 온 세계와 내가 둘이 아님을 확인하는 작업이다. 이때 둘이 아님은 하나의 개념일 뿐으로 이것과 저것이라는 실체적 관점에서 서로가 다르지 않음을 나타내지 않는다.

나와 남이 둘이 아닌 나 아닌 나의 둘이 아닌 삶은 서로를 이롭게 하는 삶이다. 그것을 불교에서는 보살菩薩의 삶으로 나타내고, 유학에서는 군자의 삶으로 규정한다. 군자의 삶, 보살의 삶은 실천의 문제이다. 군자의 삶, 보살의 삶은 감성적 작용 곧 자비에 의한 실천이 따르지 않으면 이루어질 수 없다.

사람이 비록 입지, 서원을 했을지라도 삶의 방법, 삶의 의미, 삶의 가치를 알지 못하면 실천할 수 없으며, 설사 군자의 삶, 보살의 삶에 대하여 지식을 파악하였을지라도 실천하지 않으면 앎은 아무런 가치가 없다.

앎의 문제는 현상의 근원인 본체를 찾는 문제이며, 실천은 본체가 현상에서 드러나는 작용의 문제이다. 그렇기 때문에 앎을 통하여 본체를 찾았을지라도 실천을 통하여 현상에서 작용이 이루어지지 않으면 군자의 삶, 보살의 삶이 이루어지지 않는다. 그러면 앎과 실천이 둘인가, 아니면 하나인가?

만약 앎과 실천이 하나라면 오로지 깨달으면 그 순간 실천의 문제도 해결되어 바로 부처의 삶을 살 것이다. 그러나 아무리 오랜 수행을 해도 행동이 수행 이전과 달라지지 않고, 본인이 깨달았다고 해도 여전히 행동에 달라짐이 없는 경우가 많다. 그러면 어떻게 이 문제를 해결할 수 있는가?

내적 성찰에는 외적 확충으로 대하고, 외적 확충은 내적 성찰로 대하며, 내외의 성찰과 확충을 함께 주장할 때는 중도를 논하고, 중도를 논할 때는 중도와 순역에 모두 자재한 관점에서 마음을 써야 한다.

시간성의 차원에서 용심用心을 하면 인간도 없고, 도道도 없다. 왜냐하면 매 순간의 시간은 시간성의 드러남이며, 나도 고정되지 않아서 끊임없이 새롭게 드러나기 때문이다. 이처럼 현상 자체가 도가 아님이 없기 때문에 정통과 이단이라는 구분이 있을 수 없을 뿐만 아니라 사람에 의하여 도를 주고받는 일은 있을 수 없다. 그러면 이 문제는 어떻게 해결할 수 있는가?

하나의 본성, 자성, 황극, 불성, 태극, 구세주와 같은 다양한 개념으로 나타내지만 나의 심층인 내 안의 나, 참나이다. 그렇기 때문에 다양한 개념이나 주장, 이론체계가 나타나기 이전의 내 안의 나 아닌 나, 시간성의 차원에서 현상의 사물과 만나야 한다.

하나의 근원으로서의 내 안의 나 아닌 나와의 만남은 내적인 성찰이다. 근원, 본체, 도, 원각圓覺, 상제上帝, 신神과 같은 다양한 개념이 나타내는 경계는 나를 중심으로 내면화, 주체화하였을 때 드러난다.

본체, 도, 근원을 내면화하여 이해하면 지부지知不知의 앎의 문제로부터 시작하여 지부지를 넘어선 무지無知에 이르게 된다. 그리고 무지의 경계에서 무아無我, 무상無相, 무위無爲와 만나게 된다.

그러나 무아, 무지, 무상, 무위를 다시 대상화, 객관화여야 한다. 무아, 무지, 무상, 무위의 객관화가 자아, 앎, 만상萬象, 유위로 나타난다. 이는 앎의 문제를 대상화, 객관화함으로써 실천의 문제가 제기됨을 뜻한다. 따라서 앎과 실천은 둘이 아니다. 단지 지금 여기의 삶을 내외로 구분하여 두 측면에서 나타내었을 뿐이다. 그러면 양자를 어떻게 이해해야 하는가?

시간성의 차원에서 보면 내 안의 나 아닌 나의 매 순간 다양하고 새롭게 나타남이 삶이다. 우리는 그것을 대상화, 객관화하여 다른 사람, 사물, 자연, 세계와의 만남과 소통으로 나타낸다. 따라서 물건적 관점에서 나를 중심으로 내외를 구분하여 주체화, 내면화를 통한 내적 성찰과 대상화, 객관화를 통한 외적 실천이 함께 이루어야 한다.

삶은 언제나 다양한 창조이지만 더불어 본래의 자리로 돌아가 창조를 완성하고 새로운 창조를 위하여 진화하는 창조와 진화 곧 생성의 연속이다. 여러 생명현상으로 나타나는 시간성의 현현顯現, 시간성의 나툼과 뭇 생명현상이 그대로 본성으로 돌아가는 귀체, 귀공으로서의 회향廻向이 삶이다.

나툼과 회향, 수도修道와 제도濟度는 본래 둘이 아니다. 이 둘이 아닌 경계가 그대로 삶이다. 그것은 나 아닌 나이고, 마음의 측면에서 한마음, 일심이며, 흔님, 하나님이다. 이처럼 둘이 아닌 경계를 나타내는 다양한 개념들은 그릇과 같다. 따라서 그릇의 겉으로 드러난 아름다운 모습에 현혹되어 담겨 있는 내용물인 마음, 뜻을 느끼지 못하면 안 된다. 그러면 왜 이러한 다양한 그릇을 끊임없이 만들어 내는가?

사람들은 언어와 문자를 통하여 사고할 뿐만 아니라 다른 사람과 뜻을 서로 주고받는다. 이때 사람들은 아름다운 그릇의 모습에 속아서 정작 담겨 있는 내용물을 보지 못한다. 그렇기 때문에 사람들은 때로는 그릇에 속지 말라고 자극적인 언어와 문자를 사용하여 집착에서 벗어나기를 촉구한다.

그럼에도 불구하고 사람들은 여전히 언어와 문자에 속아서 그 안에 담겨 있는 마음을 보지 못하고 살아간다. 수행을 하는 사람들이 가장 속기 좋은 말들이 깨달음, 부처, 보살, 대인, 성인, 천명, 하늘, 천도와 같은 개념들이다.

둘이 아닌 삶은 수행으로 표현된 측면과 둘이 아닌 실천으로 표현된 다른 측면이 하나이다. 지금 여기에서 매 순간 이루어지는 삶이 그대로 수행이자 실천이고, 지혜와 자비의 드러남이며, 상구보리와 하화중생이고, 수기와 안인, 안백성이다.

우리가 물건적 관점에서 본체와 현상을 중심으로 현상의 근원인 본체를 찾아가는 역방향에서 삶을 이해하면 오로지 수행을 강조하지 않을 수 없고, 여기此岸와 저기彼岸를 구분하여 예토穢土와 정토淨土로 규정하고, 여기를 떠나서 저기로 가려고 할 뿐이다.

지금 여기가 바로 가고자 하는 그 자리이며, 예토穢土가 그대로 정토淨土이고, 중생을 떠나서 부처가 있는 것이 아니라 부처가 그대로 중생이다.

나의 본성, 본체가 부처이며, 매 순간 다양하고 새롭게 나타나는 생명현상이 그대로 부처의 드러남이다. 그러면 본체와 작용, 현상이 있으며, 성품과 마음, 육신, 생명이 있는가?

한마음을 나타내는 두 측면의 작용을 실체화하여 물건적 관점에서 분석하여 수행과 제도로 나타낸다. 수행은 현상에서 본체를 향하는 작용이며, 제도는 본체에서 현상을 향하는 작용이다.

본체에서 현상을 향하는 한마음의 작용은 만법의 창조이며 그 결과로 드러나는 현상이 나툼이고, 현상에서 본체를 향하는 한마음의 작용은 만법의 소멸이자 새로운 시작인 회향이며, 그 결과는 새로운 창조를 위한 진화이다.

고조선사상에서 한마음은 단군과 그가 세운 조선을 통하여 고찰할 수 있다. 지금부터는 단군과 조선을 중심으로 먼저 환웅이 나타내는 시간성의 시간화의 측면에서 창조적인 마음에 의하여 이루어지는 다양한 삶을 살펴보고, 이어서 시간의 시간성화의 측면에서 진화적인 마음에 의하여 일어나는 새로운 삶에 대하여 살펴본 후에 양자가 둘이 아닌 한마음의 관점에서 자유자재한 삶에 대하여 살펴보고자 한다.

1. 창조적 마음 씀과 항상 다양한 삶

시간성의 시간화는 영원한 현재이다. 매 순간 끊임없이 드러나는 다양한 사건의 연속이 영원한 현재이다. 그것은 생성의 측면에서는 도생역성이다. 도생역성은 인간을 중심으로 이해하면 근본에 의하여 이루어지는 작용인 종본기행이다.

영원한 현재는 현재라는 고정된 시간이나 사건의 반복이 아니다. 시간성의 시간화의 특성은 시간의 시간성화에 의하여 나타낸다.

시간의 시간성화는 생성의 측면에서는 역생도성이다. 역생도성은 인간을 중심으로 나타내면 현상을 다시 본래의 근원으로 돌려보내는 견상귀본이다.

양자는 환인을 나타내는 두 측면이기 때문에 하나이다. 도역의 생성 역시 근원인 반고, 상제를 나타내는 두 측면이다. 원효는 쌍현귀기를 통하여 종본기행과 견상귀본이 둘이 아님을 밝힌다.

쌍현귀기는 단군과 그가 세운 나라인 조선을 통하여 그 내용을 확인할 수 있다. 단군은 시간성의 측면에서는 미래성을 나타내는 환웅과 과거성을 나타내는 웅호가 하나가 된 현재성을 나타낸다.

단군이 나타내는 현재성은 물건적 관점에서 대상화하여 나타내면 인간성이다. 그것은 미래성과 과거성을 하나로 합하여 지금 여기의 나로 주체화하면 인간성이 드러남을 뜻한다.

단군은 환웅을 아버지로 하고, 웅녀를 어머니로 하여 태어났다. 그것은 단군이 환웅이 나타내는 천성天性과 웅호가 나타내는 지성地性이 하나가 된 인성人性을 나타냄을 의미한다.

조선朝鮮은 아침의 해가 비추는 아름다운 땅을 뜻한다. 조선은 단군이 상징

한국사상과 인간의 삶

하는 인간성이 드러난 세계, 천성과 지성이 하나가 된 경계를 나타낸다.

인간성이 드러난 세계는 인문人文이다. 단군이 상징하는 인문은 천도天道가 드러난 세계인 천문天文, 지도地道가 드러난 지문地文과 구분되는 인문이 아니라 양자가 하나인 경계이다.

조선은 국가사회의 측면에서는 국가의 본성이다. 국가의 본질은 천도와 지도가 하나가 된 인간성이다. 따라서 국가는 개인의 다수가 모여서 구성된 사회가 아니다.

어떤 정치 체제의 나라를 막론하고 한 나라의 지도자는 국가나 국민을 자신 또는 자신이 속한 집단의 소유물로 여기고 자신이나 자신이 속한 집단의 이익을 얻는 도구로 활용하는 정치를 해서는 안 된다.[490]

국가를 운영하는 주체는 개인이나 집단이 아닌 본성이 드러난 조건이 없는 자비인 인仁이다.[491] 한 국가의 지도자는 국민을 자신으로 여기고, 그들의 고통을 참지 못하는 마음인 불인인지심不忍人之心으로, 국민들의 어려움을 참지 못하고 제거하는 불인인지정不忍人之政을 실천해야 한다.[492]

시간성의 시간화를 나타내는 환웅이 인간의 세계로 내려옴과 시간의 시간성화를 나타내는 웅호가 환웅과 결혼함은 변화이다. 이러한 변화는 시종始終으로 나타나는 사건의 생성이다.

환웅이 인간의 세계를 구하고자 하는 뜻을 세우고, 인간의 세계에 내려와서 이화함이 생성이며, 웅호가 사람이 되기를 원하여 백 일 동안 햇빛을 보지 않고 쑥과 마늘을 먹고 사람이 되어 환웅과 결혼을 하는 것도 생성이다.

환웅의 탐구인세貪求人世, 강어신단수하, 재세이화의 세 단계는 단군이라는 새로운 생명을 생성하는 변화이며, 웅호의 원화위인, 불견일광백일, 가화이혼

---

490) 《맹자》양혜왕장구상梁惠王章句上, "孟子對曰 王何必曰利 亦有仁義而已矣".

491) 《맹자》공손추장구상公孫丑章句上, "孟子曰 以力假仁者霸 霸必有大國 以德行仁者王 王不待大 湯以七十里 文王以百里 以力服人者 非心服也 力不贍也 以德服人者 中心悅而誠服也 如七十子之服孔子也".

492) 《맹자孟子》공손추장구상公孫丑章句上, "孟子曰 人皆有不忍人之心 先王有不忍人之心 斯有不忍人之政矣 以不忍人之心 行不忍人之政 治天下可運於掌上".

지의 세 단계도 단군이라는 새로운 생명을 생성하는 변화이다. 이를 정리하여 하나의 도표로 나타내면 다음과 같다.

	도생 倒生 역성 逆成 ⇓	탐구인세	환웅	가화혼지 잉생자	⇑	환인 桓因
흔님 하나님		강신단수하	단군	불견일광 백일 주원유잉	역생 逆生 도성 倒成	
		재세이화	웅호	원화위인		

흔님桓因의 경계境界

위의 도표에서 흔님桓因은 나와 남, 나와 자연, 나와 세계의 구분이 없는 경계를 나타낸다. 환인은 세계가 본래 어떤 개념이나 어떤 도구로도 대상화하여 나타낼 수 없음을 나타낸다.

환인을 환웅과 단군, 웅호로 나타내는 것은 단군이라는 현재성을 중심으로 환인을 대상화할 때 비로소 가능하다. 그것이 도생역성이고, 시간성의 시간화이다.

한국사상의 측면에서는 환인을 중심으로 전개되는 고조선사상이 원효의 쌍현귀기, 한글의 창제원리, 퇴율의 이기론, 《정역》의 도역생성원리로 나타났다.

환인사상은 원형, 본체로 시대에 따라서 다양하게 나타난 원효불교, 퇴율의 이기론, 《정역》의 도학론道學論은 현상이다. 이처럼 본체가 다양한 현상으로 드러나는 것은 작용에 의하여 이루어진다.

다양한 이론을 제기한 원효, 세종, 퇴계와 율곡, 김일부의 용심用心에 의하여 원효불교, 한글창제, 한국성리학, 한국역학이 제기되었다. 그러면 작용은 한 개인의 마음을 쓰는 일인가?

현상을 중심으로 살펴보면 물건적 세계는 인간의 사고에 의하여 변화의 상태를 마치 사진을 찍듯이 시간을 정지시켜서 나와 둘로 나누어서 대상화한 결과이다.

우리의 마음에 의하여 이루어지는 분석과 합일의 분합에 의하여 중도, 참나의 경계를 둘로 나누어서 나타낸 것이 위의 도표라고 할 수 있다.

마음에 의한 분석은 천국과 지옥, 유와 무, 도와 기, 공과 색, 형이상과 형이하, 무아와 자아, 진아眞我와 가아假我라는 이것과 저것의 구분으로 나타나고, 다시 옳음과 그름, 선善과 악惡, 아름다움과 추함이라는 기준에 따라서 가치를 부여함으로 나타난다. 그러면 시간과 공간, 사건과 물건은 어떤 관계인가?

시간을 바탕으로 전개되는 사건은 주체 내적 성찰을 통하여 드러나며, 공간을 바탕으로 전개되는 물건은 주체 외적 확충을 통하여 드러난다. 그것은 사건과 물건, 시간과 공간이 인간과 무관한 실체가 아니라 인간을 통하여 드러남을 뜻한다.

분석과 종합은 사건을 현재를 중심으로 대상화하여 과거적 관점에서 접근하는 방법이다. 이때 현재라는 고정된 세계는 없을 뿐만 아니라 현재를 다시 분석한 과거적 세계로서의 물건적 세계도 역시 없다.

우리는 여기서 분합의 순기능과 역기능을 함께 생각해야 한다. 만약 오로지 현재적 관점에서 세계를 대상화하여 하나의 실체적 물건으로 고정하여 분석하고 다시 일정한 기준에 의하여 합일을 시켜서 질서를 나타내려고 하면 인간 자신을 구속할 뿐만 아니라 삶을 고통스럽게 한다. 그러면 어떻게 할 것인가?

인간의 역사와 문화는 물건적 관점에서 실체적 세계를 대상으로 분석하고 종합하는 분합의 사유를 통하여 나타낸 성과이다. 따라서 분합의 사유를 부정할 것이 아니라 분합적 사고 이전의 경계에서 분합적 사고의 의미, 가치를 드러내어 올바로 사용하는 것이 필요하다.

실체적 존재, 물건적 존재를 대상으로 이루어지는 분합적 사고의 근저에는 분합을 넘어선 창조와 진화의 생성이 있다. 그리고 생성은 시간성의 시간화와 시간의 시간성화가 내용이다. 따라서 시간성의 시간화와 시간의 시간성화를 바탕으로 분합적 사고를 하는 것이 필요하다.

우리가 분합을 나로 주체화, 내면화하여 물건의 경계를 넘어서 사건의 경계에 이르고, 다시 사건의 경계를 넘어서 시간성의 경계에 이를 때 비로소 분합을 순기능의 측면에서 사용할 수 있다.

시간성으로 나타내는 창조성, 변화성, 진화성의 경지를 바탕으로 이루어지는 매 순간의 다양하고 새로운 현상이 세계, 시공, 사건의 연속, 생명의 소통이라고 말하는 경계이다. 이러한 사건적 생성을 통하여 물건적 분합에 의하여 나타나는 삶의 고통을 해결할 수 있다.

현상의 측면에서 고통의 삶과 즐거운 삶을 구분하여 하나를 버리고 하나를 취하는 것이 아니라 시간성의 경계에서 때와 장소에 따라서 고락苦樂을 드러내어 나와 남, 세계, 사물을 새롭게 진화하고, 다양하게 창조하는 것이 분합의 본래적 의미인 생성이다. 그러면 고조선사상에서는 생성을 어떻게 나타내고 있는가?

이것과 저것이라는 물건적 분별의 경지를 나타내는 웅호는 인간이 되기를 원하고, 다시 결혼하기를 원한다. 이때 결혼은 이것과 저것이라는 실체적 존재가 합하여 하나가 됨을 상징한다. 이처럼 물건적 존재는 둘인 것 같지만 언제나 합일하기를 원할 뿐만 아니라 합하여 하나가 된다.

환웅과 결혼을 통하여 하나가 되는 합일의 조건은 사람이 되는 사건이다. 그것은 오로지 사람을 통해서 합일이 가능함을 뜻한다. 환웅이 인간의 세계에 내려와서 비로소 이화理化를 했다고 표현한 것도 같은 의미이다. 그렇기 때문에 사람이 되기를 원함이 환웅과 하나가 되는 첫 번째 단계이다.

첫 번째 단계에서 할 일은 100일 동안 햇빛을 보지 않음이다. 이처럼 동굴 안에서 거처하면서 100일 동안 햇빛을 보지 않음은 빛에 의하여 구분되는 밝

한국사상과 인간의 삶

음과 어두움이 나타내는 이것과 저것이라는 분별을 그침을 뜻한다. 이는 육식 동물인 곰과 호랑이가 마늘과 쑥이라는 먹기 어려운 채식을 하는 것을 통해서도 드러난다.

사람이 된 상태에서 이루어지는 두 번째 단계의 변화는 결혼을 원함이다. 이때 결혼을 원하는 목적은 바로 잉태하여 자식을 낳음이다. 따라서 두 번째 단계는 웅녀가 잉태를 원하여 기도함이다.

기도는 새로운 생명의 잉태라는 하나의 사건에 몸과 마음을 하나로 모으는 일을 나타낸다. 이때의 기도는 대상인 환웅과 주체인 웅녀가 둘인 상태에서 환웅에게 구걸하는 것이 아니라 그와 둘이 아닌 상태에서 그 자리에 맡김이다.

웅녀는 이미 웅호의 상태에서 사람이 되기를 원할 때에도 환웅에게 기도하는 것으로부터 시작하였다. 따라서 웅호가 웅녀가 되고, 환웅과 결혼하여 단군을 낳기까지의 변화는 모두 환웅을 향하는 기도로부터 시작된다.

첫 단계에서 웅호가 사람이 되기 위하여 환웅에게 기도함은 환웅과 웅호가 둘인 상태에서 이루어지는 기도이지만 두 번째 단계의 기도는 이미 환웅과 웅녀가 둘이 아님을 파악한 상태에서 이루어지는 기도이다.

세 번째 단계의 웅호가 환웅과 하나가 됨은 환웅과 결혼을 함으로써 하나가 되어 단군을 잉태하여 낳음이다. 이는 첫 번째 단계에서부터 세 번째 단계에 이르기까지 모두가 웅호가 환웅을 믿고 그에게 자신의 생명은 물론 삶과 삶의 목적을 모두 맡기는 과정을 나타낸다.

만약 웅호가 환웅을 믿지 않았다면 사람이 되고자 하는 뜻을 그에게 알려서 방법을 찾지 않았을 뿐만 아니라 그가 제시한 방법을 실천하지 못하였을 것이다. 그러면 웅호로부터 시작되어 환웅에서 끝나는 변화의 내용은 무엇인가?

처음 시작은 환웅을 믿고 맡김으로 시작하였지만 결과는 환웅과 하나가 되어 단군이라는 생명을 탄생함으로 나타난다. 이는 매 순간의 삶이 본래의 자리로 돌아가서 새로운 사건으로 나타나기 위한 진화의 연속임을 뜻한다.

하나의 사건이 끝남은 바로 하나의 사건이 나타났다가 사라짐이며, 나타난 사건이 사라짐은 새로운 사건으로 나타나기 위한 준비 과정이다.

물건적 관점에서 웅호의 환웅과의 결혼은 본래의 자리로 돌아가는 귀체歸體이고, 근원인 무극無極으로 돌아가는 복귀무극復歸無極이며, 공으로 돌아가는 귀공歸空이다. 그러면 나로 주체화, 내면화는 어떤 의미를 갖는가?

웅호에서 시작하여 환웅으로 끝나는 사건은 물건적 관점에서는 지도地道를 나타낸다. 물건의 세계는 시초의 생生이 있으면 반드시 종말인 성成이 있다. 그것은 마치 그릇에 물건이 담았으면 반드시 비워야 다시 사용할 수 있는 것과 같다.

용심用心의 측면에서 웅호가 환웅과 하나가 됨은 회향回向이다. 만법은 생生하면 반드시 멸滅하기 때문에 생에 집착하거나 멸滅을 부정할 필요가 없다. 멸滅은 새로운 생生을 위하여 이루어지고, 생生은 멸滅을 바탕으로 이루어지기 때문에 생멸이 모두 고정되지 않아서 없다.

시초의 생과 종말의 멸滅이 둘이 아님을 알고 어느 것에도 집착하지 않고 놓아 버리는 마음은 본체인 자성, 본성, 내 안의 나 아닌 나를 믿고 그 자리에 맡기는 신임信任이다.

신信은 생명의 시초와 종말이 본래 하나임을 믿음이며, 임任은 시초가 있으면 종말이 있고, 종말이 있으면 다시 새로운 시초가 있음을 믿고, 생멸, 시종을 모두 그 자리에 맡김이다.

회향의 결과는 진화이다. 그것은 새로운 생명의 탄생으로 나타난다. 바로 웅호와 환웅의 결혼은 웅호의 죽음인 동시에 단군이라는 새로운 생명의 탄생이다. 그러면 오로지 신임信任의 용심用心만이 필요한가?

웅호가 환웅과 하나가 되어 환웅으로 돌아감은 환웅이 인간 세계에 내려와서 웅호로 드러남이 없으면 이루어지지 않는다. 환웅은 인간의 세계에서는 있지 않았고, 지상이라는 인간의 세계와 다른 천상에 있었다.

환웅이 인간 세계에 내려옴이 첫 번째의 변화이다. 그것은 시간성이 시간으로 화하는 변화의 첫 번째 단계임을 뜻한다. 인간의 세계에 내려옴은 인간의 마음에서 무분별의 경계가 드러남으로써 비로소 무분별과 분별이라는 구분이 이루어짐을 뜻한다.

두 번째 단계는 환웅이 주체가 되어 360의 세계, 곧 시간의 세계, 사건의 세계를 주재함이다. 그것은 무분별과 분별의 세계를 바탕으로 다시 분별의 세계를 구분하여 나타냄을 뜻한다. 이러한 두 번째 단계의 변화는 시간성의 시간화의 두 번째 단계로 시간성이 시의성이 되어 시간의 세계에서 사건으로 드러남이다.

인간의 세계를 360이라는 시간의 세계를 주재함으로 나타내는 것이 두 번째 단계라면 세 번째 단계는 사건의 세계가 다시 대상화, 실체화하여 선악, 형벌, 건강과 질병과 같은 다양한 물건으로 드러남이다.

세 번째의 변화는 곧 생명의 소통 현상이다. 그것이 인간에 있어서 육신이라고 부르는 물리적, 물건적 측면에서 선과 악, 옳음과 그름과 같은 양변으로 구분되어 드러나는 언행, 사고, 분별, 인식, 의지와 같은 다양한 작용들의 주체로서의 나와 남, 나와 사물, 나와 세계의 경계이다.

환웅이 단군이라는 하나의 경계를 거쳐서 다양하게 드러나는 현상의 분별로 드러나는 경계는 웅호에 의하여 표현된 세계이다. 그것은 환웅에서 시생始生하여 단군에서 생장하고, 웅호에서 장성한 변화이다. 그러면 우리는 이러한 생성, 변화를 어떻게 이해해야 하는가?

환웅에서 시작하여 웅호에 끝나는 변화는 무無에서 시작하여 유有에서 끝나는 생성, 무분별에서 시작하여 분별에서 끝나는 생성이다. 이러한 생성은 운신運身의 측면에서 이해할 수 있다. 이미 마음을 통하여 진화가 이루어졌기 때문에 그 결과가 나타나는 것이 창조의 과정으로서의 환웅에서 시작되어 웅호에서 끝나는 변화라고 할 수 있다.

우리는 몸을 통하여 어떤 언행을 하더라도 언행이 모두 환웅이라는 나 아닌 나에서 시작되어 마음을 거쳐서 몸으로 드러남을 안다. 그렇기 때문에 어느 한순간에 마음을 일으켜서 어떤 언행을 하더라도 신임信任의 상태에서 일어나는 결과에 대하여 아무런 판단도 하지 않고 지켜보면서(觀), 해야 할 언행을 할 뿐(行)이다. 그러면 양자가 둘인가?

나를 표층에서 시작하여 심층을 향하여 나타내면 신임信任의 용심用心으로 나타낼 수 있고, 다시 심층으로부터 시작하여 표층을 향하여 나타내면 관행觀行의 운신運身으로 나타낼 수 있다. 그러나 몸과 마음이 둘이 아니기 때문에 용심과 운신이 둘이 아니다. 그러면 고조선사상에서 나타내고자 하는 나의 삶은 무엇인가?

고조선사상에서 밝히고 있는 시간성의 시간화와 시간의 시간성화가 둘이 아닌 생성은 한국역학을 통하여 살펴볼 수 있다. 한국역학의 전적인《정역》에서는 도생역성과 역생도성[493]을 통하여 시간성의 시간화와 시간의 시간성화를 나타내고 있다.

역생도성은 역생과 도성이 결합된 개념이다. 역생도성의 역생은 시생이며, 도성은 종성이다. 시생은 본래의 자리로 돌아가는 시작, 시초이며, 종성은 본래의 자리로 돌아감의 완성이다. 역생은 귀체이며, 도성은 합일이다. 그것은 본체로 돌아감이고, 나왔던 곳으로 돌아가서 하나가 됨이다.

시간성의 차원에서 역생도성은 시간의 시간성화이다. 매 순간 물건은 사건으로 돌아가서 시간성과 하나가 된다. 그것을 나타내는 개념이 역생도성이다. 따라서 역생도성은 물건이 사건으로 화하여 시간성으로 돌아감이다.

역생도성과 달리 도생역성은 시간성이 시간으로 화하는 시간성의 시간화이다. 시간성이 변하는 시초는 도생이며, 종말은 역생이다. 시간성이 시간으로

---

493) 《정역》제일장第一張, 김항 "圖書之理는 后天先天이오 天地之道는 旣濟未濟니라. 龍圖는 未濟之象而倒生逆成하니 先天太極이니라. 龜書는 旣濟之數而逆生倒成하니 后天无極이니라. 五居中位하니 皇極이니라".

한국사상과 인간의 삶

변하여 사건으로 드러나면서 물건으로 나타남이 도생역성이다.

시간성의 시간화는 시간성이 변하는 창조와 사건으로 화하여 물건으로 나타나는 나툼으로 이해할 수 있다. 이처럼 시간성이 사건으로 변하여 물건으로 나타남이 도역생성이다. 그러면 도생역성과 역생도성, 나툼과 회향, 창조와 진화를 나를 중심으로 주체화, 내면화하여 이해하면 무엇인가?

도생역성과 역생도성의 생성, 나툼과 회향, 창조와 진화는 본체의 작용에 의하여 나타나는 현상이다. 그것은 나의 마음을 씀이라는 작용에 의하여 생성, 창조와 진화, 나툼과 회향을 이해할 수 있음을 뜻한다. 그러면 양자가 둘이 아닌 마음 씀은 무엇인가?

역생도성의 관점에서는 안팎에서 일어나는 모든 사건이 나 아닌 나, 중도적 나로부터 일어남을 믿고, 그 자리에 맡기는 측면에서는 만법을 본래의 자리로 돌려보내는 회향回向이다.

그러나 도생역성의 관점에서 보면 안팎에서 일어나는 모든 일들은 그대로 나 아닌 나, 중도적 나로부터 일어나기 때문에 마음과 몸이 둘이 아니다. 본성이 마음으로 작용하여 육신의 생명현상으로 나타난다. 따라서 남과 다른 내 몸이나 내 마음이 있어서 몸과 마음이 작용함을 의미하지 않는다.

도생역성을 바탕으로 한 역생도성은 삶의 측면에서 도학道學이다. 도학은 성리性理의 도가 삶에서 매 순간의 심법心法의 학學으로 드러남을 뜻한다.[494]

성리의 도는 인간의 성품과 세계의 성품이 둘이 아닌 경계를 나타내며, 심법은 억음존양抑陰尊陽을 나타낸다. 그러면 억음존양은 무엇인가?

억음抑陰은 표층의 나로 드러나는 언행이 심층의 나, 내 안의 나로부터 나타남을 알고 놓아버리는 용심법用心法을 가리키며, 존양尊陽은 심층의 나 아닌 나를 본체로 하여 행위를 하는 운신법運身法을 나타낸다. 따라서 심법의 학은 심신心身의 운용법運用法이라고 할 수 있다. 그러면 성리의 도는 무엇인가?

---

494) 《정역》제칠장第七張, 김항 "抑陰尊陽은 先天心法之學이니라".

심법의 학을 나타내는 음양陰陽을 중심으로 성리의 도를 나타내면 성품과 이치 역시 음양 관계라고 할 수 있다. 음양은 본래 둘이 아니면서도 하나가 아니다. 이러한 관계를《정역》에서는 조양율음調陽律陰의 조율調律된 음양[495]으로 나타낸다. 음과 양이 둘이 아니게 서로의 근거가 되면서 하나가 아니어서 음과 양이 구분되는 관계가 조양율음이다. 그러면 성리의 도와 심법의 학은 어떤 관계인가?

조율된 음양과 같은 성리의 도가 억음존양의 심법의 학學으로 드러난다. 그렇기 때문에 일상의 삶으로부터 성리를 향하는 측면 곧 역逆방향에서는 억음존양의 심법을 통하여 성리에 이르는 학도學道라고 할 수 있다.

그러나 성리가 억음존양으로 드러나기 때문에 도가 삶으로 드러나는 순 방향에서는 도학이다. 따라서 학도學道와 도학道學이 둘이 아니다.

현상에서 시작하여 심층의 근원에 이르는 측면에서 보면 삶은 억음존양의 심법에 의하여 성리의 도로 귀결歸結되는 학도이지만 심층의 근원에서 표층의 현상에 이르는 측면에서 보면 성리의 도가 억음존양의 심법으로 드러나는 도학이 삶이다. 그러면 고조선사상에서는 어떻게 논하고 있는가?

단군으로 표현된 인간의 삶은 그대로 환웅의 천도天道와 웅호의 지도地道가 하나가 된 삶이다. 그렇기 때문에 나의 삶을 떠나서 천도나 지도, 천국과 지옥, 이상과 현실을 찾을 필요가 없다.

매 순간 환웅이 나타내는 창조와 웅호가 나타내는 진화의 연속으로서의 생명의 흐름이 삶이다. 그것은 인간의 측면에서는 인간의 삶이지만 하늘의 삶인 동시에 땅의 삶이다.

유물론적 측면에서는 오로지 물질만이 존재하는 과학의 대상으로서의 자연이지만 유심론적 측면에서는 오로지 마음만이 존재하는 불교의 대상이고, 근원의 측면에서 보면 오로지 신만이 존재하는 종교의 대상이다.

---

495) 《정역》제칠장第七張, 김항 "調陽律陰은 后天性理之道니라".

한국사상과 인간의 삶

그러나 신도, 마음도, 물질도 둘이 아니어서 별개의 존재가 아니다. 단지 사람이 스스로 어떤 관점에서 인간과 세계를 이해하느냐에 따라서 다양한 모습으로 나타낼 뿐이다. 따라서 물질이나 마음, 그리고 양자를 넘어선 근원으로서의 신神이라는 어느 특정한 실체적 존재에 얽매이면 삶이 자유롭지 못하다. 그러면 성리性理의 도道를 바탕으로 전개되는 억음존양抑陰尊陽의 심법心法의 학學은 어떻게 이해할 수 있는가?

성리의 도가 드러난 억음존양의 심법은 나를 중심으로 성리의 도를 주체화, 내면화하는 억음抑陰과 대상화, 객관화하는 존양尊陽을 함께 나타낸다. 도의 내면화, 주체화를 통하여 합일合一의 경계, 불이不二의 경계를 나타내고, 도의 대상화, 객관화를 통하여 분생分生의 경계, 불일不一의 경계를 나타낸다. 그러면 억음존양은 단순한 합일과 분생일 뿐인가?

억음존양을 주체화, 내면화하여 형이상의 근원인 성리에 이르는 심법으로 이해하는 동시에 대상화, 객관화를 통하여 형이하의 현상으로 드러나는 운신법運身法으로 이해할 필요성은 심신이 둘이 아닐 뿐만 아니라 앎과 실천이 둘이 아님에 있다.

만약 억음존양을 오로지 내적인 성찰을 통하여 이해하면 유심론에 떨어지고, 오로지 외적 확충을 통하여 이해하면 유물론에 떨어질 위험이 있다. 그렇기 때문에 억음존양을 통하여 성리의 도에 이르는 학도의 방향과 성리의 도가 억음존양의 심법으로 드러나는 도학의 두 측면을 함께 고찰하는 작업이 필요하다. 그러면 어떻게 할 것인가?

억음존양의 심법心法은 불교에서 더욱 정치精緻하게 논의된다. 불교에서는 만법의 본체와 작용, 현상을 하나로 나타내어 일심一心이라고 말한다.[496] 따라서 부처와 보살, 중생 역시 지금의 여기의 나를 나타내는 개념인 동시에 본체와 작용, 현상을 인격화하여 나타낸 개념이다.

---

496) 《금강삼매경론》 1권(ABC, K1501 v45, p.66a07-a09), "今此經言一覺者 一切諸法唯是一心 一切衆生 是一本覺 由是義故名爲一覺".

한마음을 중심으로 도생역성을 살펴보면 인간이 본래 부처이기 때문에 부처로서의 삶이 보살이며, 보살의 삶을 현상에서 나타내면 온갖 생명현상으로 나타나는 중생衆生이다. 그러므로 부처와 보살, 중생이 둘이 아닌 한마음이다.

한마음의 경계에서 보면 수행을 통하여 부처가 되는 것이 아니라 일상의 삶이 그대로 깨달은 부처로 살아가는 삶으로서의 보임保任이다. 수행은 깨달아서 부처가 되기 위한 유위법이 아니라 본래 부처가 자신의 삶을 살아가는 보임을 달리 나타내는 개념일 뿐이다.

유학의 측면에서 보면 수기는 성인이 되기 위한 조건으로서의 유위법이 아니다. 다만 본성이 그대로 드러난 삶의 과정일 뿐이다. 그렇기 때문에 자신의 마음을 다하여 성품을 알고, 성품을 알면 세계를 앎은 그대로 본성의 작용을 세 단계로 구분하여 나타낸 개념에 불과하다.

성품과 밖의 이치가 둘이 아닌 성리의 작용이 그대로 음을 고르고 양을 따르는 음양의 조율이다. 그것이 현상에서는 음을 억제하고, 양을 받드는 억음존양의 심법으로 나타난다. 억음과 존양의 용심이 그대로 성리를 본체로 하여 이루어지는 조율작용이다. 따라서 억음존양의 조율작용에는 시비, 선악이 없다. 그러면 본래성불과 증오성불은 어떤 관계인가?

본래성불은 한마음을 본체인 진여의 측면에서 나타내었으며, 증오성불은 한마음을 현상인 생멸의 측면에서 나타낸 개념이다. 그렇기 때문에 양자가 모두 한마음일 뿐으로 둘이 아니어서 시비, 선악이 없다.

본래성불과 증오성불이 모두 한마음을 달리 나타낸 개념이라는 것은 양자가 모두 원각의 다른 표현임을 뜻한다. 그렇기 때문에 본래성불과 증오성불을 떠나서 원각이나 중도, 실상이 따로 없으며, 본체와 현상을 떠나서 한마음이라는 별개의 실체가 없다.

당대唐代에 형성된 선불교는 유학, 도가와 대승불교가 결합하여 발생한 중국사상의 전형이다. 그것은 중국사상인 유학, 도가에 바탕으로 두고 외래 종교

한국사상과 인간의 삶

인 인도의 대승불교가 중국화하여 형성된 중국사상이 선불교임을 뜻한다.[497]

《논어》에서는 삶을 나(己)를 중심으로 내적 성찰인 수기를 나타낼 뿐만 아니라 시공에서 실천하는 안인, 안백성을 논한다. 지금 여기의 자신을 향한 내적 성찰을 바탕으로 내면의 심층의 자신을 시공에서 확충하는 안인, 안백성은 기己와 인人의 내외內外의 합일合一이다.

물리적 생명의 경계에서 형이상의 근원적 생명인 성품에 이르는 하학이상 달下學而上達의 수기를 제시하는 유학은 인간과 불일不一의 경계에서 도를 논하는 도가와 다른 특성을 갖는다.

선불교가 하나의 종파로 형성된 것은 《육조단경》에서 시작된다. 《육조단경》에 의하면 혜능慧能은 불성佛性을 지금 여기의 나로 주체화하여 자성自性을 중심으로 불교를 새롭게 이해한다. 혜능이 오조인 홍인으로부터 인가를 받은 내용은 자성自性이 만법의 근원임을 나타내는 다음과 같은 언급이다.

어찌 자성이 본래 청정함을 알았겠습니까? 어찌 자성이 본래 생멸이 없음을 알았겠습니까? 어찌 자성이 본래 스스로 구족함을 알았겠습니까? 어찌 자성이 본래 동요動搖가 없음을 알았겠습니까? 어찌 자성이 능히 만법을 생함을 알았겠습니까?[498]

만법의 근원인 자성은 본원력에 의하여 중생의 망심을 돌이켜서 진여심으로 돌아가게 하는 작용을 한다. 그것은 노자가 도의 본성으로 제시한 스스로 그러함인 자연自然이다. 자성은 공空하지만 불공不空하여 항상 함이 없이 모든 것을 한다.

자성은 망심妄心이 일어나면 바로 자각하여 일심一心으로 돌아간다. 이것이

---

497) 《선불교개설》, 정성본, 민족사, 2020, 15~1.
498) 《六祖大師法寶壇經》, (大正藏 제48책 제1권 0349a12), "何期自性 本自清淨 何期自性 本不生滅 何期自性 本自具足 何期自性 本無動搖 何期自性 能生萬法".

처음 발심하는 때 곧바로 정각正覺을 이루는 초발심시변성정각初發心時便成正
覺이다.[499] 이처럼 자성의 측면에서 보면 염정染淨을 떠나 있어서 수행이 필요
하지 않다.

그러나 중생의 망심의 측면에서 보면 수행을 하지 않을 수 없어서 견성성불
見性成佛을 논하지 않을 수 없다. 회양懷讓 선사禪師는 "닦아서 증득함이 없지
는 않지만 오염은 얻을 수 없다"[500]고 하여 양자가 둘이 아님을 밝히고 있다.

선불교에서는 매 순간 망심이 일어나면 알아차리는 견성성불에 의하여 상
구보리와 하화중생의 대승불교를 실천한다. 이처럼 망심을 그치는 지止와 부
처의 지혜의 작용을 지켜보는 관觀이 하나가 된 정혜쌍수定慧雙修가 선불교의
수행법이다.[501]

혜능은 역방향에서 견성성불을 제시하였기 때문에 무념, 무주, 무상을 강조
한다. 따라서 그의 관점에서 보면 "머무는 바가 없이 마음을 냄(無所住而生其
心)[502]을 강조하지 않을 수 없다. 바로 역생도성의 관점에서 용심을 강조하면
서도 도생역성의 관점에서 용심을 강조함을 뜻한다. 그러면 한마음(一心)의
측면에서는 어떤가?

한국사상의 관점에서 보면 한마음의 무심無心으로부터 공심共心에 이르는
변화가 도생역성이다. 그것은 무심의 측면에서 보면 공심은 인연이 아니어서
자연이지만 공심의 측면에서 보면 무심은 인연이 아니어서 자연임을 뜻한다.

마조馬祖는 무심無心이 도道[503]라고 하였다. 그러나 한마음이 무심에 머물면

499) 《신화엄경론》 2권(ABC, K1263 v36, p.244b21-b22), "爲此經說十住初心初發心時便成正覺 同得如來
    一切智味".
500) 《선문염송집》 4권(ABC, K1505 v46, p.58a04-a05), "是什麽物伊麽來 日說似一物 卽不中 祖曰還假
    修證不 日修證卽不無 污染卽不得".
501) 《법집별행록절요 병입사기》 法集別行錄節要并入私記(ABC, H0074 v4, p.746a05-a07), "當須將此明
    鏡照見自心 決擇邪正 定慧雙修 速證菩提".
502) 《금강반야바라밀경》 1권(ABC, K0014 v5, p.986c20), "應無所住而生其心".
503) 《선문염송집》 5권(ABC, K1505 v46, p.74b10-b12), "馬祖因僧問 如何是佛 答云 卽心是佛 又問 如何
    是道 答云 無心是道 又問 佛與道 相去多少 荅云 道如展手 佛似握拳".

한국사상과 인간의 삶

도가 아니다. 무심이 무심의 상태에 머물지 않고 공심共心으로 드러나는 무심이며, 공심은 공심에 머물지 않고 무심으로 돌아가는 공심이다.

마음은 내는 대상이 아니라 스스로 일어나는 주체적인 존재이다. 그것을 머무는 바 없이 일어나는 마음이라고 한다. 그렇다고 하여 마음은 내지 않으면 일어나지 않는다. 그렇기 때문에 마음은 스스로 일어나거나 마음을 내지 않지만 동시에 일어나기도 하고 내기도 한다. 그러면 원효의 쌍현귀기의 관점에서 한마음을 이해할 수 있는가?

종본기행의 관점에서 한마음은 무심이 인연에 따라서 공심으로 드러남을 뜻한다. 그것은 무심이 공심에 의하여 사건으로 드러나고, 사건은 다시 온갖 사물로 드러남을 뜻한다.

종본기행은 반드시 견상귀본과 함께 이루어진다. 그것을 나타내는 개념이 쌍현귀기이다. 종본기행을 견상귀본과 함께 살펴보면 현상의 사물은 비록 실체화하였지만 실체적 존재는 아니다. 왜냐하면 무심의 실체화는 이와 더불어 상을 벗어나서 근본으로 돌아가는 견상귀본과 함께 이루어지기 때문이다.

대승불교에서는 소승불교의 수행방법으로 제시되는 관법觀法은 대승불교에서 논하는 깨달음으로 가는 방법이 아니라 간화선, 조사선을 향하는 하나의 준비 과정으로 여긴다.

그러나 쌍현귀기의 관점에서 보면 관법觀法은 지관止觀, 관행觀行과 다르지 않아서 보살의 삶을 나타낸다. 도역생성의 관점에서 관법觀法의 관觀은 역생도성을 나타내고, 법法은 도생역성을 나타낸다.

도생역성의 법은 성품, 내 안의 나 아닌 나에 의하여 만법을 냄을 뜻하고, 역생도성의 관은 안팎에서 일어나는 만법이 성품, 내 안의 나 아닌 나로 돌아감을 뜻한다.

역생도성의 측면에서 관법은 역생에서 시작하여 도성에서 끝난다. 역생은 회향을 의미하며, 도성은 성품, 내 안의 나 아닌 나로 귀체, 귀공을 뜻한다. 이때 귀공, 귀체는 역생과 다른 진화를 의미한다. 이처럼 회향으로 시작하여 내 안의 나 아닌 나로의 귀체, 귀공함으로써 진화함이 역생도성이다. 따라서 역생도성은 회향에서 시작하여 진화로 끝나는 사건이다.

도생역성의 측면에서 관법은 도생에서 시작하여 역성에서 끝난다. 도생은 창조를 의미하며, 역성은 나툼을 의미한다. 창조에서 시작하여 나툼으로 끝나는 사건이 바로 도생역성이다. 그러면 도생역성과 역생도성을 통하여 이해한 관법은 무엇인가?

도생역성의 측면에서 관법은 만법의 창조와 나툼이며, 역생도성의 측면에서 관법은 회향과 진화이다. 창조와 나툼의 측면에서 관법은 몸과 마음을 통하여 내 안의 나 아닌 내가 다양하고 새롭게 드러남을 뜻한다. 이처럼 도생역성의 측면에서 관법은 둘이 아니게 몸을 쓰는 만법을 내는 방법이다. 그러면 역생도성의 관점, 회향의 관점에서 관법은 무엇인가?

역생도성의 관점에서 관법은 그대로 본래의 자리로 돌려놓는 회향回向이며, 본래 돌아가기 때문에 본래의 자리에 놓아 버리는 방하착放下著이고, 본체로 돌아가는 귀체歸體이며, 공空으로 돌아가는 귀공歸空이다.

관법의 공능, 작용, 효능은 역시 두 관점에서 논할 수 있다. 회향의 측면에서 관법은 만법을 나온 본래의 자리에 되돌리는 작업이며, 나툼의 측면에서 관법은 만법을 창조하는 작업이다. 회향으로서의 관법은 무위無爲, 공空으로 드러난다. 그것은 무엇을 하여도 함이 없어서 업이 되지 않아서 자유로움을 뜻한다.

나툼의 측면에서 관법은 만법을 창조하는 작업이다. 그것은 의식의 분별에 의하여 이루어지는 시비, 선악, 미추의 생산과 달리 모든 존재를 이롭게 하는 작용이다.

관법이 아닌 의식에 의한 분별은 이것과 저것을 나누어서 시비, 선악, 미추를 논하여 수용과 배척을 하기 때문에 양자의 어느 하나는 반드시 사라지게 된다.

그러나 회향의 측면에서 관법은 모든 분별을 하나로 하여 무분별에 이르게 한다. 관법은 모든 분별심을 녹여 버리는 작업이고, 번뇌를 녹이는 작업이며, 아픔과 슬픔, 고통을 녹이는 작업이고, 무명과 무지를 녹이는 작업이다.

회향으로서의 관법은 무명을 녹이고, 업식을 녹이며, 분별을 녹여서 번뇌가 사라지고, 무명이 사라지며, 업식이 사라지는 작용을 통하여 자신을 한 단계 진화시킨다. 진화의 결과는 나툼을 통하여 드러난다. 그렇기 때문에 창조의 조건으로서의 회향이라고 할 수 있다.

회향을 통하여 무심으로 돌아가서 문득 한 생각을 내면 그대로 법을 나투게 된다. 이러한 나툼으로서의 관법은 매 순간 다양하게 법을 드러내는 작업이다. 만법으로 드러난 마음은 비록 서로 다른 여럿이지만 둘이 아니기에 공심 共心이라고 한다. 그러면 관법은 무엇인가?

관법은 본체를 작동하여 현상으로 드러나게 하는 작용이다. 이러한 작용은 마음을 쓰는 용심이다. 용심은 본체의 측면에서는 활용, 작용이며, 현상의 측면에서는 창조와 진화이다.

관법은 역방향에서는 근본에게 맡김, 본체로 되돌림, 본체에게 회향함이며, 순방향에서는 본체의 작용에 의하여 현상이 드러남, 본체에 의한 현상의 창조이다.

역방향에서 관법은 처음 망심이 일어났을 때 그 근원이 본체인 성품, 자성, 부처임을 깨닫는 일이고, 순방향에서 관법은 자성, 부처, 성품의 작용에 의하여 만법이 나툼을 지켜보는 일이다. 그러면 관법은 구체적으로 어떻게 하는가?

안팎에서 일어나는 모든 사물을 살펴서 언제나 본체, 근원, 본성, 성품, 자성에서 일어남을 알고, 그 자리에 맡기는 동시에 과정과 결과를 지켜보면서 매 순간 해야 할 일을 한다.

선을 행하는 것도 악을 행하는 것도 모두 본성, 자성에 의하기 이루어짐을 알고, 매 순간 해야 할 일을 함으로써 본체에 의하여 현상이 항상 새롭게 다양하게 이루어지도록 하는 작용이 바로 관법이다. 그러면 지금 이 글을 쓰는 행위를 중심으로 관법에 대하여 살펴보자.

글을 쓰는 저자가 있고, 저자의 주장이 있다. 그리고 저자의 주장은 책을 통하여 글로 나타난다. 다른 사람은 저자의 책을 읽고 저자의 주장을 파악한다.

그러나 어떤 주장도 고정된 실체가 아니다. 왜냐하면 글을 쓰는 주체인 내가 있고, 대상인 컴퓨터가 있어서 내가 컴퓨터를 통하여 글을 쓰는 것이 아니기 때문이다.

단지 성품, 자성, 내 안의 나 아닌 나로부터 시작하여 사고작용을 하고, 육체를 통하여 컴퓨터의 자판기를 두드리는 사건으로 드러날 뿐이다.

하나도 아니고 셋도 아닌 성품, 마음, 육신에서 컴퓨터로 이어지는 연기적 사건이 매 순간 글을 씀이라는 현상으로 나타날 뿐이다. 그렇기 때문에 이러한 사건에 시비是非, 선악善惡, 미추美醜가 없다. 단지 온 우주의 모든 존재, 법계法界가 나와 컴퓨터를 통하여 글을 씀이라는 사건으로 나타난다.

본체의 측면에서 관법은 법계의 작용인 점에서 스스로 그러함으로서의 자연이고, 함이 없는 무위이며, 성품의 작용인 성기性起이다.

현상의 측면에서 관법은 둘이 아닌 본체가 둘이 아닌 마음으로 서로가 서로를 먹이고, 서로가 서로에게 작용하여, 서로가 서로를 새롭게 하고, 서로가 서로를 다양하게 하는 생명현상이다.

작용의 측면에서 관법은 매 순간 현상을 만나서 사물을 실체화하는 의식의 분별작용을 멈춤(止)이고, 이것과 저것을 구분하여 가치를 부여하여 양자를 소유하고자 집착하는 의식을 놓아 버림(放下著)이며, 매 순간 생멸하는 현상의 측면에서 관법은 본체로 돌아가는 귀체, 귀공일 뿐만 아니라 회향回向이고, 새로운 창조를 위한 진화이다.

작용의 측면에서 관법은 본체로부터 일어나는 현상을 지켜보는 관법觀法이며, 회향의 결과 다시 시작되는 창조이고, 본체로부터 일어남을 믿고 맡기는 신임의 결과를 지켜보면서 실천하는 관행觀行이며, 마음이 대상화, 객관화하여 일어나는 생명현상을 시비, 선악, 미추의 분별이 없이 지켜봄이고, 본체에 의하여 일어나는 현상을 그대로 기다려 주고 함께함이며, 모든 현상을 현상 자체로 평등하게 대함이다.

순역이 둘이 아닌 관점에서 관법은 그대로 창조이며, 진화이고, 무위이면서 유위이며, 수행이자 제도이고, 상구보리이자 하화중생이며, 앎이자 실천이고, 학문이자 실천이며, 여여부동하면서도 매 순간 둘이 아니게 생멸함이다.

관법은 일상의 삶과 각자의 삶이 둘이 아니고, 수증, 돈점, 수행과 제도가 하나가 된 중도도 아닌 양자가 본래 둘이 아니어서 평등한 삶을 나타내는 개념이다.

지금까지 도생역성을 중심으로 창조적 마음이 항상 다양한 삶으로 드러남을 살펴보았다. 다만 도역의 생성이 둘이 아니어서 도생역성을 논하면서도 역생도성을 함께 논하였다.

2. 진화적 마음 씀과 항상 새로운 삶

도생역성은 역생도성을 떠나서 이루어지지 않는다. 역생도성이 바탕이 되어 도생역성이 이루어지고, 도생역성을 바탕으로역생도성이 이루어진다.

역생도성은 응호에서 시작하여 환응에서 끝나는 사건이다. 그것은 역생도성이 시간의 차원에서 생성되는 사건을 그 이면에서 나타냄으로써 도생역성의 특성을 나타냄을 뜻한다.

원효는 역생도성을 대상화하여 실체적 관점에서 견상귀본遣相歸本으로 나타낸다. 그것은 근본과 지말, 본체와 현상을 논하는 나를 중심으로 역생도성을 나타낸 개념이다.

견상귀본은 지금 여기의 내가 매 순간 상相을 만나지만 상相에 얽매이지 않고, 상이 드러나기 이전의 근본인 본체로 돌아가기 때문에 만남이 없음을 뜻한다.

상相을 보냄은 시생始生이며, 근본으로 돌아감은 종성終成이다. 이름을 세워서 말로 나타내고 글로 나타내지만 나타내는 순간 그대로 상을 벗어나서 근본으로 돌아가기 때문에 이름과 말, 글을 나타내도 나타냄이 없다.

견상귀본은 수도, 수행, 수양, 학문과 같은 다양한 개념으로 나타낸다. 이처럼 역생도성을 실체화하여 견상귀본의 사건으로 나타내고, 그것을 다시 수행, 수도, 득도, 수양과 같이 나타낼 때 다음과 같은 문제가 발생한다.

그 첫째는 수도, 수행, 학문, 수기와 같은 사건의 단계가 무엇인가 곧 수도, 수행의 방법과 단계가 무엇인가에 대한 문제가 발생한다. 수행, 수도의 방법이 무엇이냐에 따라서 결과가 달라질 뿐만 아니라 단계가 달라진다.

시간성을 대상화하여 물건적 관점에서 공간성으로 나타내어 형이상의 도道

와 형이하의 기器를 구분하고, 형이상의 본성과 형이하의 생명을 구하여 성性과 명命을 구분하여 세계와 인간을 나타내는 전적이 《주역》이다.

《주역》에서는 궁리窮理, 진성盡性, 지명至命이라는 세 단계를 통하여 역逆방향의 진덕수업進德修業이 이루어짐을 밝히고 있다. 이는 성명합일性命合一을 통하여 천인합일天人合一을 이루는 과정이다.

중국불교의 교종에서는 52위를 통하여 부처에 이르는 단계를 논한다.[504] 신信과 주住, 행行, 회향廻向, 경계境界를 각각 10단계로 하여 십신十信, 십주十住, 십행十行, 십회향十廻向, 십지十地의 50단계에 등각等覺, 묘각妙覺을 거쳐야 비로소 성불한다.

유식불교에서는 52위를 오위五位와 연관시켜서 수행의 단계를 논한다. 유식학에서는 자량위資糧位, 가행위加行位, 통달위通達位, 수습위修習位, 구경위究竟位로 나눈다. 통달위는 십지 가운데 초지初地의 입심入心에 해당한다. 통달위를 견도見道라고도 말한다. 수습위는 수도修道라고 말하며, 수습위에서 득도得到가 이루어진다. 구경위는 수행의 결과를 나타내는 위位로 성불위成佛位이다.[505]

그러나 선불교에서는 견성성불見性成佛을 통하여 돈오성불頓悟成佛을 주장한다.[506] 이처럼 중국불교의 교종과 선종을 막론하고 수행, 수도에 의하여 성불成佛을 추구할 뿐만 아니라 유학儒學에서도 천인합일을 통하여 대인大人을 추구한다.

《주역》과 《주역》을 연원으로 형성된 중국유학, 중국불교를 막론하고 공통점은 소인과 대인을 구분하고, 부처와 중생을 구분하여 대인이 되고, 부처가 되는 사건을 논하는 점이다. 그것은 중국유학, 중국불교, 중국도가를 막론하

---

504) 《종경록》 2권(ABC, K1499 v44, p.10b10-b11), "五十二位修行之路 云何唯立一心 以爲宗鏡".

505) 《成唯識論卷第九》, "何謂悟入唯識五位 一資糧位 謂修大乘 順解脫分 二加行位 謂修大乘順決擇分 三通達位 謂諸菩薩所住見道 四修習位 謂諸菩薩所住修道 五究竟位 謂住無上正等菩提".

506) 《선문염송집》 16권(ABC, K1505 v46, p.268b21-b22), "方知祖師西來 單傳心印 直指人心 見性成佛".

고, 형이상의 도와 형이하의 기, 이와 사, 성과 상을 구분하여 인간을 이해함을 뜻한다. 그러면 수행, 수도는 무엇인가?

중국유학에서 추구하는 성명합일은 실체적 존재인 성과 명이 하나가 됨이 아니라 본래 둘이 아니면서도 하나가 아님을 파악하는 지적知的인 사건이다.

중국불교에서도 사람의 삶을 부처와 중생으로 구분한다. 이때 부처와 중생의 구분은 지혜를 기준으로 지혜를 활용하는 삶을 사는 부처와 그렇지 못하고 무명에 의하여 살아가는 삶을 중생으로 구분하였다. 따라서 중국불교의 수행도 부처로서의 삶은 자성自性을 깨닫는 지적知的인 사건이 중심이다.

유식학의 수행은 전오식과 육식, 칠식, 팔식의 구조를 갖는 식을 바꾸어서 네 가지의 지혜로 변화시키는 전식득지轉識得智507)이다. 이처럼 합일合一이나 전득轉得, 견성見成을 막론하고 성과 명, 식과 지, 성과 불이라는 두 개념을 바탕으로 제시되는 개념이기 때문에 양자를 실체로 여기고, 두 실체를 바탕으로 제기되는 합일, 전득, 견성을 실체적 사건으로 여기게 된다.

만약 합일, 전득, 견성을 실체적 사건으로 이해하면 인간의 반드시 합일, 전득, 견성을 하기 위한 조건으로 극기克己, 지성知性과 수도, 수행, 수양을 하고 견성을 해야 한다.

수도, 수행은 유위적有爲的 사건이기 때문에 설사 그것을 원인으로 하여 합일, 전득, 견성이 이루어졌다고 할지라도 언젠가는 다시 소멸하고 원래로 돌아갈 수밖에 없다. 그러면 유위적인 수행, 수도가 있는가?

《주역》의 육효를 나타내는 효사에서 밝히고 있는 내용을 중심으로 세 단계의 측면에서 수행을 살펴보자. 《주역》에서 세 단계의 과정으로 나타내는 성명합일은 궁리, 진성, 지명이다.

첫 단계인 궁리는 의식의 차원에서 표층이 의식과 다른 심층의 나, 내 안의

---

507) 《반야바라밀다심경찬》 佛說般若波羅蜜多心經贊(ABC, H0001 v1, p.12c15-c21), "二轉識得智者 佛地第三 有二師說 一曰轉第八識 得大圓鏡智 轉第七識 得平等性智 轉第六識 得妙觀察智 轉五現識 成成所作智 一曰轉第六識 得成所作智 轉五現識 得妙觀察智".

나를 발견함을 뜻한다. 심층의 나인 불성, 성품과 표층의 나인 의식, 육신은 둘이 아니다. 본래 둘이 아님에도 불구하고 오로지 표층의 의식을 주체로 살아가다가 문득 어느 순간에 내 안의 나를 발견한다.

궁리를 불교의 개념과 관련하여 나타내면 견성이라고 할 수 있다. 이때 견성은 성품과 그것을 아는 주체가 있는 상태에서 이루어지기 때문에 의식의 차원에서 이루어지는 본성의 파악이라고 할 수 있다.

견성을 하기 이전에는 의식으로 세상을 바라보고 산다. 그것은 마치 정수리를 발로 여기고, 발을 정수리고 보는 것과 같이 뒤집어진 견해인 전도견顚倒見이라고 말한다.

의식을 주체로 하여 육신을 자신으로 여기고, 나와 남을 구분하여 실체로 이해하고, 생사를 실재로 여기는 삶은 마치 나무의 잎을 자신으로 여기는 것과 같다. 나무의 잎은 사계절에 따라서 모습이 변화할 뿐만 아니라 겨울에는 잎의 형체가 없기 때문에 나무 잎은 없다고 여긴다.

그러나 내 안의 나인 성품을 발견함은 나무의 잎과 다른 뿌리와 같은 심층의 나를 발견함과 같다. 나무의 뿌리는 잎과 달리 계절의 변화에도 변화하지 않아서 한결같기 때문에 잎과 같은 형체를 통해서는 파악할 수 없다.

비록 나무의 뿌리가 땅에 가려서 보이지 않지만 없는 것은 아니다. 그럼에도 불구하고 나무의 뿌리를 발견함은 뿌리에 의하여 영양이 공급되기 때문에 잎이 변화함을 알았음을 뜻한다. 이처럼 잎의 관점에서 뿌리로 관점을 바꾸면 비로소 뿌리의 작용이 점점 더 확연하게 드러나게 된다.

진성盡性은 견성의 단계에서 본래 나무의 뿌리와 잎이 둘이 아님에도 불구하고 마치 둘인 것처럼 의식의 차원에서 이해하는 것과 달리 안팎에서 일어나는 모든 일들이 본성의 작용임을 파악하는 단계이다.

궁리의 과정에서 전도견에 의하여 형성된 과거의 삶의 습관을 진성의 과정을 통하여 버리는 작업이 이루어지면 본성과 물리적 생명이 둘이 아님을 알게 된다. 그것은 본체가 작용하여 드러난 현상이 사물임을 알게 됨을 뜻한다.

진성은 불교의 관점에서는 성불이라고 할 수 있다. 성불은 중생이 부처가 됨을 뜻하는 것이 아니라 자신을 중생으로 착각하여 부처가 되고자 했던 그 마음이 그대로 부처의 작용임을 알고, 부처의 삶을 살아감을 뜻한다.

그러나 성불도 하나의 개념일 뿐이다. 부처와 중생이 둘이 아니어서 중생이 없기 때문에 중생과 상대적인 존재인 부처도 없다. 따라서 성불이라는 사건에 얽매임이 없어야 한다. 그것은 부처에 머물지 않고 매 순간 오로지 부처로서의 삶을 살아감을 뜻한다.

중생과 부처, 윤회와 해탈, 무명과 지혜를 비롯하여 모든 이분법적인 분별을 넘어서 무분별에 마저도 머물지 않음을 지명至命이라는 개념으로 나타낸다. 지명은 지적 관점에서는 일종의 열반이라고 할 수 있다.

그러나 지명은 반드시 언행을 통하여 실천으로 드러난다. 그렇기 때문에 단순하게 지적인 사건으로 그치는 것은 아니다. 열반의 경계는 내 안의 나 아닌 내가 온 우주와 둘이 아님을 파악하였기 때문에 항상 둘이 아니게 나툼을 뜻한다.

견성에서 성불의 과정을 거치면서 수많은 체험과 경험을 하게 된다. 그것은 앞의 차원에서 알 수 없는 체험이고, 경험이지만 본래부터 없던 것이 아닐 뿐만 아니라 앞에 의하여 이루어지는 체험이 아니기 때문에 어떤 체험이나 경험을 막론하고 모두 본래의 자리에 되돌리는 믿고 맡기는 과정이 절대적으로 필요하다. 그러면 열반은 무엇인가?

열반은 윤회에 대한 반대의 개념으로 사용되는 개념이다. 그러나 본래 윤회가 없기 때문에 열반이라는 개념도 성립할 수 없다. 그렇다면 견성성불과 같이 열반은 앎의 문제, 논리적인 문제일 뿐인가?

열반은 단순하게 앎의 문제가 아니라 내 안의 나 아닌 나이면서 온 우주와 둘이 아닌 경계에서 이루어지는 나툼의 경계를 나타낸다. 그것은 역생도성을

한국사상과 인간의 삶

바탕으로 이루어지는 도생역성을 열반이라고 할 수 있음을 뜻한다. 그러면 견성과 성불 그리고 열반이 셋인가?

순방향에서 보면 견성, 성불, 열반이 모두 하나의 사건 곧 일심, 본성의 작용일 뿐이다. 그렇기 때문에 때로는 견성이 곧 성불이라는 측면에서 보면 견성을 하면 그대로 성불일 뿐만 아니라 열반이라고 할 수 있다. 이러한 관점에서 견성, 성불을 이해하고, 열반을 이해하면 돈오돈수라고 말할 수 있다.

견성과 성불 그리고 열반은 별개의 단계가 아니라 오로지 돈오 이후의 그것을 보호임지保護任持하는 보임保任이다. 본래 깨달음과 닦음이 둘이 아니기 때문에 단지 견성과 성불, 열반이 모두 하나의 보임일 뿐이다.

그러나 역방향에서 보면 견성과 성불, 열반이 하나가 아니어서 견성한 이후에 성불을 이루고, 성불을 한 이후에 열반에 이르기 때문에 돈오가 필요할 뿐만 아니라 점수도 필요하다. 그러면 돈오점수와 돈오돈수가 둘인가?

물건적 관점에서 보면 순과 역이 둘이 아니기 때문에 둘이면서 하나이고, 하나이면서 둘이라고 말한다. 이처럼 물건적 관점에서 부처와 중생을 이해하면 수행과 수행의 결과로서의 증득된 성불이 둘일 수밖에 없다.

만약 지금 여기의 내가 본래 중생이라면 부처라고 할 수 없고, 부처라면 굳이 수행을 할 필요가 없으며, 수행을 해서 부처가 되면 언젠가는 다시 중생으로 떨어질 수밖에 없다.[508] 그러면 양자를 어떻게 이해할 것인가?

실체적 존재로서의 자아를 중심으로 부처와 중생을 이해하면 이러한 문제가 일어난다. 그것은 마치 나무의 뿌리와 줄기 그리고 잎을 셋으로 구분하여 나타냄으로써 삼자의 관계를 어떻게 이해할 것인지의 문제가 발생하는 것과 같다.

그러나 사건적 측면에서 보면 뿌리에서 시작하여 잎에서 끝나는 순방향의 사건과 잎에서 시작하여 뿌리에서 끝나는 역방향의 사건이 둘이 아니다. 잎에

---

508) 《大方廣圓覺修多羅了義經》(大正藏, 17, 1, 0915b10), "若諸衆生本來成佛 何故復有一切無明 若諸無明 衆生本有 何因緣故如來復說本來成佛 十方異生本成佛道後起無明 一切如來何時復生一切煩惱".

서 시작하여 뿌리에서 끝나는 회상귀성, 수행, 상구보리와 뿌리에서 시작하여 잎에서 끝나는 성기론, 하화중생이 둘이 아니며, 돈오점수와 돈오돈수 역시 둘이 아니다.

역방향에서 보면 돈오점수라는 사건으로 나타낼 수 있고, 순방향에서 보면 매 순간에 이루어지는 돈오돈수라고 할 수 있다. 그렇기 때문에 상구보리와 하화중생이 둘이 아닐 뿐만 아니라 깨달음과 닦음도 둘이 아니고, 닦음과 증득함도 둘이 아니다. 그러면 순과 역이 둘이 아닌 생성 곧 도역생성의 측면에서 삼자를 어떻게 이해할 것인가?

표층의 나인 자아를 중심으로 세 단계의 과정을 살펴보면 삼자가 모두 자아로부터 벗어나는 과정이다. 이는 매 단계마다 일상의 나, 표층의 나가 사라지는 점에서 죽음이라고 할 수 있고, 매 단계마다 새로워지는 측면에서 보면 진화하는 나, 새롭게 창조되는 나라고 할 수 있다.

역방향에서 보면 삼 단계가 모두 자아에서 벗어나 무아에 이르는 과정이라고 할 수 있지만 순방향에서 보면 자아와 무아를 넘어선 나 아닌 내가 매 순간 새롭고 다양하게 드러나는 고정되지 않는 자아의 나툼이라고 할 수 있다.

첫 번째 단계에서는 자아가 죽어서 내 안의 나를 보고, 두 번째 단계에서도 자아가 죽어서 나와 더불어 심층의 나 아닌 나가 둘이 아님을 알며, 세 번째 단계에서는 자아가 죽어서 나와 둘이 아니게 나투는 경지에 이른다.

그러나 깨달음의 측면에서 보면 성불의 단계에서 비로소 깨달음이 완성되거나 깨달음이 얻어지고, 그것을 바탕으로 마지막으로 증득하는 것이 아니라 처음부터 깨달음을 보호임지保護任地하는 보임保任일 뿐이다.

다만 열반이 중요함은 깨달음을 바탕으로 그것이 실천으로 이어지기 때문이다. 열반의 측면에서 보임은 앞의 두 단계와 달리 내 안의 나 아닌 내가 매 순간 다양하게 드러나 모든 존재를 이롭게 하는 요익중생饒益衆生이다. 그러면 요익중생饒益衆生으로 나타나는 열반涅槃은 무엇인가?

한국사상과 인간의 삶

세 단계의 수행이 모두 적극적인 측면에서는 매 순간 나를 다양하게 드러내고, 새롭게 드러내어 모든 존재를 이롭게 하는 요익중생이다. 그렇기 때문에 세 단계의 수행은 그대로 봄이 없이 보고, 들음이 없이 들으며, 감이 없이 가고, 말이 없이 말하고, 함이 없이 하는 일이다. 그러면 열반으로서의 세 단계와 삶이 둘인가?

수행이나 견성, 성불, 열반은 나의 삶을 떠나서 존재하지 않는다. 만약 나와 둘이라면 견성, 성불, 열반 자체가 이루어질 수 없다. 그것은 부처와 보살, 중생이 다른 개념이 아니라 나를 가리키는 개념임을 통하여 확인할 수 있다.[509]

나를 시간의 측면에서 나타내면 영원한 현재, 영원의 오늘이며, 마음의 측면에서 보면 나와 남이 둘이 아니고, 과거와 미래 그리고 현재가 둘이 아닌 한마음이고, 공간적 측면에서 보면 나와 남이 둘이 아니어서 무아이며, 나와 온 우주가 둘이 아닌 한울이고, 시공과 중도가 둘이 아니며, 형이상과 형이하가 둘이 아닌 혼님이다.

나와 남, 나와 세계, 시간과 공간, 형이상과 형이하가 둘이 아닌 생성의 연속으로서의 생명의 흐름이 삶이다. 바로 불은 영원한 생명의 근원을 나타내며, 교는 생명의 소통으로서의 삶을 나타낸다. 따라서 지금 여기의 삶을 떠나서 불교나 진리는 없다. 그러면 관법은 무엇인가?

성리, 성품, 불성이 들고 나는 본성, 불성, 자성의 현현을 나타낸다. 자성의 나눔과 회향, 자성의 진화와 창조가 삶이고, 삶을 그대로 나타내는 개념이 관법이다. 관법이 우리의 삶을 나타낸다고 함은 삶을 관찰하여 실험하고, 삶을 끝없이 진화시키며, 삶을 새롭게 창조함을 뜻한다. 진화의 측면에서 보면 삶은 끝없이 나를 버려서 죽는 과정이다.

---

509) 《대방광불화엄경》 10권(ABC, K0079 v8, p.74b17-b23), "心非彩畫色 彩畫色非心 離心無畫色 離畫色 無心 彼心不常住 無量難思議 顯現一切色 各各不相知 猶如工畫師 不能知畫心 當知一切法 其性亦如 是 心如工畫師 畫種種五陰 一切世界中 無法而不造 如心佛亦爾 如佛衆生然 心佛及衆生 是三無差別 諸佛悉了知 一切從心轉 若能如是解 彼人見眞佛 心亦非是身 身亦非是心 作一切佛事 自在未曾有".

그러나 죽음은 소멸이 아니라 새로운 나를 창조하기 위한 죽음이기 때문에 새로운 삶으로서의 죽음이다. 그럼에도 불구하고 우리는 죽음을 단순한 소멸로 생각하고, 허무, 적멸로 여기기 때문에 죽음을 두려워한다.

지금 여기의 내가 죽지 않으면 새로운 나로 다시 탄생할 수 없다. 그렇기 때문에 지금 여기의 내가 죽어 가는 세 단계로서의 수행은 새로운 나를 창조하기 위하여 본래의 자리로 돌아가는 회향이다.

회향은 새로운 시작을 위한 마침이다. 밥을 먹고 다시 사용할 수 있도록 그릇을 닦는 것이 회향이며, 시작한 모든 일을 마치는 것이 회향이다.

회향을 시초로 하여 나타나는 종말은 진화이다. 그것은 견성에서 시작하여 성불을 거쳐서 열반에서 끝나는 사건이다. 그렇기 때문에 세 단계를 죽음으로 나타내었듯이 진화를 위한 죽음, 새로운 시작을 위한 종말이 수행의 의미이다.

그럼에도 불구하고 우리는 견성, 성불, 열반의 단계 가운데서 오로지 성불을 중심으로 견성성불을 하나로 여기거나 견성성불을 그대로 열반으로 여기는 것은 한계가 있다. 견성성불은 본래의 자신을 확인하는 과정이기 때문에 진정한 의미의 수행은 열반에서 시작된다.

그러나 열반도 앎의 차원에서 이루어지는 확인이 아니라 실천으로 드러나는 측면에서의 열반이다. 그렇기 때문에 열반이 그대로 새로운 창조와 나툼으로 드러나지 않으면 안 된다. 그것은 열반이 단순하게 윤회와 상대적인 개념으로서의 열반에 그치면 의미가 축소됨을 뜻한다.

수행의 측면에서 논의되는 열반은 윤회를 벗어난 차원에서 언급되는 열반도 아니고, 윤회와 열반이 둘이 아닌 차원에서 언급되는 것도 아니며, 양자를 넘어선 경계에서 언급되는 열반이다.

창조와 나툼의 차원에서 열반을 논하면 매 순간의 삶이 그대로 창조와 나툼이다. 물론 그 가운데는 당연히 회향과 진화가 포함된다. 매 순간의 창조와 나툼이 그대로 회향과 진화이며, 이 두 측면이 바로 하나의 생성일 뿐이다.

그러나 생성은 유위적인 측면에서 언급되는 생성이 아니라 유위이면서 무위이고, 유위와 무위를 넘어서 중도이면서 중도에 머물지 않는 유위와 무위이다. 그것은 유위와 무위, 양자를 넘어선 중도, 양자로 드러나는 중도가 있는 것이 아니라 지금 여기의 우리의 삶을 그대로 나타낸 개념이 생성임을 뜻한다. 그러면 수행은 어떻게 실천하는가?

조사선의 선사들은 자신들을 작가作家[510)라고 말한다. 작가는 수행을 통하여 실체적 존재인 공, 도, 성품을 깨달아서 실천하는 것이 아니라 때와 장소에 따라서 삶의 주체가 되어 새롭고 다양하게 삶을 창조함[511)을 뜻한다.

조사선의 전통을 계승하여 한국화한 지눌은 돈오점수론을 물건적 관점이 아닌 사건적 관점에서 이해한다. 따라서 그는 한국전통사상을 바탕으로 간화선을 주체적으로 수용한 사람이라고 할 수 있다.

학계에서는 지눌의 돈오점수론을 오와 수를 중심으로 돈점에 의하여 논하는 것으로 이해하는 데 그치고 있다. 만약 그렇다면 그의 선불교는 중국선종의 아류亞流라는 비판을 벗어나지 못할 것이다.

만약 지눌이 시간성을 바탕으로 전개되는 한국사상의 전통을 바탕으로 간화선을 수용했다면 그의 돈오점수론은 시간성을 바탕으로 새롭게 이해되어야 한다. 그러면 그의 돈오점수론을 어떻게 이해할 것인가?

그의 돈오점수론은 《진심직설》을 바탕으로 전개되기 때문에 《진심직설》을 중심으로 다른 전적들을 연구할 때 비로소 지눌의 불교를 새롭게 이해할 수 있다.

지눌의 간화선의 특성은 그의 제자인 혜심의 문집에 나타난 조사선적인 특성과 더불어 《선문염송집》을 통하여 확인할 수 있다. 그리고 진각국사의 제자인 각운覺雲이 저작한 《선문염송설화집》에서도 지눌의 선불교적 특성을 찾을

---

510) 《祖堂集》第7卷, "洞山云 灼然夾山是作家".

511) 《鎭州臨濟慧照禪師語錄》(大正藏 第47冊 第1卷 0499a04), "隨處作主 立處皆眞".

수 있다.[512]

한국선불교는 한국사상에 의하여 한국화한 선불교이기 때문에 선불교의 측면에서는 인도불교, 중국불교와 같지만 한국사상의 측면에서는 인도사상, 중국사상과 다르지 않을 수 없다. 그러면 오늘날 우리 사회에서 필요한 한국불교는 무엇인가?

오늘날의 한국불교는 송대 이후의 간화선과 초기불교의 관법이 대립하고 있다. 물론 학자들은 양자가 둘이 아니라고 말하지만 어떤 사람은 대승불교는 석가의 가르침이 아니라는 대승비불설大乘非佛說을 주장한다.[513]

오늘날은 인공지능이 혁명적으로 발달하는 시대이다. 세간과 출세간을 나누고, 출가자와 재가자를 나누며, 대승과 소승을 나누어서 서로 다툴 뿐으로 불교 밖에 세상에 대한 관심을 갖지 않으면 불교의 존재가치는 사라진다.

오늘날 한국사회에서 불교가 존재가치를 갖기 위해서는 다음과 같은 몇 가지 사항을 포함하여 현대화하고, 한국화하며, 세계화해야 한다.

첫째는 한국사상의 세계관인 영원한 현재적 관점에서 선불교가 이해되어야 한다. 그것은 외래종교인 불교가 한국화하는 동시에 현대화해야 함을 뜻한다.

둘째는 나를 떠나서 부처와 보살, 중생이 없다. 지금 여기의 자성이 부처이며, 마음이 보살이고, 육신이 중생이다. 따라서 나의 삶이 부처의 삶이다. 이처럼 생활과 불교가 둘이 아니기 때문에 생활이 그대로 수행이자 제도이다.

셋째는 지금 여기의 나와 부처, 조사가 둘이 아니다. 그러므로 조사선이 그대로 간화선이고, 여래선이 조사선이다. 그리고 삶이 그대로 화두이고, 공안이기 때문에 삶을 떠나서 따로 화두와 공안이 필요가 없다.

또한 일상의 삶에서 만나는 현상의 모든 것이 그대로 스승이다. 그러므로

---

512) 보조국사 지눌의 불교가 갖는 한국적 특성에 대하여는 한국간화선를 논하는 다른 지면을 통하여 자세하게 밝히고자 한다.

513) 《대승장엄경론》 1권(ABC, K0586 v16, p.845a22-a24), "有人疑此大乘非佛所說 云何有此功德可得 我今決彼疑網 成立大乘眞是佛說".

한국사상과 인간의 삶

생활 가운데서 서로가 서로의 스승이 되고, 제자가 되어 가르치고 배운다.

넷째는 내가 그대로 부처이기 때문에 부처로서의 삶이 생활이다. 따라서 견성 이후에 성불하는 것이 아니라 일상의 삶이 그대로 성품을 보존하는 보호임지保護任持이다. 《주역》에서는 "매 순간 이루어지는 성품의 작용을 보존하고 보존하는 것이 도의의 문이다."[514]라고 하여 삶이 그대로 본성, 성품의 보호임지임을 밝히고 있다.

다섯째는 매 순간의 삶이 그대로 불교이기 때문에 삶을 떠나서 따로 깨달음을 얻는 일은 없다. 그러나 깨달음이 바른 것인가를 점검받고, 인정을 받는 인가가 필요가 없는 것은 아니다.

그리고 깨달을 법이 없기 때문에 주고받는 전법이 필요가 없는 것은 아니다. 다만 깨달음, 인가, 전법을 막론하고 모두 본성에 의하여 이루어진다. 그렇기 때문에 현상의 측면에서 고정된 형식을 고집할 필요는 없다.

여섯째는 삶 자체가 그대로 불교이고 수행이자 제도이기 때문에 부파불교에서 사마디와 위빠사나를 구분하여 제시하는 관법, 대승불교에서 제시하는 정혜쌍수의 지관止觀이 둘이 아니다. 조사선과 간화선의 화두참구 그리고 관법, 지관법을 비롯하여 모든 수행법이 곧 생활이기 때문에 둘이 아니다. 그러면 현대의 한국불교의 관점에서 삶은 어떻게 살아야 하는가?

일상의 삶의 과정에서 만나는 모든 일들은 본체의 작용이 아님이 없다. 본체를 깨닫거나 그것을 다시 활용하는 향상일로의 문제도 삶을 떠나서 따로 없다. 따라서 삶에서 가장 필요한 것은 부처의 삶을 살겠다는 서원誓願이다.

서원을 세움은 곧 삶의 방향을 결정하는 일이다. 이때 삶의 방향을 결정하는 것이 가능함을 믿는 일이 중요하다. 그것은 삶의 주체가 부처임을 믿고, 부처와 중생이 둘이 아님을 믿으며, 부처의 작용이 그대로 나의 마음 씀임을 믿는 일이다.

---

514) 《주역》계사상繫辭上 7, "天地設位어든 而易이 行乎其中矣니 成性存存이 道義之門이라.".

믿음을 바탕으로 서원을 세웠다면 서원에 의하여 삶을 살아가면 된다. 일상의 삶이 그대로 본체인 자성의 작용이기 때문에 어떤 일을 만나더라도 그것이 모두 자성에서 일어남을 믿고, 자성에 맡기고 해야 할 일을 한다.

삶도 자성에 의하여 이루어지고, 죽음도 자성에 의하여 이루어지며, 건강도 자성에 의하여 이루어지고, 병도 자성에 의하여 이루어진다. 그리고 모든 일의 결과도 역시 자성에 의하여 이루어진다. 그렇기 때문에 선을 행하여도 자성이 했을 뿐으로 표층의 나, 육신이 했다고 할 수 없고, 악을 행하여도 자성이 했기 때문에 표층의 나인 육신이 책임을 질 필요가 없다.

어떤 일을 만나도 육신이 하지 않기 때문에 근심과 걱정을 할 필요도 없고, 기대와 희망을 가질 필요도 없다. 그저 무심하게 그 자리에 맡기고 해야 할 일을 하면서 어떤 결과가 나타나더라도 오로지 그 자리에 다시 믿고 맡길 뿐이다.

삶이 고통스러운 까닭은 남과 구분되는 내가 있어서 삶을 산다고 착각하고, 모든 일들을 온 우주와 더불어 하는 것이 아니라 자신이 한다고 착각하기 때문에 소유하고자 욕심을 부리고 집착하여 고통으로 느낄 뿐이다.

그러나 본래 나 아닌 나인 자성에 의하여 삶이 이루어지고, 우주의 모든 일들이 이루어지기 때문에 그 어떤 일들도 근심하고 걱정하면서 그리고 두려워하면서 살아갈 필요가 없다.

마치 어린아이가 엄마의 품에서 젖병을 하나 물고 배고프면 그저 빨면서 웃으면서 살듯이 오로지 자성이라는 하나로 몰아가면서 살다 보면 어느 순간 견성, 성불, 열반이 무엇인지도 모르고 넘어가서 비로소 알게 된다. 그러면 자성이라는 실체가 있는가?

자성은 방편상 사용한 하나의 개념일 뿐으로 실체적 존재를 가리키지 않으며, 불성이나 참나, 중도 역시 방편상 사용하는 개념일 뿐으로 실체적 존재를 가리키지 않는다. 다만 부처와 중생 그리고 보살을 나와 둘이 아니게 알고, 부

한국사상과 인간의 삶

처로서의 삶, 보살의 삶, 중생을 위한 삶을 살아갈 뿐이다.

본래 부처이기 때문에 부처로 살아가는 삶이 중요하다. 그것은 부처가 되기 위하여 수행이라는 유위적인 행위가 필요한 것이 아니라 본래 부처이기 때문에 부처로 살아가는 실천이 중요함을 뜻한다. 그러면 수도, 수행이 필요한가?

대인, 성인이 되고, 부처가 되는 성불이라는 사건이 단계를 갖는다는 것은 그것이 단박에 이루어지거나 두 단계 또는 그 이상의 여러 단계를 거치거나를 막론하고 지금은 소인, 속인, 중생이 장차 대인, 성인, 부처가 되는 미래적 사건임을 뜻한다.

미래는 과거와 상대적인 시간, 물리적 시간이다. 그것은 양자가 하나일 수 없을 뿐만 아니라 과거에서 미래를 향하여 흐름뿐으로 미래에서 과거를 향하는 방향은 성립할 수 없음을 뜻한다. 그러면 성인을 이룸, 대인을 이룸, 성불이라는 사건이 실재하는가?

사람을 이루는 성인, 성불이라는 사건을 실체적 사건으로 여기는 것은 그대로 사람, 대인, 성인, 부처를 고정된 실체적 존재로 여김을 뜻한다. 그러나 실체적 존재, 물건적 존재는 실재하지 않을 뿐만 아니라 실체적 사건 역시 실재하지 않는다. 그러면 성인, 성불을 나타내는 여러 단계는 무엇인가?

사람이 됨, 성스러운 사람, 대인이 됨, 부처가 됨이라는 사건은 나를 떠나서 존재하지 않는다. 그렇기 때문에 나의 문제로 주체화하여 이해할 수 있다. 성인, 성불이라는 사건은 나의 측면에서는 역방향에서 삶을 나타낸 개념이다.

지금 여기의 삶을 형이상과 형이하로 구분하여 형이하의 물리적 생명으로부터 출발하여 형이상의 본성에 이르는 과정이라는 사건으로 나타낸 것이 성인, 성불이라는 사건이다. 따라서 세 단계나 그 이상의 여러 단계는 모두 본성의 작용이다.

그것은 성불, 성인의 과정을 수행, 수도, 수양이라고 말하고, 수도, 수행, 수양을 결과를 중심으로 성불, 성인이라는 개념에 의하여 나타내지만 모두 도생역성을 바탕으로 이루어지는 역생도성임을 뜻한다. 따라서 수행, 수도는 물론 성불, 성인 역시 도생역성을 바탕으로 한 역생도성의 관점에서 이해하는 것이 필요하다.

도생역성은 원효가 말하는 모든 것이 근본에서 이루어지는 작용, 본체의 작용임을 뜻하며, 역생도성은 도생역성에 의하여 매 순간 나타나는 현상이 그대로 본체로 돌아감, 귀체, 귀공임을 나타낸다. 그러면 도생역성을 바탕으로 한 역생도성의 관점에서 수행은 무엇인가?

수도, 수행은 인과적인 결과를 얻는 원인이 아니다. 다만 본성에 의하여 이루어지는 작용을 현상의 측면에서 결과를 중심으로 나타낸 개념이다. 따라서 견성성불은 역생도성의 관점에서 보면 견성을 하여 부처를 이룸이 되지만 도생역성을 바탕으로 이해하면 성품을 드러내어 불도를 완성함이다.

도생역성을 바탕으로 한 역생도성의 관점 곧 원효가 제시한 쌍현귀기의 관점에서는 수도의 단계가 세 단계 이거나 아무리 많은 단계이거나를 막론하고 모두 본성의 작용이라는 측면에서 가치상의 우열이 없이 평등하다.

영원한 현재의 관점에서 부처는 인간의 본체인 본성을 나타내고, 보살은 작용인 마음을 나타내며, 중생은 현상이 육신을 나타낸다. 그렇기 때문에 부처와 보살, 중생이 둘이 아니어서 구분할 수 없다.

중생에서 출발하여 부처에서 완성되는 역생도성은 그대로 부처에서 출발하여 중생에서 완성되는 도생역성이다. 그것은 역생도성에서 나타나는 깨달음, 부처는 매 순간 지혜의 작용으로 드러나는 시각이며, 매 순간 나타나는 시각은 본각으로 돌아가서 본각과 시각이 둘이 아닌 불각으로 나타남을 뜻한다.

불각은 매 순간 시각으로 나타나서 불각이 본각이며, 본각이 시각임을 보여준다. 따라서 본각과 불각, 시각이 둘이 아니어서 일각이다. 일각이면서 매 순간 시각으로 작용하기 때문에 원각이라고 말한다.

그럼에도 불구하고 중국선종에서는 돈오성불을 논하여 본래성불과 다른 증오성불을 논할 뿐만 아니라 여래선과 조사선을 논한다. 여래선과 조사선이라는 개념을 보면 마치 여래선과 조사선이 가치상의 우열이 있는 것처럼 보인다.

앙산仰山이 여래선과 조사선을 언급한 부분은 향엄香嚴의 견처見處에 대한 게송으로부터 시작된다. 앙산이 여래선如來禪으로 규정한 향엄의 게송은 다음과 같다.

> 지난해의 가난은 가난이 아니었으니 올해의 가난이 비로소 가난이다. 지난해에는 송곳 꽂을 땅이 없었는데 올해에는 송곳마저도 없다.[515]

앙산이 위의 게송을 보고 여래선을 알 뿐으로 조사선을 모른다고 비판[516]한 까닭은 향엄이 여래에 집착하여 마치 고장이 난 시계가 하루에 하나의 시간을 알려 줄 수 있을 뿐으로 매 순간 새로운 시간을 알려 주는 자유자재自由自在함이 없음과 같음을 비판한 것이다. 그러면 앙산이 조사선으로 인정한 게송을 살펴보자.

> 나에게 하나의 기틀이 있어서 눈을 깜빡여 그것을 드러낸다. 만약 사람이 알지 못하면, 다시 사미沙彌를 부를 것이다.[517]

앞의 게송이 무심에 머물러 있는 것과 달리 뒤의 게송은 대기大機를 잡고 대용大用을 보여 주었기 때문에 앙산이 조사선을 알았다고 인정하였다.[518] 위의 내용을 보면 앙산이 여래선과 조사선祖師禪을 구분하여 조사선이 여래선을 능가한다고 주장한 것으로 이해할 수 있다. 그러면 여래선과 조사선이 다른가?

---

515) 《선문염송집》 15권(ABC, K1505 v46, p.247b23-b24), "去年貧未是貧 今年貧始是貧 去年無卓錐之地 今年錐也無".
516) 《선문염송집》 15권(ABC, K1505 v46, p.247b24-b25), "因仰山云 如來禪卽許師兄會 祖師禪未夢見在".
517) 《선문염송집》 15권(ABC, K1505 v46, p.247b25-248a01), "我有一機 瞬目示伊 若人不會 別喚沙彌".
518) 《선문염송집》 15권(ABC, K1505 v46, p.248a01-a02), "仰云 且喜 師兄會祖師禪也".

선禪이란 하나의 개념일 뿐으로 선을 언급한 순간 선 그 자체는 아니다. 우리가 선을 뭐라고 말하더라도 할 수 있지만 그렇게 언급된 선은 이미 선 그 자체는 아니다. 왜냐하면 이름은 어떤 이름이라고 지을 수 있지만 그렇게 붙여진 이름은 지칭하는 대상 자체는 아니기 때문이다.[519] 그러면 왜 여래선과 조사선을 구분하여 말하는가?

여래는 하나의 개념이다. 그렇기 때문에 개념을 실체화여 나와 다른 존재로 여기는 것을 배격하고 지금 여기의 조사가 바로 여래임을 제시한 것이다. 지금 여기의 측면에서 말하면 여래가 조사이고, 대상화하여 이해하면 조사가 여래이다. 따라서 여래선과 조사선은 둘이 아니다. 그러면 앙산은 왜 사형인 향엄을 여래선으로 비판하였는가?

앙산은 향엄으로 하여금 분발심을 갖도록 도와주기 위함이다. 물론 여래선과 조사선을 막론하고 유위적인 성불을 추구하고, 깨달음을 원한다면 마치 말을 타고 달리면서 말을 찾는 것과 같고, 태양이 중천에 뜬 대낮에 촛불을 찾는 것과 같다. 그러면 조사선에서 주장하는 견성성불의 견성 곧 깨달음은 무엇인가?

우리는 여기서 역생도성의 성격을 상기해야 한다. 역생도성은 원효가 말한 바와 같이 현상으로부터 출발하여 현상에 머물지 않고 근본으로 돌아가는 견상귀본이다. 그렇기 때문에 불교에서도 수행을 본래의 자리로 돌아가는 회향迴向이라고 말한다.

회향은 다양한 관점에서 이해할 수 있다. 돌아감의 의미를 중심으로 이해하면 회향은 귀체, 귀공이다. 본체를 향하여 이루어지는 작용, 본체로 돌아감, 공으로 돌아감이다. 그것을 선불교에서는 무념無念, 무상無相, 무주無住로 나타낸다.[520]

---

519) 《도덕경》제일장, "道可道非常道 名可名非常名".
520) 《六祖大師法寶壇經》(大正藏 第48冊 第1卷 0353a07), "我此法門 從上以來 先立無念為宗 無相為體 無住為本".

한국사상과 인간의 삶

무는 유로부터 출발하여 역방향에서 언급되는 개념이다. 그렇기 때문에 도생역성을 바탕으로 무를 이해해야 한다. 이미 근본으로부터 출발하여 작용이 이루어졌기 때문에 비로소 유를 논할 수 있고, 유를 전제로 할 때 비로소 무를 논할 수 있다.

무위는 유위에 상대적인 개념이다. 그러나 무위가 있고, 유위가 있는 것이 아니라 유위가 있기 때문에 비로소 무위를 논할 수 있다. 이는 도생역성을 바탕으로 역생도성을 논하고, 종본기행을 바탕으로 할 때 비로소 견상귀본을 논할 수 있음과 같다.

종본기행을 바탕으로 한 견상귀본의 관점에서 보면 무념, 무상, 무주는 생각마다 생각에 얽매이지 않음이며, 무상은 상을 보고 상에 얽매임이 없음이고, 무주는 생각하고, 행동함에 머묾이 없음이다. 그러면 왜 무념, 무상, 무주를 언급하는가?

본성, 자성으로 나타내는 본체는 그 어떤 개념으로도 나타낼 수 없다. 그렇기 때문에 수행은 마치 항상 빛나는 태양이 구름에 가려져서 보이지 않기 때문에 태양이 있는 것도 모르다가 구름을 걷어 내면 비로소 밝은 태양을 보는 것과 같다.

구름은 찾고자 하는 마음, 구하고자 하는 마음, 얻으려고 하는 마음, 자신이 아닌 밖에서 찾는 마음을 가리킨다. 자신과 본성을 구분하여 둘로 여기고 찾고자 하고, 얻고자 하며, 기다리는 마음은 바로 분별심에 의하여 일어난다.

분별심을 놓아 버리면 구름이 사라지듯이 햇빛이 조금씩 드러나기 시작하여 마침내 환하게 빛나서 그 어떤 장애도 없게 된다. 그 과정에서 수많은 변화를 겪게 된다. 이러한 변화는 전에는 겪어 보지 못한 변화이기 때문에 현상에 얽매여서 소유하고자 한다.

만약 구름을 제거하는 과정에서 만나는 수많은 현상들을 실체로 여기고 소유하고자 집착하면 더 이상 구름이 제거되는 것이 아니라 또 다른 구름이 확대擴大되어 재생산된다. 그렇기 때문에 어떤 현상에도 얽매이지 말라고 말한다. 그러면 분별심이 있는가?

비록 구름을 제거한다고 말하지만 사실은 제거하는 것이 아니다. 만약 제거할 대상이 있다고 여기면 그것은 또 하나의 분별심이다. 그렇기 때문에 다만 분별심에 얽매이지 말라는 의미에서 "놓아 버리라!"[521]라고 말한다.

방하착과 더불어 제기되는 개념이 맡김이다. 매 순간 나타나는 사물은 다음 순간에 사라진다. 그것은 고정된 실체로서의 사건이 없음을 뜻한다. 그렇기 때문에 굳이 본래 일체이기 때문에 어느 사람과 공유하는 회향이라는 개념도 필요가 없다. 그러면 우리는 왜, 수도, 수행을 논하는가?

매 순간 현상의 온갖 사물을 만나서 상호작용을 하여 서로가 서로를 이롭게 하고, 서로가 서로를 새롭게 하며, 서로가 서로를 다양하게 하는 창조와 진화의 과정을 끊임없이 전개하는 것이 삶이다.

삶은 물론 나와 세계, 사물 가운데 어떤 것도 고정된 실체가 아님에도 불구하고 스스로 실체화하여 나와 둘이라는 착각을 일으키면 나와 둘로 존재하는 사물을 소유하고자 하는 욕심을 내서 결국은 소유하고자 하는 언행을 하여 서로의 삶을 고통에 빠뜨린다.

바로 이러한 점에서 삶을 실체화시키는 사고와 언행을 멈추라는 의미에서 어떤 것에도 머물지 말고 마음을 내라고 말하고, 매 순간의 삶의 과정에서 만나는 사물에 대하여 어떤 이름이나 어떤 모습에도 얽매이지 말라고 말하며, 명상名相을 벗어나서 근본을 보라고 말한다.

그러나 수도, 수행이라는 말처럼 사람을 유혹하는 말도 없다. 그것은 마치 지금 여기의 내가 완성해야 할 부족한 부분이 있고, 깨달아야 할 모르는 부분이 있으며, 벗어나야 할 굴레가 있다고 전제하는 것과 같다.

만약 본래 부족한 부분이 있고, 모르는 부분이 있으며, 벗어나야 할 굴레가

---

521) 《선문염송》 12권, "二古則(四三五)趙州因嚴陽尊者問 一物不將來時如何 師云放下着 嚴云一物不將來 放下箇什麼 師云伊麼則擔取去 尊者大悟".

한국사상과 인간의 삶

있다면 설사 인위적인 행위인 수행, 수도에 의하여 채우고, 알아서 벗어나도 여전히 유위有爲일 뿐으로 또 다시 그것에서 벗어나고, 채우며, 완성해야 하기 때문에 끝이 없다.

우리가 가장 속기 쉬운 언급들이 닦음과 깨달음의 빠르고 느림을 논한 오수悟修와 돈점頓漸의 문제이다. 만약 얻어야 할 깨달음이 있고, 그것을 닦아서 얻을 수 있다면 그것은 모두 유위법이어서 무위법은 아니다.

그런데 유위법과 무위법을 막론하고 나를 떠나서 존재하지 않는다. 본체인 본성의 측면에서 보면 모든 법이 무위법이고, 현상인 육신의 측면에서 보면 모든 법이 유위법이어서 무위법과 유위법이 둘이 아니다.

본성에 의하여 이루어지는 지혜의 작용을 역방향에서 나타내어 깨달음이라고 말하고, 마음에 의하여 이루어지는 온갖 작용을 역방향에서 나타내어 닦음이라고 말한다. 다시 말하면 견상귀본의 견상을 중심으로 삶을 나타내어 닦음이라고 말하고, 귀본을 중심으로 삶을 나타내어 깨달음이라고 말한다.

그러나 견상귀본은 본래 종본기행을 바탕으로 이루어진다. 그것은 깨달음과 닦음이 모두 본성에 의하여 이루어지는 작용임을 뜻한다. 따라서 닦음과 깨달음을 둘로 나누어서 별개의 존재로 이해할 수 없다. 그러면 돈점이 존재하는가?

깨달음이나 닦음이 둘이 아니어서 양자를 견상귀본이라고 말하고, 역생도성이라고 말한다. 따라서 양자의 돈점頓漸을 논하는 것은 아무런 의미가 없다. 왜냐하면 역생도성, 견상귀본은 매 순간 이루어지는 사건의 본질을 나타내는 개념일 뿐이기 때문이다.

둘이 아닌 닦음과 깨달음을 문제로 삼는 것부터가 잘못일 뿐만 아니라 깨달음과 닦음을 다시 물리적 시간의 차원에서 돈점과 연결하는 것은 더욱 문제가 아닐 수 없다. 시간성이라는 본성이 배제된 물리적 시간은 존재하지 않는다. 따라서 물리적 시간의 차원에서 돈점을 제기하는 것은 불필요한 문제의 제기이다.

본성의 차원에서 보면 깨달음과 깨닫지 못함으로서의 본각과 불각이 둘이 아닐 뿐만 아니라 매 순간 깨닫는 시각도 본각과 둘이 아니다. 그렇기 때문에 본각과 시각, 불각을 구분하여 각각을 둘로 여기는 것은 착각이다.

또한 깨달음과 닦음을 돈점으로 나타내어 돈오점수와 돈오돈수를 논하면 문제가 심각해진다. 만약 돈오돈수라는 사건이 실재한다면 그것은 삶과 무관하다. 돈오돈수가 이루어지기 이전에는 삶과 무관하고, 돈오돈수가 이루어진 후에는 더욱 삶과 무관하다. 그러면 돈오점수는 의미가 있는가?

돈오점수 역시 매 순간의 삶을 벗어나서 논의될 수 없다. 삶과 둘이 아닌 돈오점수는 역생도성과 도생역성의 양자를 함께 나타낸 개념으로 이해할 수밖에 없다. 돈오는 도생역성을 나타내고, 점수는 역생도성을 나타낸다. 따라서 돈오점수는 도역생성을 함께 나타내는 개념이다. 그러면 돈오점수는 무엇인가?

돈오는 매 순간 이루어지는 지혜의 작용을 나타내고, 점수는 매 순간 이루어지는 자비의 작용을 나타낸다. 지혜의 작용에 의하여 매 순간 삶이 다양하게 창조되고, 자비의 작용에 의하여 매 순간 삶이 새롭게 진화한다.

지금까지 역생도성의 측면에서 견상귀본을 중심으로 인간의 마음 씀에 의하여 일어나는 항상 새로운 삶에 대하여 살펴보았다. 다만 역생도성과 도생역성이 둘이 아니기 때문에 도생역성도 함께 살펴보았다.

3. 창조와 진화의 자유자재한 삶

우리는 앞에서 환인桓因을 나타내는 두 측면인 시간성의 시간화와 시간의 시간성화를 중심으로 인간의 삶에 대하여 살펴보았다.

《정역》에서는 시간성을 중심으로 환인을 나타내는 두 측면을 도생역성과 역생도성의 생성으로 나타낸다. 그것은 두 측면의 작용이 모두 생성인 점에서 둘이 아닌 동시에 도생역성과 역생도성을 구분하는 점에서는 하나가 아님을 나타낸다. 그러면 도생역성과 역생도성이 둘이 아닌 차원에서 전개되는 환인은 무엇인가?

역생도성은 사건이 시간성으로 화하는 회향인 동시에 진화이며, 도생역성은 시간성이 시간으로 화하여 사건으로 드러나는 창조이자 나툼이다. 그렇기 때문에 도생역성은 창조의 작용이며, 역생도성은 진화의 작용이라고 할 수 있다. 그러면 도역생성을 통하여 나타내는 환인은 무엇인가?

환인은 시간의 측면에서는 영원한 현재이며, 사건의 측면에서는 여여如如하여 움직임이 없는 생성이고, 내용의 측면에서는 매 순간 다양하게 나타나는 창조의 나툼이며, 매 순간 회향하여 새로워지는 진화이다.

환인을 물건적 관점에서 실체화하여 나타내면 원효가 제시한 쌍현귀기雙顯歸起이다. 그것은 바로 나를 중심으로 영원한 현재의 관점에서 도역의 생성을 이해함을 뜻한다. 이처럼 작용의 측면에서 도역생성은 바로 하나의 마음인 한 마음(一心)이다.

한마음의 측면에서 쌍현귀기는 매 순간 현상의 사물이 갖는 명상名相으로 부터 벗어나서 근본인 성품, 진여眞如, 일심一心에 이르는 사건이며, 동시에 매 순간이 진여가 생멸生滅의 현상으로 나타나는 사건이다.

도역생성을 실체화하여 나타내면 도道와 기器를 바탕으로 순역順逆을 구분할 수 있고, 순방향에서의 제도, 교화와 역방향에서의 수도, 수행을 논할 수 있다. 물건적 관점에서 순과 역을 구분하여 인간을 이해하고 삶을 이해하면 반드시 양자가 둘이 아닌 경계 곧 순역합일順逆合一의 관점을 추구하지 않을 수 없다.

순역합일의 관점은 본체와 현상이 둘이 아닌 작용의 관점이다. 본체와 현상이 둘이 아닌 작용은 나를 중심으로 이해하면 용심법이다. 그렇기 때문에 앞에서 용심법을 중심으로 교화와 수행이 갖는 의미를 살펴보았다.

그런데 형이상과 형이하, 성性과 상相, 이理와 사事를 구분하여 인간과 세계를 이해할 때 반드시 어느 하나를 부정否定하고 다른 것이 되고, 다시 그것의 부정을 통하여 처음으로 돌아가는 과정이 반복되지 않을 수 없다.

역방향을 순방향으로 바꾸어서 근본에 도달하는 견상귀본遣相歸本도 부정적인 용심법用心法이며, 순방향을 다시 역방향으로 바꾸어서 교화의 삶을 사는 종본기행從本起行도 역시 부정적 용심법이다.

물건적 관점에서 역방향에서 순방향을 향하고, 다시 순방향에서 역방향을 향하는 방향의 전환으로서의 부정적 용심법用心法은 필연적으로 일으키는 현상이 있다. 그것은 마치 양파의 알맹이를 찾기 위하여 양파를 알맹이가 아닌 껍질이라고 부정하는 것과 같다.

본성이라는 본체의 관점에서 보면 아무런 분별이 없다. 그럼에도 불구하고 사람을 대인이 아닌 소인, 부처가 아닌 중생, 자유인이 아닌 죄인이라고 규정하고, 그 상태를 벗어나는 유위적인 행위로서의 수행을 요구한다.

그것은 멀쩡한 사람을 저주하는 것과 같다. 그것이 아무리 방편이고, 좋은 결과를 위한 과정이라고 하여도 여전히 문제가 되지 않을 수 없다. 이를 해결할 수 있는 방법은 물건적 관점을 사건적 관점으로 바꾸고, 공간성을 시간성으로 바꾸는 일이다.

한국사상과 인간의 삶

시간성을 중심으로 창조와 진화의 관점에서 인간과 삶을 이해하는 한국사상의 특성과 장점이 여기에 있다. 사람과 세계는 고정되지 않아서 끊임없이 변화한다. 이 변화하는 사람과 삶을 두 측면에서 나타낸 것이 진화와 창조이다.

진화는 하나의 모습이나 사태에 머물지 않고, 새로워짐을 뜻한다. 하나의 사태, 사건에 머물지 않고 새로워짐은 변화이다. 하나의 사건이 고정되지 않아서 새롭게 변하여 다양하게 드러남이 창조이다.

한국사상의 연원인 고조선사상을 중심으로 살펴보면 사람은 고정되지 않아서 곰과 호랑이가 상징하듯이 둘이 아니게 드러난다. 그것은 사람이 매 순간 다양한 모습으로 드러남을 뜻한다. 그것을 상징하는 내용들이 환웅이 인간의 세계에 내려와서 시간을 다스려서 선악善惡, 형벌刑罰과 같은 둘이 아닌 경계를 전개했다는 사건이다.

환웅이 자기를 다양하게 드러나는 현상화, 대상화의 이면에는 이미 나타난 물건의 변화가 있다. 환웅이 변하여 단군이 되어 웅호로 화하는 변화의 이면에는 웅호가 변變하여 단군이 되고 다시 환웅으로 화化하는 변화가 있다.

생성生成의 측면에서 보면 이것과 저것이라는 실체적 존재로서의 나는 없다. 오히려 돈오頓悟, 점수漸修, 돈수, 상구보리, 하화중생과 같은 사건이 있을 뿐이다. 나는 실체적 존재로서의 중생도 아니고, 부처도 아니며, 보살도 아니지만 매 순간에 부처에서 수많은 보살로 그리고 다양한 생명현상으로서의 중생으로 나투는 측면에서 보면 부처이기도 하고, 보살이기도 하며, 중생이기도 하다.

그러나 설사 물건적 관점에서 실체화하여 부처, 중생, 보살을 나타내더라도 삼자가 평등平等하여 가치상의 우열이 없다. 그리고 법신이 화신이 되어 응신應身으로 나투었다가 법신으로 돌아가기 때문에 그 어떤 것에도 걸림이 없어서 자유롭다.

자유로운 나를 사건의 관점에서 나타내면 둘이 아닌 삶이라고 할 수 있다.

그것은 남과 다른 수많은 나들이 모여서 다양한 사회를 형성하여 그 가운데서 함께 살아감을 뜻하지 않는다.

우리가 역방향에서 보면 물건적 사고, 의식에 의한 분별적 사고를 벗어나서 시종을 일관一貫하는 사건적 사고에 이르고, 사건적 사고를 벗어나서 시초와 종말이 없는 종시적終始的 경계에 이른다.

그러나 순방향에서는 종시적 경계가 매 순간 시종始終의 사건으로 드러난다. 바로 법신이 화신으로 변하여 응신으로 나투고 회향하는 나툼과 회향이 삶의 두 측면임을 뜻한다.

삶을 나타내는 회향과 나툼의 두 측면을 각각 실체화하여 견성, 성불, 열반의 수행으로 나타내기도 하고, 하화중생의 제도로 나타내기도 한다. 그러면 수행과 제도로 나타내는 삶의 두 측면은 무엇인가?

수행의 측면에서 보면 견성, 성불, 열반이지만 하화중생의 제도의 측면에서 보면 견성, 성불, 열반이 모두 하나의 회향이다. 본성, 성품, 불성의 자리에 되돌리는 회향을 통하여 진화가 이루어지고, 진화를 통하여 새로워지고, 다양하게 드러나는 창조로 나타난다.

삶은 물건적 관점에서 성명합일, 천인합일과 같이 부분과 전체로 분합하여 부분이 전체와 하나가 되고, 다시 전체를 부분으로 나누는 분합에 그치지 않는다.

분합은 시간의 측면에서는 생성을 내용으로 하는 사건이다. 하화중생의 측면에서는 생성을 내용으로 하는 사건의 시초는 회향이며, 종말의 측면에서는 진화이다. 그것은 한국역학에서 제시한 역생이 회향이며, 도성이 진화임을 뜻한다. 이처럼 부처, 자성, 본성, 인성이라 말하고, 내 안의 나 아닌 나라고 말하는 심층의 나, 참나로의 귀체歸體, 귀공歸空을 통하여 과거의 사건이 정화淨化되고, 소멸되며, 녹여진다.

상구보리의 측면에서 생성을 내용으로 하는 사건의 시초始初는 새로운 창조이며, 종말의 측면에서는 다양한 나툼이다. 그것은 한국역학에서 도생역성으로 제시한 생성의 측면에서 보면 도생은 창조이며, 역성은 나툼임을 뜻한다.

부처, 자성, 본성, 인성이라고 말하는 내 안의 나 아닌 나, 참나로부터 시작하여 표층의 나로 드러나는 사건, 서로가 서로를 먹이고, 서로가 서로를 새롭게 하며, 서로가 서로를 존재하게 하는 사건인 자비, 지혜로 드러나는 사건이 창조와 나툼이다. 그러면 창조와 진화의 삶을 여러 경전에서는 어떻게 나타내고 있는가?

우리는 창조와 진화의 삶을 물건화하여 실체적 관점에서 나타낼 수 있다. 《주역》에서는 물건적 관점에서 매 순간 끊임없이 진화하고, 새롭게 창조하여 고정됨이 없는 삶을 고정화하여 분합을 중심으로 다음과 같이 말한다.

> 무릇 대인은 천지와 덕을 함께 하며, 일월과 밝음을 함께 하고, 사시와 차례를 함께 하며, 귀신과 길흉을 함께 한다. 하늘보다 먼저 하여도 하늘이 어기지 않으며, 하늘보다 뒤에 하여도 하늘의 때를 받든다. 하물며 사람이 어기고, 귀신이 어기겠는가![522]

위의 내용을 보면 소인과 달리 이상적인 삶을 살아가는 대인은 천지, 일월, 사시, 귀신과 하나가 되어 살아간다. 이처럼 사람과 하나가 되고, 천지와 하나가 되며, 일월과 하나가 되고, 사시와 하나가 되며, 귀신과 하나가 되어 산다. 그러면 단순하게 모든 존재와 하나가 되어 살아가는가?

《중용》에서는 군자의 삶은 자신의 성품을 다할 뿐만 아니라 다른 사람의 성품을 다하고, 더 나아가서 사물의 본질을 다하게 할 뿐만 아니라 천지의 본성을 다하게 함을 다음과 같이 밝히고 있다.

---

[522] 《주역》 중천건괘 문언, "夫大人者는 與天地合其德하며 與日月合其明하며 與四時合其序하며 與鬼神合其吉凶하야 先天而天弗違하며 後天而奉天時하나니 天且弗違온 而況於人乎며 況於鬼神乎여".

오직 천하의 지극한 정성스러움이라야 능히 자신의 성품을 다하며, 능히 자신의 성품을 다하면 다른 사람의 성품을 다하고, 다른 사람의 성품을 다하면 사물의 성품을 다하며, 사물의 성품을 다하면 천지의 화육에 동참할 수 있으며, 천지의 화육에 동참하면 천지와 더불어 셋이 될 수 있다.[523]

인용문에서는 물건적 관점, 개체적 관점에서 자신의 성품을 다함으로써 다른 사람의 성품, 사물의 성품을 다하고, 더 나아가서 천지의 화육에 동참하여 천지와 더불어 나란히 섬을 밝히고 있다. 그러면 중국불교에서는 어떻게 나타나고 있는가?

《유마경維摩經》에서는 부처를 통하여 천지와 하나임을 밝히고 있다. 부처는 장자의 아들 보적이 바친 500개의 일산日傘을 하나로 합쳤다. 그 한 개의 일산이 삼천대천의 세계를 덮었다. 그리고 일산에는 삼천대천의 세계의 산, 강, 달을 비롯하여 만물들, 신과 여러 궁전들이 나타나고, 시방의 모든 부처들과 부처들이 법문을 설하는 광경이 나타났다.[524]

부처가 갖는 천지와 만물을 하나로 하기도 하고, 구분하여 둘로 드러내기도 하는 능력은 보살을 통하여 구체적으로 드러난다. 불가사의不可思議한 해탈解脫에 머무는 보살은 삼천대천세계三千大千世界를 끊어 내기를 마치 도공이 흙덩이를 오른쪽 손바닥에 움켜쥐고 항하恒河의 모래알과 같이 수많은 세계 밖으로 던지는 것과 같다. 그럼에도 불구하고 그 안의 중생은 자기가 어디로 갔

---

523) 주희, 《중용집주》 제22장, "惟天下至誠 爲能盡其性 能盡其性則能盡人之性 能盡人之性則能盡物之性 能盡物之 性則可以贊天地之化育 可以贊天地之化育則可以與天地參矣".

524) 《유마힐소설경》 1권(ABC, K0119 v9, p.977c18-c20), "爾時毘耶離城有長者子 名曰寶積 與五百長者子 俱持七寶蓋 來詣佛所 頭面禮足 各以其蓋共供養佛 佛之威神 令諸寶蓋合成一蓋 遍覆三千大千世界 而此世界廣長之相 悉於中現 又此三千大千世界 諸須彌山雪山 目眞鄰陁山 摩訶目眞鄰陁山 香山寶山金山黑山鐵圍山大鐵圍山 大海江河川流泉源 及日月星辰 天宮龍宮諸尊神宮 悉現於寶蓋中 又十方諸佛 諸佛說法 亦現於寶蓋中 令諸寶蓋合成一蓋 遍覆三千大千世界 而此世界廣長之相 悉於中現 又此三千大千世界 諸須彌山雪山 目眞鄰陁山 摩訶目眞鄰陁山 香山寶山金山 黑山鐵圍山大鐵圍山 大海江河川流泉源 及日月星辰 天宮龍宮 諸尊神宮 悉現於寶蓋中 又十方諸佛 諸佛說法 亦現於寶蓋中".

는지 알지도 깨닫지도 못하며, 다시 제자리에 돌아와도 그 사람들은 갔다 왔다는 생각이 없을 뿐만 아니라 이 세계의 본래 모습은 예전과 같다. [525]

불가사의한 해탈에 머무는 보살은 삼천대천세계를 모아서 하나로 만들어 겨자씨에 넣기도 하고, 세계의 일부를 끊어 내어 옮겨서 다른 세계로 옮겨서 보여 주기도 한다. 그가 높고도 넓은 수미산을 겨자씨 안에 넣어도 그 겨자씨가 늘어나거나 줄어드는 일이 없고, 수미산도 예전과 같다.

사천왕이나 도리천忉利天과 같은 제천諸天도 자신이 어디에 들어 있는지 전혀 알지 못한다. 다만 장차 깨달음을 얻을 수 있는 사람만이 수미산이 겨자씨 안에 든 것을 알 뿐이다. 그리고 또 사해四海의 바닷물을 하나의 털구멍에 넣어도 물고기와 자라와 큰 자라, 악어 그 밖의 물에 사는 동물을 괴롭히는 일이 없을 뿐만 아니라 사해는 본래 모습 그대로이며, 용, 귀신, 아수라들도 자신이 어디에 들어 있는지 알지도 못하며, 이들을 괴롭히지도 않는다. [526]

앞의 내용들은 물건적 관점, 실체적 관점에서 이미 향적불香積佛의 정토가 있음을 상정하고, 그 가운데 있는 여러 보살들을 사바세계의 유마거사의 방에 초청하여 보여 주면서 유마거사가 사리자와 같은 석가모니의 제자들에게 말한 부분이다.

우리는 앞의 경우와 같이 실체적 관점에서 내가 있고, 지구가 있으며, 태양을 중심으로 여러 행성들이 있고, 그 밖에서 여러 우주가 있음을 전제로 이것과 저것을 나누거나 혹은 합하는 분합分合이 자유자재自由自在함을 논한다. 그러면 앞에서 언급한 실체적 물건이 있는가?

어떤 사람은 위의 내용들은 사실이 아니라 신화적 표현이라고 말한다. 사건

---

525) 《유마힐소설경》 2권(ABC, K0119 v9, p.990c12-c17), "又舍利弗 住不可思議解脫菩薩 斷取三千大千世界 如陶家輪 著右掌中 擲過恒河沙世界之外 其中衆生 不覺不知己之所往 又復還置本處 都不使人有往來想 而此世界本相如故".

526) 《유마힐소설경》 2권(ABC, K0119 v9, p.990c02-c11), "諸佛菩薩 有解脫 名不可思議 若菩薩住是解脫者 以須彌之高廣內芥子中無所增減 須彌山王本相如故 而四天王 忉利諸天不覺不知己之所入 唯應度者乃見須彌入芥子中 是名住不思議解脫法門 又以四大海水入一毛孔 不嬈魚鼈黿鼉 水性之屬 而彼大海本相如故 諸龍鬼神阿修羅等 不覺不知己之所入 於此衆生亦無所嬈".

적 관점에서 보면 이것과 저것이라는 실체적 존재, 물건적 세계가 없다. 오로지 시작에서 끝을 향하는 일관된 하나의 사건이 있을 뿐이다.

우리는 태어나는 순간부터 죽음에 이르는 순간까지 매 순간 항상 다른 모습으로 나타난다. 그럼에도 불구하고 그러한 다양한 모습을 하나로 연결하여 탄생에서 죽음에 이르는 일관된 하나의 실체가 있다고 여긴다. 그러면 사건은 있는가?

우리는 남과 구분되는 나로 존재하지 않지만 그렇다고 하여 탄생의 순간부터 죽음의 순간까지를 하나로 연결된 생명이나 하나의 일관된 삶이라는 사건이 있는 것도 아니다. 오히려 지금 여기의 심층의 나 아닌 나, 세계와 둘이 아닌 내가 매 순간 새롭고 다양한 나와 세계로 나타날 뿐이다. 그러면 내 안의 나 아닌 나, 나와 세계가 둘이 아닌 나는 실재하는가?

내 안의 나 아닌 나, 남과 둘이 아니고, 세계와 둘이 아닌 나는 고정되지 않아서 있다거나 없다고 할 수 없다. 현상은 고정되지 않아서 항상 변화하기 때문에 있다고 할 수 없다. 그러나 현상 자체가 허무, 적멸이 아니어서 없다고 할 수 없다. 그러면 있는가 아니면 없는가?

본체의 측면에서 보면 현상은 없지만 현상의 측면에서 보면 본체는 없고 현상만이 있다. 그리고 작용의 측면에서 보면 본체와 현상이 둘이 아니어서 있으면서도 없고, 없으면서도 있을 뿐만 아니라 없는 것도 아니면서 있는 것도 아니다.

본체와 현상이 둘이 아닌 측면에서 보면 한순간에 일어나는 하나의 생각, 한 사물과의 만남과 수용이 나와 세계를 새롭게 하듯이 온몸을 구성하는 의식, 세포, 입자, 양자, 기들이 그대로 온 우주와 하나로 연결되어 있어서 온 세계가 서로를 먹고 살고, 서로를 존재하게 하며, 서로를 살게 하고, 서로를 진화하게 한다.

온 우주의 모든 존재는 서로가 서로를 창조하면서 서로가 서로를 진화하게 한다. 그렇기 때문에 있음의 실체적 세계도 아니고, 아무것도 없는 허무虛無도 아니며, 있고 없음을 넘어선 중도中道도 아니면서 동시에 실체적 세계이기도 하고, 공空한 세계이기도 하며, 중도中道의 세계이기도 하다. 그러면 앞에서 언급한 신통력은 모든 사람들에게 갖추어진 능력인가?

만약 앞의 몇 가지 예와 같은 신통력의 세계가 수행을 하지 않은 사람에게는 없고, 수행을 한 사람에게만 있다면 누구나 경험할 수 있는 보편적인 상황이 아니기 때문에 모든 사람에게 해당되는 일은 아니다.

그리고 경험 자체도 언어를 비롯하여 일정한 도구를 통하여 표현되는 순간 왜곡되기 때문에 경험 자체는 아니어서 생명이 없다. 이처럼 남에게 전달되는 경험이 실재의 세계가 아닐 뿐만 아니라 누구나 경험할 수 없는 일이라면 왜 이런 일들을 경전에서는 말하는 것인가?

삶과 삶을 살아가는 나도 그리고 삶의 대상으로서의 세계도 고정되지 않는다. 그렇기 때문에 어떤 순간의 어떤 사람의 삶도 같을 수 없다. 그것은 창조와 진화라는 개념도 하나의 개념일 뿐이어서 고정된 내용을 담고 있지 않음을 뜻한다.

지금 여기의 내가 살아가는 삶 그 자체가 그대로 창조와 진화의 삶이지 않으면 안 된다. 만약 수행이나 명상, 자기계발自己啓發, 영성계발靈性과 같은 인위적인 행위를 통하여 얻어지는 경계라면 그것이 어떤 성격의 것이더라도 유위법有爲法이고, 인과법因果法이다. 그러면 수행법이나 진리, 도, 법은 무엇인가?

진리, 도, 법은 나에 대한 언급이며, 지금 여기의 삶에 대한 언급이다. 다만 방편상 언어라는 도구를 사용하기 때문에 부처와 보살 그리고 세계, 삶을 나와 둘로 나타내고 있을 뿐이다.

그럼에도 불구하고 위의 내용을 나와 둘로 여기면 부처와 보살의 신통력에 대하여 착각錯覺하게 된다. 우리는 누구나 수행을 하면 앞의 몇 가지 예와 같은 신통력을 갖게 된다고 말할 뿐만 아니라 신통력이 없다면 수행이 아닐 뿐만 아니라 수행의 성과가 없다고 말하는 사람들을 본다. 그러면 신통력이 무엇인가?

우리는 신통력神通力이라는 개념을 신神과 통할 때 비로소 갖게 되는 힘으로 이해한다. 이는 신神을 나와 대상으로 존재하는 실체로 이해할 뿐만 아니라 힘 역시 나와 별개의 실체적 존재로 이해함을 뜻한다.

그런데 신神은 "이것과 저것으로 구분하여 나타낼 수 없는 경계"[527]를 말한다. 그것은 중도라고 말하거나 상제, 천도라고 말하거나 공불공空不空과 같은 다양한 개념들을 통하여 여러 측면에서 나타내는 불이不二의 경계를 나타내는 개념이 신神임을 뜻한다. 그러면 신神은 나와 어떤 관계인가?

신神은 나의 가장 심층을 나타내는 개념이다. 신은 나의 심층이 세계와 둘이 아니고, 사물과 둘이 아닐 뿐만 아니라 표층의 나와도 둘이 아니어서 하나와 둘로 규정할 수 없음을 나타내는 개념이다.

신과 통하는 신통神通은 "인위적인 함이 없고, 마음의 분별작용이 없어서 고요하여 움직임 없을 때 느껴 통함"[528]이다. 따라서 인위적인 어떤 원인에 의하여 나타나는 결과가 아니라 자연自然스러운 현상이다.

신통神通을 현상의 측면에서 나타내는 개념이 신통력神通力이다. 그것은 "서두르지 않아도 빨라서 가지 않았는데 이미 도착하였다."[529]라고 말할 수 있다. 신통력神通力은 나와 무관하게 없었던 것이 갑자기 어느 순간에 나타나거나 있었던 것이 어느 순간에 사라지지 않는다. 그러면 신통력은 무엇인가?

나의 본성의 작용을 현상적 측면에서 나타낸 개념이 신통력이다. 그렇기 때문에 나를 떠나서 신통력은 논의될 수 없다. 만약 나와 둘인 신통력이 있다면 그것은 나와 무관하다. 그러면 불교에서는 신통력을 어떻게 나타내는가?

---

527) 《주역》계사상繫辭上 5, "陰陽不測之謂神이라".
528) 《주역》계사상繫辭上 10, "易은 无思也하며 无爲也하야 寂然不動이라가 感而遂通天下之故하나니".
529) 《주역》계사상繫辭上 10, "唯神也故로 不疾而速하며 不行而至하나니".

불교에서는 삼명三明, 육통六通을 말한다. 삼명은 숙명명宿命明, 천안명天眼明, 누진명漏盡明을 말한다. 그리고 육통은 천안통天眼通, 천이통天耳通, 타심통他心通, 숙명통宿命通, 신족통神足通의 오신통五神通에 누진통漏盡通을 더하여 육신통六神通을 일컫는다.

천안통은 천리 밖의 소리를 듣는 능력을 말하며, 천이통은 천리 밖의 사물을 보는 능력을 말하고, 타심통은 다른 사람의 마음을 아는 능력을 말하며, 숙명은 과거와 미래를 아는 능력을 말하고, 신족통은 천리 밖을 활보하는 능력을 말한다. 그리고 누진통은 오신통을 자유자재로 활용하는 능력을 말한다.

육신통은 모두 통通이다. 그것은 내가 있고, 육신통이 있어서 그것을 얻거나 소유하는 것이 아니라 본래 나와 누진통이 둘이 아니기에 느껴 통하는 하나의 감응感應일 뿐임을 뜻한다. 따라서 실체적 내가 소유할 수 있는 신통력은 없다.

오늘날 사람들은 스마트폰을 통하여 화상통화를 하면서 천안통, 천이통을 하고 산다. 거짓말탐지기로는 상대방의 마음을 파악할 수 있을 뿐만 아니라 뇌의 활동을 정밀하게 관찰하여 어떤 마음을 갖는지를 어느 정도는 파악할 수 있다. 굳이 뇌파의 활동을 살펴보지 않더라도 표정이나 태도와 같은 겉으로 드러난 현상을 엄밀하게 관찰하면 마음 상태를 어느 정도 짐작할 수 있다.

현대의 과학자들은 인공위성의 힘을 빌어서 마치 유마거사가 보여 주었듯이 지구는 물론 태양이나 다른 우주의 곳곳도 이리저리 잘라서 작게 또는 크게 하여 다른 사람들에게 보여 주기도 한다.

현대의 민속학자들은 100% 니코틴을 복용하여 일시적으로 환상 속에서 우리의 DNA와 같은 미립자微粒子를 보고 그림을 그려서 나타내기도 하였다. 앞으로 과학과 기술이 더욱 발달하면 우주선을 타고 우주를 활보하는 신족통神足通도 정밀하게 발달할 것이다. 그러면 수행, 수도修道와 상관없이 오로지 과학과 기술을 통하여 육신통을 얻을 수 있는가?

오늘날 어떤 과학자들은 로봇 역시 인공지능을 통하여 수행을 하여 깨달은 사람인 부처가 될 수 있다고 말한다. 이때 인공지능이 갖는 능력能力은 수행, 수도와 함께 언급되는 신통력神通力과 다르다.

과학과 기술의 발달을 통하여 얻어진 인공지능의 능력은 오로지 현상의 측면에서 계발된 힘이다. 그러나 누진통은 과학과 기술을 통하여 얻을 수 없다. 왜냐하면 누진통漏盡通은 외재적인 힘에 의하여 이루어지는 것이 아니라 내적內的인 수행을 통하여 달성할 수 있기 때문이다. 그러면 외재적 힘과 내재적 수행의 차이는 무엇인가?

내외內外는 물건적 관점에서 주체인 나와 객체인 남을 구분하여 나타낸 개념이다. 그럼에도 불구하고 내적 수행을 언급한 까닭은 수행, 수도가 궁극적으로는 내외를 구분할 수 없는 하나의 경계, 불이不二의 경계를 바탕으로 하기 때문이다.

그러나 인공지능은 주체와 객체가 불일不一의 측면에서 주체인 인간이 과학과 기술의 힘을 빌려서 자신을 이롭게 하는 도구로서의 오신통을 사용할 수 있다고 생각하지만 그와 반대의 현상도 일어날 수 있다. 인간이 오신통을 부리는 것이 아니라 오신통에 의하여 부림을 당하는 경우가 발생할 수 있다.

철학자들은 과학자들과 함께 인공지능의 발달에 의하여 인공생명이 창조되면서 인간이 새로운 종족인 포스트휴먼으로 진화하기를 기대한다. 이와 달리 일부의 학자들은 인공지능에 의하여 인간이 지배를 당하는 경우를 염려하여 인공지능의 계발을 중지할 것을 주장하기도 한다.

그러나 이미 인간이 통제할 수 없는 상황에 이르렀다고 주장하는 사람들도 있다. 인공지능이 이미 스스로 학습을 하는 정도에 이르렀다는 주장을 하는 사람도 있다. 그렇다면 인공지능은 머지않아 인간의 능력을 넘어서게 될 것이다.[530]

---

530) 《특이점이 온다》, 레이 커즈와일, 김명남 외 옮김, 김영사, 2017, 23-42.

과학이 발달하고, 기술이 발달한 오늘날에도 여전히 인간과 세계의 미래에 대하여 예언預言한 종교에 빠지고, 《주역》이나 《정역》과 같은 역학易學의 전적典籍들에 빠지는 것은 바로 종교나 역학 관련 전적에서 일상의 사람들이 갖지 못하는 신통력에 의하여 미래를 제시했다고 믿기 때문이다.

만약 《주역》이나 《정역》이 미래에 대한 사건을 미리 말한 전적이라면 그러한 전적은 지금 여기의 나와는 무관하다. 왜냐하면 장차 일어날 사건에 대하여 말하고 있기 때문이다. 그렇다고 하여 예언한 사건이 일어난 후에는 이미 지난 사건을 말하기 때문에 나와는 무관하다. 그러면 그 일이 일어나는 순간에는 어떤가?

그 일이 일어나는 순간에도 나는 어쩔 수 없다. 그 순간의 사건 안에서 여전히 나는 함께 흘러가기 때문이다. 이제 우리의 사물을 실체로 여기고 나와 둘로 대하는 사고를 버리고, 나와 둘로 대하는 삶의 태도, 언행을 벗어나야 한다.

누진통漏盡通은 나와 둘이 아닌 내 안의 나 아닌 나의 관점에서 이루어지는 작용을 나타낸다. 그것은 온 우주의 모든 존재와 하나가 되어 이루어지는 자연自然이면서 동시에 매 순간의 다양한 인연들에 의하여 일어나는 연기적 사건이다.

바로 자연과 인연이라는 본체와 현상을 넘어서면서도 본체와 현상에서 벗어나지 않아서 자유자재自由自在함을 현상의 측면에서 나타낸 개념이 신통력神通力이다. 따라서 누진통漏盡通은 오신통과 주체인 내가 둘이 아니어서 자유자재自由自在함을 뜻한다.

누진통은 나와 세계, 사물이 둘이 아닌 경계가 갖는 힘을 나타낸다. 그렇기 때문에 누진통은 내가 얻거나 소유하는 것이 아니라 온 우주가 매 순간 활용하고 있는 능력이다. 그러면 누진통과 과학과 기술의 힘은 어떤 차이가 있는가?

누진통과 과학, 기술의 발달로 나타나는 힘은 마음과 의식의 관계와 같다. 누진통은 나와 남, 나와 세계, 나와 사물의 구분이 없는 불이不二의 경계에서 나타나지만 과학과 기술의 발달에 힘입어서 나타나는 힘은 언제나 나와 둘인 상태에서 나타난다.

수행, 수기를 통하여 드러나는 힘으로서의 신통력은 바로 실천의 힘이다. 이러한 실천력은 개체적 존재가 갖는 힘이 아니기 때문에 유위有爲가 아니라 함이 없는 무위無爲이다. 그것은 개체적 존재, 실체적 존재의 함이 없고, 실체적 존재로서의 생각이 없어서 고요하여 움직임이 없을 때 비로소 느껴 통함이다. 그러면 신통력은 오직 무위無爲일 뿐인가?

만약 누진통이 오로지 무위無爲라면 나와 아무런 관련이 없다. 그러나 온 우주의 모든 존재가 둘이 아닌 경계에서 나타나기 때문에 무위無爲이면서 동시에 유위有爲이다. 유위有爲이기 때문에 온 우주의 모든 존재의 이로움을 위하여 활용되지만 무위인 점에서는 함이 없다.

그러나 과학 기술의 힘은 개인이나 특정한 집단과 같은 기술을 소유한 주체에 한정된다. 그렇기 때문에 과학 기술력이 반드시 모든 존재를 이롭게 하지는 않는다. 오히려 과학과 기술의 발달에 의하여 나타나는 힘은 그것을 독점하려는 사람들에 의하여 투쟁의 대상이 되지 않을 수 없다.

오늘날에는 과학적인 실험과 관찰을 통하여 의식에 의하여 일어난 생각들이 엄청난 힘을 발휘하는 사례가 종종 발견된다. 어떤 경우에는 생각에 의하여 불치병이 치료가 되는 사례도 발견된다.

누진통은 언제나 모든 존재의 이로움을 위하여 사용되는 능력일 뿐만 아니라 분별하지 않는 마음에 의하여 사용되지만 의식의 분별에 의하여 이루어지는 힘은 자신이나 자신이 속한 특별한 집단에게 사용될 뿐이다.

누진통이 무아無我, 무심無心의 상태에서 이루어지는 자연스러운 일이라면 의식의 분별작용에 의하여 나타나는 과학과 기술에 의하여 얻어지는 힘은 언제나 인연因緣에 따라서 나타나는 점에서 연기적緣起的이다. 그렇기 때문에 자연과 인연을 넘어선 경계에서 자유자재하는 방편의 사용이 이루어진다.

서두르지 않아도 빠르고, 가지 않아도 이미 도착한 것과 같이 개체적인 유위법의 측면에서는 함이 없어서 항상 진화하지만 움직이지 않는 죽은 고요한 경계나 부동이 아니라 움직임이 없이 움직이는 창조의 연속이다.

누진통으로서의 신통력은 분별이 없기 때문에 그리고 나를 떠나고, 지금 여기의 삶을 떠나지 않아서 일상의 삶이 그대로 신통력의 드러남이다. 배고프면 밥을 먹고, 졸리면 잠을 자며, 목이 마르면 물을 마시는 것이 모두 신통력을 보여 준다.

일상의 삶을 통하여 드러나는 창조와 나눔이 그대로 신통력을 사용함이며, 회향과 진화가 그대로 신통력의 드러남이다. 그렇기 때문에 신통력, 도력이 대소大小, 고하高下가 따로 없다. 바로 생사의 반복, 창조와 진화의 연속으로서의 매 순간 생성과 소멸이 둘이 아닌 사건이 바로 신통력의 드러남이다.

세계, 현상, 만물, 만법, 내외, 피차, 자타로 구분하여 나타내는 현상을 떠나서 그리고 지금 여기의 삶을 떠나서 별다른 신통력이 없다. 지금 여기의 삶, 나 자체가 갖는 다양한 측면, 다양하게 드러나는 삶 자체가 그대로 신통한 힘의 드러남이다. 그러면 삶과 죽음은 어떤가?

지눌선사는 생사生死가 둘이 아니어서 없음을 아는 것에 그치지 않고 자유자재하게 활용해야 함을 강조한다.

> 생사의 없음을 아는 것이 생사의 없음을 체득함만 못하고, 생사의 없음을 체득한 것은 생사의 없음에 계합함만 못하며, 생사가 없음에 계합한 것은 생사의 없음을 활용함만 못하다. 그런데 요즘 사람들은 아직 생사의 없음도 알지 못하거늘 하물며 생사의 없음을 체득하겠으며, 생사의 없음에 계합하겠으며, 생사의 없음을 활용할 수 있겠는가? 그러므로 망령되이 생사를 인정하는 이로서는 생사의 없는 법을 믿지 않는 것이 당연하지 않겠는가?[531]

---

531) 《진심직설》眞心直說(ABC, H0069 v4, p.720c06-c11), "所以知無生死 不如體無生死 體無生死 不如契無生死 契無生死 不如用無生死 今人尙不知無生死 況體無生死 契無生死 用無生死耶 故認生死者 不

지눌선사가 제시한 생사가 없음을 활용하는 삶은 본체와 현상을 넘어서 매 순간 인연에 따라 새롭게 진화하고, 다양하게 창조하는 삶이다. 그것은 깨달음이나 깨달음의 대상인 진심眞心, 일심一心, 이理, 성性을 설정하고, 깨달음을 바탕으로 실천하는 수동적인 삶이 아니다.

고정된 실체적 존재로서의 본체인 본성, 성, 진심, 이가 있고, 본체에 의하여 나타나는 고정된 실체인 상相, 생멸, 중생, 윤회, 생사가 있어 생멸, 무명, 생사를 벗어나서 생멸이 없는 진여에 이르는 것이 아니다. 생멸이 그대로 진여이고, 생사가 그대로 열반이기 때문에 양자를 벗어난 중도, 실상도 아니다.

매 순간의 삶은 인연에 따라서 생生을 보여 주기도 하고, 사死를 보여 주기도 하며, 생사가 둘이 아니어서 없음을 보여 주기도 하고, 생사가 하나가 아니어서도 없지도 않음을 보여 주기도 한다.

매 순간 인연에 따라서 생사가 없음을 통하여 생사에 얽매임이 없도록 하는 것은 자비이며, 매 순간에 인연에 따라서 생사가 없지 않음을 통하여 생사가 없음에도 얽매임이 없도록 하는 것은 지혜이다.

매 순간의 삶이 그대로 지혜이면서도 자비이기 때문에 끊임없이 진화하여 현상에 얽매이지 않고, 끊임없이 창조하여 본체에 머물지 않아서 본체와 현상은 물론 작용에도 머물지 않아서 삶이 그대로 자유롭고 평등하다. 그러면 어떻게 사는 것인가?

매 순간 인연에 따라서 자비를 베풀어 모든 존재와 둘이 아니게 마음을 내고, 서로를 새롭게 진화하고, 다양하게 창조하도록 지혜를 베푼다. 비록 그러하더라도 한순간도 내가 있다거나 무엇을 했다는 것이 없다.

매 순간 항상 무엇을 하지만 결코 어떤 것도 함이 없을 뿐만 아니라 함이 없다는 것에도 머물지 않는다. 이처럼 항상 매 순간에 무엇을 하기 때문에 유위有爲이지만 유위有爲 그대로 함이 없기 때문에 무위無爲이다. 그러면 창조의

信無生死法不亦宜乎".

한국학은 무엇인가?

앞에서 우리는 한국학, 한국사상에 대하여 살펴보았다. 그러나 그것은 실체적 존재인 한국학이 있음을 뜻하지 않는다. 매 순간 시간성의 시간화에 의하여 다양하게 사물을 창조하면서 시간의 시간성화에 의하여 새롭게 진화하는 생성 자체가 그대로 한국학, 한국사상이다.

매 순간 끊임없이 새로워지는 진화의 연속이자 매 순간 다양해지는 창조의 연속인 한국인의 삶이 창조의 한국학이다. 실체적 측면에서 한국학은 철학, 종교, 문화, 예술, 사상, 교육, 정치를 비롯하여 한국과 한국인에 관한 모든 것을 가리키는 종합학이라고 할 수 있다.

한국학의 중심에는 한국적인 세계관, 인간관, 가치관이 있고, 삶의 방법이 있다. 그리고 한국학에는 한국인이 있다. 그것은 한국적인 세계관, 가치관, 인간관을 논하고, 공유하며, 살아가는 한국인에 의하여 창조되는 모든 것이 한국학임을 뜻한다.

한국학의 중심에 한국사상, 한국철학이 있다. 한국이라는 나라를 매 순간 새롭게 진화하고, 다양하게 창조하는 한국인의 삶은 세계관, 인간관, 가치관을 정립하고, 공유하는 한국사상, 한국철학이 바탕이 된다.

한국사상, 한국철학에는 한국인의 사상을 연구하는 방법, 한국인의 철학을 학문하는 방법이 전제가 된다. 그것은 한국을 구성하는 한국인이 고정되지 않음을 뜻한다. 만약 어떤 사람이 한국인이 제시한 사상, 철학을 연구하더라도 한국적인 학문 방법에 의하지 않으면 그의 학문 활동은 한국사상, 한국철학에 관한 학문 활동이라고 할 수 없다.

그와 달리 어떤 사람이 설사 한국이 아닌 칸트를 연구하고, 실존철학을 연구하며, 과학을 연구하더라도 한국적인 연구 방법에 의하면 그대로 한국인의 삶의 과정인 동시에 그대로 한국학이다.

학문의 주제, 외연, 그리고 누가 제시한 학문인가의 문제보다는 어떻게라는 학문의 방법이 문제가 되는 것은 한국인이 무엇인가의 문제와 직결된다.

설사 어떤 사람이 한국에서 태어나서 한국말을 사용하고, 국적이 한국이더라도 한국인의 세계관, 가치관, 인간관을 부정하고, 한국적인 삶을 살지 않으면 그는 한국 사람이 아니다.

그러나 어떤 사람이 비록 외국에서 태어났지만 한국말을 하고, 한국인의 세계관, 가치관, 인간관을 인정하고 수용하여 한국적으로 살아가면 그 사람이 바로 한국인이다.

이 문제는 참으로 엄중한 문제이다. 만약 어떤 사람이 한국에서 태어나 한국인의 삶을 누리면서도 한국을 부정하고, 한국인을 부정하며, 다른 나라를 자신의 조국으로 여긴다면 그 사람은 한국인이 아니다.

그러나 위험한 사람은 한국에서 태어나서 한국인의 혜택을 누리면서도 한국을 부정하고, 한국인의 의무를 지키지 않을 뿐만 아니라 더 나아가서 한국을 무너뜨리려는 사람이다.

그들은 한국을 무너뜨리고 자신의 이익을 취하려는 욕망을 감추고 겉으로는 가장 애국자인 것처럼 그리고 가장 국민을 사랑하는 것처럼 꾸민다. 그러면 한국학은 오로지 한국인과 한국에 적용되는가?

한국인은 동시에 인류이며, 세계의 구성원이고, 우주의 구성원이다. 그렇기 때문에 한국사상, 한국철학은 단순하게 한국인만이 연구하는 사상, 철학이 아니다.

한국사상, 한국철학은 인류의 철학, 인류의 사상이 한국적으로 나타난 결과이다. 그리고 한국사상의 특성은 시간성이라는 나와 남, 사물, 세계라는 실체적 경계가 없어서 분별할 수 없는 하나의 흐름이다.

우리는 여기서 잠시 지금까지 해 왔던 고찰이 마음을 어떻게 쓸 것인가의 문제가 중심이었음을 다시 상기할 필요가 있다. 마음을 쓰는 용심에 의하여 현상의 삶이 다르게 나타난다.

사람의 본체라고 할 수 있는 본성은 누구나 같다. 그러나 현상의 측면에서는 나와 모두의 이로움을 위하여 사는 대인, 성인의 삶이 있으며, 이와 달리 오로지 자신의 이익, 자신이 속한 집단의 이익을 위하여 살다가 자신도, 주변도 불행하게 하는 소인, 중생의 삶이 있다.

현상이 본체를 근거로 하여 이루어짐에도 불구하고 하나의 본체에서 서로 다른 현상이 나타나는 까닭은 사람이 스스로 본성을 어떻게 쓰는가의 작용의 문제이다. 어떤 마음으로 삶을 사느냐의 용심用心에 의하여 서로 다른 삶이 나타난다.

한국학이 매 순간 끊임없이 새로워지고, 항상 다양해지는 특성을 갖는 것은 한국인이 매 순간 새로워지고, 항상 다양해지는 마음 씀을 통하여 삶을 살기 때문이다.

본성이라는 측면에서는 한국과 다른 나라, 한국인과 다른 사람이 없다. 그러나 한국인의 마음 씀은 매 순간 새로워지는 진화와 끊임없이 다양해지는 창조의 연속이다.

한국인의 삶의 태도, 마음 씀이 도역생성倒逆生成의 연속이기 때문에 변화의 연속인 삶, 대인과 소인을 넘어선 자유자재한 삶, 성聖과 속俗을 넘어선 자유로운 한국인의 삶으로 나타난다.

그러나 한국인에 의하여 다양하고 새롭게 드러나는 삶은 인류의 삶이 한국적으로 드러남이다. 그렇기 때문에 한국인의 삶인 동시에 인류의 삶이다. 따라서 인류의 삶이자 우주의 변화일 뿐으로 한국인의 삶은 없다.

우주의 변화가 그대로 인류의 삶이고, 한국인의 삶이다. 그러므로 한국, 한국학, 한국철학, 한국사상을 말하고, 한국인의 삶을 말하더라도 그것에 얽매여서는 안 된다.

한국학, 한국사상을 때로는 분별을 벗어난 무분별의 차원에서 사용하고, 분별의 차원에서 사용하며, 중도의 차원에서 사용하고, 중도를 벗어난 차원에서 사용하는 것이 그대로 온 인류를 이롭게 하는 지혜와 자비이다.

　삶은 대상화하여 언어로 나타낼 수 없다. 다만 현상의 사물에 얽매인 사람에게는 본체의 측면에서 온 우주가 둘이 아님을 말해 주고, 본체에 얽매인 사람에게는 매 순간 다양하게 드러나는 현상을 말해 주며, 작용에 얽매인 사람에게는 본체와 현상이 둘이 아니어서 유위가 그대로 무위임을 말해 주어 매 순간 새롭게 진화하고, 다양하게 창조하여, 서로가 서로를 존재하게 할 뿐이다. 돌빼

　　　　　　　　　　　　　　　　　　　　한국사상과 인간의 삶